사랑과 서구 문명

트리스탕 신화에서 시작된 서구 천 년 정념의 역사

L'AMOUR ET L'OCCIDENT
by Denis de Rougemont

Copyright ⓒ EDITIONS PLON, Paris, 1972
Korean Translation Copyright ⓒ National Research Foundation of Korea, 2013
All rights reserved.

This Korean edition was published by arrangement with EDITIONS PLON (Paris)
through Bestun Korea Agency Co., Seoul

이 책의 한국어판 저작권은 베스툰 코리아 에이전시를 통해 저작권자와의 독점계약으로
(재)한국연구재단에 있습니다.
저작권법에 의해 한국 내에서 보호를 받는 저작물이므로 무단전재와 무단복제를 금합니다.

서양편 · 714

사랑과 서구 문명

트리스탕 신화에서 시작된
서구 천 년 정념의 역사

드니 드 루즈몽(Denis de Rougemont) 지음
정장진 옮김

한국문화사

■ 제1판 서문

  이 책의 각 부는 권으로 부르는 것이 적절할 것이다. 부라고 부르기에는 각각의 부가 한 권의 책으로 묶어도 무방할 내용을 다루고 있기 때문이다.

  책의 구성에 대해서도 잠시 길잡이가 될 수 있는 말을 해야겠다. 그렇지 않다면 인용한 사실과 글이 대단히 많을 뿐만 아니라 서로 얽혀있는 '라이트모티브'를 고려할 때 자칫 일부 독자에게 혼란을 줄 수도 있기 때문이다. 제1권은 트리스탕 전설 혹은 신화의 숨은 내용을 소개한다. 이 작업은 끊임없이 이어지는 정념의 소용돌이 속으로 내려가 보는 일이 될 것이다. 마지막 권에서는 서로 완전히 대척적인 위치에 서 있는 정념을 대하는 인간의 두 가지 태도를 살펴봄으로써 정념의 연구와 논의를 마무리하고자 한다. 앞으로도 정념을 주제로 한 많은 묘사와 연구가 이어지겠지만, 우리는 이미 다른 사람들이 다루었던 것만을 알 수 있을 뿐이다. 설사 그 한계를 벗어날 수 없다 하더라도, 사람들이 다룰 수 있었던 것만을 알 수 있기 때문이다.

  제1권과 마지막 권 사이에 자리잡고 있는 나머지 권 중, 두 번째 권에서는 트리스탕 신화의 종교적 기원을 거슬러 올라가 볼 것이고 기타 나머지 권에서는 트리스탕 신화가 신비주의, 문학, 전쟁, 결혼 윤리 등 여러 다양한 분야에 끼친 영향을 살펴볼 것이다.

* * *

사랑에 관한 것들을 이야기하는 일은 매력적일 수도 있지만 우리처럼 두꺼운 책을 쓰는 경우 그것은 설득력 있는 명분은 되지 못한다. 나아가 이미 성공을 거둔 많은 작가가 있는 상황이라면 여기서 다시 사랑 이야기를 하는 것은 별 소득이 없는 일이기도 하다. 나 역시 이런 어려움들을 자초하고 말았다. 나는 스탕달이 정념으로서의 사랑이라고 부른 바 있는 것을 추종할 생각도 없으며 또 깎아 내릴 생각도 없다.[1] 다만 그 생각을 근원적으로 종교적 기원이 있는 하나의 역사적 현상으로 접근해 보고 싶었다. 그런데 남녀를 불문하고 사람들은 사랑 이야기를 너무나도 쉽게 용인한다. 그뿐만 아니라 심지어 흔해 빠진 방식으로 이야기를 하더라도 결코 지루해하지 않는다. 하지만 사람들은 누군가가 비록 엄밀한 방식은 아니지만 정념을 '정의'하려고 하면 두려워한다. 라클로는 다음과 같이 말한 적이 있다. '대부분의 인간은 사고하는 수고를 치러야 한다면 쾌락을 단념해버리는 쪽을 택할 것이다.'[2] 이렇게 보면 이 책은 우선

---

[1] [역주] 1822년 스탕달이 쓴 『사랑론』(*De l'Amour*)은 사랑의 감정과 정신작용을 최초로 분석한 에세이다. 사랑하는 사람과 예술가의 정신 상태 사이의 유사성에 근거하여 사랑에 빠진 사람이 최초로 사랑을 느끼는 시점에서 시작하여 흔히 '결정작용(cristallisation)'으로 불리는 사랑의 대상과 감정을 스스로 만들어 나가는 과정을 기질, 민족, 정치 체제 등 외부적 요인을 고려하여 분석한다. 결정작용의 결과, 사랑에 빠진 사람은 흔히 사랑받는 대상을 유일무이하면서도 영원히 사랑의 감정이 메마르지 않는 이상적 존재로 여기게 된다. 이러한 정신작용은 궁극적으로는 영혼과 육체의 사랑을 가정하게 하며 육체적 접촉이 극도로 억제된 상태에서 영혼에 대한 사랑을 극단적으로 미화하게 한다. 저자 드니 드 루즈몽의 이 책에서는 전체적으로 사랑(amour)과 정념(passion)이 대립적인 개념으로 다루어진다.

정념으로 옮긴 파시옹(passion)은 프랑스어에서 정념 이외에도 집념, 열정, 정욕 등 다양한 뜻이 있고 옛날에는 고통을 뜻하기도 했다. 즉 좋은 의미로 쓰이기도 하지만 사랑과는 달리 불륜이나 파멸을 연상시키는 부정적 의미도 내포하고 있다.

독자에게 쾌락을 단념하도록 한다는 측면에서 필요성이 없는 것은 아니다. 또 이 책은 책을 읽으면서 자신들이 처음에 이 책에 대해 호감을 느끼지 못했던 이유들을 인식하게 된다면 그때는 유용성을 지닐 수도 있을 것이다. 내가 택한 이 방식 때문에 나는 많은 사람한테 비난을 살지도 모른다. 사랑을 하고 있는 이들은 나를 냉소적인 사람으로 여길 것이고 이제까지 한 번도 정념이라는 것을 경험해보지 못한 이들은 정념의 문제를 다루면서 이렇게 두꺼운 한 권의 책을 쓴다는 것에 깜짝 놀랄 수도 있다. 사랑을 정의하다 보면 사랑을 잃어버린다고 말하고 싶은 이들도 있을 것이고, 공연히 시간만 허비했다고 말하는 사람들도 있을 것이다. 그렇다면 내 책을 마음에 들어 하는 이들은 누굴까? 사랑을 알고 싶어 하는 이들이라면 내 책에 호감이 있을 수도 있다. 혹은 사랑으로 치료받기를 바라는 이들이라면 내 책의 독자가 되어줄까?

* * *

이 책에서 나는 서구인이 경험한 그대로인, 극단적인 형태를 띠고 있고 얼핏 보면 예외적으로 보일 수도 있는 정념의 한 유형인, 트리스탕과 이죄 신화에서 이야기를 시작했다. 정념이 우리의 삶 속에서 지니는 의

---

[2] [역주] 라클로(Pierre Choderlos de Laclos, 1741~1803)는 프랑스 소설가로 프랑스 대혁명을 예고한 소설 『위험한 관계』(Les Liaisons dangereuses)를 썼다. 무사계급이 아닌 법복 귀족 가문 출신으로 포병 장교로 근무한 군인이었지만 보병이 아니었던 데다가 마침 7년 전쟁이 종식되면서 더 이상 출세의 기회를 얻을 수 없어서 소설가로 변신한다. 그 사이, 프랑스 남동부 발랑스에 포병학교를 설립하기도 하고(후일 나폴레옹이 이 학교에 입학해 교육을 받는다) 여러 곳에 파견 근무를 나가지만 그때마다 휴가를 얻어 소설 집필에 몰두하곤 했다. 루소의 『신 엘로이즈』에 열광하며 많은 영향을 받았다. 『위험한 관계』는 영화로도 여러 번 각색되었으며 한국어로도 훌륭한 번역서가 출간되어 있다. 박인철 옮김, 문학사상사, 2003.

미와 그 정념을 통해 우리가 이루고자 하는 바를 이해하는 데 비록 화려하지만 평범하기도 한, 내용이 풍부한 이 이야기를 하나의 기준점으로 삼을 필요가 있었다. 비유를 들자면 자기 집의 평범한 빵 가마가 평범하지만 유일한 것이듯이 이 트리스탕과 이죄 이야기도 그렇다.

요컨대 나는 사랑 이야기를 단순화한 것이다. 현실은 현실을 이야기한 모든 것보다 훨씬 복잡하다는 사실을 반복해서 말하면서 공연히 시간을 낭비하고 품위를 잃어야 할 이유는 없지 않은가? 삶이 복잡하다는 사실이 글 역시 삶처럼 복잡해야 함을 뜻하지는 않는다. 종종 내가 내 주장에 함몰되어 편협해진 나머지 신화의 깊은 의미가 내가 이야기를 끌고 나가는 방식 때문에 손상을 입었다고 생각하는 독자가 있다면 그들에게는 사과하고 싶다.

* *
*

일반적으로는 '사계의 전문가들'의 고유 영역으로 여기는 사랑 이야기에 끼어들어 분석을 내놓게 된 나는 힘닿는 대로 명성이 자자한 고전 텍스트들을 이용했고 그 밖에도 여러 저서를 활용했다. 하지만 최대한 인용을 자제했는데 이는 무식의 소치가 아니라 보다 본질에 집중하기 위해서였다. 전문가의 관점에서 볼 때는 의당 비난 받아 마땅하겠지만, 내가 이 책에서 사랑에 관한 모든 이야기를 종합하려고 한 것을 용서해주기를 기대한다. 인생을 여러 번 살아야만 마스터할 수 있는 보편적인 학식을 갖출 능력이 없는 나로서는 여러 자료 속에서 나의 직관적인 관점을 확인해주는 내용들을 찾아 활용하는 데 그칠 수밖에 없었다. 물론 필요 이상의 것들을 발견했지만 이 책에서는 내 연구의 요약이라고 할 수 있는 것만을 선보였다. 이 타협을 함으로써 나는 이중의 위험에 직면했다. 증거를 대지는 못했지만, 나는 몇몇 여성 독자를 설득할 수 있었다. 또 전문가의 작업에서 결론을 끌어내지는 않았지만, 아마도 그들한테 인정받을 수는 있었을 것이다. 이 난처한 상황에 처한 나에게 희망이 있다면, 다름 아니라 학자들을 즐겁게 해주면서 여성 독자들에게는 가르침을 줄 수 있었으면 하는 것이다.

* * *

이 책은 내가 청소년기와 청년기를 보내며 겪었던 나의 인생 그 자체다. 약 2년 전부터 글의 형태로 구상하며 다듬었고 독서를 통해 추가할 것을 보충해야 했다. 집필에는 4개월 정도 걸렸다. 베르네가 비싼 값에 그림을 팔고 나서 했던 말이 떠오른다. '한 시간 동안 작업을 했지만, 평생의 작업이었다.'[3]

드니 드 루즈몽
1938년 6월 21일

---

[3] [역주] 베르네(Claude Joseph Vernet, 1714~1789)는 해양화를 전문적으로 그린 프랑스 18세기 풍경화가이다. 17세기에 활동한 풍경화의 대가들인 니콜라 푸생과 클로드 로랭의 뒤를 이어 낭만적 분위기의 해변 풍경을 많이 남겼다. 루이 15세의 주문을 받아 프랑스 항구들을 그린 연작은 풍경화 자체로서뿐만 아니라 당시 항구 모습을 살필 수 있는 귀중한 자료이기도 하다. 귀족들로부터 많은 주문을 받은 인기 화가였지만, 그림의 분위기, 구도, 주제는 대동소이하다.

■ 제2판 서문

  이 책의 영역본을 출간하자는 영국 출판사의 제안을 받아들여 나는 이 책을 개정하기로 하였다. 영역본은 행운이 따랐는지 영광스럽게도 T. S. 엘리엇이 편집장으로 있는 출판사였다.

  이 책이 나온 지 벌써 15년이 흘렀고 그 사이 전쟁도 한 차례 치렀다. 또 그 밖의 많은 경험이 책에서 내가 폈던 주장의 진위를 따져보게 했다. 나는 나의 주장을 결코 잊지 않았으며 나를 비판하는 글을 읽으면서 공부도 했다. 사실 그것보다는 나이가 먹어가면서 배운 것이 더 많이 있다. 내가 이렇게 말할 수 있는 것은 나에게 쏟아진 비판들이 대개는 일관성이 없었기 때문이다. 물론 내가 받아들일 수밖에 없는 비판도 있었는데, 개정판을 내면서 나의 입장을 어렵게 만든다고 생각되는 부분은 몇 가지 분석을 함으로써 나의 지나친 주장을 대체했다.

  역사가들은 중세의 이단인 카타리파[4]와 프랑스 남부의 음유시인들[5]

---

[4] [역주] 카타리파(프랑스어로는 Catharisme, 영어로는 Catharism)는 12세기 말에서 13세기 초에 걸쳐 툴루즈를 중심으로 프랑스 남서부 지방 일대에서 크게 유행했던 가톨릭 이단이다. '순수'를 뜻하는 그리스어에서 종파의 이름이 유래했으며, 물질과 탐욕에서 비롯하는 모든 죄악에서 인간을 구원한다는 신조를 통해 세를 확대하다가 교황 이노켄티우스 치세 당시 로마 교회로부터 이단으로 몰려 두 번에 걸친 가혹한 탄압을 당한 끝에 소멸한다.

[5] [역주] 중세 프랑스에서는 루아르 강이 흐르는 프랑스 중부의 상트르(Centre) 지방을 중심으로 남북이 같은 라틴어 속에서 파생된 언어이면서도 서로 다른 언어를 사용하고 있었다. 이 두 언어를 각 언어에서 긍정을 나타내는 서로 다른 부사를 사용하여 현재의 프랑스 남부 지방의 언어를 랑그도크(langue d'oc)라고

사이에서 내가 관찰해 낸 여러 사건으로 점철된 관계를 지나치게 강조했다고 개탄했다. 하지만 충분한 '증거'가 없는 탓에 이들은 나의 지나친 강조를 두고 소란을 피우지는 않았다. 로마가톨릭과 그리스 정교 계열의 여러 신학자는 다정한 어조를 빌리긴 했지만 에로스와 아가페를 지나치게 단정적으로 다루었다고 나를 비난했다.[6] 이들이 보기에 나는 에로스와 아가페 사이에 존재하는 이행 과정들을 전혀 언급하지 않았다는 것이다. 이러한 이행 과정이 없다면 인간은 살아가지 못하는데 말이다. 먼저 역사가들에게 간단하게 답하자면, 나는 실존적 '의미'를 찾고 있었다고 답할 수 있다. 따라서 나는 역사가들의 땅에 들어가 몰래 밀렵을 할 의도는 꿈도 꾸지 않았다. 내가 인용하고 비교한 자료들은 증거라기보다는 내 주장을 보여주는 삽화로서의 의미가 더 강하다. 1939년부터 나온 새로운 연구들이 나의 가정들을 굳혀주었다. 나는 이 연구들을 광범위하게 활용함으로써 12세기, 카타리파의 교리, 음유시인 그리고 트리스탕을 다루는 제2권을 거의 전부 다시 썼다. 이 부분이 개정판의 핵심을 차지한다.

어떤 이들은 내가 드러낸 의미 자체를 비판하기도 했는데 나는 이런

하며, 프랑스 북부 지방의 언어를 랑그 도일(langue d'Oil)이라고 한다. 랑그독의 오크(oc)는 라틴어 긍정 부사 호크(hoc)에서 온 말로 이에서 알 수 있듯이 좀 더 라틴어에 근접해 있던 랑그도크는 남프랑스 지방, 특히 현재의 푸아티에와 보르도 인근의 아키텐 지방에서 통용되던 언어였다. 당시 이 일대를 장악하고 있던 시인이기도 했던 기욤 9세(1071~1126)의 영향으로 프랑스 중세에 가장 먼저 음유시인들이 출현한 곳이다. 반면 프랑스 북부 지방에서는 남부의 음유시인들을 모방하여 12세기 후반에 들어와 음유시인들이 출현한다. 이런 이유로 남부 음유시인을 트루바두르(troubadours), 북부 음유시인을 트루베르(trouvère)로 각각 다른 명칭으로 구분하여 부른다.

[6] 특히 좋은 책인 마틴 시럴 다르시(P. M. C. d'Arcy S. J.)의 『마음과 사랑의 가슴』(The Mind and Heart of Love, London, 1945)을 볼 것. 이 책의 상당 부분은 안더스 뉘그렌(Anders Nygren)의 책 『에로스와 아가페』와 내 책이 제시한 관점들에 대한 비판적 내용을 담고 있다.

사람들에게 몇 가지 점에서는 그들이 옳다고 인정해 주고 싶은 마음이 들기도 했다. 다시 말해 나는 황무지에서 시작해야 했기 때문에 사전 정지 작업을 해야만 했고 꾸준하게 지속되는 것들을 지적해야만 했다. 게다가 언제나 그림에 뉘앙스를 부여할 줄을 몰랐다. 제4권에 추가한 한 장과 헤아릴 수 없이 많은 세세한 수정이 내가 그 동안 현실감각을 보강했다는 점을 입증해주길 기대해 본다.

서구에서 정념과 결혼의 피할 수 없는 갈등을 묘사해 보자는 것이 나의 주된 의도였다. 그리고 내가 보기에 이것은 지금도 적절한 주제이며 내 책에서 펼친 나의 주장이기도 하다.

내가 하는 연구가 시의성이 있는지 의문을 제기하는 이들도 있을 것인데, 제2차 세계대전이 끝난 지 오래 되었지만 여전히 시의성이 있다고 생각한다. 특히 나는 제5권 말미에서 내가 연구한 문제에 종지부를 찍을 수도 있는 갈등이 일어날 가능성을 말했다. 이 우려는 자칫 현실로 드러날 수도 있다. 나는 현재로서는 대륙 간 핵전쟁이 가져올 예측 가능한 결과들에 대해 더욱 우려할 수밖에 없다.[7] 게다가 7년 동안 미국에 머물면서 나는 정념이라는 신화가 – 이제는 로맨스로 전락해 버렸지만 – 사라질 기미를 보이지 않는다는 것을 목격했다. 이 정념의 신화들은 영화를 통해 전 세계에 그 영향을 미치고 있으며 통계에 잡힌 이혼율을 보면 그 규모를 짐작할 수 있다. 만일 우리가 살고 있는 이 문명이 계속 존재해야 한다면 커다란 혁명이 일어나야 할 것이다. 사회 구조를 지배하는 결혼은 우리의 문명이 조장하고 있는 사랑보다 더 심각한 것이며 아름다

---

[7] [역주] 저자인 드니 드 루즈몽은 이 충격으로 1946년 『원자폭탄에 대한 서신들』 (*Lettres sur la Bombe atomique*)을 쓰며 이후 그는 인류의 미래와 전쟁 방지를 위한 저작활동과 더불어 유럽 연합을 요구하는 연방주의자로서 현실 정치에도 뛰어든다.

운 정념의 불꽃과는 다른 근거들을 원하고 있다는 사실을 우리의 문명은 깨달아야 한다.[8]

  이 혁명의 방법을 우리는 미리 예견할 수 없다. 이 점에 대해서는 제4권에서 내 의견을 밝혔다. 내게 야심이 있다면 정념의 신화가 늘 우리 곁에 도사리고 있다는 사실에 독자가 조금 더 민감해졌으면 하는 것이다. 그러면 독자는 삶 속에서나 예술 작품 속에서나 정념의 신화가 발산하는 불꽃을 감지할 수 있을 것이다. 정신적으로 이러한 깨달음을 얻기 위한 행동이 전혀 의미 없는 일이라고 말해서는 안 된다. 왜냐하면 비록 마음의 움직임이 무의식 속에서 준비되고 활동하는 것이라고 해도, 실제로 그것은 문학과 미술과 같은 '표현' 속에서 비로소 모습을 나타내기 때문이다. – 마치 최초로 고백했던 그 사랑처럼.

드니 드 루즈몽, 1956년

---

[8] [역주] 그의 미국 생활은 1947년에 쓴 『아메리카에서 산다는 것』(*Vivre en Amérique*)을 볼 것.

차례

- 제1판 서문 ·· v
- 제2판 서문 ·· x
- 일러두기 ··· xix

01 트리스탕 신화 ··· 1
1. 소설 트리스탕이 거둔 승리와 숨기고 있는 것들 ············· 1
2. 트리스탕 신화 ·· 5
3. 트리스탕 신화의 현재성과 분석을 해야 하는 이유 ········ 12
4. 『트리스탕과 이죄』의 줄거리 ······································· 15
5. 수수께끼들 ··· 20
6. 기사도냐 결혼이냐 ··· 23
7. 소설에 대한 사랑 ·· 28
8. 사랑에 대한 사랑 ·· 32
9. 죽음에 대한 사랑 ·· 38
10. 사랑의 미약 ··· 45
11. 불행한 사랑 ··· 51
12. 심각한 옛 멜로디 ·· 57

02 트리스탕 신화의 종교적 기원들 ································ 60
1. 자연스럽고 신성한 장애물 ··· 60
2. 에로스 혹은 끝없는 욕망 (플라톤주의, 드루이드교, 마니교) ··· 63
3. 아가페 혹은 기독교적 사랑 ······································· 74
4. 동양과 서양 ··· 78
5. 서양의 관습에 나타난 기독교의 영향 ························· 81
6. 궁정풍의 사랑, 음유시인 트루바두르와 카타리파 신도들 ······· 86
7. 이단의 유설(謬說)과 시(詩) ······································· 99
8. 우리의 해석에 대한 몇 가지 이의 제기 ···················· 115
9. 아랍의 신비주의자들 ·· 133
10. 궁정 현상에 대한 조견 ··· 144

11. 궁정풍의 사랑과 브르타뉴 소설 ·· 167
　　12. 켈트 신화와 브르타뉴 소설 ·· 175
　　13. 브르타뉴 소설에서 고트프리트를 거쳐 바그너로 이어지다 ·· 182
　　14. 첫 번째 결론들 ··· 190

03 정념과 신비주의 ·· 193
　　1. 무엇이 문제인가 ·· 193
　　2. 트리스탕, 신비한 사랑 이야기 ·· 196
　　3. 이상하지만 피할 수 없는 전이 ·· 207
　　4. 정통 신비주의자와 정념의 언어 ·· 210
　　5. 에스파냐 신비주의자들의 궁정 수사학 ································ 221
　　6. 메타포에 대한 노트 ··· 230
　　7. 신비주의자들의 해방 ··· 234
　　8. 정념의 황혼 ·· 237

04 문학 속에 나타난 트리스탕 신화 ·· 240
　　1. 풍속에 미친 문학의 영향에 대하여 ····································· 240
　　2. 두 송이 장미꽃 ··· 243
　　3. 이탈리아 시칠리아, 베아트리체와 상징 ······························· 247
　　4. 페트라르카, 혹은 개종한 시인 ·· 253
　　5. 새로운 역설적(逆說的) 이상, 골루아즈리 ··························· 260
　　6. 기사도 소설의 후예, 세르반테스 ··· 265
　　7. 로미오와 줄리엣 그리고 밀턴 ··· 267
　　8. 소설 아스트레, 신비주의에서 심리학으로 ···························· 273
　　9. 코르네유 혹은 정복된 신화 ·· 278
　　10. 라신, 혹은 사슬 풀린 신화 ··· 284
　　11. 『페드르』, 혹은 응징된 정념의 신화 ································ 288
　　12. 신화의 쇠락 ·· 294
　　13. 동 쥐앙과 사드 ··· 300
　　14. 신 엘로이즈 ·· 307

15. 독일 낭만주의 ··· 312
16. 신화의 내면화 ··· 318
17. 스탕달 혹은 실패한 숭고미 ······················· 324
18. 바그너, 신화의 완성 ································· 329
19. 신화의 대중화 ··· 337
20. 본능, 신화를 대신하다 ····························· 344
21. 정념, 모든 분야로 스며들다 ····················· 348

05 사랑과 전쟁 ·· 352
1. 사랑과 전쟁, 형태적 유사성 ······················ 352
2. 사랑의 언어, 전쟁의 언어 ·························· 353
3. 기사, 사랑과 전쟁의 왕 ····························· 357
4. 토너먼트 혹은 행동으로 표현된 정념의 신화 ··· 360
5. 용병과 대포 ··· 366
6. 고전주의 시대의 전쟁 ······························· 371
7. 레이스 전쟁 ··· 374
8. 혁명과 전쟁 ··· 378
9. 민족적 전쟁 ··· 382
10. 전면전 ··· 386
11. 정념과 정치 ·· 390

06 정념의 신화와 결혼 제도 ························· 397
1. 현대의 결혼 위기 ······································ 397
2. 현대의 행복관 ·· 404
3. 사랑, 삶의 본질 ·· 406
4. 이죄와의 불가능한 결혼 ···························· 409
5. 무정부주의와 우생학 ································ 416
6. 위기의 의미 ··· 424

07 사랑의 결단과 부부 사이의 충절 ··················· 432
1. 결심을 해야 하는 이유 ····················· 432
2. 결혼에 대한 비판 ························ 435
3. 결단으로서의 결혼 ······················· 439
4. 부부 사이의 충절 약속 ···················· 443
5. 에로스와 아가페 ························ 453
6. 서구 문명의 패러독스 ···················· 460
7. 비극을 넘어서 ·························· 466

■ 부록 1 ···································· 477
1. 정념의 전설이 지닌 성스러운 특징 ············ 477
2. 성스러운 기사 ·························· 479
3. 무훈시와 궁정 소설 ······················ 480
4. 동양의 사랑관 ·························· 484
5. 신비주의와 궁정풍 사랑 ··················· 486
6. 프로이트와 초현실주의자들 ················· 490
7. 장기 게임에서의 귀부인의 출현 ·············· 491
8. 이단과 단테 ···························· 492
9. 첫눈에 반하는 사랑과 개종 ················· 494
10. 정념과 금욕 ··························· 495
11. 아시시의 성 프란체스코와 카타리파 교도들 ······ 497
12. 베긴파, 궁정 시학에 의한
    카타리파에서 기독교 신비주의로의 이행 ········ 498
13. 사디즘 ······························· 501

■ 부록 2: 작가 후기 ···························· 503

■ 역자 후기 ································ 597
■ 참고문헌 ································· 605
■ 찾아보기 ································· 616

· 일러두기 ·

1. 이 책의 원서는 전문 학술서적이 아니라 에세이에 더 가깝다. 원서에서 저자는 인용을 하면서도 흔히 출처를 밝히지 않았고 이탤릭체와 대문자 등 많은 종류의 강조체를 사용하였다. 원문에서 저자가 강조한 부분을 이 책에서는 다음과 같이 표기하였다.
   - 꺽쇠 기호 또는 이탤릭체: 작은따옴표 또는 큰따옴표
   - 꺽쇠 기호와 이탤릭체 혼용 또는 대문자: 큰따옴표 또는 고딕체.
2. 옮긴이 주는 [역주]로 표기했다.
3. 시와 노래, 논문이나 기사는 「 」로, 책은 『 』로, 신문이나 잡지는 《 》로 표기했다.
4. 이 책에서 언급되는 『트리스탕과 이죄』는 한국에서 '트리스탄과 이졸데'로 알려진 인물의 프랑스식 이름이다. 이 책에서는 프랑스식 발음을 따라 트리스탕과 이죄로 표기하며, 단 독일어권 작품일 때는 『트리스탄과 이졸데』로 표기했다.

01 트리스탕 신화

1. 소설 트리스탕이 거둔 승리와 숨기고 있는 것들

"나리들이시여, 사랑과 죽음의 아름다운 이야기 한 편을 들어보시겠습니까?"

어쩌면 이 말보다 더 우리를 흥분하게 하는 말은 없을지도 모른다. 『트리스탕과 이죄』는 이렇게 시작하며 이 첫 문장은 모든 소설의 가장 이상적인 첫 문장으로 꼽아도 손색이 없을 것이다. 바로 이 확실한 기교를 통해 우리는 이야기의 시작부터 가슴 졸이며 다음 이야기를 기다리면서 허구가 꾸며내는 환상 속으로 빠져들어 가고 만다. 이 마력은 대체 어디서 오는 것일까? '심오한 수사학'으로 불리기도 했던 이 기교는 우리의 가슴 속에서 어떤 암묵적인 동조를 받는 것인가?

'사랑'과 '죽음'이 공존한다는 사실 자체가 우리의 가슴 속에 가장 깊은 울림을 끌어냈을 것이다. 이는 첫눈에도 알 수 있듯이 소설이 거둔 놀라운 성공이 입증해주는 사실이다. 하지만 보다 은밀한 다른 이유들 때문에 이야기가 자아내는 매력 속에서 우리는 서양인의 정신세계를 정의해 볼 수도 있을 것이다.

사랑과 '죽음' 혹은 치명적인 사랑을 모두 시라고 볼 수는 없지만 적어도 이것은 가장 인기 있는 것이며 서구 문학에서 누구나 인정하는 감동적인 것임에 틀림없다. 우리 서구인의 가장 오래된 전설과 시가들 속에는 사랑과 '죽음' 혹은 치명적인 사랑이 어김없이 등장한다. 행복한 사랑에는 이야기가 없다. 오직 치명적인 사랑, 다시 말해 삶 자체에 의해 위협당하고 응징되는 사랑에 대해서만 소설이 존재한다. 우리를 열광하게 하는 서구의 이 서정성은 감각의 쾌락이 아니며 사랑과 죽음의 풍요로운 화해도 아니다. 그것은 충족된 사랑이기보다는 오히려 사랑에 대한 '집착'이다. 집착은 고통을 의미한다. 바로 이것이 핵심적인 사실이다.

우리는 소설과 소설의 후예인 영화에 열광한다. 또 우리의 모든 문화, 교육 그리고 삶을 장식하는 이미지 속에는 에로티시즘이 하나의 이상으로 존재한다. 그뿐만 아니라 어디론가 도피하고 싶은 우리의 욕망은 반복되는 기계적인 권태 때문에 더욱 예민해져 간다. 이렇게 해서 우리는 우리 가슴 속에 있고 동시에 우리를 둘러싼 모든 것을 통해 사랑에의 집착, 즉 정념을 이상화시켜 나간다. 우리는 정념에서 보다 삶 같은 삶의 약속을 보게 되며, 행복과 고통 그 너머에 있을 것 같은 더 진정한 무언가를 찾는다. 정념에서 하나의 힘이 나타나는 것을 보며 활활 타오르는 지고의 행복을 찾는 것이다.

'정념' 속에서 우리는 이제 더는 '우리를 괴롭히는 것'을 깨닫기보다는 대신 '무언가 열정적인 것'을 느낀다. 하지만 사랑에의 집착, 즉 정념이란 '실제로는' 불행 그 이하도 이상도 아니다. 우리가 살고 있는 사회는 정념이 곧 불행이라는 등식이 지배하며 수 세기 동안 그런 풍습이 크게 바뀐 적이 없는 사회이며 정념으로서의 사랑은 언제나 불륜의 형태를 띠고 나타났다. 서로 사랑하는 연인은 모두 자기들의 경우는 결코 불륜이 아니라고 할 것이다. 그러나 통계를 보면 그 반대이며 잔인하기 이를 데 없다. 우아한 열정과 아름다운 수사는 간 곳이 없고 오직 환멸만 남는다.

정념에 대한 이러한 환상과 '신비화' 속에서 살고 있기 때문에 우리가 이 불행을 잊고 사는 것일까? 아니면 조화로운 삶이라는 우리의 이상을 충족시켜줄 수 있는 것보다 오히려 은밀하게 우리에게 상처를 주고 열광하게 하는 것을 더 좋아하기 때문이라고 생각해야 하나?

확실히 누구에게도 즐거운 일이 아니겠지만, 이 모순을 조금 더 가까이서 살펴보아야 할 것이다. 이 수고를 통해 환상을 부셔버릴 수 있을지도 모른다. 사랑에 집착하는 것이 실제로는 불륜을 뜻한다는 사실을 인정해야 한다. 이럴 때 우리는 우리의 사랑 문화가 은폐하고 있으며 동시에 그 때문에 변질된 현실을 제대로 볼 수 있다. 이는 우리로 하여금 사랑을 하나의 이상으로 여기며 숭배하면서 동시에 은폐하고 억누르며, 정확하게 지칭하지 못하도록 함으로써 무엇이 감히 우리가 정당한 권리라고 주장하지 못하는 것을 우리 스스로에게 허용하도록 하는 것이 무엇인지를 밝히는 것이기도 하다. 독자는 우리가 살고 있는 사회에서는 사랑에 대한 집착과 불륜이 흔히 동일시된다고 단정하는 이 논리에 저항감을 느낄 수도 있다. 하지만 이 저항감은 우리 자신이 사랑에 집착하는 것이 불륜을 의미한다는 사실을 스스로 고백하지 않으면서, 사실은 사랑에 대한 집착과 불행을 원하고 있다는 첫 번째 증거가 아닐까?

*
* *

서구 문학을 하나의 자료로서 평가해보면, 불륜은 우리 서구인이 빠져드는 가장 특징적인 일 중 하나다. 그래서 너무 많은 탓에 불륜을 다룬 작품을 대라면 망설이던 이들도 불륜을 전혀 암시도 하지 않는 문학 작품을 꼽으라면 쉽게 리스트를 댈 수 있다. 다른 사람들이 거둔 성공과 그 때문에 우리의 가슴 속에 찾아온 대리 만족 그리고 심지어 종종 불륜이라고 다른 사람들을 단죄하면서도 인정하고 마는 사랑에의 집착은, 결혼을 의무이자 삶의 방편으로 규정해 놓은 우리의 사회 체제 하에서 남녀가 무엇을 꿈꾸고 있는지를 잘 일러준다. 만일 불륜이 존재하지 않았다면 서구 문학은 어떻게 되었을까? 우리 문학은 '결혼의 위기'를 먹고 사는 문학이다. 문학이 결혼의 위기를 조장한다고 말할 수도 있다. 문학은 종교에서 금지하고 법률에서 불법으로 여기는 것을 시로 때로는 산문으로 '노래한다'. 혹은 문학이 불륜을 즐기기도 한다. 문학은 불륜을 통해 코믹하기도 하고 때론 냉소적이기도 한 무수한 상황을 이끌어낸다. 이상화된 것이든, 숨겨진 것이든 혹은 조롱을 당하는 것이든, 불륜은 문학의 거의 신적인 권리가 되었고, 현대인의 정상적인 심리이며 연극에서도 성공을 거두려면 삼각관계는 빼놓을 수 없는 필수 요소가 되어버렸다. 법을 위반한 사랑이 주는 이 강박관념처럼 따라다니는 헤아릴 수 없는 고통을 어찌해야 하나? 사람들은 과연 이 가증스러운 현실에서 벗어나려고 애를 쓰고 있기는 한 것일까? 상황을 신비극이나 코미디로 만드는 것은 언제나 그 상황이 견딜 수 없다는 것을 고백하는 것이다. 사람들은 잘못된 만남으로 서로 실망하고 반발했고 그래서 다른 대상에 열광했다. 때론 서로 냉소적이 되었다. 사실이든 아니면 생각 속에서든, 아니면 후회와 두려움, 혹은 저항의 쾌락, 유혹의 불안 속에서든, 이 중 어느 한 상황에 처해 있지 않다고 할 사람은 거의 없다. 단념, 타협, 결별, 신경쇠약, 극도의 혼란, 역겨운 망상과 의무들, 비밀스러운 자기만족……. 인간이 겪는 이 불행의 반 이상은 불륜이라는 말로 귀착된다. 그토록 불륜을 많이 다룬 우리의 서구 문학임에도 불구하고 – 어쩌면 바로 이러한 우리의 문학 때문에 – 정작 이 불행한 현실에 대해서는 아직 아무런 말도 하지 않은 상태다.

물론 이 분야에서 가장 나이브한 몇 가지 질문을 내세운 적은 있지만 그때마다 곧 쉽게 답을 찾을 수 있었다.

예를 들면, 무엇이 악인지 확인되었으니, 이 잘못을 결혼 제도 자체에서 찾아야 할지, 아니면 반대로 행복을 이루려는 야심에도 불구하고 결혼 제도를 붕괴시키는 '무언가'에 책임을 물어야 할지 사람들은 여러 번 질문했다. 많은 사람이 생각하는 것처럼, 우리의 모든 고통은 이른바 '기독교적'이라고 불리는 결혼관념 때문에 생겨난 것일까? 아니면 반대로, 사랑에 대한 어떤 다른 관념이 있어서 결혼으로 맺어진 관계를 받아들일 수 없게 된 것일까?

나는 이제 한 가지 사실을 확실하게 단언할 수 있다. 즉 서구인은 '부부 사이의 행복'을 보장해주는 것만큼 그 이상은 아니라 해도 적어도 그에 못지않게 그 행복을 파괴하는 것 역시 사랑한다. 이 모순은 대체 어디서 오는 것인가? 결혼이 위기를 맞이했을 때 그 비밀스러운 이유가 단지 금지된 것에 대한 유혹이라면, 우리는 대체 어떤 이유에서 불행을 마다하지 않는 것인가? 사랑에 대한 어떤 생각이 결혼을 배반하도록 하는 것인가? 우리의 삶과 정신의 어떤 비밀이, 우리 역사의 어떤 비밀이 사랑을 파괴하는 것일까?

2. 트리스탕 신화

유럽에는 불륜을 다룬 위대한 신화가 한 편 있다. 『트리스탕과 이죄』 이야기가 그것이다.[1] 우리는 이 신화가 극도의 무질서를 보이는 유럽의 풍속과 혼란스러운 윤리 그리고 거기서 한 발 더 나가버린 배덕주의는 물론이고 비극적 사건의 가장 순수한 순간들 속에도 은밀하게 모습을

---

[1] [역주] 저자는 책 전체를 통해, 『트리스탕과 이죄』를 소설, 이야기, 신화, 전설 등 다양하게 지칭하고 있다. 이 엄밀하지 못한 용어 사용은 역자의 입장에서는 곤혹스러운 일이지만, 『트리스탕과 이죄』의 형식이나 내용이 대체적으로 19세기에 확립된 문학의 장르 개념으로는 묶을 수 없는 중세의 작품이라는 것이 한 이유일 것이다.

드리우고 있는 것을 보게 된다. 이 신화는 그래서 단순하고 위대한 그림처럼, 우리가 겪는 가장 복잡한 고통들의 원형처럼 봐도 무방하다.

　시인들이 언어의 혼란에서 벗어나기 위해 말들의 기원을 거슬러 올라가 보듯이, 다시 말해 그 말을 통해 지칭되는 사물과 행위를 말과 비교해 보듯이, 나는 이 신화가 혼란스러운 우리의 몇 가지 풍속과 어떤 관련을 맺고 있는지를 살펴보고자 한다. 하지만 사랑에의 집착, 즉 정념이 어떤 기원을 갖고 있는지를 살피는 일은 말의 어원을 따지는 것보다 덜 실망스러울 것이다. 왜냐하면 이 집착은 의심스러운 과학이 아니라 바로 우리의 삶 속에서 곧바로 알아볼 수 있기 때문이다.

*
* *

　우선 『트리스탕과 이죄』를 과연 신화라고 부를 수 있는지부터 물어야 한다. 신화라고 볼 수 있다면, 그것을 분석하려는 것은 신화의 '매력'을 파괴할 수도 있지 않을까?
　우리는 이제 신화라는 말을 비현실이나 환상의 동의어로 생각하지는 않는다. 너무나도 많은 신화가 우리에게 반박할 수 없는 힘을 발휘하고 있다. 하지만 신화는 지나치게 남용되는 말 중 하나이므로 다시 한 번 정의해 볼 필요가 있다.
　신화란 서로 비슷한 수많은 상황을 요약해 놓은 하나의 이야기이며 상징적이며 단순하고 의미가 뻔한 우화라고 일반적으로 말 할 수 있다. 신화를 통해 우리는 몇 가지 '늘 반복되는 관계들'을 한 눈에 파악할 수 있고 또 그럼으로써 뒤죽박죽으로 섞여있는 우리 일상의 삶에서 늘 반복되는 몇 가지 관계를 끌어낼 수가 있다.
　보다 좁은 의미로 보면, 신화는 한 사회집단이나 종교집단의 행위 규범을 보여준다. 따라서 신화는 한 집단이 형성될 때 핵심적인 역할을 하는 성스러운 요소에서 나온다(신들의 삶과 죽음을 다루는 상징적인 이야기와 희생 의식이나 터부의 기원을 설명해 주는 전설이 신화인 것이다). 많은 사람이 말했듯이 신화에는 작가가 존재하지 않는다. 신화의 기원은 오리무중일 수밖에 없다. 또 그 의미도 오리무중일 때가 더러 있다. 집단적인 현실, 좀 더 정확히 말하면 누구에게나 해당하는 공통적인 현실을 표현한 것이지만 이 모든 것이 완벽하게 익명으로 이루어져야만 신화이다. 따라서 문학 작품 - 시, 동화, 소설 같은 - 은 근본적으로 신화와 구별된다. 실제로 문학을 포함해 예술 작품의 가치는 오직 작가의 재능에 달려있다. 신화에서는 하등의 중요성도 없는 것들이 예술 작품에서는 가장 중요한 요소가 된다. 예술 작품의 '아름다움' 혹은 '그럴 듯함' 그리고 성공을 가져다주는 예술작품의 모든 특징(독창성, 능숙한 솜씨, 스타일 등)은 신화에서는 하나도 중요한 요소가 아니다.

그러나 신화의 가장 근본적인 특징은 우리도 모르는 사이에 우리에게 행사하는 신화의 힘 그 자체에 있다. 하나의 이야기나 사건 혹은 어떤 인물을 신화로 만들어 주는 것은 그런 것들이 우리가 원하지 않았음에도 불구하고 우리에게 행사하는 이 강력한 지배력이다. 반면 예술 작품은 엄밀하게 말해 대중에게 이러한 강제력을 행사하지 못한다. 아무리 아름답고 강력하다고 해도 예술 작품은 언제나 비판을 받게 마련이다. 또 각자 취향에 따라 즐기면 그만이다. 하지만 신화는 그럴 수가 없다. 신화는 모든 비평을 무장 해제 해버리고 이성을 침묵하게 한다. 적어도 이성을 별 소용이 없는 것으로 만들어 버린다.

이제 나는 『트리스탕과 이죄』를 문학작품으로서가 아니라 한 역사적 집단 속에서 형성된 남자와 여자의 관계로서 다루려고 한다. 여기서 역사적 집단이란 기사도에 젖어있던 12, 13세기의 엘리트 계층과 궁정사회를 말한다. 물론 이 사회는 이미 오래 전에 붕괴되어 지금은 존재하지 않는다. 하지만 그 사회를 지배하던 법칙들은 비록 은밀하고 산만한 방식을 통해서이지만 여전히 우리를 지배하고 있다. 12, 13세기의 궁정을 지배했던 이 법칙들은 오늘날의 법들을 통해 그 신비를 완전히 잃어버리고 부정되었다. 그럼에도 우리의 '꿈'에 대해서만은 여전히 지배력이 있기 때문에 그만큼 더 벗어나기 힘든 것이 되었다.

* *
*

『트리스탕과 이죄』의 많은 특징은 이 이야기가 신화임을 일러준다. 우선 작가가 — 이야기를 지어 낸 한 사람의 작가가 있다고 가정한다면 — 전혀 알려져 있지 않다. 우리에게 전해지는 다섯 가지 판본의 '원본들'은 모두 하나의 원형을 예술적으로 다시 손 본 것인데, 원본 어디에도 저자에 대해서는 일말의 흔적도 남아있지 않다.

『트리스당과 이죄』를 신화로 볼 수 있는 또 다른 이유는 이 전설이 활용하고 있는 '성스러운' 요소에 있다(부록 1, 1장 참조). 줄거리의 진행과 이 줄거리가 이야기를 듣는 사람에게 끼치는 효과는 어느 정도 (잠시 후 이 점을 좀 더 정확히 말 해보자) 중세 기사도의 풍습을 이루고 있던 규범과 의식들에 달려있다. 그런데 이 중세의 '기사단들'은 거의 언제나 '종교적' 성격을 띠고 있었다. 부르고뉴의 연대기 작가인 샤틀랭은 이런 이유로 기사도라는 것이 이미 유물이 되어버린 시대에 살면서도, (시기적으로 가장 늦게 결성된 기사단인) 황금 양털 기사단을 말할 때면 마치 성스러운 신비주의자에 대해 말하는 태도를 취하고 있다(부록 1, 2장 참조).

마지막으로 이 트리스탕 이야기 속에서 우리가 발견할 수 있는 애매모호함이라는 특징이 신화와의 깊은 유사성을 보여준다. 일반적으로 신화의 애매모호함은 표현되는 형식 속에 있지는 않다(『트리스탕과 이죄』는 시로 쓰였지만 가장 단순한 시에 지나지 않는다). 오히려 트리스탕 이야기의 애매모호함은 한편으로는 불분명한 기원과 관련이 있고 다른 한편으로는 신화가 상징하는 사실들의 엄청난 중요성과 관련되어있다. 이러한 이야기의 사실들이 애매모호하지 않았다면, 혹은 모종의 목적이 있어서 그 사실들의 기원이나 중요성을 애매모호하게 처리해야만 했다면, 사실 신화는 존재하지 못했을 것이다. 신화 대신 규범집이나 윤리 지침서 혹은 잊지 말아야 할 것들을 모아 놓은 이야기 집이 될 수도 있었다. 자명한 사건들을 이야기하고 이야기하는 방식도 분명하고 직설적인 곳에는 신화란 존재하지 않는다. 신화는 간직하고 싶기도 하고 혹은 반대로 파괴하고 싶지만 파괴가 불가능한 사회적이고 종교적인 성격을 띠고 있는 일련의 사실이나, 여러 애정 관계를 분명하게 고백하는 것이 위험하거나 도저히 불가능할 때, 바로 그때 나타난다. 과학적 진리를 표현하려고 할 때 우리는 신화를 필요로 하지 않는다. 우리는 실제로 과학적 진리를 완벽하게 '세속적인' 방식으로 고려한다. 그래서 과학적 진리는 비평에서 자유스러울 수 있다. 그러나 사랑의 집념, 즉 정념이 죽음과 밀접한 관련을 맺고 있다는 애매모호하면서도 고백 자체가 어려운 사실을 표현하기 위해서는 신화가 필요하다. 또 이 정념에 온 정성을 다해 스스로 몸을 던져버린 자들이 정념이라는 것이 자멸을 의미한다는 사실을 고백할 때에도 신화는 필요하다. 왜냐하면 비록 사회의 공식적인 규범들과 우리의 이성이 정념을 잘못된 것이라고 단죄하더라도 우리는 이 정념을 순수한 것으로 보존하고 싶어 하고 이 불행을 사랑하기 때문이다. 트리스탕 이야기가 지니고 있는 신화로서의 애매모호한 성격은 따라서 우리로 하여금 이야기의 위장된 내용을 흔쾌히 받아들이도록 하고 상상력을 통해 즐기도록 한다. 우리는 이런 사실을 명확하게 인식하지 못하며 그래서 꽤 분명한 것임에도 불구하고 모순을 제대로 깨닫지 못하고 만다. 이렇게 해서 우리가 느끼고 때론 예감하는 지극히 인간적인 실상들은 우리의 비판 의식을 벗어나버리고 만다. 트리스탕 신화는 바로 이 실상을 표현한다. 우리의 본능이 그것을 강요하고 있다. 우리의 본능은 이성의 밝은 빛이 이 실상들을 위협하기 때문에 바로 그런 이유로 이 실상들을 가려 버리는 것이다.²

* * *

트리스탕 이야기는 누구도 정확한 기원을 모르거나 잘 못 알고 있고 또 근본적으로 신성한 성격을 띠고 있거나 비밀을 숨기고 있다. 이러한 몇 가지 신화적 특징을 그리스 로마 신화에서처럼 하나의 이야기를 신화로 만들어주는 진정한 '장르적' 특징들로 볼 수 있을까? 이 질문은 대충 답을 할 성격의 문제가 아니다. 이 질문은 우리를 지금도 진행 중에 있는 문제의 핵심으로 인도한다.

기사도의 규범은 13세기에는 그야말로 절대적인 구속력을 지니고 있었지만, 트리스탕 이야기에서 이 기사도의 규범들은 단지 '신화적 장애물'과 '수사학의 의례적인 비유들'로서만 개입할 뿐이다. 다시 말해 이 기사도의 규범이 없다면 이야기는 흐름을 이어갈 평계를 잃어버리게 되고 무엇보다 이야기는 청중에게 먹혀 들어가질 못했을 것이다. 기사도적 규범이라는 이 사회적인 '의식들'이 정념이라고 하는 반사회적인 '내용'을 받아들이도록 한다는 사실을 놓치지 말아야 한다. "내용"이라는 말은 강조할 필요가 있다. 트리스탕과 이죄의 정념은 문자 그대로 기사도적 규범들에 의해 억제되며 그것이 이야기의 내용 그 자체이기 때문이

---

² 내가 여기서 말하고 있는 이성은 집단적인 신성함에 반하여 작동하고 개인을 집단적인 신성함에서 자유롭게 하는 세속적 활동을 지칭한다. 합리주의는 이미 공식적인 이론으로 분류된 지 오래이긴 하지만 그렇다고 합리주의 고유의 신성모독적이고 반사회적이며 '탈사회적인' 유효성마저 잊어버려서는 안 될 것이다.

다. 바로 이러한 조건 하에서 두 사람의 정념은 신화적인 분위기를 띠게 된다. 왜냐하면 어둠을 불러오고 죽음 속에서 승리를 얻는 정념으로서 두 사람의 정념은 두 사람이 살던 사회에게는 묵과할 수 없는 위협이었기 때문이다. 따라서 당시 사회를 구성하고 있던 집단들은 두 사람의 정념에 맞서 견고하게 짜인 하나의 구조를 제시해야 했으며 그렇게 함으로써 정념이 최악의 피해 없이 외부로 드러나도록 허용한 것이다.

그러나 만일 그 이후 사회적 유대가 약해지거나 혹은 집단이 무너지는 일이 발생하면 신화는 더 이상 신화로서 존재하지 못하게 될 것이다. 대신 은폐되고 그래서 수용할 만한 형태로 전달하는 방법도 차단되고 신화의 구성요소를 잃어버려 더는 신화도 아닌 상태에 처한다면, 그때 트리스탕 이야기는 지하로 숨어드는 방법을 찾을 것이며 무정부적인 격렬함을 띠고 말 것이다. 이때가 되면 기사도는 설사 — 신사가 되고 싶어 하는 이들이 지켜야 할 예의범절 등을 일러주는 — 처세술이 된다 하더라도, 마지막 남은 미덕마저 잃어버리고 원초적 신화 속에 '억눌려 있던' 정념은 일상생활 속으로 번져 나와 무의식을 점령하고, 따라서 새로운 속박을 불러올 것이며 필요에 따라 온갖 속박을 만들어 낼 것이다. 사회 그 자체도 '숨겨진 고백'을 요구하지만 어두운 정념이 지닌 그 격렬한 성격 자체도 이 '숨겨진 고백'을 요구하기 때문이다.

트리스탕 신화는 12세기에 형성되었는데, 이 당시는 사회의 엘리트 계층들이 사회적, 윤리적 질서를 잡기 위해 널리 노력하고 있던 때다. 좀 더 정확히 말하면, 파괴적인 본능이 충동적으로 표출되는 것을 '억제'하려고 하던 때였다. 이러한 본능을 공격함으로써 종교는 사람들을 상당히 거북하게 만들고 있었다. 당시를 기록한 글과 설교집 그리고 풍자적인 글들을 보면 그 당시 처음으로 '결혼 위기'가 찾아왔음을 알 수 있다. 이 위기는 격렬한 반발을 불러왔다.『트리스탕과 이죄』가 거둔 성공은 따라서 정념을 하나의 울타리에 가둠으로써 정념이 상징적인 만족으로 해소될 수 있도록 했다는 것을 뜻한다(이는 교회가 교회 의식 속에 이교적인 요소들을 '도입'한 것과 유사한 현상이다).

이 울타리가 사라지면 정념 역시 그 영향을 받지 않을 수 없다. 정념은 언제나 사회가 유지되는 데에 위험한 요소이다. 정념은 따라서 언제나 사회의 반작용을 불러와 정념에 상응하는 질서 회복을 자극하게 된다. 따라서 신화는 최초의 형태를 유지한 채 역사적으로 영속할 수 없으며 트리스탕 이야기처럼 '신화적 요구'를 받아들여 변하게 된다. 영속하는 것은 이 신화적 요구인 것이다.

우리는 신화의 정의를 넓게 받아들여 이제부터 한 사회에서 일어나는 여러 관계와 그 반작용의 영속적인 관계를 신화라고 부르고자 한다. 『트리스탕과 이죄』 신화는 단지 이야기일 뿐만 아니라 하나의 현상에 대한 삽화이기도 하다. 그 영향은 끊임없이 확장되어 오늘날까지도 이어지고 있다. 우리 역시 정념의 애매모호한 성격 이외에는 크게 아는 바가 없다. 정신에 의해 자극받는 삶의 역동성을 쫓고 있으며 정념을 더욱 다그치는 속박을 찾고 있다. 즉 우리는 정념의 매력, 두려움 혹은 정념 그 자체를 하나의 이상으로 받아들이고 있다. 이것이 바로 우리를 괴롭히는 신화인 것이다. 신화는 최초의 형태를 잃어버린다. 신화가 그토록 위험하다면 바로 이것 때문이다. 나쁜 상태로 전락한 신화는 니체가 말한바 죽은 진리처럼 독성을 갖게 된다.

3. 트리스탕 신화의 현재성과 분석을 해야 하는 이유

일상생활에서 『트리스탕과 이죄』와 같은 신화가 끼치는 강력한 지배력을 느끼기 위해서라면 베룰의 『트리스탕』이나 베디에의 『트리스탕』을 읽을 필요는 없다.[3] 또 바그너의 오페라를 들을 필요도 없다. 신화의 지배력은 우리가 읽는 소설과 소설을 바탕으로 만들어진 영화 속에서 얼마든지 확인할 수 있기 때문이다. 대중매체를 통해 거두는 신화의 성공사례들과 부르주아, 시인, 결혼을 잘못한 부부 그리고 기적과도 같은 사랑을 꿈꾸는 철없는 처녀들을 보면 신화의 지배력을 쉽게 알 수 있다. 정념이 하나의 이상적인 것으로 받아들여지고 꿈꾸어지는 곳이면 어디나 신화가 움직인다. 누구도 정념을 해로운 열병으로 생각하지는 않는다. 정념이 하나의 피할 수 없는 숙명처럼 일컬어지고 북돋우어지는 곳이면 어디나 신화가 존재하며 정념이 하나의 재앙이 아니라 아름답고도 욕망할 만한 것으로 상상되는 곳이면 그곳에는 어김없이 신화가 있게 마련이다. 신화는 사랑이란 하나의 운명이라고 믿는 이들의 삶을 먹고 산다('트리스탕 이야기'라는 소설의 묘약이 작용하고 있는 것이다). 정념은 순수한 불꽃으로 자신을 태우고 싶어 하는 무력하지만 사랑에 빠져 있는 인간에게서 근거를 마련하며 자신을 그런 부류의 인간으로 생각하

---

[3] [역주]『트리스탕과 이죄』는 프랑스 중세를 대표하는 소설가인 크레티앵 드 트루아의 글 등 여러 문헌이 일러주듯이 12세기 초부터 전 유럽에 퍼져 있었음에도 불구하고 저자 드니 드 루즈몽이 밝혔듯이 원 작가의 존재를 확인할 수가 없다. 12세기 말엽인 1170년에서 1175년까지, 영국에 살던 토마(Thomas, 토마스라고 읽어도 무방하지만, 영어를 사용하지 않던 당시 영국 땅 일대를 염두에 두면 토마라고 읽어야 함)와 프랑스인 베룰(Béroul)이 유럽 여러 나라에 퍼져있던 이야기를 정리하며 가필과 수정을 덧붙여 묶어낸다. 하지만 이 두 사람의 운문으로 된 작품도 완전한 형태로 남아있지 않다. 현재 비교적 완벽하게 남아있는 작품은 후일 12세기 말 독일의 아일하르트 폰 오베르크(Eilhardt von Oberg)와 13세기 초 같은 독일 작가인 고트프리트 폰 슈트라스부르크(Gottfried von Strasbourg)가 토마의 작품 등 프랑스 작가들의 작품을 독일어로 번안한 판본을 들 수 있다. 현재까지 남아있는 가장 완벽한 판본은 1226년 토마의 판본을 노르웨이어로 번안한『트리스탕 이야기』(Tristrams saga)이다. 현대어로는 1900년에 베디에(Bédier)가 중세의 여러 판본을 기초로 펴낸 판본이 가장 유명하며, 1972년 중세학자인 르네 루이(René Louis)가 보급형 판본으로 출간하기도 했다. 복잡한 판본 문제를 통해 알 수 있듯이 작품의 제목도 일정하지 않고 심지어 주인공을 포함한 인물들의 이름조차 모두 다르다. 우리가 흔히 알고 있는 '트리스탄과 이졸데'는 바그너의 오페라로 널리 알려진 독일어식 제목일 뿐이다.

는 이들의 삶을 먹고 산다. 이런 사람들은 정념이라는 신화가 행복, 사회, 윤리 등의 개념보다 더 강하고 진실되다고 믿는 이들이다. 신화는 심지어 우리 가슴 속에 있는 낭만주의를 먹고 살기도 한다. 지난 19세기의 시인들이 사제처럼 그리고 영감을 받은 자들처럼 받들었던 이 이상야릇한 종교의 알 수 없는 신비, 그것이 정념이라는 신화이다.

  정념의 이러한 영향력과 신비한 성격에 대한 증거를 대라면 즉각 댈 수 있다. 내가 지금 쓰고 있는 이 책을 읽으면서 혐오감을 느끼는 독자가 있다면 그것이 하나의 증거라고 할 수 있다. '트리스탕 소설'은 사람들이 내가 감히 분석을 시도하면서 사랑에 대해 '신성모독'의 죄를 저지르고 있다고 생각하는 한 "신성한" 것이다. 물론 이 '신성모독'이라는 비난은 신성모독이 원시 사회에서 내가 위에서 말한바 혐오 정도가 아니라 죄인의 죽음을 의미했음을 염두에 두면 오늘날은 대수롭지 않은 비난에 지나지 않는다. 여기서 문제가 되고 있는 신성함이라는 것도 모호하고 초라한 잔재에 지나지 않는다. 내게는 따라서 독자가 이 책을 읽다가 덮어버리는 위험밖에는 감수할 다른 위협이 없다(이러한 제스처의 무의식적 의미는 물론 저자를 죽이는 것이다. 하지만 이러한 제스처는 아무 효과를 거두지 못할 것이다). 그러나 독자여, 그대가 내 책을 덮어버린다면 정념이 독자에게는 결코 신성하지 않다는 것을 뜻한다고 봐야 할까? 아니면, 오늘날의 사람들이 정념보다는 오히려 남을 비난을 하는 데 더 열광적이기 때문이라고 생각해야 할까? 독자가 이 책을 쓰는 저자와 원수가 아니라면, 작가들을 불러 세우는 그 용기는 대체 어디서 오는 것인가? 작가들 스스로 자성을 해야 된다는 것인가? 자신의 가슴 속에 있는 적군에 대해서만 진정으로 전쟁을 할 수 있다는 말인가?

4. 『트리스탕과 이죄』의 줄거리

"Amors par force vos demeine!"[4]
—베룰

트리스탕은 불행하게 태어났다. 아버지는 그가 태어나기 전에 죽었으며 어머니 블랑슈플뢰르는 그를 낳으면서 산욕으로 숨을 거두었다. 이 불행 때문에 그의 이름이 슬프다는 뜻의 트리스탕이 되었는데 이 어두운 삶의 색깔과 몰아치는 폭풍우가 장차 그의 이야기를 지배하게 된다.[5] 어머니 블랑슈플뢰르와 남매 지간이며 트리스탕의 외삼촌인 콘월 왕 마르크가 고아가 된 트리스탕을 거두어 궁에 살게 하며 가르쳤다.

트리스탕이 거둔 첫 번째 무공은 모롤트를 제압하고 거둔 승리였다. 이 아일랜드 출신의 거인은 그리스 신화의 괴물 미노타우로스처럼 콘월의 젊은 처녀들이나 청년들을 제물로 바치라고 요구했다. 트리스탕은 이 거인과 싸워도 좋다는 허락을 받는데, 그때가 기사의 면모를 갖춘 시점으로서 사춘기를 막 벗어난 때였다. 트리스탕은 거인을 죽이지만, 그 자신도 거인의 칼에 묻어있던 독에 중독되고 만다. 살아남을 희망이 없어진 트리스탕은 칼과 하프만 몸에 지닌 채 돛대도 없고 노도 없는 배에 올라 길을 떠난다.

트리스탕은 아일랜드 해변에 도착한다. 아일랜드 여왕만이 트리스탕의 병을 치료할 수 있는 약의 비밀을 알고 있었다. 하지만 트리스탕이

---

[4] [역주] 베룰판 『트리스탕과 이죄』에 나오는 다음과 같은 시절(詩節)의 두 번째 시구다. "Gent dechacie, a con grant paine/Amors par force vos demeine!"(가련한 유배자들이여, 사랑이 저항할 수 없는 힘으로 그대들을 끌고가고 있소!)

[5] [역주] 프랑스어로 '슬픈'이라는 형용사는 '트리스트(triste)'이다. 블랑슈플뢰르(Blanchefleur)는 '하얀 꽃'이라는 뜻을 갖고 있다.

죽인 모롤트는 바로 이 여왕의 오빠였고 트리스탕은 자신의 이름과 병의 원인을 숨겨야만 했다. 그런데 아일랜드의 공주였던 이죄가 트리스탕을 돌보아주었고 트리스탕은 병을 치료하게 되었다. 여기까지가 소설의 서막이다.

몇 년 뒤, 한 마리 새가 물어다 준 금발 한 올을 받은 마르크 왕은 머리칼의 주인인 여인과 결혼을 하는데, 왕이 이 금발의 주인인 미지의 여인을 '찾아오라고' 보낸 사람이 다름 아닌 트리스탕이었다. 하지만 폭풍우가 불어와 트리스탕은 다시 아일랜드 해변가로 밀려오고 만다. 트리스탕은 이 해변에서 도시를 위협하던 용과 결투를 벌여 용을 죽인다(이것은 젊은 편력기사編曆騎士가 처녀를 구출한다는 널리 알려진 에피소드의 한 변형이다).[6] 용과 싸우다 상처를 입은 트리스탕은 이번에도 이죄의 간호를 받는다. 그러던 어느 날 이죄는 자신이 간호하고 치료해 준 이 남자가 다름 아닌 자신의 삼촌을 죽인 적이라는 사실을 알게 된다. 이죄는 트리스탕의 칼을 빼앗아 욕조에 있던 그를 죽이겠다고 위협한다. 그때 트리스탕은 자신이 마르크 왕한테서 받은 명령을 이죄에게 고백한다. 그러자 이죄는 그를 용서하는데, 그녀는 왕비가 되고 싶었기 때문이다(몇몇 작가에 의하면, 이죄는 청년 트리스탕의 매력에 사로잡혔기 때문이라고도 한다).

트리스탕과 공주는 함께 마르크 왕의 영토를 향해 길을 떠난다. 바다 한가운데로 나아가자 바람이 불고 태양은 견딜 수 없게 뜨거웠다. 두 사람은 목이 말랐고 그러자 하녀 부랑지엥이 마실 것을 주었다. 그러나 하녀가 준 것은 이죄의 어머니가 만든 '약초 술'로 부부만이 함께 마실 수 있는 술이었다. 이렇게 해서 두 사람은 돌이킬 수 없는 운명의 길로

---

[6] [역주] 예를 들면 서구 회화사에서 자주 그려진 성 게오르기우스 전설이나, 그리스 로마 신화에서 안드로메다를 구하는 페르세우스 이야기 등이 그것이다.

들어서는데, 그 길은 결코 두 사람의 길이 아니었으며, 두 사람은 이제 파괴와 죽음의 술을 마신 것이었다. 술을 마신 두 사람은 서로 사랑을 고백하고 사랑의 감정에 굴복하고 만다.

(최초의 텍스트에서는 이 사랑의 묘약이 3년 동안만 유효하다고 했다. 베룰만이 이 최초의 텍스트에서 나온 이야기를 다시 다룬다.)

> 약초 술인 이 사랑의 묘약이
> 얼마 동안 약효를 유지할지,
> 이 약을 달여 만든 이죄의 어머니는
> 삼 년 동안 그 효험을 주었으니

섬세한 마음이 토마는 이런 이야기를 조야하다고 보았다. 기적에 대해서도 상당히 회의적이었기 때문에 가능한 한 이 사랑의 묘약에 관련된 이야기는 축소했고 트리스탕과 이죄의 사랑을 목욕 장면에서 시작된 자연스러운 감정의 발로로 이야기하고 있다. 반면 아일하르트와 고트프리트를 비롯한 다른 저자 대부분은 토마와는 반대로 이 마법의 술이 지닌 무한한 효험을 강조한다. 뒤에서 다시 이야기하겠지만, 판본들 사이에 존재하는 이 차이점들보다 더 의미 있는 것은 없다.

실수였지만 일은 이미 벌어졌다. '그러나 트리스탕은 여전히 왕이 내린 명령에 묶여있는 몸이었다.' 따라서 두 사람 모두 왕을 배신한 셈이지만 트리스탕은 이죄를 왕에게 데리고 가야만 했다. 두 사람은 속임수를 써서 하녀인 브랑지엥을 이죄로 변장하게 하고 왕과 초야를 치르게 했다. 이는 자신의 치명적인 실수를 만회하려는 하녀의 아이디어였다. 그렇게 해서라도 자신의 여주인인 이죄를 불명예에서 구해내려고 했던 것이다.

그러나 '이간질을 좋아하는' 신하들이 트리스탕과 이죄의 사랑을 왕에게 고해바치고 트리스탕은 쫓겨난다. 하지만 새로운 속임수를 통해 (목동 삽화) 트리스탕은 국왕인 마르크에게 자신의 결백함을 입증해 보이고 다시 궁으로 돌아온다.

간신배들의 공모자인 난쟁이 프로신은 두 사람을 감시하며 기회를 엿보고 있었고 이들 연인은 마침내 그가 놓은 덫에 걸려들고 만다. 난쟁이는 트리스탕과 왕비의 침대 사이에 '밀가루'를 뿌려놓았는데, 마르크 왕에게 새로운 사명을 부여받은 트리스탕은 길을 떠나기 전날 밤 마지막으로 왕비를 만나려고 했다. 트리스탕은 두 침대 사이를 건너뛰었지만 그 바람에 그만 얼마 전에 다리에 입은 상처가 다시 터져버린다. 난쟁이의 신호와 함께 왕과 신하들이 침실로 들이닥쳤다. 이들은 흰 밀가루 위에 떨어진 붉은 핏방울을 보았다. 불륜의 증거가 드러난 것이다. 이죄는 문둥이들에게 던져질 것이며 트리스탕은 사형에 처해질 것이다. 그러나 트리스탕은 탈출을 한다(예배당 삽화). 트리스탕은 이죄를 구출하고 그녀와 함께 모루아 숲 속으로 숨어든다. 두 사람은 이 숲 속에서 삼 년 동안 '모질고 힘겨운' 삶을 보낸다. 그러던 어느 날, 마르크 왕은 잠이 들어있는 두 사람을 우연히 발견한다. 트리스탕은 자신과 이죄 사이에 칼집에서 빼낸 칼을 놓아두고 자고 있었다. 두 사람의 순결을 입증해주는 이 광경을 본 왕은 감동한 나머지 두 사람을 용서하기로 마음먹는다. 왕은 두 사람을 깨우지 않고 두 사람 사이에 있던 트리스탕의 칼 대신 자신이 차고 있던 왕의 칼로 바꿔 놓았다.

(베룰과 다섯 가지 판본의 공동 원본에 의하면) 그 사이 삼 년이 흘렀고 묘약의 효험도 끝난다. 트리스탕은 후회를 하게 되며 이죄 역시 궁정을 그리워한다. 두 사람은 은자인 오그랭을 찾아가고 트리스탕은 이 은자를 통해 왕에게 왕비를 돌려주겠다는 제안을 전하도록 한다. 마르크는 사면을 약속한다. 왕의 행렬이 가까이 다가오자 두 사람은 이별을 한다. 이죄는 트리스탕에게 왕 마르크가 정말로 그에게 선처를 베풀 때

까지는 지금 있는 곳을 떠나지 말라고 애원한다. 그런 다음 왕비는 여자로서의 마지막 꾀를 내어, 트리스탕이 소식만 주면 언제라도 그를 다시 찾아올 것이며, '아무리 높은 탑도, 벽도 그리고 튼튼한 성도' 자신을 막을 수 없을 것이라는 말을 남기고 떠난다.

삼림 감시원인 오리의 집에서 두 사람은 여러 번 은밀한 만남을 갖는다. 하지만 간신배들이 여왕을 감시하고 있었다. 여왕은 자신의 무죄를 입증하기 위해 '신의 심판'을 요구했고 그것은 받아들여졌다. 여왕은 그럴듯한 변명을 해서 이 심판을 통과한다. 불에 달군 쇠를 손으로 집어야 했는데 거짓말을 하지 않은 자는 이 뜨거운 쇠를 잡아도 손이 데이지 않는다. 여왕은 그의 주인인 왕의 남자들과 배에서 내릴 때 손을 잡아준 한 촌사람 이외에는 결코 누구의 팔도 잡지 않았다고 주장했다. 그 촌사람이 바로 위장을 하고 나타났던 트리스탕이었다.

하지만 새로운 사건들이 일어나 트리스탕을 멀리 데려간다. 트리스탕은 여왕이 더는 자신을 사랑하지 않는다고 생각한다. 이런 생각이 들자 바다 건너 먼 나라에 와 있던 트리스탕은 같은 이름인 '흰 손의' 또 다른 이죄를 만나 그녀의 '이름과 아름다움 때문에'[7] 마침내 결혼을 한다. 그리고 트리스탕은 이 여인을 처녀로 그대로 놔두는데, 트리스탕은 여전히 '푸른 이죄'를 잊지 못하고 있었기 때문이다.

마지막 싸움에서도 트리스탕은 독이 묻은 칼에 찔려 죽을 상황에 처하게 되자 콘월 왕비를 부른다. 오직 그녀만이 그를 치료할 수 있었기 때문이다. 부름을 받은 그녀는 트리스탕을 찾아오고 배에는 희망을 나타내는 흰 돛이 달려있었다. 왕비 이죄가 도착하는 모습을 숨어서 보고 있던 흰 손의 이죄는 질투에 사로잡혀 트리스탕의 침대 곁으로 다가가

---

[7] "*Pur belté e pur nun d'Isolt*" (Thomas)

검은 돛을 단 배가 왔다고 거짓말을 한다. 트리스탕은 그만 숨을 거두고 만다. 금발의 이죄는 배에서 내려 성에 올라와 연인의 몸을 끌어안은 채 그녀 역시 숨을 거둔다.

5. 수수께끼들

가장 매혹적인 시 구절들을 이런 식으로 요약해가며 읽어가면 이야기의 모든 '매력'은 파괴될 수밖에 없다. 하지만 이 요약만 살펴보아도 몇 가지 사실과 이야기의 진행에 무언가 석연치 않은 점들이 있다는 것을 알 수 있다.

나는 상당히 많은 부차적인 에피소드는 생략했지만 소설의 기본 줄거리를 진행시키는 핵심적인 모티브는 생략하지 않았다. 게다가 이 핵심적인 모티브들을 강조하기까지 했다. 이 핵심적인 모티브란 사실은 몇 개 되지 않는다. 즉 첫 번째로, 트리스탕은 이죄를 왕에게 데려가는데 '그 이유는' 그가 기사로서의 충성심으로 왕에게 묶여있었기 때문이다. 두 번째로는 이들 연인은 함께 숲 속에서 삼 년 동안 산 다음 헤어지는데, '그 이유는' 사랑의 묘약이 효험을 다했기 때문이다. 마지막으로 트리스탕은 흰 손의 이죄와 결혼하는데 그 이유는 그녀의 **이름과 아름다움** 때문이었다.

이제 이 '이유들'을 잠시 제쳐 놓으면(뒤에서 다시 이야기할 기회가 있을 것이다), 소설이 앞뒤가 잘 맞지 않는 일련의 수수께끼에 기대고 있음을 알 수 있다.

최근에 이 소설을 펴낸 한 출판사의 책을 읽다가 나는 크게 놀라지 않을 수가 없었다. 다름 아니라 소설이 이어지는 동안 트리스탕은 언제나 그가 상대하는 적들보다 신체적으로 우월한 인물로 묘사되었고 특히 왕보다도 우월한 인물로 등장하고 있었다. 그렇다면 어떠한 외부의 힘으로도 트리스탕이 이죄를 납치하는 것을 막거나 운명을 거역하게 할 수 없었을 것이다. 소설이 쓰인 시대의 전반적인 상황을 생각해 보면 가장 강한 자만이 가장 아름다운 여인을 차지할 수 있었기 때문이다. 심지어 사람들은 가장 강한 자를 아무런 망설임 없이 신격화했다. 특히 이런 경우 여자에 대한 남자의 권리는 무엇보다 보장되는 권리였다. 이것이 바로 결투로 보장된 대가였다. 그런데 '왜 트리스탕은 이 권리를 행사하지 않았을까?'

비판적인 의견을 보여준 우리는 이 첫 번째 의문에 이어 다른 에피소드들에 대해서도 의문을 품지 않을 수 없는데, 사실 애매모호하고 야릇한 내용이 하나 둘이 아니다.

'왜 숲 속에서 살면서도 순결의 칼을 두 사람 사이에 놓아두어야만 했을까?' 이들 연인은 이미 죄를 지었다. 두 사람은 죄를 짓고 나서도 바로 후회하지도 않았다. 두 사람은 왕이 자신들을 발견하리라고는 전혀 예상하지도 못했다. 하지만 그 어떤 판본을 살펴봐도, 이 행위에 대한 단 한 마디의 언급도 찾아볼 수가 없다.[8]

'왜 트리스탕은 이죄를 왕에게 보내주었을까?' 그것도 사랑의 묘약이 아직 약효를 발휘할 때임에도 불구하고. 만일 일부 사람이 주장하는 것처럼, 두 사람이 깊이 뉘우쳤기 때문에 서로 헤어졌다고 한다면, 왜 두

---

[8] 물론 토마가 쓴 소설의 베디에 판을 보면(제1권, 240쪽) 왕실 수렵담당관이 이들 연인의 거처를 급습하는 다음과 같은 장면이 나온다. "그는 누워 있는 트리스탕을 보았고 동굴 다른 편에는 이죄가 누워 있었다. 이들 연인은 모두 누워 있었는데 엄청난 더위 때문에 몸을 쉬어야만 했기 때문이었다. 두 사람 모두 그렇게 서로 떨어져서 잠이 들어 있었다. 왜냐하면……" 베디에 판은 여기서 중단되어 있다! 베디에는 다음과 같이 주석을 달아 놓았다. "해독 불가능한 문장이 나옴." 신비를 풀어줄 '유일한 텍스트'가 이렇게 읽을 수 없는 상태에 있다니 어떤 저주라도 떨어졌단 말인가?

사람은 이별을 '받아들이기로 한' 바로 그 순간에 다시 서로 만날 약속을 했을까? 게다가 이죄와 숲 속에서 만나기로 약속한 트리스탕은 왜 또다시 새로운 모험을 떠나 이죄로부터 멀리 떨어졌는가? 왜 죄를 지은 왕비는 '신의 심판'을 요구한 것일까? 그녀는 이 심판이 그녀를 파멸로 이끌 수 있음을 잘 알고 있었다. 그녀는 실제로 최후의 순간에 술책을 부려서 이 시험에서 겨우 살아남는다. 그렇다면 어쨌든 기적이 일어났으니, 이 술책은 사람을 속이는 신이 내리신 것일까?[9]

어쨌든 이 시험을 통과한 왕비는 무죄를 인정받는다. 따라서 트리스탕도 무죄였다. 이제 그 어떤 것도 그가 왕의 곁으로 돌아오는 것을 막아설 수 없고 트리스탕은 '따라서 이죄 곁으로' 돌아올 수가 있었다.

한편, 명예와 군주에 대한 충성이 걸린 사안이라면, 극도로 까다로웠던 12세기 시인들이 옹호할 수 없는 이토록 많은 행위에 대해 한 마디 촌평도 하지 않은 채 그냥 넘어가는 것도 아주 이상한 일이지 않은가? 시인들은 대체 어떻게 자신이 모시는 왕을 가장 냉소적인 술책으로 기만한 트리스탕을 기사의 모델로서 소개한단 말인가? 또한 불륜을 저지른 아내를 덕망 있는 부인으로 소개하고 있다. 그녀는 뻔뻔스러운 불경을 저지르면서도 한발자국도 뒤로 물러서지 않았던 여인이지 않았는가? 오히려 시인들은 거꾸로 왕의 명예를 지키려고 한 귀족들을 '간신배'로 몰아세우지 않았는가? 비록 질투심에서 이 귀족들이 움직였다고 해도, 그들은 적어도 거짓말은 하지 않았으며 누구를 속이지도 않았다. 하지만 트리스탕은 반대였다.

---

[9] 고트프리트 폰 슈트라스부르크는 냉소적으로 이 점을 강조하고 있다. "이렇게 해서 일은 분명해졌노라.─모든 사람 앞에서 드러났으니─영광 중의 영광인 그리스도께서─몸에 걸치신 옷처럼 스스로 몸을 굽히시고─모든 이들의 소원을 들으사─그것이 진지한 것이든, 속임수이든─언제나 원하는 것을 베푸시며……"

마지막으로 줄거리의 개연성을 위해 삽입된 몇 가지 에피소드 역시 의혹스럽긴 마찬가지다. 실제로 군주에 대한 충성이 트리스탕으로 하여금, 그가 찾아 나섰던 왕의 약혼녀 이죄를 돌려주게 했지만 – 토마가 적절하게 지적했듯이, 트리스탕은 용을 물리치고 구원해냈음으로 '자신을 위해' 이죄를 차지할 정당한 권리가 있었고 또 실제로 그렇게 했다 – 트리스탕은 언제나 일이 벌어진 다음 늦게서야 노심초사하며 괴로워할 뿐이며 그 고민도 그리 심각한 것은 아니었다. 트리스탕은 어떻게 하면 궁으로, 다시 말해 이죄 곁으로 돌아갈 수 있을지만을 궁리하고 있었다. 게다가 약효가 떨어진 사랑의 묘약은 원래 결혼한 두 부부를 위해 만들어진 게 아닌가? 그렇다면 왜 약효에 시한을 정해두었을까? 삼 년이란 시간은 행복한 부부에게는 그리 긴 시간이 아니다. 또 트리스탕은 '아름다움과 이름 때문에' 다른 여인과 결혼을 한다. 그러면서도 새로 맞이한 여인을 처녀로 놔둔다. 그 누구도 그 어떤 것도 트리스탕에게 이 결혼을 강요하지 않았고 또 그에게 이 무례한 순결을 강요하지도 않았다. 트리스탕으로서는 죽음 이외의 다른 출구가 없었던 것일까?

6. 기사도냐 결혼이냐

『트리스탕과 이죄』 이야기에 주석을 단 한 비평가는 이 이야기에서 '코르네유 식의 사랑과 의무 사이의 갈등'을 보고 싶어했다.[10] 이 고전적인 해설은 그러나 어딘지 시대착오적이다. 코르네유를 훼손하기도 했지만, 이 설명은 세세한 것까지 다 아는 박학다식함만으로는 결코 헤아릴

---

[10] [역주] 코르네유(Pierre Corneille, 1606~1684)는 몰리에르, 라신과 함께 17세기, 루이 14세 시대의 대표적인 프랑스 극작가이다.

수 없는 작품의 몇 가지 진실 중 하나를 놓치고 있는 것처럼 보인다. 즉 12세기 후반에 들어서서 나타나기 시작한 기사도적 규범과 봉건적 관습 사이의 대립을 간과하고 있는 것이다. 비평가들은 브르타뉴 소설들이 이 대립을 반영하면서 동시에 조장하고 있었다는 사실을 그리 자주 지적하지는 않았던 것 같다.[11]

궁정풍의 기사도는 어쩌면 단지 하나의 이상에 지나지 않았던 것인지도 모른다. 기사도를 처음으로 말한 작가들은 이 사실을 안타까워했다. 이들은 자신들이 원하는바 기사도라는 것이 이제 막 자신들의 꿈속에서 태어나고 있는 기사도라는 사실을 잊고 있었던 것이다. 사실 이상이라는 것은 서툰 방식으로 구현되려고 하는 바로 그 순간, 사람들이 이상이 구현되지 않는다고 안타까워할 때 그 본질을 드러내는 법이다. 하지만 소설은 이와는 달리 '허구'에 지나지 않는 이상을 폭압적인 현실과 마주 서게 하는데, 이것이 소설의 행운이라면 행운 아니겠는가?

'소설 트리스탕'이 남긴 수수께끼들은 이런 관점에서 접근할 때 실마리가 풀릴지 모른다. 트리스탕의 모험과 사랑이 기사도와 봉건사회의 갈등을 일러준다고 본다면, — 따라서 '두 의무' 사이의 갈등이자 나아가서는 '두 종교' 사이의 갈등도 될 것인데 — 많은 에피소드의 의미가 풀리는 것을 알게 된다. 설령 이러한 가정을 한다고 해서 어려움이 풀리는 것은 아니라고 하더라도, 이 가정에서 의미 있는 답을 얻을 수도 있는 것이다.

12세기 후반에 들어서 브르타뉴 지방의 소설들은 놀랄 정도로 빠른

---

[11] [역주] 브르타뉴 소설(roman breton)이란 아더 왕의 전설을 기초로 하여 현재의 프랑스 북부 지방인 브르타뉴와 해협 건너 영국 남부 일대에서 쓰인 일련의 소설을 말한다. 고대 로마의 전설이나 역사적 사실보다는 상상력에 기댄 특징을 보여준다.

속도로 무훈시들을 대체해 나갔는데, 과연 이 소설들은 어떤 면에서 무훈시들과 달랐던 것인가? 차이점은 다름 아니라 무훈시에서 흔히 봉건 군주에게 주어지던 역할이 브르타뉴의 소설들에 와서는 여성에게 맡겨진다는 점에 있다. 브르타뉴 지방의 기사는 남프랑스의 음유시인들처럼 스스로를 선택된 한 귀부인의 가신으로 여겼다. 하지만 브르타뉴의 기사는 여전히 영주의 가신이기도 했다. 바로 여기에서 정당성의 갈등, 즉 누구에게 충성을 해야 하는지 갈등이 생겨났으며 '소설 트리스탕'은 이에 관련된 예들을 보여주고 있다.

세 사람의 '간신' 신하들이 등장하는 에피소드를 다시 한 번 살펴보자. 봉건적 윤리에 따르면, 신하는 영주의 권리와 명예를 해치는 모든 것을 자신이 모시는 영주에게 고해야만 한다. 그렇게 하지 않으면 그때 그는 '간신'이 되는 것이다. 그런데, '소설 트리스탕'을 보면, '간신들'은 마르크 왕에게 이죄를 고발한다. 따라서 그들은 불충을 범한 것이 아니라 충성을 다한 것이며 나아가 의무에 충실했던 것이다. 작가가 그들을 '간신배' 취급을 했다면 그것은 물론 작가가 다른 코드를 따랐기 때문인데 다름 아니라 프랑스 남부 지방의 기사도를 따랐기 때문이다. 남녀의 사랑에 관련된 가스코뉴 지방의 판결은 꽤나 유명한데, 이 지방에서는 궁정의 비밀스러운 연애 사건을 폭로하는 자가 있다면 그를 '간신'이라고 부른다.[12]

이 한 가지 사실만으로도 '소설 트리스탕'의 저자들이 봉건적 권리를 단념하고 '궁정풍의' 기사도 편을 들었던 사실을 입증할 수 있을 것이다. 하지만 이 밖에도 다른 여러 이유가 있다. 예의 바르고 나긋나긋한

---

[12] [역주] 가스코뉴(Gascogne) 지방은 현재의 보르도를 중심으로 하는 프랑스 남서부 지방 일대를 지칭하는 옛날 지방명이다. 현재도 사용하긴 하지만 공식행정명인 아키텐으로 대체되었다.

궁정풍의 사랑이 요구하는 충성 관념과 결혼 관념만이 '소설 트리스탕'의 여러 모순을 풀어줄 수 있을 것이다.

공식적으로 받아들여지고 있는 주장에 따르면, 궁정풍의 사랑은 봉건적 풍습들이 만들어낸 무정부주의적인 난폭한 혼란에 대한 반발로서 생겨났다. 12세기에 결혼이란 영주들에게는 지참금 명목으로 주어지거나 혹은 유산 형태로 남겨지는 땅을 자신의 소유로 귀속시켜 부를 축적할 수 있는 더 없이 좋은 기회였다. '일'이 잘 풀리지 않을 때는 여자를 내쫓았다. 이럴 때 동원된 명분이 바로 불륜인데 교회도 이에 아무런 저항을 보이지 않았다. 결혼 무효를 선언하기 위해서는 많은 증거를 댈 필요도 없이 바람을 피웠다는 말만 하면 충분했다. 이 때문에 헤아릴 수도 없이 많은 싸움과 분란이 일어났다. 이렇게 불륜이 남용되는 상황과 맞서기 위해 유일한 사랑에 근거한 합법적인 결혼과는 무관한 '충절'이라는 새로운 형태의 궁정풍의 사랑을 도입하게 된 것이다. 여기서 한 발 더 나아가 궁정풍의 사랑은 사랑과 결혼은 양립할 수 없는 별개의 것이라는 선언을 하기에 이른다. 이 선언은 샹파뉴 백작령에서 있었던 유명한 결혼 재판에서 나왔다(부록 1, 3장 참조).

주인공인 트리스탕과 이 이야기를 쓴 저자들이 이러한 관점을 공유하고 있었다면 불충과 불륜은 얼마든지 용서될 수 있는 것이었으며, 나아가 용서되는 정도가 아니라 도노이 donnoi의, 즉 궁정풍의 사랑이라는 최상급 법에 충실한 모범적인 사례로서 칭송될 만한 것이었다(도노이 donnoi, 혹은 프로방스 방언으로는 동네이 domnei는 애인인 기사와 도미나 domina로 불리기도 했던 귀부인 사이에서 형성된 봉신관계를 지칭한다).

결혼과 양립할 수 없는 사랑, 혹은 결혼에서 지켜야 할 충절과는 전혀 다른 성질의 충성을 우리는 이미 보았다.『트리스탕과 이죄』이야기는 사회제도를 폄하했으며 남편을 모욕했고 – 왕은 늘 쉽게 속아 넘어가는 당나귀 귀를 가진 인물로 묘사된다 – 결혼을 하기 전이나 결혼을 했으면서도 서로 사랑하는 연인의 용기는 상찬의 대상이 되었다.

하지만 이 궁정풍의 사랑이 요구하는 충성은 야릇한 특징이 하나 있는데, 결혼과 마찬가지로 사랑의 만족을 구해서는 안 된다는 것이다. '귀부인을 완전히 소유하고 싶은 사람이 있다면 그는 도노이에 대해 아무것도 모르는 사람이다. 현실과 비슷하게 되어가는 사랑은 더 이상 사랑이 아니다.'[13] 우리는 이제 트리스탕과 이죄 사이에 놓여있던 순결의 칼, 모루아 숲에 은신해서 살다가 다시 남편 곁으로 돌아간 이죄 그리고 결혼을 했으면서도 아내와 초야를 치르지 않는 트리스탕의 결혼 등 수수께끼 같기만 하던 에피소드들을 이해할 수 있다.

우리 현대인이 말하는 '정념에의 권리'라는 것을 알았다면 트리스탕은 두 사람 모두 사랑의 묘약을 마신 상태에서 이죄를 납치해 갔을 것이다. 하지만 그는 이죄를 왕인 마르크에게 넘겨주었다. 왜냐하면 궁정풍 사랑의 규칙은 '현실을 닮아가는 정념'과는 전혀 다른 것이기 때문이다. 즉 트리스탕은 '귀부인을 완전히 소유'해서는 안 되는 것이다. 따라서 트리스탕은 궁정풍 사랑의 충실한 신봉자로서 얼굴에 마스크를 쓴 채 봉건적 충성을 선택한 것이다. 그리고 이 선택은 그 스스로 한 것일 뿐 누구도 그에게 강요하지 않았다. 위에서 지적했듯이, 왕과 그 신하 누구보다도 강한 남자였던 트리스탕은 '그가 선택한 봉건적 질서' 속에서 마음만 먹는다면 얼마든지 자신에게 있는 힘을 발휘할 수 있었기 때문이다.

이 사랑은 하긴 야릇한 사랑이긴 하다. 사랑을 더 잘 간직하기 위해 사랑을 단죄하는 법을 따르는 사랑이니 말이다! 그러면 사람들이 정념을 옥죄거나 서로 사랑하는 연인의 '행복'을 방해하고 헤어지도록 만들며

---

[13] 포리엘(Fauriel), 『프로방스 시의 역사, I』(Histoire de la poésie provençale), p. 512.

박해하기를 더 좋아하는 것은 대체 어디서 나왔을까?

여기서 이 질문에 답을 할 수 있을까? 궁정풍의 사랑도 이런 것을 원했지만 아직 이 문제에 대해서 근원적인 답을 할 수는 없다. 다른 사랑보다 왜 이런 사랑을 더 좋아하는지, 즉 '실현되고', '충족되는' 사랑보다 왜 그렇지 않은 사랑을 더 좋아하는지를 알아야 하기 때문이다. 우리는 '소설 트리스탕'이 '종교 간의' 갈등을 일러준다는 가능성이 높은 가설에 의지해서 소설의 줄거리가 어떤 문제들을 내포하고 있는지 파악할 수 있었다. 하지만 결국 만족할 만한 답은 아직 찾지 못했다.

7. 소설에 대한 사랑

앞서 요약한 바 있는 '트리스탕' 전설의 줄거리로 다시 돌아가 보면, 다음과 같은 사실에 놀라지 않을 수 없다. 즉 작가는 오직 상충하는 기사도와 봉건적 윤리관이라는 두 규범을 통해 소설이 새로운 국면으로 접어드는 상황에서만 이 두 규범을 준수하려고 한다.[14]

이 지적만으로는 텍스트에 대한 해설이 될 수 없을지도 모른다. 이런 식으로 소설을 읽는다면 앞서 우리가 제기한 모든 의문에 대해 쉽게 답을 찾을 수 있기 때문이다. 가령 일은 그렇게 진행이 되었는데, '왜냐하면' 그렇지 않았다면 더 이상 소설을 쓸 수 없었기 때문이다. 이런 식의

---

[14] 조금 더 정확히 해보자. 1. 두 규범은 은밀한 계산에 따라서 차례대로 준수된다고 볼 수 있는데, 하나를 완전히 배제해버리고 다른 하나를 선택하면 상황이 걷잡을 수 없이 빠르게 진행되어버리기 때문이다. 2. 두 규범이 언제나 준수되는 것은 아니다. 예를 들어, 이들 연인이 사랑의 묘약을 마시자마자 범하게 되는 죄는 궁정풍 사랑의 관점에서 보아도 기독교적이고 봉건적인 규범의 관점에서 볼 때보다 결코 가볍지 않다. 하지만 처음에 이 죄를 저지르지 않았다면 소설은 아예 존재할 수가 없었을 것이다.

답은 얼마나 게으르고 한심한 답인가. 결코 답이 아니다. 다만 이를 통해 우리는 다음과 같은 근원적인 질문을 해볼 수는 있다. 왜 소설이 있어야만 하는가? 보다 정확히 말해, 왜 『트리스탕』 같은 소설이 우리에게 필요한가라는 질문을 할 수 있다.

나이브한 질문일지도 모르지만, 위험한 질문이기도 하기 때문에 나이브하다고 보는 이들은 무의식적인 지혜가 있는 것이리라. 아닌 게 아니라 이 질문을 하다 보면 우리는 모든 문제가 걸려있는 위험한 지점으로 발을 들여 놓게 되며, 실제로 이 질문은 하나의 케이스에 불과한 트리스탕 이야기를 벗어나는 규모가 있다.

추상화하는 능력을 통해 소설가와 독자 모두에게 일어나는 공통된 현상에서 벗어날 수 있는 사람이 있다면, 혹은 소설가와 독자가 나누는 내밀한 대화를 엿들을 수 있는 자가 있다면, 그런 사람들에게는 소설가와 독자 사이에 존재하는 하나의 암묵적인 계약, 혹은 더 정확히 말하면 일종의 공범 의식이 양자를 긴밀하게 연결시켜주고 있는 것처럼 보일 수도 있다. 다시 말해 소설가와 독자는 모두 어떤 상황에서도 소설은 계속되어야 한다고 믿고 있다. 흔히 말하듯이, 두 사람 모두 새로운 국면을 향해 소설이 흘러가야 한다고 생각하고 있다. 이 '의지'가 없다면, 더는 소설의 개연성이라는 것도 없을 것이다. 과학사에서 일어나는 일이 바로 이것이다('진지한' 저서를 읽는 독자는 사실들이 자신의 의지와도 저자의 기발한 생각과도 무관하게 전개되어야 한다는 것을 알고 있기 때문에 그만큼 더 까다로운 독자가 되는 것이다). 하지만 이 의지라는 것을 반대로 순수하게 받아들여보자. 그러면 일어날 것 같지 않은 일이란 없다. 동화의 세계가 그렇다. 과학사와 동화, 이 양극단 사이에는 수많은 주제가 존재하며 그에 못지않게 높은 것에서 낮은 것까지 수많은 개연성의 정도가 존재한다. 소설이라는 책을 두고 어떤 일이 일어날 수 있는 개연성을 말한다면 이 개연성은 소설책이 부추기고자 하는 정념이 어떤 종류의 것이냐에 따라 그 정도가 달라진다. 다시 말해, 소설이 우리가 경험해보고 싶어 하는 정념에 적당한 '명분'만 제공해 주는 것이라면 사람들은 모두 작가가 무엇을 왜곡하든 받아들일 준비가 되어있으며 나아가 작가가 상식적인 논리를 비틀어도 그대로 따라간다. 이렇게 보면 한 작품의 진정한 주제는 작가가 기대는 '트릭들'에 의해 드러난다고 할 수 있다. 작가의 이 트릭은 작품을 읽는 독자가 작가와 같은 의도가 있는 한 언제고 용서받을 수 있다.

우리는 트리스탕의 사랑을 방해하는 외부의 장애물들이 어떤 의미에서 보면 근거가 없다는 것을 보았다. 그 장애물은 요컨대 소설적 장치에 지나지 않는 것들이다. 그런데, 방금 우리가 소설의 개연성을 살펴본 바에 따르면 트리스탕의 사랑을 막아서는 장애물들이 개연성이 없다는 사실 자체가 작품의 진정한 주제를 드러내준다. 개연성이 없는 장애물에 따라 움직이는 정념의 진정한 본질이 트리스탕 이야기의 진정한 주제이다.

트리스탕 이야기에서는 모든 것이 상징이며, 모든 것이 우리의 일상생활에서처럼 움직이는 것이 아니라 마치 꿈처럼 구성되고 유지된다는 점을 인정해야 한다. 소설가가 기대는 핑계들, 두 주인공의 행동들 그리고 소설가가 독자도 원하고 있다고 가정하는 모든 것은 꿈의 방식을 좇아 구성되고 있다. 트리스탕 이야기에서 '사실들'은 이미지에 지나지 않는다. 혹은 '사실들'은 욕망의 투사일 뿐이다. 욕망만이 아니라 '사실들'은 욕망을 막아서는 것들과 욕망을 조장하는 것들, 그리고 단순히 욕망을 지속시키는 것들을 투사한 것이기도 하다. 기사 트리스탕과 왕녀의 행동을 보면 모든 것이 두 사람이 모르는 – 그리고 어쩌면 소설가 자신도 모르고 있는 – 무언가 어겨서는 안 되는 것을 강요한다. 그리고 이 강요는 '두 사람이 누리고 싶어 하는 행복에 대한 욕구보다 훨씬 강하다.' 두 사람이 마주치는 장애물은 객관적으로 보면 그 어느 것도 극복하지 못 할 것이 없지만 그러나 두 사람은 매번 단념하고 만다. 두 사람은 이별을 하지만 그것은 마치 이별의 기회를 놓치지 않기 위해서 헤어지는 것만 같다. 장애물이 없으면 두 사람은 이번에는 장애물을 만들어 낸다. 칼집에서 빼낸 칼과 트리스탕의 결혼 등이 그 예다. 괴로워하면서도 그들은 기꺼이 장애물을 만들어 내는 것이다. 소설가와 독자들이 즐거워지려고 그렇게 한 것일까? 그러나 결국은 같은 이야기이다. 사랑하는 연인들의 가슴에 술책들을 불어넣어 괴로워하도록 만드는 궁정풍의 사랑이라는 악마는 우리 서구인이 사랑하는 그대로의 소설이라는 악마이기 때문이다.

트리스탕 이야기의 진정한 주제는 무엇인가? 사랑하는 이들 연인의 이별일까? 그렇다. 하지만 이 이별은 정념의 이름으로 행해진 것이고, 두 사람을 괴롭히는 사랑을 사랑하는 사랑을 위한 것이었으며, 그 사랑을 부추기고 변용하기 위한 이별이었다 – 행복을 포기하고 생명까지 포기한 채.

*　*　*

우리는 트리스탕 이야기 속에 숨어있는 비밀스럽고도 두려운 의미를 이제 구별해내기 시작했다. 이 이야기가 표현하면서도 숨기고 있는 '위험', 현기증을 불러일으키는 듯한 이 정념, 그것이 트리스탕 이야기의 숨은 뜻이다. 그렇다고 이 현기증을 피해갈 수는 없다. 우리는 이미 걸려들었고 그 매력에 사로잡혀 버렸으며 그 '달콤한 고통'을 맛보았고 그 고통으로 서로를 알아볼 수 있게 되었다. 어떤 단죄도 소용없는 일일 것이다. 현기증을 단죄할 수는 없다. 철학자라면 현기증 속에서도 명상을 해야 하지 않을까? 인식이란 다른 무엇이 아니라 바로, 하나의 정신이 어떠한 유혹에도 굴러 떨어지지 않으려고 스스로를 지키려는 노력이다.

8. 사랑에 대한 사랑

> "나의 괴로움은 다른 모든 괴로움과 다르다.
> 나의 괴로움은 나를 즐겁게 하고, 나는 괴로움을 즐기고 있으니.
> 괴로움, 그것은 내가 원하고 있는 것이며, 그럼에도 난 건강하다
> 그러니 내가 무엇을 불평하리오.
> 나의 뜻에서 나온 내 괴로움, 내 괴로움에서 온 내 욕망.
> 나는 너무나 쉽게 즐기면서 괴로워하길 바라고 있으며
> 고통 속에서도 너무나 많은 즐거움을 느껴
> 달콤하게 병들어 가고 있다."
>
> ―크레티앵 드 트루아

트리스탕은 이죄를 사랑했을까? 그리고 이죄에게 사랑을 받았을까? 두 사람의 사랑 이야기라고 알려져 있지만, 대담하게도 이 질문을 해보아야만 한다(언젠가 발레리가 비슷한 말을 했듯이, 오직 '어리석은 질문만'이 우리에게 교훈을 줄 수 있으며, 자명해 보이는 것들 속에는 결코 자명하지 않은 무엇인가가 숨겨져 있게 마련이다).

우리의 이들 연인 사이에는 인간적인 것이란 찾아볼 수 없다. 두 사람이 처음 만났을 때 그들은 단지 서로 의례적인 예의만을 갖추어 대했을 뿐이다. 트리스탕이 이죄를 찾아 나섰을 때에도 우리가 기억하고 있다시피, 트리스탕은 예의는 고사하고 솔직하게도 반감을 드러냈다. 이 모든 것을 보건대 두 사람은 결코 자유롭게 서로를 선택한 것이 아니다. 하지만 두 사람은 사랑의 미약을 마셨다. 이로부터 정념이 시작된다. 그들이 마신 사랑의 미약에서 애정이 싹터 두 사람이 맺어지고 마술 같은 운명이 펼쳐진 것일까? 수천 개의 시구로 이루어진 소설 어디를 봐도 우리는 단지 한 군데에서만 이런 흔적을 볼 수 있을 뿐이다. 트리스탕이 탈출한 이후, 두 사람이 모루아 숲에서 함께 살 때 단 한 번 두 사람은 서로 사랑하는 것 같은 느낌을 준다.

그 후 많은 세월이 흘렀다.
서로는 깊은 사랑으로 서로를 사랑했고
두 사람 모두 어떤 고통도 느끼지 못하였다.

당시 시인들은 우리보다 덜 감상적이어서 당연한 것은 굳이 강조하지 않았을까? 그렇지는 않다. 이들 연인이 삼 년 동안 숲 속에서 함께 지낸 세월을 주의 깊게 읽어보면 그렇지 않다는 것을 알 수 있다. 가장 아름답고, 또 아마도 트리스탕과 이죄 전설에서 가장 압권에 속하는 두 장면을 보자. 이 두 장면은 이들 연인이 함께 은자 오그랭을 방문하는 장면이다. 첫 번째 방문은 두 사람이 은자에게 고백을 하기 위해서였다. 하지만 죄를 고백하고 용서를 구하기보다 두 사람은 서로 사랑에 빠져 모험을 하게 되었지만 '서로 사랑하지 않으니' 자신들은 책임이 없다는 점을 증명하려고 애쓰는 모습을 보여준다.

그녀가 나를 사랑한 것, 그것은 독약 때문입니다.
묶여 있던 나는 떠날 수가 없었고
그녀 역시 나로부터 벗어날 수가……

트리스탕이 이 말을 끝내자 이죄도 같은 말을 한다.

대감님, 전능하신 하나님을 두고 말씀드리건대,
그는 저를 사랑하지 않고 있으며 저 또한 그를
사랑하지 않습니다.
내가 마신 그 독초를
그 또한 마셨으며 그것은 죄악이었습니다.

이렇게 보면 이들 연인이 처해 있는 상황은 전혀 앞 뒤가 맞지 않는 모순 그 자체라고 할 수밖에 없다. 두 사람은 사랑하고 있지만 동시에 사랑하고 있지 않은 것이다. 또 두 사람은 죄를 지었지만 그 죄에 책임이 없기 때문에 그것을 후회할 수도 없다. 두 사람은 고백을 하긴 하지만 그러나 죄로부터 자유스러워지지도 못 하며 심지어 용서를 빌 수 있는 상황도 아니다. 하지만 실제로는 모든 위대한 연인들처럼 이 두 사람도 '선과 악의 경계를 넘어선 상태'에서 서로에게 매혹당한 것이다. 다시 말해, 두 사람은 우리 모두가 갖고 있는 일반적인 조건에서 벗어난 일종의 초월적 세계 속에서 사랑했으며, 그 세계는 우리가 사는 세계의 규칙과는 양립할 수 없는 세계이지만 두 사람에게는 '이 세상보다 더 현실적인' 세계였다. 두 사람을 짓눌렀고 신음 소리를 내며 따를 수밖에 없었던 운명이 선과 악의 대립을 없애버린 것이다. 이 운명은 두 사람을 모든 윤리적 가치의 원천 그 너머에 있는 세계로 인도했다. 두 사람은 쾌락과 고통의 구분도 벗어났으며 그리하여 모든 대립과 한계가 사라진 세계에 들어가 있었던 것이다.

'트리스탕은 나를 사랑하지 않고 있으며, 나 또한 그를 사랑하지 않는다'는 이죄의 고백은 결코 평범한 고백이 아니라 단호한 것이었다. 사태는 두 사람이 서로 만난 적도 없고 서로를 알아보지도 못한다는 식으로 전개되고 있었다. 두 사람이 함께 맛 본 '달콤한 고통'도 두 사람 중 그 누구의 것도 아니다. 그 '달콤한 고통'은 두 사람의 인격이나 욕망과는 무관한 모종의 낯선 힘에서 나온다. 물론 두 사람은 자신들의 욕망을 의식하고 있었다. 다시 말해 '달콤한 고통'은 그들이 겪은 그대로의 고통과는 무관한 것이다. 이 두 남녀의 육체적 심리적 특징은 완벽하게 의례적이며 수사학적이다. 예를 들면, '남자'는 '가장 강한 남자'이며, '여자'는 '가장 아름다운 여자'이다. '그'는 기사이며 '그녀'는 '공주'다. 이 밖에도 여러 예를 들 수 있다. 두 인물이 이 정도로 단순화 되어있다면 과연 두 인물 사이에서 인간적인 사랑의 감정을 싹트게 할 수 있을까? 사랑의 미약이 효력을 발휘하는 동안 나타나는 두 사람 사이의 인간적인 정은 오히려 약의 도움 없이 실제로 느낄 수 있는 정과는 반대의 것이기도 한데, 정념이 약해지는 순간 이 인간적인 정이 나타난다. 그리고 실제로 이 인간적인 정은 이들 연인을 묶어주는 연정이 아니라 오히려 그와는 반대로 두 사람이 서로 헤어져야 한다는 것을 일러주는 역할을 한다. 이 대목을 조금 가까이서 살펴보자.

> L'endemain de la saint Jehan
> Aconpli furent li troi an
> 성 요한 축제 다음 날
> 삼 년의 기한이 만료되었다.

트리스탕은 숲 속에서 사냥을 하고 있었다. 그러다 문득 그가 버리고 떠난 세상을 떠올린다. 눈앞에는 마르크 왕의 궁정이 선하다. 그는 기사의 화려한 옷과 말을 장식하던 '녹색과 회색'을 그리워하고 삼촌이기도 한 왕의 곁에 있었다면 자신이 차지할 수도 있었던 높은 신분을 안타까워한다. 트리스탕은 그러면서 동시에 - 처음으로 - 여자 친구도 떠올린다! 그녀는 '아름다운 방에서… 비단 위에 몸을 눕히고 있을 것이다.' 한편 그러는 사이 이죄도 똑같은 후회를 한다. 저녁이 되어 두 사람은 새롭게 느끼게 된 고통을 서로 털어놓는다. '고통 속에서 우리의 기쁨은……' 얼마 지나지 않아 두 사람은 헤어지고 말 것이다. 트리스탕은 브르타뉴 지방으로 가겠다고 한다. 이별을 결정하기 전에 두 사람은 은자인 오그랭을 찾아가 용서를 구하며 마르크 왕에게는 이죄를 용서해 달라고 청한다.

바로 이 대목에서 은자와 후회하는 두 사람 사이에서 짧지만 아주 극적인 대화가 오간다.

> Amors par force vos demeine!
> Combien durra vostre folie!
> Trop avez mené ceste vie.
> 사랑이 저항할 수 없는 힘으로 그대들을 끌고가고 있소!
> 그대들의 광기가 얼마나 오래 계속될지!
> 그대들은 이미 너무도 오랫동안 이런 삶을 살아왔소!

오그랭이 이렇게 꾸짖자, 트리스탕이 답한다.

> Tristan li dist ; or escoutez
> Si longuement l'avons menée
> Itel fu nostre destinée.
> 트리스탕이 그에게 말했다. 하지만 제 말 좀 들어보십시오.
> 우리가 그토록 오랫동안 이런 삶을 산 것은
> 그것이 우리의 운명이었기 때문입니다.

(어쩔 수 없는 사랑이 그대들을 묶어 놓았다. 어쩔 수 없는 사랑! 이 말은 시인이 정념에 대해 내릴 수 있는 가장 애틋하고 완벽한 정의라고 할 수 있다. 이 한 구절의 시만으로도 모든 것을 다 말한 것이며 낭만주의 전체를 대신할 수도 있을 것이다! '심장이 토해내는 이 거칠고 서툰 사랑의 말'을 누군들 우리에게 더 적절히 표현해 줄 수 있겠는가?)

이제 마지막 대목을 보자. 트리스탕은 왕이 이죄를 다시 받아들이겠다는 긍정적인 답을 받았을 때 다음과 같이 말한다.

> Dex! dist Tristan, quel departie!
> Mot est dolenz qui pert s'amie…
> 트리스탕이 말했다. 하나님 맙소사! 이별이구나!
> 이별이라는 말은 애인을 잃는 자에게는 고통이네.

트리스탕은 바로 자신의 고통을 측은하게 생각하고 있다. 그는 자신의 '애인'을 헤아리지 않았다. 이죄 쪽을 봐도, 그녀 역시 남자 애인 곁에 있을 때보다 오히려 왕의 곁에 있을 때 더 행복해 한다는 것을 알 수 있다. 모루아에서 트리스탕과 함께 살 때보다 불행한 사랑 속에서 더 행복해 한다.

* * *

게다가 사랑의 미약이 더 이상 효험을 발휘하지 못했음에도 불구하고 이들 연인은 다시 정념에 사로잡히게 되며 그로 인해 '그는 그녀 때문에, 그녀는 그 때문에' 생명을 잃고 만다.

이들 연인의 삶을 보면 행복보다는 운명처럼 예기치 못한 불행과 우연이 많이 일어나고 있음을 알 수 있는데, 이는 두 사람의 사랑이 사실은 에고이즘에 근거해 있음을 일러준다. 하지만 사랑의 감정과 반대되는 이 모호한 에고이즘을 우리는 과연 어떻게 이해해야 할 것인가? 흔히들 에고이즘은 죽음에 이르고 만다고 한다. 최후의 완벽한 패배인데, 하지만 우리가 보기에 이는 패배가 아니라 에고이즘의 완성이자 승리이다. 하지만 답은 여전히 미진하다. 더 완벽한 답을 얻자면 이제 우리는 하나의 신화에 의존할 수밖에 없다.

트리스탕과 이죄는 서로 사랑하지 않았다. 두 사람 스스로 서로 사랑하지 않았다고 말했고 모든 것이 이를 입증해주고 있다. 즉, '그들이 사랑한 것은 사랑 그 자체였으며 사랑한다는 사실 자체를 그들은 사랑한 것이다.' 두 사람의 행동을 봐도 이는 쉽게 알 수 있다. 두 사람은 마치 진정한 사랑과는 배치되는 모든 것이 두 사람의 사랑을 보증해주며 심지어 두 사람의 가슴 속에서 죽음이라는 최후의 장애물이 다가오는 순간에도 사랑이 무한히 증폭된다는 것을 알고 있었던 것처럼 행동한다.

트리스탕은 자신이 사랑하고 있다는 느낌을 사랑하고 있으며 자신의 사랑을 사랑하는 이 사랑은 금발의 이죄를 향한 사랑보다 더 깊다. 이죄 역시 트리스탕을 자신의 곁에 두기 위해 아무 일도 하지 않는다. 이죄는 단지 정념으로 가득 찬 꿈만 꿀 뿐이다. 두 사람은 이렇게 각각 자신들의 마음을 불태우기 위해 상대방이 필요했을 뿐, 있는 그대로 서로를 사랑한 것은 아니다. 두 사람은 눈앞에 보이는 존재가 아니라 오히려 사랑하는 사람이 없는 부재를 더 사랑한 것이다!

이렇게 해서 이들 연인의 정념이 이별을 낳게 된다. 즉 두 사람은 살아 숨 쉬는 인간이나 사랑의 충족감보다는 오히려 그들을 사로잡고 있는 정념에 대한 사랑 때문에 이별을 한다. 바로 이런 이유로 소설 속에서는 수많은 장애물이 나타나 두 사람을 가로막는다. 두 사람이 놀랍게도 같은 꿈을 꾸면서도 각각 홀로이며 그러면서도 같은 꿈을 갖고 있다는 사실에 무관심한 것 역시 이 때문이다. 소설에서나 볼 수 있는 흔한 반전과 죽음에 이르는 결말도 이 때문이다.

트리스탕은 다음과 같이 탄식하고 만다. '애인을 잃어버린 자에게 죽음은 얼마나 달콤한가 Mot est dolenz qui pert s'amie.' 피할 수 없는 갈등이지만 원했던 것이기도 하다. 깊은 어둠이 다가오지만 트리스탕은 이미 애인의 부재로 은밀한 불꽃이 피어나고 있음을 느끼고 있었다.

9. 죽음에 대한 사랑

하지만 우리는 한 발 더 나아갈 필요가 있다. 아우구스티누스가 말한 바, amabam amre는 아우구스티누스 자신도 만족하지는 않았지만 상당히 감동적인 표현이라고 하지 않을 수 없다.[15]

우리가 앞서 자주 말한 적이 있는 '장애물'과 두 주인공의 정념 때문에 '장애가 만들어지는 상황'은 (허구적 소설이기 때문에 독자의 기대심리를 충족시키기 위해 필요한 장애물과 주인공들의 정념이 만들어 내는 장애를 구분하기는 사실 힘들다) 과연 정념이 발전하기 위해 필요한 하나의 구실에 지나지 않는 것일까? 아니면 보다 깊은 의미를 지니고 있는 다른 이유로 해서 정념과 관계를 맺고 있는 것인가? 이 점을 자세히 살펴보기 위해서는 이야기 속으로 더욱 깊이 들어가 봐야 할 것이다.

*　*
*

    소설은 앞서 보았듯이 이들 연인의 반복되는 이별과 재회로 이루어졌다.[16] 이별은 크게 두 종류로 나눌 수 있는데, 외부의 적대적 환경에 의해 이별을 해야 하는 경우가 있고 트리스탕이 만들어 내는 고의성이 있는 이별이 있다.
    이 두 가지 이별에서 트리스탕은 동일한 방식의 행동을 보여주지 않고 매번 다른 방식으로 행동한다. 소설에서 장애가 만들어 내는 두 가지

---

[15] [역주] *Nondum amabam, et amare amabam*은 아우구스티누스의 『고백록』 3권에 나오는 구절로, '나는 아직 진정한 사랑을 못했으며, 사랑하는 것을 사랑하고 있었다'는 뜻이다. 줄여서 *amabam amare*이라고 하면 '사랑을 사랑했노라'는 뜻이 된다.

[16] 여기서 잠시 이별과 재회로 구성된 줄거리를 상기해 보자. 트리스탕의 첫 번째 아일랜드 체류. 이들 연인은 헤어지지만 아직 사랑하는 사이는 아니었다. ─ 트리스탕의 두 번째 체류. 이죄는 트리스탕을 살해하려고 한다. ─ 항해와 사랑의 미약, 죄는 용서되고 이죄는 풀려난다. ─ 트리스탕이 궁정에서 추방됨. 나무 밑에서 만나기로 약속함. ─ 트리스탕, 궁정으로 귀환. '현행범'에 해당하는 죄악. 두 사람 이별. ─ 이들 연인 다시 만나 숲 속에서 3년을 보낸 후 다시 헤어짐. ─ 삼림 관리인인 오리의 집에서 두 사람 재회 후 두 사람 잠시 멀리 떨어져 지냄. ─ 트리스탕, 광인으로 변장한 채 다시 모습을 나타냈다가 다시 이죄 곁에서 멀리 떨어져 지냄. 긴 이별 후 트리스탕 결혼함. ─ 이죄, 트리스탕 곁으로 오지만 트리스탕 숨을 거둠. 이어 이죄도 숨을 거둠.

서로 다른 행동 방식은 조금 자세히 살펴볼 필요가 있다.

사회적 상황들이 이들 연인을 위협할 때면(예를 들어, 마르크가 두 사람 앞에 있다거나, 신하들이 이들 연인을 불신하기도 하고 때론 하나님의 심판이 개입하기도 한다) 트리스탕은 장애물을 뛰어 넘는다(한 침대에서 다른 침대로 건너뛰는 행동은 이런 장애물을 뛰어 넘는 모든 행위를 상징적으로 보여준다). 트리스탕은 이렇게 하면서 고통을 감수하기도 하고(상처가 덧나기도 하며) 때론 목숨을 걸기도 한다(자신이 감시당하고 있다는 사실을 알면서도 행동하기도 한다). 하지만 이럴 경우 그의 정념은 동물적이라고 말해도 무방할 정도로 최고조에 달하는데 그 결과 트리스탕은 이러한 '사랑의 유희'에 취한 채 괴로움은 물론이고 자신에게 가해질 위험도 잊고 만다. 물론 그가 흘린 피 때문에 그는 발각되고 만다. 왕이 간음의 흔적을 찾을 수 있는 것도 다름 아닌 바로 이 '붉은 흔적' 덕택이다. 하시만 이야기를 읽는 우리 독자 입장에서 보면 이 붉은 핏자국은 이들 연인의 은밀한 뜻을 우리에게 일러주는 역할을 한다고 할 수 있다. 다시 말해 우리가 보기에 두 사람은 위험 그 자체를 즐기기 위해 위험을 자초한 것처럼 보인다. 어쨌든 위험이 완벽하게 외부에서 주어지는 것인 한 트리스탕이 이 위험을 극복하기 위해 발휘하는 용기는 살아남으려는 의지의 결과라고 할 수 있다. 즉 그는 중세 기사도 정신에 충실한 행동을 보여주는 것이다. 그는 자신의 '가치' 혹은 '신분'을 과시하며 가장 강하고 혹은 가장 지혜롭다는 것을 증명하고자 한다. 이렇게 해서 트리스탕이 왕에게서 왕비를 빼앗아 올 수 있었음을 우리는 알고 있다. 하지만 그럼에도 돌연 기존의 법이 적용되기도 하는데 이는 오로지 이야기를 계속 끌고 나가기 위해서이다.

이들 연인이 외적 상황에 의해 갈라서는 것이 아닐 때면 기사 트리스탕의 태도는 달라진다. 달라지는 정도가 아니라 완전히 상반된 태도를 보인다. 즉 트리스탕이 옷을 입은 채 누운 두 사람 사이에 칼집에서 뽑은 칼을 놓아 둘 때, 이는 용기 있는 행위였지만 그러나 이 경우 용기는 자기 자신을 극복하기 위한, 말하자면 '자신의 희생'을 전제한 용기였다. 칼을 놓은 사람은 다름 아닌 트리스탕 자신이었으며 따라서 그는 이 장애물은 극복할 수 없게 되는 것이다!

여기서 우리는 소설을 구성하는 비중이 다른 여러 에피소드가 이야기를 들려주는 이야기꾼과 이야기를 듣는 독자의 취향에 맞추어 배열되었다는 사실을 잊어서는 안 될 것이다. 이렇게 보면 두 주인공에게 가장 심각한 장애물은 이야기꾼과 독자가 가장 고대하는 장애물이 된다. 그리고 이런 장애물은 가장 격렬하게 정념을 부채질하는 장애물이기도 하다. 여기서 우리는 두 사람이 헤어지고자 하는 의지를 보일 때 이 의지가 정념 그 자체보다 더 강한 정서적 가치를 지닌다는 사실을 지적해야 한다. 즉 정념이 도달하는 종착점인 죽음은 정념을 죽이는 것이다.

하지만 칼집에서 나온 검이 어두운 욕망에 대한 결정적인 표현은 아니며 정념의 종말이나 목적을 표현한다고 볼 수도 없다. 검을 바꿔치는 멋진 에피소드가 이 점을 잘 일러준다. 왕이 함께 있는 이들 연인을 발견했을 때 우리가 기억하다시피 왕은 트리스탕의 칼과 자신의 칼을 바꿔친다. 이 에피소드는 이들 연인이 원해서 만들어 낸 장애물이 왕의 사회적 권위를 나타내는 왕의 칼이라고 하는 한층 객관적이고 합법적인 장애물로 대체되고 있음을 일러준다. 트리스탕은 이 도전을 감행한 것이며 바로 여기서 이야기의 움직임이 힘을 얻어 앞으로 진행하는 것이다. 또 앞으로 나아가야 하는 이 이야기의 움직임 때문에 정념은 이야기 속에서 완벽하게 이루어지지 못하기도 하는데, 만일 '당하다'는 뜻이기도 한 정념이라는 말인 파시옹passion이 완벽하게 이루어진다면 그것은 곧 죽음을 의미한다. 이럴 경우 주인공들이 죽은 마당에 이야기는 더는 앞으로 나아가질 못 한다.[17] 다른 말로 하면 이야기를 앞으로 나아가게 하는 움직임은 잠시 동안 정념을 유보함을 뜻하며 그것은 또한 죽음의 유보이기도 하다.

*
* *

    소설을 지배하는 이와 같은 논리는 금발의 이죄와 왕의 결혼, 흰 손의 이죄와 트리스탕의 결혼에서도 찾아 볼 수 있다.

    금발의 이죄와 왕의 결혼은 정념을 방해하는 장애물이다. 비록 궁정에서 유행하던 애정 행각에 의해 그 권위가 폄하되기는 하지만, 결혼으로 왕이 남편이 됨으로써 결혼한 여인을 향한 정념은 방해받을 수밖에 없다. 하지만 이런 종류의 사랑과 장애물은 전형적이면서도 어렵지 않은 돌출 행동과 반전의 기회이기도 하다. 즉 남편의 존재는 정념과 불륜을 방해하는 첫 번째 장애물이자 가장 자연스럽게 상상할 수 있는 장애물이기는 하지만 일상생활 속에서도 쉽게 찾아볼 수도 있는 것이기도 하다(낭만주의 시대에 들어서면 이 장애물은 보다 세련된 모습으로 등장한다). 우리는 여기서 이 남편이라는 장애물을 밀어 내며 그런 행동을 즐기는 트리스탕을 유심히 볼 필요가 있다. 남편이라는 장애물이 없었다면 모르긴 몰라도 트리스탕과 이죄는 삼 년 동안이나 사랑을 나누지 못했을 것이다. 실제로 사태를 잘 헤아리고 있던 베룰은 사랑의 미약이 효험을 발휘하는 기간을 남편이 장애물로 존재하는 기간에 맞추고 있다. "La mere Iseut qui le bollit. – A trios anz d'amistie le fist."[18]

    남편이 없었다면 이들 연인은 아마도 결혼하지 않을 수 없었을 것이다. 그런데 우리는 트리스탕이 이죄와 결혼하는 상황을 상상할 수는 없다. 왜냐하면 이죄는 그 어떤 남자와도 결혼할 수 없는 여인이기 때문이

---

[17] [역주] 파시옹(passion)은 여러 의미를 지닌 단어인데 그중 하나는 예수님의 십자가상의 죽음에 이르는 수난과 이를 다룬 중세 연극인 수난극을 지칭하기도 한다. '당하다'는 어원에서 파생된 말이다.

[18] [역주] "그 약을 달여 만든 이죄의 어머니는 3년간의 사랑에 맞춰 약을 만들었다."

다. 결혼을 하면 이죄는 그 순간부터 더는 사랑받을 수 없는 여인인 것이다. 결혼한 이죄는 이죄가 아니기 때문이다. 마담 트리스탕! 상상할 수 없는 호칭이다. 이는 정념을 부정하는 일이다. 스스로 생겨나는 사랑의 열정, 그래서 진정한 것처럼 느껴지며 극복하려고도 해보았지만 어쩔 수 없는 사랑은 본질적으로 오래 지속되는 사랑이 아니다. 이 불꽃은 욕망이 충족되고 나면 더 이상 타오를 수 없는 불꽃이다. 오히려 뜨거운 기억만이 잊을 수 없는 기억으로 오래 남아있어야만 하고 정념에 몸을 던진 이들 연인은 다름 아닌 이 뜨거운 기억을 연장하고 가능하다면 영원히 반복하고 싶어한다. 정념에 따르는 위험도 바로 여기서 나오며 이들 연인은 이 위험에 도전한다. 하지만 기사의 덕목은 이 정념에 반대되는 것이어서 곧 위험을 극복한다. 그래서 기사는 몸을 피하고 더 은밀하고 깊은 사랑의 모험을 찾아 나서는데, 이 모험은 더 내적인 성격을 지닌 것이기도 하다.

트리스탕은 이죄를 잃었다고 생각했을 때 깊은 탄식을 내뱉었고 이를 본 흰 손의 이죄의 오빠는 트리스탕이 자신의 여동생을 사랑하고 있다고 생각했다. 두 명의 여인이 같은 이름이어서 생겨난 이 오해 때문에 트리스탕은 결혼을 하고 만다. 트리스탕은 자신의 처지를 쉽게 설명할 수 있는 상황에 놓여있었다. 하지만 비록 핑계에 지나지 않았지만 트리스탕은 명예 때문에 자신이 한 말을 번복할 수가 없었다. 스스로에게 지운 이 새로운 시련에서 트리스탕은 새롭게 한 발짝을 내딛게 되는데, 아름답다고 생각하긴 했지만 육체적 사랑을 나눌 수 없는 여인과 이루어진 이 결혼은 이제 자기 자신을 극복해야만 얻을 수 있는 새로운 장애가 된다(육체적 결합을 하지 않음으로써 트리스탕은 결혼을 했음에도 결혼 자체도 극복한 것이다). 그러나 이 어려운 과업을 수행하면서 트리스탕은 희생자가 되고 만다! 결혼한 기사의 순결은 두 육체 사이에 놓여있던 칼을 통해 표현되고 있다. 하지만 의지로 지켜 낸 이 순결은 상징적인 의미로 보면 하나의 자살 행위이기도 하다(이것이 칼의 숨겨진 의미이다). 이것은 또한 세련된 궁정 문화의 이상이 욕망 충족을 인생의 목표로 삼는 조야한 켈트 전통에 대해 거둔 승리이기도 하며, 또한 인간의 욕망에서 자발적이며, 동물적이고 활동적인 것을 정화하는 방식이기도 하다. 이렇게 해서 우리는 '욕망'에 대한 '정념'의 승리를 볼 수 있으며, 또한 삶에 대한 죽음의 승리도 목도할 수 있다.

* * *

정념을 방해하지만 '원했던 것인 장애물'에 대한 이 애착은 결국 궁극적으로는 죽음을 확인하는 것이며 죽음을 향해 한 발 다가서는 것을 뜻한다. 하지만 이 죽음은 사랑 때문에 맞는 죽음이며 일련의 시련 끝에 찾아오는 의도된 죽음이다. 트리스탕은 모든 시련을 겪은 후 순수하게 정화된 상태에서 죽음을 맞는다. 따라서 이 죽음은 갑작스럽게 찾아오는 우연이 아니라 하나의 변용이다. 따라서 언제나 외부에서 주어지는 숙명을 내적인 숙명으로 바꾸어 이들 연인이 자유스럽게 감당하도록 하는 것이다. 이들 연인은 사랑을 통해 다름 아닌 운명을 바꾼 것이며 따라서 두 사람은 그들에게 정념을 느끼도록 했던 사랑의 미약에 대해서 일종의 복수를 한 셈이다.

이렇게 해서 우리는 마지막 순간에 정념과 장애물의 대립을 지배하는 논리의 전복을 목격하게 된다. 다시 말해 어쩔 수 없는 운명적인 정념이 장애물 때문에 더욱 강렬해지는 것이 아니라 오히려 그 반대인 것이다. 장애물은 그 자체로 원했던 목적이다. 따라서 정념은 정화작용에 지나지 않으며 마지막 순간에 모습을 나타내는 죽음에 이르는 고행인 것이다. 이것이 정념과 장애물 사이의 변증법이 갖고 있는 마지막 비밀이다.

사랑에 대한 사랑은 훨씬 심각한 정념마저 숨기고 있다. 또한 칼집에서 빼낸 칼이나 혹은 위험천만한 순결과 같은 상징들을 통해서만 드러나는 도저히 고백할 수 없는 뜻을 숨기게 된다. 하지만 이들 연인은 이 사실을 모른 채 그들의 의지와는 달리 오직 죽음만을 원하고 만다! 두 사람은 '그들이 겪었던 것', 즉 사랑의 미약에 따라 시작된 정념을 속죄하고 복수만 하려고 한다. 하지만 두 사람의 마음 깊숙한 곳에 숨어있던 비밀은 죽음에 대한 의지이다. 두 사람에게 숙명적인 결정을 내리도록 명령하는 어둠의 정념인 죽음이 두 사람이 갖고 있던 가장 은밀한 비밀이다.

10. 사랑의 미약

이제 우리는 트리스탕과 이죄의 사랑 이야기가 하나의 신화인 이유와 이 신화를 창조해 낸 상황을 살펴보고자 한다.

정념은 실제로는 가공할 정도로 무섭고 고백할 수도 없는 것이어서 정념을 경험한 사람들은 그 종말에 대해 어떤 의식도 가질 수가 없다. 또한 정념을 놀라운 격렬함으로 묘사하면서 이를 경험해 보고 싶어 하는 사람도 상징들을 통해 자신을 현혹시키는 언어에 의존하지 않을 수가 없다. 여기서 우리는 초기 5개 판본의 시를 쓴 저자들이 자신들의 작품이 어떤 비중을 갖고 어떤 파장을 불러올지 알고 있었는지 여부는 추후 다시 논의하기로 하고 잠시 미루어 두고자 한다. 대신 우리가 방금 전에 사용한 '현혹시키는'이라는 말은 잠시 말할 필요가 있다.

정신분석이 일반화된 오늘날 우리 모두는, 억압된 욕망은 '항상' 표현되기 마련이지만 이 표현이 판단을 흐리게 하는 방식으로 이루어진다는 것쯤은 알고 있다. 금지된 정념과 고백할 수 없는 사랑은 상징체계를 만들어 내며 이 상징들은 상형문자 같은 언어와도 같고 인간의 의식은 이 상징과 상형문자를 해독할 열쇠를 갖고 있지 않다. 본질적으로 모호한 언어들이기 때문인데 다시 말해 욕망의 언어인 상징은 욕망을 드러내면서 동시에 기만하는 언어다. 단 하나의 제스처나 하나의 은유를 통해 욕망의 대상과 이 욕망을 금지하는 것을 동시에 표현할 수 있는 것이 상징이다. 금지는 확인되었으나 욕망의 대상은 고백할 수 없다. 그러나 그럼에도 이 모든 것 속에 암시는 남아있으며 동시에 양립할 수 없는 요구가 어느 정도 만족한 상태로 양립하기도 한다. 사랑하는 대상에 대해 말하고 싶은 욕구와 사랑하는 대상을 심판하지 않으려는 욕구, 위험에 대한 애착과 본능적으로 발동하는 신중함 등이 양립하는 것이다. 이런 언어를 사용하는 이를 세워두고 왜 그런 대상을 사랑하느냐고 물어보자. 왜 이러 저러한 야릇한 외모를 지닌 사람을 사랑하느냐고 물어보자. 그러면 그 사람은 대답할 것이다. "그냥", "나도 잘 모르겠어요", "뭐 특별한 것은 없어요." 만일 우리가 시인에게 질문을 했다면 그는 영감이라든가 혹은 반대로 수사학을 말할지도 모른다. 어쨌든 모든 사람은 자신이 '책임이 없다'는 사실을 입증하기 위해 무수히 많은 이유를 댈 수 있다.

    이제 초판본의 저자에게 제기되었던 문제를 생각해보자. 12세기에 이 작가는 어떤 상징적인 자료를 – 즉 표현해야만 하는 것을 감추기에 적당한 – 갖고 있었던 것일까? 모르긴 몰라도 마술과 기사도의 수사학이었을 것이다.

    이런 종류의 표현 방식들은 쉽게 눈에 들어온다. 마술은 그 이유를 제시하지 않은 채 사람을 설득하는 힘이 있다. 아니 오히려 이유를 설명하지 않아야 더욱 설득력을 갖는다. 기사도의 수사학은 다른 모든 수사학과 마찬가지로, 가장 난해하고 복잡한 문장들을 가장 자연스럽게 받아들이는 방법이다. 이상적인 가면인 셈인데 또한 비밀을 보장해주는 장치이자 동시에 독자의 입장에서 보면 조건 없이 독자의 공감을 이끌어

내는 것을 보장해준다. 기사도는 당시의 엘리트 계층이 자신들을 위협하는 최악의 광기에 맞서기 위해 만들어낸 사회적 규칙과 다름없다. 이 기사도의 관습이 트리스탕과 이죄 소설의 배경 역할을 하고 있다. 기사도는 소설 속에서 많은 금지를 명령하는데 이 금지들은 앞서 지적했듯이, '원했던 핑계'의 성격을 지니고 있다.

마술 역시 나름대로 역할을 했다. 정념은 매혹적인 격렬함을 지니고 있어서 받아들이기 어려운 것인데 받아들이더라도 많은 망설임이 따를 수밖에 없다. 정념의 결과는 야만적이며 자연히 교회로부터 죄악으로 지목되며 비판에 직면했고 이성을 통해서도 병적인 과잉 행동으로 여겨졌다. 이런 상황에서 정념을 찬양하는 것은 불가능했으며 오직 인간에게 책임을 물을 수 없는 비가시적인 어떤 힘의 결과로 받아들여야만 했다.

따라서 피할 수 없는 숙명적인 방식으로 작용하는 사랑의 미약이 개입하고 더 바람직하기는 실수로 그런 미약을 마시는 상황을 만들어 낸 것은 피할 수 없었을 것이고 자연스러운 일이기도 하다(마술의 '영향력'에 큰 의미를 부여하지 않으려고 했던 토마스 아퀴나스는 정념의 원인을 인간 존재 내부에서 찾으려고 하면서 보다 윤리적인 측면에서 접근을 시도했다. 하지만 이 방면에서 베룰보다 한 수 아래였던 그는 정념의 신화를 신화로 보지 않으려고 하는 실수를 범하고 만다).

사랑의 미약이란 대체 무엇인가? 사랑의 미약은 정념의 알리바이다. 불행한 연인들이 다음과 같이 말한다면 그것은 사랑의 미약 때문이다. "아시겠지만 난 정말 어떻게 할 수가 없었어요. 나보다 힘이 더 셌어요." 그러나 우리는 알고 있다. 불행한 연인들의 모든 행동은 사람을 현혹시키는 거짓된 숙명성의 도움을 받아 실제로는 그들이 애착을 갖고 있는 죽음에 이르는 길로 접어들고 있는 것이다. 이는 동시에 자신을 기만하고 모든 판단을 떠나 내려지는 것이기에 그만큼 불가항력적인 교활한 결심과 자기 합리화를 따르는 것이다. 때로 우리는 앞뒤 계산을 하지 않고 결정을 내리기도 하는데 이런 결정들이 오히려 효과적일 때도 있다. '겨냥하지 않고 던진 돌'이 목표물을 맞출 수도 있다. 물론 정념에 빠진 경우, 모든 연인은 목적을 향해 돌을 던진다. 그러나 의식이 개입할 시간은 없으며 자발적으로 이루어지는 행동을 고의로 서툴게 보일 시간도 없다. 이런 이유로 트리스탕과 이죄의 사랑을 다룬 소설에서 가장 아름다운 장면들은 저자들이 주석을 달 수 없다. 그러므로 작가들은 이 장면에 이르러서는 전혀 개입하지 않고 묘사만 할 뿐이다.

* * *

트리스탕과 이죄가 자신들이 뜨거운 의지로 부닥치게 될 미래가 어떤 것인지 말할 수 있었다면 신화도 소설도 존재하지 못했을 것이다. 사실 두 사람의 의지는 깊은 정도가 아니라 뼛속까지 사무치는 절절한 것이었다. 트리스탕이 사실은 죽음을 원하고 있었다고 과연 누가 말할 수 있겠는가? 누가 트리스탕이 자신을 옥죄어오는 빛을 증오했다고 말할 수 있겠는가? 실제로 그랬다고 해도, 트리스탕이 전 존재를 바쳐 그의 죽음을 기다렸다고 할 사람은 없다.

세월이 흘러 먼 훗날이 되어서야 몇몇 시인의 입에서 이런 고백이 흘러나온다. 그러나 대중은 말한다. '그 사람들은 미친 사람들'이라고. 귀를 기울이는 청중에게 소설가들이 들려주고 싶어 하는 알콩달콩한 이야기는 사실은 신파조의 저급한 이야기들이다. 이런 이야기들이 조금 더 심각해지면서 무엇으로도 대체할 수 없는 지경에 이르러 마침내 고백하는 경우란 매우 드물다. 하물며 모든 회한을 넘어 존재하는 정념을 드러내고 마는 죽음에까지 이르는 경우란 거의 없다!

몇몇 신비주의자는 고백 그 이상의 일을 해냈다. 그들은 알고 있었고 스스로에게 설명할 수 있었다. 그러나 그들이 준엄하면서도 명철한 이

성으로 '헤아리기 힘든 어둠'과 맞설 수 있었다면 그것은 신앙으로 그들이 '광명'이자 개개인을 찾아오는 신의 의지라는 또 다른 정신적 지주가 있었기 때문이다. 사랑의 미약도, 맹목적인 어떤 힘이나 허무도 그들의 비밀스러운 욕망을 독차지할 수가 없다고 그들은 믿고 있었으며 오히려 그들을 구원해 줄 수 있는 존재는 은총을 약속하고 어둠의 '사막'에서 만개하는 '살아있는 사랑의 불꽃'인 하나님이라고 믿었다.

반면 트리스탕, 그는 어떤 고백도 할 수가 없었다. 간절히 원했지만 그럴 수가 없었다. 트리스탕에게는 밝혀낼 수 없는 그리고 정당화할 수도 없는 진실이었고 심지어 너무나 끔찍한 것이어서 의식조차 할 수가 없었다. 고백을 할 수가 없었던 그는 이 진실에 갇혀있었다. 오히려 자신을 옹호해 줄 수 있는 변명을 댈 수는 있었는데 다름 아니라, '강제로 그를 속인 것은 독약이다'라는 것이 그가 댈 수 있는 이유였다. 하지만 어쨌든 그가 이 운명을 선택했든, 아니면 알 수 없는 어떤 힘에 이끌려 운명을 원했고 그래서 운명이 다가왔을 때 동의했든 아니든 그가 움직일 때마다 모든 것은 정념을 드러냈다. 심지어는 절망에 사로잡힌 얼굴 표정에서도 그리고 몸을 피하는 귀여운 행동에서조차 그는 정념에 사로잡힌 자신을 드러내지 않을 수가 없었다. 그가 진실을 모르고 있었다는 점, 이것이 그의 삶이 보여주는 위대함이라고 할 수 있다. 어둠의 이유는 광명의 이유와 전혀 다르다. 어둠의 이유는 광명의 이유와 결코 소통할 수 없는 것들이다.[19] 어둠의 이유는 트리스탕을 조롱한다. 그리하여 그

---

[19] 바그너의 작품을 보면, 이들 연인을 갑자기 발견한 왕이 트리스탕에게 질문을 하자 트리스탕은 다음과 같이 답한다. "이 알 수 없는 수수께끼를 저로서도 폐하께 밝혀드릴 수가 없습니다. 폐하께서도 지금 물어보신 것들이 무엇인지 알 수 없으실 것입니다." 얼마 후 그는 숨을 거두면서 말한다. "저는 잠에서 깬 그곳에 머물지 못했습니다. 저는 대체 어디에 머물렀던 것일까요? 알지 못하겠습니다……. 언제나 제가 있던 곳이자 영원히 제가 가야 할 그곳은 다름 아닌 영원한

는 어둠의 죄수가 되어 끝내 모든 예지를 시들게 하는 헛소리를 하고, 진실도 생명마저도 빼앗기고 만다. 트리스탕은 우리가 경험하는 행복 그 너머의 세계에 있었으며 우리가 아파하는 고통 그 너머의 세계에 머물렀다. 그는 죽음만이 이제 남아있는 유일한 기쁨이 되는 마지막 순간을 향해 몸을 던지고 만다.

*
* *

빛의 단어들로는 어둠을 묘사할 수 없다. 하지만 어둠의 원천인 이 욕망에도 '천상의 음악'이 없는 것은 아니다. '트리스탕과 이죄'의 죽음에서 나오는 낭랑한 폭풍우의 소리를 들어보자.

"오래되고 낮은 멜로디여, 어느 먼 옛날, 아버지의 죽음의 소식이 아들에게 전해졌을 때 들리던 그대의 탄식 소리는 저녁 바람을 타고 나에게까지 오는구나. 그대는 이 스산한 아침 갈수록 걱정스러운 소리로 나를 찾는구나. 그때가 아들이 어머니의 운명을 아는 때였지……. 내 아버지가 나를 낳고 돌아가시고, 내 어머니가 나를 낳으시다 숨을 거두셨을 그때 들렸던 오래된 곡조는 애잔하고 서글프게 아버지와 어머니의 귓전에도 울려 퍼졌으리라. 나에게 질문을 하던 곡조, 이제 다시 나를 찾아왔구나. 나는 대체 어떤 운명을 타고 난 것이란 말인가? 어떤 운명을? 오래된 멜로디가 답한다. 욕망하는 운명, 그러다가 죽을 운명이라고! 욕망 때문에 죽는 운명이라고!"

밤의 거대한 제국이었습니다. 그곳에서 저는 오직 다음과 같은 사실만 알 수 있을 뿐이었죠. 신적인 것, 영원한 것, 근원적인 것은 잊어버리고……. 오! 제게 그것이 무엇인지 말할 수 있는 능력이 있다면 얼마나 좋을까요! 폐하께서 저를 이해해주실 수 있다면 원이 없겠습니다!"

트리스탕은 그의 별자리를 차지하고 있는 별들을 저주해야만 했고 탄생을 증오해야 했다. 그러나 음악은 청명하게 이어졌고 아름다운 진실을 웅장하게 노래했다. 다름 아닌 이 진실이 그의 운명을 원했던 것이다.

"나를 이 극형에 처한 자는 저 끔찍한 사랑의 미약이다. 그 독약을 지은 자는 다름 아닌 나 자신이니……. 나 그 잔을 들어 천천히 음미하며 마셨지!……"

11. 불행한 사랑

정념이라는 말은 고통을 의미하며 경험을 의미하기도 한다. 즉 자유롭고 책임감 있는 한 인간에게 운명이 가하는 지배력을 뜻한다. 사랑의 대상보다 사랑 그 자체를 더 사랑하는 것, 정념 그 자체를 사랑하는 것, 낭만주의까지 계속된 아우구스티누스의 '사랑을 사랑한다' amabam amare 는 이 야릇한 사랑의 실제는 고통을 사랑하며 괴로움을 찾는 것이었다. 사랑·정념, 그것은 우리에게 상처를 주는 것을, 그리하여 끝내 우리를 죽음으로 몰아가는 것을 욕망한다. 이것은 하나의 비밀이며 서구 문명은 이 비밀을 고백하는 행위를 결코 용인하지 않았고 끊임없이 억눌러왔다. 끊임없이 비밀로 보존해온 것인지 모른다! 이보다 더 비극적인 일은 없으며 이토록 오랫동안 비밀을 간직해왔다는 이 사실 때문에 우리는 유럽의 미래에 아주 비관적인 심판을 내리지 않을 수가 없다.

뒤에 가서 좀 더 길게 언급하겠지만, 우선 여기서 한 가지 작은 사건을 이야기하고 넘어가자. 정념과 정념이 숨기고 있는 죽음에 대한 유혹, 그리고 이와 맺고 있는 관계 혹은 양자 사이에 이루어진 일종의 공모 상태에 대해 말하고자 한다. 이어 우리는 '프시케' psyché를 규정하는 서구의 인식 방식에 대해서도 말해보고자 한다.[20]

어떤 이유에서 서구인은 자신에게 상처를 주고 이성적으로 비난하는 이 정념이라는 것을 겪어보고 싶어 할까? 왜 서구인은 섬광이 번쩍이면 곧 자살일 수밖에 없는 이 사랑을 원하는 것일까? 다름 아니라 서구인은 생명을 위협하는 위험과 고통, 죽음의 문턱에서 자신을 알고 자신을 시험해보기 때문이다. 바그너는 이를 그의 드라마 3막에서 어떤 소설의 절정보다도 잘 묘사하고 있다. 바그너는 거기서 우리 서구인의 가학적인 천재성이 갖는 본질적인 재앙, 즉 죽음에 대한 억압된 욕망, 한계상황에서 스스로를 깨달으려고 하는 욕망, 우리 가슴 속에 도사리고 있는 전쟁 본능 중 가장 뿌리 뽑기 어려운 대결과 충돌을 원하는 욕망을 말하고 있다.

*　*　*

우리는 이제까지 원래의 신화가 지니고 있는 단순성을 통해 신화 속에 있는 극단적인 비극성을 사례와 함께 살펴보았다. 이제 오늘날의 현대인이 겪고 있는 정념에 대한 경험들을 살펴보자.

소설 『트리스탕』이 거둔 놀라운 성공은 우리가 원하든 아니든, 우리 스스로의 마음 한구석에 불행을 원하는 심리가 자리잡고 있음을 일러준다. 이 불행이 어떤 것이든 상관없다. 우리가 은근히 원하고 있는 불행은

---

[20] [역주] 프시케는 신화 속에서는 사랑의 신 에로스의 사랑을 받는 미소녀로 흔히 나비로 상징되며 영혼을 상징하기도 한다. 저자가 프시케라는 단어를 사용하는 것은 사상, 인식, 의식, 정신이 아닌 욕정과 죽음과 관련을 맺고 있으면서 인간을 전체적으로 지배하는 정신상태 전체를 지칭하기 위해서이다.

우리의 영혼의 내적 욕구에 따라 '달콤한 슬픔'일 수도 있고 파멸과 타락의 우울함일 수도 있다. 또는 일정한 정신 상태로서의 고통일 수도 있으며 혹은 우리의 정신이 이 세계를 향해 던지는 모종의 도전일 수도 있다. 어쨌든 우리가 찾는 것은 다름 아니라 우리 자신들이 원하든 아니든, 우리로 하여금 시인들이 노래한 바 있는 '진정한 삶'에 도달할 수 있도록 우리를 자극하고 드높여주는 어떤 것이다. 물론 이 '진정한 삶'이란 실현 불가능한 삶이다. 드높은 구름만으로 이루어진 이 천상 세계는 저녁이면 영웅주의로 착색된 진홍색 석양이 질 것이며 빛이 아니라 곧 닥쳐올 어둠만을 예고할 뿐이다! '진정한 삶은 없다'고 랭보는 말했다. 진정한 삶이란 죽음의 여러 이름 중 하나에 지나지 않는다. 우리는 모두 죽음을 멀리 떼어 놓는 척하지만 사실 '진정한 삶'이라는 말은 죽음에 붙일 수 있는 유일한 이름이기도 하다.

그렇다면 왜 우리는 다른 많은 이야기를 제쳐놓고 불가능한 사랑 이야기를 좋아할까? 왜냐하면 우리는 상처를 사랑하고 나아가 우리의 가슴 속에서 타오르는 것에 대한 의식을 느끼고 싶어 하기 때문이다. 고통과 그 고통에 대한 의식이 함께 움직이는 그 순간을 우리는 쉽게 포기하지 못한다. 의식과 죽음의 공모관계에 매력이 있는 것이다(헤겔은 고통과 의식의 이 관계에 기초하여 그 위에 인간 정신과 나아가 역사 전체에 대한 설명 체계를 세운 바 있다)! 나로서는 서구 낭만주의자를 고통, 특히 사랑의 고통이 세계 인식의 탁월한 수단의 역할을 하는 인간으로 여기고 싶다.

물론 이는 예외적인 소수의 사람에게나 해당되는 이야기이다. 대다수 사람은 알고 싶어 하지 않으며 스스로 어떤 인간인지, 세계가 어떤 것인지도 파악하고 싶어 하지도 않는다. 단지 가장 감각적인 사랑을 찾을 뿐이다. 그러나 이 경우에도 모종의 방해물이 개입해 행복한 사랑을 위해서는 시간을 기다려야만 한다. 이렇게 의식이 수반되는 사랑이든 아니면 단순히 강렬한 사랑이든, 인간은 행복한 사랑을 원하면서도 동시에 마음속에서 은밀하게 장애물을 원한다. 필요하다면 인간은 이 장애물을 만들 수도 있고 상상할 수도 있다.

이를 통해 우리는 인간 심리의 상당 부분을 이해할 수 있다. 사랑에 장애와 방해가 없다면 더 이상 '소설'도 없다. 그런데 우리가 사랑하는 것은 바로 이 소설이다. 다시 말해 사랑에 대한 의식, 강렬함, 반복해서 뒤로 연기되는 정념의 충족과 다양한 감정 그리고 이것을 최후의 결말에 이르기까지 점점 더 강하게 하는 그 과정이 우리가 사랑하는 것이다. 우리는 결코 빠르게 타올랐다가 사라지는 불꽃을 원하지 않는다. 서구의 문학을 보자. 연인들의 행복은 어디에선가 그 행복을 노리고 있는 불행을 기다릴 때만 우리에게 감동을 준다. 생명의 위협이 있어야만 하고 적대적인 현실이 행복을 어디 먼 곳에서나 찾을 수 있게 만들어 주어야만 흥미가 있다. 향수와 추억이 필요한 것이지 눈앞에 있는 행복은 우리에게 감동을 주지 못한다. 눈앞에 있는 행복은 표현할 길이 없는 행복이다. 그것은 감각적으로 지속되지 않는다. 한 순간의 은총일 뿐이다. 돈 지오바니와 체를리나의 이중창이 들려주는 두 사람의 관계가 그렇다.[21] 혹은 그림엽서에나 등장하는 목가적인 풍경에 지나지 않는다.

서구 문학 속에는 행복한 사랑을 다룬 작품이 없다. 그런데 서로 사랑하지 않는 사랑은 진정한 사랑으로 여기지 않는다. 유럽 시인들의 위대한 발견이자 세계 문학에서 그들을 다른 문화권과 구별하는 점은 고통을 통해 인식한다는 것인데 이 점이야말로 트리스탕 신화의 비밀이다. 서

---

[21] [역주] 모차르트의 2막 오페라에 나오는 돈 조반니(Don Giovanni)와 체를리나(Zerlina)의 듀엣인, "저기서 우리 손을 맞잡아요(Là ci darem la mano)"를 말한다. 프랑스어로는 동 쥐앙(Don Juan)과 제를린(Zerline)이다. 그러나 문맥상 꼭 이중창을 뜻하지만은 않는다. 결혼을 약속한 시골처녀를 유혹하는 동 쥐앙과 그 유혹에 넘어가는 시골처녀의 별 의미 없는 사랑을 말한다.

구 문학의 이 특징은 동시에 서구 문학의 강박관념 같은 것이기도 하다. 등식관계를 형성하고 있는 정념·사랑은 두 사람이 서로 사랑하는 것을 의미하며 행복이 아니라 행복을 밀어내는 불행에 연연해하는 사랑이며 재앙을 통해 위대한 것으로 여겨지는 사랑이다. 서로 사랑하지만 불행한 사랑, 그것이 정념이다.

*　*
*

서로 사랑하지만 불행한 사랑이라는 이 공식을 잠시 언급할 필요가 있다.

트리스탕과 이죄도 서로 사랑을 했으며 이런 의미에서 두 사람의 사랑은 서로 사랑하는 사랑이다. 어쨌든 적어도 두 사람은 각자 서로 사랑하고 있다는 사실을 받아들이고 있다. 실제로도 두 사람은 서로에게 모범적인 충성심을 보인다. 그러나 불행은 다름 아니라 두 사람을 맺어주고 있는 사랑이 구체적인 현실 속에 있는 그대로의 사람을 향한 사랑이 아니라는 데에 있다. 두 사람은 서로 사랑하지만 그러나, 각자는 '상대방이 아니라 자기 자신에서 출발하여' 상대방을 사랑하고 있다. 두 사람의 불행은 이렇게 해서 거짓된 상호성에 그 이유를 두고 있는 것인데 서로 사랑한다고 믿는 것은 결국 이중의 나르시시즘을 숨기고 있는 것이다. 이를 잘 일러주는 에피소드가 바로 두 사람의 정념이 극에 달했을 때 서로 상대방을 사랑하는 것이 아니라 증오하고 있는 모습을 보여주는 에피소드들이다. 바그너는 프로이트와 현대 심리학자들보다 앞서 이미 이 점을 잘 파악하고 있었다. 이죄는 그녀의 거친 사랑에 사로잡혀 노래한다."나에 의해 선택된 그대, 나에 의해 버림을 받는 그대." 돛대 끝에 올라가 뱃사람이 부르는 노래 속에서도 이들 연인의 피할 수 없는 운명이 예고되어 있다.

"눈길은 서쪽을 더듬고 있으나, 배는 동쪽으로 가고 있다. 신선한 바람은 태어난 고향을 향해 분다. 오 아일랜드의 딸이여, 그대는 어디를 그리 헤매는가? 돛을 부풀어 올리는 바람이 그대의 한숨이었단 말인가? 바람아, 불어라, 불어라! 불행이여, 불행이여, 아일랜드의 딸이여, 사랑에 빠진 그대, 야성의 그대여!"

현실과 광명의 규칙을 피하는 정념의 불행은 사랑에 본질적인 불행이다. 원하는 것을 아직 손에 넣지 못했으며 – 즉 죽음을 – 그리고 가지고 있는 것을 잃어버린다 – 즉 삶의 기쁨을 잃어버리는 것이다.

그러나 이 상실을 사랑하는 사람들은 상실로 느끼지 않는다. 오히려 그 반대다. 사람들은 오히려 더 강렬하게, 위험하게, 따라서 더 멋지게 산다고 믿는다. 그 이유는 죽음이 가까이 다가올수록 감각은 그만큼 더 예리해지기 때문이다. 죽음은 욕망을 더욱 강렬한 것으로 만든다. 심지어 종종 죽음은 다른 사람을 죽일 정도로 욕망을 더욱 강렬한 것으로 격화시킨다. 때론 자살에 이르도록 할 정도이며 혹은 다른 사람들과 함께 집단적인 행동을 취하도록 하기도 한다. 이죄의 탄식을 들어보자.

"오 바람이여, 꿈꾸는 듯 고요한 이 바다의 잔잔함을 흔들어라. 깊은 바다 속 심연의 물리칠 수 없는 욕망을 깨워 내가 그에게 주는 이 먹이를 그에게 보여주거라! 배를 부수고 파편들을 집어 삼키어라! 살아 고동치고 숨 쉬는 모든 것을, 오 바람이여 나 그대에게 그 상으로 주련다!"

이들 연인은 삶과 멀리 떨어져 죽음에 이끌린 채 모순되고, 두 사람을 함께 소용돌이 속으로 밀어 넣는 힘의 유혹에 이끌려 모든 인간적인 희망과 가능한 사랑을 완전히 잃어버린 그 순간에만 서로 만날 뿐이다. 그것도 극복할 수 없는 장애물을 만나 마지막으로 다다른 정신적 고양

상태 때문에 스스로 무너지는 순간에만.

12. 심각한 옛 멜로디

소설 『트리스탕』을 가능한 한 객관적으로 요약한 것을 읽어보면 소설이 갖고 있는 몇 가지 모순점을 예상할 수 있다. 추측하건대 작가도 기사도라는 법도와 중세 시대의 관습들이 서로 대립하는 모습을 보여주려고 했겠지만 이를 통해 우리는 소설이 갖고 있는 모순이 기대는 일종의 메커니즘을 파악할 수 있다. 여기서부터 트리스탕 신화가 갖는 진정한 주제에 대한 우리의 연구가 본격적으로 시작될 것이다.

작가는 기사도라는 법도를 즐겨 묘사하고 있는데 그 배후에는 소설적인 것을 좋아하는 취향이 자리잡고 있다. 이 소설적인 취향 뒤에는 다시 사랑에 대한 사랑을 좋아하는 취향이 자리잡고 있다. 이 모든 것에는 사랑을 더 강렬한 것으로 만들어 주는 장애물을 찾으려는 은밀한 욕구가 전제되어 있다. 그러나 이 단계에서는 사랑에 대한 사랑은 아직 장애물 자체를 사랑하는 가면 정도에 지나지 않는다. 마지막 최후의 장애물은 죽음이다. 죽음은 진정한 종말로서 모험이 끝나는 순간, 그것은 정념이 시작될 때부터 욕망한 욕망이며 경험하고 마침내 용서받은 운명에 대한 하나의 복수임이 드러난다.

이러한 최초의 신화 분석을 해 보면 우리는 상당히 중요한 몇 가지 비밀을 알 수 있다. 하지만 이 비밀에 대해 모든 사람이 공통된 의식을 가져야 한다고 고집하다 보면 비밀이 간직하고 있는 은밀한 자명함이 자칫 손상될 수도 있다. 소설 내부의 논리를 따라가는 무미건조한 묘사는 자칫 무례한 주문일 수도 있지만 그러나 그 결과가 좋은 것이라면 그것으로 위안을 삼으며 얼마든지 받아들일 수 있을 것이다. 증거들을 앞에 놓고 보니 몇 가지 주장이 논의할 여지가 있다는 점을 여기서 인정하지 않을 수 없다. 하지만 내가 의도적으로 멋을 부린 분석과 해석을 사람들이 어떻게 생각하든지, 그 해석을 통해 우리는 우리의 운명을 떠받치고 있는 몇 가지 본원적인 관계를 그 관계가 태어나는 순간에 포착할 수 있었음은 분명하다.

등식 관계에 있는 사랑·정념이 우리의 삶에서도 그 신화를 끊임없이 이어가고 있다면, 우리는 이러한 사랑·정념이 우리의 결혼을 근본적으로 비난하고 고발한다는 점을 몰라라 할 수 없을 것이다. 신화가 종말을 고하자 정념이 하나의 고행이 되었음을 우리는 알고 있다. 지상의 삶과 대립하는 것이 정념인데, 이것이 욕망의 형태를 취함으로써 더욱 더 효과적인 방식으로 삶과 대립하고 있다. 또한 이 욕망이 숙명의 모습을 갖춘 채 위장하고 있기에 더욱 더 우리의 삶을 위협하고 있다고 볼 수 있다.

앞서 잠시 말했지만, 이러한 사랑은 전쟁을 좋아하는 우리 서구인의 취향과도 무관하지 않다.

정념과 정념에 대한 욕구가 우리의 서구적 인식 방식을 보여주는 양상이라면 적어도 문제를 제기하는 형식을 취해서라도 이 문제로 되돌아갈 필요가 있다. 그래서 우리는 가장 근원적인 문제임에 틀림없는, 정념과 인식 방식 사이의 관계에 대한 마지막 질문을 하지 않을 수 없다. 고통을 통해 인식한다는 것은 사실 가장 예리한 감각을 지니고 살았던 우리의 신비주의자들이 취했던 행동이었고 그들이 행했던 대담한 시도가 아니었던가. 말의 깊은 의미에서, 에로틱하다는 것은 신비주의자라는 뜻이 될 수도 있다. 에로틱하다는 것과 신비주의자라는 것이 어느 것이 원인이고 결과인지는 별도로 따져보아야 할 것이고, 또 공동의 기원을 갖고 있는 것인지도 물어봐야 하겠지만, 이 두 가지 열정은 하나의 같은 언어를 말하며 우리의 영혼 속에서 하나의 같은 노래를 부른다.

즉 바그너의 드라마에서 연주된 '오래된 심각한 멜로디'라는 같은 노래를 부른다.

"어느 날 그녀는 내게 물었네. 그녀는 아직도 내게 묻고 있네. 나는 어떤 운명을 타고났나요? 어떤 운명을? 오래된 멜로디가 내게 반복해서 말한다. 욕망하기 위해서, 죽기 위해서."

* * *

소설 『트리스탕』의 구조와 형태 분석에서 출발한 우리는 우선 '외관'부터 분석을 했다. 그 결과 신화의 원래 내용을 거칠고 위대한 그 순수성 속에서 파악할 수 있었다. 이제 우리는 두 가지 길을 택할 것인데, 하나는 트리스탕 신화의 역사적이고 종교적인 배경을 거슬러 올라가 볼 것이며, 다른 하나의 길은 신화에서 출발하여 오늘날의 삶으로 내려오는 것이다.

거슬러 올라가보고 다시 내려오면서 자유스럽게 연구를 해보자. 때로 우리는 우리가 밝혀낸 바 있는 관계들의 예기치 못한 결과나 기원을 검증하기 위해 발걸음을 잠시 멈출 때도 있을 것이다.

02 트리스탕 신화의 종교적 기원들

1. 자연스럽고 신성한 장애물

19세기의 전통을 물려받은 우리는 어느 정도는 모두 유물론자이다.[1] 누군가가 우리에게 자연과 인간 본성의 '영적인' 사실들을 거들먹거리며 이러쿵저러쿵 떠들어 대면 우리는 대충 들은 것으로 치고 크게 신경 쓰지 않는다. '가장 가까이 있는 것이 가장 진실한 것이다.' 그러나 이런 생각은 한 시대가 낳은 미신이며 숭고한 것을 하찮은 것으로 폄하하는 일이고 오류이기도 한데, 왜냐하면 눈앞의 단순한 상황을 모든 것을 설명해 줄 수 있는 근원적 이유로 여기는 일이기 때문이다. 이는 또한 과학적 소심증이라고도 볼 수 있다. 인간의 이성을 영적 환상에서 벗어나도록 하기 위해서는 이런 사고방식이 필요하기는 했다. 하지만 그렇다고 유물론에 기대어 도스토예프스키를 설명하면서 그의 노름벽을 말하거나 니체를 이야기하면서 매독을 말하는 것은 의문이 아닐 수 없다. 이런 짓거리들은 정신 해방을 말하면서 정신 자체를 부정해 버리는 이해할

---

[1] [역주] 저자 드니 드 루즈몽은 1906년에 태어났으며 이 책은 저자가 나이 32살 되던 해인 1938년에 초판이 나왔다. '19세기의 전통을 물려받은 우리'라는 말은 이런 맥락에서 이해할 수 있다.

수 없는 일이다.

아무리 미리 항변을 해도 소용이 없는 일임에 틀림없지만, 내가 본능과 섹스는 우리가 다루고 있는 트리스탕 신화에서 볼 수 있는 정념의 경우처럼, 자발적인 변증법적 관계를 맺고 있다고 말하면 많은 이들이 위와 같은 이유로 대충 알았으니 그만 하자고 할 것이다. 그러니 이 문제를 한 페이지 정도 할애해 몇 가지 짚고 넘어가고자 한다.

* *
*

앞서 트리스탕 신화를 분석하면서 우리는 장애물이 작동하는 양상을 살펴본 바 있다. 이 장애물은 아주 자연스러운 기원을 갖고 있지 않았을까? 쾌락의 충족을 지연시키는 행위는 욕망이 갖고 있는 가장 기본적인 전략이기 때문이다. 인간은 '그렇게 생겨먹었으며' 그래서 종종 스스로에게 거의 본능적으로 이러한 금욕적인 태도를 부과하며 이는 사실은 종의 번식에 필요한 것일지도 모른다. 플루타르코스에 의하면, 고대 스파르타의 입법관이었던 리코르고스는 젊은 부부들에게 가능한 한 성생활을 자제할 것을 권고했다고 한다. '그리하면 그들은 육체를 보다 강하고 생기발랄하게 유지할 수 있으며, 마음이 탁한 상태에서 사랑의 쾌락을 즐기지 않음으로써 그들의 사랑은 항상 신선할 것이고 또 그로 말미암아 훨씬 건강한 아이들을 출산할 것이다.'

마찬가지로 중세 기사들도 순결을 유지하면서 본능의 충족을 방해하는 장애물을 상찬했고 그럼으로써 전사들의 가치가 더 올라간다고 생각했다.

그런데 이것은 정신이 아니라 삶과 관련한 것으로서 얻어지는 결과가 중요할 뿐 원칙 자체는 별 의미가 없었다. 그래서 생활상의 규칙 그 이상의 것이 될 수가 없었다. 리코르고스 같은 이들의 우생학을 금욕주의라고 볼 수는 없는 것인데, 다름 아니라 이런 주장은 오히려 종의 번식을 겨냥하고 있기 때문이다. 이러한 주장들은 단지 정념이 인간의 육체와 맺고 있는 관계를 단순하게 심리적으로 설명하려는 것에 지나지 않는다. 정념도 중요하지만 인간의 육체를 우위에 두고 생각해야 하며 따라서 정념과 육체에도 나름대로의 규칙이 있으며 이 규칙을 따라야 한다는 것이다. 따라서 이 육체의 규칙들은 우리가 다루고 있는 트리스탕의 사랑에 대해서는 아무것도 설명해 주지 못한다. 오히려 이러한 조야한 예들을 보면 트리스탕의 사랑에 개입하는 '이상한' 요소가 한층 더 기이해 보일 뿐이다. 실제로 트리스탕의 사랑에 개입하는 '이상한' 요소는 본능을 본능의 자연스러운 목표인 충족에서 떨어뜨려 놓고 있으며 욕망을 '무한한' 갈망으로, 다시 말해 생명 현상의 자연스러운 목적이 없고 심지어는 이 자연스러운 목적에 배치되기까지 하는 끝이 없고 목적도 없는 갈망으로 변형시켜 놓고 만다.

우리는 원시 사회의 관습과 신성한 금기들에 대해서도 같은 지적을 할 수 있을 것이다. 소설 트리스탕의 몇 가지 특징적인 모티브의 신성한 기원을 찾는 일은 흥미로운 일임에 틀림없다. 예를 들면, 멀리 떨어져 있는 약혼녀를 찾아 길을 떠나는 것은 족외혼 관습이 있던 원시 부족에게서 볼 수 있는 신부 납치 의식과 관련이 있을 것이다. 무훈을 높이 기리는 풍습 역시 원시 부족은 의식하지 못하고 있었던 생물학적 도태 이론에 입각한 원시 부족의 관습들과 거의 직접적으로 관련이 있다고 할 수 있다. 물론 그렇다고 이러한 죽음에의 욕망을 프로이트와 최근의 심리학자들이 밝혀낸 바 있는 죽음의 본능으로 볼 수는 없다.

하지만 이 모든 것으로 트리스탕 신화가 출현하게 된 과정을 설명할 수 있는 것은 아니며 이 신화를 유럽 문명 속에 정확히 자리매김 할 수 있는 것은 더욱 아니다. 고대 사회는 우리가 본 바와 같은 트리스탕과 이죄의 사랑과 유사한 것을 전혀 경험하지 못하고 있었다. 고대 그리스인과 로마인에게 사랑은 번식이라고 하는 자연의 생물학적 목적을 벗어나는 행위였기에 일종의 병으로 여겨졌음을 우리는 잘 알고 있다. 플루타르코스는 그래서 사랑을 두고 '광기'라고 불렀다. '아무도 그것이 광분 상태라는 것을 알지 못한다. 그러니 사랑에 빠진 이들을 우리는 병자를 용서하듯이 용서해야 할 것이다.'

그렇다면 트리스탕 신화에서 우리가 지적한 바 있는 정념의 찬미는 대체 어디서부터 시작된 것인가? 정념에 대한 찬미를 성적 본능에 대한 미화나 폄하로 보는 것은 우리에게 아무런 도움도 주지 못한다. 우리가 알고 싶은 것이 다름 아니라 이 미화와 폄하를 가능케 한 이유들이기 때문이다.

2. 에로스 혹은 끝없는 욕망 (플라톤주의, 드루이드교, 마니교)

플라톤은 그의 책 『페드라』와 『향연』에서 육체에서 정신으로 이어지며 육체의 사악한 기운이 정신을 혼미하게 만드는 열정에 관해 말한 바 있다. 이 열정은 그가 찬양해 마지않았던 사랑과는 전혀 다른 것이다. 하지만 플라톤은 그가 말했던 열정 혹은 광기 역시 모종의 신적인 힘이 없다면 인간의 내부에 존재하는 영혼에서 발생할 수 없는 것으로 보았다. 다시 말해 열정 역시 아주 이상한 일종의 영감이며 외부로 영향력을 행사하는 매력이고 나아가 흥분 상태이자 이성과 자연스러운 감각을 마비시키는 정의하기 어려운 힘으로 본 것이다. 이렇게 보면 플라톤이 말한 열정을 우리는 열광(앙투지아슴 enthousiasme)이라고 부를 수 있는데, 오늘날은 평범한 말이 되어버렸지만, 이 말은 원래는 '앙디외즈망' endieusement, 즉 '신적인 상태가 됨'을 의미했다.[2] 실제로 플라톤은 광기는 신에게서 오며 우리를 하나님에게 향하도록 하는 힘을 갖고 있다고 보았다.

바로 이것이 플라톤이 말한바 사랑이다. 즉 플라톤은 사랑을 '신적인 광기', 영혼의 흥분 상태, 망상과 최후의 이성이라고 파악했다. 이 정의를 받아들이면 연인이 사랑하는 사람 곁에 있을 때는 '하늘에 있는 것과 같다.' 그 이유는 사랑이란 황홀경의 여러 단계를 거쳐, 존재하는 모든 것의 유일무이하고도 육체와 물질을 떠나 존재하는 기원에 이르는 길이기 때문이다. 이 기원은 자기 자신으로 남는 불행과 사랑 속에서조차 두 존재로 남는 또 다른 불행 그 너머에 존재하며 나누고 구별하는 일체의 것을 벗어나 있다.

에로스는 완전하고 충만한 욕망을 의미한다. 그것은 찬란한 갈망이며 가장 강력한 상태로 끌어 올려진 종교적 충동이고 또 하나가 되라는 마지막 명령이기도 한 순수성을 향한 최후의 요구다. 하지만 하나가 된다는 것은 각자가 반복되는 고통 속에서 현재의 상태를 부정해야만 얻어지는 것이기도 하다. 이렇게 해서 욕망은 마지막 비약을 통해 욕망 스스로를 부인하는 단계에 이르게 된다. 에로스를 지배하는 논리는 우리의 삶 속에 무언가 성적 매력의 리듬과는 무관한 것을 끌어들인다. 이 상태에 도달한 욕망은 다시 옛날의 자리로 굴러 떨어지지 않으며 이제 그 어느 것으로도 만족할 수 없는 상태에 도달하여 지상에서 충족하고 완성하려는 유혹마저 밀어내고 멀리하게 된다. 이제 사랑은 모든 것을 포용하기 원하기 때문이다. 따라서 이제 욕망은 끝없는 벗어남이며 인간이 신을 향해 상승하는 것이다. 그리고 이 움직임은 돌이킬 수 없다.

---

2 [역주] Endieusement이라는 단어 속에 들어가 있는 dieu는 신을 뜻하며 대문자로 Dieu라고 쓸 경우는 기독교의 하나님을 뜻한다.

✼
✼ ✼

  플라톤주의가 현재의 이란 지방에서 유행했던 오르페우스 신앙에 기원을 두고 있다는 사실은 잘 알려져 있지는 않지만 확실하다. 이 사상은 플로티노스[3]와 아레오파기테스[4]의 이론화 과정을 거쳐 중세 서구 세계로 이입된다. 이렇게 들어온 동방의 사상은 서구 세계에 널리 유행하며 선사 시대부터 존재했던 오래된 사상들을 부흥시키면서 많은 영향을 끼쳤다.

  이렇게 말할 수 있는 것은 고대 켈트족의 음유시인들의 생각이 신플라톤주의 사상과 일치하는 부분이 있기 때문이다. 이 일치가 단순한 메아리인지 아니면 — 서구인의 먼 조상이 모두 중동 지방에서 왔거나 그곳을 거쳐 왔기 때문에 — 조상대대로 전해 내려온 모종의 전통인지 확인할 방도는 없다. 이도 저도 아니면 인간의 본성이란 것이 어느 시대 어느 공간에서든 늘 유사한 방식으로 욕망을 신격화하는 보편적 경향을 갖고 있어서 그 결과 신플라톤주의와 켈트족의 시인들 사이에 유사성이 존재하는 것인지도 모른다. 그뿐만 아니라 우리는 오래된 켈트족의 옛 신화를 구성하는 세부 항목이 그리스 신화와 유사한 점을 보여주고 있어서 — 예를 들면, 성배 찾기와 황금 양털 찾기의 유사성 — 이에 근거하여 이런

---

[3] [역주] 플로티노스(Plotinus)는 서구철학사에서 흔히 신플라톤주의의 창시자로 알려진 인물로 플라톤을 재해석한 그의 이론은 영혼, 지성, 일자(一者)의 순서를 따라 인간 정신이 고양되어 마침내 신의 경지에 오른다는 것이며 이는 중세 기독교 사상에 큰 영향을 미쳤다.

[4] [역주] 아레오파기테스(Pseudo-Dionysius the Areopagite)는 서기 5세기 말에서 6세기 초에 활동한 시리아 태생의 익명의 철학자로 신플라톤주의 사상가이자 신학자였다. 그는 흔히 신약성경 사도행전 17장 34절에 언급된 '아레오파기테스의 재판관 디오니시우스'의 이름으로 불리는데 이는 그 자신이 사도 바울의 수도원에서 활동한 '아레오파기테스의 재판관 디오니시우스'의 뒤를 잇는 계승자로 자처했기 때문이다.

가정을 적용해 볼 수 있을지 역시 확신을 할 수가 없다. 피타고라스의 정리를 켈트족의 신관인 드루이드가 갖고 있던 영혼 불멸설에 적용해 볼 수도 있겠지만 이 역시 불확실하기는 마찬가지이다. 비교신화학은 학문 중에서도 가장 위험한 영역이다. 하지만 비교신화학의 출발점 중 하나인 어원학은 예외다. 어쨌든 비교신화학과 어원학은 연구자들을 유혹하는 언어의 유사성이라는 공통된 영역에서 연구의 동력을 얻는다. 이제 최근의 연구 성과들을 통해 위에서 말한 몇 가지 고대 사상 사이에 존재하는 공통점들이 드러났으며 그를 통해 서양과 동방의 종교적 신앙이 함께 공유하고 있던 영역의 존재를 훨씬 설득력 있게 가정해 볼 수 있게 되었다.

* * *

로마 이전에 켈트족은 이미 현재의 유럽을 구성하는 지역을 대부분 지배했다. 독일 남서부와 프랑스 북동부에서 이동한 켈트족은 로마와 그리스 델피를 침공했고 대서양에서 흑해 연안에 이르는 지역의 거의 모든 주민을 지배했다. 심지어 켈트족은 현재의 우크라이나와 소아시아까지 지배함으로써 로마 제국에 앞서 후일 로마 제국이 점령하게 되는 (이탈리아와 그리스 반도의 일부를 제외한) 유럽 지역을 지배한 민족이었다.

그런데 한 가지 유의할 점은 켈트족은 단일국가를 이룬 적이 없다는 사실이다. 켈트족은 문명 이외의 다른 공통점을 갖고 있지 않았다. 이 켈트족의 공통된 문명을 지배한 영적 원칙은 켈트족의 신관인 드루이드들의 종교 조직에 의해 유지되었다. 이 종교 조직은 그러나 켈트족 내부의 크고 작은 부족이나 특정 가문에서 나온 것이 아니라, 프랑스 북부의 브르타뉴와 아일랜드 지방에서 이탈리아와 소아시아에 이르는 지역에 걸쳐 널리 퍼져있던 켈트족의 모든 부족에 공통된, '말하자면 국제적 제도'였다고 볼 수 있다. 신관인 드루이드들은 여행과 만남을 통해 '켈트족 내부의 결속을 다졌고 상호간의 동질성을 확인하곤 했다.'[5] 드루이드들은 광범위한 영향력을 행사하는 종교적 결사를 만들어 조직적으로 움직였다. 그들은 신관이며 마술사였고 의사이자 사제였으며 죄인들한테 고백을 듣는 고해신부의 역할도 수행했다. 물론 아직 이들은 글을 쓰지는 않았지만 구술하는 격언조의 시를 통해 교육도 담당하고 있었으며 제자들을 대부분 20년 동안 자신들 곁에 두고 가르쳤다.[6]

우리는 켈트족의 신관인 드루이드들이 만들어 운영한 종교 단체가 전혀 다른 민족인 인도유럽 부족들에게서도 완벽하게 같은 형태를 띠고 나타나는 것을 볼 수 있다. 이란 지방의 마술사, 인도의 브라만, 로마의 고위성직자와 제관이 인도유럽 부족들의 신관이다. 로마의 플라멘flamen, 제관은 인도의 브라만brahmane, 승족과 같은 이름을 갖고 있기도 했다.[7]

켈트족 사람들이 사후의 삶을 믿고 있었음은 확실하다. 이들이 믿었던 사후의 삶은 평온한 삶이 아니라 지상의 삶과 유사한 우여곡절이 많은 삶이었다. 그러나 청정한 삶이었으며 몇몇 영웅은 다른 이름으로 다시 지상에 환생하여 살아있는 사람들과 섞여 살기도 했다. 영혼의 제2의 삶을 지배하는 핵심 사상을 보면 켈트족은 그리스인과 동일하다고 할 수 있다. 그러나 어떤 문명이든 모든 불멸성을 믿는 신앙에는 죽음을 두려워하는 비극적 세계관이 전제되어 있다. 위베르는 이 점을 다음과 같이 말한 바 있다. "켈트족은 분명히 죽음에 대한 형이상학을 다듬어왔

---

[5] H. Hubert, *les Celtes*, II, pp. 227, 229, 274(이 책은 켈트 문명과 역사 및 고고학에 관한 가장 훌륭한 저서다).
[6] H. d'Arbois de Jubainville, *Cour de littérature celtique*, I. 1~65.
[7] J. Vendryès, *Mémoires de la société linguistique*, XX, 6, 265.

다. 그들은 오랜 시간 죽음을 생각했다. 죽음을 친숙한 동반자로 받아들였고 그럼으로써 죽음의 불안한 특성을 즐거이 은폐시키곤 했다." 그들의 신화 속에서 '죽음은 모든 것을 지배했고 모든 것이 죽음을 드러내고 있다.'[8] 켈트족이 받아들인 이러한 죽음에 대한 관념은 우리가 트리스탕 신화를 다루면서 앞서 지적했던 바, 죽음에의 욕구를 은폐하면서 동시에 표현하는 트리스탕 신화와 관련이 있음을 알 수 있다.

한편, 켈트족의 신들은 크게 빛의 신과 어둠의 신, 두 부류로 나뉜다. 우리는 여기서 드루이드의 종교가 근거해 있는 이 근원적인 이분법에 각별히 주목할 필요가 있다. 왜냐하면 바로 여기서 이란과 힌두교의 그노시스적 신화와 유럽의 기본적 종교가 만나기 때문이다. 우리는 낮과 밤의 신비와 인간 안에서 두 세력이 싸우는 모습이 인도에서 대서양 연안에 걸친 모든 지역에서 다양한 형태로 표현되고 있음을 알 수 있다. 시간을 초월하여 존재하는 창조된 존재가 아닌 원래부터 있어온 빛의 신이 있으며 또한 악을 만들어 내고 눈에 보이는 모든 것을 지배하는 어둠의 신이 있다. 마니가 출현하여 마니교를 세우기 수 세기 전부터 인도유럽 지방의 신화들 속에 이와 동일한 이원론이 자리잡고 있었음을 알 수 있다.[9] 예를 들어, 이란인은 광명의 신으로 아후라 마즈다 Ahura-Mazda(혹은 오르무즈드 Ormuzd)를 믿었고, 그리스인은 아폴론 Apollon을, 켈트족은 아벨리옹 Abellion을 믿었다. 어둠의 신으로는 힌두교의 디아우쉬 피타 Dyaus Pitar가 있고 이란에는 아흐리만 Ahriman이, 고대 로마인에게는 주피터 Jupiter가 있었다. 현재의 프랑스 북부 지방에 살던 켈트족의 일족인 골족은 어둠의 신으로 디스파테르 Dispater를 믿었다.

---

[8] H. Hubert, 위의 책, p. 18. II, p. 328.
[9] [역주] 마니(Mani, 혹은 Manès)는 서기 210년경 페르시아에서 태어나 276년에 죽은 선과 악, 빛과 어둠의 명확한 이원론에 입각한 종교인 마니교의 창시자이다.

이외에도 우리는 다른 유사성들을 발견할 수 있으며 서로 비교해보고 싶은 유혹을 느낀다. 그중에서 우리가 다루고 있는 트리스탕 신화와 더 직접적으로 관련을 맺고 있는 한 가지 유사성을 말하지 않을 수 없는데, 다름 아니라 켈트족이 생각하고 있던 여성관이다. 이들의 여성관은 사랑을 말한 플라톤주의의 여성관과 상당히 유사하다.

드루이드에게 여성은 신적인 존재이자 예언자로 보였다. 한밤중에 몽상에 사로잡힌 고대 로마 장군의 눈앞에 나타난 휘황찬란한 유령이 바로 『순교자들』에 등장하는 벨레다이다.[10] "그대는 내가 요정이라는 것을 아는가?" 유령은 장군에게 이렇게 말했다. 에로스는 여성의 모습으로 저승의 상징이자 우리로 하여금 지상의 쾌락을 하찮은 것으로 여기게 하며 저승을 그리워하게 하는 상징이다. 그러나 이 상징은 성적 매력과 끝없는 욕망을 혼동케 하는 것이어서 애매모호한 상징이었다. 신성한 전설 속에 등장하는 에실트는 '명상의 대상이었고, 신비한 광경'이었으며 인간으로 하여금 육체적, 물질적으로 육화된 형태들 그 너머에 존재하는 것을 욕망하게 하는 존재였다.[11] 그러나 그녀는 아름다웠고 그 자체로 욕망의 대상이기도 했다. 하지만 그녀는 쉽게 파악할 수 없는 본성을 지니고 있었다. "여성적인 영원한 것이 우리를 이끄노라." 괴테가 한 말이다. 노발리스도 말했다. "여성은 남성의 목적이다."

빛을 향한 갈망은 이렇게 어둠의 성적 매력을 상징으로 삼았다. 창조된 것이 아니라 원래부터 존재해 온 위대한 빛은 육체의 눈으로 봤을 때는 어둠일 뿐이었다. 그러나 우리 서구인의 빛은 별들 너머에 존재하

---

[10] [역주] 『순교자들』(*Les Martyrs*)은 프랑스 낭만주의 시인이자 작가인 샤토브리앙의 소설 작품(1809년 작)이며 고대 켈트족의 여 시인인 벨레다(Velléda)가 주인공이다.
[11] [역주] 에실트(Essylt)라는 이름은 트리스탕과 이죄의 전설 속에 등장하는 이죄(혹은 이졸데)의 원형이다.

는 디스파테르의 왕국, 즉 어둠을 창조한 아버지이다. 마찬가지로 바그너의 트리스탕도 죽기를 원하는데 그것은 빛의 천상에서 다시 태어나기 위해서이다. 그가 노래하는 '어둠'은 창조된 것이 아니라 원래 존재하는 빛인 것이다. 그의 정념은 에로스를 경배하는 것이며, 그것은 또한 비너스를 하찮게 여기는 위대한 욕망이다. 심지어 트리스탕이 관능으로 괴로워할 때조차, 그리고 누군가를 사랑하고 있다고 생각할 때도 그는 비너스를 하찮은 존재로 여긴다.

바그너의 오페라를 두고 많은 사람은 니르바나와 불교에 대해 지나치다 싶을 정도로 많은 이야기를 했다. 그래서 마치 유럽의 이교적 전통들이 있음에도 불구하고 그것만 가지고는 마술사가 사랑의 미약 속에 들어 있는 강력한 요소들을 얻을 수 없다는 느낌을 지울 수가 없다! 실제로 로마의 점령과 게르만족의 침공 이후에도 유럽의 독창적인 켈트족 문화는 당당히 살아남았으며 이 사실에 유의할 필요가 있다. "갈로 로망인은 대부분 켈트족이었으며 단지 위장을 하고 있었을 뿐이다. 게르만족의 침공 이후 골 지방에 다시 켈트족의 의상과 기타 관습들이 나타났다."[12] 로마네스크 예술과 라틴어에 뿌리를 두고 있는 로망어들을 보면 유럽에 켈트족 전통이 계속 이어져 내려왔음을 알 수 있다. 후일 유럽에 기독교를 전파하는 주역이 바로 아일랜드와 브르타뉴의 수도승들인데 이들은 켈트족의 음유시 전통의 마지막 보루로서 이 전통은 기독교 성직자들에 의해 이어져 내려온 것이다. 유럽에 문학에 대한 경배 의식을 고취시킨 이들도 이들이다. 바로 이때를 전후하여 트리스탕 신화가 만들어진다.

---

[12] H. Hubert, 위의 책 I, p. 20. 게다가 골족의 신들은 다른 식으로 변형되지 않고 라틴식 이름을 갖게 되었다.

*
* *

그러나 중세 시대에 퍼져있던 이단적인 종교적 유설謬說, hérésie들을 살펴보면 그 유설이 대부분 플라톤과 켈트족의 신관인 드루이드보다 훨씬 우리에게 가깝고 통일된 인도유럽 세계에서 온 것임을 알 수 있다. 인도에서 브르타뉴 지방까지 이어지는 지역을 지리적, 역사적 관점에서 놓고 보면 서기 3세기경부터 빛과 어둠을 주제로 한 여러 종교를 하나로 통일해가면서 하나의 단일 종교가 은밀하게 형성되어가고 있었음을 확인할 수 있다. 이러한 움직임은 처음에는 페르시아에서부터 시작되었고 이어 그노시스 전통을 지닌 오르페우스를 신앙하는 종교집단들로 이어졌다. 이 종교가 바로 마니교이다.

오늘날 마니교를 정확하게 연구하고 정의하는 데에는 많은 어려움이 따르지만 그렇더라도 마니교가 지니고 있던 깊은 의미와 인문학적 영향을 연구한 자료가 없는 것은 아니다.

마니교는 처음에는 권력층과 전통 종교에 의해 가혹한 핍박을 당했다. 마니교를 사회를 무너뜨릴 수 있는 최악의 위협으로 여겨 마니교도들이 학살당했으며 그들이 남긴 글은 모두 불살라지거나 흩어져 사라졌다. 그래서 마니교를 연구하고 판단하는 데 기대고 있는 마니교 자료는 대부분 마니교를 박해한 쪽의 사람들이 남긴 것이다. 마니교의 창시자인 마니(오늘날의 이란 지방에서 출생했다)의 사상은 그들의 신앙과 그 신앙을 갖고 있던 부족들을 볼 때 단일한 체계가 아닌 대단히 다양한 형태를 띠고 있었다. 때로는 기독교적이고 때론 불교나 이슬람적이기도 하다. 최근에 발견되어 번역한 마니교 찬가를 보면[13], 예수 그리스도, 마니,

---

[13] 방브니스트(E. Benveniste)가 번역했다. *Yggdrasil*, 25, 8, 1937.

오르무즈드 Ormuzd, 샤키야무니 Cakyamouni와 함께 자르후스트 Zarhust(차라투스트라 Zarathustra 혹은 조로아스터 Zoroastre) 등이 함께 등장한다. 또한 우리는 남부 프랑스인 랑그독 지방에 남아있는 켈트족 전통이 이 지방에서 마니교를 신봉하는 종교집단들이 유행할 수 있는 좋은 토양을 제공했다는 사실도 지적해두고 싶다.

본격적으로 논의를 진행하기 앞서, 우선 두 가지 사실을 먼저 지적해 보자.

1) 마니교의 모든 종파는 기본적인 교리가 있는데 이에 따르면 인간의 영혼은 창조된 형태와 물질의 어둠에 얽매인 노예이지만 원래는 신적인 혹은 천사와 같은 성격이 있다고 본다.

> 빛과 신들에게서 나온 나는
> 이세 그들과 헤어져 쫓기나 있네.
> ……
> 나는 신이며 신들에게서 태어났다네
> 하지만 이제는 고통받는 존재일 뿐이라네.

'영혼의 운명'이라는 찬가에서 마니의 한 제자는 자신의 영적 자아를 위와 같이 노래했다.

빛을 향한 영혼의 도약은 어딘지 플라톤의 대화에서 말한 바 있는 '미의 레미니상스'를 상기시키며 다른 한편으로 보면, 하늘에서 지상으로 다시 돌아와 영원히 죽지 않는 자들이 거주하는 섬을 추억하는 켈트족 영웅의 향수를 떠올리게 하기도 한다. 그러나 빛을 향한 영혼의 도약은 찬란한 욕망의 신에게 사로잡힌 연인을 어두운 물질 속에 가두려고 하는 질투심 많은 비너스(위에서 인용한 찬가에서는 디바 Dibat)에게 끊임없이 방해를 받는다. 성적 사랑과 위대한 사랑의 대결은 이렇게 묘사되는데 이 대결은 지나치게 인간적인 육체 속에서 타락 천사가 겪는 근원적인 고통을 표현하고 있다.

2) 우리에게 마니교 신앙의 구조는 '본질적으로 서정적이다'는 지적은 중요하며 정말 의미 있는 일이다.[14] 다시 말해, 마니교 신앙이 지니고 있는 본성은 합리적이며 비인간적이고 또 '객관적인' 모든 표현을 거부한다는 것이다. 마니교 신앙은 고통스럽고 열에 들뜬 상태 속에서 본질적으로 시적인 경험을 통해서만 인식될 수 있다. '우주생성과 신의 탄생에 관련된 모든 진실은 시편의 낭독을 통해서 확인한 신념 안에서만 형성되고 나타날 수 있다.'

여기서 우리는 트리스탕의 비밀을 연상하지 않을 수 없는데 이 비밀 역시 트리스탕은 '말로 표현하지 못하고' 단지 노래를 통해서만 나타낼 수 있었다.

*
* *

이원론에 입각한 마니교식의 관념은 육체의 삶 속에서 불행을 본다. 그리고 죽음 속에서는 마지막 선을 보는데, 다시 말해 죽음은 세상에 태어난 잘못을 속죄하는 것이며 죽음을 통해 구별이 존재하지 않는 찬란한 일자 一者로 재통합된다고 본다. 하지만 우리는 지상의 삶에서 점차 비상하며 의도적이면서도 서서히 죽음에 이르는 금욕(계시의 부정적, 소극적 양상)을 통해 빛에 도달할 수 있다. 그렇지만 영혼의 끝이자 목적은 제한된 삶의 끝이기도 한데 우리의 삶은 감각적으로 주어지는 수많은 것으로 어두워져 있다. 우리의 궁극적 욕망인 위대한 에로스는 우리의

---

[14] Henry Corbin, <Pour l'hymnologie manichéenne>, *Yggdrasil*, 25, août 1937.

여타의 욕망을 고양시키지만 그것은 이 욕망들을 희생시키려 함이다. 위대한 사랑의 완성은 모든 지상의 사랑을 부정해야만 한다. 위대한 행복은 모든 지상의 행복을 부정한다. 따라서 삶의 관점에서 본 이러한 위대한 사랑은 사실은 완전한 불행에 지나지 않다는 것이다.

트리스탕 신화의 탄생 배경에는 이러한 동양적이면서도 동시에 서구적인 다신교적 이교가 자리잡고 있다.

그렇다면 어떻게 해서 신화가 되었을까? 대체 어떤 위협과 어떤 금기가 있어서 마니교 교리는 베일에 가려져야 했고 사람을 속이는 상징들을 통해서만 고백할 수 있었으며, 신화라고 하는 은밀한 표현 형식을 통해서만 우리를 매혹시킬 수 있었을까?

3. 아가페 혹은 기독교적 사랑

요한복음은 다음과 같이 시작된다.

> 태초에 말씀이 계시니라. 이 말씀이 하나님과 함께 계셨으니 이 말씀은 곧 하나님이시니라. (중략) 그 안에 생명이 있었으니 이 생명은 사람들의 빛이라 빛이 어두움에 비치되 어두움이 깨닫지 못하더라.(1장 1절~5절)

요한복음에 나오는 이 빛과 어둠도 지상의 어둠과 초월적 빛의 가차 없고 되돌릴 수도 없는 대립에 기초한 영원한 이원론을 말하고 있는 것일까? 아니다. 위의 요한복음을 조금 더 읽어보자.

> 말씀이 육신이 되어 우리 가운데 거하시매 우리가 영광을 보니 아버지의 독생자의 영광이요 은혜와 진리가 충만하더라.(1장 14, 15절)[15]

세계 속에서의 말씀의 육화, 어둠 속에서의 빛의 육화, 이는 우리를 삶의 고통에서 구원해주는 전대미문의 사건이다. 이는 또한 기독교의 핵심이며 성서가 아가페라고 부르는 기독교적 사랑의 핵심이기도 하다.

전례가 없는 사건이었고 따라서 '자연히' 믿을 수 없는 사건이기도 하다. 말씀이 물질적 조건과 형상을 간직한 채 육화된다는 것은 모든 종류의 종교를 근원에서부터 부정하는 것이기 때문이다. 이는 유한한 것과 무한한 것의 도저히 생각할 수 없는 융합을 받아들일 수 없는 우리의 이성에 가해진 최고의 스캔들이 아닐 수 없다. 무엇보다 이는 자연스러운 종교적 감정을 부정하는 것이기도 하다.

모든 종교는 인간을 승화시키는 경향이 있으며 마지막 종말을 부과한다. 에로스 신은 우리의 욕망을 고양시키고 승화시키며 이 여러 욕망을 하나의 거대한 욕망으로 모아 마침내 욕망을 부정한다. 이 과정의 끝은 비생명이며 육체의 죽음이다. 어둠과 빛은 상호 공존할 수 없는 것들이므로 어둠에 속한 피조물인 인간은 존재하기를 그칠 때만, 그리하여 신성 속에서 스스로를 상실할 때만 구원을 얻을 수 있다. 그러나 기독교는 그리스도가 예수라는 몸을 입고 육화되었다는 교리를 통해 빛과 어둠, 욕망과 죽음 그리고 생명과 비생명의 변증법을 송두리째 전복시켜 놓았다.

죽음은 마지막 과정이 아니라 첫 번째 조건이 된다. 복음서가 '죽음 그 자체에 속한 죽음'으로 부른 바 있는 죽음은 지금 여기 이승에서의 새로운 삶의 시작을 뜻한다. 죽음은 영혼의 세계 밖으로의 탈출이 아니라 세계 속으로의 회귀인 것이다! 죽음은 곧 재창조이다. 생명을 다시

---

15 [역주] 루즈몽의 원서에서는 요한복음에서 인용한 부분을 모두 대문자로 적었다. 우리는 이를 고딕체로 옮긴다. 기독교인이었던 루즈몽이 이런 표현방식을 택한 의도는 유설과 성서를 구별하고자 하는 것이었다.

확인하는 것이다. 하지만 그것은 지나간 옛 삶이나 이상적 삶을 재확인하는 것이 아니라 영혼이 다시 붙잡은 현재의 삶 그 자체다.

하나님이 - 진정한 하나님이 - 인간이 되었다. 진정한 인간이 된 것이다. 예수 그리스도라는 개별 인격체 속에서 어둠은 진정으로 빛을 받아들였다. 이것을 믿는 여인의 몸에서 나온 인간은 그 순간 영혼에서 다시 태어난다. 즉, 나와 세계가 죄를 짓는 한 인간은 죽음 그 자체로 끝이며 이 세계에서 죽고 말지만, '영혼'이 나와 세계를 구원하고자 하는 한 인간은 자신과 세계로 돌아가는 것이다.

이제부터 사랑은 더는 도피가 아니며 행동의 영원한 거부도 아니다. 사랑은 죽음 그 너머에서 시작하지만 삶을 향해 돌아온다. 사랑의 이러한 변화는 다음에 올 사랑을 나타나게 한다.

에로스에게 있어 피조물은 덧없는 핑계에 지나지 않고 스스로를 불태울 계기에 불과하다. 그래서 속히 피조물의 상태에서 벗어나야만 한다. 그러나 그것은 자신을 더 불태우기 위한 것일 뿐이다. 그 때문에 자신을 죽일 때까지! 개별 인간은 하나의 오류 이외에 아무것도 아닌 것이며 유일자의 혼탁한 잔상에 지나지 않는다. 이런 상태의 그를 어떻게 진정으로 사랑할 수 있는가? 구원은 피안의 세계에만 존재하므로 종교적 인간은 신에게서 버림받은 피조물에게 등을 돌린다. 그러나 기독교의 하나님은, 인간이 아는 모든 신 중 유일하게, 결코 어떤 피조물에게도 등을 돌리지 않는다. '하나님께서는 첫 번째로 우리를 사랑하셨다.' 우리의 형상 그대로, 우리의 한계 그대로. 나아가 하나님 자신도 우리의 형상과 한계를 지니시기조차 했다. 죄를 짓고 하나님을 떠난 인간의 조건을 입은 하나님의 사랑은 죄도 없고 더 이상 분열되지도 않은 채 우리에게 완전히 새로운 길을 열어준다. 이 새로운 길이 바로 성스러워지는 성화 聖化다. 성화는, 미망에 지나지 않는, 구체적인 삶 그 너머로의 도피에 지나지 않는 승화와는 정반대의 길이다.

따라서 사랑은 적극적인 행동이 되어 변화를 불러일으킨다. 에로스는 반면 무한히 초극하려고만 한다. 기독교적 사랑은 현재에서의 순종이다. 하나님을 사랑한다는 것은 우리에게 서로 사랑하라고 말씀하시는 하나님에게 순종하는 것이다.

그러면 원수를 사랑하라는 말은 무슨 뜻인가? 이 말은 이기주의를 버리라는 말이다. 즉 욕망과 괴로움의 자아를 버리라는 것이다. 이 말은 또한 고립된 인간의 종말을 뜻하기도 한다. 나아가 이웃의 탄생을 의미하기도 한다. 예수에게 빈정대는 어투로 '대체 이웃이란 누구를 말하는 것이냐'고 묻는 이가 있다면 예수는 말할 것이다. '당신을 필요로 하는 사람이 당신의 이웃이다'라고.

이 순간부터 모든 인간관계는 그 의미가 변한다.

사랑의 새로운 상징은 이제 빛을 찾으려고 하는 영혼의 무한한 열정이 아니라 그리스도와 교회의 결혼이다.

인간적 사랑도 그 자체로 변화를 맞이한다. 이교도의 신비주의자들이 인간적 사랑을 승화시켜 신으로 격상시키기까지 하고 동시에 죽음에 바치기도 하지만 반면 기독교는 인간적 사랑을 기독교의 질서 속에 자리매김하고 그것을 결혼을 통해 성화시킨다.

그리스도가 교회를 사랑한 그 사랑을 닮은(에베소서, 5장 25절)[16] 이러한 사랑은 진정으로 상호간에 주고받는 사랑이다. 왜냐하면 이 사랑은 다른 사람을 있는 그대로 사랑하는 사랑이기 때문이다. 이 사랑은 사랑이라는 관념을 사랑하는 것이 아니며 생명을 바쳐도 좋을 것 같은 달콤한 열정을 사랑하는 것도 아니기 때문이다("열정에 사로잡히는 것보다 결혼을 하는 것이 나으니라." 바울은 고린도 사람들에게 이렇게

---

[16] [역주] 에베소서 5장 25절. "남편들아 아내 사랑하기를 그리스도께서 교회를 사랑하시고 위하여 주심같이 하라."

글을 써서 보냈다). 게다가 기독교적 사랑은 행복한 사랑이기도 하다. 죄의 속박에도 불구하고 기독교적 사랑은 여기 지상의 삶에서 순종과 기독교적 질서로 충만한 사랑이기 때문이다.

* *
*

극단적으로 대립된 빛과 어둠의 이원론은 삶의 관점에서 보면 결국 죽음이라고 하는 절대적 불행에 이르고 만다. 하나님과 헤어진 인간에게는 기독교가 불행으로 느껴질 것이다. 반면 '구원을 얻은' 하나님을 믿는 이들에게 기독교는 이승에서부터 다시 태어나게 하는 행복한 불행이다.

4. 동양과 서양

지리학을 떠나서도 동양과 서양을 정의하는 일이 가능할까? 정직하게 글을 쓰는 사람이라면 복잡한 문제에 직면하여 어떠한 만족스러운 답도 얻을 수 없을 때, 비록 자신이 알고 있는 준거들에 근거한 개인적인 시스템이라 해도 그로부터 출발하지 않을 수 없을 것이다. 내가 여기서 동양이라고 부르는 것은 지역이 아니라 아시아 쪽에서 가장 고매하고 순수하다는 인간 정신의 한 경향을 의미한다. 다시 말해 내가 말하는 동양이란, 세계관에서는 이분법에 기대고 있지만 그 결과를 보면 일원론적인 신비주의를 말한다. 이러한 '동양적' 금욕주의는 그렇다면 어디를 지향하고 있는가? 이 금욕주의는 다름을 부정하며 모두 일자로 수렴하고 나아가 신과의 일체, 혹은 불교처럼 신이 없다면, 보편적 일자와의 완전한 동화를 지향한다. 이 모든 것에는 예지가 전제되어 있으며 또한 점진적인 각성의 테크닉도 전제되어 있고 - 예를 들면 요가에서처럼 - 그리하여 개인은 하나로 존재하는 일자로 상승하여 마침내 자아를 떠나게 된다.

내가 말하는 '서양'은 근동 지방에서 유래한 종교적 개념인데, 이 종교가 크게 융성한 곳이 바로 서양이다. 하나님과 인간 사이에 근원적인 심연이 있다거나 혹은 키르케고르가 말한 바, '질적으로 무한한 차이'가 존재한다는 명제를 믿는 서양을 말한다. 따라서 이러한 서양의 관점을 따르면 하나님과 일체가 되는 것은 불가능한 일이며 실체의 합일도 있을 수 없다. 단지 교통만이 가능할 뿐인데, 이 교통은 예를 들면 교회와 주님과의 결혼 속에서 찾을 수 있다. 이러한 생각은 갑작스러운 계시나 혹은 개종을 전제로 하여 하나님에게서 나와 인간에게로 내려오는 은총을 전제로 한다.

이렇게 말하면 동양과 서양이 극단적으로 대립한다고 볼 수 있지만 우리는 별 어려움 없이, 동양에도 서양식 경향이 존재하며 그 반대 역시 사실임을 여러 예를 들어 주장할 수 있다(하지만 여기서 나는 종교사 강의를 할 생각은 없다).

* * *

이제 에로스가 합일을 뜻한다는 점을 떠올려보자. 다시 말해 에로스는 개별 인간이 신 속에서 신과 하나가 되는 본질적인 합일을 의미한다. 구별된 개체로서의 개인은 - 이는 인간에게는 고통스러운 실수인데 - 스스로를 높여 신적인 완벽함 속에서 개별성을 벗어나는 것이다. 피조물은 그 어떤 탁월함도 갖추지 못한 존재의 오류이기에, 완벽함에 도달한 인간은 이 피조물에 속하지 않는다. 따라서 이 경우 우리에게는 이웃이란 존재하지 않는다. 이런 상황에서 사랑의 고양은 동시에 사랑을 억제할 것이다. 즉 사랑은 삶 그 너머로 이끄는 길이 되고 만다.

하지만 아가페는 이와는 반대로 삶 그 너머에서 움직이는 합일을 추구하지 않는다. "하나님께서는 하늘에 계시며, 너는 땅 위에 있느니라." 그리고 너의 운명은 여기 낮은 곳에서 이루어진다. 태어났다는 것이 죄가 아니라 스스로 살아가겠다고 하며 하나님한테서 멀어지는 것이 죄가 된다. 그런데 우리는 우리의 욕망을 끝없이 드높여도 하나님을 찾지 못한다. 우리의 에로스를 아무리 승화시켜도 아무 소용이 없다. 그래 보았자 그것은 결국 우리 자신일 뿐이다! 정통 기독교에는 환상도 없고 인간적 낙관도 전혀 없다. 그러면 절망이란 말인가?

그렇다. 만일 복음이 없었다면 절망이다. 복음, 그것은 하나님이 우리를 찾으셨다는 뜻이다.

하나님은 우리를 찾았고 그때 우리는 그의 음성을 들었으며 복종함으로써 하나님의 음성에 응답했다. 하나님은 우리와 같은 존재로 몸을 낮추신 아들의 사랑을 통해 우리를 찾았다. 말씀이 육체가 된 육화란 믿는 이들이 신앙 행위로 다시 하나님 안에 존재하게 되는 역사적인 새로운 창조의 표식이다. 이제 용서받고 거룩해진, 다시 말해 하나님과 다시 화해를 한 인간은 여전히 인간이기는 하지만(신이 되지 못한다) 그러나 그는 이제 오직 자신만을 위해 살지 않는다. "너는 주 하나님을 사랑하며 너의 이웃을 너처럼 사랑할지어다." 이렇게 해서 이웃을 사랑하면서 기독교인은 스스로를 구현하며 이러할 때 진정으로 자신을 사랑한다.

아가페에는 신과 나의 합일도 없고 신 속에서 내가 해체되는 흥분도 없다. 신의 사랑은 새로운 삶의 기원이며 이 기원은 이웃들과의 일치를 만들어내는 창조행위의 기원이기도 하다. 진정하고도 실질적인 이웃과 일치하기 위해서는 두 주체가 있어야 한다. 그리고 이 두 주체는 서로 가까이 있어야 하며 서로 이웃이 되어야 한다.

오직 아가페만이 이웃을 인정하며 스스로 자기만 북돋아 높아지려고 하지 않고 이웃을 있는 그대로 그들의 슬픔과 희망을 사랑할 수 있는 사랑이라면, 그래서 우리가 에로스에는 이웃이 없다고 말할 수 있다면, 이제 우리는 정념이라는 이름으로 불리는 사랑이 에로스를 찬미하는 민족들 가운데에서 발달하지 않을 수 없었다는 결론을 내릴 수도 있지 않겠는가? 같은 논리로, 기독교 민족들은 - 역사적으로 서구인 - 정념을 모르며 혹은 그 정도는 아니라 해도 정념을 불신앙으로 여겨야 하지 않을까?

하지만 역사를 되돌아보면 모든 일은 이와 정반대로 일어났다.

동양에서는(부록 1, 4장 참조) 그리고 플라톤이 살았던 고대 그리스에서는, 인간적 사랑은 일반적으로 쾌락, 즉 단순한 육체적 관능으로만 받아들여졌다. 이 당시에도 정념이 - 비극적이고 고통스러운 경험으로서 - 없었던 것은 결코 아닌데 다만 보기 드문 경우였다. 하지만 정념은 당시 유행하던 도덕관념에 비춰 일종의 강렬한 감정 상태를 수반하는 병으로 여겨지는 경멸의 대상이었다. "그 누구도 그것이 일종의 격한 감정 상태라는 것을 부인하지 못하며……"

12세기 서양에서 결혼은 경멸의 대상이었던 반면, 정념은 그것이 비이성적이고 고통을 주며 세계와 자아를 파괴하는 것으로 인식하면서도 오히려 찬미의 대상이 되어갔다. 이렇게 보면 우리는 우리가 밝혀낸 바 있는 종교적 요소들을 트리스탕 신화 속에서 발견하고 따라서 신학적 체계와 실제 관습 사이에 존재하는 명백한 모순들을 확인할 수 있다.

그러면 트리스탕 신화를 설명한다는 것은 단지 이런 쉽게 눈에 띄는 모순들을 확인하는 작업 그 이상의 의미는 없을까?

5. 서양의 관습에 나타난 기독교의 영향

변증법적 전개를 보여주는 우리의 복잡한 논의를 보다 명료하게 하기 위하여 다음과 같은 도표가 도움이 될 것이다.

	교리	이론적 적용	역사적 현실
이교	신비한 합일 (행복한 신적 사랑)	불행한 인간적 사랑	쾌락주의. 드문 경우이지만 경멸의 대상
기독교	일치 (본질적인 합일은 없음)	이웃에 대한 사랑 (행복한 결혼)	고통스러운 갈등. 강렬한 정념

이 도표의 설명 원칙은 간단하다. 플라톤 시대와 그 이후 이어진 몇 세기 동안 플라톤주의는 결코 대중적인 이론이 아니라 신비주의적인 지혜였다. 이런 상황은 후일에도 이어져 마니교 신비주의자와 부분적으로는 켈트족의 신비주의자에게도 마찬가지였다.

기독교는 바로 이 대중이 아닌 신비주의에 승리를 거두었다. 초대 교회는 약하고 경멸당하는 자들의 공동체였다. 이러한 상황은 콘스탄티누스 황제와 카롤링거 왕조의 왕들 이후부터 달라지는데 이때부터 초대교회의 교리는 왕족과 지배계층의 전유물이 된다. 이들은 교회의 교리를 서양의 모든 사람에게 강제로 믿도록 했다. 그때부터 억눌렸던 이교적인 옛 신앙들은 기독교로 개종하지 않아 박해받던 모든 자연주의적 경향의 은신처이자 희망으로 떠올랐다.

예를 들면 결혼은 고대인에게는 생활의 한 방편에 지나지 않았고 제한적인 의미만 있었으며 관습으로 축첩제도가 있었다. 반면 기독교에서 결혼은 성사가 되면 자연적 존재로서 인간이 극복하기 어려운 부부간 충절의 의무를 지웠다. 강제로 기독교로 개종한 사람의 경우를 한번 가정해보자. 마음에도 없는 기독교 환경에서 강제로 살게 된 사내는 자연히 구체적인 신앙의 도움도 받을 수 없었고 숙명적으로 자신 안에서 야만적인 피가 끓어오르고 있음을 느꼈을 것이다. 이러한 상황에 처한 사내는 가톨릭의 외관을 벗어나지 않은 채, 언제든지 그를 '해방'시켜 줄 수 있는 이교적 신비주의자들의 다시 살아난 교리를 받아들일 준비가 되어있었다.

이렇게 해서 비밀스러운 교리는 특히 공식 종교였던 기독교에 의해 죄악으로 몰린 여러 세기 동안 서양에 널리 유포되기에 이른다. 사랑·정념의 등식 역시 에로스 숭배가 겉으로 드러난 형태로서 이미 겉으로는 기독교로 개종했지만 결혼 때문에 고통당하던 엘리트 계층의 정신을 파고들어 사로잡고 만다.

그러나 교회가 단죄해버린 에로스를 향해 새롭게 다시 불거진 이 사랑의 열정은 그 어느 순간에도 외부로 드러내서는 안 되는 것이었다. 이런 이유로 이 사랑의 열정은 밀교 형태를 띠게 되었고 겉으로 보면 어느 정도 정통 기독교적이지만 실제로는 비밀스러운 이단이었다.

이 이단적 유설들은 12세기 초부터 급속하게 퍼져 나갔다. 유설들은 한편으로 성직자들 속으로 침투해 들어가 얼마 뒤 아주 복잡한 방식으로 신비주의의 르네상스와 섞이게 된다. 다른 한 편으로 이 이단적인 유설들은 당시 사람들의 심성 속에서 상당한 공감을 받았다. 이렇게 해서 이단적인 유설들은 빠르게 봉건사회 속으로 파고들어간 것이다. 봉건사회는 자신이 받아들인 유행과 생활 속의 여러 축제와 인생의 즐거움들이 어디서 왔는지는 물론이고 그 신비주의적 의미도 모르고 있었다. 하지만 봉건사회는 다름 아니라 바로 말씀의 육화라는 교리를 거부하기 때문에 기독교와 정면으로 배치되는 한 종교의 교리들을 곧 실현에 옮기게 된다.

전형적으로 서구적인 이러한 과정을 보여주는 많은 예가 있지만 물질적 기호를 간직하는 것이 목적이었던 하나의 사례만 들어보기로 하겠다.

플라톤은 사랑과 미를 결합했다. 그러나 그가 의미하는 미는 창조된 것이 아니라 원래부터 존재하는 완벽함의 지적 본질이었다. 이 이론은 우리에게 전해져 무엇이 되었는가? '플라톤이 만들어 낸 개념들이 서구인에게 얼마나 깊은 흔적을 남겼는지 이루 다 말할 수 없다. 가장 평범한 사람도 플라톤까지 거슬러 올라가는 표현과 개념을 사용한다.'[17] 플라톤주의는 이렇게 마구 사용하면서 변질되고 말았다. 이렇게 변질된 플라톤주의는 끔찍한 혼돈을 초래했는데, 다름 아니라 우리는 실제로는 그렇지 않음에도 사랑이란 무엇보다 육체적 아름다움에 종속된다고 생각하게 된 것이다. 사실 육체적 아름다움이란 연인이 자신이 사랑하는 대상에게 부여하는 많은 속성 중 하나에 지나지 않는다. 이는 우리가 삶 속에 쉽게 확인할 수 있다. '사랑은 대상을 아름답게 만들며' '공식적인 미'는 사랑을 받는 조건이나 확실한 담보가 되지 못한다. 우리를 사로잡는 변질된 플라톤주의 때문에 우리는 사랑하는 대상이 진실 속에 있는 그대로의 모습을 외면한다. 혹은 우리로 하여금 사랑하는 대상을 덜 사랑스러운 모습으로 바라보게 한다고도 말할 수 있다. 그 결과 우리는 대상이 아니라 우리 마음속에만 있는 종잡을 수 없는 생각을 따라가고 만다. 그렇다면 잘못 이해된 플라톤주의에서 나온 이 극복하기 어려운 오류가 그토록 오랫동안 지속되며 유행을 탄 이유는 어디에 있었을까? 그 이유란 모든 인간의, 특히 서구인의 마음속에 자리잡은 채 이러한 사랑 개념에 동조하는 복잡하고 난삽한 심리에서 찾을 수 있다. 우리는 드루이드 성직자들이 여성을 예언자적 존재로 여기며 경배했음을 알고 있다. 이들은 여성을 '영원한 여성', '인간의 목적' 등으로 숭배했다. 이렇게 보면 켈트족은 이미 신적인 정신적 고양을 외부의 대상을 통해 물질화한 것이며 육체적 표현을 부여하려고 했다. 그러나 프로이트 이후

---

[17] [역주] 오르테가 이 가세트(J. Ortega y Gasset), 『사랑에 대하여』(*Über die Liebe*). 오르테가는 20세기 에스파냐 철학자이지만 저자 드니 드 루즈몽은 독일어 번역으로 읽었다.

우리는 이 현상에서 그 이상의 의미를 읽어낼 수 있다. 모든 남성이 자신의 가슴 속에 간직하고 있는 '여성상'은 그가 본능적으로 아름답다는 관념과 일치하는 여성상인데 이 여성상은 다름 아니라 비밀스러운 기억 속에 '고착된' 어머니 기억의 잔상일 수 있다.[18]

* * *

12세기에 나타난 교리와 관습 사이에 존재하는 모순의 이유가 이런 것이었다면 우리는 우선 다음과 같은 결론을 한 가지 이끌어 낼 수 있다. 즉, 서양에서 진정한 사랑은 정념이라는 등식이 성립한 것은 자연스러운 심리의 발로이든 전통에서 물려받았든 이교적인 것이 아직도 가득 차 있던 인간들이 기독교에 보인 반발이라고 볼 수 있다(특히 결혼관에 대한 반발이 두드러졌다).

하지만 우리가 내린 이러한 첫 번째 결론은 자칫 순수하게 이론적이며 따라서 비판을 받을 수 있다. 따라서 우리는 에로스가 다시 태어나는 과정과 역사적 추이를 거슬러 올라가 봐야만 한다. 우리는 앞서 이미 에로스가 다시 태어나는 시기를 12세기 초로 확정한 바 있다. 에로스의 부활 혹은 진정한 사랑은 정념이라는 등식이 성립한 것은 12세기 초이다.[19] 이 사랑에는 우리가 익히 잘 아는 이름이 붙어있는데 다름 아니라 코르테지아 cortezia, 즉 궁정풍의 사랑이라는 이름이다.

---

[18] [역주] 저자는 프로이트의 유명한 오이디푸스 콤플렉스를 말하고 있다.
[19] 우리의 이러한 언급은 추후 증명이 되겠지만 결코 지나가는 말로 하는 소리가 아니다. 예를 들면, 우리도 잘 기억하고 있는 '정념에 사로잡힌' 이들 연인인 엘로이즈와 아벨라르의 첫 번째 사랑 이야기는 정확하게도 1118년에 일어난 이야기이다.
[역주] 18세기 말에 루소는 이 두 사람의 사랑 이야기를 『신 엘로이즈』라는 소설 속에서 변형된 형태로 다시 다룬다.

6. 궁정풍의 사랑,
음유시인 트루바두르와 카타리파 신도들

유럽의 모든 시가 12세기의 음유시인들로부터 유래했다는 사실을 부정하거나 의심하는 사람은 아무도 없다. "그렇다. 11세기에서 12세기에 걸쳐, 시는 어느 곳의 시이든(즉, 현재의 헝가리, 에스파냐, 포르투갈, 독일, 시칠리아, 토스카나, 제노바, 피사, 피카르디, 샹파뉴, 플랑드르, 영국 등) 랑그도크(랑그도크어)로 쓰였다. 다시 말해 음유시인이었던 시인은 프랑스 남부의 프로방스에서 사용하던 음유시인의 언어로 말하는 사람이었다(혹시 이 말을 하지 못하면 이 말을 배워야만 했다)."[20]

음유시인이었던 트루바두르의 시란 어떤 것이었나? 한 마디로 말해 불행한 사랑을 둘러싼 열광을 노래한 시였다. "랑그도크로 지어진 모든 서정시는 물론이고 페트라르카나 단테풍의 시에서도 단 하나의 주제만이 있었을 뿐인데 바로 사랑이다. 그러나 이 사랑은 채워지거나 만족을 느끼는 행복한 사랑이 아니라 정반대로 계속 채워지지 않는 불행한 사랑이었다(행복한 사랑은 아무런 감동도 보여주지 못했다). 모든 시에는 두 인물이 등장했는데, 예를 들면 시인은 수백, 수천 번 사랑을 구하는 하소연을 하지만 미인은 이 하소연을 언제나 안 된다는 말로 답할 뿐이다."[21]

유럽은 이보다 더 깊은 수사학적 시를 알지 못한다. 언어와 음악적

---

[20] Charles-Albert Cingria, "Ieu oc tan" (*Mesures*, No. 2, 1937). 프로방스어는 실제로는 리무쟁 지방에서 쓰이던 언어이며 이후 툴루즈 인근에서도 사용한 언어다. [역주] 고대 프랑스어는 프랑스 중부의 루아르 강을 중심으로 남쪽의 랑그도크어와 북부의 랑그도일어로 나뉘어져 발달했다. 도크와 도일은 긍정을 나타내는 '예'에 해당하는 말이다. 이 구분에 의거하여 남프랑스의 음유시인을 트루바두르(troubadour)로 부르며 북프랑스의 시인은 트루베르(trouvère)로 부른다.

[21] Charles-Albert Cingria, 위의 책.

형태에서만이 아니라 언뜻 보면 역설적으로 보일 수 있지만, 시적 영감에서도 그렇다. 이렇게 말할 수 있는 것은 중세 음유시의 시적 영감이 바로 그 기원을 규칙으로 이루어진 하나의 체계에서 가져왔기 때문이다. 이 규칙들은 후일 leys d'amors, 즉 사랑의 연가 형식으로 정형화된다. 또한 우리는 이 중세 음유시의 수사법이 더는 열광적이고 열렬할 수 없을 정도로 최고조에 달했다는 점도 지적해야 한다. 중세의 음유시인들이 열광했고 듣는 이들로 하여금 흥분하도록 했던 것, 그것은 다름 아니라 결혼을 벗어나 이루어지는 사랑이었다. 결혼이 육체의 합일만을 뜻했다면, 지고의 에로스였던 사랑은 이 지상에서 가능한 모든 사랑 그 너머에 존재하는 찬란한 합일의 세계를 향한 인간 영혼의 비상이었다. 바로 이런 이유로 사랑은 정숙함을 전제해야만 했다. 툴루즈에서 활동했던 음유시인 길렘 몽타나골의 'E d'amor mou castitaz', 즉 '정숙함은 사랑에서 오느니라'라는 말은 이렇게 해서 나온 말이다. 사랑은 또한 하나의 의식을 전제하기도 했는데 봉건제도 하의 신하로서의 도리를 다하는 것이었다. 이를 중세에는 동네이domnei 혹은 도노이donnoi라고 불렀다. 음유시인은 자신의 아름다운 노래를 바침으로써 그의 담므dame, 즉 귀부인을 얻었다. 시인은 마치 봉건 군주에게 하듯이 무릎을 꿇고 귀부인에게 영원한 충절을 맹세했다. 그러면 귀부인은 사랑의 약속으로 자신의 편력기사이기도 한 시인을 일으켜 세우며 이마에 입을 맞춘 후 반지를 하사했다. 이제 시인과 귀부인, 이들 연인은 궁정풍의 사랑의 법칙으로 서로 묶이게 됐다. 두 사람에게는 지켜야 할 비밀과 인내가 필요하며 정숙함과 완전히 같은 것은 아니지만 절제도 필요했고 삼가야 할 행동도 필요했다. 하지만 무엇보다 남자는 여성을 '섬기는 자'가 되어야만 했다.

그러면 '계속해서 만족하지 못하는 사랑'이라는 새로운 개념의 사랑은 어디서 유래한 것인가? '항상 안 된다는 말만 하는 아름다운 여인'을 향한 열광적이면서도 탄식 가득한 찬미는 대체 어디서 온 것인가? 새로운 정념을 표현하는 이 정교한 서정성은 어디서 유래한 것인가?

빠르게 이루어졌지만 기적과도 같은 새로운 사랑과 시의 탄생을 우리는 강조하지 않을 수 없다. 20년 정도의 간격을 두고 일어난 이 새로운 현상으로 전통적인 여성관은 완전히 달라졌고 – 여성은 이제 남성이 그리워하는 이상으로서 남성 위에 군림하는 위치에 서게 되었다 – 복잡하면서도 세련된 정형시가 탄생했다. 이는 고대는 물론이고 카롤링거 왕조의 르네상스를 계승한 로마네스크 문화가 지속되던 수 세기 동안에도 찾아볼 수 없던 일이었다.

이 두 현상이 '하늘에서 뚝 떨어진 것'이 아니라면, 다시 말해 한 집단 전체가 갑작스럽게 영감을 받은 것이 아니라면, 우리는 왜 이런 현상의 이유가 지금까지 알려지지 않았는지 밝혀야 한다. 왜 일정한 시점에 일정한 공간에서만 이러한 현상들이 일어났는지 밝혀야 하며 정확한 역사적 원인이 있는지도 궁금하다.

가장 야릇한 것은 신중하고 엄격하기로 유명한 로마가톨릭교도들이 이 문제를 인정할 때 매우 당황스러워한다는 것이다. 그러나 이들은 이 문제를 쉽게 포기해버리고 만다.

오늘날 모든 사람은 프로방스 지방의 시와 이 시에서 묘사된 사랑의 관념들이 '이 시가 탄생한 환경에 따라 설명되는 것이 아니라 오히려 상호 모순된다'는 것을 잘 알고 있다.[22] "당시 시가 이러한 환경을 전혀 반영하지 않는다는 것은 명백하다. 당시 여인들이 처해있던 환경은 남프랑스의 봉건적 질서를 생각하면 북프랑스 여인들의 환경보다 결코 덜 열악하지도 덜 종속적이지도 않았다."[23] 음유시인들이 당시의 사회적 현

---

[22] 장루아(A. Jeanroy), 『음유시인들의 서정시가』(la Poésie lyrique des Troubadours), 1934.

실에서 아무것도 끌어내지 못한 것이 명백하다면, 그들이 노래했던 사랑 관념은 결국 다른 곳에서 가져온 것이다. 이 다른 곳은 과연 어디일까?

우리는 같은 질문을 시인들의 테크닉, 다시 말해 시를 짓는 기술에 대해서도 제기할 수 있다. 장루아는 '완전히 독창적인 창작'이라고 쓴 바 있다(물론 시인 한 사람 한 사람을 놓고 보면 어떤 독창성도 없이 정형화된 형식이나 주제를 세련되게 가꾸었을 뿐이라고 비난할 수도 있을 것이다. 그러나 적어도 이 중 몇 사람이 독창적인 것을 창조해 냈기에 다른 이들이 이를 모방하고 세련되게 다듬을 수 있었으리라!). 그런데 우리처럼 한 역사가가 나서서 궁정 수사학의 기원을 두고 어떤 가정이라도 할라치면 전문가들은 벌떼처럼 몰려들어 이 역사가를 심하게 몰아세우곤 하는데 이런 현상은 특히 프랑스에서 유독 심하다. 시스몽디는 감정의 신비주의의 기원을 찾기 위해 아랍인까지 거슬러 올라갔고 그 결과 '사람들이 건방지게도 아랍의 거대한 전통을 무시했다'고 결론을 내렸다.[24] 디에즈는 아랍의 시와 프로방스 시 사이에 존재하는 형식적 유사성(운율과 구두법)을 지적했고 이에 근거해 사람들이 신중하지 못했다고 결론을 내렸다. 브링크만을 비롯한 다른 연구자들은 11, 12세기의 라틴어 시가들이 모델을 제공했다고 지적했다. 하지만 이 주장은 별로 설득력이 없는데, 당시 음유시인들은 라틴어 시를 알 정도로 박식하지 않았기 때문이다. 요컨대 이렇게 우리가 제기한 질문에 여러 가지 답이 나올 수 있지만, 한 가지 확실한 것은 엄격하다는 학자들의 그 엄격함이란 것이 사실은 자신들이 평생을 들여 연구한 현상에 어떤 의미를 부여

---

[23] A. Jeanroy, Introduction à une *Anthologie des Troubadours*, 1927.
[24] A. Jeanroy, *la Poésie lyrique des Troubadours*, I, p. 69, 1934.

할 것 같은 이론이나 주장이 제기되면 이 모든 것을 '거창하다'거나 '근거 없는 요설'이라고 하며 경원시하는 경향을 보인다는 점이다.

물론 베크슬러는 그의 유명한 책에서[25] 프로방스 지방 서정시의 기원에 변질된 신플라톤주의의 영향과 기독교의 영향이 있다고 밝히며 종교적 영향이 자리잡고 있음을 지적했다. 그리고는 모든 것을 연구했다고 스스로 자신 있어 했으며 그의 이러한 생각은 사실이기도 하다. 하지만 그의 이러한 '대담한 확신들'은 많은 박학다식한 학자의 반대를 불러오기도 했다. 베크슬러는 그 결과 '교조적'이라는 비판을 감수해야만 했고 - 이 비판은 학자에게는 최고의 욕설일 것이다 - 또한 많은 학자는 베크슬러 교수가 독일 태생이었기 때문에 프랑스 사람들의 천재성과 양립할 수 없는 그의 시스템을 대놓고 반박하진 않았다는 뉘앙스를 남기기도 했다.

따라서 이렇게 보면 한편으론 이상한 현상이 그대로 남아있는 셈이고 다른 한편으론 그럼에도 이 이상한 현상을 설명하겠다고 한 모든 것을 반박하는 박학한 논리는 논리대로 있다. 교수 중 한 사람은 다음과 같이 말한 적이 있다. "프로방스 지방의 시에서 4분의 3을 차지하고 있는 이 사랑의 노래 속에서 현실을 충실히 반영하는 이미지를 찾을 수는 없다. 또 이 시들이 순수하게 의미를 제거한 표현만 모아놓은 것에 지나지 않는다고 말할 수도 없다." 물론 맞는 말이다. 하지만 이 점에 대해 이 교수는 '조심스러운 역사학자로서' 자신의 입장을 분명히 하지 않았다. 요컨대 이 교수가 몰두했던 궁정 서정시는 그가 보기에 좀 더 자세한 조사가 이루어지기까지는 '순수하게 의미가 제거된 표현만 모아놓은 것'으로 보였던 것이다. 자중해야 하고 따라서 설사 극히 작은 시도라

---

[25] E. Wechssler, *Das Kulturproblem des Minnesanges*, Halle, 1909.

할지라도 그것이 텍스트를 임의적으로 '해석하는 일'이라면 피해야 하는 문헌학자로서 '순수하게 의미가 제거된 표현만 모아놓은 것'은 훌륭한 '자료'였을 것이다.

그러나 나로서는 이 정도로 소심하게 가정을 한다는 것이 별로 마음에 내키지 않는다. 음유시인이었던 트루바두르들의 정신이 연약하다고 해서 어디서 배웠는지 모를 표현들을 지치지도 않고 반복해 읊조리기만 했다는 가정은 결코 할 수가 없다. 그래서 나는 아루Aroux와 펠라당Péladan처럼, 이 모든 시의 비밀이 이제까지 행해진 연구보다 훨씬 더 세밀하게 연구됨으로써 밝혀질 수 있다고 생각한다. 다시 말해 이 시들이 태어난 환경인 현장으로 들어가 보아야만 한다. 여기서 환경이란 오늘날 우리가 사용하는 순수하게 '사회적인' 의미의 환경이 아니라, 사회적인 것을 포함하여 환경의 형태를 결정하는 종교적 분위기를 말한다.[26]

자, 이제 중대한 역사적 사실이 프로방스 지방의 12세기를 지배하고 있었다는 사실을 살펴보자.

귀부인에게 바쳐진 서정시가와 거의 동시에 랑그도크, 푸아투, 레나니, 카탈루냐, 롬바르디아 등의 프로방스 일대에는 강력한 이단의 교리가 널리 퍼져있었다. 다름 아니라 풍속의 극단적인 정화를 요구하며 완벽을 주장한 카타리파를 일컫는데 이 이단은 가톨릭 쪽에서는 그리스도의 신성함을 인정하지 않는 이단인 아리우스파[27] 못지않게 위험한 세력

---

[26] 궁정 예법에 대해서는 이미 여러 번 사회학적 설명이 시도된 바 있다. 이러한 사회학적 설명들은 랑그도크 지방의 여성들이 처해있던 조건에 대해 종종 서로 모순되기도 하는 몇 가지 가정을 보여준다. 가령 베르농 리(Vernon Lee)는 그의 저서 『중세의 사랑』(*Medieval Love*)에서 중세의 궁정에는 '엄청난 수의 남자가 있었고 이들 중 극소수만이 결혼을 할 수 있었다'고 지적한 바 있다. 충족시키기 어려운 욕망의 대상을 이상화하는 경향은 바로 이러한 환경에서 유래했다는 것이다. 이러한 지적은 유용한 것이긴 하지만 그러나 궁정 수사학에 대해서는 아무것도 설명하지 못한다.

으로 보였다. 어떤 이들은 13세기부터 종교개혁에 이르기까지 알비파[28] 교도들을 무자비하게 살육했음에도 카타리파의 비밀 신도 수가 수백만에 달했다고 추정하기도 한다.

이단인 카타리파의 기원을 학자들은 소아시아의 신 마니교 계열의 종파들과 달마티아[29]와 불가리아 교회에서 찾곤 한다. 카타리파로 불리는 이 '순수파들'[30]은 기독교가 탄생한 후 약 천년 동안 크게 위세를 떨쳤던 신지학적 전통의 그노시스파[31]와 깊은 관련을 맺고 있다. 그노시스파는 마니교의 창시자인 마니의 교리와 마찬가지로 이란의 이원론적 종교에 뿌리를 두고 있다.

그러면 카타리파의 교리란 구체적으로 무엇이었나? 많은 사람이 이 질문에 '알 길이 없다'는 답을 해왔다. 그도 그럴 것이, 여러 번 반복된

---

[27] [역주] 아리우스파는 알렉산드리아의 사제였던 아리우스가 주장한 성삼위일체에서 오직 성부만 신이라고 하는 교리에 근거한 이단으로 서기 325년에 열린 니케아 공의회에서 이단으로 파문된다.

[28] [역주] 알비(Albi)는 프랑스 남서부 지방인 툴루즈 인근의 인구 5만 정도의 도시다. 유명한 화가 툴루즈 드 로트렉의 고향이기도 하다. 알비파는 이단인 카타리파로서 마니교의 이원론적 교리에 근거하여 완전한 자인 '카타리'에 이르기 위해서는 모든 물질적인 것에서 벗어나야 한다고 주장했다. 이단으로 간주되어 심한 박해를 받았다. 특히 1208년에서 1249년까지 계속된, 역사에서 흔히 반 알비파 십자군 운동으로 부르는 대박해 때 수많은 사람이 살육당했다.

[29] [역주] 이탈리아 동부의 아드리아 해에 면해있는 크로아티아 남서부의 연안 지방. 유명한 달마시안 종 사냥개의 원산지이다.

[30] 카타르(cathare)라는 말은 '순수하다'는 뜻의 그리스어 catharoi에서 온 말이다.

[31] [역주] 그노시스는 그리스어로 지식, 깨달음을 얻은 자를 의미한다. 알렉산드로스 대왕의 지중해 정복 이후, 고대 그리스가 멸망한 직후인 서기 1세기 말의 헬레니즘 말기에 일어난 사상으로 비감각적인 인간의 관념적 지식을 이해하여 육체와 물질계를 벗어나 구원에 이른다는 기본적 교리를 바탕에 깔고 있다. 흔히 한국에서는 영지주의로 번역되기도 하는데 예수의 신성과 인간성을 두고 벌어진 양성론 논쟁에서 그노시스파는 예수가 인간임을 부인했고 이단으로 간주된다. 서기 3세기경에 이르러 쇠퇴했지만 철학, 종교 등에 큰 영향을 끼치며 여러 분야에서 명맥을 유지했다.

이단 재판으로 카타리파의 교리문집과 경배서가 거의 모두 불태워져 남아있는 기록이 없기 때문이다. 유일하게 남아있는 자료는 재판 당시 기록한 심문서인데 이것은 판관이 사주한 기록이었고 그나마 기록원이었던 서기들이 위조하기도 했다. 실제로 (너무 늦은 것이었지만) 1939년에 발견되어 출간한 『두 개의 대원칙』이라는 신학서[32]는 이단 교도들이 신약성경과 미사 의례서에 추가하여 사용하던 것이었는데[33], 오늘날 우리는 이를 통해 종종 '사랑의 교회'로 불리기도 했던 알비파의 교리 전체와 이후의 변형된 내용들을 살펴볼 수 있다.[34]

카타리파의 교리가 기대고 있는 이원론은 비극적이게도 거의 모든 종교와 수많은 사람의 사고 속에서 지금까지도 살아 움직이는 영원한 문제이다. 이 이원론의 기원은 다름 아닌 영적 존재인 인간이 지상에서 경험하는 그대로의 악의 문제에 있다.

기독교는 이 악의 문제에 변증법적이면서 동시에 역설적인 해답을 가져다주었는데 이 해답은 요약하면 자유와 은총이라는 두 단어 속에 모두 들어있다. 반면 보다 비관적이고 또 조야하기도 한 이원론은 삶을 선과 악이 뒤섞여있는 것으로 규정한다. 다시 말해 삶은 두 개의 세계와 두 개의 창조로 이루어져 있다고 보는 것이다. 사실 하나님은 사랑이지만

---

[32] *Liber de duobus prinpiis*, publié par A. Dondaine, O. P., Rome, 1939. 출간인 중 한 사람인 동덴느와 아르노 보르스트는 이 책이 13세기 후반기에 쓰인 것으로 판단했다.

[33] 1830년, 될링어(Döllinger)가 뮌헨에서 출간한, 『비밀의 만찬』(*la Cène secrète*)를 볼 것.

[34] 1939년 이후 카타리파에 대한 중요한 연구서가 세 권 출간되었다. Déodat Roché, 『마니교와 카타리파 연구』(*Etudes manichénnes et cathares*), 1952. René Nelli & Charles Bru 『카타리파』(*Le Catharisme*), 1952. Arno Borst, 『카타리파』(*Die Katharer*), 1953. 이 마지막 세 번째 저서는 여러 부분에서 처음 두 책과 상반된 내용을 보이고 있다. 어쨌든 이 저서들은 여러 차이점에도 불구하고 카타리파의 복잡성과 함께 발전과정과 성격을 매우 시사적인 새로운 조명을 해주고 있다.

이 세계는 사악하다. 따라서 하나님은 이 세계와 어둠과 우리를 옥죄는 죄악의 창조자일 수가 없다. 영적인 관점에서 볼 때 하나님의 첫 번째 창조는 오만한 천사Grand Arrogant이자 조물주Démiurge로서 마왕Lucifer 혹은 사탄Satan으로 불리는 반항 대천사Ange révolté에 의해 물物세계에서 마무리된다. 사탄은 영혼을 혹은 천사를 다음과 같은 말로 유혹한다. "선을 행할 수도 있고 악을 행할 수도 있는 이 낮은 지상에 있는 것이 하나님이 오직 선만을 허락하는 저 높은 곳에 있는 것보다 더 좋을 것이다."[35] 인간의 영혼을 더욱 잘 유혹하기 위하여 마왕은 인간에게 '욕망으로 불꽃처럼 타오르게 하는 눈부시게 아름다운 여인'을 보여준다. 그런 다음 사탄은 이 눈부시게 아름다운 여인과 함께 하늘을 떠나 물질과 감각적 체험 속으로 내려왔다. 이 사탄과 눈부신 여인을 따라나선 인간과 천사들은 옛날이나 지금이나 낯설기만 한 물질로 되어있는 육체 속에 갇히게 되었다(이 생각은 내가 보기에는 인간이면 오늘날에도 여전히 누구나 느끼는 근원적인 감정을 일러주는 것 같다). 이때부터 인간은 하늘에 있는 자신의 영혼과 떨어져 지내야 했다. 자유의 유혹을 견디지 못한 인간은 지상의 온갖 탐욕으로 이루어진 육체의 노예가 되어 번식과 죽음의 법칙에 복종할 수밖에 없게 되었다. 그러나 그리스도가 우리 가운데로 오셔서 다시 빛으로 돌아가는 길을 일러주었다. 그러나 그노시스파와 마니교의 구세주를 닮은 그리스도는 완전히 육화된 존재가 아니라 단지 사람의 겉모습만 갖추었을 뿐이다. 바로 이 부분이 가현설假現說이라는 이단적 교리의 핵심인데(가현설docétisme은 그리스어 dokesis에서 왔으며 이 말은 원래 외관을 뜻하는 말이다) 이 교리는 마르키온에서 오늘

---

[35] 될링어(Döllinger)가 그의 책에서 인용한 『카타리파 기도서』(Prière cathare). 선을 행할 수도 있고 악을 행할 수도 있는 인간의 자유는 여기서 보듯이 그 기원을 하나님이 아니라 악마에게 두고 있다는 점을 지적해두자.

날의 우리까지, 신-인간 양성을 그 자체로 받아들이지 못하는 우리의 '자연스러운' 거부와 관련되어있다.36 따라서 카타리파는 말씀이 육체가 되었다는 성육신 교리를 받아들이지 않았으며 자연히 미사를 볼 때의 성사에서도 성육신과 관련된 로마 교회의 의식인 성체배령을 거부했다. 카타리파는 영적 사건인 최후의 만찬을 상징하는 형제들끼리의 만찬으로 이를 대신했다. 카타리파는 또한 물로 세례를 주는 것도 거부하며 단지 위안을 주는 성령의 세례만을 고집했다. 이 성령 세례를 콘솔라멘툼consolamentum이라 부르는데 카타리파 교회의 주요 의식으로 자리잡는다. 카타리파 신도들은 이 의식을 치르면서 입교 의식을 하는데 그럴 때면 입교하는 자들은 세상을 단념하고 오직 하나님을 위해 자신을 희생하며 결코 거짓말을 하지 않고 어떤 선서도 하지 않으며 동물을 죽이지도 먹지도 않을 것을 다짐했으며, 마지막으로 결혼을 했어도 부인과 모든 접촉을 자제할 것을 맹세했다. 카타리파에 입교하고자 하는 사람들은 입교 의식 전에 40일간 금식을 했으며 입교 후에도 같은 기간 동안 금식을 한 것으로 보인다37(후일 14세기 들어, 이 의례적인 금식 때문에

---

36 [역주] 마르키온 혹은 마르시온(Marcion, 85~160 혹은 95~161)은 스스로를 바울의 후계자로 칭했던 초기교회의 신학자이다. 로마 주교 피우스 1세에 의해 단죄되어 추방될 때까지 그리스도의 인성을 인정하지 않으며 구약과 신약을 분리할 것, 단순한 사형 도구인 십자가를 경배하지 말 것 등을 주장했고 성체배령에서도 포도주를 물로 대체해야 한다는 주장을 폈다. 구약을 분리할 것을 주장한 마르시온은 현재 우리가 알고 있는 신약 27서를 카논(kanon), 즉 정경으로 받아들이도록 한 장본인이기도 하다.

37 이 40일이라는 기간은 카타리파가 정한 시간이라기보다는 성서와 다른 종교에서도 볼 수 있는 기간이다. 예수님도 40일간 사막에서 금식을 하며 기도를 했다. 또 히브리 사람들은 이집트를 나와 40년간 약속의 땅을 찾아 유랑했다. 노아의 홍수 역시 40일간 계속 되었다. 불교의 탄트라파에서는 여신을 위한 봉사가 40일간의 시험으로 구분되어 진행된다. 프랑스어에 '따돌린다'는 뜻을 나타낼 때도 40이라는 숫자가 사용되는데 '전염된 사람들을 격리시키다'는 'Les contagieux sont mis en quarantaine'라고 쓴다. 이런 여러 전통과 표현을 보면 40이라는 숫자

일부 신도는 자발적으로 죽음의 길을 택하기도 했는데, 이를 모든 물질 법칙에서 마지막으로 탈피함으로써 신의 사랑을 위한 죽음으로 여겼다). 성령 세례인 콘솔라멘툼consolamentum은 주교들이 집전했고 순수한 자들이 원을 이루어 모이면 그들 위에 손을 얹어 세례를 주었고 형제들은 사랑의 키스를 서로 나누며 의식을 끝내게 된다. 의식이 끝나고 입교한 자는 아직 입교하지 못해 '위로'받지 못한 이들에게 숭배 대상이 되었다. 입교한 자는 일반 신도들의 '구원'에 참여할 권리가 주어졌으며 자연히 '큰 존경'을 받았다.

여성은 악마가 인간을 육체 속으로 유인하기 위한 미끼로써의 역할을 한다고 보았다. 카타리파의 교리에서 물질이 창조되기 이전에 먼저 존재하는 여성의 본질은 그노시스파의 피스티스 소피아Pistis-Sophia가 하는 역할과 완전히 동일하다. 인간을 전락시키는 도구인 여성에 상응하는 존재는 구원의 순수한 빛의 상징인 마리아, 즉 누구의 육체에도 접근하지 않았으며(따라서 비물질적인) 예수를 낳은 어머니인 마리아이다. 마리아는 구원받은 영혼들의 사랑으로 가득한 심판자이기도 하다.

마니교도는 이미 수 세기 전부터 카타리파와 유사한 성사들을 지키고 있었다. 손을 사용하는 안수, 평화의 입맞춤, 선택된 자들(혹은 '순수한 자들')에 대한 숭배 등은 두 유파에서 동일하게 찾아볼 수 있다. 마니교도의 숭배는 인간 각자 안에서 자신에게 고유한 영혼(이 영혼은 표현되기 이전의 상태에서 하늘에 있다)을 나타내는 '빛의 형태'에게 바쳐지는 숭배였다. 이 영혼은 인간이 인사와 입맞춤으로 경의를 보내는 존재인데, 이 점은 유의해서 살펴볼 필요가 있다.

지옥은 물질의 감옥이기 때문에 반항하는 천사인 마왕은 인간이 잘못

는 시련의 숫자라고 볼 수 있다.

을 저지르는 동안만 지옥을 지배할 수 있다. 인간이 치러야 하는 시련의 주기 – 아직 계시를 받지 못한 인간들은 물리적인 시련을 포함해 여러 종류의 시련을 거쳐야 한다 – 가 끝나면 창조는 다시 원래의 영혼 속으로 들어와 재합일을 이루게 된다. 그러면 사탄에 이끌렸던 죄인들은 구원받고 사탄도 지고의 지존자에게 다시 복종하게 된다.

이렇게 보면 카타리파의 이원론은 종말론적 일원론으로 귀결되는 셈이며, 반면 정통 기독교는 악마와 강고한 죄인에게 영벌永罰을 선고함으로써 최종적으로는 이원론적이라고 할 수 있다. 물론 정통 기독교는 마니교의 사상에 봉착하여 완전히 신적이고 선한 기원에서 나온 단일 창조론을 선언하기는 했다.

이제 마지막 한 가지 사실을 살펴보자. 수많은 이단과 동양 종교에서 흔히 볼 수 있듯이 – 예를 들어 자이나교, 불교, 에세네파, 기독교적 그노시스파 등 – 카타리파 역시 그 내부에 분파가 생기는데 크게 두 유파로 나뉜다. '완벽파' perfecti[38]가 그 하나인데 성령 세례인 콘솔라멘툼consola-mentum을 받은 자들로 구성된다. 또 다른 유파는 일반 신도(신도들credentes 혹은 불완전한 자들imperfecti)로 구성된 집단이다. 오직 이 일반 신도들로 구성된 집단만이 결혼할 수 있었으며 순수한 자들이 비난하는 세상에서 살 수 있는 권리가 있었다. 이들은 따라서 밀교적인 온갖 윤리적 규범, 즉 고행, 노동에 대한 경멸, 모든 세속적 인연과의 단절 같은 규범을 준수하지 않아도 무방했다.

---

[38] 이 "완벽파"라는 표현은 이단 재판 당시의 기록에서만 볼 수 있는 표현이다. 카타리파 교도는 대신 본옴므([역주] bons hommes, 직역하면 호인을 뜻하는 말이지만 중세에는 백성을 뜻하기도 했으며 현재는 친근한 사이에서 허물없이 부르는 친구 혹은 동무 정도로 볼 수 있다)라는 표현을 쓰거나 아니면 기독교도라는 말을 쓴 것으로 보인다. 따라서 완벽파라는 표현에서는 카타리파 교도를 조롱하는 어조를 느낄 수 있다.

생 베르나르 드 클레르보(란Rhan의 책에서 인용된 내용에 따르면)는 자신이 모든 수단을 동원하여 물리친 바 있는 카타리파를 두고 다음과 같이 말한 바 있다. "사실 카타리파 교도의 설교보다 더 기독교적인 것은 없으며 그들의 관습들도 순수하기만 하고……"

이러한 판단을 염두에 두면 우리는 카타리파에 대한 종교 재판이 어느 정도는 중상모략적인 요소가 있었음을 알 수 있다. 그러나 성자이자 교부인 생 베르나르 드 클레르보가 한 발 더 나아가 자신이 믿는 기독교의 가장 기본적인 교리들을 부정하는 카티라파의 설교를 기독교적이라고 여기는 것을 보면 우리로서는 놀라지 않을 수 없다. 카타리파 교도의 관습이 순수했다는 점을 예로 들어보면, 이 카타리파의 관습이 지니고 있는 순수성은 우리가 살펴보았듯이 정통 기독교 윤리의 근간을 이루는 믿음과는 전혀 다른 믿음에서 나온 순수함이었다. 오늘날에도 많은 이들이 기독교적 특성으로 알고 있는 육체를 죄악시 하는 생각은 사실은 기독교가 아니라 마니교와 '이단'에 기원을 두고 있다. 바울이 말한바 '육체'는 물리적인 몸을 말하는 것이 아니라 몸, 이성, 능력, 욕망 모두를 포함하는 자연적 인간 전체를 말하는 것이었다.

* * *

카타리파의 한 분파인 알비파 교도들을 학살하기 위해 일어난 정통 기독교도들의 토벌 전쟁은 13세기 초, 시토회 사제들이 주도했다. 이들은 카타리파 교도들의 마을들을 초토화시켰고 모든 책을 불태웠으며 수많은 교도와 주민을 학살했고 여러 성소는 물론이고 카타리파 최고의 성이자 사원인 몽세귀르도 파괴했다.[39] 따라서 엄격하고 비밀스러웠으며 상당히 세련된 것이기도 했던 카타리파 문화 전체가 갑자기 사라진 것이다. 하지만 우리는 아직도, 우리가 상상하는 것 이상으로 여전히 이 문화에 적지 않은 빚을 지고 있다.(나는 이 책에서 이 점을 밝혀내고자 한다).

7. 이단의 유설(謬說)과 시(詩)

음유시인들을 카타리파의 일반 신도로서 이단이었던 카타리파의 유설을 전파하는 일종의 전도단으로 보아야 할까?

뒤에 가서 다루게 될 다른 가정과 함께 다시 한 번 다룰 예정이지만[40], 이 가정은 오토 란 같은 몇몇 대담한 지적 모험을 감행한 학자에 의해 다루어졌다.[41] 오토 란을 비롯한 이 학자들은 이 문제를 영적인 차원에서 다루기보다는 역사적 관점에서 바라보며 지나치게 객관적으로 다룸으로써 문제 자체의 중요성을 제대로 인식하지 못한 것처럼 보인다. 하지만 나는 이 문제보다 더 자극적이고 지적 모험을 감행하도록 유혹하는 주제를 쉽게 찾을 수 없다고 본다. 이 가정은 사실 전적으로 거부하기도, 그렇다고 받아들이기도 쉽지 않은 문제이며 나아가 증명해내기도 그리고 반대로 믿지 않기도 어려운 까다로운 문제이기 때문이다. 이 가정은

---

[39] 페르낭 니엘의 훌륭한 저서를 참조할 수 있다. Fernand Niel, *Montségur, la montagne inspirée*, 1955. '몽세귀르는 성배의 성이 아니었지만(란이 확인했듯이), 유럽 그 어디에서도 몽세귀르만큼 성배의 전설에 잘 부합하는 성은 달리 찾아볼 수가 없다.' 페르낭 니엘이 보기에는 란이 확인을 하긴 했지만 그 문제는 아직도 이론의 여지가 있다는 것이다. 나는 이러한 가정을 비판하는 이들은 아직 몽세귀르 성을 보지 못한 이들임에 틀림없다는 말을 부연하고 싶다. 성스러운 형상의 정상을 대하면서 가슴 깊은 곳에서 올라오는 감동을 느낀다는 것은 글로 쓰인 '증거들'을 통해 얻을 수 있는 확신과는 전혀 다른 종류의 확신을 준다.

[40] 이 책의 제2부 10장을 볼 것.

[41] 오토 란(Otto Rahn), 『성배에 반대하는 십자군』(*Croisade contre le Graal*), trsd. Franç. 1934.

우리가 이 가정을 통해 파악하려고 하는 현상 자체의 본질과 관련된 문제인데, 이 현상은 복잡한 성격을 지니고 있어서 역사적이며 동시에 불변하는 원형의 문제이고, 또 정신적이자 신비주의적이며, 구체적이면서도 상징적이고 어떤 면에서는 문학적이자 종교적이기조차 하다.

이 문제의 대강의 윤곽은 다음과 같이 정리할 수 있다. 카타리파의 유설과 궁정의 사랑은 동시에 같은 시기(12세기), 같은 공간(프랑스 남부)에서 일어났다.[42] 상황이 이렇다면 이 두 현상 사이에 아무런 관련이 없다고 말하기는 쉽지 않을 것이다. 오히려 두 현상이 아무런 관련 없이 우연히 각각 일어난 현상이라고 말하는 것이 이상한 주장이 아닐까? 하지만 엄격한 금욕주의 탓에 이성과의 모든 접촉을 피해야 했기에[43] 은밀하게 숨어서 활동했던 카타리파 신도들과 즐겁고 흥에 겨워 사랑의 노래를 읊으며 봄과 새벽, 꽃핀 전원과 귀부인을 찬양했던 음유시인들 사이에서 과연 우리는 어떠한 관련을 찾아낼 수 있을지 의문이 드는 것도 사실이다.

이런 이유로 합리주의를 추종하는 것이 몸에 밴 우리는 중세 로망어

---

[42] 첫 음유시인인 기욤 드 푸아티에는 1127년에 사망했다. 조직되고 세를 얻은 교파로서의 카타리파에 대한 첫 언급은 1160년에 나타난다. 하지만 보르스트에 의하면, 이미 1145년부터 카타리파는 불가리아에서 영국에 이르는 지역에 널리 퍼져 있었다. 카타라는 말은 1145년 독일에 나타났고 2년 후에는 랑그도크 지방에서도 볼 수 있다. 이를 통해 아르노 보르스트는 약 2년 만에 카타리파가 전 유럽에 퍼져나갔다는 결론을 내리기도 했다! 그 자신도 이에 놀라움을 숨기지 않았다. 하지만 나는 이 결론에는 동의하지 않는다. 카타리파는 역사적 기록에 언급되기 훨씬 이전부터 다른 이름들을 통해 심지어는 이름 없이 사람들 사이에서 존재해왔기 때문이다. 프랑스에서는 오를레앙, 푸아투, 아키텐 지방 등에서 11세기부터 카타리파의 교리를 금지시켰다. 프랑스의 이 지방들은 모두 바로 첫 음유시인들이 출현한 지역이다!

[43] 카타리파의 금욕주의는 철저한 것이어서 완벽파로 불렸던 그들은 여자가 방금 앉았던 의자에도 앉지 않았다. 하지만 궁정 생활을 보면, 많은 귀부인이 카타리파 신도였고 음유시인들은 이들에게 노래를 지어 바쳤다.

연구자들이 한결같이 내린 주장을 신뢰하며 카타리파 신도들과 음유시인들 사이에는 아무런 관련도 없다고 믿어왔다! 그러나 내가 위에서 말한 바 있는 '지적 모험을 감행하는 학자들'이 참을 수 없을 정도로 확신이 들어서 따라갔던 직관 역시 그 자체로 상식에 전혀 위배되지 않는 것이다. 이 직관을 따라가면 우리는 카타리파 신도들과 음유시인들이 매일 만나면서 어떻게 서로 모르는 사이로 지낼 수 있을지 이해하기 힘들어진다. 우리는 이들이 12세기의 거대한 정신적 혁명이 일어나는 와중에서 함께 살면서도 서로 침투할 수 없는 두 세계에 격리된 채 지냈다고는 도저히 상상하기 어렵다!

논리적으로만 생각해 봐도, 카타리파를 통해 음유시인들을 이해하고 (그 역도 마찬가지)동일한 정신적 움직임을 통해 양자를 파악하려는 것이 두 계층을 독립적으로 이해하려는 시도와 꼭 상충된다고 할 수도 없다.

* * *

추정이긴 하지만 우리의 가정을 믿을 만한 것으로 만들어 주는 몇 가지 주장을 살펴보자.

툴루즈 백작이자 랑그도크 지방의 봉건 영주이기도 했던 레몽 4세는 1177년에 다음과 같은 글을 남겼다. "카타리파의 유설은 도처에 파고들고 있다. 남편과 아내를 갈라놓고 아들과 아버지를 헤어지게 만들며 며느리와 시어머니도 갈라서게 하며 가정을 파괴하고 있다. 사제들마저도 이 유설에 유혹을 당하고 있는 실정이다. 성당은 갈수록 텅텅 비어가고 폐허가 되어간다. 내 땅에 사는 마을 유지들도 타락에 몸을 내맡기고 있다. 사람들은 무리지어 이들을 따라 나서고 있으며 (가톨릭적) 믿음을 잃어버리고 있어 나로서는 어떤 시도도 할 수가 없다." 이런 상황이었다면, 음유시인들이 자신들의 삶을 의탁하고 있던 영주들의 생각과 신앙 그리고 감정을 몰라라 하며 단지 노래만 부르며 살았다고 보기는 진정 어려울 것이다. 이런 주장을 대하면 혹자는 첫 번째 음유시인들은 푸아투와 리무쟁 지방에서 출현했지만 반면 카타리파 유설은 보다 남쪽 지방인 툴루즈 지방을 중심으로 퍼져나갔다고 반박할지도 모른다. 그러나 이러한 반박은 설득력이 없는데, 다름 아니라 카타리파의 유설은 바로 북쪽 지방에서 남쪽을 향해 퍼져나갔기 때문이다. 즉 카타리파 유설은 처음에는 랭스와 오를레앙 인근에서 유행하다가 이어 리모주와 푸아투 지방으로 퍼져나갔던 것이다!44 어떤 이들은 음유시인들이 각별히 환대를 받았던 궁정이라고 말한 곳들이 영주들이 정통 가톨릭교도였던 궁정이었다고 반박할 것이다. 그러나 우리는 이러한 주장이 사실과 들어맞지 않는다고 본다(아니 그 정도가 아니라 상당히 오류가 있는 주장인데, 이 점은 뒤에서 자세히 살펴보겠다!). 게다가 음유시인들이 이러한 가톨릭 영주들의 궁정에 자주 드나들었다는 사실만으로도 이 궁정이 카타리파의 유설에 영향을 받았음을 일러주기도 한다. 다음과 같이 시작하는 페르 비달이 지은 시를 읽어보자.

    내 가슴은 쾌적하고 부드러운 이 새로움에 즐겁기만 하다. 내게는 천국처럼 보이는 팡조 성 때문이겠지. 사랑과 환희가 이 성 안에 가득하도다. 그뿐인가. 명예에 어울리고 진지하며 완벽한 궁정의 삶과 태도도 가득하도다.

이 시를 두고 그 누가 카타리파의 분위기를 표현했다고 상상할 수 있

---

44 [역주] 랭스(Reims)는 벨기에와의 국경 인근, 북위 49도에 있는 프랑스 북부 도시로 역대 프랑스 왕의 대관식이 행해진 랭스 대성당으로 유명한 곳이다.

겠는가? 하지만 한 가지만 물어보자. 팡조 성이란 어디를 두고 하는 말인가? 팡조 성은 바로 카타리파 신도들의 본당 중 한 곳이 아닌가! 이단 사제 중 가장 유명한 길라베르 드 카스트르가 1193년부터 개인적으로 이끌던 이곳이 바로 카타리파의 가장 위대한 귀부인 중 한 사람이었던 에스클라르몽드 드 푸아가 '콘솔라멘툼'을, 즉 카타리파 세례를 받은 곳이다!

페르 비달의 시는 두 번째 시절詩節에서 다음과 같이 오직 귀부인들만을 노래하고 있다.

> 귀부인들과 그네들의 명예와 명성을 내게 말해준다면 나는 기꺼이 친구가 되어 줄 것이며 결코 적으로 삼지 않겠노라. 내가 귀부인들 사이에 없다면, 다른 나라에 가 있다면, 나는 탄식할 것이요 한숨을 내쉬며 슬픔에 겨워할 것이다.

이 시를 읽으면 누구나 페르 비달을 자신의 시를 들어주고 사주는 돈 많은 귀부인의 환심이나 사려고 하는 건달 정도로만 볼 수 있을지도 모른다. 하지만 읽는 사람을 당황하게 하는 시의 다음 구절을 계속 읽어보면 이런 생각은 완전히 달라진다. 페르 비달은 자신을 환대해 주었지만 프로방스 지방의 다른 곳으로 떠나지 않을 수 없어 안타까워했던 로라크 성, 가이약 성, 세사크 성, 몽트레알 성 등을 나열한다. 이 성은 모두 알비주아와 카르카세스 지방에 있는 성이며 '기사들과 여인들이 궁정 예절을 알고 있는 곳이었으며' 또한 '특히 나를 극진히 맞아 주었던 귀부인 루브의 부드러운 미소가, 나도 모르게 어쩔 수 없이, 내 가슴에 남아있는 곳이다!' 우리는 시인이 말한 이 성이 모두 카타리파의 유설이 퍼져있던 곳이며 심지어는 이단의 수도원이어서 '이단의 집들'이라고 불리던 곳임을 알고 있다. 이 성들이 있던 지방은 대놓고 카타리파 유설을 믿던 곳이었다. 귀부인 루브는 아주 활동적인 카타리파 그룹의 일원인 로바로 불리기도 했던 스테파니 공작부인이었다! 음유시인들의 시를 모아놓은 근대의 사화집을 보면 별 주의를 기울이지 않고 이 시들을 '환대에 감사하는 시' 정도로만 여기고 있지만 비달의 시는 일종의 목가 문학적 성격을 띠고 있다. 하지만 이 시를 반복해서 읽노라면 나는 내 두 눈을 의심하지 않을 수가 없다! 어디서나 흔히 볼 수 있는 평범한 시일 수도 있고, 문학적 치기일 수도 있을 것이다. 그러나……

음유시인들이 카타리파 신도들처럼 – 실제로는 언제나 실행에 옮기지 못한 채 – 정숙함이라는 덕목을 상찬했다면 이것도 우연의 일치일 뿐일까? 음유시인들이, 카타리파의 '순수한 자들'처럼, 귀부인한테 오직 입교 키스만을 받았다면 이 역시 우연의 일치에 지나지 않을까? '사랑의 교회' 안에서 모든 신도를 '일반 신도'와 '완벽한 자'로 구분하는 카타리파처럼, 음유시인들도 자신들을 두 무리로 나누었다면 이 역시 우연의 일치일까? 음유시인과 카타리파 신도가 모두 남녀의 결혼을 조롱했다면 이 역시 우연일까? 음유시인과 카타리파 신도가 모두 사제와 사제와 친한 영주들을 매도했다면 이 역시 우연의 일치일 뿐일까? 음유시인들이 카타리파의 '순수한 자들'처럼 유랑 생활을 즐기며 길을 떠날 때면 그들처럼 두 사람씩 짝을 지어 떠나곤 했다면 이 역시 우연의 일치일까? 음유시인들의 시 속에서 종종 카타리파의 전례에서 따온 표현들을 볼 수 있다고 해도 이 역시 모두 우연일 뿐일까?

카타리파와 음유시인들 사이의 관계가 결코 우연의 일치가 아님을 일러주는 예는 얼마든지 있다. 그러니 우연의 일치임을 주장하는 반박 논리들을 살펴보는 것이 우연의 일치가 아니라는 사실을 입증하는 더 빠른 방법일지도 모른다. 반박 논리를 펴는 사람 중에는 모든 음유시인이 유설을 믿는 진영에 속해있었던 것은 아니라고 하면서 그중 여러 사람은 가톨릭 수도원에서 생을 마감했다고 말한다. 물론 그렇다. 심지어 음유시인이었던 폴케 드 마르세유 같은 이는 알비교도 진압 원정에 직접 참여하기도 했다. 하지만 그는 배반자로 몰렸고 그 직전까지는 가톨릭교도를 오백 명이나 죽였다는 죄로 교황 이노켄티우스 3세 앞에서 심문을 받았던 인물이다. 어떤 이들은 음유시인 중 일부는 그들의 시와 카타리파의 교리 사이에 존재하는 유사성을 전혀 인식하지 못하고 있었다는 점을 지적하는데, 이런 지적이 음유시인들이 지은 서정시의 기원이 이단의 유설과 무관하다는 것을 의미하지는 않는다. 음유시인들이 변하지 않고 전수되어 내려온 수사학의 규범에 따라 시를 지었다는 사실을 잊어서는 안 될 것이다. 시인은 알지 못하겠지만, 아주 아름다운 시라 하여도 시란 시인이라면 누구나 갖게 마련인 공통된 주제와 언어를 사용하게 마련이다. 아름다운 시는 예외로 해야겠지만, 사실 이런 현상은 흔한 것이 아니었을까? 누군가는 또 음유시인들은 결코 우리에게 전해지는 시 속에서 그들의 신앙을 말한 적이 없다고 할지도 모른다. 이런 이들에게는 카타리파 교도는 입교 시에 설사 목숨이 위협당하는 상황에서도 그들의 믿음을 결코 밖으로 드러내지 않겠다는 서약을 한다는 점을 상기시켜 주면 충분한 답이 될 것이다. 바로 이런 이유로 해서 이단 심문 기록에는 카타리파에 입교한 '순수한 자들'의 최종 입교 의식인 '미네솔라' minesola(혹은 말리솔라 malisola 혹은 마니솔라 manisola)와 관련된 어떤 고백도 남아있지 않다. 사랑의 궁정에서도 이 문제는 자주 토론의 대상이었다. '기사는 결혼을 한 상태에서도 귀부인을 위해 충성을 지킬 수 있는가?' 이 말은 만일 우리가, 한편으로는 '마음속에서' 카타리파 공동체인 '사랑의 교회'로 불리던 귀부인을 섬기면서 로마가톨릭교회의 사제이기도 했던 음유시인들이 로마가톨릭교회와 결혼을 해야만 했다는 사실을 염두에 둔다면, 우리에게 여러 가지를 생각하게 한다. 베르나르 기는 그의 책 『심문자 규범집』에서 카타리파 교도는, 예수의 어머니로서 살과 피를 지닌 여인이 아니라 그들의 신앙 공동체로서의 교회를 의미하는 한에서는 동정녀 마리아를 믿었다고 확인해주고 있다.

하지만 어떤 이들은 일부 음유시인은 시를 단념하지 않은 채 유설을 버렸다고 반론을 펼지도 모르겠다. 물론 그렇다. 한 시인은 개종을 하면서 다른 귀부인들을 위해 만들어 두었던 표현을 동정녀 마리아에게 바치기도 했다. 페르 도베르뉴 같은 이들이 이 경우에 해당하는데 그의 이 시는 고해를 한 것으로 봐야 할까? 오히려 그가 유설에 집착하고 있었다고 보는 것이 논리적이리라.

자, 이제 시구들을 읽으면서 음유시인들의 사랑의 수사학이 지닌 순수함과 투명함 속에서 시구들을 보다 구체적으로 살펴보자.

*
* *

다음은 세상이 주는 그 어떤 선물보다 더 사랑했던 죽음의 테마를 다룬 시구들이다.

> 그러니 죽는 것이 내게는 더 어울리리라
> 이 비열한 쾌락을 즐기는 것보다는
> 천박하게 배를 불리는 기쁨은
> 그 이상 나를 기쁘게 할 수도, 기쁘게 할 권리도 없으니

에메릭 드 벨르누아가 지은 시구다. 끝없는 사랑이 그가 사랑하는 악이 아니고 '사랑의 기쁨'도 아니고 또 한층 가치 있는 착란도 아니라면 여기서 '비열한 쾌락'이란 다름 아니라 그의 욕망을 치료해 주는 것이다.

> (중략) 사실, 이 미친 욕망은
> 나를 죽이리라, 내가 머물러도, 길을 떠나도
> 나를 치료해줄 수 있는 여인은 나를 나무라지 않을 것이니

(중략) 이 욕망은
　　그 어느 것보다 귀중하다
　　- 비록 착란으로 가득 찬 것이라 해도

　그가 아직은 죽고 싶지 않았다면 그것은 그가 그의 욕망에서 아직 완전히 벗어나지 못했기 때문이다. 그는 절망한 상태에서 육체를 떠나는 것이 두려웠던 것이다. 육체는 '죽을 죄'였다. 다시 말해 그는 아직 모르고 있다.

　　황홀경에 빠진 그의 영혼을
　　천국으로 인도하는 것이 그에게 무슨 소용이 있는지를

　카타리파 교리는, "연약함 때문에, 혹은 두려움이나 고통 때문에 삶을 끝내라고 강요하지는 않는다. 카타리파는 물질세계에서 완벽하게 벗어난 상태로 죽음을 찾으라고 말한다."[45]
　다음으로 모든 궁정 사랑의 라이트모티브인 이별이라는 주제를 살펴보자.

　　하나님이시여! 어찌 된 일입니까?
　　멀어질수록, 더욱 그녀를 욕망하다니요!

　또 지상의 새벽을 기다리며 '진정한' 빛을 기도하는 기로 드 보르네유

---

[45] 데오다 로쉐(Déodat Roché). 데오다 로쉐는 오늘날 카타리파에 대한 가장 열성적인 연구자 중 한 사람이다(그의 저서, 『마니교와 카타리파 연구』(Etudes manichéennes et cathares, 1952)와 『카타리파』(Catharisme, 1938)를 볼 것). 데오다 로쉐 역시 카타리파 교도들이 말한 바 있는 "지나치게 빠른 천국행의 위험"을 강조했으며, 이 점이 카타리파가 불교와 갈라서는 중요한 지점이라고 말했다.

02 트리스탕 신화의 종교적 기원들 | 107

의 시를 보자.[46] 이 새벽은 시인을 그와 같은 길을 가는, 따라서 세상의 시련들을 함께 하는 '친구'와 만나게 한다(이 두 친구는 비유하면 혼과 육체를 의미할 수도 있다. 그러나 영혼을 그리워하고 육체를 연결하는 혼을 말한다. 하지만 늘 두 사람씩 짝을 지어 떠났던 전도자들의 관례도 고려해야 한다).

> 영광의 왕이시여, 빛이시여, 진정한 광명이시여
> 강건한 하나님, 나의 주님이시여, 바라건대
> 내 충직한 친구에게 도움을 내리시고 환영하소서
> 어둠이 찾아 온 이후 그를 다시는 보지 못했고
> 이제 곧 새벽이 밝아 올 것이옵니다.

마지막 시구를 읽어보면 우리의 음유시인이 그의 기원을 끝내 숨기지 못하지 않았나 의문이 들기도 한다. 아니면 시인은 어둠의 한 복판에서 어쩌면 결코 떠나서는 안 될 빛을 찾았는지도 모른다.

> 아름답고 온화한 친구여, 그대의 머뭄은 너무나 풍요로워
> 나 새벽도 빛도 보고 싶지 않았네
> 왜고 하니 가장 아름다운 따님
> 내 두 팔 속에서 어머니를 붙잡고 있어
> 나 질투도 새벽도 더 이상 개의치 않으니 말일세

---

[46] 하나님, 빛, 믿음, 교회 등의 단어 앞에 "진정한"이라는 말이 놓이면 일부 연구자는(펠라당(Péladan)과 란(Rahn)을 비롯해) 이를 음유시인들이 카타리파 교도였음을 일러주는 것으로 여기곤 했다. 카타리파 교도들은 가능한 한 정통 가톨릭에서 사용하는 표현을 쓰려고 노력했지만 입교한 사람을 위해서는 이 가톨릭교회의 표현에 약간의 수정을 가해 사용하기도 했다.

이 종달새는 이제 막 떨리는 목소리로 노래를 불렀다. 바그너는 그의 『트리스탄과 이졸데』 제2막에서 이 노래를 브랑겐의 숭고한 외침으로 만들어 놓았다. "Habet acht! Habet acht! Schon weicht dem tag die Nacht!"(조심하세요! 조심하세요! 이제 막 어둠이 물러가고 새벽이 옵니다!) 하지만 트리스탄은 이렇게 답한다. "어둠이여 영원히 우리를 덮으소서!" 이것을 우리는 익명의 시인이 지은 다음과 같은 또 다른 새벽에서 다시 만나게 된다.[47]

한 과수원, 산사나무로 지은 오두막 아래서, 부인은 친구를 두 팔로 껴안고 있다. 그때였다. 초병이 외쳤다. "하나님 맙소사! 새벽이 밝아온다." 새벽은 정말 빨리도 왔구나! - 나의 하나님, 밤이 끝나지 않기를 얼마나 기다렸는지요, 내 친구가 내 곁에 남아있기를 나 얼마나 바랐는지요, 새벽이 다가온다고 초병이 소리치지 않기를 얼마나 원했는지요! 하나님이시여! 새벽입니다. 새벽은 정말 빨리도 왔군요!

그러면 '언제나 안 된다고 말하는 이 미인'은 대체 누구인가? - 짐작이 안 가는 것은 아니지만 - 대체 이 여인은 정말 여인인가 아니면 상징일 뿐인가? 왜 그들은, 마치 입교시의 믿음에라도 관계가 있다는 듯이, 그들의 불타오르는 사랑의 정념을 그토록 드러내지 않으려고 하는 것일까?

---

[47] "새벽 aube(오브)"은 규칙적인 형식을 지닌 서정시 장르였다. 낮과 밤의 대립으로 지배되는 세계관 속에서 사람들은 이 장르를 염두에 둘 수밖에 없었다. [역주] 오브는 이들 연인의 이별을 노래하는 정형시인데 헤어지는 새벽에 부르는 노래였다.

위대한 사랑의 이름과 내 이름을 걸고 말씀드리거니와, 단념하세요, 온갖 악으로 가득한 가증스러운 밀고자들이여, 그녀가 누구인지, 그의 고향이 어디인지 묻지 마세요. 멀리 있는지 가까이 있는지도 묻지 마세요. 나는 그대들에게 모습을 숨길 것이니까요. 나는 한마디라도 말을 하는 대신 죽어버릴 것입니다.

이런 희생을 치르고 숭배해야 하는 귀부인은 누구인가? 기욤 드 푸아티에의 탄식을 들어보자.

오직 그녀만이 나를 구원할 수 있으리라!

또 우크 드 생 시르크가 한 매정한 여인에게 하는 간절한 기원을 들어보자.

하나님께서 나를 도우셔서 행복을 주는 것도, 기쁨을 주는 것도 모두 바라지 않소이다. 만일 그것이 당신에 의한 것이 아니라면!

그렇다면, 이 모든 것이 수사적 기교에 지나지 않는다고 하더라도, 이 기교들은 어떤 정신과 의도에서 나온 것인지 묻지 않을 수가 없다. 이 플라톤주의적인 관념에 나타난 사랑은 어떤 사랑인가? 기로 드 칼랑송은 여인들의 사랑을 다룬 그의 시『나머지 작은 사랑들』에서 부모들의 사랑과 신의 사랑을 다음과 같이 노래한 적이 있다.

삼등분 된 사랑 중 두 번째 사랑에는 고귀함과 감사가 들어있네. 첫 번째 사랑은 너무나도 높은 비약이어서 그의 권능은 높은 하늘 위를 거닐고 있소이다.

세 부분으로 이루어진 이 하나의 사랑은, 이 여성이 지배하는 원칙은 단테에게서는 '하늘을 움직이고 모든 별을 운행하게 하는' 사랑이며, 기로는 그의 시에서 '하늘 위를 거닐 것'이라고 했다. 그렇다면 이 사랑은 이단의 유설을 믿고 있던 위대한 신비주의자들과 그노시스파와 에카르트가 말했던 성삼위일체 이전의 하나님이 아닐까? 조금 더 자세히 말하면, 베르나르 드 샤르트르가 말했던 대로(1150년경에!), '초본질적' suressentiel 하나님으로서 '하늘 그 위에 계신' 하나님이자, 그리스어로 누스 Noûs로 불리는 누아 Noys인, 지성적이며 여성적인 것의 현현이 아닐까?

우리의 추측이 근거 없는 것이라면, 위에서 인용한 시구들을 읽으며 우리가 벗어날 수 없었던 불확실성과 모호함은 어떻게 설명해야 할까? 물론 시에 등장하는 여인은 현실 속의 여인이다.[48] 적어도 육체적 존재는 지상에 있다. 그러나 사실은 구약성서의 『아가서』처럼, 어조가 신비하다. 많은 학자는 이를 두고 '단지' 여성과 본능적 사랑을 이상화했을 뿐이라고 기회가 있을 때마다 여러 번 말해왔다. 하지만 그토록 여러 번, 그토록 오랫동안 이상화했다면 이 현상은 예사롭지 않으며 그 기원이 궁금하지 않을 수 없다. 사랑을 이상화하는 기질 탓이란 말인가?

페르 드 로지에의 시를 읽어보자.

> 쓰디쓴 고통으로 나는 괴로워하노라
> 그녀로 비롯한 이 크나큰 슬픔에서
> 내 가슴은 결코 놓여 나지 못하노라
> 기쁨도, 부드러움도, 좋은 것도 없노라
> 약속을 통해 엿볼 수 있는 그 어느 것도 없노라

---

[48] 시 속에서는, 이슬람 신비주의자인 수피파가 시 속에서 그렇게 하듯이, 상징적인 이름으로 지칭된다.

무공을 세워 백 번의 기쁨을 누린들
아무것도 이룰 수 없구나
나 오직 그녀를 향한 욕망만을 갖고 있으니

베르나르 드 방타두르의 탄식도 함께 읽어보자.

그녀는 내 마음을 가졌네, 나 자신을 가졌네, 세계를 가졌네,
그리고 나를 떠나갔네, 내 욕망과 목마른 가슴만 남겨놓은 채!

그리고 두 사람의 시와 함께 아르노 다니엘이 지은 시 중에서 두 시절 詩節만 더 읽어보자. 학자들은 이 아르노 다니엘을 두고 그가 귀족이었지만 음유시인의 유랑극단에 들어가 어릿광대가 된 그의 이력을 말하며 '사상이 없는' 시를 지었다고 폄하했지만 한 번 읽어볼 필요는 있을 것이다. 어쩌면 우리는 그의 시 속에서 신비주의의 부정적 측면과 변화 없이 계속 등장하는 은유들을 발견할지도 모른다.

나 그녀를 사랑하여 너무나도 간절한 마음으로 찾아 헤매었지. 사람들은 진정한 사랑을 하면 그 힘으로 무엇도 잃지 않는다고 하지만, 난 지나친 욕망 탓에 나 자신의 모든 욕망을 잃어버리고 말았네. 그녀의 마음은 거대한 물결처럼 내 마음을 송두리째 앗아갔고 그 거센 물결 속에서 나는 물방울이 되어 거품처럼 사라진 것이다.
나를 불태우고, 나를 부셔놓은 그녀를 향해 다시 돌아가지 않을 수만 있다면, 나는 로마 제국도 바라지 않는다. 교황의 자리도 원치 않는다. 허나 새로운 한 해가 오기 전 그녀는 다정한 입맞춤으로 내 고통을 치유하지 않으리라. 단지 나를 파괴할 것이고 영원한 고통 속에 있으라. 저주를 내릴 것이다.

*
* *

이제 우리의 가정과 주장을 가능하게 했던 직관을 조금 더 대담하게 밀고 나가보자.

만일 음유시인들의 시 속에 등장하는 귀부인이 카타리파의 사랑의 교회가 아니라면(아루와 펠라당이 믿었던 것처럼) 또 그노시스파의 유설에 등장하는 마리아 소피아도 아니라면, 그 귀부인은 어쩌면 아니마 Anima일지도 모른다. 조금 더 정확히 말하면 인간의 영적인 부분, 다시 말해 육체에 갇혀있는 영혼이 오직 죽음만이 충족시켜줄 수 있는 그리운 사랑으로 불러내는 아니마일지도 모른다.

'마니의 서'로 불리기도 하는 『케팔라이아』Képhalaïa의 제10장을 보면 [49], 이 세상을 포기한 선택된 자가 어떻게 안수를 받는지 묘사되어있다(이는 카타리파의 콘솔라멘툼 consolamentum 에 해당하는 것으로 일반적으로 임종이 가까웠을 때 시행한다). 그뿐만 아니라 이 기록을 보면 선택된 자가 빛의 영에게 '명령을 받는' 장면도 들어있고, 그가 죽을 때 그의 천사인 빛의 형체가 그에게 나타나 입을 맞춤으로써 그를 위로하는 장면도 들어있다. 천사는 오른손을 내밀며 사랑의 입맞춤으로 그에게 안녕을 기원한다, 선택된 자는 자기 자신이자 구원자인 빛의 형체를 경배한다.

그런데, 진정한 사랑으로 괴로워했던 음유시인들은 '너무 높은 장소'에 [50] 머물러 있어서 본질적으로 접근할 수 없는 '그의 생각 속의 귀부인'

---

[49] 1930년, 이집트 페이윰에서 발견된 이 기록은 1935년 독일 슈투트가르트에서 C. 슈미트에 의해 출간되었다.
[50] "너무 높은 곳에 있는 여인을 향한 사랑"이기에 탄식하는 것이 궁정시의 흔한 수사학 중 하나라는 것은 잘 알려진 사실이다. 이에 대해 학자들은 여러 가지 주석을 달아놓곤 한다. 즉, 일반적으로 낮은 계층 출신이고 가난했던 음유시인들은 그들을 업신여기는 귀족 가문의 여인에 매료되곤 했다는 것이다. 이런 종류의 주석은 몇몇 사례에는 들어맞는다. 하지만 강력한 봉건군주였던 알퐁스 다라공

에게 과연 무엇을 기대했을까? 그들이 기다린 것은 다름 아니라 단 한 번의 입맞춤, 단 한 번의 눈빛, 단 한 번의 구원이었다.

조프레 뤼델은 한 번도 본 적이 없는 여인을 향해 그가 품고 있던 사랑이 끝나갈 무렵, 마침내 바다를 건너 트리폴리 공작부인이었던 한 여인을 만나 평화의 입맞춤과 구원을 얻자 바로 그 자리에서 부인의 품에 안겨 숨을 거두고 만다. 물론 이 이야기는 전설에 가까운 이야기이지만 이 전설도 다름 아닌 '멀리 있는 사랑'을 노래한 시에 기원을 두고 있다. 물론 '현실 속의' 귀부인들이 존재했다. 하지만 이 귀부인이라는 여인들이 정말로 육체를 지닌 여인들 그 이상의 무엇이었을까?

우리는 이제 '역사의 수수께끼'로 불렸던 단계에서 '진정으로 종교적인 정념의 신비'로 넘어왔다. 많은 이들은 이 '역사의 수수께끼'를 풀 수 있는 해답을 음유시인들이 전도자의 역할을 했던 이단 교회의 밀교적 성격에서 찾았다. 하지만 이는 잘 못된 것이었고 이제 우리는 '진정으로 종교적인 정념의 신비'로 넘어와 중세 사람들의 삶 속에서 얼마든지 확인할 수 있는 사랑에 대한 신비주의적 관념에서 해답을 찾을 수 있다.

우리가 하려고 하는 연구는 첨예한 주장과 복잡한 논리가 섞여있어 논란을 불러일으킬 수밖에 없다. 이런 이유로 우리는 다시 한 번, 궁정의 서정시가들이 처해 있었던 전반적으로 과도기적인 실상, 따라서 '불분명하고, 명료하지 못한' 당시의 현실을 살펴보아야 한다.

같은 사람이 그의 시 속에서 동일한 탄식을 하고 있는 것은 어떻게 설명을 할 수 있을 것인가? 그는 적어도 이 세상에서는 올라갈 수 없는 곳이 없었던 사람이다. 우리는 여기서 음유시인들이 왜 접근할 수 없는 높은 곳을 택했는지, 그 이유를 다시 살펴봐야 함을 알 수 있다.

8. 우리의 해석에 대한 몇 가지 이의 제기

앞에서 우리는 두 장을 할애하여 본의 아니게 서둘러 몇 가지 결론을 내렸고 이 결론에 대해 많은 이들이 이의를 제기했다. 이는 우리가 내린 결론이 상당한 중요성을 지니고 있음을 반증해 준다. 이러한 비판들은 우리의 논의를 풍요롭게 해 줄 것이기에 회피할 생각이 없다. 하지만 우선 독자가 느낄 수밖에 없는 의구심을 풀어주고 나아가 우리가 이런 반대 의견들을 극복할 수 있다고 믿는 근거들을 여기서 간단하게나마 지적하고 넘어가야겠다.

많은 사람이 다음과 같은 지적을 했고 이는 앞으로도 계속될 것이다.
1. 카타리파의 종교를 아직 충분히 연구하지 않았고 따라서 카타리파의 종교를 궁정 서정시의 근원이라고 (혹은 중요한 근원 중 하나라고) 보는 것은 너무 성급한 결론이다.
2. 음유시인들은 그들이 이 종교를 추종했다고 말한 적이 없으며 그 종교를 말한 적도 없다.
3. 따라서, 그들이 고취시켰던 사랑은 성적 욕망을 이상화하거나 승화한 것에 지나지 않는다.
4. 마니교의 교리와 신플라톤주의의 사상들은 켈트족의 전통에 접목되면서 구분하기 쉽지 않을 정도로 혼란스럽게 섞여있다. 따라서 음유시인들의 수사학 같은 명료한 수사학이 그로부터 유래했다고 구분해 내기는 생각처럼 쉽지 않다.

이러한 반대 의견에 우리는 다음과 같이 답할 수 있다.

1) 카타리파의 종교는 아직 충분히 연구되지 않았다

만일 카타리파 종교가 잘 알려져 있지 않다면 많은 중세 학자가 고백하듯이, 프로방스 지방의 서정시 역시 잘 알려져 있지 않아야만 한다. 그런데, 다시 한 번 반복하자면, 나는 서구의 가장 아름다운 문학 작품들이 태어나는 모태 역할을 한 음유시인들의 사랑의 시학과 윤리학이 결코 우스꽝스러운 것이라고 볼 수 없다.

또한 오늘날 우리가 카타리파의 믿음과 제의를 아는 것만으로도 더는 확인 작업 없이 이 이단 종파의 마니교적 기원을 밝혀낼 수 있다. 앞서 2장에서 밝힌 대로, 전체적으로 봤을 때 마니교 교리의 근본적인 서정시적 성격을 염두에 둔다면, 마니교 교리들이 중세의 남부 프랑스 지방의 가톨릭교회에 전해지면서 그로부터 받았을 이러저러한 영향이나 변화에 대한 자료나 연구가 새롭게 추가되어도 우리의 주장은 크게 달라지지 않는다. 왜냐하면, 궁정의 서정시를 지배한 수사학에서 우리가 보아야만 하는 것은 마니교 교리의 있는 그대로의 정확한 반영이 아니라, 근원적 상징들이 음유시인들을 만나면서 서정시적이고 잠언적인 성격을 띠어가는 과정이기 때문이다. 예를 들면, 우리와 가까운 현대 문학이지만, 마찬가지 논리로 보들레르의 시에서 '기독교적 감수성'을 볼 수 있다고 해도, 이 말이 가톨릭의 교리가 하나하나 그대로 그의 시에 들어와 있음을 의미하지 않는다. 오히려 보들레르의 시에서 '기독교적 감수성'을 볼 수 있다는 말은, 가톨릭 교리를 염두에 두지 않으면 생각할 수 없는 일정한 감수성이 (비록 형식적인 것이라 해도) 그의 시에서 느껴진다는 말일 것이다. 감수성만이 아니라 경우에 따라서는 보들레르가 사용한 어휘나 구문들이 미사에서 사용하는 것들일 경우도 있을 수 있다. 이런 관점에서면 우리가 랑그도크어를 사용했던 프로방스 지방의 음유시인들에게서 확인할 수 있었던 테마들이 새로운 마니교와 유사한 관련성을 맺고

있었다는 추정이 얼마든지 가능하다.⁵¹

 게다가 궁정 수사학이 보여주는 상투적인 표현에서 느껴지는 이단적 분위기는 이 표현을 당시 성직자들이 쓴 시에서 흔하게 볼 수 있는 표현과 나란히 놓고 비교하면 거의 바로 파악할 수 있다. 장루아 같은 회의적인 전문가조차도 이점을 지적한 바 있다. 장루아는 13세기에 활동했던 음유시인들의 모호한 서정시와 이 시 때문에 당시 음유시인들이 마음속의 신과 귀부인을 혼동했다는 사실을 지적하면서 다음과 같이 말한 바 있다. "얼른 보면 몇 가지 수사학이 전부인 것처럼 보일 수도 있다. 그렇다고 하자. 그러나 음유시인들이 세심하게 정성들여 연구한 이론들은 기독교와는 완전히 반대되는 것들이 아니었던가? 음유시인들은 이 사실을 모르고 있었을까? 그들의 작품에 이 내적 갈등의 흔적이, 즉 페트라르카의 시들을 그토록 비장하게 만들어 주던 그 번민의 흔적이 남아있지 않다면 그것이 오히려 이상한 일이 아닐까?"⁵²

---

⁵¹ 카타리파의 교리와 궁정 시학 사이에 서로 정확하게 일치하는 부분이 있는 여러 사례가 연구되기도 했다. 마지막 음유시인 중 한 사람인 페르 카르드날(혹은 카르디날)에 대한 연구에서(「페르 카르드날은 이단이었는가?」, 《종교사학》(*Revue d'Histoire des Religions*), 1938년 6월호) 루시 바르가는 심지어 음유시인들의 일부 작품은 이단 연구의 근거로 삼아도 무방하다고 말하고 있다. 저자는 그러면서 그 증거로 될링거가 출판한 카타리파 기도에 나오는 단어들을 정확하게 그대로 사용하고 있는 페르 카르드날의 시를 인용한 바 있다. 그 예를 보자. (카르드날) "그대가 사랑하는 자들을 사랑할 수 있는 권능을 내게 주세요." (카타리파 기도서) "그대가 사랑하는 자들을 사랑할 수 있는 권능을 우리에게 주소서." 하지만 진정한 카타리파 교도였던 페르 카르드날이 자신의 시에서는 '궁정 문화'에 엄격했던 모습을 보이고 있다는 사실을 함께 지적해 두어야만 할 것이다. 문제의 시에서 그는 다음과 같이 말하고 있다. "나는 결코 어리석은 모험에 몸을 내맡기지 않으리라. 나는 사랑을 벗어났네." 궁정시인들은 완벽파인 카타리파 교도에 의해 정죄된 섹스와 이상적인 사랑으로 여겨졌지만 가톨릭에 의해서는 '불륜'으로 여겨졌던 사랑 사이에서 기회주의자적인 입장에 처한 채 번민을 해야만 했는데 이 모순된 상황은 별도의 자리를 마련하여 논의해 볼 생각이다.

⁵² 『음유시인들의 서정시가』(*Poésie lyrique des troubadours*), II, p. 306.

2) 음유시인들은 비밀을 간직하고 있었다

음유시인들이 카타리파 교도였다는 우리의 주장에 최근 많은 사람이 반론을 제기하며 궁정시인들은 심지어 정통 가톨릭으로 개종했다 해도 결코 '비밀을 누설'하지 않았던 사람들이라는 지적을 했다. 하지만 이런 주장은 당시의 음유시인들에게는 없었던 의식 상태를 전제할 때만 가능하다.

중세로 돌아가 그 분위기에 몸을 맡겨본다면 상징적 의미가 배제된 시를 쓴다는 것은 오늘날 우리가 하는 생각보다 훨씬 파격적인 일이었음을 알게 된다. 예를 들어 상징적 의미가 없이 귀부인을 시에 등장시킬 수는 없었다. 중세의 사람들에게는 모든 것이, 꿈속에서처럼, 특별히 관념적 해석 작업을 할 필요도 없이 다른 무엇인가를 의미하는 것으로 보였다. 다른 말로 하면, 중세에는 상징들의 의미를 굳이 정형화할 필요를 느끼지 못했으며 상징들의 의미를 각별한 것으로 여기지도 않았다. 현대인인 우리는 합리적인 사고를 하며 우리가 보는 대상들과 그 대상들의 의미 있는 분위기와 뜻을 구별하지만 중세에는 이런 지적 작업을 하지 않았던 시대였다.[53] 중세 풍속사 연구의 대가 중 한 사람인 J. 하위징아는 이 점에 대해 우리에게 많은 예를 연구하여 보여주고 있다.[54] 여러 예가 있지만 신비주의자인 수소Suso의 예를 보자. "중세 기독교인의 삶은 모든 표현 속에 종교적 표상이 가득 찬 삶이었다. 아무리 일상적인 사물이나 행동이라 해도 당시 사람들은 언제나 신앙과의 관련성을 맺어

---

[53] 예를 들면 중세는 너무 나이브한 시대여서 터무니없다고 느껴져도 그런 대상을 연구하려고 덤벼들지 않았다. 중세인들은 종교적 의미가 없고 그들이 받아들이는 가치체계 속에서 정확한 위치도 차지하지 않는 대상은 굳이 연구를 행하지 않았다.

[54] [역주] 하위징아의 책은 『중세의 가을』(최홍숙 옮김, 문학과 지성사, 1997)이라는 제목으로 한국에도 번역 소개되어있다.

놓으려고 했다. 하지만 이런 기독교와 관련을 맺고 있는 표상들로 가득 차있던 당시 분위기에도 불구하고 종교적 긴장감이나 초월적 세계에 대한 관념 그리고 숭고함을 향한 정신적 고양과 같은 것이 늘 함께 하지는 않았다. 이런 것을 찾아보기 힘들었을 뿐만 아니라 종교적 감정과 의식을 자극하는 모든 것은 평범한 세속적인 것들로 폄하되었고 그럼으로써 오히려 내세를 주장하는 유물론을 놀라게 하곤 했다. 앙리 수소 같은 위대한 신비주의자의 숭고한 어조 속에서조차 우스꽝스러움이 함께 들어있음을 발견할 수 있다. 동정녀를 향한 경건함으로 그가 모든 여성에게 경의를 표할 때의 수소는 숭고하기 그지없지만 한 가난한 여인이 길을 가도록 흙탕물 속으로 걸어 들어가는 그의 모습은 우스꽝스러운 것이다. 수소는 세속적인 사랑의 관례를 따라 새해 첫 날과 오월 첫 날을 지키며 약혼녀인 영원한 지혜의 여신에게 왕관과 노래를 바치기도 하는데 이때의 수소는 숭고하기만 하다. 그러나 그의 다른 행동을 보면 이 생각은 달라지지 않을 수 없다. 예를 들어 밥을 먹을 때 그는 사과를 네 쪽으로 잘라 우선 세 쪽을 먹으면서 성삼위일체를 기리고, 그런 다음 나머지 한 쪽은 하늘에 계신 어머니인 동정녀에게 바치기 위해 남겨둔다. 이 네 번째 조각은 사랑스러운 아들 예수에게 건네져 먹게 할 것이다. 수소는 이 네 번째 사과 조각을 먹으면서 유독 껍질을 벗기지 않고 먹는데 그 이유란 다름 아니라 아이들은 사과껍질을 벗기지 않고 먹기 때문이다. 하지만 수소는 성탄절이 지난 지 얼마 안 된 때에는 과일을 먹지 않았는데 이는 태어난 지 얼만 안 되는 아이들이 과일을 먹지 못하기 때문이었다. 과일을 먹는 대신 수소는 마리아로 하여금 언젠가 때가 되면 그의 아들인 예수에게 주도록 하기 위해 동정녀 마리아에게 바쳤다. 수소는 뿐만 아니라 음료를 마실 때도 다섯 번에 나눠 마셨는데 이는 예수의 몸에 난 다섯 개의 상처를 기리기 위함이었다. 특히 다섯 번째 모금을 넘길 때는 두 번에 나누어서 마셨는데 이는 예수의 가슴에 난

02 트리스탕 신화의 종교적 기원들 | 119

다섯 번째 상처에서는 피와 물이 동시에 흘러나왔기 때문이다. 수소의 예를 보면 중세의 삶이 일상의 자질구레한 일에 이르기까지 성스러움을 적용했음을 알 수 있다."[55]

　이런 예들을 보면서 혹자는 상징이 아니라 알레고리가 문제였다고 말할지도 모른다. 그렇다. 하지만 누가 봐도 정도가 너무 지나쳤다는 점은 지적해야 할 것이다. 하위징아는 같은 책에서 다음과 같은 지적을 하기도 했다. "대중의 나이브한 종교적 의식은 신앙의 문제에서 지적인 근거를 필요로 하지 않았다. 성스러운 대상들의 눈에 보이는 형상만 있으면 진리를 나타내기에 충분했던 것이다." 이렇게 보면 음유시인들의 '비밀'이라는 것은 요컨대 당시 카타리파에 입교한 사람들과 사랑의 교회에 우호적이었던 사람들이 보기에는 '두말할 나위가 없이 상징적인 것'이었다. 상징이 가치와 효과를 갖기 위해서는 상징이 해체되어 설명이 이루어져야 한다는 생각은 현대를 사는 우리의 생각일 뿐 중세 사람들의 생각이 아니었던 셈이다.

　우리의 주장에 대한 다른 관점에서 또 다른 이의 제기를 하기도 했다. 즉, 가톨릭으로 개종한 카타리파 교도가 개종 이후 동료였던 음유시인들을 이단의 유설을 퍼뜨리는 자들이라고 비난하지 않았다고 봐야 하는데, 과연 이런 일이 가능할 수 있었겠는가? 이 질문에 대한 답은 의외로 쉽게 할 수 있다. 음유시인들은 당시 결코 설교자나 투사로 여겨지지 않았다. 기껏해야 그들은 '믿는 자들' 혹은 더 흔히는 우호적인 자들 정도로 간주되었을 뿐이다. 게다가 이런 구분조차도 오늘날 이단을 두고 우리가 내리는 구분보다 덜 엄격한 것이었다. 음유시인들은 대부분 이단의 유설에 우호적인 사람들을 위해 사랑의 노래를 불렀다. 이 노래

---

[55] 하위징아(J. Huizinga), 『중세의 가을』(le Déclin du moyen âge).

는 완벽파들이 섹스에 가한 정죄와 그레고리우스 7세의 개혁에 따라 당시에 막 일어난 정식 결혼을 인정하는 결혼관에서 동시에 유래한 아주 어려운 윤리적 상황을 반영하는(그러면서 이 어려운 상황에 답을 제공하는) 것이었다. 따라서 음유시인들은 엄격한 완벽파들을 거스르지 않으려고 했을 뿐만 아니라 동시에 가톨릭교도들의 눈 밖에도 나지 않으려고 노력해야만 했다.

하지만 이단인 카타리파 교도들이 처해 있던 특이한 상황 때문에, 그중 일부는 자신이 지은 시 속에 흔히 사용하는 뻔한 상징 이외에 별도의 특별한 의미를 부여하고자 했다고 알려져 있다. 이때 상징은 알레고리로 해석될 수 있으며 자연히 그 의미는 일종의 암호해석을 거쳐야만 알 수 있다. 앞서 말했던 트로바르 클뤼trobar clus가 [56] 이 경우에 해당하는데, 이를 장루아는 다음과 같이 정의했다. "(독자를 당황하게 하기 위하여 동원된) 또 다른 방법은 종교적 생각에 이교적인 옷을 입혀서 신을 사랑하는 마음을 표현할 때 관례적으로 인간들 사이에 서로 사랑할 때 사용하는 표현을 적용하는 것이다."[57] 트로바르 클뤼trobar clus는 이렇게 보면 하나의 문학적 기교로서 '장식 과잉'이자 '이제 막 탄생한 문학에서 볼 수 있는 특이한 취향의 퇴폐적 경향'에 지나지 않거나, '다른 이유가

---

[56] [역주] 트로바르 클뤼(trobar clus)는 12세기 남프랑스 음유시인들의 시작법 중 하나로 고의로 난해한 시를 써서 아는 사람만 알 수 있는 시를 짓는 시작법을 말한다.

[57] '관례적으로 사용하는 표현?' 언제부터 사용되던 표현이었을까? 음유시인 뤼델이 이 기법을 사용했는데 이 시인은 12세기 초 사람이었다. 다시 말해 뤼델은 남프랑스의 음유시인의 첫 세대에 속하는 초창기 사람이었던 것이다! 따라서 뤼델은 이후 '관례적으로 사용하는 표현'을 만들어 낸 창시자 중 하나였다. 그렇다면 우리는 이러한 추론에 의도적이면서도 심각한 시대착오가 있음을 알 수 있다. 사람들은 기껏해야 음유시인들의 언어가 인간들의 사랑을 신의 사랑에 빗대어 표현한 자연스러운 것으로 보고자 했을 뿐이다. 그런데 역사적으로 실제로 일어난 일은 이와는 정반대였다.

있으며' '그 의미를 파악하는 것은 결코 쉽지 않은 일이다.'(위의 책 II)

음유시인인 알레그레는 이 점을 분명히 밝힌 바 있다. 나의 시는 이해를 못하는 어리석은 자에게는 터무니없는 것으로 비쳐질 것이다. 누군가 나의 시를 반박한다면 나는 그 사람에게 말해 주리라. 내가 어떻게 하나의 시 속에서 다양한 의미를 지닌 두 단어(혹은 세 단어)를 사용할 수 있는지를. 표현의 의미를 이렇게 흩어 놓는 방식은(혹은 프로방스어의 어원을 염두에 두면, 뜻을 비비 꼬아 놓는 방식은) 시를 듣는 청중에게 알 수 없는 수수께끼를 던짐으로써 당황하게 만들려는 시인의 의도가 있었기 때문일까? 당시 음유시인들에게는 이보다 훨씬 깊은 다른 이유가 있었을 것이다.

오랑주 백작 랭보는 다음과 같이 말했다. 나는 희귀하고, 어둡고, 그리고 색깔이 있으며 생각에 잠겨있는 말들을 씨줄과 날줄 삼아 엮어 놓았소……. 마르카브뤼도 다음과 같이 말했다. 그 사람은 현자요. 매 단어가 뜻하는 바를 내 노래 속에서 아는 자 말이오. 마르카브뤼는 단순한 장난인지, 아니면 독자에게 주의를 주고 싶어서였는지, 이 말 뒤에 다음과 같이 덧붙였다. 왜냐하면 내가 한 난삽한 말을 밝히자니 나로서도 당황스럽기 때문이오.

이제 우리는 비록 답을 찾기가 거의 불가능할 수도 있지만, 심각한 질문을 해보아야 한다. 음유시인들은 과연 그들의 상징들을 어떻게 들려주었을까? 우리는 이 질문을 넓혀서 우리 자신에게도 할 수 있는데, 우리가 글을 쓰면서 사용하는 은유들을 우리는 어떻게 생각하고 있는가?[58] 무엇보다 우리는 앞서 말했듯이, 중세인의 '순진하기만 했던' 사

---

[58] 문학에는 문외한인 사랑에 빠진 한 청년이 연애편지 모음집 같은 곳에서 편지를 베껴 약혼녀에게 보냈다고 가정을 해보자. 이런 경우 스스로 마음에서 우러나와 쓴 것이 아니라 이미 만들어져 있는 문장들이지만 이 문장들이 사랑에 빠진 청년의 간절하고 진실된 마음을 나타내 준다고 보아야 할까? 아니면 베낀 문장들이므로 청년의 간절하고 진실된 연정을 나타내주지 않는다고 보아야 할까? 박학다식

고방식 전체를 잊지 말아야 한다. 즉 그들이 기대고 있었던 상징들은 추상적 관념이나 이성적인 산문으로 번역할 수 없는 것이었다. 따라서 우리는 이 상징들의 다른 의미인 우의적인 의미에 대하여 질문할 수밖에 없다. 그런데 중세 음유시인들의 시는 거의 모두 정념의 분위기에 흠뻑 물들어 있는 시이다. 당시의 역사 기록자들이 우리에게 남겨준 자료들은 중세의 풍속들이 우리의 풍속사가 경험한 것 중에서도 가장 황당하며 가장 '초현실적'이었음을 일러준다. 예를 들면, 질투에 사로잡힌 한 남편은 자신의 부인한테 총애를 받고 있던 음유시인을 살해하여 그 심장을 요리해서 먹었다고 한다. 아무것도 모르고 있던 부인은 남편과 함께 시인의 심장으로 만든 요리를 먹었다. 식사가 끝난 후 남편은 부인에게 사실을 털어놓았다. 그러자 부인이 답을 했다. "대감 덕분에 저는 이 세상에 그 누구도 맛보지 못했던 진미를 맛보았군요!" 말을 마친 귀부인은 그 길로 창가로 달려가 높은 탑에서 몸을 던졌다. 이 정도로 강렬한 사랑의 분위기가 중세를 지배하고 있었다면 많은 음유시인은 비록 그들이 의지했던 사랑의 표현들이 처음에는 형식적인 것에 지나지 않았다고 해도 이 상징들을 정념의 색깔로 진하게 물들일 수 있었을 것이다.

3) 궁정풍의 사랑은 육체적 사랑을 이상화한 것일 수 있다

궁정풍의 사랑이 육체적 사랑을 이상화한 것이라는 주장은 가장 널리 퍼져있는 주장 중 하나다. 이런 주장을 대하면 우리는 중세에 널리 퍼져 있던 상징체계를 일반적으로 높은 곳에 있는 것으로 낮은 곳의 사물들을 해석한다고 – 즉 하늘의 것으로 지상의 것을 표현한다고 – 보는 관점을

한 학자들이 중세의 음유시인들이 진지하지 못했고, 심지어 늘 같은 표현들만을 사용했다고 비난을 한다면, 이 학자들은 연애편지를 베껴 썼다는 이유만으로 사랑에 빠진 청년의 진정한 사랑의 감정을 부인하는 이들일 것이다.

떠올릴 수 있는데, 이는 유물론적 선입견에 기대고 있는 현대적인 결론과는 배치된다. 이 점은 자세히 살펴볼 필요가 있다.

베크슬리 역시 궁정의 서정시가 속에서 당시의 종교적 감정표현을 보고자 했는데 [59], 이에 맞서 장루아는 다음과 같이 반박을 한 적이 있다. "이런 대담한 주장들 속에는 사실관계에 대한 오류가 있어서 쉽게 지적해 낼 수 있다. 다시 말해, 따지고 보면 시는 그 시를 창작했을 당시의 의미는 상실한 채 속이 빈 일정한 어투만으로 이루어진 것이라는 점은 누구나 인정한다. 하지만 12세기 초에서 말까지는 사정이 전혀 달랐다. 당시의 시인들을 보면 육체적 욕망은 강렬하게 표현했고 거의 난폭하기까지 해서 이를 마음에 두면 시인들의 갈망을 다르게 해석하기가 거의 불가능할 정도다."

만일 이것이 사실이었다면, 우리는 저자인 장루아가 음유시인들의 궁정풍 표현과 그 표현들 속에 깃들어 있는 신비주의적 울림들의 모호한 분위기를 인정하지 않을 수 없었을 때, 그가 어떤 이유에서 불편함과 거의 '신경질적인 반응'을 보였는지 궁금해하지 않을 수가 없다. 장루아는 다음과 같이 고백하고 있다. "한 시대의 종교적 생각이 사랑을 생각하는 데에도 확실히 영향을 미친다. 나아가 사랑의 언어가 종교적 신앙의 언어에 따라 결정되기도 한다. '경배하다'는 단어가 '사랑하다'는 단어와 유의어로 사용되던 시대라면 이 밖에도 수많은 비유가 존재했을 것이다." 그렇다면 베크슬러의 책을 아무런 논의도 없이 거부할 이유는 없다. 왜냐하면 베크슬러는 다름 아니라 '중세에 유행했던 사랑에 관한 이론은 당시 종교를 생각하는 경향을 반영한 것에 지나지 않는다'고 주장했기 때문이다. 나아가 음유시인들의 시가 '사실적인' 묘사와 귀부인

---

[59] 베크슬러가 말한 '종교적 감정'은 이단적 교리가 아니라 정통 가톨릭의 종교적 감정이다.

을 정확히 묘사했다는 주장을 펴고 싶어 하면서, 한편으로는 그들의 시들이 상투적으로 반복되는 표현에 기대고 있다며 비난하는 이유를 우리로서는 알다가도 모르겠다.

블레 지방의 영주였던 조프레 뤼델은 그의 귀부인이 자신이 만들어낸 정신적 창조물이며 아침이 밝으면 안개처럼 사라지는 존재라고 분명히 말했다. 어느 곳에서는 귀부인을 사랑하고 싶은 여인이지만 '멀리 있는 여인'이라고도 말했다. 하지만 장루아는 뤼델의 시에서 '그의 시를 읽는 우리를 현실에 직면하게 하면서도 그 무엇으로도 설명할 수 없는 세세한 묘사들'을 발견하고는 사뭇 불안해하는 모습을 보인다. 다음의 예를 살펴보자. 뤼델은 자신의 시에서 다음과 같이 쓴 적이 있다. "나는 한 가지 문제에 대해 의심을 거둘 수 없고 내 마음은 번민 속에 있소이다. 형제가 거부하는 모든 것을 자매는 내게 허락하기 때문이오." 다른 시에서 뤼델은 귀부인을 다음과 같이 묘사하기도 한다. "그 여인은 통통하고, 우아하고, 예쁘다."[60] 그런데 장루아가 '형제, 자매'를 시인의 가족 이야기로 여긴 나머지 간과해 버린 뤼델의 시 '형제가 내게 거부하는 모든 것을 자매는 허락한다'는 부분은 '육체가 거부하는 모든 것을 영혼은 내게 허락한다'로 읽어야 한다(이런 해석은 여러 해석 중의 하나이다. 왜냐하면 이런 해석은 프란체스코 수도회식의 해석이기 때문이다). 장루아는 뤼델이 '실제의' 귀부인을 묘사했다고 하면서 이를 두고 '사실적'이라고 지적했지만, 이런 사실적인 표현은 백여 명의 다른 시인에게서도 볼 수 있는 완벽하게 동일한 표현이다!(이 사실은 박학다식한 연구자들로 하여금 음유시인들의 모든 시가 단 한 명의 귀부인을 칭송하는 단일한 시인의 작품이라고 주장하게 할 수도 있을 것이다!) 명백히 육체적인 사랑

---

[60] [역주] 조프레 뤼델(Jaufré Rudel)은 중세 남프랑스의 방언을 사용한 작가이며, 'gras, delgat, gen'은 '통통하고, 우아하고, 예쁘다'는 뜻임.

을 묘사한 '강렬하고 거의 난폭하기까지 한' 사랑이라는 표현은 어디에 있다는 것인가? 몇몇 언어의 거친 표현 속에? 하지만 이런 거친 언어들은 부르주아인 청교도가 나타나기 이전에는 어디서나 볼 수 있는 표현이었다. 따라서 장루아의 논거는 시대착오적이라고 할 수밖에 없다.

자, 이제 음유시인들의 시에 나타나는 상징성을 해석하는 우리의 주장을 뒷받침해 줄 무게 있는 근거를 살펴보자. 오랑주 백작 랭보는 여인들을 시로 썼다. 그의 시를 보면 여인들을 정복하고 싶다면 난폭해지라고 말한다. '여인들의 얼굴에 주먹을 날리세요.'(이 정도면 노골적인가?) 그는 여인들에게 폭력을 행사하라는 것인데, 왜냐하면 그에 따르면, 여인들이 원하는 것이 바로 그것이기 때문이다. 그의 결론을 들어보자.

> 나로 말할 것 같으면, 달리 행동을 했는데, 그것은 내가 사랑하는 일에 신경 쓰지 않았기 때문이오. 모든 여인이 내 자매이기 때문이기도 했지만, 여인들 때문에 불편하게 지내고 싶지 않았던 것이죠. 그래서 나는 여인들을 겸손하고 친절하고 진심을 갖고 부드럽게 대할 수 있었죠. 다정하게, 존경해가며 그리고 무엇보다 충직하게 말이에요……. 나는 이 세상에서 내게 너무나도 소중한 이 손가락에 끼고 있는 반지 이외에는 다른 어떤 것도 사랑하지 않아요. 너무 수다를 떨었군요. 이제 입을 다물래요! 말이 많다는 것은 중죄를 짓는 것보다 더 나쁜 일이니까요.

그런데 우리는 여인들을 사랑하지 않았다는 이 오랑주 백작 랭보가 귀부인을 칭송하는 멋진 시를 남겼음을 알고 있다. 게다가 우리는 반지(트리스탕과 이죄가 서로 교환한)가 결코 육체적 사랑의 표식이 아니라 충절의 약속임을 알고 있다. 마지막으로 가장 중요한 사실을 지적해보자. 귀부인에 대한 겸손, 성실, 존경, 충절은 이 시인의 시에서 육체적 사랑에 대한 명백한 거부와 관련된 표현들이다. 게다가 나중에 보게 되겠지만, 단테의 시들은 훨씬 사실적이고 격정적인 이미지들을 갖고 있는데 베아트리체가 철학에서 과학으로, 과학에서 신학으로 점점 더 추상적인 신비한 단계를 밟아감으로써 이 격정적이고 사실적인 이미지는 더욱 그 강도를 더해간다.

마지막으로 작은 사실 하나를 말하고 넘어가고자 한다. 귀부인의 아름다움을 칭송한 음유시인 중 아르노 다니엘과 이탈리아인이었던 구이니젤리 두 사람은 단테의 『연옥편』에서 동성애자로 등장한다![61]

어쨌든 이제 우리가 상당히 복잡하고 미묘한 문제를 다루고 있다는 점은 분명해졌다. 이제까지 우리는 의도적이긴 했지만 조금은 편협한 관점에서 이 문제의 여러 양상 중 가장 이론의 여지가 많은 하나 정도만 강조한 셈이다. 흔히 사람들은 오랫동안 코르테지아Cortezia, 즉 궁정 문화로서 귀부인에게 지켜야 할 겸손, 성실, 존경, 충절로 이루어진 덕목들은 성적 본능을 이상화한 것이라고 믿어왔다. 여기서 한발 더 나아가 처음에 이런 코르테지아의 근거였던 신비한 이상이 언제 어디서나 준수되었다고 주장하거나 그 자체로 반드시 지켜야 할 유일무이한 것이었다고 주장한다면 이는 지나친 비약일 것이다. 순결을 지나치게 권고하고 고양시키면 거의 언제나 도를 지나친 음행에 빠지고 만다. 많은 이들이 음유시인들의 음행을 비난했지만 이 점은 논외로 하기로 하자 ― 사실 우

---

[61] 이 점은 어쩌면 기사들이 종종 그들의 귀부인에게 남자인 영주의 직함을 부여했다는 점과도 관련이 있을지 모른다(미 동, 미 도미누스(mi dons, mi dominus)라는 표현을 사용했고, 에스파냐에서는 세뇨라(senhora)라고 하는 대신 세뇨르(senhor)라고 했다). 안달루시아와 아랍의 음유시인들도 유사한 행동을 보였다. 그래서 나는 이런 점에서 적어도 처음에는 모든 것이 인간적 관계를 지칭하기보다는 종교적이자 봉건적인 상징이지 않았나 하는 의혹을 품게 된다. 하지만 모든 플라토닉 러브가 어쩔 수 없이 나르시스적으로 될 수밖에 없다는 점을 염두에 둔다고 해도, 이 때문에 육체적, 성적 측면에서 몇몇 음유시인이 일탈 행위를 저지르지 않았다고 할 수는 없을 것이다.

리는 음유시인들의 삶에 대해 거의 아는 것이 없다. 대신 우리는 그노시스파의 예를 다루어 보고자 하는데 그노시스파 역시 인간의 탄생, 특히 성적 매력을 비난했다. 그러면서도 그들은 이상야릇하게도 더욱 문란한 윤리를 만들어 냈다. 예를 들면 그노시스파의 한 교파인 카르포크라트파를 들 수 있는데 이 유파는 아이를 낳는 행위 자체를 금지하면서도 한편으로는 남성의 정액을 신성시하기도 했다.[62]

이런 충격적인 일들은 카타리파 교도들도 저질렀을 것이고 카타리파 교도이면서도 시인이었기에 느슨한 통제를 받았던 음유시인들에게는 더 자주 일어났을 것이다. 끔찍한 사례들은 당시의 이단 심문서에 기록되어있다. 이 심문서들은 종종 모순되기도 하는데 카타리파는 어떤 때는 가장 조야한 성애를 순수한 것으로 여겼고 또 어떤 때는 합법적인 결혼과 모든 성적 접촉을 죄악으로 보기도 했다. 하지만 우리는 이런 비난이란 기독교를 포함하여 모든 종교가 초창기에 받게 마련인 비난이었다고 보아야 한다. 초기 기독교도 이런 비난을 비켜가지 못했다. 여기서 잠시 로마 교황청의 종교재판을 관할하던 성청聖廳의 고문서를 열람할 수 있었던 한 도미니크 수도회의 수사가 문서들을 조사한 후 내린 판단을 읽어보자. 이 수사는 이탈리아의 카타리파 혹은 파타랭파에 대해 의견을 개진하고 있다.[63] "나의 모든 연구에도 불구하고, 우리의 형제

---

[62] Wolfgang Schultz, *Dokumente der Gnosis*, pp. 158~164.
[역주] 카르포크라트파(Carpocrates)는 서기 2세기경 이집트의 알렉산드리아에서 활동했던 그노시스파의 일파다. 육체와 영혼의 지나친 이분법에 의존하여 예수의 신성을 부인하며 예수를 맑은 영혼을 지닌 인간으로 생각했다. 존재의 환생을 믿기도 했으며 모든 종류의 경험을 통해 육체와 영혼의 대립을 증명하려고 해서 상식을 벗어난 음란하고 충격적인 일을 자주 저질렀다.
[63] [역주] 파타랭(patarins 혹은 pataria)은 11세기에 신성로마제국의 황제가 밀라노 주교직에 시가 추천하는 네 명의 성직자 이외에 성직자들의 결혼과 동거를 허락하라고 주장하는 다른 성직자를 지명하자 시민들과 성직자들이 이를 계기로 고위성직자들의 치부와 성직 거래를 비난하며 일으킨 운동이다.

들이 작성한 서류들 속에서 나는 이단자들이 토스카나에서 엄청난 행동을 저질렀다고 생각할 수 없었고 또 남녀 사이에서도 지나친 성적 행위가 있었다고도 볼 수 없었다. 그런데 성직자들은 이 문제에 겸손하게 침묵하지 않고 대신 마구 떠들어댔으며 이 점은 내가 보기에는 모든 일에 신중해야 하는 사람들의 행동이라고는 믿기 어렵다. 이단자들의 잘못은 성적이라기보다는 오히려 이성이 모자란 탓에 일어난 것이었다."[64]

이 글은 우리의 주장에 많은 참고가 되니 유념해 두도록 하자. 정념으로 저질러진 잘못들이 원래부터 종교적이고 신비주의적인 성격이었다면, 확실한 것은 다름 아니라 이런 잘못들이 성적 본능을 초월하려고 했다는 바로 그 점 때문에 오히려 성적 본능을, 혹은 플라톤이 『향연』에서 말했던 '어설픈 사랑'을 부추기고 있었다는 것이다.

* *
 *

지금까지의 논의를 통해 우리는 – 비록 처음에는 조심스러웠던 것이 사실이지만 – 궁정풍의 시들이 적어도 영감을 받는 단계에서는 카타리파의 종교적 분위기에서 영향을 받았다는 결론을 내릴 수 있다.[65] 이것이 현재 우리가 내릴 수 있는 작은 결론이다. 하지만 일단 이 결론을 받아들인다고 해도 관련을 맺고 있는 다른 분야에 대한 자세한 설명이 뒤따라야만 한다.

카타리파의 종교적 분위기가 음유시인들의 시에 영감을 불어넣고 영향을 주었다는 사실을 좀 더 쉽게 이해하기 위해서는, 우리가 살고 있는 현대에 일어난 이와 유사한 현상을 살펴보는 것도 한 방법이다. 내가

---

[64] R. P. Sandrini, *Histoire universelle*, t. XI. P. 123. Cantu의 글에서 재인용.
[65] 이 책의 부록 1, 5장을 볼 것.

예로 들려는 오늘날의 사례는 나와 동시대를 살고 있는 많은 사람이 '깊은 이해'를 해 주리라 확신한다. 내가 제시하려는 사례란 다름 아니라 초현실주의와 이 운동에 끼친 프로이트의 영향이다.

훗날 우리가 살고 있는 문명이 파괴되고 이 문명을 진단하는 한 역사가가 있다고 가정해보자. 이 사가는 지금 눈앞에 초현실주의 시를 몇 편 펼쳐놓고 읽으면서 의미를 해석하고 창작 연대를 살피고 있다. 이 사가는 또한 당시 초현실주의 운동이 일어났을 때 정신치료 유파들이 큰 반향을 불러일으켰다는 사실도 알고 있다. 그런데 불행하게도 이 정신치료 유파들에 관한 기록이 거의 남아있지 않아 이 사가는 곤란한 처지에 놓여있다. 이 기록이나 저술들이 남아있지 않은 것은 얼마 후 느닷없이 득세를 하게 된 파시즘이 유태인이 만들어 낸 이론이라고 해서 모든 자료를 불태워 버렸기 때문이다. 어쨌든 이 사가는 정신치료학에 반대하던 반대파의 팸플릿을 통해 당시 정신치료학파가 인간의 꿈에 대해 에로틱한 이론을 제시했다는 사실을 파악할 수는 있었다. 그런데 보존된 초현실주의 시들을 읽어본 결과 이 사가가 보기에는 이 시들이 거의 아무런 의미도 없는 것처럼 보였고 거의 모든 시마다 같은 내용들이 반복되기도 했다. 페이지를 넘길 때마다 거의 동일한 에로틱하고 잔인한 이미지들이 나오고 열에 들뜬 동일한 수사학들이 등장했다. 흡사 한 작가가 쓴 것만 같은 인상마저 들었다. 하지만 주위에서 몇 사람이 제안하기를, 그 시들이 단지 꿈만을 묘사했겠느냐고 하면서 다시 한 번 질문을 해보자는 것이었다. 어떤 이들은 어쩌면 그 시들은 글로 쓰인 꿈 자체일 수도 있다고 했다. 하지만 초현실주의 전문가들은 이 의견에 회의적이었다. 그러던 중 한 '신중하지 못한' 문사가 나타나 초현실주의 전체에 정신분석이 엄청난 영향을 끼쳤다는 가정을 발표하는 일이 벌어졌다. 이 문사는 우선 시기가 겹친다는 점을 지적했고 기본적인 테마들도 동일하다고 하면서 가설을 내놓았다. 20세기 연구의 내로라하는 전문가들은 이 가정에 어깨를 들썩일 뿐, '구체적인 기록으로 가설을 입증해 보라'고 하면서 여전히 회의적인 태도로 일관하고 있었다! 하지만 그 어디에서도 정신분석에 대한 자료를 찾을 길이 없었다. 이런 상황에서는 가정이 아무리 논리적인 것이라 해도 가정을 계속 밀고 나갈 수는 없다. 오히려 이런 경우에는 상식에 기대어 논리를 펴는 편이 더 좋은데, 아닌 게 아니라 반대편에서는 상식에 토대를 둔 다음과 같은 논리를 폈다.

1. 정신분석을 거의 모르는 상황이니 이 이론을 잘 알려진 시들의 원천으로 파악할 수는 없다.(물론 프로이트는 학자였을 것으로 보인다. 그는 리비도 이론을 주장한 것 같으며 상당히 단호한 입장을 견지했던 것 같다. 그런데 초현실주의는 무엇보다 문학 운동이었다. 초현실주의 시들 속에서 리비도라는 단어는 그 어디에서도 찾아볼 수가 없다. 따라서 초현실주의 시는 관념적, 무정부주의적 경향의 시들일 것이다.)
2. 초현실주의자들은 그들의 시에서 단 한 번도 자기들이 프로이트의 제자라는 점을 밝힌 적이 없다.
3. 초현실주의자들은 자유를 고양시키고자 했지만 모든 정신분석가는 이 자유를 부정했다.
4. 끝으로, 신경증 환자를 분석하고 치료하는 게 목적인 학문에서 광기의 수사학인 모든 학문을, 특히 정신치료학을 부정하는 문학이 태어났다는 것 자체가 믿을 수 없는 일이다.

20세기를 살고 있는 우리는 초현실주의와 프로이트에 관련하여 미래의 학자들이 상식을 근거로 부정하는, 결코 일어날 것 같지 않은 많은 일이 어떻게 일어났는지 잘 알고 있다. 우리는 초현실주의 운동의 초기 창시자들이 프로이트를 읽었으며 그를 존경했다는 것도 알고 있다. 또한 우리는 프로이트가 없었다면, 초현실주의자들의 이론과 시가 매우 다르게 쓰였으리라는 점도 잘 알고 있다. 그뿐만 아니라 우리는 이 초현실주의 시인들이 자신의 시 속에서 리비도를 말할 하등의 필요를 느끼지 않았으며, 그럴 가능성도 거의 없었다는 것도 잘 알고 있다. 심지어 우리는 초현실주의자들이 (실증주의자이고 결정론자였던) 프로이트의 이론이 지닌 파장을 처음부터 잘못 이해하고 시의 여러 요소를 정신분석에서 가져올 수 있었음도 알고 있다(이 마지막 비유는 카타리파와 음유시인의 관계를 살피는 데 중요한 의미를 지닌다). 마지막으로 우리는 초현실주의 운동을 주도했던 몇몇 사람이 프로이트를 읽었다는 사실만으로도 양자의 관계를 입증하는 데 충분하다는 점도 잘 알고 있다. 다시 말해 제자들은 스승의 수사학을 모방하는 데 머물러 있었던 것이다(이 책의 부록 1, 6장을 볼 것).[66]

이런 비유를 통해 우리는 어떤 이론이나 주장이 시인에게 바로 영향을 끼치는 것이 아니라 그 이론과 주장이 가져오는 당시의 반향, 유행을 따르려는 어느 정도의 속물적 경향 그리고 이해타산 등이 복합적으로

---

[66] [역주] 유명한 초현실주의 화가인 달리는 프로이트를 직접 만나기도 했고 그의 초상화도 남겼다. 그러나 프로이트는 달리가 돌아간 후 초현실주의자들은 '98% 미친 사람들'이라고 말했다. 이 잘 알려진 일화는 프로이트의 정신분석과 초현실주의의 관계가 이론과 적용의 단선적인 관계가 아니었음을 일러준다. 프로이트의 정신분석은 초현실주의가 부정할 수 없는 한 근거였을 뿐, 그 이상도 이하도 아니다. 무엇보다 초현실주의는 비록 낭만주의가 보다 이론적 근거를 갖춘 사조이긴 했지만, 문학, 미술, 연극, 영화 등에 관련된 예술사조였음을 잊지 말아야 할 것이다. 그렇지만, 드니 드 루즈몽이 지적한 것처럼, 프로이트와 초현실주의의 관련을 무시하는 것 역시 분명한 오류다. 프로이트가 달리를 두고 위와 같이 말한 것은 무의식이란 달리의 그림에서 볼 수 있는 것처럼 우스꽝스럽고 과장된 방식으로 나타나는 것이 아니기 때문이다. 무의식은 의식과 함께 움직이며 오직 의식이 여러 가지 이유와 상황 속에서 무의식의 표출을 허락할 때만 드러난다. 프로이트는 이런 이유로 달리를 비난한 것이며 같은 이유로 집단 무의식을 주장하는 융 일파 역시 프로이트로부터 비난을 받았다. 물론 프로이트는 후일 이 집단 무의식 개념을 어느 정도 인정한다. 프로이트의 공헌은 사실은 무의식의 발견 그 자체에 있는 것이 아니라 무의식을 인간 의식의 한 부분으로 편입시킨 것에서 찾아야 한다.

작용하여 이루어진다는 것을 알 수 있다. 따라서 정신분석의 영향을 받았다는 초현실주의 시인들에게서 우리는 정신분석을 잘못 이해한 것은 물론이고 일관성 없는 다양한 해석과 심지어 상호 모순되는 이해도 발견하게 된다. 자연히 이런 와중에서 프로이트가 제시한 이론들에 대한 과도한 정보들이 넘쳐났고 그 결과 미래의 학자들은 초현실주의와 관련성을 부인하지 못하면서도 우리가 가정한 '신중하지 못한' 문사가 제시한 가정은 극구 반대했다(그들은 실제로는 다음과 같이 말하고 싶었다. "'20세기 전문가들'이지만 지금 우리가 살고 있는 시대에 철저하게 발을 딛고 있으니 우리가 아니라 그가 옳았다"고).

우리는 위에서 제시한 상식에 근거한 반박논리 중 4번에 대해서만 간접적으로, 비유를 통해 대응했다. 그 이유는 좀 더 자세하게 논의해야 하는 문제였기 때문인데 이를 위해서 장 하나를 새로 마련해야만 할 것이다.

9. 아랍의 신비주의자들

어느 정도는 기독교적이고 동시에 마니교적이며 신플라톤주의적이기도 한 혼란스러운 이론에서 어떻게 그토록 음유시인들의 정확한 수사학이 나올 수 있었을까? 이 질문은 중세 궁정 예술에 대한 종교적 해석이 나올 때마다 중세 로망어 연구자들이 거의 습관적으로 하는 질문이며 그들이 기대는 논거이기도 하다.

하지만 9세기부터, 이미 이란 지방의 마니교와 신플라톤주의와 이슬람주의는 얼핏 보아서는 '일어날 수 없을 것' 같았음에도 불구하고 아랍 지방에서 종합되어 갔으며 그 종합은 시로 표현되었다. 이 시의 에로틱한 은유들을 살펴보면 우리는 중세 궁정시에 등장하는 은유들과 놀라울 정도로 명백한 유사성이 있음을 확인할 수 있다.

* *
*

시스몽디가 프로방스 지방의 시가 아랍의 영향을 받았다는 가설을 발표했을 때 A. W.슐레겔은 시스몽디가 프로방스 시는 물론이고 아랍의 시도 잘 몰랐기 때문에 그런 터무니없는 주장을 폈다고 응수했다. 하지만 슐레겔은 역설적이게도 이 응수를 하면서 프로방스 시는 물론이고 아랍의 시도 몰랐던 사람은 다름 아닌 자신이었음을 고백한 꼴이 되고 말았다. 물론 그가 살았던 시대에 이루어진 아랍 연구의 수준을 생각하면 그를 이해하지 못할 것까지는 없다.

최근에 나온 연구들을 보면 이슬람 지방에서 신비주의 시인들의 유파가 결성된 역사와 작품 활동을 자세히 묘사하고 있다. 이 신비주의 시인들이 모인 유파에는 후일 유명한 시인인 알 할라즈, 루츠베한 드 쉬라즈, 소흐라와디 달레프 등 지고의 사랑을 노래한 음유시인들이 합류하는데 이 유파는 신을 향한 욕망의 상징이자 그 자체로 사랑하는 대상이었던 베일에 가려진 이상을 숭배하는 핵심적 단체이기도 했다.

소흐라와디 달레프(1191년에 사망)는 플라톤을 읽으면서 - 그는 플라톤을 플로티노스, 프로클로스[67], 아테네 학파를 통해 알게 되었다 - 플라톤을 조로아스터의 계승자로 생각한다. 게다가 그가 주장한 신플라톤주의는 이란의 신비주의의 영향을 강하게 받은 것이었다. 그는 특히 조로아스터의 경전인 아베스타 Avesta의 교리에서 - 마니교의 창시자인 마

---

[67] [역주] 플로티노스(Plotinos, 205~270)는 고대 로마의 철학자로서 신플라톤주의의 창시자로 알려져 있다. 프로클로스(Proklos, 410~485)는 그리스 말기 철학자로서 신플라톤주의 사상을 지중해 일대에 널리 퍼뜨린 사람이다.

니도 이 경전의 영향을 받았다 - 앞서 살펴보았듯이 이단 카타리파에게 는 핵심적인 의미를 지니는 광명 세계와 암흑세계의 대립을 가져왔다. 이 모든 것은 - 카타리파의 경우도 마찬가지인데 - 사랑과 기사도와 관련된 수사학을 통해 표현되고 있으며, '연인들의 친구', '일곱 미인들의 소설'과 같은 신비주의를 다룬 몇몇 문서의 제목들은 직접적으로 영향을 주기도 했다.

이 밖에도 아랍 신비주의자들이 카타리파와 중세 음유시인들에게 끼친 영향을 보여주는 더 많은 근거가 있다. 신비주의를 다룬 문서들이 작성될 당시 동일한 신학적 논쟁이 재연되었고 이 논쟁은 후일 서양의 중세에 와서도 거의 그대로 다시 나타난다. 이 논쟁은 복잡한 양상을 띠는데, 다름 아니라 이슬람은 (기독교 율법서가 명령하는) 인간이 신을 사랑할 수 있다는 사실을 인정하지 않으며 유한한 피조물은 유한한 것만 사랑할 수 있다고 보기 때문이다. 그 결과 신비주의자들은 의미가 비밀에 가려져있는 상징들에 의존할 수밖에 없었다(예를 들면 금지된 포도주 경배가 여기에 해당하는데 이는 신에 대한 사랑의 황홀경을 상징한다). 이슬람과 관련된 이 문제를 염두에 둔다고 해도 - 이 문제는 중세의 궁정 상황과 무관하지 않은데 - 우리는 서양과 근동 지방에서 똑같은 문제를 만나게 된다.

정통 이슬람은 가톨릭과 마찬가지로 인간의 내면에는 신성이 있으나 이 부분을 고양시키면 인간의 영혼과 신성의 융합에 이를 수 있다는 생각은 인정하지 않았다. 그런데 시인의 에로틱하면서도 종교적인 언어는 창조주와 피조물의 융합을 이루려는 경향을 보여준다. 그래서 사람들은 시인의 상징적 언어를 증거 삼아 이 시인들이 몰래 마니교를 믿고 있다고 비난했다. 실제로 알 할라즈와 소흐라와디 달레프는 이단이라는 죄목으로 사형당했다.[68]

이러한 논쟁에서 우리는 논쟁의 모든 항목을 음유시인의 경우에도 그대로 발견할 수 있어 놀랍기만 하다. 그뿐만 아니라 이 논쟁의 항목들은 서양의 위대한 신비주의자인 에카르트[69]에서 십자가의 성 요한[70]으로 이어지는 논쟁에서 다시 나타나고 있어 작은 차이점에도 불구하고 놀라운 유사성에 새삼 놀라지 않을 수가 없다.

* * *

아랍 신비주의자들이 다루었던 '궁정풍의' 테마들을 간단히 살펴보기만 해도 서구 중세의 음유시인들과 그들 사이에 존재하는 유사성이 어디에 존재하는지 알 수 있으며 나아가 그 유사성이 세부에 이르기까지 계속되고 있음을 알 수 있다.

a) 소흐라와디는 그의 작품 『진실의 형제들』에서 연인들을 '진실의 형제들'이라고 불렀다. 이 명칭은 '공동의 이상 속에서 서로 소통하며 살아가는 신비한 여인들을 부를 때의 이름'[71]이었다. 이 연인들은 이렇게 해서 공동체를 형성하고 있었는데 이 공동체는 카타리파의 사랑의 교회와 유사한 것이었다.

---

[68] 마시뇽(Massignon, *Passion de Al-Hallj*, p. 161)에 의하면, 이 재판에 앞장 섰던 우두머리는 다음과 같은 선고를 내렸다. "오직 사랑을 통해서만 신을 경배하는 것은 마니교도의 죄악이다. 마니교도는 신을 육체적인 사랑을 통해 경배하며, 쇠가 쇠를 끌어당기듯이 자력이라는 매력을 통해 사랑한다. 그들은 빛의 입자들이 마치 자석처럼 처음 발원했던 빛의 중심을 다시 만나기를 원하는 것이다."
[69] [역주] 에카르트(Eckhart von Hochheim, 1260~1327)는 도미니크 수도회 수사로서 중세 독일의 라인 강 신비주의 학파를 이끈 영성주의자이자 신학, 철학자이다. 독일 에르푸르트에서 공부를 한 후 쾰른, 파리, 스트라스부르 등지에서 강의했다.
[70] [역주] 십자가의 성 요한(Juan de la Cruz, 1542~1591)은 에스파냐 성자이자 신비주의자이다. 에스파냐 성녀 아빌라의 테레사의 고해신부이자 친구로 카르멜 수도원을 개혁했으며 1726년 시성되었다.
[71] H. Corbin, introduction au *Familier des Amants*.

b) 소흐라와디의 계시파에게 큰 영향을 끼친 이란의 마니교에 따르면, 눈이 부시게 아름다운 처녀는 친바트라고 불리는 다리 입구에서 기다리던 배필이 나타나면 '나는 바로 그대 자신입니다!'라고 외친다고 한다. 그런데 중세 음유시인들의 신비주의를 연구하는 몇몇 연구가에 따르면, 그들이 생각 속에 그리는 귀부인이란 다름 아닌 남자의 영적이고 천사 같은 부분, 즉 남자의 진정한 자아라고 한다. 이런 사실들을 통해 우리는 앞에서(트리스탕을 다룬 제1권 8장) 다룬 '정념의 나르시시즘'을 새로운 관점에서 이해하게 된다.

c) 『여인들의 친구』는 '혼의 성관'과 이성의 계단과 방을 우의적으로 활용한 알레고리로 구성되어 있다. 이 방 중 한 방 안에는 베일에 가려진 이상으로 불리는 한 여인이 살고 있다. 이 여인은 '치유의 비법을 알고 있으며 사람들은 그녀에게서 마법을 배운다.'(켈트족의 이죄 역시 여마법사였고 '명상의 대상이었으며 신비한 구경거리'이기도 했다)[72] 혼의 성관에는 이 밖에도 우의적인 뜻의 여러 다른 인물이 사는데, 미의 인물, 욕망의 인물, 번민의 인물, 가르침을 받은 자, 제물을 바치는 자, 잘 알려진 자 등이다. 우리는 여기서 자연스럽게 『장미 이야기』를 떠올리지 않을 수가 없다.[73] 기사도의 상징체계는 니자미 드 간자의 작품, 『일곱

---

[72] [역주] 여기서 말하는 이죄는 트리스탕이 사랑하게 되는 이죄가 아니라 이 이죄의 어머니인 왕비이자 마법사인 이죄를 말한다.

[73] [역주] 『장미 이야기』(Roman de la Rose)는 13세기 중엽에서 말까지, 중세의 두 시인인 기욤 드 로리스와 장 드 묑이 22,000행의 8음절 시로 쓴 우의적인 사랑 이야기이다. 전체는 두 부로 나뉘어져 있다. 4,000행의 시로 된 짧은 1부는 여인을 상징하는 닫혀진 정원에 들어가려고 하는 한 사내에 관한 이야기이며, 18,000행의 긴 2부에서는 사랑을 비롯한 여러 주제에 대한 철학적 한담이 이어진다. 이 책은 인쇄술이 보급되기 훨씬 전인 중세에 고가의 양피지에 일일이 수작업으로 제작된 아주 비싼 책이었음에도 불구하고 무려 100부 이상이 판매된 당시로서는 베스트셀러였을 정도로 인기가 높았다. 초서(Geoffrey Chaucer)가 영어로 번역을 하기도 했는데(The Romaunt of Rose) 영문학에 큰 영향을 끼친 작품으로

미녀의 이야기』에서도 만날 수 있는데, 이 이야기는 일곱 행성의 색이 칠해진 옷을 입고 있는 젊은 일곱 처녀와 이들을 찾아간 기사이기도 한 왕의 모험을 그리고 있다.

이 혼의 성관은 루이스브뢰크^{Ruysbroeck}와 성녀 테레사^{Teresa}가 애호했던 상징이기도 하다.[74]

d) 백 편이 넘는 시가 있지만, 하나만 예로 든다면, 오마르 이븐 알 파리디는 그의 시 「사랑하는 이들의 술탄」에서 자신을 흥분에 사로잡히게 했던 무서운 정념을 다음과 같이 노래하고 있다.

> 노예가 된 나를 보고 놀라워하는 나의 형제들
> 왜 이 청년은 광기에 사로잡혔는가? 묻는다
> 그들은 다름 아니라 내가 눔에 사로잡혔다고 말할 것이다
> 그렇다. 나는 눔에 사로잡혔다.
> 눔이 나에게 시선을 보냈을 때, 그것은
> 수다가 내게 보낸 사나운 시선, 바로 그것이었다.[75]

'눔' Nou'm은 사랑하는 여인을 통칭하는 관례적인 말인데 이 시에서는

평가된다. 그뿐만 아니라 철학적 주제와 우의적 수사학이 조화를 이룬 2부는 후일 여러 밀교에도 큰 영향을 끼쳤다.

[74] [역주] 루이스브뢰크(Jean de Ruisbrooek, 혹은 Jan van Ruusbroec 또 혹은 Jan van Ruysbroeck, 1293~1381)는 도미니크파의 신학자이자 중세 독일의 신비주의 사상가인 마이스터 에카르트(Meister Eckhart)의 제자로서 오늘날의 벨기에에서 활동한 신비주의자이다. 그의 책들은 16, 17세기에 걸쳐 여러 번 재판되며 널리 읽혔다. 에스파냐 성녀 테레사 데 헤수스(Teresa de Jesús, 1515~1582)는 흔히 아빌라의 테레사로 불리기도 하는 성녀로 신비체험을 통해 성령을 경험한 내용을 남겼으며 카르멜 수녀원을 부흥시켰고 남자 수도회도 세운 성녀다. 바로크 조각가 지안 로렌초 베르니니의 로마 산타 마리아 델라 비토리아 성당에 있는 유명한 조각으로 널리 알려진 성녀다.

[75] "C'est lui l'amour", trad. Dermenghem, *Hermès*, 12, 1933.

하나님을 뜻한다. 그런데 중세의 음유시인들도 그들이 마음속에 두고 있는 귀부인을 관례적인 단어로 부르거나 혹은 세나senha로 불렀는데, 이 이름이 역사적으로 실존인물이라고 믿었던 학자들은 공연히 확인 작업을 하느라 애를 쓰기도 했다.

e) 막 입교한 신참은 현자에게 절을 하는데 이는 인사였다. 하지만 언제나 현자가 먼저 신참에게 절을 했는데(소흐라와디의 『가브리엘 천사의 날개 소리』) 이는 음유시인들의 시 속에 늘 등장하는 주제였고 후일 단테와 페트라르카에서도 볼 수 있다. 모든 시인은 귀부인에게 바치는 인사에 도가 지나칠 정도로 각별한 중요성을 부여했는데 이는 제의에서 인사가 차지하는 중요성을 알면 쉽게 이해할 수 있는 일이다.

f) 아랍의 신비주의자들은 신의 사랑은 엄밀하게 비밀을 지켜야 한다고 강조했다. 그 결과 경망스럽게도 마음에서 우러나오는 신심 없이 신비를 알려고 하는 자가 있다면 가차 없이 다루었다. 예를 들면, 누군가가 기다리지 못하고 '수피교가 무엇이냐?'고 단도직입적으로 물으면, 알 할아즈는 '우리를 공격하지 말고, 연인들의 피에 담겨 붉게 물든 우리의 손가락을 바라보라'고 답했다. 경망스러운 자들은 나아가 사악한 의도가 있는 자들로 여기기도 했다. 예를 들면 서로 사랑하는 자들을 관가에 고발하는 자들을 일컬었다. 이 모든 것은 우의寓意 속에 숨겨져 있는 비밀스러운 뜻을 무미건조한 교리의 잣대로 재는 행위를 비난하는 것과 다름없었다.

그런데 놀랍게도 프로방스어로 지어진 대부분의 시 속에서도 로장지에losengiers로 불리는 인물들(걸인, 경박한 자, 밀고자 등)이 등장하는데 음유시인들은 이들에게 욕설을 퍼붓곤 했다. 이런 시에 주석을 붙이는 우리의 학자들께서는 이 로장지에들을 어떻게 해석해야 할지 몰라 단지 중세의 연인들은 그들의 관계를 숨기기 위해 엄청난 노력을 했다고 단정해 버렸다. 그렇게 해서 로장지에들에 대해서는 아무런 설명도 없이 얼버무려 버렸다(하지만 단지 중세의 연인들만 그들의 사랑 관계를 숨기려고 했을까?).

g) 마지막으로 지적하고 싶은 것은, 아랍의 신비주의자들이 쓴 글에서 라이트모티브 역할을 하고 있던 것이 사랑 때문인 죽음의 예찬이었다는 점이다. 이븐 알 파리디의 시를 보자.

> 잠시 사랑을 쉬어도 피곤이며, 사랑의 시작은 병이고,
> 사랑의 끝은 죽음일세.
> 하지만 내겐 사랑에 의한 죽음은 생명이구나.
> 나에게 사랑을 베풀어준 애인에게 축복 있으라.
>
> 사랑으로 죽지 않는 이여 사랑으로 살지도 못하리라.

이 시는 그대로 서구 신비주의자들의 시이며 동시에 프로방스어로 지어진 시였으며 트리스탕의 시이기도 하다. 또한 성녀 테레사의 고백이기도 하다. '죽지 못하여 죽노라.'
알 할라즈는 다음과 같이 말했다.

> 나를 죽임으로써 그대는 나를 살게 하였노라. 내겐 사는 것이 죽는 것이요, 죽는 것이 사는 것이었으니.

삶이란 실제로 덧없는 존재들이 지상에서 영위하는 날이며 물질의 변화 과정이다. 반면 죽음은 찬란한 빛의 어둠이며 환상을 주는 형태들의 사라짐이자 인간의 혼과 인간한테 사랑받는 자의 결합이고 나아가 절대자와의 소통이라고 할 수 있다.
아랍의 신비주의자들에게 구약 창세기의 모세는 가장 위대한 연인의 상징이었다. 시나이 산에서 '하나님을 보고 싶다'는 욕망을 표현함으로

써 모세는 실제로는 죽음의 욕망을 나타냈기 때문이다. '사랑의 기쁨'의 정점에서 맞이하는 종교적 순교는 소흐라와디, 알 할라즈와 같은 시인들이 걸었던 계시의 길에서 빠질 수 없는 요소이기도 했다.

알 할라즈는 웃으면서 고통을 향해 갔다. 내가 그에게 말했다. '스승이시여, 이것은 무엇입니까?' 그가 답했다. '미녀가 그녀를 사랑하는 사람들을 자신에게로 이끌며 애교를 보이는 것이라네.[76]

*
* *

우리는 한 부족이 플라토닉 러브를 각별히 귀하게 여겼음을 알고 있다. 아랍 세계에서도 명성이 자자했던 부족이었던 바누 오드라 부족은 코란에 기록되어 있는 다음과 같은 구절 그대로 순결한 욕망을 극단까지 고양시킨 나머지 사랑 때문에 죽음에 이르곤 했다. 사랑을 하는 자, 금지된 모든 것을 절제하는 자, 비밀스런 사랑을 간직하고 있는 자, 그 비밀 때문에 죽음에 이르는 자, 그는 순교자로 죽는 자이니라.

서구로 전파되어 이름이 조금 바뀌어 '오드리히 사랑'으로 불리게 된 이 플라토닉 러브는 안달루시아 지방을 거쳐 프랑스 남부 지방으로 퍼져나가며 궁정풍의 사랑으로 불렸고 점차 프랑스 북부의 켈트족 주거지까지 올라가면서 마침내 『트리스탕과 이죄』 신화를 만나게 된다.

---

[76] Cf. Massignon et Krauss, *Akhbar Al-Hallaj*, texte relatif à la prédilection et au supplice de Al-Hallaj.

* * *

　아랍의 시학이 정말로 궁정풍의 시인 코르테지아cortezia에 영향을 끼쳤다는 것을 입증할 수 있을까? 1863년에 르낭은 다음과 같이 말한 적이 있다. '로망어로 쓰인 시의 형태와 정신, 아랍의 시의 형태와 정신 사이에는 건널 수 없는 심연이 자리잡고 있다.' 같은 시대에 활동한 또 다른 학자인 드로지 역시 서구의 음유시인들에게 아랍이 영향을 미쳤다는 것을 입증할 수가 없다고 말했다. 드로지는 여기서 끝나지 않고 '앞으로도 이 사실을 입증할 수는 없을 것이다'라고 덧붙이기까지 했다. 오늘날에 와서 보면 미래의 일까지 단언한 이 예언은 실소를 머금게 한다.

　아랍의 시는 바그다드에서 안달루시아에 이르기까지 언어적으로 하나였으며 지역 간의 교류는 끊임없이 지속되었다. 지역적으로 보면 안달루시아는 에스파냐 왕국에 접해있었고 에스파냐 왕국의 군주들은 랑그도크 지방과 푸아투 지방의 군주들과 혈연관계를 맺고 있었다. 우리는 10세기에서 11세기에 걸쳐 안달루시아의 서정시가 융성하여 널리 퍼졌다는 사실을 잘 알고 있다. 최초의 음유시인인 기욤 드 푸아티에가 남긴 11편의 시를 보면 그중 5편에서 자디알zadjal로 불리는 아랍 시의 운율법이 그대로 나온다. 안달루시아가 남부 프랑스의 궁정 음유시인들에게 끼친 영향을 일러주는 증거는 이루 헤아릴 수가 없을 정도다.[77] 나는 여기서 아랍의 시와 프로방스의 시를 얼마든지 인용해가며 양자 사이

---

[77] 미국의 연구가인 니클(A. R. Nykl)의 저술들을 볼 것. 니클은 아랍 시인 이븐 하즘(Ibn Hazm)의 『비둘기의 목걸이』(Collier de la colombe, 아랍 궁정의 사랑론)를 번역했으며, 특히 그의 『에스파냐·아랍 시와 옛 프로방스 음유시인들과의 관계』(Hispano-arabic Poetry and its relations with the old Provencal troubadours), Baltimore, 1946을 볼 것. Louis Massignon, Henry Pérès, Emile Dermenghem, Menendez Pidal, Karl Appel 등의 연구도 참고할 수 있다.

에 '건널 수 없는 심연'이 있다고 말하는 '심연론자들'을 반박할 수 있다. 내가 이 시들을 길게 인용한다면 이들은 모르긴 몰라도 이 시들이 피레네 산맥 어느 쪽에서 쓰인 것인지, 다시 말해 아랍 시인지 프로방스 시인지 도저히 구별할 수가 없을 것이다. 두 지역의 시는 너무나도 유사하기 때문이다. 이 유사성에 주목해야 한다.

12세기, 랑그도크 지방과 리무쟁 지방에서는 역사상 가장 주목할 만한 정신적 교류가 일어났다. 우선 이란에 뿌리를 두고 널리 퍼져나간 마니교 운동을 말해야 하는데, 소아시아와 발칸 반도를 거쳐 이탈리아와 프랑스에 이르기까지 위세를 떨치며 밀교 교리인 소피아 마리아[78]와 '빛의 형태'를 향한 사랑 이론을 널리 유포시켰다. 다른 한편으로는 플라톤과 마니교의 영향을 받은 이라크 지역의 수피교도의 고도로 정련된 수사학과 함께 시의 기법, 테마, 늘 등장하는 인물들, 늘 같은 지점에 등장하는 모호함, 상징체계들이 이라크 지방에서 올라와 아랍화 되어있던 안달루시아를 거쳐 피레네 산맥을 넘어 프랑스 남부까지 밀려들어왔다. 당시 프랑스 남부 지역은 어떻게 보면 이러한 수피교도의 영향을 기다리고 있었다고 볼 수 있다. 왜냐하면 가톨릭의 지배를 받고 있던 탓에 프랑스 남부 지역은 수피교도의 영향을 통해서 비로소 기독교 언어로는 도저히 표현할 수 없는, 그렇다고 저잣거리의 속어로도 표현할 수도 없는 것을 표현할 수 있었기 때문이다. 그것이 바로 궁정시였으며, 궁정시는 바로 이 만남을 통해 태어난 것이다.

동방에서 시작하여 각각 문명의 바다를 둘러싸고 있는 두 해변을 타고 흘러 들어온 인간 혼과 욕망에 관한 이 '유설謬說들'이 마지막으로

---

[78] [역주] 소피아 마리아(Sophia-Maria)는 그리스어로 지혜를 뜻하는 소피아와 기독교의 마리아를 결합한 말로서 고대 그리스 철학에서 기독교 신비주의와 동방 정교에 이르기까지 성령의 다른 이름으로 받아들여졌다.

만난 곳이 바로 프로방스 지방이었으며 이곳에서 사랑·정념을 표현하는 서구적 언어 모델이 태어났다.[79]

10. 궁정 현상에 대한 조건

앞에서 펼친 나의 주장과 그 주장을 뒷받침하는 증거들을 오랜 세월이 흐른 후 다시 읽으면서 나는 많은 새로운 사실을 발견하게 되었으며 이 사실들을 한번 일목요연하게 정리할 필요성을 느꼈다. 독자는 이 새로운 사실들이 이전에 내가 했던 주장들을 더욱 공고히 함으로써 코르테지아, 즉 궁정문학과 카타리파의 종교적 분위기 사이에 존재하는 깊은 유사성을 확증시켜줄지 아니면 반대로 오히려 약화시켜줄지 스스로 판단할 수 있을 것이다.[80]

혹자는 내가 하나의 종교적 개념이자 혹은 인간에 관한 이론이기도 한 신비주의와 정형화되어있는 서정시의 형태 사이에 존재하는 여러 관계를 단지 유사성 면에서만 다루었다고 지적할 것이다(사실 나는 수피파와 아랍의 궁정시 사이의 관계는 초현실주의에 끼친 프로이트의 이론과의 관계와 유사하다는 주장을 폈다). 나의 이러한 주장과 논리는 간혹 격렬한 논쟁을 불러일으키기도 했으며 이해를 못할 것도 없는 일이다.[81]

---

[79] [역주] 저자가 말하는 '문명의 바다'는 지중해를 의미한다.
[80] [역주] 이 책 『사랑과 서구 문명』은 1938년에 초판이 나온 이후, 책에 가해진 비판들을 참고하는 동시에 이에 일일이 반박하는 개정판을 1956년에 출간했다. 이후 부록과 작가 후기편에서는 자료를 보강하면서 20세기 중엽 이후의 정념과 관련된 내용을 보충했고 1972년에 다시 개정판을 출간했다.
[81] 가장 격렬한 비난은 음유시인들의 시와 카타리파의 교리 사이에 존재하는 유사성에 대해서가 아니라, (란, 아루, 펠라당에 의하면) 오히려 내가 제7장에서 음유시인들의 시를 카타리파의 비밀스러운 언어의 한 종류로 간주하며 양자 사이의

그뿐만 아니라 지난 15년 동안 궁정풍의 사랑, 카타리파, 마니교를 연구하는 전문가들은 여러 번에 걸쳐 새로운 사실들을 찾아냈으며 또 나 개인적으로도 새로운 연구 못지않게 새로운 인생 경험을 쌓기도 하여 그 결과 코르테지아cortezia를 이전에 주장했던 것보다 조금은 덜 '역사적' 개념으로 보게 되었고, 보다 심리적인 것으로 여기게 되었다.

나는 앞에서 카타리파와 음유시인들 사이에 존재하는 사실관계의 유사성(놀랄 정도로 겹치는 장소와 시간들)을 상기시킨 바 있다. 이 사실들 사이의 유사성에는 무언가 중요한 것이 들어있다고 생각했으며 그래서 나는 양자 사이에 존재하는 이 관련성에 대해 진지한 것이든 아니든 침묵하는 것이 오히려 나를 놀라게 한다고 주장했던 것이다. 하지만 나는 그렇게 주장하면서도, 역사는 오직 기록된 자료에 따라서만 규정될 수 있다고 생각하는 역사가들과는 달리, 영향관계를 일러주는 세세한 부분은 언급을 자제했다. 이제 나는 나의 주장을 한 발 더 밀고 나가려고 하는데, 물론 이번에도 역사가의 방식이 아니라 내 방식대로 그렇게 하려고 한다. 다시 말해 나는 여기저기서 텍스트를 찾아내어 과학적으로 증거를 들이댈 생각은 없다. 야스퍼스는 일찍이 '신비한 문제 앞에서 끊임없이 일어나던 의문은 답이 주어지는 순간 어리석게도 사라져 버리고 만다'고 말한 적이 있다. 답이 주어졌을 때 다시 의문이 일어나야 한다는 말이다. 나는 오히려 가능한 한 우리가 문제를 삼고 있는 궁정 사랑이라는 주제를 정확하게 정의하면서 심화시켜보려고 한다. 왜냐하

관계를 지나치게 단순하게 봤다는 데에 집중되었다. 8장과 9장을 다시 읽어보면, 내가 지나치게 단순화하지 않았다는 것은 쉽게 알 수 있다. 오히려 내가 단순화했다고 단순화한 이들은 나를 공격한 사람들이다. 물론 내가 몇 가지 표현에 있어 신중하지 못했던 점은 인정해야 할 것이다(불행하게도 이 책이 거둔 성공이 바로 이 신중하지 못한 표현 때문에 가능하기도 했는데 종종 일어나는 일이긴 하지만 서둘러 책을 읽고 덮어버리는 독자들 곁에서 거둔 성공에 지나지 않는다).

면 이 문제는 과거의 문제가 아니라 오늘날의 서구에서도 여전히 중대한 문제이며 따라서 우리의 윤리적, 종교적 행동과 직결되어 있기 때문이다.

비록 스스로 덫에 걸리는 일이 될지도 모르지만, 우선 몇 가지 사실을 지적하고자 한다. 하지만 앞서 말했듯이 가능한 한 원인과 결과를 대면서 인과율을 쫓는 일은 없을 것이다. 성질 급한 비평가와 독자들로 하여금 '증거를 대라'고 외치게 하는 문맥을 벗어나는 인용도 가급적 줄일 것이다. 일부 독자는 쉽게 내 의견에 동조하며 '당신 말이 맞습니다'라고 외치기도 하겠지만 이 역시 경계해야 할 일이다.

* *
* *

1) 12세기에 일어난 정신적 혁명

근동 지방에서 시작해 아르메니아와 불가리아 이원론자들을 거쳐 유입된 신 마니교로 불리는 이단의 교설은 카타리파의 교리가 되었고 결혼을 비난하며 금욕주의를 주장했으며 로마가톨릭에 반하는 '사랑의 교회'를 세웠다.[82] 이 마니교는 상당히 빠르게 프랑스 북부의 랭스와 이탈리아와 인접한 국경 지대를 거쳐 에스파냐까지 퍼지면서 전 유럽으로 번져나갔다.

하지만 동시에 다른 여러 혼란스러운 운동이 당시 대중과 성직자들을 혼란에 빠뜨리고 있었다. 이 중 일부는 야망에 사로잡힌 고위 성직자들

---

[82] 이단자들은 가톨릭교회가 원래 사랑이라는 이름으로 불려야 할 하나님의 이름을 잘못 불렀다고 비난했다. 그러면서 그들은 로마(Roma)도 사실은 아모르(Amor)였다고 주장했다.
[역주] Roma라는 철자는 Amor를 거꾸로 쓴 것이다.

과 교회의 화려한 의식에 반기를 들고 그 대안으로 순수한 영성주의를 주장했으며 종종 자연주의적이고 심지어는 유물론적인 교리에 빠지기도 했다. '천사가 되려고 하다가 짐승이 되었네'라는 표현은 이렇게 극단적인 선택을 한 이들을 가리키는 말인데 기존 교회에 반기를 든 사람들의 극단적인 행동은 당시에 터져 나온 여러 문제의 혁명적인 성격을 잘 보여준다. 많은 위대한 성자와 훌륭한 신학자들이 당시의 이 깊은 혁명을 경험했지만 전통 신학의 교리로 변화시키지 못한 채 고통을 당하곤 했다. 생 베르나르 드 클레르보와 아벨라르가 교회에서 일어난 이런 혁명을 겪은 대표적인 성자와 신학자였으며 혁명은 사변적 측면에서도 일어났다. 이 혁명은 교회를 벗어나 신학적 논쟁을 생소하고 이해하기 힘든 일로만 받아들이던 민중에게도 널리 퍼져나갔다. 앙리 드 로잔느와 피에르 드 브뤼스, 아모리 드 벤느와 스트라스부르의 오르틀리비엥 형제들에 이르기까지 모든 이들이 결혼을 비난했다 - 교황 그레고리우스 7세가 모든 사제에게 결혼을 금지한 것도 이 당시 일이다. 하지만 한편에서는 적지 않은 이들이 인간은 신적 존재이며 따라서 인간이 육체 - 악마의 영역인 - 를 가지고 하는 일은 그 어느 것도 인간의 영혼 구원과는 무관하다는 주장을 펼치기도 했다. 이들이 주장하던 "배꼽 밑의 일은 그 어느 것도 죄가 아니다"라는 말은 당시 한 이원론을 신봉하던 주교가 한 말인데 이 말 그대로 여러 이단 교파가 자행하는 음란한 행동들을 눈감아 주는 성직자도 생기게 된다.

완전히 새로운 형태의 시가 카타리파의 본 고장인 프랑스 남부에서 태어났다. 이 시는 여성적 본질에 대한 플라톤적 관념인 관념 속의 귀부인을 기리는 시였으며 결혼에 반발하며 사랑과 함께 순결을 숭배했다.

생 베르나르 드 클레르보는 카타리파에 맞서는 대대적인 반대 운동을 했다. 이를 위해 완벽한 자들로 불리던 카타리파 교도의 금욕적 교단에 맞서 정통 교리에 따른 금욕 교단을 창설했으며 코르테지아에 맞서 신의 사랑이 간직한 신비로움을 주장했다.

당시 최초의 음유시인인 기욤 드 푸아티에와 상당히 가까이 지냈던 퐁트브로 수도원에서 엘로이즈의 파라클레 수도원에 이르기까지 막 세워지기 시작한 여성 수도원의 수녀들을 위해 구약의 '아가서'에 대한 수많은 주석이 쓰였다. 구약의 '아가서'는 결혼을 축하하는 축시 형태의 신비한 시들인데 베르나르 드 클레르보, 위그 드 생 빅토르, 아벨라르 등의 시에서도 다시 등장한다.

엘로이즈와 아벨라르는 두 사람의 이야기를 궁정풍의 시와 편지 형태로 발표했는데, 이것은 우리 역사에서 최초로 지어진 위대한 사랑·정념을 다룬 소설이다.

조프레 뤼델은 트리폴리 공작부인의 품에 안겨서 죽음을 맞이하는데, 그는 그토록 사랑했던 이 '멀리 계신 귀부인'을 임종 전에는 단 한 번 본 적이 없었다.

그뿐만 아니라, 조아생 드 플로르[83]는 성령이 임할 시간이 임박했다고 하면서 여인의 형체를 띠고 모습을 나타낼 것이라고 말했다.

이 모든 것은 상상력의 도움을 받아 실제로 일어난 일들이며 바로 같은 장소, 같은 때에 치명적인 정념을 다룬 이야기인 「트리스탕과 이죄」 신화가 만들어지고 있었다.

이렇게 이상화된 사랑과 여인에 대한 경배가 크게 유행하며 세를 얻어가자, 가톨릭교회와 성직자들 역시 대중의 가슴 속 깊이 숨어있는 이 집단적 욕구를 충족시켜줄 수 있는 신앙과 경배의식을 만들어 내기에 이른다. 다시 말해 이교적인 욕망 충족 방식을 욕망은 그대로 유지한 채 강력한 정통 교리에 따라 바꿀 필요가 있었던 것이다.[84] 이렇게 해서

---

[83] [역주] 이탈리아 남부 시칠리아 공화국에서 태어난 시토회 수도승 피오레의 요아킴(Gioacchino da Fiore)을 말한다.

12세기 초부터 동정녀 경배를 위한 여러 시도가 행해지는데, 이때부터 마리아는 흔히 레지나 첼리 regina coeli[85] 로 불리며 이후 미술 분야에서는 마리아를 늘 여왕으로 묘사했다.[86] 이렇게 해서 '노트르담' Notre-Dame이 궁정시인 코르테지아의 '관념 속의 귀부인'을 대체하게 된다. 또한 당시 수도원을 중심으로 생겨난 교단들은 기사들로 이루어진 교단에 맞서기 위한 것이었다. 말하자면 수도승들은 '마리아를 따르는 기사들'이었던 셈이다. 1140년 리용에서는 성당 참사회 회원들이 노트르담인 성모의 무염시태 축제를 거행하기도 했다. 생 베르나르 드 클레르보는 한 유명한 서신에서 이 성모 무염시태 축일을 두고 '일찍이 교회가 거행한 적이 없고 이성적으로도 납득이 되지 않고 전통이 허락하지 않는, 그리고 미신의 자매이자 변덕스러움이 낳은 딸'이라고 비난했지만 소용이 없었다. 이로부터 약 백 년 뒤, 성 토마스 아퀴나스 또한 '만일 마리아가 죄 없이 잉태한 인간이라면 그는 예수 그리스도에 의해 구원될 필요가 없었을 것이다'라고 정확하게 지적했지만 그의 말에도 불구하고 이 성모 무염시태 축일은 계속 지켜졌다. 동정녀 마리아에 대한 이러한 숭배는 당시 이단인 카타리파에게 위협과 유혹을 받던 정통 가톨릭의 위기의식을 잘 반영하고 있다. 몇 세기가 흐른 후 교황청은 마침내 성모 무염시태

---

[84] 로마 교회에서는 카타리파의 사랑 개념을 용납할 수가 없었으며, '세계 제국'을 꿈꾸고 있던 교황 이노켄티우스 3세는 이탈리아 북부와 랑그도크 지방의 이단 경향을 묵과할 수 없게 되자 마침내 1209년 카타리파를 응징하기 위해 십자군을 동원하고 만다. 이 카타리파 징벌 십자군 원정은 서구 기독교 역사에 기록된 최초의 인종 학살이자 민중 전체에 대한 최초의 체계적인 말살이기도 하다.

[85] [역주] 레지나 첼리는 성모송가 중 하나이며 '하늘의 여왕'이라는 뜻이 있는 라틴어다. 때로는 레지나 카엘리(Regina Caeli)라고 쓰기도 한다.

[86] [역주] 저자가 말하는 미술 분야의 '여왕으로 묘사되는 마리아'는 마에스타(Maestà)를 말한다. 옥좌에 앉은 채 아기예수를 안고 있는 마리아를 중심으로 좌우 대칭으로 천사들이 도열해 있는 성화의 소장르다.

축일을 정식 축일로 인정하는데, 그 동안 미술을 비롯한 여러 예술 장르는 이런 공식 승인 없이도 이 축일을 기념해왔다.[87]

위에서 말한 사실들과는 다른 영역에 속하긴 하지만 잠시 말할 필요가 있는 다른 사실 하나를 덧붙일 필요가 있다. 다시 말해 인도에서 들어와 전 유럽에 퍼져있던 장기 게임에 근본적인 변화가 일어난 것이 바로 12세기인데, 다름이 아니라 12세기 들어, 원래 게임을 지배하던 4명의 왕 대신 귀부인^{Dame}(혹은 왕비^{Reine})이 나타나 마지막 외통수를 부르는 신성한 인물로서 왕^{Roi}을 제외한 다른 모든 말을 압도하게 된다. 왕의 권력조차도 실질적으로는 대폭 축소되고 만다(부록 1, 7장 참조).

2) 오이디푸스와 신들

프로이트는 아버지에 대한 아들의 공격적 성향(어머니를 사랑하는 아들에게 장애물인 아버지)과 이것에서 유래하는 죄의식으로 구성된 무의식적 콤플렉스를 오이디푸스 콤플렉스라고 명명했다. 가장으로서의 아버지의 권위 때문에 아들은 이후 사회적, 윤리적으로 적응 단계에 들어가게 된다. 즉 어머니와 관련된 금기의 무게 때문에(즉 여성적 원리와 관련된 금기로 인해) 사랑은 금기시 되고 만다. 여기서부터 여성과 관련된 모든 것은 '불순한 것'이 되고 만다. 이 오이디푸스 콤플렉스라는

---

[87] [역주] 성모의 무염시태(無染始胎, 프랑스어 Immaculée Conception, 영어 Immaculate Conception)가 공식적으로 가톨릭 교리로 지정된 것은 1854년 교황 피우스 9세 때 이며, 이미 그 전, 1830년에 파리 기적의 메달 교회에 성모가 현현하여 이 사실을 말했다고 전해지며, 이 사실을 전혀 모르고 있던 한 처녀가 1858년 현재 가톨릭 순례지 중 한 곳인 프랑스 남부의 루르드에서 성모를 만나 같은 내용의 말을 듣는 기적이 일어났다고 전해진다. 현재 한국 천주교에서는 무염시태라는 한자어 대신, '원죄 없이 잉태하신 성모'라는 표현을 쓴다. 하지만 성모가 아니라 동정(童貞)의 몸으로 잉태한 사건을 표현하기에는 부적절하여 이 책에서는 무염시태로 표시한다.

이름의 감정 상태는 사회적 구조가 한층 더 견고하고 아버지의 힘이 보다 확실하며 나아가 그 연장선상에서 현실 속의 아버지가 대신하게 되는 신의 권능이 한층 경배의 대상이 될수록 그만큼 더 강력한 구속력을 발휘한다.

이제 사회를 통합하는 원리가 느슨해졌을 때를 상상해 보자. 이런 사회에서는 아버지의 경제력이 분산되는 현상이 나타나며, 신의 권능도 나뉜다. 그래서 고대 그리스에서처럼 다신교가 나타나며, 혹은 고대 이집트에서 보듯이 신·여신으로 구성된 커플 신이 등장하기도 한다. 나아가 이런 사회에서는 마니교가 일러주듯이, 순수한 영적 존재인 선한 신과 물질, 육체를 지배하는 조물주로 나뉜다. 이런 사회에서는 오이디푸스 콤플렉스를 불러일으키는 충동적 성향 역시 그만큼 줄어드는데, 가령 아버지에 대한 증오는 조물주와 조물주의 작품인 물질, 육체, 번식의 근원으로서의 성애로 집중될 수 있다. 반면 정련된 경배의 감정은 순수한 영적 존재를 향하게 된다. 따라서 동시에 여인을 향한 연정 역시 부분적으로 자유스러워진다. 즉 아들은 여인의 신적 원형에 대한 경배의 형식을 갖춤으로써 여인을 향한 연정을 고백할 수 있게 되는 것이다. 물론 여기에는 조건이 따르는데, 이 신적 원형으로서의 여인은 언제나 동정녀여야만 하고 따라서 이때 여인은 육체적 여인이었기 때문에 금기의 대상이었던 그 금기로부터도 자유스러워진다. 이 여성적 신성과의 신비한 결합은 이제 찬란한 하나님의 정당한 권능에 참여하는 것이며, 나아가 말 그대로 물질과 육체로부터 존재를 해방하고 '위로하며' 동시에 통합하는 열광의 상태로 진입하게 하여 인간 스스로 '신격화되는 과정'에 참여하도록 한다.[88]

---

[88] 위로한다(consoler)는 말은 cum과 solus(이 말의 원래 뜻은 전체이다)로 이루어진 consolari에서 온 말이다. 이에서 알 수 있듯이, consoler라는 말에는 어원적으로

3) 하나의 사례

12세기에 프랑스 남부 지방에서는 봉건적, 가부장적 관계에 특기할 만한 이완현상이 일어난다(모든 아들에게 공평하게 영지가 분배된다거나 혹은 여러 영주가 공동으로 영지를 소유하는 방식이 나타났고 자연히 영주의 권력에 누수 현상이 일어났다). 또한 12세기 남프랑스에는 개인주의적인 르네상스의 전구적 前驅的 조짐이 나타나기도 했으며, 이원론적 종교가 크게 유행했고 앞서 우리가 지적한 바 있듯이 사랑에 대한 경배 역시 크게 유행했다.

따라서 우리는 바로 위에서 지적했던 일이 현실로 나타났음을 알 수 있다.

당시 사람들이 어떤 정신적, 윤리적 상황에 처해 있었는지 상상을 해 볼 필요가 있는데, 당시는 사회, 권력, 가정, 개인 가릴 것 없이 모두 싸움에 휘말려 들어가 분열을 경험하고 있었고 자연히 누구든 자신의 의지와는 무관하게 이 싸움에 연루될 수밖에 없었다. 싸움이란 다름 아니라 도처에서 볼 수 있는 이단과 파상 공격을 받고 있던 정통 로마가톨릭 사이의 싸움이었다. 카타리파에서는 결혼과 성은 입교한 완벽파들에 의해 가차 없이 비난받았지만 카타리파의 대부분을 차지하는 일반 신도의 경우에는 얼마든지 용납되는 일이었다. 가톨릭의 경우를 살펴보면, 결혼은 성사로 여겨졌지만, 실제로는 물질적, 사회적 이해관계에 근거하여 이루어졌으며 결혼 당사자들의 감정은 전혀 고려하지 않았다.

권위가 떨어지고 권력누수 현상이 일어나자, 앞서 지적했듯이, 여성을 이상화하며 나아가서는 신격화하여 받아들이게 되었다. 자연히 여성과 결혼을 둘러싸고 이상(이상 내부에서도 이미 갈등이 일어나고 있었

무엇을 통합시켜 하나의 전체로 만든다는 뜻이 들어있다.

다)과 현실 사이에 모순과 갈등이 이전보다 더 불거져 나타나게 되었다. 동일한 문제를 보는 상반된 시각은 이론과 실천 양면에 걸쳐 서로 상대방을 끌어 들이려고 하는 공격적 성향으로 나타나기도 했고, 때론 매혹적인 새로운 이론이나 실천으로 막연하게만 느껴지던 자유를 탐하기도 했다.

이 복잡한 상황의 와중에서, 그리고 이 수많은 혼란의 결과로서, 순결한 사랑을 경배하는 문학적 종교인 궁정시 코르테지아, 즉 궁정문학 혹은 궁정시가가 나타났다. 순결한 사랑, 각별한 경건함으로 이루어지는 이상화된 여인에 대한 경배, 사랑의 기쁨과 지켜야만 하는 의식들, 음유시인들의 수사학과 숭배와 봉사의 정신, 신학적 논쟁들, 입교한 자들, 음유시인들과 그들이 구사한 수사학, 그리고 이 음유시인들의 노래를 들은 사람들과 이들의 입소문을 타고 전 유럽으로 퍼져나간 여인 경배와 카타리파 교리들…… 이것이 음유시인들이 살았던 중세의 상황이었다. 그런데 이 사랑의 종교를 찬미하고 종교로 받아들였던 이들은 성을 비천한 것으로 여겼다. 그뿐만 아니라 같은 시인에게서도 그가 경배하는 귀부인을 열렬히 숭배하는 모습과 여성을 폄하하고 경멸하는 전혀 다른 모습을 동시에 볼 수 있다. 이는 마르카브뤼나 오랑주 백작 램보의 시를 상기하면 쉽게 알 수 있다(부록 1, 8장 참조).

그런데 이해할 수 없는 일은 다름 아니라 이런 모순을 보이는 음유시인들은 정작 이에 대해 괴로워하지 않았다는 것이다. 마치 공존할 수 없는 것을 공존하게 하는 어떤 비법이라도 있는 것만 같다. 음유시인들이 살던 시대는 앞서 살펴보았듯이 사회 대부분의 계층이 육체와 정신, 이단과 정통 사이에서 의식의 갈등을 겪고 있었으며(따라서 많은 이들이 늘 죄를 지은 듯 불편한 마음이었다), 이단 내부에서조차 완벽한 자들의 교리와 일반 신도들의 실제 생활 사이에는 큰 차이가 있었는데 음유시인들은 이러한 차이와 갈등을 반영하면서도 극복하고 있는 것처럼 보인다.

이 점에 있어 코르테지아에 대한 가장 예민한 현대 해석자 중 한 사람인 르네 넬리의 말을 들어보자. "카라카세스, 툴루쟁, 푸아, 알비주아 지방의 거의 모든 귀부인은 '단순한 신도들'이었고 - 비록 결혼을 한 상태였지만 - 교회가 금지한 결혼이 비난받을 행동이라는 사실을 알고 있었다. 많은 음유시인은 - 이 점은 의심할 여지가 없는데 - 카타리파 신도였다. 꼭 신도가 아니라 해도 적어도 음유시인들은 이미 이백 년 전부터 전파되기 시작한 이 이단을 잘 알고 있었다. 어떤 경우이든 음유시인들은 성주 부인들을 위해 노래를 작곡하고 불렀으며 이 노래를 통해 성주 부인들의 죄를 지은 듯한 불편한 마음을 달래주어야만 했다. 성주 부인들은 음유시인들에게 비록 환상에 지나지 않지만 진지한 사랑을 원하기도 했는데, 그보다는 부인들이 어쩔 수 없이 따를 수밖에 없었던 결혼생활과는 전혀 다른 정신적인 사랑을 노래한 시를 원했다."

르네 넬리는 이어 다음과 같이 덧붙이고 있다. "이렇게 꾸며신 순결이 실제 생활과 다르다거나 혹은 당시 풍습을 반영했다고 말할 수 있지만 이는 그리 중요한 문제가 아니었으며 오히려 불완전함이 완전함에 바치는 종교적 경의를 보아야 한다고 했다." 즉 카타리파에 입교한 교인인 완벽한 자들Parfaits이 지니고 사는 윤리를 음유시인들과 일반 신도들은 죄의식으로 느꼈으며 이 때문에 그들에게 종교적 경의를 표했다는 것이다.

하지만 당시 음유시인들이나 귀부인들이 말하는 순결이라는 것은 구체적으로 무엇을 의미하였나? 또 애매모호한 이 윤리가 그토록 빨리 랑그도크 지방, 이탈리아 북부, 라인 강 일대의 독일 등을 거쳐 전 유럽으로 퍼져나가며 거둔 대단한 성공은 어떻게 설명할 수 있는가? 게다가 당시 유럽에서는 종교적 열정과 신학이 삶의 큰 부분을 차지하고 있지도 않았고 자연적 충동들을 통제하지도 못하고 있었다.

실제로 루소 이후의 현대인은 정상적인 자연이 존재하며 문화와 종교가 찾아와 이 정상적 자연에 잘못된 문제들을 불러일으켰다고 생각했다. 이 생각은 설득력이 있기는 하지만 그 자체로 하나의 환상이라 이런 생각을 갖고 살 수는 있지만 삶을 이해하는 데에는 도움을 주지 못한다. 사실 우리 모두는 지금까지도 결코 끝나지 않는, 그러면서도 완전히 이해도 못하고 실천도 제대로 못하는 수많은 종교의 일대 혼란 속에서 살고 있다. 그뿐만 아니라 윤리도 이전에는 절대적이었지만 지금은 상대적인 것이 되어 우리의 기본적인 생활과 행동을 살펴보면 그 배후에 여러 종교의 윤리가 서로 중첩되고 섞여있음을 알게 된다. 콤플렉스라는 것도 이전에는 잘 모르고 살았던 것들이 활성화되어 우리를 지배하고 있는 현상이다. 우리의 삶은 이전에는 잘 몰랐던 본능들에 지배를 받고 있음이 드러나고 있지만 그렇다고 그에 대적할 방법이 있는 것도 아니다. 동물적 본능이 아니라 완전히 잊힌 옛 관습들이 새롭게 살아나 거의 무의식적으로 본능처럼 움직이고 있다. 잔인한 의식, 신성한 제의, 마술적 제스처, 종종 신비주의자들의 오묘한 학문…… 우리는 이 혼란을 제대로 이해하지 못한 채 살고 있다.

4) '순결'을 보호하는 테크닉

6세기부터 인도 전역에는 힌두교와 불교의 성격을 함께 지닌 종파가 생겨 이후 수 세기 동안 큰 영향을 끼치게 된다. '형식면에서 보면, 힌두교의 일파인 탄트라 교파 tantrisme는 샤티파 çaktisme가 새롭게 다시 태어난 것으로 볼 수 있다. 우주를 살아 움직이게 하고 신들을 지탱해 주는(신들 중에서 특히 시바와 부처) 비밀스러운 힘(이를 샥티라고 부른다)은 의인화되어 인식되었는데, '여신'이자 '신부'이며 '어머니'이기도 했다.[89] 창

---

[89] [역주] '여신, 신부, 어머니 등은 모두 원서에서는 종교적, 신화적 의미를 강조하

조적인 역동성은 여신의 몫으로 여겨졌다. 경배는 주로 우주의 여성적 원리를 중심으로 이루어졌으며, 명상은 이 우주의 여성적 원리의 힘에 대해 이루어졌다. 해탈은 샥티에 의해서만 가능했다. 탄트라교의 몇몇 분파에서는 여성은 신성한 존재이며, 어머니의 육화된 모습으로 간주되었다. 여성을 종교적으로 최고의 자리에 올려놓는 현상은 중세 인도의 모든 신비주의의 공통된 현상이다. 탄트라교는 하나의 테크닉을 지칭하기도 하는데 물론 원래는 형이상학이자 신비주의이다. 명상으로 각 인간 속에 잠자고 있는 힘들을 깨운다. 이 힘들은 일단 깨어나면 인간의 몸을 신비한 몸으로 변화시킨다.'[90] 이는 탄트라 요가(호흡 조절, 신성한 주문 반복, 세계와 신들의 상징적 이미지인 만다라에 대한 명상)을 통해 인간 조건을 초극해 보려는 것이다.

불교의 탄트라는 육체와 생명력을 조절하는 힌두교의 하타요가와 아주 유사하다. 예를 들면 하타요가가 묘사하는 몇몇 몸의 자세(무드라)는 '탄생과 죽음의 끊임없는 순환을 결정하는 인간의 기능인 성적 기능을 신이 되는 방법으로, 나아가서는 궁극적인 통합과 일체화의 방법으로' 삼는 것을 목적으로 한다.[91]

시바는 다음과 같이 말했다.[92] '나를 따르는 충직한 자들을 위해 세상의 어둠을 부수는 번개의 동작 vajroli mûdra을 묘사하려고 하니 비밀 중의 비밀로 간직할지어다.' 이 기록을 세심하게 읽어보면 성행위의 테크닉 중에서 사정하지 않는 성행위를 암시함을 알 수 있다. 이 특이한 성행위

기 위하여 대문자로 표기되어있다.
[90] 이 문단 전체는 미르체아 엘리아데(Mircea Eliade), 『요가의 기술』(*Technique du Yoga*), pp. 176~191을 참고할 것.
[91] Mircea Eliade, 위의 책, p. 199.
[92] *Çivà Samhitâ*, 4, 78~102. Cf. Alain Daniélou, *Yoga, the Methode of Re-Intergration*, 1949, p. 45 이하.

는 우파니샤드가 말했듯이, '자신의 정액을 몸속에 간직한(혹은 재흡수한)자가 무엇 때문에 죽음을 두려워할 것인가'라는 말을 연상시킨다.

탄트라교에서 하나의 의식으로 치러지는 성적 결합, 즉 마이투나 maithuna는 요가의 한 동작이 되었다. 하지만 이 요가를 기록한 대부분의 텍스트는 '의도적으로 비밀스럽고 난해하며 이중의 뜻을 지닌 표현을 사용하고 있으며 의식 상태의 묘사 또한 에로틱한 용어들로 묘사했다.'[93] 정도가 너무 심해서 '마이투나가 실제 행위인지 아니면 비유적 표현인지 정확히 알 수가 없다.' 하지만 분명한 것은 이 기록의 목적이 '지고의 행복이며, 그것은 곧 자아가 사라지는 기쁨과 다름없다'라는 점은 분명하다. 쾌락을 중단함으로써가 아니라 쾌락의 육체적 효과를 통해 얻어지는 이 '에로틱한 지복 상태'는 열반 상태에 도달할 수 있는 방법으로 활용되었다. 텍스트를 읽어보면. '만일 그렇지 않다면, 음란에 빠진 흔한 인간들처럼 나의 신도도 슬픈 카르마(업) 법칙의 노예가 되고 말리라.'

이 모든 인도 문헌 속에서 여성은 어떤 대접을 받고 있는가? 여성은 경배의 대상이다. '기쁨과 휴식의 근원이자, 모든 여성적 본성의 종합이고 어머니이자, 자매이며 신부이자 딸이며 구원의 길이다.'[94] 탄트라교에는 이렇게 새로운 요소가 있었는데, 그것은 다름 아니라 '어떤 금욕주의자에게도 죄와 죽음의 상태를 상징한다고 알려진 성행위를 통해 인간 육체의 본질적 변화를 실험한다'는 것이었다.[95] 하지만 성행위는 어디까지나 남성의 행위로만 기술될 뿐이다. 여성은 수동적인 상태에 처해 있으

---

[93] Mircea Eliade, 위의 책, p. 205 이하. 5개의 감각을 하나의 동일한 말로 표현하는 경우도 볼 수 있다.
[94] L. de La Vallée-Poussin, 『불교, 연구와 자료들』(Bouddhisme, Etudes et matériaux), 1898.
[95] Mircea Eliade, 위의 책, pp. 210, 212.

며 비개성적 존재이자 얼굴도 이름도 없는 순수한 원리로 등장한다.

후기 탄트라교의 한 신비주의 유파인 사하지야Sahajiyâ파는 놀랄 정도로 한쪽으로 치우친 나머지 에로틱한 의식을 지나치게 과장했다. 모든 사랑에 지나친 중요성을 강조해 그 결과 마이투나 의식은 금욕주의를 배우는 완만한 진행과정 중에서도 가장 어려운 과정으로 알려져 있다. 이 과정에 입문하려는 자는 첫 네 달 동안 '독실한 여성'을 마치 하인처럼 섬겨야 하는데, 같은 방에서 자고 그 다음에는 발밑에서 자야만 한다. 그 다음 사 개월 동안에는 처음 사 개월 동안처럼 하면서 동시에 같은 침대에 들어가 왼쪽에서 자야 한다. 다시 새로운 사 개월 동안에는 침대 오른쪽에서 자야 한다. 이 과정이 끝나면 그 다음에는 두 사람은 몸을 묶고 잠을 잔다. 이 모든 수련과정은 열반의 지복 상태를 구현하는 유일한 인간적 경험으로 여긴 성애로부터 자유스러워짐으로써 감각의 통제, 다시 말해 성행위 때 사정을 하지 않는 것을 목표로 한다.[96]

도교에서도 유사한 관습들을 볼 수 있다. 하지만 도교에서는 생기를 절약함으로써 젊음과 삶을 오래 유지하기 위한 것이지[97] 힌두교에서처럼 육체를 신격화하여 정신적 자유를 얻으려는 것을 목적으로 삼지는 않았다. 탄트라교에서 말하는 '순결'은 이렇게 보면 사랑을 하면서 사정을 하지 않는 것으로 요약할 수 있다. 낮은 자세로 '그녀'를 섬기며 '그녀'를 통해 신비한 고양과 행복을 맛보지만, 자아를 통제함으로써 자칫 자아 상실이 가져올 수 있는 번식 행위를 막는 것이다. 번식 행위를 하게 되면 여인을 섬기던 기사는 피할 수 없이 카르마Karma 신분으로 떨어지고 만다.

---

[96] Mircea Eliade, 위의 책, pp. 210, 212.
[97] *Cf.* R. H. van Gulik, *Sexual Life in Ancient China*, Leiden, 1961.

5) 사랑의 기쁨

이런 신비주의 책들이나 알쏭달쏭한 심리·생리학적 이론들을 염두에 두면서, 이제 '남프랑스의 가벼운 음유시인들'의 작품을 몇 편 살펴보자. 이 중에는 전업 시인이 아닌 영주들도 있고 전업 시인도 있는데 중세 로망어 작품을 연구하는 전문가들은 이들을 단지 수사학에 능한 '기교파'로 불렀다.[98]

제7대 푸아티에 백작이자 제9대 아키텐 공작이었던 기욤은 1127년에 숨을 거둔 최초의 음유시인으로 알려진 사람이다. 기욤은 다음과 같이 말했다. "나는 사랑이 사랑의 법칙을 준수하는 자에게 쉽게 큰 기쁨을 준다는 것을 알고 있네." 이 시는 12세기 초부터 이미 '사랑의 법칙들'이 하나의 의식처럼 정해져 있었음을 일러준다. 이 법칙이란 다름 아니라 절제, 봉사, 무훈, 인내, 순결, 비밀, 감사 등이다. 이 덕들을 지키면 기쁨에 이를 수 있으며 이 기쁨은 진정한 사랑Vray Amor의 기호이자 약속이다.

절제와 인내의 법칙을 보자.

> 절제를 간직할 줄 아는 자는 궁정예법을 갖추고 있다고 자랑해도 좋으리……. 사랑하는 이들의 행복은 기쁨과, 인내와 절제에 있느니……. 나 다 인정하네. 귀부인께서는 나를 오랫동안 기다리게 하셨고 내게 약속하신 것을 나는 하나도 얻지 못하였네. ─ 마르카브뤼

다음으로, 귀부인에 대한 봉사의 법칙을 보자.

---

[98] 여기서 시 전체가 아니라 일부만을 인용할 수밖에 없다는 점에 대해 양해를 구한다. 게다가 이 일부도 번역된 것이어서 운율이 주는 아름다움이 제거되어 있다. 말하자면 나는 단지 의미만을 채집해 보여주는 셈이다.

아름다운 감사의 여인이시여, 그대를 통해 나 하늘에 닿는다면
내 인생 그대에게 바치겠노라.　　　　　　　　　─우크 드 생 시르크

나 매일 개선되고 있고 순수해지고 있어요. 세상에서 가장 선한
여인을 섬기고 경배하고 있으니 그렇겠죠.　　　　─아르노 다니엘

(아랍의 음유시인인 이븐 다우드도 '사랑하는 여인에게 복종하는 것은 궁정인의 자연스러운 도리이다'라고 말했다)
순결의 법칙을 보자.

감각적 사랑으로 사랑을 해야 만족하는 자는 자기 자신과 싸우는 자이다. 어리석은 자, 자신의 지갑을 비우고 나서 한없이 슬픈 표정을 지을 수밖에.　　　　　　　　　　　─마르카브뤼
들어보세요! 그의 목소리(사랑의 목소리)는 리라의 소리처럼 한없이 부드러워요, 단 꼬리는 잘라내야겠지요!⁹⁹─마르카브뤼

순결은 (궁정풍 사랑의) 욕망을 극단까지 밀어올림으로써 일반적인 욕망의 지배에서 우리를 구원한다.

지나친 욕망을 가짐으로 나는 사랑하지 않을 수 없었기에 아무것도 잃지 않고 그 욕망을 내게서 제거하는 것으로 생각했다.
　　　　　　　　　　　　　　　　　　　　　─아르노 다니엘

(아랍의 음유시인인 이븐 다우드도 '욕망을 영원한 것으로 만드는' 순결의 능력을 찬양한 바 있다).

---

[99] 장 루아 교수의 주석에 따르면 '꼬리를 잘라낸다'는 말은 '그 후의 결과를 제거한다'는 뜻이라고 한다.

조프레 뤼델도 (진정한) 사랑과 그 사랑의 기쁨의 정점에 있을 때 자신이 죄를 짓는 것 같은 사랑과 번민에서 가장 멀리 떨어져 있다고 느꼈다고 했다. 그는 여기서 한 발 더 나아가 사랑하는 대상이 바로 눈앞에 있다고 해도 아무런 죄의식과 번민 없이 진정한 사랑과 기쁨을 느낄 수 있었다고 했다. 그의 말을 들어보자.

내겐 애인이 있다네. 하지만 난 누군지 모른다네, 나 역시 한 번도 본 적이 없다네. 하지만 얼마나 사랑하는지…… 멀리 있는 이 사랑을 소유한다는 것보다 더 큰 즐거움은 내겐 없다네.

'사랑의 기쁨'은 단지 절제와 무훈에 의해 지배되는 욕망에서 벗어나는 것만이 아니라 기쁨의 원천이기도 하다.

나는 나의 귀부인을 섬기면서 내 마음을 청결하게 하고 내 몸을 새롭게 하네. 나는 늙는 것 같지가 않네. 사랑의 기쁨을 소유할 수 있는 자여 백수를 누릴지어다.　　　　　　　　　　—기욤 드 푸아티에

나는 초기에 활동한 제1, 2세대 음유시인들만 인용했다(이들은 대략 1120~1180년 사이에 활동한 시인들이다). 13세기 들어오자 이제 마지막 음유시인들은 그들의 모델이었던 대선배들이 노래했던 것을 보다 분명하게 표현한다. 귀부인과 만나 어떤 에로틱한 제스처를 취했는지까지 거침없이 털어놓는 도드 드 프라드의 말을 들어보자. "육체적이라면 혹은 귀부인이 보상이 된다면, 더 이상 궁정 사랑은 아니다." 기로 드 칼랑송의 시를 읽어보자.

귀부인이 거하시는 궁전에는 다섯 개의 문이 있네. 처음 두 개의 문을 열 수 있는 자는 그 다음에 나오는 새 개의 문도 쉽게 열 수

있다네. 하지만 이 성에서 나오는 것은 쉽지 않네. 성에 머무는 자여 기쁨 속에 살지어다. 네 개의 완만한 계단을 통해 성에 올라오지만, 비천한 자들, 무례한 자들은 들어올 수 없다네. 이런 이들은 이 세상의 반 이상을 차지하는 마을에 산다네.

종종 문학사에서 최후의 음유시인으로 꼽기도 하는 기로 리키에는 위에 인용한 시에 다음과 같은 주석을 달았다.

"다섯 개의 문이란 욕망, 기도, 봉사, 입맞춤 그리고 사랑이 끝나는 행동이다." 네 개의 계단이란 '명예롭게 하다, 숨기다, 잘 섬기다, 인내심을 갖고 기다리다'이다.[100]

거짓 사랑은 마르카브뤼와 그의 후계자들에게 강한 비난을 받은 바 있는데 이들의 비난을 보면 참다운 사랑이 어떤 것인지를 간접적으로 알 수 있다. 전부 다 알 수는 없다고 해도 적어도 참다운 사랑의 몇 가지 중요한 양상은 시사하는 바가 있다. 마르카브뤼는 다음과 같이 말했다.

---

[100] 앞서 사하지야 유파의 "섬김"에 대한 설명을 참조할 것. 기로 리키에의 해석은 정확한 것이다. 이는 엘리우스 도나투스(Ælius Donatus, 4세기 시인인 테랑스에 대한 주석)를 읽으면 확실해진다. "Quinque lineoe sunt amoris, scilicet, visus, allocution, tactus, osculum, coitus."(여기서 욕망은 visus, 즉 유명한 불꽃이 일어나는 첫 시선을 말하며, 섬긴다는 것은 tactus에 해당한다). 사랑의 다섯 단계라는 주제는 중세의 라틴어 시를 거쳐 마로와 롱사르가 활동했던 르네상스까지 계속 유지된 주제이며 약간의 변형이 없는 것은 아니지만 무시해도 좋을 정도 일관성을 유지했다. 하지만 1510년, 장 르메르 드 벨즈는 그의『골족의 영광』에서 다음과 같이 쓰고 있다. "고상한 시인이라면, 사랑에는 다섯 단계가 있으며, 그것은 시선, 말, 접촉, 입맞춤과 가장 바라마지않던 마지막 행동이자 이전의 모든 단계가 이 마지막 해결을 위해 존재했던 것으로서 정중하게 표현하여 감사의 선물이라고 부르는 것이 있다고 말할 것이다." 이 말이 궁정풍의 고상한 사랑과 얼마나 대조가 되는지를 쉽게 알 수가 있다. 게다가 음유시인들이 사용하던 mercy(감사)라는 말은 은혜라는 말인데 그 말을 전혀 다른 뜻으로 사용하고 있다.

"거짓 사랑은 악마와 관계를 맺고 있다. 악마는 거짓 사랑을 품고 있는 자이니라."(실제로, 카타리파의 교리에 따르면, 악마란 물질적 창조의 아버지이며 따라서 번식의 아버지이기도 하다) 참사랑의 적수들은 '살인자들, 배반자들, 성직 매매자들, 마술사, 음란한 자, 고리대금업자들, 아내를 속이는 자들, 거짓 판관들, 위증자들, 거짓 사제들과 거짓 신부들, 거짓 은둔자들'이다.[101] 참사랑의 방해꾼인 이들은 파괴될 것이고 '폐허가 될 것이며' 지옥에서 고통을 받을 것이다.

    숭고한 사랑은 약속했노라. 절망한 자들의 탄식이 있을 것이라고. 아! 숭고한 사랑, 선함의 원천이여, 그대를 통해 온 세상에 빛이 가득하니, 나 감사드립니다. 지옥에 떨어질지도 모른다는 생각에 두려우니 울부짖는 소리로부터 나를 보호하소서. 어딜 가든 나는 그대의 죄수이옵니다. 모든 일에 당신에게서 힘을 얻습니다. 나의 길잡이가 되어 주소서.

일부 음유시인은 지나치게 자주 궁정풍의 우아한 사랑이 지니고 있는 애매모호함을 남용했는데 이런 시인들을 세르카몽은 가차 없이 조목조목 비판했다. 이런 음유시인들은 진실과 거짓을 섞어놓음으로써 애인들, 여인들, 남편들을 타락시키고 있다. 이 시인들은 사랑은 은밀하게 숨어서 온다고 말한다. 그래서 남편들은 질투하게 되고 부인들은 번민 속에서 산다고 한다. 이 거짓 봉사자들 때문에 수많은 사람이 당연히 누려야 할 행복을 누리지 못한 채 젊음에서 멀어져간다.

---

[101] 카타리파는 이 외에도 전쟁과 합법적인 것이든 아니든 모든 종류의 살인을 비난했다. 카타리파의 "거짓 판관, 거짓 사제, 거짓 은둔자, 아내를 속이는 남편" 등이 등장하지만 다음 세기에 가면 각 명사 앞에 붙은 형용사 '거짓'이 사라진 채 단지 판관, 사제, 은둔자, 남편만 등장한다.

당시의 현실이 이렇게 정확한 언어로 표현된 그대로였든 아니면 그런 현실이 존재하지 않았든 간에, 궁정풍의 수사학과 덕, 죄, 칭찬과 금기 등으로 이루어진 수사학의 시스템은 하나의 분명한 사실이었다. 이는 당시 문학 작품들을 읽어보면 쉽게 알 수 있다. 후일 북구의 소설가들도 궁정 수사학의 도움을 받는데, 아더 왕 연작을 쓴 소설가들은 물론이고 성배 연작, 트리스탕 연작 등을 쓴 소설가가 모두 궁정 수사학의 도움을 받아, 단지 남프랑스의 음유시인들에게서 볼 수 있는 것처럼 감상적인 순수한 환상만을 노래하는 것이 아니라 이야기의 스토리와 극적 전개에서도 도움을 받는다.

6) 역사가들에게 보내는 사과

이 책에서 다룬 사례들을 선정할 때 나는 '과학적 역사'라는 기준은 전혀 생각하지 않았다. 과학적 역사가 무엇인지는 오늘날의 우리의 지식 수준으로는 증명해 낼 도리가 없다. 따라서 새로운 의견이 나오지 않는 한 믿기 어려운 것이기도 하다. 나는 이 책에서 오히려 사례들을 통해 유사성을 밝혀보고 가능하다면 새로운 지적 계시를 받을 수 있는 방법을 택해 이런 사례들의 유사성이 지니고 있는 의미를 찾아 나섰다. 나는 이 책에서 독자에게 '엄밀한 학문'을 통해 시시비비가 다 가려진 것으로 여겨지는 사실들에 주의를 환기시킴으로써 나의 주장을 관철시키겠다는 의도는 전혀 없다. 나는 단지 상상력을 풍부하게 해주는 사실들을 다루었으며 심지어 내가 다루려고 하는 사실들에는 다음과 같이 공상을 해볼 수 있는 두 개의 사실도 있다.

불교 이야기집인 『판차 탄트라』*Pancha Tantra*는 6세기에 페르시아 왕 호스로우 Chosroës의 어의御醫에 의해 산스크리트어에서 페르시아어로 번역이 되었다. 이후 이 번역을 통해 시리아어, 아랍어, 라틴어, 에스파냐어 등 다른 언어로 번역이 이루어지면서 이 책은 유럽에 이르기까지 빠른 속도로 퍼져나갔다. 17세기에 라퐁텐은 고대 아랍어 판본에서 새롭게 페르시아어로 번역한 것을 프랑스어로 옮긴 판본을 통해 이 책을 읽었다.

『바를람과 요자파트』Roman de Barlaam et Josaphat 역시 유럽에 퍼지게 된 과정을 보면 놀라지 않을 수가 없다. 이 이야기는 인도 왕자인 요자파트가 카타리파의 신도인 '좋은 사람'bon homme이었던 바를람에 의해 기독교의 신비함을 발견하고 마침내 귀의하게 되는 영적 변화 과정을 소설식으로 엮은 이야기이다. 오늘날 우리에게 남아있는 판본은 14세기에 프로방스어로 번역한 것인데 큰 줄기는 정통 기독교 교리를 따랐지만 그럼에도 누구도 부인할 수 없을 만큼 명백하게 마니교의 흔적이 남아있다. 프랑스의 신카타리파에 의하면, 12세기에 활동했던 카타리파 교도들은 가톨릭에 의해 수정되지 않은 판본, 따라서 원본에 가까운 판본으로 접했을 것으로 보인다. 이런 가정이 언젠가는 입증이 되겠지만, 어쨌든 이 '이야기'가 마니교에서 유래한 것이라는 사실은 동투르키스탄에서 발견한 원본(8세기 위구르어로 기록한)의 몇몇 단편을 보면 확인할 수 있다. 힌두교 이름인 '바가반' Baghavan과 '보디사트바' Boddisattva가 아랍어 이름인 '발라바르 바 부다사프' Balawhar va Budhâsaf(유다사프 Yudhâsaf로 불리기도 함)로 불리다가 각각 '바를람' Barlaam과 '요자파트' Josaphat로 변했음을 추적할 수 있다.

중세에 동서양 사이에 일어난 교류를 일러주는 위와 같은 사례는 헤아릴 수 없을 정도로 많다. 나는 단지 근거가 확실한 두 개의 사례만을 인용했을 뿐이다. 이 두 가지 사례만 보아도 탄트라교 혹은 불교적 마니교와 중세 남프랑스 지방의 이단들 사이의 관계는 명백한데, 그럼에도 이 명백한 관계를 두고 '입증할 수 없는 요설'이라고 몰아세우는 요즈음 학자들이 얼마나 깊은 편견에 사로잡혀 있는지 알 수 있다.

7) 마지막 결론을 대신해서

궁정풍의 사랑은 막 사춘기에 접어들었을 때의 순결한 사랑을 닮았다 - 그랬기에 너욱 뜨거웠다. 궁정풍의 사랑은 또한 많은 음유시인처럼 대부분 동성애자였던 아랍 시인들이 노래했던 사랑과 유사하다. 궁정풍의 사랑은 서구의 모든 위대한 신비주의자가 사용하게 되는 표현들로 묘사되었다. 종종 궁정풍의 사랑 이야기는 중세 영주들의 좁은 궁정에서 주목받던 잘 꾸며진 객담에 지나지 않는다는 인상도 받게 된다. 그래서 단지 공상할 수 있는 내용이며 많은 이들은 언어의 유희 이외에는 다른 것을 보려고 하지 않는다. 궁정풍의 사랑 시들은 동시에 인도, 중국, 극동의 나라들이 그 비법을 알고 있는 에로틱하면서도 신비주의적인 종교 혹은 학문을 나타내기도 하는데, 이런 면에서 보면 그 내용 자체는 애매모호한 점이 많지만 당시 영향관계를 반영하고 있다는 측면에서 보면 정확한 현실을 나타낸다고 볼 수 있다. 우리가 보기엔 이 모든 것은 개연성이 있는 사실이며 나아가 여러 의미에서 '진실'이기도 하다. 우리는 이제 이와 같은 사실들의 도움을 받아 - 비록 그 어느 것도 완벽한 설명을 제공할 수는 없겠지만 - 궁정풍의 사랑을 좀 더 잘 이해할 수 있게 되었다.

이제까지 나는 내가 내세운 최소한의 주장에 대한 반박을 다시 반박할 수 있는 사례들을 제시했다. 이 반박은 다양한 학파에 소속된 사람들에게서 나왔는데 그중에는 분별 있는 것도 있었다. 이렇게 해서 나는 멀리 한 바퀴 돌아 다시 처음에 내가 확신했던 몇 가지 주제로 돌아온 셈이다. 즉 궁정풍의 사랑은 12세기, 서구 정신사가 큰 변혁의 와중에 있을 때 탄생했으며 또한 궁정풍의 사랑은 동정녀 마리아와 어머니와 여성을 경배하고 여성적 원리를 인식하며 음악적 표현이 이제 막 시작되려는 순간에 함께 태어났다. 우리는 이를 아니마Anima의 현현이라고 부를 수 있는데 이는 내가 보기엔 동방적인 어떤 것이 상징의 형태를 띠고 서구인에게 다시 돌아온 것을 의미한다. 몇 가지 역사적 흔적을 통해 궁정풍의 사랑을 알아볼 수 있는데, 이단인 카타리파의 유설과 밀접한 관계가 그중 하나이며, 사실 궁정풍의 사랑과 카타리파의 유설들은 문자 그대로의 피를 나눈 형제지간이다. 두 번째는 궁정풍의 사랑이 결혼에 대한 기독교적 관점을 반대하는 처지에 있다는 것인데 궁정풍의 사랑은 은밀한 방식으로 때론 공개적으로 기독교가 허락하는 결혼을 반대하는 태도를 분명히 했다. 하지만 궁정풍의 사랑이 여러 형태로 변형되어 늘 새롭게 우리의 삶 속에서 그 내적인 격렬한 영향력을 행사하지 않았다면 우리는 궁정풍의 사랑을 한낱 지나간 시대의 문학 정도로 생각하고 말았을 것이다. 이제 궁정풍의 사랑이 어떤 형태를 띠며 변형하여 아류를 낳으며 지속되었는지 살펴보자.

11. 궁정풍의 사랑과 브르타뉴 소설

남프랑스에서 북프랑스로 올라가 보자. 그러면 우리가 흔히 브르타뉴 소설로 부르는 작품들 속에서 - 「랑슬로」, 「트리스탕」, 「아더 왕」 연작 등 - 궁정풍 사랑의 규칙들이 그 수사학들과 함께 소설적으로 변형되어 작품 속에 들어와 있음을 알 수 있다. M. E. 비나베는 다음과 같이 말한 적이 있다. "최초의 궁정 소설은 이국의 전설들과 궁정풍의 사고체계들의 만남에서 태어났다." 여기서 '이국의 전설들'이란 다름 아닌 베룰이나 크레티앵 드 트루아 같은 작가들이 반 정도는 소설 속에서 복원한, 신성한 성격을 지닌 켈트족의 옛 이야기들과 그리스 신화에서 온 몇 가지 이야기를 말한다.

남프랑스와 북프랑스의 문학이 상대적으로 각각 자율성이 있다는 주장은 오랫동안 논쟁거리였다. 이제는 이 논쟁에 결론이 난 것처럼 보이는데, 다시 말해 많은 문학사가는 로망어를 사용하는 남프랑스 문학이 사랑의 스타일과 규칙들을 '원탁의 기사' 연작 소설들에 전해 준 것으로 여기고 있다. 역사적 문헌들을 봐도 그 전파 경로를 추적할 수 있다.

알리에노르 다키텐은 루이 7세와 결혼하면서 랑그도크에 있던 자신의 궁전을 떠났고 이어 1154년에는 다시 잉글랜드 국왕인 플랜태저넷 가의 헨리 2세와 결혼했다.[102] 알리에노르가 거처를 옮길 때마다 음유시인들도 그녀를 따라 함께 움직였다. 트루베르 trouvère로 불리는 북프랑스의 음유시인들이 궁정풍 사랑의 코드와 비밀을 알게 되고 받아들인 것도 모두 알리에노르와 이 음유시인들 덕택이다.[103] 크레티엥 드 트루아는 그가 쓴 소설들의 내용과 정신은 모두 결혼이 금지되어 있던 사랑의 궁정으로 유명한 마리 드 샹파뉴 백작부인에게서 가져왔다고 당당히 주장했다. 크레티엥 드 트루아도 필사본을 찾을 수 없지만 소설 『트리스탕과 이죄』를 쓰기도 했다. 베룰은 노르망디 출신이며 토마는 영국 사람이었

---

[102] 아키텐의 알리에노르(Aliénor d'Aquitaine)는 이렇게 해서 후일 사자왕 리처드가 되는 아들을 낳는다. 리처드는 그 자신 음유시인이었으며 가스코뉴 지방에서 활동하던 음유시인들의 친구였고 로마 교황청에 의해 파문을 당하기도 했다. 알리에노르 다키텐은 마리 드 샹파뉴와 알리스 드 블루아라는 두 딸을 두고 있었다. [역주] 아키텐, 가스코뉴 등은 모두 현재 보르도를 중심으로 펼쳐진 프랑스 남서부 지방을 지칭한다. 아키텐은 5개 도를 거느린 공식 행정 명칭이며 가스코뉴는 옛날 이름으로 지금은 사용하지 않고 있다. 11세기 초 가스코뉴 가문과 아키텐 가문의 싸움에서 아키텐 가문이 승리한 후 아키텐이라는 이름이 공식화되었다. 하지만 공식 행정 분야 이외에서는 '가스코뉴'를 종종 사용하기도 한다. 가스코뉴는 바스크와 같은 어원에서 나온 말로 피레네 산맥을 중심으로 프랑스 쪽에 거주하던 부족 이름에서 유래했다. 플랜태저넷은 중세에 잉글랜드와 프랑스 남서부를 지배하던 왕가다.
[103] 오늘날 우리가 알고 있는 일반 대중을 위해 편찬된 궁정풍 사랑의 코드는 13세기 초 앙드레 르 샤플렝(André Le Chapelain)이 지은 『궁정 사랑학』(De arte honeste amandi)이다.

다. 이후 트리스탕 전설은 거꾸로 남프랑스로 전해지며 널리 퍼졌다.

남프랑스와 북프랑스 사이에서 일어난 이러한 교류는 상당히 빠르게 진행되었는데 그 이유를 찾자면 카타리파가 본격적으로 세를 확장하기 전의 남프랑스와 켈트족의 일족으로서 스코틀랜드와 아일랜드에 사는 게일족과 북프랑스 브르통족 사이에 존재하는 오래된 친족성을 꼽을 수 있다. 앞서 우리는 켈트족 음유시인의 전통이 내려온 드루이드교가 세계에 대한 이원론적 이론을 가르치며 여성을 신적 조화의 상징으로 여기고 있음을 살펴보았다.

카타리파의 '순수주의자들'이 주장하는 기독교적 유설 중 일부는 켈트족의 전설에서 온 것이다. 카타리파 유설들이 기대고 있는 신화는 북유럽의 시인들에게 와서 한층 어둡고 비극적인 색깔을 띠게 되는데 이는 극히 자연스러운 일이다. 켈트족 시화를 보면 두 개의 하늘의 신이 존재한다. 어두운 하늘의 신이자 폭풍의 신인 타라니스^{Taranis}가 있고 밝은 하늘의 신인 루그^{Lug}가 있다. 그런데 이 타라니스가 루그를 압도한 것이다. 궁정풍 사랑의 이론이 각 지역에서 태어난 고유의 오래된 전통을 만나 섞이기도 했지만, 북유럽의 음유시인들에게 이 남프랑스에서 발달한 사랑의 이론은 새로운 것으로서 배워야만 하는 것이기도 했다. 그들이 궁정풍의 사랑을 다루면서 자주 오류를 범하는 것도 이 때문이다.[104]

물론 이 실수의 이유와 정확한 정도를 밝히는 일은 극히 까다로운 일이다. 새로운 것을 처음 배우면서 범하는 실수일 수도 있고, 궁정풍의 사랑 이론 자체가 잘못된 것일 수도 있다. 또 이단의 유설 속에서 또 다른 유설이 나온 것일 수도 있을 것이며 혹은 반대로 전통 기독교로 회귀하려는 진지한 움직임일 수도 있다.[105] 혹은 일부 연구자가 주장하

---

[104] [역주] 남유럽과 북유럽의 음유시인들은 각각 트루바두르(trouvadour)와 트루베르(trouvère)로 달리 지칭될 정도로 많은 차이를 보인다.

듯이, 북유럽 음유시인인 트루베르들이 세세한 데까지 신경을 쓰지 않은 채 남유럽 음유시인인 트루바두르와는 다른 목적에서 궁정사랑을 이용하다보니 궁정풍 사랑이 '세속화'된 것인지도 모른다. 이 모든 가정은 차후 심화된 연구를 통해 밝혀질 것이다. 우리는 여기서 단지 브르타뉴 소설이 분명히 남유럽 음유시인들의 시에서 영향을 받아 쓰인 것임에도 불구하고, 때론 남유럽 음유시인들의 시들보다 한층 '기독교적'이기도 하고, 또 어떤 때는 정반대로 더 '야만적'이기도 하다는 지적만 하고자 한다.

우리는 크레티앵 드 트루아가 마리 드 샹파뉴가 가르쳐 준 사랑의 법칙을 잘 이해했는지 정확한 정보가 없다. 또 우리는 그가 자신의 소설이 박해받는 교회를 위한 비밀스런 기록이 되기를 원했는지(이런 주장은 란, 펠라당, 아루 등의 연구자들이 펴고 있다) 아니면 궁정의 윤리와 신비주의를 반영하는 단순한 우의에 지나지 않기를 원했는지(나는 이 주장에 동의한다)도 알 수가 없다. 어쨌든 이 모든 가정은 가정을 입증해 낼 만한 자료가 없기 때문에 가정으로 남아있을 수밖에 없다. 빠르게 퍼져나가는 유설들을 저지하기 위해 수많은 단체와 동맹이 결성되면서 단순히 비의적인 것에 지나지 않은 자료를 포함해 귀중한 자료가 모두 소실되어 버렸다. 이런 상황에서 크레티앵 드 트루아는 자신이 서술하는 신화들의 의미를 상당히 변형·왜곡했다.

성배 전설을 예로 들어보자. 주췌크 Suhtschek는 성배 전설에서 이란에서 전해진 마니교 신화를 보았고, 오토 란 Otto Rahn은 카타리파의 위장된 역사기술을 읽어내려고 했다(볼프람 폰 에셴바흐 Wolfram von Eschenbach에게서, 카스티스 Castis의 부인인 헤르젤로이드 Herzeloïd가 낳은 아들 파르지

---

[105] 특히 크레티앵 드 트루아의 경우가 이에 해당한다.

팔Parzival로 등장하는 인물은, 아라곤 왕 알퐁스 르 샤스트와 부인 아델라이드 드 카르카손 사이에서 태어난 아들 라몽 로제 트랑카벨 백작 Ramon Roger Trencavel이라고 한다. 트랑카벨Trencavel은 '잘 자르는 사람'이라는 뜻이 있다. 볼프람은 파르지팔의 이름을 'Schneid mitten durch' 즉 '잘 찌르는 사람'으로 번역했다) 이 두 해석은 서로 모순되지 않으며 서로를 보충해 준다.[106] 이 두 해석은 또한 성배 전설의 이해하기 곤란한 이상한 점들과 상징체계들을 헤아리는 데에도 도움을 준다. 그래서 우리는 '크레티앵 드 트루아는 자신이 글에서 표현한 이 신비한 특징이 지니고 있는 비밀스럽고도 이교도적인 의미를 모르고 있었을 가능성이 농후하다'[107]고 말하는 한 현대 연구가의 말을 믿어야 할지, 아니면, 의미를 잘 알고 있던 크레티앵 드 트루아가 이 의미를 숨겨야만 했기에 오직 입문한 사람들만이 기상천외한 이야기와 교리를 실제 역사와 소설적 장치들로부터 구분할 수 있도록 했다고 생각해야 할지 판단하기가 쉽지 않다. 만일 후자의 주장이 맞는다면 크레티앵 드 트루아는 참으로 멋진 성공을 거둔 셈이라고 할 수 있다. 그를 계승한 로베르 드 보롱은 아무 망설임 없이 상징들을 기독교화하여 성배를 예수의 피를 담았던 잔으로 만들고 원탁을 최후의 만찬을 기리는 제단으로 만들기까지 했다.

---

[106] 웨스턴(J. L. Weston) 양은 1907년에 또 다른 해석을 제안했는데, 그에 따르면 성배는 아도니스 경의 비밀스런 의식과 관련되어 있다고 한다. 확실한 것은 어부왕(볼프람 폰 에셴바흐에게서는 암포르타스, 크레티앵에게서는 '페시에르 왕')의 상징과 같은 상징은 밀교와 마니교에 공통된 현상이며 심지어는 초기 기독교에서도 볼 수 있다. 성배의 신성한 보석은 힌두교와 이란의 여러 종교에서도 일정한 역할을 하는 것으로 등장한다. 켈트족의 신성한 잔이 최후의 만찬의 잔과 유사하다는 사실은 어렵지 않게 알 수 있으며, 창 또한 경배 행위에 따라 다양한 의미를 지닌다. 따라서 성배든 창이든 상징에 대한 해석은 단일할 수가 없다. 상징들은 서로 유사하며 섞여있고 혼란스럽기 짝이 없다.
[107] 불랑제(J. Boulenger)가 다시 편집한 『원탁의 소설들』(*Les Romans de la Table ronde*), 제4권, 238쪽.

하지만 『랑슬로』 *Lancelot* 같은 위대한 소설 속에서조차도(이 소설은 대략 1225년경의 작품이다) 상징과 우의는 누구나 쉽게 알아볼 수 있을 정도로 명백하고 뿐만 아니라 에피소드가 끝날 때마다 작가 스스로가 제공하는 해석도 기괴하기만 하다. 이 해석 중 하나는 여기서 인용해 볼만 한데 다름 아니라, 비록 작가는 그 사실을 모르고 있었지만, 에피소드가 카타리파에서 유래했다는 것을 선명하게 보여주기 때문이다. 깊은 숲 속에서 헤매던 랑슬로는 갈림길에 당도한다. 왼쪽과 오른쪽으로 난 두 길 사이에서 망설이던 랑슬로는 앞에 세워져 있는 십자가에 새겨진 경고에도 불구하고 왼쪽으로 난 길로 접어든다. 그러자 갑자기 흰 갑옷을 입은 기사가 나타나 랑슬로를 말에서 떨어뜨리고 머리에 쓴 왕관을 벗겨버린다. 느닷없이 일어난 일에 당황해 어쩔 줄 모르던 랑슬로는 사제를 만나자 그에게 모든 일을 털어놓는다. 이야기를 들은 사제가 말을 한다. "당신에게 일어난 일의 의미에 대해 말씀 드리겠소. 갈림길에서 거늘떠보지도 않았던 오른쪽으로 난 길은 그대가 오랫동안 승리를 누려온 지상의 기사가 걸어가야 할 길이었고 왼쪽으로 난 길은 천상의 기사가 걷는 길로서 사람을 죽이고 무력으로 적장을 쓰러뜨리는 따위의 일과는 상관이 없는 길이오. 영적인 일이 일어나는 길이기 때문이오. 그런데 그대는 이 영의 길을 택하여 오만의 죄를 범한 것이고 그래서 그대가 막 범한 죄를 상징하는 기사가 그렇게 쉽게 그대를 넘어뜨릴 수 있었던 것이오."[108]

---

[108] 다른 부분을 보면 서로 화해를 한 기사들이 카타리파 교도가 받아들여 사용하고 있던 동방식 인사법인 평화의 키스를 하는 장면이 등장한다. 아니츠코프(M. Anitchkof)는 성배 기사가 건너야 하는 다리가 사실은 마니교 신화에 등장하는 신바트교인데 이 다리는 지옥의 강물 위에 놓여있는 다리로서 오직 선택받은 자만이 건널 수 있다는 지적을 한 적이 있다. 이 모든 소설이 카타리파의 영향을 받았음을 지적한 후 아니츠코프는 덧붙여 "브르타뉴 지방의 소재들을 가지고 창조해 내는 당시 분위기는 마니교식이었다고 볼 소지가 있다"는 지적을 했다. (Anitchkof, 『조아생 드 플로르』, 291쪽).

이후 문학사가들은 브르타뉴 소설을 두고 훨씬 자유스럽게 믿을 수 없는 모험, 쉬운 기적들, 감동적인 순진함, 원초적인 신선함 등을 말할 수 있게 된다. 브르타뉴 소설을 현대 언어로 번역한 한 인사는 브르타뉴 소설을 두고 '앞뒤가 맞지 않는 시들이며, 특징 없는 인물들만 나오고 김빠진 싱거운 모험만 반복된다'고 말했다! 이렇게 해서 브르타뉴 시인들이란 한마디로 말해 약간 모자라는 이야기꾼에 지나지 않는다는 아주 이상한 평가가 생겨났다. 따라서 예리하고 소설이 무엇인지 잘 알고 있는 우리지만 브르타뉴 소설이 거둔 성공에 대해서는 아직도 이해를 못하고 있는 셈이다. 하지만 조금 더 통찰력을 갖는다면 우리 같은 현대인에게 있는 소설관, 즉 무의미한 사실들로 위장한 사진 같은 소설이 진정한 소설이라는 소설관이 오히려 야만적인 것일 수도 있다. 이런 관점에서 보면 브르타뉴 소설은 나름대로 내적인 논리가 있는 소설이다. 실제로 기적 같은 모험담들이 펼쳐지는 브르타뉴 소설에서는 모든 것이 무엇인가를 '의미하며', 모든 것이 상징이거나 우의이다. 단지 무식한 이들만이 이야기의 허술한 외관에 속아 넘어가서 그 외관 밑에 숨겨져 있는 깊은 의미를 못 볼 뿐이다. 피상적이고 견문이 적은 이에게는 이 의미가 보이지 않는다.

　북유럽의 음유시인들이 신비주의 지식에서 남유럽의 음유시인들에 비해 열등하기는 했지만 그렇다고 해서 소설을 쓰면서 신비주의를 받아들일 때 오류만 범한 것은 아니다. 그들은 육체적 사랑이라는 새로운 주제를 소설 속에 끌어들이기도 했는데 이 육체적 사랑이란 다름 아닌 죄의 문제였다(내가 말하는 죄란 궁정 문화에서의 죄이지 기독교적 의미에서의 죄를 의미하지 않는다). 크레티앵 드 트루아의 소설들은 흔히 말하듯이 사랑의 시이기도 하지만 동시에 진정한 소설들이기도 하다. 그의 소설들은 신비한 순수함 속에서 사랑의 감정이 고양되는 과정만을 묘사하는 남프랑스의 시들과는 달리 사랑의 우여곡절들을 묘사하고 있다. 「랑슬로」-「트리스탕」의 경우도 마찬가지이지만 - 의 출발점은, 궁정의 법을 어긴 죄에 있는데, 다시 말해 현실 속의 한 여인을 육체적으로 소유한 죄에서 소설이 출발한다. 한 여인을 육체적으로 소유한다는 것은 곧 사랑을 '세속화'시킨 것을 뜻한다. 바로 이 첫 실수 때문에 랑슬로는 끝내 성배를 찾지 못하게 되며 그가 천상의 길을 택하면 헤아릴 수 없이 많은 수모를 당하지 않을 수 없게 된다. 그래서 그는 지상의 길을 택했으며 그를 통해 신비한 사랑을 거역한 것이고 따라서 그도 이제 더는 '순수한' 인간이 아니다. 보호르, 페르스발, 갈라드와 같은 오직 '순수한 자들'과 진정한 '야인들'만이 신비한 사랑에 입문할 수 있다. 크레티앵 드 트루아의 소설 속에 나오는 잘못된 행동을 응징하는 것은 더 이상 단순한 무훈시가 아닌 이야기체 형식을 필요로 했고 이것이 소설을 낳았다.

『트리스탕』을 보면 최초의 잘못은 사랑하는 연인의 길고 긴 참회로 고통스럽게 용서받는다. 그래서 소설은 '잘' 끝난 것이다. - 카타리파의 신비주의적 처지에서 보면 - 다시 말해, 소설은 두 번에 걸친 주인공들의 의도적인 죽음으로 끝을 맺고 있다.[109]

---

[109] 성배 연작에 나오는 '에로틱한 마술'을 분석하는 글에서 르네 넬리는(20여명의 연구자의 글을 모은 『성배의 빛』, 1951을 참조할 것) 우리가 10, 11장에서 전개한 논의와 근접한 몇 가지 지적을 하고 있다. "이 에로틱한 마술은 그 기원을 우선은 여성의 몸은 그 존재 자체만으로도 성배를 지녔을 때와 동일한 초자연적 힘들을 나타낸다고 하는 믿음에 두고 있다(사람들은 성배는 그것을 바라보는 자에게 젊음을 되돌려준다고 믿었다). 에로틱한 마술의 두 번째 기원은 억압된 육체적 충동에서 태어나는 숨겨진 힘에 대한 믿음에 있다. 순수한 사랑, 위험하고 도발적인 상황 속에서 순수한 상태 그대로 유지될 수 있는 사랑이야말로 욕망의 힘을 육체적 관계가 아닌 보다 숭고한 목적을 위해 사용하는 사랑인 것이다. 순수한 사랑은 '그 행위' 이외의 다른 모든 육체적 조작을 용인한다. 절제된 사랑은 육체적 감각으로는 파악할 수 없는 여성성을 향한 경배와 탐구의 모든 과정을 그대로 갖고 있는 그것 자체로 하나의 위대한 탐구였다." 이 글의 저자인 르네 넬리는 아마도 궁정의 사랑이 지닌 '탄트라'적 성격이 브르타뉴 소설에 와서 남프랑스

소설이라고 하는 새로운 문학 장르의 형성을 우리는 이렇게 영적인 면에서 설명해 볼 수 있다. 물론 이 소설이라는 장르는, 17세기 초에 접어들어 잠시 약화된 사랑의 신화를 벗어났을 때 본격적으로 하나의 문학 장르가 된다.

12. 켈트 신화와 브르타뉴 소설

『트리스탕』은 브르타뉴 소설 중에서도 가장 궁정적 소설이라고 할 수 있다. 그것은 『트리스탕』에서 전투와 복잡한 인간관계 등으로 구성된 서사시적 분량이 최소한으로 축소되고 반면에 종교적 교리가 비극적으로 변형되는 것만으로도 충분히 이야기의 단순하면서도 힘찬 흐름을 유지할 수 있기 때문이다.

하지만 동시에 『트리스탕』은 궁정 소설 중에서는 가장 '브르타뉴적'인 소설이라고 할 수 있다. 그것은 『트리스탕』에서 켈트적 기원을 갖고 있는 종교적이고 신비주의적 요소들이 또 다른 연작인 '원탁의 소설들'에서보다 훨씬 많기도 하고 쉽게 알아볼 수 있을 정도로 드러나 있기 때문이다.

켈트 문화를 말하는 자리에서 위베르는 스코틀랜드 문학을 다음과 같이 적절하게 지적한 적이 있다. "스코틀랜드 문학에 브르타뉴 지방의

음유시인들의 시에서보다 훨씬 사실적으로 묘사되었음을 알아챈 것 같다.

종교적 요소들이 있다는 사실은 하나의 기적이다. 스코틀랜드 문학은 기독교 국가이자 로마화되어 있었으며 이어 아일랜드인의 지배를 받은 나라에서 형성된 문학이다."[110] 베룰과 토마가 작품화한 수많은 크고 작은 사건이 이 기적을 일러주는데 실제로 이 사건들은 최근에 이루어진 고고학적 발견으로도 설명할 수 있다. 이 종교적 요소들의 시적 힘은 실제로 상당한 것이어서 심지어 드루이드교의 신앙을 상실하고 그 신비한 의미를 망각해버린 세계에서조차 종교적 요소들이 당당하게 살아남아 있다는 사실을 이해할 수 있다.

아일랜드의 전설을 보면 망자의 세계를 홀로 여행하는 주인공 이야기가 헤아릴 수도 없이 많이 나온다. 브란Bran으로 불리기도 하고 어떤 때는 쿠훌린Cuchulainn으로 때론 오신Oisin으로 불리기도 하는 이 영웅은 '신비한 미녀'에 이끌려 간다. 영웅은 '마술의 배에 올라' 기적의 땅에 도착한다. 하지만 '그곳의 삶에 지루해하던 끝에 그는 다시 돌아오고 싶어 하는데, 이는 결국 죽기 위한 것이었다.'[111] 이 묘사들은 병든 트리스탕이 영약을 구하기 위해 행하는 첫 번째 항해 모험의 기원이라고 봐도 무방할 정도로 명백한 유사성을 보여준다.

이 뿐만이 아니라 아일랜드의 전설 속에 등장하는 여러 이야기는 『트리스탕』에 등장하는 상황들의 정확한 원형이라고 해도 무방할 정도로 둘 사이에 유사성이 존재한다. 예를 들면, 비극적인 목가인 『디어마이트와 그라이나』Diarmaid et Grainne를 보면 이들 연인은 남편을 피해 숲 속으로 몸을 피하는데 이 상황은 그대로 『트리스탕』에서 반복된다. 『베일과 에일린』Bailé et Aillin을 보면 연인이 인적 드문 곳에서 만나기로 하지만

---

[110] H. Hubert, les Celtes, II, p. 286.
[111] H. Hubert, 위의 책 II, p. 298.

두 사람은 살아서는 만나지 못하고 죽어서야 만난다. 이는 '드루이드들이 이미 예언했던 것으로 두 사람은 오직 사후에야 만날 수 있으며 그때 영원히 헤어지지 않게 된다.'[112]

위와 같은 문학적 비교는 얼마든지 할 수 있지만, 몇 가지 풍속적 특징 때문에 단순한 비교가 아니라 보다 정확한 비교를 하지 않을 수 없다. 잘 알려져 있듯이 트리스탕은 부모님이 숨을 거둔 후 외삼촌인 마르크 왕의 궁에서 자란다. 그런데 '켈트족의 오래된 전통에 따르면 부모가 살아있을 때에도 아이들을 명문가의 덕망 있는 사람에게 맡기곤 했다.' 아이들은 이 명문 가문에서 여자들로부터 완전히 격리된 상태에서 드루이드, 즉 제관祭官으로 받아야 할 교육을 받았다. '앵글로 노르망어로 포스터리지 fosterage라고 하는 이 교육과정은 켈트족 국가들에서 꾸준히 이어져 내려왔다. 자신을 낳아준 부모가 아니라 길러준 부모의 성을 따른 인물을 보면 우리는 이 아이들이 자신을 길러준 부모와 진정한 부자 관계를 형성하고 있었음을 알 수 있다. 그래서 어머니의 가문에서 아버지를 구하든지 아니면 제관들을 찾아가 아버지가 되어달라고 청하곤 했다.'[113]

외삼촌인 마르크의 궁에서 자란 트리스탕은 이렇게 해서 포스터리지 덕분에 왕의 '아들'이 된다(정신분석가라면 트리스탕과 이죄의 불행한 관계에서 오이디푸스 콤플렉스를 지적할 것이다. 하지만 이런 관점은 이번에는 설득력이 떨어진다. 왜냐하면 우선 길러준 아버지는 보통 많을 경우에는 50명이 넘는 아들을 한꺼번에 키우기도 해서 부자 관계가 상당히 느슨한 편이었기 때문이며, 다음으로는 무엇보다 켈트족의 경우

---

[112] *Histoire de Bailé au doux langage*, trad. G. Dottin (*l'Epopée irlandaise*, 1926).
[113] H. Hubert, 위의 책 II, p. 243~244. Cf. E. 방브니스트, 『인도유럽 제도들의 어휘들』(*Vocabulaire des Institutions Indo-Européennes*), T. II. P. 85 sq., 1969.

많은 문헌이 일러주듯이 근친상간은 상당히 흔한 현상이었고 허용되는 일이기도 했다).

포틀래치potlatch, 즉 부와 지위를 과시하기 위해 경쟁적으로 진수성찬을 베풀고 선물을 주는 관습은 『트리스탕』과 '원탁의 소설들'에서도 볼 수 있다. 그뿐만 아니라 이들 작품에서는 왕이 모험을 떠나면서 구체적이지 않은 선물을 요구하는 여인에게 백지수표식으로 약속하는 것을 볼 수 있다. 여인이 요구하는 선물은 흔히 위험천만한 일이다. 위베르의 말을 들어보자. "과시와 경쟁이 주도하는 포틀래치에서 결투는 빼놓지 않고 등장하는 요소였다."(H. Hubert, 위의 책 II, 234쪽)

마지막으로 한 가지 관습을 더 지적하자면, 젊은 켈트족 청년은 사춘기를 지나 진정한 청년으로 태어나려면 무훈을 세워야 하는데(가령 외국인을 살해하든지 아니면 영광스러운 사냥을 하든지) 이는 결혼할 수 있는 권리를 얻기 위해 거쳐야만 하는 일이었다. 『트리스탕』을 보면 모롤트와 맞서 싸우는 장면이 나오는데 비록 성스러운 기원을 암시하지는 않지만 이 장면이 바로 이 관습을 나타내고 있다.

위에서 언급한 관습들을 통해 우리는 위베르가 내린 결론의 개연성을 인정할 수 있다. 다시 말해 켈트 신화는 종교적 방식이 아니라 오히려 전설 속에서 서서히 신들을 대체해 나갔던 영웅들과 영웅들이 거둔 무공을 경배하는 더욱 세속적인 방식을 통해 궁정 소설 속으로 들어와 변형된 것이다.

* *
*

"가스통 파리는 트리스탕과 이죄의 이야기는 중세 문학에서는 찾아볼 수 없는 독특한 소리를 표현했다는 통찰력 있는 지적을 하면서 그 이유를 트리스탕과 이죄의 이야기가 켈트 전설에 기원을 두고 있다는 데에서 찾았다. 켈트족의 가장 또렷하면서도 가장 고귀한 민족혼이 유럽의 정신으로 승화된 작품이 바로 『트리스탕』과 『아더 왕』이다."(위베르, 위의 책 II, 336쪽)

베디에[114]가 현대 프랑스어로 트리스탕 전설을 옮겼을 때 비로소 많은 사람이 들을 수 있었던 이 '독특한 소리'는 너무나도 우리 가슴에 와 닿는 것이었다. 우리는 거기서 켈트적이지 않은 다른 소리, 다시 말해 12세기에 트리스탕 신화를 만들어낸 순수하게 궁정적인 요소를 발견하게 된다.

아일랜드 전설과 베룰이나 혹은 토마가 쓴 전설을 하나씩 차례대로 읽어보자. 읽다보면 아일랜드 전설에서는 재앙을 불러온 것이 인물들 밖에 존재하는 운명임을 알게 되며, 반면에 베룰이나 토마가 쓴 전설에서는 거꾸로 연인 사이의 신비하고 비밀스럽지만 도저히 꺾을 수 없는 욕망임을 알 수 있다. 다시 말해 켈트 전설에서는 서사시적 요소가 스토리를 진행하는 동력이었던 반면, 궁정풍의 소설에서는 내면의 비극이 그 역할을 하고 있다.

켈트족의 사랑은(제관들에 의해 여성이 종교적으로 승화되었음에도 불구하고) 무엇보다 육체적 사랑이었다.[115] 일부 전설을 보면 이 육체적

---

[114] [역주] 베디에(Joseph Bédier, 1864~1938)는 프랑스 중세 연구가이다. 가스통 파리의 제자로 특히 『트리스탕과 이죄』(1900)를 현대 프랑스어로 옮겨 그때까지 대중에게 생소하던 이 중세의 걸작을 널리 알렸다. 중세 연구가로서 다양한 중세 작품을 비교연구하여 많은 작품이 공동의 기원을 갖고 있음을 밝혀내기도 했다. 프랑스 학술원인 아카데미 프랑세즈 회원이었으며 콜레주 드 프랑스의 책임자를 역임하기도 했다.

[115] 알렉산더 해거티 크라프(Alexandre Haggerty-Krappe)의 『탄호이저 전설』에 대한 흥미있는 연구를 참조할 수 있다(《Mercure de France》, 1938년 6월호). 16세기의 탄호이저는 아일랜드와 스코틀랜드의 전설을 뒤늦게 독일어로 번역한 것으로서 궁정풍 사랑의 영향을 받지 않았다. 정결한 자들의(혹은 이단 카타리파 교도의) 몽살바트 산은 『탄호이저』에서는 베누스베르크 산으로 대체된다!

사랑이 정통 기독교적 사랑과 대립함으로써 비의적인 상징들을 통해서만 표현할 수밖에 없게 된다. 이 사실을 알면 브르타뉴 지방에서 생겨난 전설들이 쉽게 궁정 소설의 상징체계에 들어와 변형되는 사실을 이해할 수 있다. 하지만 이러한 유사성은 형식적인 면에 국한된 것이다. 이 유사성은 기껏해야 트리스탕의 정념과 순수하게 감각적인 사랑을 혼동하게 할 뿐이다.

트리스탕 전설을 소설로 만든 다섯 명의 작가 중 가장 의식 있던 토마의 작품에서 몇 장면만 살펴봐도 이 궁정 신화의 독창성을 쉽게 알 수 있다. 토마의 작품을 보면 궁정의 신비주의 신학이 오래된 브르타뉴 전통에서 유래한 종교적이고 사회학적이며 서사시적인 요소들을 만나 논리적 일관성을 부여하는 것을 볼 수 있다. 이 논리적 일관성은 놀라울 정도로 현대적인 언어로 표현되며 작가에 의해 주석이 붙기도 하는데, 논리적 일관성이란 다름 아닌 하나의 금욕으로 간주된 고통에 대한 사랑을 말한다. 남프랑스의 음유시인들은 이 고통에 대한 사랑을 피할 수가 없었다. 예를 들면, 트리스탕이 흰 손의 이죄와 결혼식을 올리던 날 저녁 신부를 가져야 할지 어떨지 망설일 때 그는 극심한 갈등을 겪게 된다. 그 장면을 잠시 보자.

"트리스탕은 이름으로나 아름다움으로나 흰 손의 이죄를 원했다. 아름다웠지만 이름이 이죄가 아니었다면, 혹은 이름이 이죄라 해도 아름답지 않았다면, 트리스탕의 욕망은 그녀를 향하지 못했을 것이다. 트리스탕은 이렇게 해서 자신의 고통과 고생이 헛되지 않기를 원했으며 그래서 자신의 아픔에 맞서 치료제를 만들어 냈지만 그것은 자신의 고통을 두 배로 만드는 것이었다."

흰 손의 이죄가 자신의 정식 부인이 된다는 사실만으로도 트리스탕은 이죄를 이제 원해서도 안 되었고 원할 수도 없었다.

"트리스탕은 자기 재산이 아니라 해도 결코 재산을 경시하지 않았다.

그의 마음은 그가 버릴 수 없었던 행복에만 혐오를 느꼈다. 그러나 그는 누군가가 그의 행복을 거부하면 그때는 항상 더 나은 행복을 생각하면서 찾아 나섰다. 그는 현재 자신에게 만족하지 않았기 때문이다! 비단 트리스탕만 이렇게 행동하는 것은 아니리라. 많은 사람이 쓰라린 사랑의 환멸과 번민과 무거운 고통과 괴로움을 겪으며 거기서 빠져 나오기 위하여, 벗어나기 위하여, 자신이 겪은 것이 헛되지 않게 하기 위하여 더 단단한 끈으로 그가 겪은 모든 것을 한층 더 통제하리라. 실현할 수 없는 욕망과 불가능한 탐욕으로 고통을 겪지만 그들은 그 쓰디쓴 고통을 느낄 수 없게는 아무것도 하지 않는다. 가질 수 없는 행복을 향해 온 욕망을 불태우는 자는 의지를 동원하여 자신의 이 욕망과 싸워야 하리라."[116]

*
* *

마니교의 영향을 강하게 받은 이단적인 사랑관은 모든 것을 변하게 했다. 남프랑스에서 아일랜드와 브르타뉴까지 오랜 세월 공유했던 켈트 민족의 종교적 전설도 변했고 봉건적 기사제도의 관습들과 정통 가톨릭도 변했으며 육체적 탐닉과 시인들 개개인의 기이한 상상력도 모두 이 마니교의 영향을 강하게 받은 이단적인 사랑관에 의해 변화를 맞고 만다. 트리스탕 신화는 이렇게 해서 태어난 것이다. 이 변화 과정을 추적해서 분석하는 것은 내가 할 일이 아니다. 시학과 신비주의와 관련된 이 작업은 우리의 능력을 벗어나는 일이다. 하지만 우리는 트리스탕 신화가 어디서 왔으며 어디로 가고 있었는지 알게 되었다. 이제 우리는 이 신화가 어떤 방식으로 우리 서구인의 삶 속에서 혹은 작품 속에서 다시

---

[116] 토마의 『트리스탕과 이죄』. 헤르보메즈(J. Herbomez)와 보리외(R. Beaurieux)가 1935년에 프랑스어로 번역했다.

재창조되는지 예견해 볼 수도 있다.

13. 브르타뉴 소설에서 고트프리트를 거쳐 바그너로 이어지다

트리스탕 신화가 처음으로 다시 재창조된 것은 13세기 초엽의 일로 자신의 작업이 신학적으로 여러 가지 의미가 있음을 잘 의식하고 있던 고트프리트 폰 슈트라스부르크 Gottfried von Strasbourg에 의해 이루어졌다.

고트프리트는 수도승이었고 프랑스어를 할 줄 알았으며(그는 종종 토마의 시를 자신의 책에 인용했다) 베르나르 드 클레르보와 카타리파 교도들은 물론이고 아벨라르, 샤르트르파와 그 밖에 '마음의 신비주의'와 인접해 있던 아주 위험한 여러 이단이 서로 치고 받으며 벌어졌던 일련의 논쟁에 적극적으로 참여하기도 했던 신학자였다.

신학자이자 시인이었고 자신의 선택이 어떤 의미가 있는지 잘 알고 있던 고트프리트는 자신이 모방했던 모델들보다 이분법에 기대고 있던 트리스탕 신화의 종교적 중요성을 훨씬 잘 부각시켰다. 그뿐만 아니라 같은 이유로 그는 트리스탕 신화에 있는 가장 근본적인 요소인 욕정에 대한 고통스러운 번민과 그것을 상쇄시켜주는 '인본주의적' 자긍심을 다른 작가들보다 훨씬 잘 고백했다. 성적 본능은 하나의 잔인한 운명으로 하나의 폭정으로 받아들여졌다. 이런 상황에서 성적 본능은 고통스러운 번민이었다. 하지만 이러한 성적 본능의 잔인한 압력은 그 압력에 굴복하는 순간 인간을 신에 대항하여 맞서게 하는 힘의 원천으로 인식되었다. 이런 의미에서 성적 본능은 신 중심이 아닌 인간 중심의 '인본주의적' 자긍심이기도 한 것이다(이 역설은 후일 니체의 아모르 파티 amor fati 를 예고하고 있다).[117]

베룰은 사랑의 미약이 3년 동안만 효험을 낸다고 설정했고, 토마는

'약초를 넣은 술'을 사랑의 도취를 상징하는 것으로 보았지만, 고트프리트는 이를 운명의 신호로 보았다. 즉 그는 사랑을 맹목적이고 인간 외부에서 일어나는 어떤 힘의 작용이자 가장 오래된 인류의 종교들이 숭배했던 위대한 어머니의 의지가 실현되는 여신 미네^{Minne}의 작용으로 본 것이다. 정념의 미약은 그것을 들이킨 사람을 모든 윤리를 넘어서는 곳이어서 신의 영역으로 볼 수밖에 없는 곳으로 인도한다. 이렇게 미약은 인간을 삶의 법칙이기도 한 성에 고착시키지만 동시에 성이냐 아니냐의 극단적 이분법과 남녀의 구분을 넘어서서 고도로 고양된 정신 상태 속에서 성 자체를 초극하도록 한다. 본질적으로 마니교적인 이 패러독스가 레낭의 방대한 시를 지탱하고 있다.

고트프리트는 토마를 모방하기도 했지만 그러면서도 그는 자신이 하고 싶은 것을 했다. 그는 스토리 전개에 있어 결정적인 세 순간을 변형시켰는데 주의해서 볼 필요가 있다.

a) 고트프리트는 불에 달구어진 인두를 통해 이루어지는 심판의 신성 모독적인 성격을 드러냈으며

b) 또 모리스의 숲 대신 미네그로트^{Minnergrotte}로 불리는 '사랑의 동굴'을 묘사했다. 이 사랑의 동굴을 통해 고트프리트는 기독교 성당과 사랑의 사원을 건축적 측면에서 비교할 수 있었다.

c) 고트프리트는 트리스탕과 흰 손의 이죄의 결혼을 육체적 접촉이 없는 결혼이 아니라 실제로 육체적 사랑이 이루어진 결혼으로 묘사했다.

고트프리트의 미완성의 장시는 베룰과 토마의 작품보다 더 종교적이며 동시에 육감적이다. 미완성인 그의 작품 중 약 19,000 행의 시가 우리

---

[117] [역주] 아모르 파티(amor fati)는 라틴어 경구로 '운명에 대한 사랑'을 의미한다.

에게 전해지고 있는데 연인의 죽음이 예고되기는 했지만 우리에게 남겨진 작품에서는 일어나지 않는다. 하지만 무엇보다 우리의 눈길을 끄는 것은 고트프리트가 브르타뉴 사람들이 설명도 하지 않고, 심지어는 별로 놀라지도 않은 채 말하고자 했던 것을 대신 말해주고 주석까지 달아주고 있다는 점이다. 이렇게 해서 고트프리트는 저자 없이 형성된 트리스탕 전설 속에 내재해있는 카타리파 교리를 그의 작품을 통해 발전시키고 드러내게 된 것이다.[118] 위에서 지적한 고트프리트가 변형시킨 부분을 좀 더 자세히 살펴보자.

    a) '신의 심판'은 야만적인 관습이었지만 교회는 12세기에 이를 받아들였고 이단인 카타리파를 믿는다고 의심되던 쾰른과 슈트라스부르크의 여인들을 재판하는 데 마구 사용했다. 재판은 붉게 달구어진 쇳조각을 맨손으로 잡는 시험을 했는데 거짓말을 하거나 위증을 하면 살을 델 것이라는 논리가 지배했다. 트리스탕과 이죄의 이야기를 보면 마르크 왕에게 맹세한 충절을 어겼다고 의심받는 이죄가 자신의 자존심을 지키고자 무모한 도전 정신으로 이 붉게 달구어진 쇳조각으로 재판하는 '신의 심판'에 응한다. 이죄는 미소

---

[118] 이 점에 관해서는 1953년에 출간된 고트프리트 베버의 두 권으로 된 두툼한 저서 『트리스탄과 1200년경의 고중세 시대의 세계상』(*Tristan und die Krise des Hochmittelalterlichen Weltbildes um 1200*)을 읽어야만 할 것이다. 꼼꼼하기가 이를 데 없는(읽기 힘들 정도로 같은 내용이 반복되기도 한다) 이 독일 문헌학자의 저서는 우리가 다루고 있는 문제들에 대해 내가 이 책의 초판을 쓸 당시에는 참고하려야 참고할 수가 없었던 풍부한 '과학적 증거들'을 제시해주고 있다. 물론 그가 제시한 증거들 때문에 내가 초판에서 폈던 주장들이 근거 없는 것으로 판명되거나 하지는 않았다! 수백 페이지에 걸쳐 고트프리트의 종교적 관념을 아우구스티누스, 베르나르, 위그 드 생 빅토르, 아벨라르 등의 종교 관념과 비교해 놓은 것을 보면 고트프리트가 카타리파 교리에 깊이 경도되어 있었고 반가톨릭 성향을 지니고 있었음을 어렵지 않게 확인할 수 있다(내가 보기에 고트프리트는 루터보다 더 르네상스를 예고한 인물인 것 같다).

를 지으며 언젠가 강을 건널 때 자신을 뭍에 내려준 뱃사공이 문제가 된다면 모를까, 자신은 결코 남편인 왕 이외의 다른 남자의 품에 안긴 적이 없다고 맹세를 한다. 그런데 배에서 내리는 이죄를 안아서 뭍에 올려준 뱃사공은 변장을 한 트리스탕이었다. 이죄는 이 시험을 통과하고 무사히 풀려난다. 이에 대해 고트프리트는 다음과 같은 주석을 달았다. "신실하신 그리스도께서 어떤 바람에도 바람개비처럼 도셨고 가벼운 천 조각처럼 구겨지셨으니 모든 사람 앞에서 이제 모든 것이 분명해졌네……. 그리스도께서는 모든 사람이 마음먹은 그대로, 모든 것에 몸을 내주시고 적응하시네. 남을 속일 때도, 진지한 일에도. 그리스도는 사람들이 원하면 원하는 대로 변해버리네."[119] '모든 사람이 마음먹은 그대로'라는 대목에서처럼 '마음'을 지칭한 것은 고트프리트가 이 시를 쓸 때 적수인 베르나르 드 클레르보를 염두에 두고 있었음을 일러준다. 고트프리트는 베르나르 드 클레르보의 글을 잘 알고 있었으며 그래서 고통, 욕망, 황홀함에 대한 그의 관점을 자주 모방하기도 했다. 심지어 이렇게 모방을 하다가 고트프리트는 완전히 다른 결론에 다다르기도 했는데, 예를 들면, 마지막에 찾아오는 신비한 황홀은 신의 빛이 아니라 정념의 어둠에 이르는 것이며, 따라서 구원이 아니라 파멸로 이른다는 결론을 내리기도 했다.

위에 인용한 고트프리트의 주석을 보면 그가 '그리스도가 가벼운 천 조각처럼 구겨지는' 정통 가톨릭의 교리에 대해 격렬한 원한의 감정이 있음을 알 수 있다. 고트프리트와 카타리파가 보기에 가톨릭 교리에 따르면, 그리스도는 '순수' 복음과 이원론을 믿는

---

[119] 고트프리트의 시 15733행에서 15747행까지.

그노시스파가 죄악시하는 모든 것을 허용해야만 한다. 겉으로 드러난 세계, 특히 전반적인 육체적 세계 그리고(봉건제, 교권제, 기사 계급을 중심으로 한 전사들의 세계 등) 당시 사회를 지배하던 모든 것을 그리스도는 다 허락해야만 한다. 이런 논리라면 그리스도는 결혼도 허락해야만 한다.

b) 미네그로트Mineegrotte는 예배 의식의 상징체계와 당시 막 태어난 고딕 건축의 지혜가 들어간 성당으로 묘사되어 있다. 하지만 제단 대신 침대가 놓여 있는데 이 침대는 여신 미네Minne를 위한 것이며 보통 성당에서 예수 그리스도를 위해 마련한 제단과 같이 궁정의 여러 성사가 치러진다. 예를 들면 연인들은 서로의 정념을 확인하며 이 침대에서 '소통'한다. 성체배령의 기적이 일어나 물질계의 사물들이 변용되고 성체를 받은 자도 신의 경지에 올라가는 대신, 이제 침대에서는 육제와 정신이 초월적 합일을 이루는 것이다. 신도들이 아니라 연인들이 이제 위대한 사랑의 진수를 '체득'함으로써 신격화되는 것이다(의문이 드는 것이 사실이다. 신격화된다고 했지만 육체적으로나 정신적으로 과연 가능한 일일까?). 그런데 이 위대한 사랑은 에로스가 아가페와 대립하듯이, 클뤼니Cluny 수도원의 마음의 열정과 대립한다.[120] 또한 한 가지 분명히 해야 할 것이, 정통 기독교에서 사회화하고 물질적으로 타락하게 한 결혼을 지적해야 한다. 당시 가톨릭교회는 서로 사랑하지 않는 남녀의 결혼을 허락함으로써 사랑 없는 육체적 결합을 용인했으며 이는 결혼이라

---

[120] [역주] 클뤼니(Cluny) 수도원은 서기 909년 프랑스 중동부 부르고뉴 지방에 세워진 베네딕트회 수도원이다. 아키텐 공작 기욤 1세가 자신의 영지 클뤼니를 하사하여 수도원을 지었기 때문에 흔히 클뤼니 수도원으로 불린다. 중세의 수도원 개혁을 이끈 중요한 곳으로 전 유럽의 수도원을 규합함으로써 중심점 역할을 했다.

는 성사를 타락하게 하는 행위였다. 카타리파는 가톨릭이 허락한 이 사랑 없는 육체적 결합을 주라타 포르니카티오 jurata fornicatio, 즉 칠죄종七罪宗으로 여기며 격렬하게 비난했다.

게다가 미네그로트 에피소드에서는 후일 13세기와 훨씬 후인 17세기에 출현하는 위대한 신비주의자들의 변증법을 찾아볼 수 있다. 즉 정화, 계시, 합일이라는 세 단계로 이루어진 길이, 비록 고트프리트의 이원론적이고 그노시스적인 태도에 의해 굴절되거나 전도되는 경우도 있기는 했지만, 아주 정확하게 이 미네그로트에 예고되어 있었던 것이다.[121]

c) 트리스탕이 두 번째 이죄와 한 결혼은 육체적 결합이 따른 진정한 결혼이었다. 이 결혼은 — 토마는 이 결혼을 그의 작품에서 삭제했는데 — 금발의 이죄와 마르크 왕 사이에서 이루어진 사랑 없는 결혼과 대비되며 쌍을 이루어 나타난다. 이 두 결혼은 모두 세속적이자 생리적인 필요성 때문에 이루어진 것으로 낙인이 찍히고 만다. 다시 말해 고트프리트가 보기엔, 두 결혼 모두 영혼이 육체 속에 갇히는 감금 상태의 결과였다. 궁정 윤리가 전적으로 마니교의 교리에 의존해 있었음에도 고트프리트와 카타리파의 눈에는 공범으로만 보였던 당시 교회와 시대를 누르고 승리를 거두는 곳이 바로 여기다. 하지만 이 논리를 따라가면 미네그로트 속에서 이루어진 에로틱한 성격을 지니면서도 동시에 성체배령과도 관련된 '육체적 결합'이 이루어진 결혼의 성격이 야릇하게 변질될 수도 있다.

---

[121] 고트프리트는 그노시스설을 믿고 있었다. 물질을 악으로, 영혼을 선으로 본 2세기 알렉산드리아 그노시스파인 카르포크라트주의자들처럼, 인간을 지배하는 본능에서 순수해지기 위해서는 그 본능에 굴복하여 계시적인 황홀에 도달한 다음 본질적인 일체를 이룰 수 있다고 믿었다(이 일체란 결혼을 통해서 얻을 수 있는 것과는 전혀 성격이 다르다).

궁정의 삶의 논리(미네 Minne)에 따르면, 사랑하지 않으면서 육체적 사랑을 하는 것, 즉 순수하게 육체적인 관능에 굴복하는 것은 카타리파의 세계관에서는 최고의 죄악이며 바로 원죄였다. 육체적 접촉이 없이 순수한 정념만으로 사랑하는 것(트리스탕과 이죄는 나란히 드러누워 두 육체 사이에 칼을 놓기도 하고 사랑하면서도 이별을 한다), 이것이야말로 최고의 덕이며 사랑하는 사람들을 신격화할 수 있는 진정한 길이었다. 12세기의 정신적, 종교적 구도 속에서 트리스탕 신화가 보여주는 이 두 가지 극단적인 사랑 사이에서 혼란스러운 수많은 사랑관과 결혼관이 나타났다. 피할 수 없는 일이었다. 20세기에 사는 우리조차도 이 두 가지 극단 사이 어딘가에 자리잡은 채 혼란스럽게 살고 있다. 바로 이런 이유로 나는 이 책을 써야만 했다.

고트프리트 폰 슈트라스부르크는 의심할 여지 없이 '브르타뉴 지방의 소재'를 자기 마음대로 활용했고 '목숨을 건 사랑'이라는 주제를 카타리파 교리를 동원해 변형시켰다. 이 과정에서 그는 자유스럽게 사고하고 활동했는데 우리로서는 그가 누린 이 자유가 그의 목숨을 앗아가지는 않았는지 의혹이 일지만 확인할 길이 없다. 이 사실과 함께 또 한 가지 분명한 것은 소설의 배경, 줄거리, 중심 주제가 모두 고트프리트의 의도에 너무나도 잘 들어맞았다는 점이다. 고트프리트가 쓴 트리스탕 신화는 그 본질, 내적 구조, 스토리의 진행과 형태에서 그리고 교훈에서도 이단적이며 이원론적이었다. 이 점에서는 어떤 우연도 없으며 종종 박학한 학자들이 결론을 유보하는 것을 '학문'으로 혼동하곤 하지만 우리로서는 결론을 유보할 이유도 없다고 본다.

단테의 『신곡』을 흔히 토마스 아퀴나스의 설을 따르는 작품이라고 보지만, 『트리스탕』은 그 정도가 훨씬 더 깊고 이론의 여지 없이 마니교를 따르는 작품이다.

하지만 고트프리트는 트리스탕 전설의 의미를 완전히 새로운 방식으로 명확히 드러냈으며 중요한 결과를 낳은 것은 부인할 수 없다. 그는 6세기 후반 바그너의 멋진 배반을 예고하며 중세 시대에 먼저 실천에 옮겼다.

바그너의 오페라 대본의 원본이 바로 고트프리트의 시였다는 사실을 모른다고 해도 두 텍스트를 비교하는 것만으로도 유사성은 쉽게 알 수 있다. 오페라 제2막의 짧고 압축적이며 대조법을 많이 사용하여 숨이 찬 시구들은 흡사 모방을 한 것은 아닐까 싶을 정도로 거의 그대로 고트프리트의 시구이다.[122] 두 사람의 이름을 섞기도 하고 부정하기도 하며 시공간과 지상의 불행과 자아마저 초월하려는 트리스탄과 이졸데의 유명한 이중창은 고트프리트의 작품 여기저기서 가져온 다양한 시구로 이루어져 있다.[123] 하지만 바그너가 음악을 통해 다시 되살려 낸 것은 고트프리트의 시가 갖고 있는 형식이 아니라 오히려 철학적, 종교적 내용이었다. 두 사람 모두 창조된 세계는 악마의 수중에 있다고 보았다. 따라서 악마의 제국에 종속되어 있는 모든 것은 결핍에 시달리며 육체 역시 욕망에 시달리는데 사랑의 미약은 바로 욕망의 피할 수 없는 지배력을 상징한다. 인간은 자유롭지 못한 것이다. 인간은 악마에 의해 결정된 존재이다. 그러나 인간이 자신의 불행한 운명을, 그를 육체에서 해방시키는 '죽음에 이르기까지' 받아들이고 살아낸다면 인간은 시간과 공간을 넘

---

[122] 고트프리트 자신은 아벨라르를 때론 원문 그대로 때론 변형하며 모방하지 않았던가. 수녀를 사랑하는 교부철학자의 사랑은 트리스탕 이야기 중에서 가장 신학적인 판본의 저자를 사로잡았던 주제였다.
[123] 예를 하나만 들어보자. 고트프리트의 시 18352~18357행에 나오는 "*Tristan und Isot, ir unch ich...niwan ein Tristan und ein Isot*"는 바그너의 오페라 2막, 2장 거의 마지막에 나오는 다음과 같은 시구와 거의 똑같다. "*nicht mehr Tristan!*… *nicht mehr Isolde!*"

어서서 위대한 사랑에, 다시 말해 더는 육체적 사랑에 고통받지 않는 두 자아의 합일에 도달할 수 있다. 그것이 바로 지고의 환희다. 바그너가 고트프리트한테 취한 것을 브르타뉴 사람들은 말하고 싶어 하지 않았다. 아니면 말 할 줄을 몰랐던 것인지도 모른다. 하지만 그러면서도 소설의 스토리 진행을 통해서는 잘 전달하고 있는데, 즉 이 사악한 세계를 벗어나고 싶은 종교적이자 이단적인 성격의 탈출에 대한 그리움, 비난의 대상이자 동시에 신격화되는 육체적 감각의 세계, 세상의 근원적인 비정상 상태 inordinatio와 위대한 사랑일 수밖에 없는 선과 창조된 세상에서 승리를 거두는 악의 비극적 모순에서 벗어나고 싶어 하는 인간 영혼의 노력 등이 소설의 스토리를 진행하면서 드러나고 있다. 요약하자면 바그너가 고트프리트로부터 취한 것은 고트프리트의 작품을 지탱하고 있던 근원적인 이원론이었다. 바로 이 점에서 고트프리트의 작품은 베디에같이 트리스탕 전설을 아름답게 복원하기만 한 작품보다 더 우리의 감수성에 호소하는 은밀한 매력이 있다.

14. 첫 번째 결론들

트루바두르로 불리는 음유시인들이 활동했던 남프랑스를 지나 이들보다 조금 덜 세련된 트루베르로 불리는 음유시인들의 무대였던 북프랑스로 가면 궁정 사랑에 대한 시적 표현에 변화가 일어났음을 알 수 있는데, 베룰, 토마, 고트프리트 폰 슈트라스부르크 등의 작품에서 우리가 이제까지 가정하고 주장했던 모든 것을 종합적으로 만날 수 있다. 고대 종교들, 근동 지방의 신비주의자들 그리고 이들을 랑그도크 지방에서 다시 살아나게 한 이단의 유설들, 서구인의 의식과 봉건적 관습 속에서 일어난 이 이단에 대한 반발, 이 모든 것이 트리스탕 신화 속에 은밀하게 울려 퍼지고 있다.

우리는 또한 「트리스탕 소설」을 그 소설이 등장할 수밖에 없었던 특정 시점에서 다시 만난 것이다. 타파해야 할 것으로 지목당했기에 모호한 상징을 통해 표현되고 신화의 형태를 갖추어야만 했던 이단의 전통과 이 이단을 물리쳐야만 했던 기존 제도들이 서로 만나 충돌하는 교차점에서 소설은 다시 등장할 수밖에 없었다.

이렇게 어울려 트리스탕 신화를 부활시킨 다양한 요소에서 이제 다음과 같은 결론을 이끌어낼 수가 있을 것이다. '트리스탕 신화에 의해 숭고한 것으로 격상된 사랑·정념은 트리스탕 신화가 출현한 12세기에는 실제로 엄연한 하나의 종교였다. 조금 더 구체적으로 말하면 **역사적으로 결정된 기독교적 이단이었다.**'

이로부터 다음과 같은 몇 가지 사실을 지적할 수 있다.

1. 오늘날 수많은 소설과 영화로 대중화한 정념은 영적 성격을 띤 이단의 유설이 우리의 삶 속에 밀려들어온 결과이다. 이 침공은 무정부적일 정도로 혼란스럽다. 하지만 우리는 영적 성격을 띤 이 이단의 유설을 열어볼 수 있는 열쇠를 잃어버리고 말았다.
2. 우리가 겪고 있는 결혼의 위기의 기원에는 두 종교 간의 갈등 그 이상의 것이 자리잡고 있다. 즉 우리는 거의 언제나 무의식적으로 그리고 원인과 결과와 감수해야 할 위험을 잘 파악하지 못한 채, 그러면서도 제대로 합리화하지도 못하는 정념이라는 이름의 윤리를 선택하고 있는 것이다.

*
* *

정념과 정념의 신화가 우리의 개인 생활만 지배한다고 보면 이는 큰 오산이다.

서구 신비주의는 또 다른 하나의 정념으로서 그 은유적 언어는 종종 이상하리만치 궁정 사랑의 언어를 닮았다.

우리 서구의 위대한 문학은 대부분 트리스탕 신화에서 종교적 요소와 분위기들을 제거한 것이라고 할 수 있다. 나는 이를 신화의 내용과 형식, 양 측면에 대한 '세속화'라고 부르고 싶다.

마지막으로, 서구에서 모든 군사적 형식은 1914년경까지는 기사도적 기원으로 - 물론 다른 이유들도 있겠지만 - 트리스탕 신화의 변화와 함께 해왔다.

이제 이 부분을 좀 더 자세히 살펴보자.

03 정념과 신비주의

1. 무엇이 문제인가

우리는 종종 신비주의를 설명하려고 할 때 인간들 사이의 사랑과 성 문제가 변형된 것으로 '몰아가려는 경향'을 보인다.

하지만 '트리스탕 소설'과 관련된 여러 역사적 기원을 살펴본 우리로서는 이제 신비주의와 인간들 사이의 사랑의 관계를 역전시켜볼 수 있다. 다시 말해 성적 관계를 포함해 치명적일 정도로 위험한 인간의 정념은 오히려 어느 정도는 의식적이며 정념에 비해 논리적이기도 한 신비주의가 일정한 과정을 거치며 변형된 결과로 볼 수 있다.

물론 하나의 사례에 지나지 않는 트리스탕의 예를 확대 해석하여 일반화시킬 수는 없다. 그러나 트리스탕의 예는 적어도 물질주의에 경도된 19세기 들어 한없이 폄하되었던 신비주의 문제를 다시 돌아보도록 한다. 솔직히 말하면, 인간 정념과 신비주의의 관계는 누구도 확언할 수 없는 복잡하고 미묘한 문제일지도 모른다. 하지만 트리스탕을 통해 이 문제를 다시 한 번 제기하고 그 의미를 가늠해 볼 수 있게 된 것은 중요한 진전임에 틀림없다.

인간의 정념을 신비주의의 기원으로 보든 아니면 그 역으로 생각하든 암묵적인 전제가 되는 것은 정념과 신비주의 사이에 '모종의' 관련성이 존재한다는 것이다. 따라서 우리는 정념과 신비주의의 관계가 양자에 공통된 언어에 의해서만이 아니라 그 이상의 것들을 통해 어느 정도로 암시되어왔는지를 살펴볼 필요가 있다. 사실 정념과 신비주의에서 사용한 은유가 매우 유사한 것이었다는 지적은 이전부터 있어왔다. 하지만 이런 표현상의 유사성이 아무리 크다고 해도 그것으로 정념과 신비주의가 실제로 그 표현들만큼이나 유사하다는 결론을 내릴 수 있을까? 혹시 언어의 유사성에 속아 서로 다른 두 현상을 동일한 것으로 여긴 것은 아닐까? 나아가 동음이의어 같은 현상들이 반복됨으로써 '언어의 유희'에 놀아난 것은 아닐까? 우리는 여기서 무엇도 단언할 수 없다. 뒤에 가서 다시 한 번 이 문제를 다루어 보기로 하고, 우선 무엇이 정념과 신비주의 사이에 피할 수 없는 관계를 맺어주는지 살펴보도록 하자.

a) 그럴 리는 없겠지만, 정념에서는 오직 생리적인 변수들만이 문제가 된다고 생각한다면 이는 트리스탕을 전혀 잘못 이해한 것이 된다. 성욕은 일종의 허기다. 따라서 어떤 식으로든 완화해야 한다. 성욕이 강하면 강할수록 성욕은 성욕을 충족시켜줄 수 있는 대상의 입장에서 보면 쉬어 보인다. 하지만 우리가 말하는 정념이란 것은 이런 종류의 사랑이 아니다. 정념이란 그것을 충족시켜줄 수 있고 치료해줄 수 있는 모든 것을 거부하는 본성을 갖고 있는 특이한 종류의 성욕이자 사랑이다. 우리는 따라서 단순히 배가 고픈 허기가 아니라 중독 현상과 유사한 현상을 다루고 있는 것이다. 최근에 나온 연구들을 보면 어떤 물질과 대상에 의한 것이든 모든 중독자는 스스로는 모르고 있지만 신비주의자라는 설득력 있는 보고가 있다.[1] 그런데 특이한 것은, 모든 중독은 그것이 육체적인 것이든 정신적인 것이든, 중독자가 본능적으로 신속하게 제거하려고 하는 '낯선 행위자'의 간섭과 개입을 전제로 한다는 점이다. 이런

이유로 동물들은 결코 중독 현상을 일으키지 않는다. 오직 인간만이 중독을 겪는 것이다….²

b) 반대로, 다른 비유들은 제쳐놓고 오직 신비주의만 갖고 인간의 정념을 이해해 볼 수 있을까? 우리는 우선 신비주의가 호흡이나 섭생 같은 성 못지않게 중요한 생리적 현상들을 제쳐 놓고 유독 인간의 성에서 은유들을 빌려가는 이유를 알아봐야 할 것이다. 나아가 신비주의를 거의 '언제나' 인간의 성본능에 수렴시키려고 하는 이유도 알아봐야 한다. 이런 현상은 프로이트와 그 학파가 생기기 이전부터 있었다.

이렇게 해서 우리는 사랑·정념이 만들어내는 딜레마에 처하게 되었다. 인간의 사랑과 정념에서 오직 성만을 본다면 이는 참으로 무지한 일임에 틀림없다. 하지만 반대로 인간의 사랑을 무언가 성과는 '무관한' 것과 관련지으려고 한다면 언젠가 쇼펜하우어가 말했듯이, 기이한 설명이 생겨나고 만다.

이제 우리는 문제를 있는 그대로 보고자 하며, 나아가 트리스탕 신화도 12세기에 제시된 모습 그대로 받아들이고자 한다. 위대한 정통 신비주의보다 앞서 창작된 작품이라는 보다 정확한 사례에서 출발한다면 이 인간의 성과 신비주의 사이에서 '기이한 설명들'이 태어나는 과정을 보

---

[1] 필립 드 펠리스(Philippe de Félice), 『신성한 독극물과 신적 도취들, 신비주의의 하위 형태들에 대한 연구』(*Poisons sacrés, ivresses divines, essais sur quelques formes inférieures de la mystique*), Paris, 1936.

[2] 포르미카 상기네아(formica sanguinea)라는 학명을 지닌 곤충([역주] 개미의 일종)은 개미집에 달콤한 체액을 분비하는 기생충을 키운다고 한다. 이 달콤한 체액은 모든 것을 녹여버리는 액인데 이 현상을 두고 인간의 알코올 중독과 비교하기도 한다. 개미에게 물어볼 수도 없는 노릇이니 모든 가정이 가능하겠지만 어디까지나 가정에 지나지 않는다.

다 자세히 들여다 볼 수 있을 것이다.

2. 트리스탕, 신비한 사랑 이야기

우리는 앞에서 '트리스탕 이야기'가 여러 가지 면에서 궁정풍의 신비주의를 최초로 '속화'시킨 작품일 뿐만 아니라 이 신비주의의 기원에 자리잡고 있던 몇 가지 경향(가령, 신플라톤주의, 마니교, 수피즘 등)에 대한 속화 작업이기도 했음을 살펴보았다. 너무나도 완벽하게 신화로 다시 태어났기 때문에 그 결과 베룰, 토마 같은 작가들은 물론이고 이들의 선구자들도 궁정의 교훈을 있는 그대로 순수하게 파악할 수 없었고 또 어떤 때는 이야기의 순수한 소설적 매력에 이끌리기도 했으며, 나아가 남프랑스 사람들보다 덜 문명화된 북프랑스 사람들의 취향에 영합하며 만족하는 모습도 보여주곤 했다. 실제로 소설에서 이야기되는 비극은 불륜이 저질러짐으로써 발생하는데, 이렇게 보면 소설 트리스탕의 독특한 특징은 궁정풍의 사랑의 법칙에 반하여 저질러진 이 불륜이라는 과오에서 찾을 수 있다. 우리가 운율에 맞추어 쓰인 트리스탕 이야기를 두고 시라고 부르기보다는 오히려 소설이라는 단어를 별 무리 없이 사용할 수 있는 것도 이 때문이다.

그러나 전체적으로 보면, 특히 무엇보다 이야기의 줄거리를 나아가게 하는 작품 내부의 원칙을 생각하면, '트리스탕'이 소설적 상황을 통한 것이긴 하지만 그럼에도 신비한 삶을 살아가는 과정을 연상시킨다는 사실을 부정할 수가 없다. 이 신비한 삶의 몇몇 '순간들'은 순수한 카타리파의 전통에 속하는 것이며, 이 밖에도 정통 가톨릭은 물론이고 이단이나 심지어 이교도(이란, 아라비아, 불교)에게서도 볼 수 있는 일반적인 신비한 경험과 관련을 맺고 있는 요소들도 볼 수 있다. 모든 상황을 고려할 때 우리는 '트리스탕 이야기'가 불륜을 다룬 비속한 소설이라고 볼 수는 없다. 이죄의 변심과 불륜은 실제로 행동에 옮겨졌을 때는 큰 과오가 되지만 사랑 자체는 과오가 아니라 '순수한 자들'의 신비한 덕목이다.

* * *

종교적 신비주의와 소설에 나타난 신비주의를 비교하는 일은 결코 간단하지 않고 위험하기조차 한 일이지만, ─ 더욱이 서사시적 분위기를 띠고 있는 '트리스탕 이야기'는 그 때문에 신비주의가 왜곡되어 있기도 하다 ─ 소설과 신비주의를 전체적으로 한 번 비교해 보고자 한다. 혹여 지나치게 무모한 추론이 나와 독자를 당황하게 한다면 그때 가서 다시 되돌아볼 수도 있을 것이다.

부상을 당한 트리스탕은 단지 칼과 하프만 간직한 채 돛대도 삿대도 없는 작은 조각배에 몸을 싣는다. 그는 핏속에 녹아 있는 독을 해독시켜 줄 약을 찾아 떠난다. 트리스탕의 이 여행은 신비주의에서 말하는 전형적인 여행인데 초자연적인 모험에 몸을 맡기는 것과 같다. 치명적인 상처를 입었음은 영혼이 죄를 지었음을 의미하며 영혼을 치료하기 위해서는 이성적이거나 눈에 보이는 도움을 거부하고 미지의 은총에 자신을 내맡겨야만 한다. 비단 중세의 소설만이 아니라 근현대의 시들을 봐도 절망 속에서 울부짖으며 이런 모험을 떠나는 장면을 우리는 얼마든지 발견할 수 있다. 이런 장면에서는 예외 없이 칠현금과 검이 등장하는데 이 두 소품은 기성사회에 대한 반항을 상징한다. 그렇다면 우리의 시인들도 대부분 트리스탕처럼 치명적인 사랑을 겪었단 말인가? 어떤 시인에게는 사랑이 시를 쓰기 위한 짧은 항해에 지나지 않았을 것이고 또 어떤 시인은 자신의 몸속에 퍼진 독을 확대하여 그림 같은 이야기를 지어내기도 했다. 어쨌든 모든 시인은 비밀을 털어놓았다.

트리스탕도 사랑을 발견했다. 하지만 그는 처음에는 그것이 사랑인 줄 몰랐다. 기성 사회를 상징하는 마르크 왕이 먼 곳에 사는 공주를 찾아오라고 트리스탕을 보냈을 때 그 모험이 그에게 어떤 운명을 가져다줄지 전혀 모르고 있었던 것이다.

곧 치명적인 실수를 범하는데 다름 아닌 사랑의 미약을 마시고 만 것이다. 트리스탕 신화를 분석하면서 앞서 보았듯이, 이 피할 수 없었던 사건은 일종의 알리바이 역할을 한다. 다시 말해 두 사람의 정념은 그들의 눈으로 볼 때나 당시 사회의 통념으로 볼 때나 결코 입 밖에 낼 수 없는 것이었지만(두 사람 사이의 불륜은 죽음을 각오하지 않으면 이루어질 수 없고 당시 사회는 이 불륜을 죄악으로 여겼다) 그럼에도 두 사람은 이 정념에 전혀 책임이 없다. 죽음을 각오해야 할 죄악이지만 불륜의 당사자들이 책임을 회피할 수 있다는 이 점이 두 사람의 사랑에 심리적 깊이를 부여한다. 하지만 이 책임 회피에는 종교적 측면 또한 개입하고 있다. 사랑의 미약은 의도된 것이 아니라 우연이지만 그 결과인 정념은 되돌이킬 수 없는 결과를 가져왔다. 후일 과거를 돌아볼 때 이 모든 것이 다 준비되어 있었음을 알게 된다. 전지전능한 사랑의 신이 두 영혼의 의지와는 무관하게 두 사람을 선택한 것이며 그 이후 새로운 삶이 시작된 것이다(부록 1, 9장).

보통은 이러한 첫 번째 결정적인 신의 부름을 받으면 그 후 트리스탕은 고행의 길을 밟아야 하고 고행을 견디며 인고의 세월을 보내야 한다. 그러나 피를 끓어오르게 하는 사랑의 미약에 취한 그는 '순수한 자들'의 규칙을 어기게 된다. 상징적인 의미를 지닌 입맞춤을 강제로 하며 이 행동으로 입맞춤의 종교적 의미를 세속화시켜 버린다. 그러자 사악한 힘들이 고삐 풀린 듯이 날쳐댄다. "바람이여, 불어라, 불어라! 불행이여, 오 불행이여! 아일랜드의 딸이여, 사랑에 빠진 길들여지지 않은 여인이여!" 이제 이 신성모독의 죄를 씻기 위해서는 고행의 삶을 살아야만 할 것이다.

그러나 두 사람의 사랑이 불행한 것은 사랑 자체가 죄악이기 때문만은 아니다. 실수를 만회할 수 있는 금욕적 태도만 있어도 인간은 자신이 태어난 어둠의 세계에서 구원받을 수가 있기 때문이다. 금욕으로 행복한 최후의 초연한 경지에 이를 수 있으며 '완벽한 자들'이 기꺼이 응했던 죽음을 맞이할 수가 있다. 이런 종류의 고행은 따라서 기독교에서 말하는 회개의 고행과는 완전히 다른 의미였다. 비록 로마에서는 정통 기독교와 이단이 종종 이상할 정도로 섞여있었지만, 이런 몇 가지 특징을 통해 실제로 당시를 지배했던 경향을 알아낼 수가 있었는데, 이 지배적인 경향은 연인들의 죽음 속에서 활짝 만개한다. 모리스 숲 속에서 보낸 '가혹한 삶'을 그 예로 들 수 있다. 이죄는(산문으로 된 소설에서) 다음과 같이 탄식한다. "우리는 세상을 잃어버렸고, 세상은 우리를 잃었어요." 이 탄식을 듣자, 트리스탕이 답한다. "온 세상이 우리와 함께 있다 해도, 난 오직 그대만 바라보겠소." 요컨대 고난을 참고 견디겠다는 것이다. 숲 속에서의 은거는 금식과 고행의 시기였고 우리는 카타리파에서 말하는 이 고행의 목적을 잘 알고 있다. 카타리파가 행하는 고행의 목적이란 다름 아닌 인간의 모든 능력을 집중하여 오직 사랑을 묵상하겠다는 것이었다.

정념과 넓게는 신비주의의 부인할 수 없는 가장 큰 특징이 여기에 잘 나타나 있다. 훗날 어둠과 비밀스러운 빛의 신비주의자인 독일 전기 낭만주의 시인 노발리스는 '인간은 자신이 사랑하는 것과 홀로 있다'고 말한다. 이 격언풍의 말은 여러 의미로 해석할 수 있겠지만, 우리가 경험으로 알고 있는 순수하게 심리적인 관찰은 이 말이 옳다는 것을 일러준다. 즉 정념이란 젊은이들이 꿈꾸는 풍요로움이 결코 아니라는 것이다. 그 반대가 오히려 사실이다. 정념은 최고조에 달한 감정의 밀도를 말한다. 정념에 사로잡히면 정신적으로 극단적인 빈곤 상태에 빠지게 된다.

그렇다. 정념이란 이 쓰디쓴 빈곤, 즉 충만한 것 같지만 모든 다양한 관심이 사라진 텅 빈 의식 상태를 말하며, 단 하나의 이미지에 몰입된 집착 상태와 다름없다. 정념 앞에서 세상은 사라지며, 다른 것들은 눈에 보이지 않는다. 늘 곁에 있던 것들도 사라지고 의무도 사라지며 관계들도 없어진다. 하늘도 땅도 사라진다. 그리하여 마침내 자신이 사랑하는 것과 홀로 있게 된다. 이죄가 말한 그대로이다. "우리는 세상을 잃어버렸고, 세상은 우리를 잃었어요." 정념이란 황홀경이며 세상의 모든 창조물 밖으로의 도피이다. 실제로 우리는 이러한 정념 앞에서, 십자가의 성 요한이 묘사한 바 있는 어두운 밤의 '사막'을 떠올리지 않을 수가 없다. "연인이여, 세상의 것들을 멀리하라! – 세상에서 내가 갈 길은 사라졌노라." 노발리스보다 몇 세기 앞서 아빌라의 테레사 역시 황홀경 속에서 영혼은 '마치 이 세상에 오직 자신과 하나님만이 존재하는 것처럼 생각하지 않을 수 없다'고 고백했다.

아빌라의 테레사 같은 위대한 성녀의 고백과 신비주의적 요소가 있기는 하지만 한없이 초보적인 형태를 띠고 있는 세속적인 시가를 과연 우리처럼 나란히 놓고 볼 수 있을지 의문이 든다. 만일 '트리스탕 소설' 속에서 단지 감각적인 사랑만이 다루어졌다면 우리의 비교는 신성모독이라는 비난을 피하기 어려울 것이다. 하지만 우리가 읽고 있는 소설에 나오는 정념은 이단인 '완벽한 자들'의 신비한 삶과 직결되어 있는 종교적인 것이다. 내용과 대상에 양자 사이의 차이가 존재할 뿐, 형태에서는 똑같다. 다시 말해 정통과 이단의 차이는 명백하지만 양자는 같은 문제를 같은 형식으로 다루고 있다(부록 1, 10장 참조, 다른 문제를 먼저 이야기하고, 잠시 후 이 문제를 명쾌하게 다시 다룰 것이다).

* * *
 * *

자, 이제 다음 비교를 한 번 해보자. 우리는 에스파냐의 신비주의자들이 얼마나 자신들의 고통을 들려주면서 그 이야기를 강조했는지 잘 알고 있다. 이 에스파냐 신비주의자들은, 빛과 신의 사랑이 강렬하면 강렬할수록, 자신들의 영혼이 더럽고 가련하다고 느꼈으며, 그 결과 '그들의 영혼은 마치 하나님의 적처럼 괴롭힘을 당했다'고 말했다. 이런 생각은 자신들이 신에게 버림받았다고 믿기에 참기 어려운 고통을 가져왔는데, 이들은 이와 비슷한 시련을 겪은 욥처럼 외치지 않을 수 없었다. "나의 주여, 왜 나로 하여금 주님의 뜻을 거스르게 하시나요, 왜 저를 이토록 괴롭히시나요?"[3] 그런데 에스파냐 신비주의자들을 잘 살펴보면, 그들의 문제가 고행을 통해 감각과 의지를 단련하는 과정에서 오는 육체적, 정신적 고통이 아니라는 것을 알 수 있다. 그들의 영혼은 가장 열렬히 신을 사랑하고 있음에도 신과 이별하게 되었고 신에게 버림받았다는 사실로 괴로워했다. 그들은 십자가의 성 요한이 울부짖었던 '신이 나를 버리셨네, 최고의 고통이네'라는 탄식을 입에 달고 살았는데, 다 인용하자면 수백 페이지도 모자랄 것이다. 그뿐만이 아니다. 역시 십자가의 성 요한의 탄식인 '이 깊은 공허…… 영혼을 위로해 줄 수 있는 세 가지 재산 모두 내게 없다는 이 잔혹한 결핍. 세속적인 것도, 자연이 주는 것도 그리고 영적인 것도 내겐 없노라'는 탄식도 자주 대할 수 있다. 마지막으로 역시 십자가의 성 요한의 탄식이지만 어떤 신비주의자가 자주 했던 표현을 들자면 '죄악을 씻어내는 힘들고 힘든 고통 중에서도 으뜸인, 이 버림받았다는 느낌'이라는 탄식이다.

---

[3] 『어두운 밤』(*La Nuit obscure*), 십자가의 성 요한, II, 1, 제1시구. 번역 Hoonrnaert.

소설 '트리스탕'은 궁정에서 유행하던 신비주의를 비종교적으로 반영한 것이며 종종 모호한 구석이 눈에 띄기도 한다(우리 역시 해석의 오류를 범하고 싶지는 않지만, 누가 봐도 명백히 신비주의적인 소설의 상황들은 남녀 간의 사랑에 따라 해석해야 하며 그 역으로 해석해서는 안 된다. 즉 다시 말해, 남녀 간의 사랑을 신에 대한 사랑으로 승화시켰다고 봐서는 안 되는 것이다. 남녀 간의 사랑을 결코 신과의 사랑을 표현하는 메타포로 볼 수는 없는데, 이러한 메타포들은 사실 위대한 정통 신비주의자들의 몫이었다). 소설 '트리스탕'에서 우리는 신비주의자의 고통과 유사한 고통을 여러 번 대할 수 있다.

독자는 소설 속에 나오는 음유시인의 다음과 같은 탄식을 기억할 것이다.

> 하나님! 원할수록 원하는 것이 멀어지는 일이
> 어떻게 일어날 수 있습니까?

트리스탕이 그의 '귀부인'과 이별했을 때보다 더 사랑의 불꽃에 미칠 것처럼 몸이 달아올랐던 적은 없었다. 이 사랑은 초보적인 심리학만으로도 쉽게 이해할 수 있다. 그러나 이 현상은 여기서 정화작용을 하며 금욕에 뒤따르는 고통을 표현하기 위한 핑계이자 구체적인 이미지로써 이용되고 있을 뿐이다. 우리는 앞서, 이들 연인 사이에 생기는 여러 번의 이별이 소설 속에서, 정념의 순수하게 내적인 필요성 때문이라 지적했다. 이죄는 사랑받는 여인이지만 동시에 전혀 다른 존재이기도 한데 그녀는 빛나는 사랑의 여신의 상징이기도 하다. 멀리 떨어져 방황할 때 트리스탕은 이죄를 그만큼 더 사랑하게 되고 사랑하면 할수록 고통도 커진다. 그러나 우리는 이 고통이 바로 이별의 진정한 목적임을 알고 있다. 여기서 우리는 이해하기 쉽지 않은 신비한 상황을 만나게 되는데,

다름 아니라(완전히 반대쪽 극단에 있는) 상황이란 트리스탕이 사랑을 하면 할수록 그는 이별을 원하고 있다는 것이다. 즉 그는 사랑하면 할수록 자신의 사랑이 거부되기를 바란다. 그래서 심지어 트리스탕은 이죄의 '사랑'마저도 의심하며, 한때는 그녀를 적으로 여기기도 하고 나아가 비록 몸을 섞지는 않지만 이름이 같은 또 다른 이죄와 결혼도 한다. 여기서 이 또 다른 이죄는 또 다른 '신앙'이며, 또 다른 종파를 의미한다. 그래서 트리스탕은 몸을 섞지 않은 것이며, 이는 곧 이 새로운 종파와의 영적 결합을 거부했음을 뜻한다!

소설 '트리스탕'의 단 한 문장을 통해 정통 가톨릭은 비록 잠정적인 것이지만 일단 승리를 거둔 셈이다. 바로 이때 사랑의 미약이 효력을 상실하고 트리스탕과 이죄 두 사람이 은자 오그랭을 거처로 찾아가 만난다. 하나님을 위해 고행하는 자와 사랑의 여신을 위해 고통을 당하고 있는 이들 연인이 만난 것이다. 이들 연인은 이때 (처음이자 마지막으로) 뉘우친다. 이죄는 남편에게로 돌아가고자 하는데, 이는 이단이 잘못을 깨닫고 정통 가톨릭의 품으로 돌아오려는 것을 상징한다. 하지만 국왕이 신하들을 거느리고 가까이 다가오자 이들 연인은 영원한 사랑과 두 사람만의 비밀을 맹세한 반지를 서로 교환한다. 요컨대 복종은 마음속까지 파고들지 못하고 겉모습만을 바꿔 놓았을 뿐이다. 왕비가 요구해서 이루어지는 불에 달군 인두를 이용한 심판은 국왕이 믿는 신에 대한 복수인데 이렇게 해서 국왕의 신은 두 번 속아 넘어간다.

우리의 해석이 외적인 면과 형태들에 치중한 것이긴 하지만 사랑과 종교 사이에 존재하는 이러한 일치들이 순수하게 우연히 일어난 것만은 아니다. 이러한 형태적 유사성이 존재한다면 이제 중요한 것은 그런 형태에 담기는 내용들이 어떻게 해서 서로 다르게 유지되었는지 그리고 남용이 되었다면 어떤 과정을 거치면서 혼동이 발생했는지 알아보는 일이다.

　우리는 모든 것의 원인을 소설 속에서 일어나는 창조주와 피조물의 어설픈 혼동에서 찾을 수도 있을지 모른다. 흔히 문학 교과서에서 말하는 '여인의 신격화'가 그것이다. 이죄가 단지 아름다운 여인에 불과한 경우에도—후일 여러 세기 동안 사람들은 그렇게 생각했다—우리가 앞서 해석을 통해 밝혀낸 사랑과 종교 간의 신비주의적인 유사성들은 언어적 표현과 관련된, 특히 메타포와 관련된 현상에 지나지 않을 수도 있다. 물론 우리는 이 유사성을 부정할 수는 없을 것이다. 이 유사성은 유사성 자체로 다루어져야 하기 때문이다. 하지만 더 중요한 다른 것이 있다. 이렇게 말할 수 있는 것은 만일 오직 이러한 사랑과 종교간의 유사성만 있다면, 명백한 역사적 증거들에도 불구하고 트리스탕 신화의 종교적 배후 전체를 부정하거나 간과해야만 하기 때문이다. 이렇게 해서 우리는 이제 트리스탕 신화가 간직하고 있는 의미를 알아보는 작업의 출발점으로 다시 돌아왔으며, 이제 트리스탕 이야기는 단순한 궁정 소설로 봐서는 안 되는 것이다. 아니면 소설에 등장하는 궁정풍의 사랑이 있는 그대로의 소설에서 벗어나 여러 박학한 학자가 해석한 것이 될 수도 있다. 이런 상황이 되면 우리는 이 소설을 전혀 이해를 할 수 없게 된다. 그러나 한 번 더 강조하자면 트리스탕 신화에서 정말로 중요한 문제는 사랑의 정념이지, 결코 단순한 세속적이고 자연스러운 사랑이 아니다.

　바로 이 문제가 두 신비주의를 맞서게 한 진정한 대립의 핵심이다. 정통 가톨릭에서는 이승에서부터 하나님과 인간의 '영적 결혼'이라는 결론에 도달한 반면, 완전한 합일과 일체를 원하는 이단은 이 합일이 육체의 죽음을 넘어서서 피안의 세계에서 이루어진다고 본다. 카타리파에서는 그래서 이 세상에서의 속죄가 불가능하다고 본다. 따라서 논리적으로만 보면 세속적인 사랑은 절대 불행이며 불완전한 피조물은 마땅히 응징해야 하는 이루어질 수 없는 불가능한 집착이 된다. 반면 기독교도에게서는 신이 아닌 다른 대상을 신처럼 사랑하는 것은 불행이긴 하지만 속죄가 가능한 사랑이며, 그래서 세속적 사랑을 부정하는 대신 결혼하여 성화하는 것이다.

소설 '트리스탕'의 신비한 이 연인들은 사랑 속에서 행복한 평온을 찾는 대신 강렬한 정념을 찾는다. 두 사람의 정념이 강하면 강할수록 이 정념은 두 사람을 피조물한테서 떼어놓으며 나아가 두 사람은 그럴수록 더 쉽게 고통 속에서 죽음을 맞이하게 된다. 하지만 기독교 신비주의자들은 이와는 반대로 신비함에서 흘러나오는 행동과 작품 속에서 이 신비한 체험의 진실을 가늠할 수 있는 기준을 본다.[4] 인간의 몸으로 강생하신 예수님에 대하여 많은 설교를 한 이들은 끊임없이 이와 같은 태도를 보인다. 그러나 '완벽한 자들'인 카타리파 교도는 성육신을 믿지 않으며 인간이 새로워진 삶으로 다시 돌아올 수 있다고도 생각하지 않는다. 아빌라의 성녀 테레사는 '나는 죽지 않기에 죽는다'고 말했다. 하지만 이 말은 새로운 삶을 살기 위해 죽는다는 말이 아니며 고통 없이 복종하기 위해 죽는다는 것을 의미하지도 않는다.

나는 「트리스탕」에서 에카르트와 십자가의 성 요한이 말한 '신이 주시는 선물을 거부함'을 떠올리게 하는 것을 전혀 찾을 수가 없었다. 연인은 가끔 그들의 정념을 한탄하고 두 사람이 겪는 고통의 원인인 운명의 사랑의 미약을 저주한다. '사랑의 여신이 강제로 그들을 원했다.' 두 사

---

[4] 에카르트의 경우에는 의문의 여지가 있지만(4장을 볼 것) 여러 번 기회가 있을 때마다 이 점을 강조한 아빌라의 성녀 테레사의 경우에는 명백해 보인다. "하나님을 기쁘시게 하고 하나님으로부터 큰 은혜를 입기 위해서는, 이것이 하나님의 뜻이기도 하지만, 이 은혜들이, 하나님이 그 속에서 직접 기쁨을 허락하신 성스러운 인간들의 손을 통해야만 한다."

람은 그러나 끝내 죽음 속에서 정념 전체를 '마지막' 계로 받아들이고 만다. 피조물인 인간에 대한 두 사람의 태도도 여기서 유래하는데 그들은 자신들의 정념과 금욕 그 너머의 세계에서 인간들을 다시 만나지 않는다. 두 사람은 기독교에서만 찾아볼 수 있는 움직임, 즉 '세상으로의 귀환'을 모른다. 십자가의 성 요한 역시 완전한 해탈을 경험했다. "정념들을 죽일 때 인간은 피조물로부터 어떤 자양분도 받아들이지 않는다. 정념을 죽인 인간은 이렇게 어둠으로 가득 차게 되며, 정념이 인간에게 보여준 대상들로부터 벗어나게 된다."(『어두운 밤』, III권, 이 문장을 우리는 방타두르의 아름다운 울부짖음과 유사하게 볼 수 있다 "그녀는 내 마음을 앗아갔네. 나 자신을 가졌네. 내 세상을 앗아갔네. 그리고는 나에게서 도망가 버렸네. 나에게 욕망과 고통만을 남겨둔 채.") 십자가의 성 요한은 이 상태를 뛰어넘어 완전한 공허를 경험한다. 세상과 인간 그리고 대상에 대한 사랑만이 아니라 정신이 절정의 고양 상태에 이르면서 사랑의 욕망마저도 사라져버린 것만 같았다. "모든 탐심이 사라진 그는 높은 곳을 향해 나아갔고, 그 어느 것도 그를 다시 낮은 곳으로 이끌지 못했다……." 음유시인인 아르노 다니엘 역시 그에게서 '모든 욕망'을 거두어 간 이 고양된 상태를 '지나친 욕망'이라고 부르면서 그에 대해 말한 적이 있다. 그러나 이 신접 상태는 십자가의 성 요한의 경우 결코 피조물들을 심판하는 쪽으로 기울지는 않았다. 흔히 – 아마도 잘못된 것이겠지만 – 플라톤주의자로 여겨지곤 하는 에카르트 역시 순수한 인간은 죄를 지어 변질된 인간들의 속죄가 이루어지는 곳이라는 훌륭한 표현으로 가득한 말을 남겼다. "모든 인간은 삶에서 자신의 존재로 건너간다. 모든 인간은 내 속에서 이성적이기 위하여 내 이성 속으로 들어와 선다. 오직 나만이 이 모든 인간을 하나님에게 인도하리라." 논리적으로 보면, 빛나는 에로스에 근거한 모든 신비주의에 없는 것이 바로 이 움직임이다.

겸허함이라고 하는 마지막 한계를 지적할 필요가 있다. 겸허함 역시 성육신의 신비를 둘러싸고 불거지는 대립의 중요한 한 요소다.

'소설 트리스탕'에서는 기사의 긍지라는 켈트적 분위기가 물씬 느껴진다. 이 긍지는 무훈을 세우려는 욕망인데 트리스탕이 거두는 업적들의 동기이다. 모든 열정적인 인간처럼 트리스탕 역시 무모하지만 위험 속에서 그의 힘이 오히려 강하게 느껴지는 감각을 사랑한다. 그가 자신을 위한 마지막 위험을 원하는 그 욕망, 다시 말해 끝없는 정념을 위한 집착과 돌이킬 수 없는 죽음에의 의지를 보이는 것도 이 때문이다. 이 극단적 상황에서 우리는 트리스탕이 위험을 무릅쓰고 거두려고 했던 무훈들이 사실은 자신을 신격화하려는 한 과정의 표현임을 알 수 있다. 하지만 진정한 신비주의자들은 이러한 인식에 대해 반대로 신중해지며 엄격해지고 심지어 자신을 응시하는 명징하고 투철한 정신 가운데 복종한다. 만일 '죽음이 나에게 하나의 소득이라면' 그것은 '그리스도가 내 삶이기 때문이다.' 다시 말해, 그리스도는 말씀이 육체를 입고 나타나셨으며, 낮은 곳으로 임하셨다. 그러므로 기독교인은 인간을 변용시키는 사랑 때문에 죽음의 환상 속에 몸을 던지지 않는다. 반대로 이들은 지상에서 사랑이 갖고 있는 소명의 한계를 받아들인다. "그 어느 것도 인간을 높은 곳으로 인도하지 못한다. 그 어느 것도 인간을 낮은 곳으로 끌어내리지 못한다." 십자가의 성 요한이 한 말이다. 왜냐하면 '인간은 겸허의 중심에 있기 때문이다.'

3. 이상하지만 피할 수 없는 전이

서구의 모든 시는 궁정풍 사랑과 이에서 나온 브르타뉴 소설에서 비롯되었다. 서구의 시에 있는 유사 신비주의적 어휘도 모두 여기에 기원을 두고 있다. 오늘날의 연인들도 이 어휘들 속에서 아무런 거리낌 없이 표현을 골라 사용하며 가장 자주 사용하는 메타포 역시 여기서 유래한 것이다.

하지만 정념의 신화가 소설로 형태를 바꾸어 나타나면서 켈트족의 종교적 유산에서 나온 이미지, 이름, 상황 등의 '소재들'을 사용하는 것과 마찬가지로, 다시 말해 이미 사라진 종교적 소재들을 사용하는 것과 마찬가지로, 서구 문학과 정념들 역시 의식하지 못한 채, 때론 남용의 잘못을 저지르면서까지, 오직 신비주의 신학만이 그 진정한 의미를 정의할 수 있는 언어를 사용한다.

정념의 신화에 있는 다의성과 모호함 때문에 우리는 '소설 트리스탕' 과 같은 에피소드 앞에서 망설이지 않을 수가 없게 되는데, - '소설'이라는 말 자체가 암시하듯 - 이 이야기가 세속적 사랑을 다룬 것인지, 아니면 빛나는 에로스를 다룬 것인지 묻지 않을 수 없다. 나아가서 사랑의 교회를 다룬 것인지도 궁금해진다. 상황이 이렇다 보니, 신비주의 신학을 모르는 독자는 거의 피할 수 없이 지나칠 정도로 베일에 가려져 있는 모든 우의적인 표현, 즉 알레고리들을 우리의 세속적인 삶 속으로 옮겨와 이해하곤 한다. 이 과정은 쉽게 상상할 수 있다. 성 아우구스투스는 다음과 같은 기도문을 쓴 적이 있다. "주님을 내 밖에서 찾았습니다. 그래서 나는 주님을 만날 수가 없었습니다. 주님은 내 안에 계셨던 것입니다." 지금 성인은 하나님에게, 즉 영원한 사랑에게 말을 하고 있다. 하지만 한 음유시인이 신에게 기도하는 척하면서 귀부인에게 같은 기도를 하는 상황을 가정해 보자. 신비주의의 메타포에 익숙한 사랑에 빠진 남자라면 이 메타포들을 속세적인 의미로 이해할 것이며 같은 기도에서 그가 좋아하는 정념의 표현을 보려고 할 것이다. 즉 이 남자는 외부에 살아있는 사랑의 대상에는 무심한 상태에서 표현 자체를 즐기고 음미할 것이다. 우리가 살펴본 것처럼 트리스탕 역시 이죄를 현실 속의 여인이 아니라 그녀가 '그의 가슴 속에' 불러일으키는 욕망의 달콤한 불꽃으로서 사랑했다. 사랑과 정념은 언제든지 나르시시즘, 즉 자아도취의 흥분 상태와 혼동할 수 있다.

대상을 바꿔치기했다는 면에서 보면, 이는 신성모독일 수도 있지만 결코 의도적으로 이루어진 것은 아니며 이런 전이 현상이 일어난 것은 12세기 이후의 일이다. '원래의 일차적 의미', 즉 신비주의적인 종교적 의미를 파악한 것은 그로부터 훨씬 이후 일인데, 근대로 들어서면서 가장 낮은 것을 통해 가장 높은 것을, 인간의 정념을 통해 순수한 신비주의 신학을 이해할 수 있다고 믿었다. 이런 해석을 하는 근대의 문학 연구는 언어를 관찰하는 작업에 근거하고 있다. 특히 위에서 예로 든 두 가지 경우에 사용된 메타포의 유사성에 주목했다. 그런데 이 메타포는 대체 어디서 유래한 것인가? 우리가 살펴본 것처럼 이 메타포는 신비주의 신학에서 왔다. 그러나 이 신비주의는 위장해야만 했고 핍박을 당했으며 그러다가 잊혀지고 말았다. 마치 이단의 유설처럼 너무나도 완전히 잊혀지는 바람에 시처럼 일상생활 속으로 들어와 풍습이 되어버린 나머지 기독교 신비주의자들마저도 이 메타포를 자연스러운 산물로 착각하게 하고 완전히 세속적으로 된 이 메타포들에 의지하게 된 것이다. 그리고 연구자들이나 학자들도 같은 착각을 하였다.

따라서 텍스트를 해석하는 우리의 '학문'은 가설로 제안된 명제 하나하나의 겉으로 드러난 모습을 변화시킬 수 있을 때 학문으로서의 가치가 있을 것이다. 가령 예를 들어, 신비주의 신학이 본능을 승화시키기 위해 등장했다고 선언한다면, 이렇게 확인된 신비주의 신학과 본능 사이의 관계를 바꾸어서 '본능'은 초기 신비주의 신학이 세속화되는 과정에서 나왔다고 보는 것만으로도 가정을 뒤집기에 충분한 것이다.

* *
 *

하지만 현대인은 위에서 말한 가설을 뒤집는 일을 대단히 혐오하기 때문에 우리도 전복이 아니라 전이 현상의 메커니즘을 좀 더 알아보고자 한다. 사실 신비주의 신학은 다는 아니라 해도 적어도 중요한 한 흐름에서는 언제든지 혼돈을 일으킬 수 있다. 이교도 사랑의 신인 에로스의 언어를 남용한 당사자가 바로 신비주의 신학이지 않았던가.

4. 정통 신비주의자와 정념의 언어

기독교적 형태와 내용을 지닌 모든 종교적 삶의 중심에는 말씀이 몸의 형태로 이 세상에 오셨다는 예수 그리스도의 성육신이 자리잡고 있다. 이 중심에서 조금이라도 멀어지게 되면 인본주의와 관념론이라는 이중의 위험을 맞게 된다.

이단 카타리파의 유설은 신약의 모든 복음서를 이상화하고 사랑의 모든 형태를 이 세상 너머의 피안을 향한 도약으로 여긴다. 신적인 세계로의 이러한 도피 – 혹은 '열광' – 와 인간의 한계를 부정하고 그것을 넘어서려는 실현 불가능한 도발적 믿음은 인간의 성적 사랑을 신을 묘사하는 언어로 고양시키는 위험한 행위를 통해 드러나는데, 이렇게 해서 스스로의 정체 또한 드러내게 된다.

반대로 기독교의 '예수 중심적' 신비주의자들에게서는 성적 매력, 허기와 갈증, 의지 등 인간적 속성을 표현하는 언어로 하나님에게 호소하는 경향을 볼 수 있다. 즉 하나님에 대한 사랑을 인간적 언어로 고양시키고 있는 것이다.

신비주의 신학에서는 이렇게 두 가지의 큰 흐름을 볼 수 있다. 그러나

이 두 흐름은 어떤 작품에서나 순수성을 유지하기보다는 다른 경향과 섞여서 나타난다. 두 경향을 대표하는 가장 전형적인 작품에서도, 기독교인들에게서 흔히 볼 수 있는 유혹과 복종의 의지가 함께 있는 방식을 빌려서라도, 거의 언제나 공존한다. 따라서 역사적으로 보면 이 두 경향을 구분해 내기는 여간 부담스러운 일이 아닙니다. 하지만 논리적으로 보면 사태는 명확해진다. 이단인 카타리파의 경향은 일원론적 신비주의로서 인간과 신성의 전체적인 합일을 지향한다. 반면 두 번째 정통 기독교의 신비주의 신학은 굳이 부르자면 '혼인 신비주의'라고 부를 수 있다. 다시 말해 이 경향은 인간과 신성의 결혼을 지향하며 따라서 피조물과 창조주 사이에 본질적 차이와 구분이 유지되는 것이다.

몇 가지 개별적 사례를 들어 보면 – 우리의 접근 방식에서 택할 수 있는 유일한 방법이기도 한데 – 단순화를 피하면서 두 경향의 차이점을 보다 정확하게 살펴볼 수 있다.[5] 이 사례들을 통해 다음과 같은 야릇한 현상이 일어나는 이유를 엿볼 수 있다. 즉 "사랑의 언어가 종교에서 남용되는 것은 역사적으로 보면 가장 정통적인 기독교에서 비롯된 것"이라는 현상을 이해할 수 있게 된다.

첫 번째 사례는 루돌프 오토Rudolf Otto의 『서양과 동양의 신비주의 신학』에서 가져온 것이다.[6] 저자 오토는 14세기의 독일 신비주의 창시자인 에카르트Eckhart와 힌두교의 신비주의자인 상카라Sankara를 비교한 다음

---

[5] 신비주의 연구는 일반론을 펼칠 경우 가장 실망스러운 결과를 보여주는 예외적인 분야다. 바뤼지(J. Baruzi, 『십자가의 성 요한』(Saint Jean de la Croix))가 적절하게 지적했듯이, 우리가 다양한 신비주의 전체를 다루려고 하면 '신비주의 경험은 수미일관한 양상을 지닌 것으로 보이지만 이 경우 실제로는 수미일관한 것이 아니라 평범한 것이며, 결국 우리는 이 신비주의의 경험에 대하여 아무것도 얻지 못하고 마는 것이다.'

[6] 1929. R. 오토의 책 중, 성스러움에 대한 책만이 프랑스어로 번역되어 있다.

두 사람을 대립시키고 있다. 우리에게 흥미로운 것은 루돌프 오토가 동양과 서양을 구분하면서, 우리가 앞서 행한 바와 같이(제2권, 4장) 두 문명의 신비주의를 각각 에로스와 아가페로 수렴시키고 있다는 점이다.

상카라는 이 세상을 거부하고 가차 없이 비난한다. 즉 그는 니르바나 nirvana는 삼사라 samsara(무한히 움직이는 다양한 모습의 생명)를 받아들일 수 없다고 본다. 반면 에카르트는, 믿는 자의 마음을 통해 피조물들이 '그들의 삶에서 존재로 건너가는 것'이므로 모든 피조물에서 임재 臨在하는 하나님을 본다.

이 두 경향은 중세 서구에도 상카라와 유사한 전통이 존재했다는 사실로 비교가 가능하다. 오토는 다음과 같이 쓰고 있다. "그것은 감정적 도취 상태의, 즉 강렬한 감정으로 하나가 된 두 존재의 '나'와 '너'가 서로에게 흘러 들어가 단일 존재를 탄생케 하는 신비주의였다. 에카르트는 물론 이 '병적인' 도취상태나 사랑을 겪지 않았다. 그에게 사랑이란 '아가페'라고 하는, 죽음만큼 강한 기독교적 덕목이었지, 결코 도취는 아니었다. 즉 내적인 것이었지만 종국에는 겸허한 것이었으며, 동시에 칸트식의 '실질적인 사랑'과 가까운 능동적이고 자발적인 것이었다. 다른 무엇보다 바로 이 특징 때문에 에카르트는 근본적으로 사람들이 그의 스승으로 여기는 플로티노스와 구별된다. 플로티노스 역시 신비한 사랑을 역설했지만, 그러나 그가 주장한 사랑은 기독교적 아가페는 결코 아니었다. 플로티노스의 사랑은 쾌락을 의미하는, 다시 말해 자연적이며 동시에 초자연적인 아름다움을 즐기는 그리스적 에로스였다. 플로티노스의 사랑은 이 쾌락을 정교하게 승화시켜 플라톤의 향연 Syposium에 등장하는 에로스적인 어떤 것, 즉 위대한 다이몬 Daimon이 되는 것이었는데, 이 다이몬은 스스로를 정화시킴으로써 격렬한 번식 본능에서 벗어나 신적인 열기에 도달한다. 그러나 그렇다고 이 신적 열기 속에 인간적 열기를 구성하던 요소들이 없던 것은 아니다."[7]

에카르트에게 신비주의 신학의 진정한 길은 감정의 상태에서 도약하여 최고의 합일, 즉 절정의 사랑의 감정에 이르는 것은 아니었다. 그의 말을 들어보자. "사랑은 결코 합일하지 않는다. 사랑은 본질이 아니라 작품과 하나가 된다."[8]

'합일은 에카르트가 보기에 우선은 진정한 아가페의 가능성을 제공한다. 그가 말하는 아가페는 플라톤이나 플로티노스의 에로스와 작은 공통점도 없을 뿐만 아니라, 무엇보다 흥분과 어떤 종류의 첨가물도 없는 기본적인 순결과 단순함의 상태인 기독교적 감정 상태의 순수성을 말한다.' 에카르트가 말하는 이 합일의 상태에서 '신뢰, 신앙, 단념, 봉사가 나온다.'

우리가 보기에 에카르트가 말하는 것은 합일이기보다는 일치에 가깝다. 실제로 에카르트는 다른 글에서 인간은 인간이고 하나님은 하나님이라고 말했다.[9] 영적인 사랑은 시작일 뿐이며 마지막 목표가 아니다. 기독교인에게 죽음은 이 세상에서 겪는 재앙이 아니라 이 세상에서의 보다 더 실질적인 삶의 시작인 것이다. 오토는 에카르트의 글을 인용하

---

[7] [역주]『향연』(*Symposium*)은 플라톤이 기원전 380년경 인간의 사랑에 관해 나눈 대화를 기록한 것이다. 다이몬(Daimon)은 소크라테스가 준비하지 않아도 언변을 비롯해 여러 가지 일상적인 일을 도와준다고 믿었던 영적 존재로, 늘 인간과 가까이 지내는 일종의 부적과 같은 동물이나 물건, 혹은 눈에 보이지 않는 작은 귀신들을 말함.

[8] "*Minne einiget. Sie einiget wohl an einem werke, nicht an einem Wesen.*"

[9] 그의 설교집『*Nisi graum frumenti*……』. "인간은 본성과 존재와 삶을 빠져 나와 신성 속에서 태어난다. 그의 미래가 있는 곳이 바로 여기다. 이 신성은 유일한 존재로서 다른 어떤 구분도 존재하지 않는다. 유일한 존재는 하나님이며 이 신성은 인간이다."(메리쉬 생 위베르의 번역). 에카르트의 글을 읽다 보면 도처에서 그가 합일(프랑스어 Union, 독일어 Einung)이라는 단어를 사용하면서 모호한 뜻을 부여하고 있어서 의미 파악에 어려움을 겪게 된다. 하지만 어떤 경우에도 오토가 말한 대로, 본질적 합일을 말하고 있지는 않다.

고 있는데, 이 글에서도 합일이 아니라 인간과 하나님의 유사성을 말하고 있다.

"인간과 하나님이 서로의 내부에서, 함께 유사성을 갖고 있다는 것은 찬란한 사랑이 만개하는 기원이자 근원이다."[10]

오토는 다음과 같이 결론을 내린다. "따라서 에카르트에게 신적 합일의 진정한 표현은 절정에 도달한 신비한 기쁨이 아니라 아가페였다. 플로티노스도 상카라도 이 아가페는 경험하지 못했고 그에 대해 말하지도 않았다."

각각 고유의 특징을 갖고 있는 신비주의의 두 축을 살펴보았다. 요약하자면, 동양(다시 말해, 상카라, 플라톤, 플로티노스)과 서양(에카르트가 대표하고 있는)은 우리가 사랑에 대한 카타리파의 신비주의와 정통 기독교 교리를 구분하고자 할 때 의지했던 항목들 속에서 다시 그대로 대립하고 있다.

* *
*

그러나 에카르트는 생전에 별로 좋은 평판을 받지 못했다. 교황 요한 22세는 1329년 칙서에서 에카르트가 쓴 가장 대담한 명제들을 금지하기도 했다. 이렇게 금지된 그의 명제 중 하나인 제10번째 명제는 교황의 칙서에서 다음과 같이 인용했다.

"우리는 처음부터 끝까지 우리 자신을 하나님을 통해 은유화할 수 있으며 또한 우리는 성체배령 때 빵이 그리스도의 몸이 되듯이, 같은 방식으로 하나님 안에서 변할 수 있다. 하나님 자신이 나를 그의 것으로 만들

---

[10] *Und diese Gleichheit aus dem Einen in das Eine mit dem Einem ist Quell und Ursprung der ausblühenden glühenden Liebe.*

었기에 나는 그렇게 하나님 안에서 변화했다. 합일이지 닮은 것이 아니었다. 살아계신 하나님을 통해 더 이상 어떤 구분도 없었다."

에카르트의 저서에서 가져온 이 명제는 우리가 앞서 행한 해석과 상충되는 것처럼 보인다. 이 글만 읽으면 에카르트는 '동양' 쪽 신비주의 편에 서있는 것만 같다. 다시 말해 본질적으로 합일을 지향하는 신비주의 편에 서있는 것같이 보이며 따라서 이단처럼 보일 수가 있다.

하지만 한 가지 확실한 것은 에카르트가 무엇보다 변증법적 논리 추구 방식을 선호했던 사람이라는 것이다. 따라서 그의 저서들 속에서는 상호 모순되는 진실을 너무나도 빈번하게 발견할 수 있다. "에카르트에게서는 부정과 긍정이 모두 진실이다. 하나는 다른 하나 없이 참일 수가 없고 양자는 서로의 관계 속에서만 생각할 수 있다. 긍정과 부정은 하나의 진실 안에 있는 두 모습이기에 구분할 수 없는 것이다."[11]

에카르트가 플랑드르 신비주의 신학에서 격렬한 반대를 불러일으켰고, 오토가 본질적 합일과 업적 포기 같은 문제들을 어떻게 알 수 있느냐며 반대 입장에 섰던 몇몇 조항이 반대에 부딪쳤다는 점은 시사적이다. 에카르트에게는 무언가 동양적인 것이 있었던 것이다. 그래서인지 에카르트는 루이스브뢰크의 눈에는 우리가 이단의 유설이라고 부른 그런 부류의 신비주의자로만 비쳤다.

* * *

루이스브뢰크는 스승이었던 에카르트를 가혹할 정도로 반대했다. 그의 저서인 『12명의 베긴파 신도의 책』에서 스승인 에카르트와 그의 제

---

[11] B. Groethuysen, 『에르메스』(*Hermès*), 1937년 7월.

자들을 '사이비 예언자들'이라고 맹비난했다.[12] 그가 보기에 이들은 '자신들이 본성상 하나님인줄 착각하고 있는 자들'이었다. "단지 하나님과 동등한 자들이 되기를 원하는 정도가 아니라 스스로 하나님이 되려고 하는 이들은 마왕과 그 추종자들보다 더 사악한 자이며 저주받아 마땅한 자이다. 이들은 알려고도, 경험하려고도, 원하지도, 사랑하지도, 감사하지도, 칭찬하지도, 욕망하지도, 소유하지도 않으려고 한다. 이것이 그들이 주장하는 완벽한 정신적 가난이다. 그러나 성령에서 태어나 성령을 찬송하는 이들은 이 모든 덕을 실천할 것이다. 이런 사람들은 깨닫고 사랑할 것이다. 찾고 발견하고……" 한 마디로 말해 루이스브뢰크가 칭찬하는 이들은 행동하는 사람이다.

루이스브뢰크는 요컨대 에카르트의 정적주의적 태도를 비난했다.[13] 루이스브뢰크는 스승에 반하여 사랑의 실천으로 행동주의를 선호했다. 그는 인간과 하나님 사이의 구별은 결코 사라질 수 없는 것이라고 굳게 믿고 있었다. 인간은 결코 하나님이 될 수 없으며 단지 닮을 수는 있다는 것이다. 인간은 정화된 정신의 거울 속에서 하나님을 바라보며 명상할 수 있다는 주장이었다. "우리는 우리가 누구인지를 응시하며 우리가 응

---

[12] [역주] 베긴(Béguines)파는 중세에 벨기에와 플랑드르 지방에서 서원을 하지 않은 채 교회에 봉사하는 여신도들의 모임을 지칭한다. 영적으로, 정치적으로 영향력이 있었다.

[13] [역주] 정적주의(靜寂主義, quiétisme)는 17세기 말 에스파냐의 사제 미구엘 데 몰리노스의 저서에서 영감을 받아 이탈리아에서 창설된 신비주의 신학이다. 마음의 절대적 평온 상태에서 기독교적 완벽성에 도달하는 것을 목표로 하며 명상을 통해 신과의 합일을 추구한다. 금욕과 제의를 부정하고 그 결과 방탕한 생활을 하기도 했던 몰리노스와는 달리 금욕, 규율 준수, 철저한 제의 집행 등을 특징으로 하며, 인간의 노력에도 불구하고 모든 것은 신의 선택에 달렸다는 얀센주의(장세니슴)의 신관에 반대하며 죽기 전에 신과의 합일을 이루는 것이 기독교인들의 목표라고 주장했다. 교황 이노켄티우스 11세가 이단으로 규정하여 금지했으며, 17세기 말 프랑스의 종교적 논쟁의 중심 주제였다.

시하는 것이 된다. 우리의 본질은 우리 자신의 개성 중 그 어느 것도 사라지지 않은 채 인간과 하나님을 구별하는 신의 진리에 합일하는 것이다. 하나님과 우리를 갈라놓는 심연은 우리 자신의 가장 은밀한 곳에서 우리 자신에 의해 파악된다. 하나님은 본질적 거리이시며……"

* * *

자, 이제 한 가지 사실을 분명히 할 필요가 있다.

인간이 본질적으로 하나님과 합일할 수 있다면, 하나님을 향한 인간의 사랑은 행복한 사랑이다. 따라서 이 행복한 사랑은 격렬한 정념의 언어로 표현하지 않아도 무방하다는 것은 누구나 예상할 수 있다. 이 점은 역사가 우리에게 일러주고 있기도 하다. 파키에 신부는 다음과 같이 말했다. "에카르트식의 신비주의자들에게서 인간들 사이에서 사용하는 사랑의 언어가 전혀 나오지 않는다고 나는 장담하지 못한다."[14]

반대로, 정통 기독교에서 주장하듯이 인간은 절대로 하나님과 합일할 수 없다면, 하나님을 향한 인간의 사랑은 '서로에게 불행한 사랑'일 것이다. 이때 하나님을 향한 사랑은 정념의 언어로, 다시 말해 문학에 의해 '속화되고', 인간의 정념을 표현하기 위해 의존하는 카타리파의 언어로 표현될 것이다. 카타리파의 언어가 기댄 수사학은 인간이 겪는 감정의 표현할 수 없는 본질을 전달하고 표현하는 데 가장 적절했기 때문이다.

여러 텍스트가 우리가 한 요약의 정확성을 입증해 준다. 북유럽의 신

---

[14] 바뤼지의 『십자가의 성 요한』에서 재인용. 642쪽. 에카르트의 글에 결혼과 관련된 표현들이 전혀 없다는 사실이 에카르트 같은 신비주의 신학자들이 신과의 본질적인 합일을 믿었는지 여부를 판단하는 기준이 되어주지 않을까? 파키에 신부의 논리는 오토의 논리와 상충되며 그에 의하면 에카르트는 이단이 될 것이다.

비주의에서 '결혼과 관련된' 표현은 인간과 하나님의 본질적인 구분을 주장한 루이스브뢰크의 이론에서 나타난다.

"그래서 거역하기 힘든 욕망이 찾아온다. 붙잡을 수 없는 것을 붙잡으려고 하는 노력…… 욕망의 대상은 단념할 수도 없고, 붙잡을 수도 없다.[15] 포기한다는 것은 받아들일 수 없는 일이다. 하지만 간직한다는 것도 불가능한 일이다. 침묵마저도 이 욕망의 대상을 두 손으로 움켜쥐기에는 힘이 약하다."

루이스브뢰크의 열정적인 글 속에는 모든 종류의 사랑과 정념의 메타포가 등장한다. 사랑에 매몰되었다, 실신하다, 포옹하다, 초조와 불안의 폭풍우, 낮과 밤을 뜯어먹는 사랑의 불길, 사랑의 난장판, 흘러내리는 쾌락들, 취기, 온 몸에 든 멍들…… 은 베긴파의 한 여신도가 그리스도에 대해 말할 때 그녀로 하여금 다음과 같이 말하게 했다. "그리스도는 내 정신과 심장을 마셔버렸소." 다른 여신도는 "나는 하나님의 입 속에서 나를 잃어버렸소." 세 번째 여인은 "사랑의 눈길을 마시고 취하여 그 눈길에 매몰되었어요……"

많은 사례가 있지만 루이스브뢰크에서 멈추어야 할 것 같다. 스승인 에카르트와 그의 제자인 루이스브뢰크가 신과의 합일이라는 문제를 놓고 첨예하게 대립했다는 역사적 사실은 두 사람을 함께 다루는 작업이 가능하다는 것을 잘 일러주었다.

하지만 13세기 들어 프란체스코 수도회의 신비주의 수사들의 글을 보면 명백하게 궁정풍의 주제를 사용하고 있었다는 또 다른 예를 접할 수 있다.

---

[15] 한 음유시인도 같은 말을 했다. "사랑의 여신은 나를 떠나지도, 나를 소유하지도 못한다."

아시시의 성 프란체스코가 젊었을 때 프랑스어를 배워서 프랑스의 기사도 소설을 탐독했다는 것은 널리 알려진 사실이다.[16] 그는 '세상에서 가장 훌륭한 기사'가 되고 싶어했다고 전해지는데 그의 고백에 따르면, '전 세계가 사랑하는 위대한 제후'가 되겠다고 했다.[17] 우리는 또한 그가 어떤 방식으로 성직을 선택했는지도 잘 알고 있다. 그는 주교와 아버지를 포함해 많은 사람이 모인 아시시의 대광장에서 옷을 다 벗고는 화려한 옷을 입은 아버지 앞에 다가가 이제부터 자신의 진정한 아버지는 하나님뿐이라고 선언했다. "주교는 그의 망토를 벗어 프란체스코의 어깨에 걸쳐주었고 그는 큰 소리로 프랑스어 노래를 부르면서 그 길로 시골로 떠나버렸다. 프란체스코의 알몸은 그의 위대한 영혼을 위한 보잘것없는 봉사자에 지나지 않았다. 주님을 향한 그의 도약에 이제 거칠 것이 없었다! 프랑스 소설들을 기억하면서 프란체스코는 청빈을 그의 '귀부인'으로 삼았고 이 귀부인의 기사가 된 것을 큰 영광으로 알았다."[18]

프란체스코의 '벌거벗은 몸'은 육체적인 나신을 의미하지만 동시에 상징적인 의미를 함께 지니고 있는데 오늘날에도('영혼의 전사들'인) 이단 두코보르파에서는 그대로 행해지고 있다.[19] 두코보르파의 신앙은 카

---

[16] [역주] 성 프란체스코 다시시(Francesco d'Assisi, 1182~1226)는 우리에게는 아시시의 성 프란체스코로 많이 알려졌다. 이탈리아 중부 아시시 출신의 프란체스코 수도회 창시자로 그리스도가 십자가에서 받은 상처가 그대로 그의 몸에 옮겨진 성흔(聖痕)으로 유명해진 성인이며 지오토(Giotto di Bondone) 등 많은 화가가 이를 기리는 그림들을 남겼다. 방탕한 젊은 시절 기사가 되는 것이 꿈이었지만 회개를 하고 교황을 만나 수도회를 세우는 허락을 받아 평생 청빈한 삶을 살았다.
[17] 테레즈 라방드 장루아(Th. Labande-Jeanroy), 『이탈리아 신비주의자들』(Les Mystiques italiens), 사화집의 서문.
[18] 위의 책과 폴 사바티에(P. Sabatier), 『아시시의 성 프란체스코의 생애』(Vie de saint François d'Assise).
[19] [역주] 두코보르파(Doukhobors)는 러시아에서 생긴 기독교 이단 종파다. 기록에 처음 나타난 것은 18세기 말이다. 두코보르는 '영혼의 전사'라는 뜻이다. 예수의

타리파와 그노시스파의 교리와 유사한 것들을 믿는다. 1929년 두코보르파는 아이들을 국가가 운영하는 학교에 보낼 수 없다고 항의하면서 옷을 벗고 고성으로 찬송가를 부르며 캐나다로 이주했다.[20] 이들은 신체노출과 성적 공동체를 형성한 죄로 고소당했다.

13세기에 들어서자 사람들은 전반적으로 이전보다 예민해졌다. 이탈리아에서는 프란체스코파의 편력기사들이 전국으로 퍼져나갔고 같은 시기 남부 프랑스에서는 음유시인들이 각 지역으로 널리 퍼졌다. 길가에서도 광장에서도 그리고 성이 있는 마을에서도 이들은 쉽게 눈에 띄었다. 일명 '하나님의 익살꾼'으로 불렸던 자코포네 다 토디의 시들[21]과 모방자들의 새벽 찬과讚課, laudes, 시에나의 성녀 카타리나의 편지들, 『복자 안젤라 다 폴리그노의 책』[22] 그리고 이외에도 『피오레티』 *Fioretti*의 많은 이야기가 퍼져나가면서 음유시인들과 궁정 소설의 수사학이 프란체스코파의 서정주의에 직접 영향을 끼쳤으며 이 프란체스코파의 서정성은 다음 세기에 유행하게 되는 신비주의 신학의 언어에 지대한 영향을 미친다.[23]

신성과 신약의 복음서를 제외한 모든 성경을 부정하고 정치적으로도 남성 위주의 정부를 부정하는 극단적 평화주의자로서 기존 기독교를 부정하는 이단이다. 심한 박해를 받았고 19세기 말 캐나다로 이주를 시작해 현재 전 세계적으로 약 6만 명 정도의 신도가 있다. 이주 당시 톨스토이가 이주 자금을 많이 도와주었다.

[20] 리흐트(B. de Ligt), 『창조적 평화』(*La Paix créatrice*), II. p. 415.
[21] [역주] 자코포네 다 토디(Jacopone da Todi, 혹은 Jacopo Benedetti, 1230 혹은 1236~1306)은 이탈리아 중세의 프란체스코회 사제로 열정적이며 논쟁적인 많은 시를 남겼다.
[22] [역주] 폴리그노의 안젤라(Angela da Foligno, 1248~1309)는 중세 프란체스코회 여자 수사로 바티칸이 복자로 인정한 신비주의 성직자이다. 라틴어로 쓰인 그의 책은 모든 가족을 잃은 채 반복되는 환상과 신비체험을 기록한 책으로 신비주의의 대표적 작품으로 꼽힌다.
[23] 아시시의 성 프란체스코는 질 수사(Frère Gilles)를 '원탁의 편력기사'로 불렀으며, 그가 보인 이적 - 예를 들면, 구비오 마을의 늑대를 개종시킨 일 등 - 은 편력

오, 피조물인 인간이여, 그대의 본성은 천사들의 본성임을 기억하라. 그대가 더 오랫동안 이 진흙탕 속에 머문다면 그대는 영원히 암흑 속에 있어야 하리라.

자코포네 다 토디나 그의 측근들이 지었을 것으로 추정되는 『찬과』에서 읽을 수 있는 위의 시와 시를 지배하고 있는 순수주의는 카타리파의 순수주의를 연상시킨다. 다른 찬과들은 가톨릭적 정신에 근거하여 쓰이긴 했지만, 이보다 더 에로틱하고 궁정풍의 언어를 사용하고 있다.

신음소리를 내며 가깝게 주님을 끌어안으면 나는 마치 불에 던져진 얼음처럼 녹아 내리네. 사랑의 사랑이 나를 태우고, 나는 사랑에 취해 사랑과 하나가 되네.
신음소리를 내며 불꽃 속에서 나는 타오르고 야위어가네. 살아있지만 죽어가는 것이네. 죽어가면서 살아있는 것이네. 하지만 난 아직 사랑하는 것이 아니라 사랑에 목말라 할 뿐이네. 위대한 사랑과 하나가 되고 싶은 허기로 배고플 뿐이네.[24]

5. 에스파냐 신비주의자들의 궁정 수사학

이제 우리는 에스파냐의 대표적인 신비주의자들이 남긴 텍스트를 살

기사들이 세운 무훈들과 동일한 상황에서 일어났다. 이 이적들은 『피오레티』를 지은 작가들에 의해 성자전 형식으로 기록되었다. 이 이야기는 성자전 형식을 띠긴 했지만 13세기 독자에게는 기사도 이야기와의 유사성을 강조한 이야기임이 쉽게 느껴지는 것이었다.
[역주] 피오레티는 '작은 꽃들'이라는 뜻으로, 아시시의 성 프란체스코와 그의 제자들이 보인 이적을 기록한 53편의 시적 분위기를 지닌 짧은 이야기 모음집이다. 14세기 초, 저자 미상의 작품이다.
[24] 『신비한 사랑의 무도』(Ciascun amante), 부록 1, 9장 참조.

펴보려고 한다. 특히 16세기에 활동한 아빌라의 성녀 테레사, 십자가의 성 요한의 글들을 집중적으로 살펴볼 것인데 이 글들에서는 놀라울 정도로 세련된 뉘앙스에 이르기까지 궁정 사랑을 지배한 전체적인 수사학을 엿볼 수 있다.

가능하다면 여러 신비주의자의 글을 발췌해서라도 모두 살펴봐야겠지만 그럴 수 없기에 음유시인들과 정통 가톨릭 신비주의 신학자들에게서 공통으로 발견되는 중요한 주제들만 살펴볼 수밖에 없다.[25]

> 죽지 않기에 죽는 것이다.[26]
> 기분 좋은 화상火傷
> 상처만 남기는 사랑의 창
> 사랑의 평강
> 세상과 인간들을 떼어놓는 정념
> 다른 모든 사랑을 바래게 하는 사랑
> 불평이 없을 리 없지만
> 모든 즐거움과 지상의 모든 것보다 더 좋은 이 아픔
> 말들은 표현할 수 없는 것들을, 그러나 말해야만 하는 것들을 늘 달리 말하니
> 개탄하지 않을 수 없노라
> 모든 비열한 생각을 깨끗하게 하고 몰아내는 사랑
> 욕망을 대신하는 사랑의 욕망
> 승리를 거두고 돌아와야 하는 사랑의 전투
> 사랑의 성들과 항구들의 숨은 의미들
> 거울 속에 감추어진 뜻, 완전한 사랑에 비친 불완전한 사랑

---

[25] 제2부 7장, 제4부 3, 4장에서 몇 가지 텍스트를 볼 수 있다.
[26] 아빌라의 성녀 테레사의 이 말은 안젤라 다 폴리그노의 '죽음의 욕망으로 죽는다'는 말을 연상시킨다.

도둑맞은 마음, 강탈당한 이성, 사랑의 유괴
지고의 '인식' connaissance 으로 간주된 사랑
(프로방스어로는 'canoscenza')

유물론에 입각한 심리학자라면(볼테르에서 프로이트까지) 야릇한 확신으로 언어에만 집중한 채, 이 모든 표현이 성적 일탈과 관련되어 있는 것이라는 결론을 내릴지도 모르겠다. 아닌 게 아니라 우리는 이미 19세기 학자들이 내린 결론을 받아들여 편견을 상식처럼 알고 있기도 하다. 신비주의자들을 유물론적으로 판단하는 자들의 강박관념보다는 오히려 우리에게 그렇게 판단하는 대상에 대해 더 많은 것을 일러주기는 하지만, 어떻든 신비주의자들에 대한 유물론에 따른 판단은 역사적 오류이자 심리학적으로 봐도 잘못이다. 왜냐하면,

1. 신비주의자들에게서 볼 수 있는 정념의 언어들은 애초 감각과 자연에 대한 언어가 아니라, 12세기 남프랑스에서 유행했던 이단의 유설들과 밀접한 관련을 맺고 있는 금욕주의 수사학에서 온 언어이기 때문이다.
2. 십자가의 성 요한과 아빌라의 성녀 테레사는 '영적인 음란함'(이 표현 자체가 요한의 것이다)의 위험성을 그 누구보다 잘 알고 있다. 그런데 이 두 성자는 자유롭게 언어를 구사하고 있어서 흔히 제기되는 '성적 억압'이라는 의혹이 두 사람의 글에서 의미하는 바를 찾기 어렵다.

* * *

위에서 제시한 우리의 두 논거를 더 자세히 살펴보자.
우선 신비주의자들의 언어와 그들이 겪은 깊은 경험을 혼동해서는 안

된다. 말로 충분히 표현할 수 없는 경험이기도 했지만 말과 경험 사이에는 다른 간극이 존재했다. 테레사 성녀를 다루는 책에서 바뤼지는 다음과 같이 말했다. "성녀 테레사의 이미지들이 어디서 왔는지 수많은 기원을 밝혀냈다. 하지만 어쩌면 성녀 테레사의 본성이 가장 순수하게 잘 나타나는 그녀의 심리적 언어가 어디서 왔는지, 그 기원을 확실하게 밝혀낼 수 있을까?"[27] 성녀 테레사를 비롯해 모든 신비주의자는 그들이 경험한 그대로 하나님의 작품과 작업을 노래하기에 적합한 새로운 언어 nuevas palabras가 없다는 사실을 절감하며 탄식을 쏟아내곤 했다. 어쩌면 이런 상황에서 그들의 침묵이 말보다 더 사실적인 것인지도 모른다. 따라서 우리는 그들이 사용한 어딘가에서 물려받은 문학적 언어의 요소들을 살펴보아야 한다.

가장 유명하고 많이 알려졌으며 동시에 서구 학자들의 의견이 가장 분분한 예에 국한한다면 이 성녀는 끊임없이 궁정 수사학을 사용했고 나아가 그것을 세련되게 다듬기도 했다.

성녀가 문학의 영향을 받은 것일까? 아니면 당시 은밀하게 퍼져있던 이단의 유설들을 읽은 것일까? 아니면 성녀 스스로 재창조해 낸 것일까? 이 경우라면 앞 장에서 우리가 했던 몇 가지 지적에 따라 부분적으로 설명이 된다. 바뤼지의 말을 더 들어보자. "십자가의 성 요한이 구약의 아가서에서 가져다 사용한 것으로 알려진 몇 가지 이미지가 오직 구약의 아가서에서만 가져온 것인지 아닌지를 우리는 어떻게 알 수 있는가? 이 이미지들은 성자 자신이 스스로 재발견한 것일 수도 있으며, 글을 쓰는 동안 재구성된 환희를 표현하기 위해, 말하자면 성자 자신이 적절한 지 어떤지를 따져본 것일 수도 있다."[28]

---

[27] 바뤼지(J. Baruzi), 『신비주의 언어 연구 서설』(*Introduction à des recherches sur le langage mystique*). (『철학 연구』(*Recherches philosophiques*), I, 19).

오늘날 그 누구도 이 질문에 명확히 답할 수는 없을 것이다. 가장 박학한 학자라도(루이스브뢰크나 성녀 테레사처럼) 잘 알려져 있고 게다가 이단이 아니라 정통 가톨릭 신비주의자들조차 그들이 사용한 언어의 정확한 기원을 밝히는 문제가 나오면 망설이게 된다. 십자가의 성 요한의 경우에도 마찬가지이다. 반면 성녀 테레사는 그나마 몇 가지 확실한 기원을 찾아낼 수 있는 경우에 속한다.

"신비주의자들이 기사도 문학에 심취해 있었다는 사실은 여러 사람이 지적한 바 있다. 테레사 성녀 역시 어린 시절 기사도 소설에 열광했던 소녀였다(성녀의 자서전인 『인생』, 2장을 볼 것). 성녀는 당시 남동생인 로드리그와 함께 직접 기사도 소설을 써보려고까지 했다."[29] 우리는 이 밖에도 테레사 성녀가 지적 자양분으로 삼은 종교 작가가 거의 모두 궁정과 기사도 문학의 수사학에 깊이 물든 사람들이었음도 알고 있다. 이 문제는 이미 다루어진 바 있는데, 이 분야를 연구한 한 저자의 놀라운 정보와 침착한 연구로 확인할 수 있었던 바 여기서 그의 적절한 분석을 그대로 인용하려고 한다.[30]

16세기의 기사도 소설과 영적 논설에 나타난 사랑에 대한 관념에 국한한다면 내용과 형식면에서 양자 사이에 흥미로운 유사성이 있음을 알 수 있다.

a) 『아마디스』*Amadis*의 고상한 언어, 에로틱한 메타포들, 정교한 품행과 예의범절들은 프란시스코 데 오수나, 베르나르디노 데 라레도,

---

[28] 바뤼지(J. Baruzi), 『십자가의 성 요한과 신비주의 경험』(*Saint Jean de la Croix et l'expérience mystique*). p. 343.
[29] Maxime de Montmorand, 『정통 가톨릭 신비주의자들의 심리』(*Psychologie des mystiques catholiques orthodoxies*).
[30] Gaston Etchegoyen, 제4부, 「신의 사랑에 대한 표현」, 『신의 사랑, 성녀 테레사의 기원에 관한 연구』(*l'Amour divin, essai sur les sources de sainte Thérèse*).

말로우 데 차이데(테레사 성녀의 스승) 등에게서 그대로 볼 수 있다. 그뿐만 아니라 『찬탄』과 『내면의 성』 등에서도 찾아볼 수 있다.³¹

b) 에스파냐에서는, 기사도 소설을 쓴 작가들은 신비주의 작가들과 마찬가지로 친숙하고 더 감동적인 인간 내면의 반응을 위해 초자연적인 기적에 대한 반응을 희생시키며 사실주의에 따른 글을 쓰는 특징을 흔하게 보인다. 작가들은 인간적인 것과 신적인 것을 같은 차원에서 다룬 것인데, 세속적인 눈으로 신적인 것을 바라볼 때도 있고, 반대로 신의 해석으로 세속적인 것을 볼 때도 있었다.

c) 무엇보다 궁정풍 사랑과 신에 대한 사랑은 윤리적 의무, 행동, 신앙에 대한 영웅적 개념에 서로 자극하고 영향을 주었다. 아마디스의 신조와 테레사 성녀의 신조는 똑같이 '행동하기 위하여 사랑한다'라고 볼 수 있다(여기서 우리는 한 가지 유보적인 태도를 취할 수밖에 없는데, 다름 아니라 궁정풍의 사랑은 처음에 등장했을 때의 순수한 상태에서는 고통을 당하기 위한 사랑, 괴로워하기 위한 사랑이었다).

d) 신에 대한 사랑과 궁정풍의 사랑이 종합을 이루는 곳은 허풍과 과장으로 가득한 기사도 소설들이 아니라 12세기 프로방스 음유시인

---

³¹ [역주] 『아마디스』는 1508년, 에스파냐에서 출간된 가르시 로드리게스 데 몬탈보의 기사도 소설이다. 여러 나라 언어로 번역되어 널리 퍼졌고, 세르반테스에게도 영향을 주어 『돈키호테』를 쓰게 했다. 아마디스는 주인공인 기사의 이름이다. 원제는 『골의 아마디스』(*Amadis de Gaule*)이다. 프란시스코 데 오수나(Francisco de Osuna, 1497~1541)는 세비야에서 태어나 활동한 에스파냐 프란체스코 수도회 신비주의 작가다. 테레사 성녀에게 큰 영향을 끼쳤다. 베르나르디노 데 라레도(Bernardino de Laredo, 1482~1540)는 에스파냐 의사이자 프란체스코 수도회에 속해있던 작가다. 역시 테레사 성녀에게 영향을 끼쳤다. 『찬탄』(*Exclamaciones del alma a su Dios*)과 『내면의 성』(*Castillo interior*)은 모두 테레사 성녀의 책이다.

들의 시에서다. 이 음유시인들의 이론에 있는 풍요로운 요소, 상징을 통한 암시, 그리고 그들이 사용한 시어들은 아시시의 성 프란체스코를 거치며 13세기 들어 신비주의 신학 안으로 들어온다.

테레사 성녀의 인생에 국한해서 본다면, 기사도 소설들이 그녀에게 심리적 영향은 물론 문학적 영향도 주었는데 이 문학적 영향은 특히 성녀가 영적 투쟁과 내면의 성을 묘사하면서 전사적 이미지에 의존할 때 두드러져 나타난다.

이단의 유설이 돌아온 것이며 승천한 것이다! 교회에 반발하여 만든 수사학을 통해, 그러나 교회가 성자들한테서 다시 취한 수사학을 통해 유설은 이렇게 우회로를 거쳐 다시 돌아왔다. 이 여정을 요약해 보자. '완전한 자들'의 유설은 사랑의 여신인 비너스의 에로스에서 왔고, 이 유설은 세속적인 사랑의 시와 혼동할 정도로 하나가 되었으며, 이 혼동과 일치하는 인간의 자연적인 욕망들을 자극하고 어루만져 주었다. 그러나 이단의 유설은 사람들이 예술의 기만적인 매력에 지쳐가자 서서히 사라지는 것처럼 보였다. 이렇게 해서 시만 남게 되었는데 백 년 후, 삼백 년 후가 되자, 사람들은 그동안 벗어놓았던 옷 속에 자연 이외의 다른 것을 숨겨놓았다는 것을 기억하고 다시 그 옷을 꺼냈다. 기독교 신비주의 신학이 바로 이 옷을 다시 걸치게 된 것이며 그리하여 이 옷을 아가페라는 이름의 또 다른 사랑에게 입히게 된다.

* * *

사람들이 격정적인 사랑의 언어를 선호하는 취향을 심리학적으로 살펴보면, 이 심리는 유물론적인 미신 이론으로 해석이 가능했다.[32] 흔히 사람들은 거의 모든 것을 - 때론 지나칠 정도 - '정도를 벗어날 정도로' 성적 본능으로 몰아갔다. 19세기는 사실 탁월한 것을 열등한 것으로,

영적인 것을 물질적인 것으로 그리고 의미 있는 것을 의미 없는 것으로 '몰아갈 때' 가장 쾌감을 느끼는 그런 시대였다. 물론 19세기는 몰아가는 것이 아니라 '설명했다'고 말할 것이다. 이런 현상은 대부분 비판적 감각을 거부하는 최악의 상황과 다름없는데 이 자리에서 이에 대한 세세한 이야기를 할 수는 없다. 다른 곳에서 이미 한차례 말한 적이 있다.[33] 내가 보기에 이러한 현대의 경향은 시에, 그리고 일반적으로는 정신의 모든 창조적 행위에 — 따라서 위험한 행위에 — 깊은 원한이 있었음을 일러주는 것 같다.

하지만 정확히 할 필요가 있는데, 즉 16세기 사람들에게, 에로틱한 언어는 오늘날의 우리가 보는 것보다 훨씬 순결한 것이었다는 점을 지적해야 한다. 사실 노이로제에 걸린 사람은 무신앙의 시대에 살았던 19세기 부르주아의 종교였던 '청교도'의 후예인 오늘날의 우리이다. 십자가의 성 요한은 심리학적 혜안을 갖고 소명을 깨달은 초기에 정신이 고양되는 신비한 체험에 이끌린 육체의 움직임들을 한 페이지를 할애하여 멋지게 기술한 바 있다(『어두운 밤』*Nuit obscure*, I, v.3). 성 요한은 그 글에서 그와 유사한 예기치 못한 일들의 중요성을 감추려고도 하지 않았고 또 실제보다 과장하려고 하지 않았다. 성 요한의 글을 읽으면서 우리가 정신분석의 용어인 '승화'나 '억압' 등의 단어를 떠올린다면 그것은 성자가 말하려고 했던 것을 알아보려고도 하지 않은 채 일언지하에 거부하는 것과 다름없다. 테레사 성녀가 기도를 할 때면 매번 감각적으로 전율을 느낀다고 하소연 하는 한 성직자에게 편지를 보냈다. "그것은 기도와

---

[32] 가장 유명한 심리학자만 지적한다면 막스 노르도(Max Nordau), 크라프트 에빙(Krafft-Ebing), 무리지어(Murisier), 류바(Leuba), 프로이트(Freud) 등이 유물론에 입각한 이론을 펼친 심리학자들이다.
[33] 『손으로 생각하기』(*Penser avec les mains*), 제2부.

무관한 일인 것 같아요. 그러니 가장 좋은 방법은 더 이상 신경을 쓰지 않는 것이겠죠." 대체 어디에 '검열'이 있고 '억압'이 있을까? 십자가의 성 요한도, 성만찬식을 할 때면 늘 성적 흥분을 참을 수 없다고 해서 급기야 일년에 한 번만 성만찬식에 참여하도록 조치를 받은 같은 수도회 소속의 한 형제 수사를 만나 조언을 하기를, 걱정하지 말고 어떤 일이 일어나든 괜찮으니 매주 성만찬식에 참여하도록 조치를 풀었다. 그 결과 이 가련한 수사는 치료되었다. 왜냐하면 지나칠 정도로 불안하게 그 생각만 하지 않게 되었기 때문이다. 정신분석 이야기를 조금만 더 한다면, 십자가의 성 요한은 노이로제에 걸린 환자가 아니라 상담하는 의사였던 셈이다.

테레사 성녀는 다음과 같이 말했다. "아가서에서 볼 수 있는 몇 가지 내용은 다른 방식으로 표현할 수도 있는 것처럼 보일 수도 있습니다. 물론 나는 거칠기만 한 것이 우리 인간이라는 점을 알기에, 이런 생각이 머리에 떠오를 수도 있다는 사실에 그리 놀라지 않아요. 심지어 나는 몇몇 사람이 아가서를 이해하려고도 하지 않는다는 소리를 듣고 있어요. 오, 하나님 맙소사! 우리 인간들은 얼마나 가련한가요! 먹는 모든 것을 독으로 만드는 독충들처럼 우리에게도……"

* *

이제까지 우리는 에카르트와 루이스브뢰크, 테레사 성녀와 십자가의 성 요한을 나란히 읽으며 비교해 보았다. 그 결과 다음과 같은 결론을 내릴 수 있다. 신비주의 신학자들이 흔히 쓰는 일상적 언어에서 가져온 메타포들은 이들 성자들이 주장하는 신과의 합일이라는 교리와 혹은 그리스도의 성육신 교리와 밀접한 관련을 맺고 있다.

루이스브뢰크, 테레사 성녀, 십자가의 성 요한은 모두 분명히 '그리스도 중심의' 신앙인이었다. 이들에게 모든 것은 죄 때문에 인간과 창조주가 헤어지는 이별의 드라마에서 시작된다. 그리고 마찬가지로 모든 것이 은총 속에서 이루어지는 적극적인 합일의 순간을 향해있다. 바로 이들이 '결혼'이라고 부른 것이다. 즉 선택된 인간과 교회의 신랑 되시는 그리스도의 합일을 말한다. 그리스도를 '떠난' 인간이 가는 길이 정념이다. 이 성자들의 글 속에서도 정념은 여러 곳에서 발견할 수 있다. 반면 에카르트의 글에서는 한 군데에서도 이 말을 찾을 수가 없다.

바로 이런 이유로 에카르트는 정통 가톨릭 신비주의 신학자이다 - 혼란스러운 자아도취와 교묘한 합리화의 의혹을 가장 덜 받는 신비주의자가 바로 그였다! - 에카르트는 신앙의 대상 자체에 의해 사랑과 정념의 언어를 사용하도록, 때로는 남용하도록 이끌어가는 자신을 눈여겨보았다. 사용이나 남용이라는 단어는 현대 심리학자들이 현대 심리학의 상식에 걸맞은 결론을 이끌어내게 하는 단어이다. 하지만 우리의 눈에는 사랑과 정념의 언어들을 사용하거나 남용한다고 해서 성적 억압이나 승화가 있었다고 보는 것은 역사가 날조한 것처럼 보인다.

6. 메타포에 대한 노트

역사적으로 살펴보았다고 해서 모든 것을 다 설명한 것은 아니다. 다음과 같은 의문이 남았기 때문이다. 즉 사랑과 정념의 언어는 궁정 문학에서 온 것이며 궁정 문학의 언어는 이단의 유설이 유행하던 상황에서 태어났다. 그렇다면 이 이단의 유설은 승화한 심리적 장치들이 지배하는 것으로써 심리적 메커니즘에 모일 수 있는 것 아닌가? 우리에게는 이단의 유설에 대한 이러한 의문에 맞다, 틀리다 여부를 '역사적으로' 확인할 방도가 없다. 하지만 이론적으로는 위의 이의제기에 반론을 펼칠 수 있을 것이며 이 반론은 꼭 한 번 짚고 넘어갈 필요가 있다. 철학자들의 골치를 아프게 하는 문제가 하나 있는데, 다름 아니라 '닭이 먼저냐, 달걀이 먼저냐' 하는 문제다. 골치 아프기는 마찬가지이지만 우리가 부딪친 문제에 답이 전혀 없는 것은 아니다. 그 문제는 요컨대 정신과 물질 모두 관련된 현상들의 근원적 원인이 정신이냐, 아니면 물질이냐 하는 문제이다.

예를 들어, 신비주의 언어에서, 우리는 정신적인 것이 물질화 된 상황에 놓인 것인지 – 만일 그렇다면 이 경우 정신이 근원적 원인이 될 것이다 – 아니면, 반대로 표현된 모든 것의 밑바탕에 있다고 여겨지는 심리적 현상들의 승화된 상황에 놓인 것인지 따져볼 필요가 있다. 어떤 답을 얻든 한 가지는 확실해 보인다. 즉, 우리는 이 양자가 서로 어느 한 쪽이 없는 상황에서는 존재할 수 없는 상황에 놓인다는 것이다. 이 사실에 만족하고 논쟁을 끝내야 할지도 모른다. 하지만 누구도 이 사실에 만족하지 않는다.

유물론적 과학이 준 반사 작용의 희생양이 된 현대인의 의식은 가장 육체적인 것을 선택함으로써 논쟁을 끝내려는 경향을 보인다.

이제 메타포를 살펴보자. 우리는 '쓰다'라는 말을 맛에도 사용하고 고통에도 사용한다. 이 현상을 어떻게 설명할 수 있을까? 답은 의외로 간단할지도 모른다. 모든 사람이 망설이지 않고, '쓰디 쓴 고통'이라고 말할 때 그것은 비유적으로 메타포를 사용해서 말한다고 답할 것이다. 쓰다라는 말의 '원래' 의미는 요컨대 육체적 감각 작용에 관련된 것으로 사람들은 그것을 최초의 의미로 여겼다.

그럴 수도 있다. 하지만 사람들은 이것을 어디서, 어떻게 안 것일까? '쓰다'라는 말의 최초의 의미가 육체적인 것이라고 믿는 사람은 그 이유를 댈 수 있을까? 이유를 댈 수 있기에 그렇게 믿는 것일까? 사람들은 한 단어의 '물질적' 의미가 언제나 '정신적' 의미보다 시간적으로 앞서 존재했는지 여부를 연구라도 해보았단 말인가? 사람들은 흔히 한 단어의 '정신적' 의미가 '물질적' 의미가 전이된 것에 지나지 않고 그래서 대략적인 것이지만 그런대로 쓸 만하다고 생각해왔다. 그 누구도 이런 연구를 하지는 않았다. 사람들은 상식이라는 이름으로 혹은 자명하다는 이유로 자신도 모른 채 편견에 의지하여 확실하다고 생각하고 말한다. 이 편견은 물리적인 것이 정신적인 것보다 '더 진실이며, 더 사실'이라고 생각하는 것과 다름없다. 그래서 물리적인 것은 언제나 모든 것의 기본이라는 것이다. 그래서 모든 것은 물리적으로 '설명이 가능하다'는 것이다.

편견이 형성되고 작용하는 메커니즘은 민코프스키 박사와 아르노 당디외에 의해 적절하고도 약간의 뉘앙스를 지닌 채 규명되고 동시에 비판을 받은 적이 있다.[34] 두 사람에 따르면, '원래의' 의미와 '비유적' 의미는 서로 모을 수 없다고 한다. 왜냐하면 두 의미 모두, 나눌 수 없고, 더 깊고, 감각적이거나 정신적인 양상들 이전에 먼저 존재하는 하나의 현실을, 서로 다른 영역들 속에서 '원 의미 그대로' 나타내기 때문이다. 만일 그렇지 않다면, 하나의 단어가 다양한 현상을 일컫는 데 쓰이는 것을 설명할 방법이 없다. 실제로 소금의 맛 속에서보다 고통 속에 쓰디씀이 적은 것은 아니다. 그러나 우리가 같은 단어로 양자 속에서 지칭하는 것은, 우리의 삶 전체 속에서 감각에 의해서든, 혹은 사고에 의해서든 영향을 받는 동일한 방식일 뿐이다.

우리가 다루고 있는 사랑의 메타포에서도 사정은 마찬가지이다. 현대인은 망설이지 않고 다음과 같이 논증할 것이다. "사랑은 나에게 성적 매력을 일컫는다. – 그런데 테레사 성녀는 끊임없이 사랑을 말하고 있

---

[34] 민코프스키(Dr. Minkowski), 『우주론을 향하여』(*Vers une cosmologie*), 메타포에 대한 장 참조.

다. – 따라서 이 신비주의 성녀는 자신이 성욕이상에 걸린 연애망상증 환자라는 사실을 모르고 있다고 볼 수 있다." 하지만 우리가 살펴보았듯이, 테레사 성녀는 아무것도 모르는 게 아니었다. 오히려 '정념에 사로잡힌' 여인들이야말로 자신을 모르는 신비주의자라고 볼 수 있다. 이제 논쟁은 무효가 되었다. 우리는 첫 번째 기원들이 어디에 있는지 전혀 모른다. 우리가 이끌어 낼 수 있는 것은 오직 역사적 변천 과정 속에서 두 요소가 서로 어울리며 작용을 주고받았다는 그 움직임뿐이다. 다시 한 번 명확히 하는 의미에서 요약을 해보자.

우리가 사용하는 사랑과 정념의 언어는 음유시인들의 수사법에서 왔다. 탁월하게 다의적인 수사법이다. 마니교의 교조적 신앙을 가진 누군가가 이 수사법을 이용하여 성적 매력을 나타내는 상징들을 만들어 냈다. 그러나 이 수사법은 차츰 수사법을 만들어낸 종교에서 벗어나 풍습 속으로 들어왔으며 마침내 흔한 일상적 언어가 되어버렸다. 한 신비주의 신학자가 말로는 형용할 수 없는 경험들을 표현하고자 하자 그는 어쩔 수 없이 메타포에 의존할 수밖에 없었다. 그래서 이 신비주의자는 메타포를 발견하고서는 있는 그대로 가져다 사용했고 조금씩 변화를 주기도 했다. 그런데 12세기에 들어와 흔히 사용하는 메타포들은 궁중에서 사용하는 메타포였다. 따라서 신비주의자들이 망설임 없이 이 메타포들을 사용했다고 해서 그들이 성적, 감각적 정념들을 '승화시켰다'는 것을 의미하는 것은 결코 아니다. 단지 이러한 사랑과 정념에 대한 흔한 표현, 게다가 신비주의자들에 의해 만들어지기도 한 표현이 그들이 겪은 영적 사랑을 표현하는 데 적합했을 뿐이다. 늘 사용하는 이 메타포들은 나아가 인간과 하나님 사이의 '불행한' 관계들을 표현하는 데 더 없이 적절한 것이기도 해서 완전히 인간화되기에 이르러 이단의 유설에서도 벗어난 것이 되었다. 이단의 유설에 의하면 하나님과 인간 사이에는 완전한 합일이 가능하며 이 합일 상태를 통해 신적인 지복과 순수하게 인간적인 사랑의 불행이 비롯된다. 반면 정통 가톨릭에서는 인간과 하나님의 합일이란 불가능하다고 보며 따라서 인간은 불행한 존재이며 인간의 사랑은 그 한계 안에서만 가능할 뿐이다. 이렇게 해서 이단이 주장하는 인간적 사랑과 정념의 언어는 정통 가톨릭에서 주장하는 신을 향한 사랑과 정념의 언어와 다름없는 것이 된다.

따라서 우리는 두 언어 사이에 끊임없이 상호작용이 이루어진다는 사실을 알 수 있다. 자의적인 모든 결론은 이 영원히 이어질 변증법이 진행되는 어느 특정 순간만을 강조하며 이 특정한 순간을 최초의 첫 번째 기원으로 만든다.

7. 신비주의자들의 해방

자의적인 결정일 수밖에 없지만 우리는 정신 쪽을 선택할 것이며 이는 정신이 모든 것에 우선하기 때문이다. 종국에는 자의적이고 결국 어떤 식이든 같은 결론에 도달하겠지만, 우리가 정신에 우선순위를 두는 이유는 다음과 같은 세 가지 이유가 있다.

1. 사랑과 정념의 언어는 정신에서 출발해야 제대로 설명을 할 수 있다. 이는 사랑의 언어가, 사랑을 말할 때 흔히 쓰는 '정념에 눈이 멀어서', '사랑에 미쳐서' 같은 표현이 말해주듯이 정신에 대한 자연의 승리를 설명해 주기 때문이 아니라, 인간 본능에 대한 정신의 과도한 우월성과 개입 등을 표현하기 때문이다. 13세기 음유시인인 귀도 카발카니는 '사랑은 욕망이 너무나도 강렬해 자연스러운 사랑의 한계를 벗어날 때 생긴다'고 말한 적이 있다. 본능의 경계선을 넘어선다는 것은 인간을 정신으로 정의하는 것과 다름없다. 우리의 출발점이 바로 여기다.

언어란 무엇인가? 진실만큼이나 허위를 말하는 능력이다. 동물은 거짓말을 못한다. 다시 말해 본능을 거스르지 못하며 없어서는 안 될 것과 육체적 만족 이외의 것을 추구하지 못한다. 사랑에 대한 사랑인 정념은 반대로 정신적 비상을 통해 본능 그 너머로 가며 그렇게 해서 본능을 '속인다.' 이 거짓말의 책임자는 '정신'일 수밖에 없다(여기서 우리는 사랑과 정념과 그 표현이 그리고 거짓말이 얼마나 서로 긴밀하게 연결되어 있는지 느낄 수 있다. 사실 이것이야말로 모든 정념의 전형적인 현상이라고 할 수 있다. 자신을 표현하고 좀 더 즐기기 위해 자신을 묘사하려는 의지는 모든 사랑과 정념에서 찾아볼 수 있다. 하지만 여기에는 언제나 타인들이 자신을 이해하지 못한다는 확신이 숨어있는데, 그래서 사람들이 질문을 하거나 혹은 비난을 하면 정념의 본질이 다치지 않도록 보호하기 위해 거짓말을 한다!)

2. 십자가의 성 요한, 루이스브뢰크 그리고 성 프란체스코 등은 정념으로서의 사랑이 태어난 이후에 활동한 이들이다. 동시에 정념으로서의 사랑 역시 카타리파의 유사 기독교적 신비주의 이후에 태어났다.

3. '모든 호색증 연애 망상자는 자신의 병을 모르는 신비주의자다'라는 명제를 두고 그 역도 진실이라고 대답할 수 있다고 생각한다면 이는 오산이다. 위대한 신비주의 신학자들을 모방하는 아류 신비주의자들은 종종 자신을 모르는 호색증 환자인 경우가 있을 수 있다.[35] 호색증은 일종의 중독성 질환이며 에카르트, 루이스브뢰크,

---

[35] 특히 여성 추종자들의 경우가 그렇다. 17세기에 마그리트 마리 알라코크(Marguerite-Marie Alacoque)는 우려할 만한 전형적인 예에 속한다(신혼 밤에 일어난 일들을 묘사한 그의 글을 보라!).

테레사 성녀, 십자가의 성 요한은 이런 중독성 질환과는 정반대에 있음을 우리는 너무나도 잘 알고 있다.

중독증 환자는 정념의 희생자가 아니라 더 자극적인 정념을 얻기 위해 자신이 사용하는 물질적 요소의 희생자에 지나지 않는다. 정념의 기원은 의식적이든 아니든 견딜 수 없는 지상의 조건들에서 벗어나려는 욕망이며 이러한 욕망에서 초보적이긴 하지만 신비주의적 열망을 엿볼 수도 있다. 하지만 중독성 질환의 결과로 이런 욕망이 생긴다면 이 욕망은 약물의 노예에 지나지 않는다. 심리학적 관점에서 보면, 이런 사람들은 감각 체계가 허물어지고 이성이 허약해진 자이며 종국에는 백치로 전락하는 자이다. 신비주의자들은 이와는 반대로 도취 상태를 벗어나야 하는 필요성을 강조했으며 늘 정신의 명징성이 더 순수하고도 담대해지도록 해야 하고 그럼으로써 '일상 속에서' 하나님의 은총이 작용하는 모습과 소리를 들어야 한다고 말했다. 테레사 성녀는 그녀로 하여금 보다 더 잘 행동하게 하고 보다 더 잘 사랑하게 하는 환상들만을 좋은 것으로 여겼다. 그리고 위대한 신비주의 신학자들은 무엇보다 그들의 이러한 정신적 고양의 최종 목적이 인간의 위엄에 찬 자유에 있음을 모두 한 목소리로 말했다. 서로 다른 말을 사용하긴 했지만 에카르트와 십자가의 성 요한은 결국 같은 말을 한 것이다. 신비주의자는 '신의 선물 없이 살 수 있게 도달해야 하며 그 선물을 오직 자신을 위해서만 사용하지 않도록 해야만 한다.' 십자가의 성 요한은 영적 결혼에서 인간은 더는 신의 사랑을 느낄 수 없을 때 하나님을 사랑하게 된다고 말했다. 이는 완벽한 무관심의 상태 아니냐고 말하는 이들이 있을 수 있다. 하지만 실제로 이 상태는 힘들게 얻은 균형의 정점이며, 인식과 행동이 하나가 되는 상태이기도 하다.

신비주의 모험은 망아의 상태와 금욕을 넘어, 인간이 완전한

'탈중독 상태'에 있을 때 그 정점에 도달한다. 다시 말해 인간이 자아를 엄격하게 소유할 때 가능하다. 바로 이때 영적 결혼이 가능해지며, 이 결혼은 에로스의 즐거움이 아니라 아가페를 낳는 풍요로운 생산성을 의미한다.

이렇게 정통 가톨릭의 신비주의 신학은 승화된 형태들 속에서 사랑과 정념을 초극할 수 있도록 해주는 정화의 길이다. 기독교의 금욕은 인간을 '행복한' 순종으로 인도한다. 다시 말해 피조물인 인간의 한계를 받아들이도록 한다. 하지만 되찾은 자유와 새로워진 정신 속에서 인간의 한계를 받아들이는 것이다.

8. 정념의 황혼

정통 신비주의 신학과 이단을 구분하는 핵심적인 기준은 그리스도가 말씀이 육신이 되어 강림했다는 교리인 성육신成肉身, Incarnation이다. 정통 신비주의 신학과 이단은 각각 이 성육신을 다르게 해석하고 있으며 이로부터 사랑에 대한 정의도 달라진다.

카타리파의 유설은 요한복음에서 그렇게 했듯이 밤과 낮을 대립하게 한다. 하지만 카타리파 교도에게 낮의 말씀은 밤의 형태를 띠지 않는다. 즉 그들은 낮은 '육체'가 아니라고 믿는다. 이들은 완전한 낮이 삶을 통해 우리 인간들에게 전달되기를 원치 않는다(즉 이들은 그리스도의 인간적 속성을 믿지 않는다). 이들은 사랑을 통해 위대한 사랑으로 직행하기를 원하며 그 어떤 중개자를 거치지 않고 밤에서 낮으로의 비약을 원한다. 그래서 이들은 마치 이카루스가 추락하듯이 추락하고 만다(인간에게 '길'인 그리스도를 통하지 않고 하나님에게 가고자 하는 사람은 사탄에게 가고 만다. 강한 어조로 루터가 한 말이다). 카타리파 교도는 밤이 낮의 수수께끼라는 것을 어렴풋이 느끼고 있고 낮이 이 모든 수수께끼의 마지막 비밀을 쥐고 있다고 생각한다.[36] 카타리파 교도는 밤이 정체를 알 수 없는 조물주가 만든 작품이 아니라 우리 인간의 반항에 대한 신의 진노라는 사실을 모르고 있다(성서가 일러주는 교리는 이렇다). 낮이 이승의 삶 속에서 '물질'을 수단으로 우리 인간을 가르친다는 사실을 외면하고 피조물을 성화시키는 아가페를 무시한 채, 따라서 그들이 생각하는 죄의 진정한 성격을 모른 채, 죄악에서 벗어났다고 믿는 바로 그 순간 그들은 죄악 속에서 길을 잃고 다시 돌아올 수 없는 위험으로 빠져드는 것이다.

바로 이로부터 인간을 신격화하는 에로스와 본능의 노예와 다름없는 에로스를 혼동하는 일이 일어난다. '열광적인' 정념, 즉 음유시인들이 말한바 '사랑의 기쁨'은 숙명적으로 불행한 인간의 정념에 이를 수밖에 없다. 이 불가능한 사랑은 인간의 마음에 격렬한 정념의 불꽃 때문에 얻은 잊을 수 없는 상처를, 인간을 집어삼킬 듯한 열광을, 즉 오직 죽음만이 끌 수 있는 갈증을 남기고 만다. 바로 이것이 카타리파 교도가 사랑하는 '사랑의 고문'인데 이들은 이 사랑의 고문 자체를 위해 사랑한다.

'완전한 자들'의 사랑과 정념은 인간을 신격화하는 죽음을 원한다. 정념이, 신앙은 없지만, 그러나 불타오르는 뜨거운 시정에 의해 충격을 받은 인간의 가슴에 남겨놓은 갈증은 죽음 속에서 오직 마지막 전율만을 찾는다.

마찬가지로 귀부인에 대한 사랑도, 이 사랑이 태초부터 스스로 존재하는 낮과의 합일의 상징으로 남아있지 않으려고 할 때, 귀부인과의 불가능한 합일의 상징으로 변질되고 만다. 어디서 왔는지 그 기원을 알

---

[36] 칼 야스퍼스는 그의 책 『철학』(*Philosophie*)에서 낮에 의한 밤의 승화를 멋지게 표현한 적이 있다(H. 코르뱅의 번역을 참고할 것. 『에르메스 I』(Hermès) I, 1938).

수 없는 신적인 것과 사람을 현혹하는 거짓된 초월적인 것을 간직한 채 이단의 교도는 이렇게 해서 여전히 고통을 받으며 그것이 환상임을 알면서도 자신들을 해방시켜 줄 영광스러운 환상을 간직하고 있는 것이다! 이렇게 해서 비극적인 전도가 일어난다. 즉 빛이 더는 목적이 아님이 드러났음에도 불구하고, '길'을 모르고 있음에도, 이들은 초월적인 것과의 합일에 이르기까지 자신을 극복하려고 한다. 이것은 밤의 어둠 속으로 자신을 내던지는 것과 다름없다.

이때부터 초월한다는 것은 실제로는 한껏 고양된 나르시시즘에 지나지 않는다. 초월은 이제 감각에서 해방을 겨냥하지 않으며 대신 고통스러운 격화된 감정을 더욱 강하게 느끼려고만 할 뿐이다. 이는 정신적인 중독이다.

13세기에서 오늘에 이르기까지 모든 위대한 문학 속에 나타난 사랑과 정념의 역사는 궁정에서 시작된 사랑과 정념의 신화가 '세속적인' 삶 속에서 변질되어 온 역사이다. 이 문학사는 또한 격렬한 감정 상태를 따라 신비한 초월성을 대체하기 위하여 에로스가 행한 점점 더 필사적인 여러 시도의 역사이기도 하다. 그러나 우렁찬 목소리로 울려 퍼지는 것이든 아니면 탄식조의 신음소리이든, 이제 격렬한 사랑의 담론에 대한 수사법과 그 색깔들은 사랑과 정념의 신화가 맞이한 황혼의 열광에 지나지 않는다. 그리하여 결코 지켜진 법이 없는 영광에 대한 약속으로 남아 있을 뿐이다.

004 문학 속에 나타난 트리스탕 신화

> 이제 우리는 죄가 무엇인지 인정하게 되었다. 아니면 어떻게 죄가 저질러지는지 알게 되었다. 인간의 의지가 신을 떠나 스스로 하나의 독립된 의지가 될 때 스스로의 열정을 북돋으며 자신을 향한 사랑으로 타오른다. 인간 의지의 고유한 속성인 이 열정은 신을 향한 열정과는 전혀 무관한 것이다.
>
> — 야코프 뵈메[1]

1. 풍속에 미친 문학의 영향에 대하여

한 시대의 삶에 예술이 어떤 영향을 끼쳤는지 '검증해 내기'는 결코 쉬운 일이 아니다. '음악은 풍속을 순화시켰을까?' 이 질문에 나는 어떤 답도 할 수가 없다. 나뿐만이 아니라 다른 누구라도 명쾌한 답을 할 수 없을 것이다. 회화 역시 마찬가지인데, 회화는 과연 우리의 삶을 변화시키는 데 어떤 의미 있는 작용을 할까? 우리가 몸담고 사는 건축은 비바

---

[1] [역주] 야코프 뵈메(Jakob Böhme, 1575~1624)는 최초의 루터파 신비주의 신학자이다. 평생 교육다운 교육을 받지 못한 상태에서 몇 번의 신비체험을 통해 내면 성찰의 경험들을 많은 글로 남겼다. 후일 18~19세기 독일 철학가들과 초기 낭만주의자들은 물론이고 퀘이커교, 밀턴, 뉴튼 등 영국 작가와 철학자들에게도 많은 영향을 끼쳤다. 헤겔은 그를 두고 '최초의 독일 철학자'라고 했다.

람을 피하게 해준다는 의미에서는 지대한 영향을 끼친다고 볼 수 있지만, 그러나 건축의 이러한 주거용도는 예술에 속한 문제는 아니다. 우리는 철학에 대해서도 어떤 경향이든 같은 논리를 펼 수 있다. 영향을 끼쳤다 해도 삶과 풍속에 끼친 철학의 영향을 가늠해 내기가 불가능한 것이다. 그러나 문학을 두고 말하면 상황은 전혀 달라진다. 문학이 우리의 삶과 풍속에 끼친 영향 중에서 예를 들면 정념을 표현한 문학이 끼친 영향 같은 경우는 역사적으로 거슬러 올라가 각 시대마다 어떤 영향을 끼쳤는지를 밝혀낼 수 있다.[2]

실제로 정념이야말로 서구 문학이 풍속에 끼친 가장 두드러진 영역이며 이 영향의 대부분은 다름 아닌 트리스탕 신화에서 비롯되었다. 좀 더 정확하게 말해 보면, 트리스탕 신화의 수사학은 남프랑스 지방인 프로방스식의 사랑이 남긴 유산으로 이를 따른 서구 문학은 풍속에 큰 영향을 끼쳤다. 언어의 음운과 관련된 청각적 요소들이 우리 인간의 행동에 마술 같은 영향을 미친다는 점은 굳이 말할 필요도 없을 것이다. 우리의 관심은 외우고 다니는 주문이 아니라 하나의 어법으로 자리잡은 언어 사용이며 이렇게 정형화된 언어는 잠재된 감정들을 자극하고 유도함으

---

[2] [역주] 예술 전체를 거론하는 이 4권 모두에서 저자 드니 드 루즈몽은 음악, 건축, 미술 등을 문학과 구분하여 그 영향력을 축소하고 있다. 드니 드 루즈몽의 이 저술이 나온 이후 반세기가 넘게 지난 21세기의 문화 예술을 논할 때는 저자의 논리가 궁색하다는 비판을 면하기 어려울 것이다. 온갖 실험을 거친 현대미술, 대중 음악, 만화, 영화, TV, 광고 그리고 현대건축과 도시공학 등은 자본주의 메커니즘 속에서 1930년대에 글을 쓴 드니 드 루즈몽이 본 것과는 달리 풍속은 물론이고 현대인의 감성을 조직하고 세계 인식을 지배하고 있기 때문이다. 특히 제2차 대전이 끝난 후 냉전과 베를린 장벽 붕괴를 거쳐 신자유주의 세계로 접어들면서 미국이 완전히 재편된 새로운 세계의 헤게모니를 쥔 오늘날의 문화예술계 사정은 드니 드 루즈몽의 예술관을 거의 완전히 벗어나 있다. 따라서 저자가 부록과 작가 후기에서 미국판 대중영화인 헐리우드 영화를 언급하고 있으면서도 미술을 단순히 조각이나 회화에 국한시키는 관점과 예술 전반에 대한 그의 성급한 판단에 대해서는 유보적 입장을 취할 수밖에 없다.

로써 감정들에게 가장 적절한 표현 수단을 제공한다. 일찍이 라 로슈푸코는 묻지 않았던가. '사람들이 말하는 사랑을 듣지 못했다면 얼마나 많은 사람이 사랑을 할 수 있을 것인가'라고.

* *
*

정념은 정념에 대한 표현과 떼어놓을 수 없는 밀접한 관계를 맺고 있다. 정념은 언어를 태어나게 하는 정신의 표현 욕구에 뿌리를 두고 있다. 정념이 단순한 본능의 단계를 넘어서서 진정한 정념이 되는 순간, 정념은 정당화하기 위한 것이든 아니면 자아도취의 단계를 밟아가는 것이든 혹은 단지 이야기하기 위한 것이든 스스로를 언어로 표현하기 마련이다 (프랑스어에서 s'entretenir라는 표현은 이야기되다는 뜻 이외에 유지되다는 뜻이기도 한데 이 이중의 뜻은 정념과 그 표현의 관계를 이해하는 데 중요하다) 정념과 표현의 관련성은 어렵지 않게 확인할 수 있다. 사회 엘리트 계층이 경험한 감정은 대중이 모방하게 마련인데 이 감정은 문학이 만들어 낸 감정이다. 흔히 말하는 사랑의 고백이라는 것은 사랑을 의식하고 있다는 증좌인데 이는 일정한 수사학에 의해서 이루어지기 때문이다. 이 수사학이 없어도 사랑의 감정은 존재하겠지만 그러나 이 경우 사랑은 결코 입 밖에 낼 수 없는 낯선 것이자 법을 어긴 어떤 것으로 스쳐 지나가는 일시적인 감정으로 여겨지고 만다. 반면 우리는 사랑과 관련한 수사학과 문학이 만들어짐으로써 사람들의 가슴 속에 잠재해 있던 모종의 힘들이 뒤섞여 분출하는 것을 여러 번 보아왔다. 예를 들면 『젊은 베르테르의 슬픔』이 나온 이후 이 소설은 수많은 자살 유행을 불러왔다. 루소의 소설을 모방해 프랑스 궁정에서는 우유 마시기가 유행이었고 샤토브리앙의 『르네』는 여러 세대 동안 독자를 절망에 빠뜨렸다. 단순한 자연을 예찬하기 위해서이든, 우울한 심적 상태를 받아들이기 위해서이든 아니면 심지어 스스로 목숨을 끊기 위해서이든, 어떤 경우든 자신에게는 물론이고 타인에게 자신이 느낀 것을 설명할 수 있어야만 했다. 인간은 감정적이 될수록 말이 많아지기 쉬우며 말도 잘하기 쉬워지는 법이다.

한 인간이 정념에 사로잡히게 되면 이 사람은 수사학에 기대어 다양한 어법을 구사할 기회가 그만큼 많아지며 그러면 그럴수록 그 필요성을 인정하게 된다. 다양한 수사학에 기댐으로써 그는 자신의 사랑을 '비장한 무엇'으로 만들어 쉽게 잊혀지지 않게 변화를 꾀하고자 한다.

바로 이런 이유로 우리는 큰 어려움 없이 서구 여러 민족의 윤리 속에서 트리스탕의 궁정 신화가 변화해 온 과정을 추적해 볼 수 있다. 사랑의 신화는 문학적 은유들과 함께 나란히 발전한 것이기 때문이다(물론 시대와 장소에 따라 늦거나 단순화되는 경우가 없는 것은 아니다).

우리는 앞 장에서 고전적인 신비주의가 변화하는 모습을 살펴보면서 변화의 정점에서 신화가 승화되는 것을 확인할 수 있었다. 신비주의는 상승하는 길이며 이 길을 따라가면 사랑의 '마력'에서 자유로운 상태에 도달할 수 있다. 하지만 문학의 경우에는 정반대의 길을 열어 놓는다. 다시 말해 문학은 삶의 구체적인 풍속 속으로 연결된 길이기에 사랑의 신화는 통속화되기 마련이다. 지금부터 우리가 살펴보려는 것이 바로 이 사랑의 신화가 속되게 변해가는 과정이다.

2. 두 송이 장미꽃

트리스탕의 사랑의 신화가 속화되는 과정을 살펴보려면 1237년에서 1280년 사이에 쓰인 『장미 이야기』부터 출발해야 할 것이다. 베룰과 토마가 『트리스탕』 소설을 쓴 것은 『장미 이야기』가 나오기 약 100여 년

전의 일이다. 『장미 이야기』가 나온 시기는 이단인 알비파 진압을 위한 원정 탓에 음유시인은 모두 흩어졌고 프랑스 남부 랑그도크 지방의 궁정 문화 전체가 피폐한 때였다. 이런 상황에서 음유시인들이 전하던 정념의 전통은 어떻게 되었을까?

14세기부터 전 유럽에 걸쳐 퍼진 이단들은 교회의 무자비한 탄압을 받았다. 이런 상황에서 이단의 유설들은 이제 문학적 표현에 기대어 종교적 신념을 표현할 수가 없었다. 카타리파 역시 귀족적인 생활을 떠나 민중의 삶 속으로 깊이 들어가 숨고 말았으며 자연히 위대한 봉건 시대의 아름다운 상징들 역시 더는 찾아볼 수가 없게 되었다. 이렇게 침묵의 세계로 침잠해 들어간 카타리파 교리는 더 이상 발전을 도모할 수가 없었다.

사랑의 교회는 장차 많은 파벌을 낳게 되는데 이 파벌들은 어느 정도는 비밀스러운 성격을 띠기도 했고 경우에 따라서는 혁신적인 면모를 갖추기도 했지만 뿌리는 하나로서 잘 보존된 전통에 기반을 두고 있었다. 모든 파벌은 실제로 삼위일체 교리에 반대한다는 특징이 있었다(적어도 정교에서 주장하는 식에 대해서는 반대를 고수하고 있었다). 극단적으로 고양된 유심론과 '찬란한 환희'를 중요한 특징으로 하는 이 이단들은 삼위일체설에 맞설 때 모두 성사와 결혼을 반대했고, 전쟁에 동원되는 것을 거부했으며 종교가 정치를 좌지우지하는 것에도 반대했다. 그뿐만 아니라 이들은 빈한한 삶과 금욕(채식주의를 옹호하며)을 권장했다. 평등사상에 입각한 이들은 종종 완벽한 공산주의적 공동체를 꿈꾸기도 했다.

이단 파벌들의 이런 특징들은 자유 정신의 형제들과 독일 북부 라인 강 인근의 오르틀리비엥에게서도 볼 수 있을 뿐만 아니라 - 이들은 카타리파와 가까운 보두아인과도 연관이 있다 - 보두아인은 물론이고 조아생 드 플로르, 네덜란드의 이단인 베긴파와 베가드파[3], 영국의 롤라드파, 초기 모라비아 형제들(후스파는 예외이지만)과 슈벵크펠트, 바이겔, 재침례교파인 아나바티스트, 메노나이트 등의 개신교의 여러 종파에게서도 발견할 수 있다.⁴ 루터, 칼뱅, 츠빙글리는 이들 이단 종파들에 맞서 치열한 싸움을 했는데 이 치열한 싸움은 로마가톨릭이 이단에 맞서 치렀던 종교전쟁을 연상시킬 정도였다. 하지만 이단들을 완전히 절멸시킬 수가 없었고 또 그러기를 원하지도 않았다. 실제로 오늘날에도 이들 개신교 이단 종파들은 러시아 정교의 영향이 가미된 채 세계 도처에 남아 있는데 캐나다와 남미의 파라과이 등에서 만날 수 있다. 이들은 다양한 기원을 갖고 있고 유포된 지역도 다르지만 사랑에 대해서만은 동일한

---

³ 부록 1, 12장 참조.
⁴ [역주] 자유 정신의 형제들(Frères du Libre-Esprit)은 9세기경 활동했던 아일랜드 수사 요하네스 스코투스의 교리에 근거해 창설되었으며 이후 이탈리아 남부 시칠리아 공화국에서 태어난 시토회 수도승 피오레의 요아킴(Gioacchino da Fiore, 프랑스어로는 조아생 드 플로르 Joachim de Flore)의 영향을 받아 12세기에 전 유럽에 퍼진 이단이다. 극단적인 금욕을 강조했고 이후 변질되어 기독교적 자비를 육체적 결합과 동일시하는 등 이단으로 흘러 로마 교황청의 종교재판을 통해 이단으로 지목된다. 보두아는 스위스의 보(Vaud) 지방 사람들을 말한다, 보두아교는 이탈리아의 피에몬테 지방에서 수도승 발도의 설교를 통해 창설된 개신교적 이단 교회를 지칭한다. 베긴파(béguines)는 수도승처럼 서약을 하지 않은 상태에서 보다 자유롭게 신을 섬기는 여성들을 지칭하며 같은 교리의 남성 신도들이 베가드파(beghards)이다. 중세말기, 십자군 원정 당시 홀로 된 여성 인구가 늘어나자 수녀원에서 수용할 수 없는 여성들을 위해 만들어진 단체다. 롤라드파(Lollards)는 14세기 영국에서 종교, 사회 개혁에 찬동하는 이들을 일컬었던 말이다. 모라비아 형제들(Frères Moraves)은 1415년 보헤미아(현 체코)의 얀 후스(Jan Hus)가 화형식을 당해 죽자 그의 가르침을 따르는 개혁적 형제들이 만든 교단이다. 후스파(Hussites)는 15세기에 활동한 체코의 개혁론자인 얀 후스의 가르침을 따르는 가톨릭교 개혁파를 말함. 슈벵크펠트(Caspar Schwenckfeld von Ossig)는 16세기 초에 현재의 독일, 폴란드, 체코 등에 걸쳐있는 슐레지엔 지방에서 개신교를 널리 유포한 신학자이며, 바이겔(Valentin Weigel, 1533~1588)은 예수만이 아니라 성모 마리아도 동정 탄생을 했다고 믿었던 신학자이자 신비주의자이다. 이 성모 무염시태는 19세기 말 가톨릭 정식 교리로 채택된다. 메노나이트는 1520년 스위스 취리히에서 그레벨과 츠빙글리의 영향 하에 일어난 개신교인 메노나이티즘파를 말한다.

관념을 갖고 있다.

여러 학자가 주장하듯이 중세의 엘리트 수도승 계층은 이 이단들이 주장하는 개혁적인 교리를 잘 알고 있었다. 이들은 이 이단의 교리들을 통해 프란체스코 수도회에서 나온 문학은 물론이고 종종 도미니크 수도회에서 나온 난해한 문학들도 보다 잘 설명할 수 있다고 믿었다. 우리가 앞서 신비주의자들을 살펴보면서 보았듯이, 카타리파의 언어들을 확대 해석하면 종종 충격적인 유사성을 발견하게 된다. 하지만 결정적인 증거를 수집하기가 거의 불가능한 현재 나는 많은 경우에 적용할 수 있는 진정한 판단만 해보려고 한다. 궁정 문학은 14세기부터 신비주의적 뿌리에서 벗어났고 이후 궁정 문학은 수사학에 우위를 둔 단순한 표현 형식이 되었다. 그러나 이 수사학에 기댄 표현은 거의 자동적으로 묘사하려는 세속적 대상들을 이상화하기 시작했다. 이러한 경향은 곧이어 '사실적'이라고 불려진 반발을 샀다. 『장미 이야기』는 바로 이러한 이중의 경향을 잘 보여주는 증거이다.

기욤 드 로리스의 『장미』 - 특히 궁정적이라고 일컬어지는 소설의 제1부 - 는 이상의 부인에 대한 사랑을 다루고 있다. 이 부인은 결혼한 여인이지만 우의寓意, allegories로 가득 찬 정원에서 사는 부인이어서 접근 불가능한 여인이다. 당제(위험), 말부슈(남자의 입), 옹트(수치심) 등이 애정을 표시하려고 치근덕대는 남자들로부터 벨 아쾌이(아름다운 대접)를 보호한다. 사랑의 결합을 반대하는 것은 이젠 종교적 관점이 아니라 윤리적 관점에서 비유적으로 처리된다. 다시 말해 이제 남자 애인을 부인 곁으로 이끄는 것은 종교적 금욕이 아니라 세련된 정신인 것이다.

『장미 이야기』를 완성시키는 장 드 묑의 경우에도 장미, 즉 사랑은 더 이상 육체적인 관능성을 뜻하지 않는다. 로리스의 허황된 객담들이 사라지고 솔직한 사실주의가 뒤를 잇게 되고 플라토닉러브는 관능적 이야기로 대체되며 열정적으로 고양된 감정의 세계 대신 냉소주의가 들어

선다. 이제 사랑은 고도의 투쟁을 통해서만 가질 수 있는 그 무엇이 된 것이다. 자연이 정신을 그리고 이성이 정념을 이긴 것이라고 할 수 있다.

이 모든 것은 후대로 이어진다. 그래서 로리스는 단테로 이어지며 – 단테는 로리스를 번역한 것으로 추측된다 – 그 영향은 페트라르카를 넘어 더 후대까지 계속된다. 예를 들면 18세기의 우의적인 소설들과 루소의 『신 엘로이즈』에서도 그 영향을 볼 수 있다. 다른 한편, 정념을 '영혼의 질병'으로 비난한 장 드 묑의 경향은 외설적인 농담, 합리주의, 논쟁적 경향, 과격한 여성 혐오주의, 자연주의, 인간을 젠더로만 파악하려는 남성 우월주의 등 프랑스 문학의 일부 경향으로 흡수된다. 이것은 사랑은 언제나 불행하게 끝나게 마련이라는 사랑의 신화에 맞서기 위해 사람들이 만들어 낸 것이다(이것은 기독교 교리 중에서 현실적인 교리에 가까운 것이기도 한데, 이 점에 대해서는 뒤에 가서 더 다루어 보자).

3. 이탈리아 시칠리아, 베아트리체와 상징

1200년을 전후하여 남프랑스 음유시인인 랭보 드 바케라스 Rambaut de Vaqueiras와 강력한 귀족이었던 알베르토 말라스피나 Alberto Malaspina는 끈끈한 우정을 맺게 된다. 추측컨대 당시 프랑스 남부와 이탈리아 롬바르디아에서 베네치아로 이어지는 지방 사이에는 상당히 직접적인 문학적 교류가 있었던 것으로 보인다. 이 추측은 믿을 만한 것인데, 이렇게 보면 음유시인들의 영향은 단지 문학 분야에 국한되지 않고 이단들의 유설이 끼친 영향과 섞여 있었다고 볼 수 있으며 이는 한두 번 일어난 일도 아니었다. 얼마 지난 후 프란체스코 수도회가 태어나는데 이 수도회의 탄생도 '영적인 사람들'(가톨릭교회 내부)과 시인들 사이에서 일어난 유사한 만남과 교류에서 비롯되었다.

프리드리히 2세의 궁정이 있던 팔레르모 인근에서는 시칠리아 유파로 알려진 일군의 시인이 활발한 활동을 펴고 있었는데, 이 이탈리아 남부 궁정에서 활동한 시인들은 프랑스 음유시인들한테서 대체 어느 정도 영향을 받았을까 궁금하지 않을 수 없다. 우리의 질문 자체가 명료하지 못한지도 모른다. 사실 팔레르모 궁정에서는 단 한 사람의 프로방스 시인만이 활동하고 있었고 프리드리히 2세는 이단들을 엄격하게 다스렸기 때문이다. 우리는 또한 시칠리아 사람들이 '사랑'이 의미하는 바를 어느 정도까지 알고 있었는지도 궁금해진다. 음유시인들한테서 단지 사랑을 신비하게 표현하는 기법만 받아들였을까? 단테와 그의 친구였던 카발칸티가 그들의 스승인 귀토네 다레초에 반기를 들고 다른 제자들을 조롱한 것을 보면 그렇게 믿고 싶어진다. 단테는 다음과 같이 신랄하게 스승과 그 제자들을 비꼬았다. "이 무지한 자들의 파벌이여, 색깔을 판단하겠다고 덤벼드는 장님들이여, 감히 독수리와 겨루겠다고 하는 거위 새끼들이여……"

『연옥』에서 단테는 지칠 줄 모르고 자신을 모방해대는 루카의 보나지운타를 만난다. 단테로서는 이러한 설정을 통해 북부 유파가 반대했던 이 수사학에 능한 유파의 돌체 스틸 누오보 dolce stil nouovo, 즉 유식한 티를 내면서도 감미롭고 '달콤한 새로운 문체'를 규정하고자 했다.

이 새로운 유파에서 무엇보다 눈에 띄는 것은 그들이 프랑스 남부 음유시인들의 상징적 언어들을 '의식적으로' 새롭게 다듬었다는 점이다. 시칠리아 시인들은 쉬운 알레고리에 빠져 있었고 그래서 귀부인을 말할 때 실재하는 부인을 말하듯이 했다. 이런 시들은 여인을 귀하게 여기는 태도를 나타내는 것이긴 했지만 어딘지 차갑고 틀에 박힌 표현에 지나지 않았다. 단테와 친구인 카발칸티를 비롯한 여러 시인은 좀 더 진지해질 것과 사랑의 열기가 더 강해야 한다고 요구했다. 이들은 귀부인은 순수하게 상징적이라는 것을 알고 있었고 또 그렇게 표현하기도 했는데, 그들이 단지 알고 있는 것만이 아니라 실제로 그렇게 말했다는 사실이 당시로서는 새로운 시도였다.

궁정풍의 사랑이 지닌 비밀스러운 패러독스는 바로 이것이었다. 궁정풍의 사랑이 오직 여인만을 찬미할 때는 부자연스럽고 열기가 느껴지지 않았지만 사랑의 예지를 찬미할 때면 완전히 달라져 뜨겁고 진지하게 변했던 것이다. 궁정풍의 사랑을 노래하는 시인들이 진정으로 뛰는 가슴을 억제하지 못했던 부분이 이 사랑의 지혜를 찬미할 때였다. 그래서 단테 역시, 비록 당시의 철학이라는 것이 아직 성스러운 학문으로 대접받지는 못했지만, 철학을 노래할 때 가장 열정적인 태도를 보였다.

음유시인은 거의 모두 우리로서는 상상하기 어려울 정도로 진지했다! 단테는 그의 『향연』에서 이 진지한 태도를 '아름다운 거짓말'로 가려야 할 비밀로 정의했다. 카타리파 시인들은 이 점을 잘 알고 있었다. 하지만 한 가지 중요한 차이점은 바로 카타리파 시인들은 알기만 했을 뿐 실제로 그렇게 표현하지는 못했다는 것이다.[5]

단테와 그의 친구들은 자신들의 예술에 대해 정의를 내린 것인데, 우리는 다른 곳에서보다 이탈리아 시인들에게서 프랑스 남부 음유시인들의 진정한 미스터리를 발견할 수 있다. 이는 비유적으로 말하면, 강렬한 태양이 비추면 일곱 색깔 무지개가 사라지고 단 하나의 밝은 빛만 남는다는 사실을 안 이탈리아 시인들은 노을이 지는 황혼 무렵에 무지개를 보았던 것이다. 이제 우리는 이탈리아 음유시인인 트로바르trobar들이 속이 들여다보이는 그들의 나이브한 상징들 속에 섞어 넣었던 주제를 구별해낼 수 있다.

다음의 시들을 보자. 우선 야코포 다 렌티노의 시를 읽어보자.

---

[5] 단테가 받았을 수도 있는 카타리파의 영향에 대해서는 부록 1, 8장을 참조할 것.

내 가슴은 죽고 맙니다. 심장이 멎을 때보다 더 고통스럽게,
내 가슴이 원하는 부인, 나 자신보다 더 사랑하는 부인 바로 당신을 위해……
내 가슴 속에는 불길이 있습니다. 이 불은 결코, 결단코, 꺼지지 않을 것이오…….
그 불길은 왜 나를 태워버리지 못할까요?

이번에는 단테의 시를 읽어보자.

내 생각 속에서 거대한 욕망과 함께 내 귀부인을 말하는 사랑이여. 사랑을 말할 때면 내 지성으로도 갈피를 잡을 수 없는 것들을 말하는구나. 사랑의 언어는 너무나도 부드러워 그 말을 듣는 인간은 자신도 모르게 외치고 마네. 나는 얼마나 불행한가! 나는 반복할 수 없네. 귀부인을 두고 하던 내가 들었던 말들을!

귀도 귀니첼리라는 시인이 마치 '우리의 믿음'의 원칙을 말할 때처럼 사랑을 노래할 때 귀부인의 상징적 의미는 여실히 드러난다.

부인이 길을 가는구나. 그 길에는 우아함과 고귀함으로 충만하여 부인의 인사를 받는 모든 이들은 자만을 깨우치고 자신을 낮추며, 믿음이 없는 자들에게는 믿음으로 인도하노라.

단테가 『신생』*Vita Nuova*의 첫머리에서 다음과 같이 말할 때 우리는 그를 신성모독을 범했다고 비난할 수 있을까?

천사가 신의 지성으로 외쳐 말한다. "주여, 저 세상에 기적이 일어나고 있습니다. 한 인간에게서 나온 빛이 여기까지 비추고 있습니다." 하늘에는 단 하나 이것이 없었노라. 주님께 주십사 빌어보아라.

모든 성인이 이 은총을 갈구하노라. 하지만 오직 신의 자비가 내려야 얻을 수 있을 것이네. 왜냐하면 신께서 말씀하신 대로, 그가 말씀하고자 했던 것은 나의 귀부인에 대해서였으니. 내 사랑하는 이들이여, 이제 마음의 고요 속에서 그대들의 희망이 사라지지 않기를 참고 기다려야 하리. 주님이 나를 기쁘게 하는 한, 많은 이들이 희망을 잃어버리고 지옥에 떨어져 '오 저주받은 자들이여, 행복한 이들의 희망을 나는 보았노라!'고 울부짖는 그곳에 희망은 남아있으리라.

여기서 귀부인이란 베아트리체를 말하는 것일까? 모든 성자가 갈구하던 것이 이 베아트리체였으며, 그녀가 '행복한 자들의 희망'이었던 것일까? 아니면, 모든 인간이 새로운 생명, 즉 신생을 받을 때까지 그리스도의 자비에 의해 교회를 떠받치고 있는 성령을 말하는 것인가?[6]

신성모독까지는 아니라 해도 어쨌든 모호한 것은 사실이다. 그래서 이 문제를 두고 논쟁이 일어나 오를란디와 카발칸티가 맞서지 않을 수가 없었다. 이 논쟁은 다음과 같은 주제를 놓고 벌어졌다. 오를란디가 물었다. "이 사랑은 삶이오, 아니면 죽음이오?" 그러자 카발칸티가 답한다. "사랑의 힘에서 자주 죽음이 옵니다……. 사랑은 욕망이 너무 커서 자연스러운 사랑의 한계를 벗어나고 말 때 존재하는 것이지요……. 사랑은 사랑하는 사람의 신분에서 오는 것이 아니니 영원히 사랑 그 자체로 빛날 뿐이오. 사랑은 결코 쾌락이 아니라 명상인 것이오."

이제 명백해졌다. 사랑은 신비스러운 정념인 것이다. 하지만 이를 분명히 하기 위해서는 자연스러운 사랑의 역할을 신의 관점에서 규정해야

---

[6] 베아트리체는 실존했던 인물이고 단테는 분명 그녀를 사랑했다. 따라서 많은 음유시인에게서 볼 수 있는 것과는 달리, 단테에게서 베아트리체는 단지 승화되어 고귀하게 표현되었을 뿐이다. 희망이었던 베아트리체는 철학과 예지, 신성한 학문을 상징한다. 특히 신성한 학문은 천국으로 향하여 모든 신비를 풀어준다.

만 했다. 이 일을 한 이가 바로 13세기 말에 활동한 다반차티이다. 다반차티는 자신이 노래한 사랑의 진정한 본성과 진정한 사랑의 그림자에 불과한 여리 세속적인 사랑에 머물 때의 위험을 다음과 같이 말했다.

> 커다란 고통에 빠진 암호랑이가 거울을 보며 그토록 찾아 헤매던 새끼를 봤다고 착각을 하고 마음을 놓은 나머지, 그 잠시 동안의 즐거움으로 사냥꾼의 존재를 잊어버린 채 더 이상 새끼를 찾지 않고 그곳에 머물고 말듯이, 마찬가지로 사랑에 빠진 사람은 그의 귀부인을 명상하면서 그 생각에서 생명을 얻는다. 그는 자신의 큰 고통을 덜었다고 착각을 한 것에 지나지 않는다……. 하지만 사랑의 여신은 결코 동정심을 모른다. 시간은 가고 희망은 절망으로 바뀌고 만다!

여기서 말하는 동정심을 모르는 사랑의 여신은 사랑에게서 사랑을 통해 얻을 수 있는 모든 이득을 앗아가는 여인을 말한다. 이 당시 유행하던 교훈적인 우화집을 보면 다음과 같은 유사한 우화가 나오는데 결론 삼아 읽어보자.

> 내 생각으로는 이 야수가 바로 우리다. 사냥꾼이 앗아간 야수의 새끼란 세상을 지키는 미덕을 말하며 사냥꾼은 우리로 하여금 존재하지 않는 것을 보게 하는 사탄을 나타낸다. 바로 이런 이유로 많은 사람이 주님께 나오는 시간을 허비한 채 멸망하고 마는 것이다.

시인들이 거울과 세속화된 수사학의 매력에 굴복하던 때가 도래한 것이다. 이제 우리는 페트라르카가 '존재하지 않는 것'에 사로잡힌 모습을, 즉 다시 말해 그가 만난 여인 라우라^{Laura}에게 집착하는 모습을 살펴보고자 한다. 라우라는 실제로 페트라르카가 뒷날 탄식을 쏟아냈듯, 너무 오랫동안 '주님께로 향하는' 그를 붙잡고 있었다.

4. 페트라르카, 혹은 개종한 시인

"죽어 사라질 지상의 것을, 오직 신에게만 바쳐야 하고, 오직 신에게만 합당한 사랑으로 사랑한다는 것은……"

"목석이 아닌 한 사람들은 알리라. 가장 깊은 사랑에 빠졌던 인간을. 그는 페트라르카였다. 부인할 수 없는 사실이니……. 단지 사랑만 했을 뿐인 이 사람을 어떻게 불러야 할 것인가? 유사한 예를 찾을 수가 없다. 페트라르카, 그의 사랑은 비범했고, 유혹적이었으며, 환하게 빛나는 태양이었다."[7]

우리는 이런 이유로 페트라르카에게 놀라움을 금치 못하는 것이다. 누구도 잊지 못할 유명한 그의 사랑은 최초로 음유시인들의 상징을 처음부터 끝까지 세속적인 숨결로 살아 움직이게 했다. 그의 이 숨결은 세속적이었을지언정 결코 이단적인 것은 아니었다! 우리는 페트라르카를 보며 그가 단테와도 그리고 단테가 비난했던 아름다운 말만 늘어놓던 시인들과도 완전히 다르다는 것을 알 수 있다. 앞서 말한 바 있는 '비밀'이란 것조차 더는 존재하질 않는다. 비밀이란 것조차 이제 아무런 힘을 쓰지 못하는 것이다. 사랑의 언어는 이제 마침내 인간 가슴의 수사학이 되어 버렸다. 이 격렬하게 진행된 '세속화'는 앞서 그 이유를 살펴보았지만(2권), 어떤 다른 것보다도 정통 가톨릭교회의 신비주의에 잘 어울리는 시를 탄생시켰고 그래서 정통 가톨릭교회의 신비주의는 인간 감정에서 우러나오는 깊고 자연스러운 수사학에서 최고의 메타포를 길어 올리게 된다. 사실 사랑과 그 언어들의 유혹은 너무나도 강렬한 것이었다(몇몇

---

[7] C. A. Cingria, *Pétrarque*.

예를 보면 알 수 있다. 이 예들은 심사숙고해서 골라낸 예 같지만 사실은 거의 무작위로 골라낸 것이다).

우선 페트라르카가 라우라를 만나 사랑을 하게 된 지 일 년이 지났을 때 쓴 소네트를 보자.

그토록 높은 곳에서 내 두 눈이 응시하고 있던
그 장소, 그 시간, 그때를, 나 축복하노라
내 영혼이여, 은총을 받기에 합당한 그대에게
은총을 바치노라.
그녀를 사랑한다는 생각이 너를 찾아왔고
그 생각은 내가 사랑을 하는 한 내 영혼을 가장 높은 곳으로 인도했으며
내 영혼으로 하여금 인간이 욕망하는 것들을 경멸하게 하였노라.[8]
그녀의 너그러운 은총이 너에게 와
하늘로 난 곧게 뻗은 길로 너를 걷게 하고,
난 희망에 가슴 부풀어 길을 가노라.

승리를 거둔 그곳에서, 페트라르카는 트리스탕의 하프를 꺼내 들고 연주를 한 것이며[9], 그 노래는 다름 아닌 '달콤한 고문'이자, 사랑 받지 못한 사나이의 울부짖음이었고 탈진한 쾌락이 내는 소리였다.

오 부드럽고, 천사 같은 섬광이여, 지고의 축복이여

---

[8] 아빌라의 성녀 테레사도 같은 말을 했다. "영혼을 말하자면, 이 은총은 인간의 완전한 초연함과 함께 있다. 그래서 지상의 것에 훨씬 낯설어하는 자신을 느끼게 된다."

[9] 페트라르카는 소설 『트리스탕과 이죄』를 알고 있었고 여러 번 인용하기도 했다. 예를 들면 그의 『사랑의 승리』에는 다음과 같은 인용이 나온다. "책을 몽상으로 가득 채우는 이들이 여기에 있노라 / 트리스탕과 랑슬로 그리고 다른 여러 방랑자여 / 속세의 방랑자인 나 그들이 마음에 드는구나!"

쾌락이 불꽃을 일으키며 타오르는 내 삶이여
그 쾌락으로 나 천천히 탈진하며 파괴되어 가노라.
―나의 부인의 두 눈

오 살아있는 죽음이여, 오 달콤한 병이여 [10] 나 허락한 적 없으나
너는 어이하여 그토록 내게 강한 권능을 갖고 있느냐?
갈피를 잡을 수 없는 바람 속에서, 나 작은 배에 몸을 싣고
삿대도 없이 높은 파도에 휩쓸려 가노라.
―소네트 132

우리는 이 작은 배를 잘 알고 있다. 트리스탕 역시 하프를 들고 그 배에 올랐었다. 우리는 또 페트라르카가 원망하고 있지만 사실은 비켜 갈 수 없는 숙명이 되기를 원했던 권능도 알고 있다.

내 순교가 결코 끝나지 아니하도록 하기 위해
나는 매일 수천 번 죽고, 수천 번 다시 태어나고……[11]
―소네트 164

페트라르카는 다른 곳에서도 그의 라우라를 두고 '내 사랑하는 적'이라고 부르기도 하며 또 이죄를 그녀의 남편에게 데려다주면서 그녀와 헤어지는 트리스탕이 그랬듯이, 깊은 탄식을 내뱉기도 한다.

괴로운 이별이구나

---

[10] 아빌라의 성녀 테레사. "그것은 달콤하면서도 잔혹한 일종의 순교였다."
[11] 아빌라의 성녀 테레사. "내 영혼은 고통이 끝나는 것을 보고 싶어 하지 않는다." "이 형벌에 처해지면 영혼은 그에게 남아있는 마지막 생명으로 그 형을 달게 받는다."

나의 병에서 나를 떼어놓다니, 어찌된 일인가?
—소네트 254

그 이유는, 라우라의 두 눈이

천상의 빛으로 타오르며
나를 태우나니, 나 기꺼이 그 불길에 몸을 맡기노라.[12]
—『사랑의 승리』

눈앞에 보이든 아니든 – 눈앞에 없을 때 한층 더 하지만 – 여인은 고통을 불러오는 존재일 뿐이다. 그러나 페트라르카는 그 무엇보다도 이 고통을 더 좋아한다.

불길은 나를 피해 가는 그 어디라도 따라가며
나는 멀리서도 몸을 태우고 가까이에서도 온 몸이 얼기도 한다.

이 마지막 시구에는 낭만주의 시대의 사랑 전체가 함축되어 있다. 페트라르카는 후일 문학사에서 세기병으로 지칭하게 되는 이 멜랑콜리의 비밀을 세기병의 희생자들보다 더 예리하게 분석할 줄 알았다.

다른 욕망들 역시 나를 공격해 왔지만 짧고 순간적이었을 뿐이다. 그러나 이 병은 너무나도 나를 끈질기게 사로잡았으며 나는 몇 날 며칠을 낮이나 밤이나 칼에 찔리고 고통을 당해야만 했다. 나에게 이 순간들은 빛도, 생명도 아니었다. 단지 지옥의 어둠이었을 뿐이며 잔인한 죽음이었다. 그러나! (바로 이것이 사람들이 불행 중의 불행이라고 부르는 것이리라!) 나는 쾌락을 느끼며 다시 이 고통과

---

[12] 십자가의 성 요한. "오 불에 타오르는 감미로운 고통이여." 『살아있는 사랑의 불꽃』(II. 1)에 나오는 이 시구에 대한 설명을 참조할 것.

괴로움으로 허기를 채우곤 한다. 누가 나를 벗어나게 해 줄 수 있을 것인가. 나 스스로는 그리 못할 것이다.[13]

페트라르카가 상상의 대화를 나누었던 성 아우구스티누스는 그에게 이렇게 답을 한다.[14]

그대는 자신의 병을 잘 알고 있네. 잠시 후면 그 병의 원인도 알게 될 걸세. 그런데 대체 뭐가 그대를 그토록 괴롭힌단 말인가? 세상사가 다 그런 것 아닌가? 어디 말 좀 해보게나. 어디 몸이 아프기라도 한가, 아니면 견디기 힘들 정도로 돈이 궁하기라고 한 것인가?
페트라르카 : 딱히 꼬집어서 말 수 있는 그런 것이 아닙니다.

페트라르카의 이 고백은 그대로 전기 낭만주의 시대의 '파도처럼 밀려오는 뭔지 모를 욕망들'과 다름없다. 다음과 같이 죽음에 호소하기도 한다.

나를 가두고 있는 감옥이여 문을 열어라
이런 삶으로 나를 인도해놓고 나를 가둔단 말인가!

—노래 72

---

[13] 아빌라의 성녀 테레사 역시 같은 고백을 했다. "한 순간 내 영혼 전체를 파고드는 이 욕망에서 고통이 태어나 내 영혼을 영혼 너머로 데려간다. 내 영혼은 이 고독 속에서 죽기를 간절히 바란다. 누군가 말을 건네면 내 영혼은 온 힘을 다해 거칠게 말하리라. 고통도 소용이 없어. 아무리 나를 괴롭혀도 나를 이 고독에서 벗어나게 할 수는 없어."
[14] [역주] 교황청이 프랑스 아비뇽에 있을 당시 페트라르카는 그의 사생아가 태어나고 이 사건에 주교로 봉직하고 있던 그의 동생이 연루되어 큰 정신적 위기를 겪는다. 페트라르카는 이때 성 아우구스티누스와 대화 형식으로 자신의 이 위기를 고백하는데 그 작품이 라틴어로 씌어진 『나의 비밀』(*De secreto conflictu curarum mearum*, 1342~1343)이다.

그토록 기다리던 낮은 '지옥의 밤'이었고, 새로운 삶이란 '잔인한 죽음'에 지나지 않았다. 정념에도 숭고함이 완전히 사라진 것은 아니어서 정념을 신격화했을 뿐이다. 페트라르카는 사랑하는 여인과 헤어져서도 자신이 어떻게 아직도 살아 숨 쉬고 있는지 묻는다.

사랑의 여신이 내게 답한다. 그대 기억하지 못하는가
그것이 바로 인간이 지닌 모든 성품으로부터 벗어난
연인들만의 특권인 것을?[15]

* * *

페트라르카는 널리 알려진 대로 그를 깊은 사색에 잠기게 한 방투산에 오른다.[16] 1348년에는 전 유럽에 페스트가 번졌다. 이 두 가지 사건으로 페트라르카는 그가 말했던 '인간이 지닌 모든 성품' 때문에 그 자신 가련한 삶을 살 수밖에 없음을 절감한다. 페트라르카는 인간의 의식을 검증하는 작품으로는 유례를 찾기 힘든 걸작 『대페스트기 la Grande Peste 의 노래』에서 다음과 같이 썼다.

생각들이 밀려온다 - 생각을 하면 할수록

---

[15] 아빌라의 성녀 테레사. "하나님에 의해 이 높은 곳까지 올려진 존엄한 인간은 그 어떤 다른 존엄함에 의해서도 결박당하지 않은 채 모든 것을 헤아릴 수 있다."
[16] [역주] 해발 1912m의 방투산(Mont Ventoux)은 프랑스 남동부 지중해에 면해있는 프로방스 지방에 있는 석회암 산이다. 전설이 보태어져 페트라르카가 1336년 4월 26일에 처음으로 정상에 올라 산 아래에 펼쳐진 멋진 풍경을 묘사했다고 전해지지만 연대도 정확하지 않은 것은 물론이고 페트라르카 이전에도 많은 사람이 올랐던 산이다. 다양한 기후와 생물군을 보이고 있어 2000년에 유네스코 생태보존지구로 지정되었다.

나 자신에 대한 측은한 마음이 너무도 강하게
나를 사로잡아, 이전과는 다른 눈물을 흘리고 만다.
매일 더 가까이 다가오는 종말을 보면서
나는 천 번도 넘게 하나님께 기도했네, 날개를 달라고.
내 영혼이 그 날개를 펴고 이 죽음의 감옥을 벗어나 하늘로
올라가게 해달라고.
하지만 기도는 소용이 없었네
……
신중하게 마음을 결정하여라!
그리고 너의 가슴을 행복하게 해주지 못하는
이 쾌락의 모든 뿌리를 너의 가슴에서
걷어 내어라

페트라르카는 사실 너무 오랫동안 이상화된 사랑과 다름없던 '이 헛되고 덧없는 부드러움'에 희망을 걸고 있었다.

이제 시시각각 쓰디쓴 준엄한 분노가
내 가슴 속을 파고드는 것을 느끼노라
그 분노는 내 모든 비밀스런 생각을
얼굴로 밀어 올려 모든 사람이 본다
죽어 사라질 지상의 것을, 오직 신에게만 바쳐야 하고,
오직 신에게만 합당한 믿음으로 사랑하였노라
명예를 원하는 자에게 금지된 이 사랑!

하지만 신에게 바쳐야 할 사랑을 대신했던 이 속세의 사랑에서 어떻게 벗어날 수 있는 것일까? 이 사랑에서 벗어나고자 하는 것이 오히려 이상한 일이 아니었을까?

내 속에서 습관이 들어 그토록 강력해진 쾌락이여
이제 감히 내게 죽음과 만나 이야기를 해보라고 하는구나!

궁정풍의 사랑이 지닌 마지막 비밀이 천하에 드러나는 이 외침 속에서 처절할 정도로 솔직한 자아 인식을 볼 수 있는데, 이는 분명 은총을 받았다는 신호일 것이다. 허망한 희망에서 인간을 구원할 수 있는 것은 오직 속죄 속에서 되찾은 믿음뿐이다. 그래서 페트라르카는 진정으로 소망해야 할 대상을 되찾고 회심을 하기에 이른다.

일어나, 하늘을 보며 더 행복한 희망을 향해 걸어가라
하늘은 이제 영원히 살 수 있는
아름다운 네 주위를 돌고 있구나!
이승의 욕망이 그 악 때문에
한 번의 눈짓과 한 마디의 말과 노래 한 가락으로
그토록 즐거웠다면
그토록 큰 쾌락이었다면, 다른 쾌락은 얼마나 더 크겠는가!

5. 새로운 역설적(逆說的) 이상, 골루아즈리[17]

중세 내내 기독교 율법에 따라 고통을 받았던 사람들은 욕망과 정념의 삶에 나름대로 스타일을 부여하려고 했고 이것이 바로 정념의 신화를 태어나게 한 비밀이다. 하지만 그러다 보니, 페트라르카가 말한 것처럼,

---

[17] [역주] 골루아즈리(gauloiserie)는 프랑스인의 먼 조상인 골족(Gaule)의 호방하고 쾌활한 성격을 말하기도 하고 그런 기질에서 나온 중세 시대에 유행한 거칠고 음탕한 이야기를 지칭하기도 한다.

'오직 신에게 바쳐져야 하고 신에게만 합당한 사랑'을 '죽어 없어질 것에 대한 사랑'과 뒤섞거나 바꾸어 버리는 것을 피할 방도가 없었다. 육체와 영혼을 구별하여 비극적으로 대립시킨 것은 정통 교리에서 나온 것이 아니라 바로 이 혼동에서 비롯했다. 동방의 금욕주의와ㅡ수도원 제도도 동방에서 들어온 제도다ㅡ이단이었던 '완전한 자들'의 유설들이 궁정의 시에 영감을 불어넣었던 것이다. 이상화된 문학을 대하게 된 중세 사회의 엘리트 계층은 점차 이 혼동에 물들고 만다. 이로부터 '사실주의적인' 반발이 일어나는데 이는 사실 피할 수 없는 일이기도 했다. 이 사실주의적 반발은 특히 일반 평민들에게서 일어났다.

궁정풍의 사랑이 크게 퍼져 유행을 하던 12세기 초부터, 완전히 반대되는 경향이 나타나는 것을 볼 수 있는데, 이 새로운 경향은 궁정에서 순결을 과장한 것처럼 인간의 관능성을 거의 똑같은 정도로 과장해서 표현했다. 시 대신 익살과 해학이 가득한 객담 문학인 파블리요 fabliaux가 나타났고 관념 대신 냉소가 주조를 이루었다.

이 당시 나온 '영혼과 육체에 대한 논쟁'은 기독교적 결혼이 해결할 수 있다고 믿었던 갈등을 잘 일러주는 최초의 증거라고 할 수 있다. 이 글을 보면 이제 막 육체에서 벗어난 영혼이 조금 전까지만 해도 함께 있었던 육체에게 온갖 욕설과 비난을 쏟아낸다. 즉 영혼이 영벌永罰에 처하게 된 것은 전적으로 육체 탓이라는 것이다. 그러나 이 비난을 들은 육체는 자신은 죄가 없다고 비난을 되돌려준다. 하지만 둘의 싸움과 논쟁은 모두 너무 늦은 것이었고 둘 모두 영벌을 받고 만다.

이 때문에 깊은 원한을 품게 될 육체가 늘어놓는 이야기인 파블리요는 당시 엄청난 인기를 끌었다(이상화된 소설을 읽던 사람들도 이 이야기를 즐겼다). 이렇게 해서 이 음탕한 객담들은 중세 내내 떠돌이 장사치들이 유럽 전역으로 퍼뜨리면서 이야기가 보태지기도 하며 수많은 다른 이야기를 낳았다. 중세의 이 파블리요는 후일 등장하는 로망 코미크의 전조였으며[18] 이 로망 코미크는 풍속 소설의 전조가 되고 이어 이로부터 19세기 말에 크게 유행하며 논쟁을 불러일으켰던 자연주의 소설이 나온다. 그러나 물론 여러 유형의 소설이 이렇게 시대 순으로 질서 있게 출현한 것은 아니다. 소설은 '사실인 것'을 향해 발전해왔지만 매 순간 이전 시대의 소설보다 더 밀접하게 '고귀한 것'과의 관련을 맺으면서 발전해왔기 때문이다. 한 경향과 그에 대한 반발이 반복되었지만 그 관계는 갈수록 밀접했다. 샤를 소렐은 그래서 파블리요가 아니라 『아스트레』에서 태어났다고 할 수 있다. 나아가 마리보의 소설 『마리안느』는 소렐이 아니라 그 자신의 희극 작품들에서, 졸라 역시(졸라가 활동했던 당시 사실주의 소설가로 알려지던) 발자크에서 태어났다고도 볼 수 있지만, 그에 못지않게 낭만주의가 와해되면서 출현할 수 있었다고 말할 수 있다.[19]

다시 13세기로 돌아가 보자. 파블리요가 유행하던 당시 이 의도적으

---

[18] [역주] 로망 코미크(roman comique)는 에스파냐 피카레스크 소설과 희극의 영향을 받아 프랑스에서 16세기말부터 17세기에 걸쳐 크게 유행했던 소설로서 판타지와 무용담이 뒤섞인 소설을 말한다.

[19] [역주] 『아스트레』(*L'Astrée*, 1607~1627)는 17세기 프랑스 작가 오노레 뒤르페(Honoré d'Urfé, 1567~1625)의 대하소설에 가까운 목가풍의 장편소설이다. 오늘날도 흥미롭게 읽히는 여자 주인공 아스트레와 목동 셀라동(Céladon)의 길고 복잡한 사랑 이야기로서, 수많은 작가와 철학자에게 영향을 끼쳤으며 소설사에서는 일대 전환점으로 평가된다. 목동 셀라동의 이름은 프랑스어로 극동 지방의 청자를 지칭하기도 하는데, 이는 셀라동이 녹색 리본을 달고 등장하는 소설이 쓰이던 당시 녹색의 중국청자가 프랑스에 유입되어 인기를 얻고 있어서 자연스럽게 일어난 현상이다. 당시 소설의 인기 역시 짐작할 수 있다. 샤를 소렐(Charles Sorel, 1602?~1674)은 프랑스 17세기 소설가로 박학다식한 지식을 응용하여 보카치오와 세르반테스 식의 소설들을 통해 당시 시대상황을 묘사, 풍자하는 여러 편의 작품을 썼다. 대부분의 소설은 익명으로 출간했으며 대표작은 『프랑시옹의 우스운 이야기』(*L'Histoire comique de Francion*, 1623)이다. 마리보(Marivaux, 1688~1763)는 18세기에 활동한 소설가이자 극작가로 뒤늦게 재평가를 받았다. 미완성으로 끝난 소설 『마리안느의 일생』(*La Vie de Marianne*, 1726~1741)은 나이든 여주인공이 인생을 회고하면서 사랑, 우정, 삶의 진정성, 사회적 지위 등에 대해 깊은 생각들을 곁들이는 이야기이다.

로 음탕하고 노골적인 이야기들 역시 궁정의 이상화된 서사시들처럼 '비사실적'이라는 이유로 비난을 받았을까? 우리가 보기에 이 '골루아즈리' gauloiserie는 페트라르카의 작품세계를 거꾸로 뒤집어 놓은 것처럼 보인다. 즉 단순한 객담이나 질퍽한 음담패설이 아니다.

하위징아는 다음과 같이 말한 적이 있다.[20] "사람들은 흔히 골족 사람들의 정신과 궁정 사랑의 복잡한 규범들을 서로 반대되는 것으로 대립시키곤 하며 나아가 사실적인 사랑과 낭만적인 사랑을 구별하기도 한다. 그런데 골루아즈리는 궁정풍의 사랑 못지않게 낭만적인 허구다. 에로티시즘이 문화적 가치를 지니기 위해서는 양식화되어야만 한다. 음란한 생각은 따라서 복잡하고 고통스러운 현실을 단순화된 허풍이 섞인 형식으로 표현할 수밖에 없다. 도를 넘은 음란성, 사랑과 관련된 모든 자연적, 사회적 금기를 조롱하고, 성과 관련된 모든 허위와 이기적 태도에 대한 너그러움과 끊임없이 쾌락을 추구하는 등 골루아즈리를 구성하는 모든 특징은, 견디기 어려운 현실을 대체할 수 있는 더 행복한 세상을 꿈꾸는 인간들을 만족시키는 것과 다름없다. 이는 곧 숭고한 삶을 갈망하는 표현이라고도 볼 수 있는데, 물론 이번에는 궁정 시가들과는 달리 인간의 동물적 본성이 그 대상이었다. 골루아즈리 역시 하나의 이상이었던 것이다. 호방한 에로티시즘이라는 이상."

골루아즈리와 지나치게 섬세한 사랑 사이의 이 깊은 관련성은 13세기에 쓰인 일종의 풍자시인 『여인들의 복음서』 *Évangile des femmes*에서도 찾아볼 수 있다. 이 작품은 4행 시절로 구성되어 있는데 매 4행 시절마다 처음의 세 번째 시행까지는 궁정의 예법대로 귀부인을 찬미한다. 그러나 마지막 네 번째 시행에 오면 어조가 완전히 바뀌어 느닷없이 앞의

---

[20] 『중세의 가을』(*Le Déclin du moyen âge*).

세 시행에서 찬미했던 것들을 싸잡아 욕설을 퍼붓는다. 골루아즈리와 궁정풍의 시 사이에서는 이외에도 또 한 가지 유사성이 발견되는데 다름 아니라 양자 모두 결혼을 부인한다는 것이다. 골루아즈리는 낮은 곳에서의 결혼을 부인하고 기사도는 높은 곳에서의 결혼을 부인하는 것이 다를 뿐, 결혼은 부정된다. 『쉬스파스의 노래』Dit de Chiceface도 결혼을 부인하는 이야기 중 하나다. 뼈가 보일 정도로 야윈 공상 속의 괴물인 쉬스파스는 남편에게 고분고분한 여인만 잡아먹는 괴물이고, 반대로 보기 싫을 정도로 살이 찐 비고르뉴Bigorgne라는 괴물은 부인의 말이라면 무엇이든지 들어주는 남편만 골라 잡아먹는 괴물이다.

정념의 신화를 보여주는 궁정풍의 사랑과 골루아즈리와 함께 성직자들의 반응 역시 잠시 살펴볼 필요가 있다. 수도회 참사회원이었던 페트라르카를 살펴보면 되는데, 만년에 페트라르카는 마지막 시를 동정녀에게 헌정한다. 이 시에서 그는 동정녀 마리아를 노트르담이라고 부르는 대신 '마담'이라고 부른다. 어쨌든 이 마지막 시는 궁정시의 공통된 기법과 분위기를 그대로 간직한 시이다.[21] 단테는 '마리아의 기사들'로서 성스러운 수호자를 지켜야 함에도 방종한 생활 때문에 흔히 성스러운 '즐거운 기사들'로 불리기도 했던 당시 이탈리아 수도승들을 지옥에 보내어 응징하는데 이는 성생활에 대한 일종의 복수였다.

---

[21] 장루아(A. Jeanroy)에 의하면(『음유시인들의 서정시가』(la Poésie lyrique des Troubadours), II권, 130쪽), 13세기 중엽 이전에는 동정녀를 찬미하는 시를 발견할 수 없다고 한다.
 [역주] 노트르담(Notre-Dame)은 '우리의 성모'라는 뜻이며, 마담(Ma Dame)은 '나의 귀부인'을 뜻한다. 후일 마담은 결혼한 부인 앞에 붙는 관례적 존칭이 된다. 노트르담은 성모 성당을 뜻하기도 한다.

6. 기사도 소설의 후예, 세르반테스

브르타뉴 소설이 끼친 영향은 13, 14, 15세기에 걸쳐 수백 권이 넘는 소설들 속에서 확인할 수 있다. 브르타뉴 소설의 영향은 실제로 남프랑스 지방의 음유시인인 트루바두르가 끼친 영향에 비견할 정도로 막대했다. 다시 말해 전 유럽에 걸쳐 광범위하게 영향을 미쳤다. 중세 독일의 연가 시인들이자 가수들이기도 했던 미네징거 Minnersänger는 카타리파 시인들이 지은 이야기들에서 영감을 얻었지만 프랑스어로 된 크레티앵 드 트루아의 소설들을 번안하기도 했다.[22] 소설 『트리스탕』은 서구 유럽의 모든 언어로 번역되어 널리 읽혔다. 영국의 토마스 맬러리 Thomas Malory는 15세기 말에 완전히 개작을 하여 산문으로 된 버전을 내놓기도 했다. 일찍이 단테도 북프랑스에서 유행하던 일련의 서사시와 소설을 모든 서사적 산문의 보편적인 모델로 여겼고 같은 이탈리아인인 브루네토는 자신의 『수사학』에서 소설 『트리스탕』에서 이상적인 가족의 모델이 되는 부분만 따로 발췌해 내기도 했다.

영향은 여기에 그치지 않고 노르웨이, 러시아, 헝가리, 에스파냐 등지에서 헤아릴 수도 없이 많은 모작을 탄생시켰으며 포르투갈, 에스파냐, 프랑스의 『아마디스』*Amadis*는 15, 16세기에 이르기까지 그 영향이 지속되었음을 일러주는 좋은 예들이다.[23]

---

[22] 카타리파의 영향 중에서 특히 아이디어나 작품의 분위기에 끼친 영향을 살피려면 오토 란(Otto Rhan)의 연구, 『성배 십자군』을 참고할 수 있고, 고트프리트 폰 슈트라스부르크의 작품에 등장하는 구체적인 영향의 예를 살펴보려면 고트프리트 베버(Gottfried Weber)의 『트리스탄』을 봐야 할 것이다.

[23] 아마디스는 기사도 소설의 제목이기도 하고 주인공인 기사 이름이기도 하다. 영국, 프랑스의 아더 왕에 해당하는 중세 남부 유럽의 전형적인 기사이다. 돈키호테가 모델로 삼았던 기사가 바로 아마디스이다.

이러한 전반적인 상황에서 누구도 예기치 못했던 일이 벌어졌는데 모작을 하던 몇몇 작가가 신비주의 전설의 원래 의미를 파악하기에 이른 것이다. 물론 처음에는 완전히 정통 가톨릭적인 신화로만 이해했을 뿐(신중을 기하느라고 그랬는지, 아니면 이해가 부족해서 그랬는지 확인할 수는 없다) 이들의 이해는 원래의 신비주의 전설과는 양립할 수 없는 것에 지나지 않았다. 1554년 에스파냐에서, 이에로니모 데 셈페레 Hyeronimo de Sempere가 쓴 『하늘의 기사 이야기』*Libro de cavalleria celestial del pié de la rosa fragrante*가 출간되었다. 이 작품에서 그리스도는 사자 기사로 등장하고 사탄은 배 기사로 나온다. 또 세례 요한은 사막의 기사로, 열두 사도는 원탁의 열두 기사로 등장한다. 이런 소설들을 보면 브르타뉴 소설 속에 늘 잠재해있던 것이기도 하지만 마니교적인 밀교적 경향이 여러 상징을 통해 은밀하게 고개를 들고 있음을 알 수 있다.

세르반테스는 당시 사람들이 즐겨 읽었던 이 모든 '하늘의 기사'가 주인공으로 등장하는 소설들을 결코 인용한 적이 없다.[24] 세르반테스는 『돈키호테』에서 단지 세속적인 모험과 연애로 가득 찬 소설들만을 취해 비난을 했을 뿐이다. 그가 왜 종교적인 정통 기사도 소설을 제외시켰는지 그 이유는 알 수가 없다. 추측하건대, 환상에 빠진 동시대 사람들이 진정한 의미를 간과한 채 우스꽝스러운 몽상을 즐기는 것을 조롱하면서 세르반테스가 궁정 문학의 진정한 의미를 파악하고 있었을 것으로 볼 수도 있다. 돈키호테는 그로테스크한 인물이다. 그러나 그가 그로테스크한 인물인 것은 한 번도 입문해 본 적이 없는 금욕주의를 그가 모방하려고 했고 나아가 그 불행한 시대에 누구도 갈 수 없는 길을 홀로 가려고 했기 때문이다. 로마가톨릭교회는 승리를 거두었다. 이때 이후로 산초

---

[24] 앞서 우리는 이 소설 문학이 아빌라의 성녀 테레사는 물론이고 에스파냐 신비주의자들 전체에게 끼친 영향을 지적했다.

판자가 걸어간 솔직하고 현실주의적인 길을 따라가는 것이 더 나은 선택이 되었다.

7. 로미오와 줄리엣 그리고 밀턴

로마가톨릭이 승리를 거두긴 했지만 모든 곳에서 그러지는 못했다. 가톨릭의 힘이 미치지 못했던 섬이 하나 있는데, 켈트족의 음유시인들이 살던 곳이었다. 맥퍼슨이 현대 언어로 녹취하기 전까지 영국 잉글랜드 남서부 끝단의 콘월Cornwall과 스코틀랜드 지방에서는 이 켈트 음유시인들의 시들이 오랫동안 구전되어 내려왔다. 오늘날에도 아일랜드에서는 이들의 시와 전통을 볼 수가 있다.

트리스탕을 다루면서 켈트 전설이라는 문화유산과 영국의 식자들이 즐겼던 대중적인 문학 사이의 관계를 자세하게 살펴볼 수는 없다. 하지만 17세기에 활동한 신학자이자 인문주의자였던 박학다식한 로버트 키크Robert Kirk 같은 이들이 켈트족의 설화에 대한 연구서를 출간했다는 점은 지적하고 넘어가야 할 것이다. 게다가 이 연구서는 켈트족의 전설을 다루면서 회의적이거나 조롱하는 투를 전혀 보이지 않고 진지하게 대하고 있다. 우리는 셰익스피어에 대해서도 아는 것이 사실 거의 없다. 물론 그럼에도 우리는 『한 여름 밤의 꿈』을 비롯한 그의 작품들을 갖고 있다. 그가 가톨릭교도였다고 하는 이들도 있다. 우리는 또한 셰익스피어가 쓴 『로미오와 줄리엣』을 알고 있는데 이 작품은 그가 쓴 유일한 궁정비극이자 바그너의 오페라 『트리스탄과 이졸데』가 나오기 전까지는 트리스탕 전설이 가장 아름답게 부활한 예이기도 하다.

셰익스피어의 삶이 거의 알려진 것이 없고 심지어는 그가 실존 인물이었는지조차 불확실한 상황에서 그가 프랑스 남부에서 활동한 음유시인들의 비밀스러운 전통을 알고 있었는지 묻는 것은 헛된 일에 지나지 않는다. 그러나 다음 사실은 특기할 만한데, 다름 아니라 베로나의 두 귀족 가문 몬터규가와 캐퓰렛가의 반목을 줄거리로 하는 『로미오와 줄리엣』의 무대였던 베로나는 당시 이탈리아에서 이단 카타리파의 가장 중요한 거점 중 하나였다. 17년 동안 이단인 카타리파에 속해있었던 수도승 라니에리 사코네에 따르면 당시 베로나에는 약 오백 명의 '완전한 자들'이 있었고 단순 '신도들'은 그 수가 훨씬 많았다고 한다. 상황이 이러했다면 이 당시에 떠돌던 많은 이야기 속에 베로나에서 서로 대적하고 있었던 '완전한 자들'과 정통 가톨릭교도들 사이의 격렬한 싸움의 흔적이 남아있지 않다고 볼 수는 없다.

* * *

당시는 종교전쟁의 광풍이 불던 시대였으며 이 때문에 이단들은 그 어느 때보다 더 깊이 숨어 지내야만 했다. 따라서 이 당시의 '베로나의 연인들'을 다룬 비극은 비유한다면, 한 순간에 베일이 찢어지면서 천하에 드러난 밝은 햇살의 검은 이면이었다. 말하자면 '멜랑콜리의 검은 태양'이 순간 모습을 보인 것이다.

로미오가 손에 들고 있던 횃불의 빛을 받아 트리스탕 신화는 다시 만토바의 묘지에 살아난 것이다. 트리스탕 신화는 영혼의 고양을 위해 고문마저 달게 기다리던 인간들의 깊은 의식에서 솟아난 것이며, 사랑의 환한 빛이 이따금 매혹적이고 미동도 하지 않는 얼굴을 비출 뿐인 그 어두운 심연에서 솟아난 것이다 ─ 우리가 알고 있는 모든 아름다운 시는 바로 이 공포와 신성에서 솟아난 것들이기도 하다. 이렇게 솟아난 신화는 어떤 모습이었을까. 한 순간 그 전모를 드러냈으며, 마치 그 옛날의 도발적이면서도 수사학에 도취했던 당시의 그 모습 그대로였다.

줄리엣은 가사상태에 이르게 하는 비약을 먹고 깊이 잠들어 있었다. 몬터규가의 아들이 들어와 입을 연다.

죽음의 순간이 찾아왔을 때 사람들은
얼마나 자주 즐거워하는 자신을 느꼈던가! 그들을
감시하던 이들은 말했지. 죽음 직전의 마지막 불꽃이라고. 하지만 나도
이 죽음을 불꽃이라고 부를 수 있을까? 오 나의 여인, 나의 부인이여
죽음이 그대의 숨결에서 꿀을 빨아가 버렸네
하지만 그대의 아름다움은 아직 해치지 못했소
그대는 아직 정복당한 것이 아니야. 그대의 두 입술과 두 뺨은
붉은 색으로 아름다움을 일러주고 있소
아직 창백한 죽음의 휘장이 마지막 걸음을 옮기진 않았소.

……

아, 사랑하는 줄리엣
어이하여 그대는 아직도 그리 아름답단 말이오?
실체없는 죽음이 그대를 사랑한다고 믿어야 하오? 아니면
이 어둠 속에서 그대로부터 사랑받는 연인이 되기 위하여
뼈만 앙상한 괴물이 아직도 그대를 보살피고 있는 것이오?
이런 생각들 때문에 나 그대와 함께 있는 것이오
결코 이 어둠의 궁전을 떠나지 않으리오. 나 여기 그대로,
그대 곁을 지키는 저 버러지들과 함께 머무를 것이오, 여기, 여기를
내 영원한 휴식의 장소로 삼을 것이오,
불길한 별들의 징조를 떨쳐내며
이 세상에 아무 미련도 없는 육체로부터 떠날 것이오.
내 두 눈이 마지막으로 세상을 보고 있소!
내 두 팔은 마지막으로 그대를 끌어안고 있소!
내 두 입술은, 이제 그대의 숨결이 나오던 그 문에

입맞출 것이고, 그리하여 탐욕스러운 죽음과 영원한 계약을 맺으려 하오!
잔인한 마차꾼이여 어서 오라. 보기 싫은 안내인이여 너도 오라
뱃사공이여, 바다의 병에 걸려 지치고 지친 그대의 배를 바위들 위로
던져라
이 모두 내 사랑을 위해서이다!

(그는 독약을 마신다)

충실한 약사
그대가 지어준 약은 빠르기도 하군. 한 번의 입맞춤으로 나는 죽노라.

죽음의 콘솔라멘툼 consolament이 에로스가 결코 원치 않았던 유일한 것인 결혼을 이제 막 성사시키고 말았다.[25] 이제 세속적인 '새벽'이 밝아오는 것이다. 결혼은 하지 말아야 한다. 그 대가는 죽음이기 때문이다. 전혀 다른 세상이 다시 시작되고 있었으며 로미오는 이 새로운 세상의 씁쓸한 지배에 몸을 맡긴다.

오늘 아침이 우리에게 어두운 평화를 가져다주고 있소…….
헤어집시다. 그리고 이 슬픔을 다시 서로 이야기해 봅시다.[26]

* * *

비록 청교도였지만 밀턴이 결코 '유심론적이지 않은' 히브리 신비주

---

[25] [역주] 콘솔라멘툼은 안수(按手)를 뜻하는 이단 카타리파의 용어다. 카타리파에서 안수를 받은 사람은 일반 신도와는 달리 특별 신도가 되어 '완전한 자'로 불리며 전도활동을 할 수 있다.
[26] 『로미오와 줄리엣의 비극』, 번역 P.-J. Jouve, G. Pitoëff.

의 교리에서 영향을 받았음은 확실하다.²⁷ 왕정과 세속화한 주교들에 반대한 '청교도들'의 혁명은 '순수한 자들'인 카타리파 교도들이 봉건제도와 성직자 그룹에 대해 반기를 든 것을 떠올리게 한다.

젊은 시절에 쓴 밀턴의 두 편의 시인 『알레그로』*Allegro*와 『펜세로소』 *Penseroso*를 보면 낮과 밤의 대립이 나타난다. 그리고 그가 아직 결단을 내리지는 않았지만 피할 수 없는 선택에 대해서도 이야기하고 있다(밀턴은 평생 이 결단을 내리지 못하는데, 고의로 침묵을 지키고 있었던 것이 사실인 한, 이 점에 대해 굳이 결론을 내릴 필요는 없다).

서사시의 주제를 찾던 밀턴은 청교도의 명분을 받아들이기 이전에도 종종 아더 왕과 원탁의 기사들에 관한 켈트 전설을 고려했다. 밤의 멜랑콜리를 다룬 『펜세로소』에서 '지엄하신 동정녀'를 향해 기도를 하면서 밀턴은 오르페우스를 상기시키는데, (오르페우스는 반지를 끼고 마술 거울을 갖고 있었던 카나세의 남편이었다) 마지막으로 밀턴은 '유명한 켈트족 음유시인들'도 언급한다.

낮고 근엄한 목소리로 노래하는 자들이여
승리를 거두고 트로피를 갖고 오는구나
숲은 무서운 마술에 걸려 울부짖지만
그 뜻은 소리 그 너머에 있도다.

"*Where more is meant then meets the ear*……" 밀턴은 『브르타뉴 역

---

²⁷ [역주] 유심론(唯心論, spiritualisme)은 유물론과 달리 정신이 모든 물질보다 우월하고 앞서 존재했다고 보는 철학으로, 만물은 정신적인 것이며 물질은 그 현상에 지나지 않는다고 여긴다. 특정 시대, 특정 인물의 철학이 아니라, 플라톤에서 토마스 아퀴나스와 데카르트, 라이프니츠를 거쳐 현대의 베르그송까지 꾸준히 이어지는 서구 철학의 중요한 경향이다.

사』를 쓰기 위해 아더 왕 연대기와 그에 관한 전설들을 연구했다. 그리고 『기독교 교리에 대하여』를 집필하면서는 '성경 어디를 봐도 존재하지 않는 근거 위에서 만들어진 신학적 정의들을 비난하면서, 하나님이 갖고 있는 창조의 힘, 삼위일체, 성육신 등의 교리에 반대하여' 혁명을 일으킨다.[28] 이런 비난과 반발은 그로 하여금 종교개혁 측에 가담하도록 했고 이 점은 별도로 다룬다고 해도, 이 모든 것은 언제 어디서나 정념을 묘사한 서정시의 기원에서 찾아볼 수 있는 동일하고 유일한 이단의 유설이다.

밀턴의 유물론을 잠시 살펴보면, 우리가 흔히 생각하는 것과는 달리 그는 '궁정풍의' 사랑론에 그리 심하게 반대하지는 않았다. 그노시스트와 마니교의 역사를 살펴보면 정신과 물질을 동일시하는 일원론과 정신의 이름으로 물질을 비난하고 하위에 두는 이원론 사이의 간격이 건너뛸 수 없을 정도로 깊지는 않다는 것을 알 수 있다. 특히 윤리 면에서 보면 그 간격은 더 좁혀진다. 유심론(혹은 관념론)과 유물론은 핵심 전제들이 공통된다. 극단적인 호색과 관능은 종종 또 하나의 극단인 엄격한 순결과 서로 맞닿아 있다. 실제로 밀턴을 보면 죽음을 부정하곤 하는데 이는 카타리파의 결론과 매우 유사한 면이 있다. 카타리파 교도처럼 밀턴도 선량한 욕망은 지적 원칙들에서 온다고 믿었고 선량한 욕망을 통해 우리는 사악한 욕망들, 육욕, 중요한 죄악들로부터 정화될 수 있다고 보았다. 신비주의를 가르쳐준 그의 스승인 플러드는 빛은 신적 물질이라고 가르치기도 했다…….

물론 밀턴이 주장한 교리는 카타리파의 교리보다 훨씬 '합리적'이고 사회적임은 부정할 수 없다(예를 들어, 밀턴은 결혼을 무절제한 방탕을

---

[28] Floris Delattre, *Milton*, 1937. (Introduction à *l'Allegro*, au *Penseroso* et à *Samson Agonistes*).

치료하는 처방으로 생각했다). 또한 밀턴은 이단인 신 마니교파에서 일어난 육체와 정신의 극단적인 혼동을 결코 권유하지도 않았다.

8. 소설 아스트레, 신비주의에서 심리학으로

17세기 프랑스의 소설에서 일어난 트리스탕 신화의 가장 눈에 띄는 변화는 신비주의적 요소가 점차 사라지고 그 자리를, 심리학이 차지했다는 말로 요약할 수 있다. 이제 소설은 비극이나 시에 비해서는 아직 갈 길이 멀었지만 세련된 문학적 대상이 되어가고 있었다. 뒤르페(Honoré D'Urfé, 1567~1625), 라 칼프르네드(La Calprenède, 1609~1663), 공베르비유(Gomberville, 1600~1674) 그리고 마들렌 스퀴데리(Madeleine de Scudéry, 1607~1701) 등의 작가는 트리스탕 신화가 지니고 있는 밀교적인 요소들을 전혀 눈치채지 못했다.[29] 이들은 옛날에 신화나 서사시 등에서 다룬 주제를 다시 취해왔지만 그 주제의 상징적 의미를 간과한 채

---

[29] [역주] 이 작가 중 뒤르페와 스퀴데리를 제외한 나머지 작가들은 생전에는 고대 영웅이나 전설 속의 인물들을 빌려다 많은 시, 연극, 소설을 쓰고 아카데미 회원인 경우도 있지만 문학사에 남을 만큼 대가들은 아니다. 스퀴데리는 프랑스 문학사에서 17세기 살롱문학을 대표하는 여류 작가로 유명한 사람이다. 결혼 제도를 통렬하게 비판했고, 프랑스 문학사에서 궁정과 귀족 문학의 중요한 경향 중 하나인 프레시오지테의 창시자이자 완성자로 잘 알려져 있으며 대하소설 여러 편을 남겼다. 프레시오지테는 정신과 언어, 품행과 기타 삶의 모든 부분을 극히 세련되고 우아하게 가꾸어 나가는 태도를 일컫는데, 특히 언어적 표현에서 두드러지게 나타났다. 예를 들면 여성의 가슴을 '모성의 저수지'로 부르는 식이다. 프레시오지테의 언어 사용을 규정한 어휘집이 별도로 있을 정도였다. 평생 독신으로 살다 숨을 거둔 스퀴데리는 특히 '사랑의 지도'라는 것을 제작할 정도로 남녀 간의 사랑을 육체적인 것이 아닌 극히 정신적인 것으로 다뤘다. 몰리에르의 눈에는 이런 현상이 꼴불견으로 보여 이를 풍자하는 코메디를 쓰기도 했지만, 언어 표현에 놀라운 수사학적 풍요가 찾아왔으며 20세기 초까지도 유지된 프랑스 살롱 문학의 전반적인 분위기를 지배했다.

단지 당시 현실 속의 인물들을 알아볼 수 있어서 흥미가 있을 뿐인 끝도 없이 이어지는 길고 긴 이야기만을 썼다. 공베르비유가 쓴 동명의 소설 주인공인 폴렉상드르는 루이 13세이며, 키루스는 그랑 콩데이고, 디안은 앙리 4세의 왕비 마리 드 메디시스였다.

　소설의 주제는 흔해빠진 '사랑의 장애들'이었을 뿐, 『트리스탕』에서 그토록 비밀스럽고 형이상학적인 문제였던 죽음을 향한 의지 같은 주제는 이제 다루어지지 않았다. 사랑은 이제 명예가 걸린 문제이거나 사회적 문제에 지나지 않았다. 여자 주인공이 영악한 인물로 등장했는데 특히 이별의 핑계를 만들어낼 때 그랬다. 여주인공은 쾌락을 만끽하며 한숨만 내쉬는 기사를 몰아세우곤 했는데 그래서 공베르비유의 소설을 보면 남자 주인공 폴렉상드르는 마치 미친 사람처럼 연인을 찾아 카나리아 군도, 멕시코, 카리브해 등 전 세계를 방황하며 돌아다닌다. 소설이 끝날 때쯤, 주인공은 스스로에게 '닿을 수 없는 섬에 사는 여왕'이 그의 목을 자르려고 달려오지 않을까 하는 상상까지 한다. 하지만 모든 것에도 불구하고 소설은 결혼이라는 해피엔딩으로 끝난다. 이 결혼은 사실 첫 페이지부터 예고되었지만 길고 긴 소설의 대가인 작가는 이를 마지막까지 미루어 놓은 것이다. 해피엔딩을 만들어 낸 소설이 바로 17세기에 실존 인물을 알아볼 수 있도록 쓰인 이러한 종류의 알레고리 소설들이다. 궁정 소설이라 해도 진정한 소설은 죽음으로 마감되고 이 세상 너머에 존재하는 세계에 대한 어쩔 수 없는 욕망을 펼쳐놓아야만 했다. 하지만 당시 사람들은 모든 것이 질서 속에서 진행되기를 원했다. 이제 사회가 개인을 압도하게 된 것이며 따라서 소설의 결말은 더 이상 소설이 아닌 행복한 현실로 돌아오는 것으로 마무리되어야 했다.

　트리스탕 신화의 위대한 비극적 테마들은 뒤르페의 소설 『아스트레』 *L'Astrée*에서 단지 멜랑콜리한 메아리만 울릴 뿐이다. 물론 이 소설에도 12가지 사랑의 법칙이 나오며, 잘 꾸며진 이별과 순결을 찬미하고 자유를 위해 죽음을 무릅쓰는 도전도 등장한다. 하지만 트리스탕이 겪어야만 했던 거친 갈등은 뒤르페의 소설에 오면 한낱 애교로 떨어지고 말며 빛과 어둠의 투쟁 역시 어스름한 박명의 효과만 낼 뿐이다. 이들 연인의 몸 사이에 칼집에서 깨낸 칼이 놓여있었지만, 이제는 아니다. 칼 대신 사랑하는 여인이 애정의 표시로 달아준 장식이 달린 셀라동의 황금색 목동 지팡이가 놓여있을 뿐이다.

이 차이는 트리스탕과 17세기의 차이 전체를 함축하고 있다. 개울물이 끊어지지 않고 길게 흐를 뿐 대하소설이라고 부르기에는 민망한 이 소설의 마지막 권이자 다섯 번째 권을 보면, 절망한 셀라동이 죽음을 택하려 하고 곁에 있던 아스트레도 같은 생각을 한다. 두 사람은 사자와 일각수들이 지키고 있는 리뇽이라는 진실의 샘에게 자신들이 저지른 악의 끝을 묻는다. 신탁에 의하면 이 샘은 결코 상대방을 배반하지 않을 연인들이 죽지 않는 한 절대로 마법에서 풀리지 않는 샘이다(사랑의 미약이 가져다 준 숙명을 벗어난다는 이야기는 트리스탕의 테마이기도 하다). 셀라동이 샘 앞으로 다가간다. 그러자 기적이 일어났다. 사자들과 일각수들이 서로를 잡아먹기 시작했고 하늘이 어두워지며 천둥이 치기 시작한 것이다. 이때 사랑의 수호정령이 구름 사이로 나타나 마법이 풀렸음을 알려준다. 정신을 잃고 실신했던 아스트레와 셀라동은(실신은 여기서 죽음에 대한 메타포이다) 골족의 신관인 아다마스의 집으로 옮겨지고 그곳에서 다시 정신을 차린 두 사람은 마침내 결혼을 한다.

『아스트레』가 거둔 기적과도 같은 성공을 두고 사람들은 도저히 설명할 수 없는 성공이라고 말해왔다. 하지만 이 소설의 매력은 오늘날에도 우리가 여전히 읽고 있는 동화 같은 소설의 매력과 별반 다르지 않다. 그리고 프랑스 작가들은 이제나 저제나 알레고리의 우아함을 즐기며 도취에 빠져들곤 한다. 지로두를 보면 알 수 있다. 라퐁텐은 이 소설을 두고 '그윽한 걸작'이라고 찬사를 보냈다. 루소 역시 리용을 거쳐 지나가던 중 포레즈를 방문했고 리뇽 샘물이 흐르는 방죽 곁에서 디안과 실 방드르의 그늘을 찾기도 했다. 아무리 찾아도 보이질 않자 여인숙 주인에게 물었더니 주인 왈, 포레즈는 대장장이들이 사는 곳인데 쇠를 아주 잘 만들기로 유명하다고 했다. 루소는 씁쓸해진 나머지 '이 아주머니는 나를 열쇠나 만드는 열쇠공쯤으로 여긴 것이 틀림없었다'고 썼다.

* * *

솔직히 말하자면 나 역시 『아스트레』를 얼마든지 칭찬할 수 있다. 문학적 기법의 측면에서 보면, 이 소설은 중요한 성공과 다름없다. 정교한 수사학적 기법들이 이 작품에서처럼 조화를 이룬 적은 일찍이 없었다. 이보다 잘 쓰인 소설을 상상하기 힘들다고 해도 지나친 말이 아니다. 확실한 미학적 법칙에 따라, 엄격하게 조정된 서사가 이 작품인 것이다. '결코 마음이 변치 않는 인물들'인 목동과 목녀, 그럼에도 잠시 흔들리는 마음, 애교, 대담함 등이 앞서거니 뒤서거니 하며 감정의 변증법에 가장 확실한 정확성을 부여하고 있으며 우리는 이 정확성을 진실이라고 부르고 싶어질 정도다. 이 소설의 관건은 '삶'이 아니라 '예술'이다. 우리는 지금 정신이 만들어 낸 예술 앞에 있는 것이지 결코 혼탁한 그림자들의 혼란을 마주하고 있지 않다. 우리 앞에는(현대 소설에서 자주 보는) 나도 모르게 튀어나온 고백이나 일어나서는 안 될 우연이 아닌 잘 짜인 이야기가 있을 뿐이다. 한 마디로 말해 『아스트레』는 걸작이다. 이런 소설이 나오려면 장인적인 인내와 기술이 전제되어야 한다. 실제로 작가는 25년 동안 이 작품을 매만졌다. 그래서 우리는 이 작품에 성공을 가져다 준 작가의 스노비즘이 우리의 속물근성보다 더 오랫동안 행해진 반성의 결과라고 보아야 한다.

하지만 우리는 여기서 최고도로 완성된 이 작품을 두고 한 가지 분명히 짚고 넘어가야 할 문제가 있다. 즉 문학적 노력이 거둔 성공이 대체 어떤 가치를 지니는가의 문제에 우리는 답해야 한다. 『아스트레』가 거의 모든 주제를 얻어 온 원 신화인 트리스탕 이야기를 염두에 두면 실제로 우리는 뒤르페에 와서 비극적인 것이 감동적인 것으로 격이 낮아졌음을 알게 되며 숙명은 이제 소설적 장치로 변질되어 버렸다. 모든 것이 교훈을 주기 위한 것이며 사람들을 기쁘게 하기 위해 사용되고 있다. 그러면 우리는 가장 완벽한 문학이란 그 완벽성 때문에 새로운 형식과 신화를 만들어 내는 창조적이고 신비한 작품들보다 낮은 하위문학이라고 보아야 할까? 나아가 하나의 작품이 그 자체로 완성도 높은 작품으로서 만개하고 완성되기 위해서는 비록 잠시 동안이라 해도 심오한 근원들 속으로 더 이상 내려가지 말아야 하는 것인가? 오늘날의 문학처럼, 이렇게 완성도 높은 문학은 얼마나 약한가. 강한 언어로 마음의 정념들을 부추기면서도 사실주의적인 정신의 공격이 가해지거나 공공의 이익이라는 이름으로 비판이 일어나면 전혀 저항을 못하고 무너지고 말지 않는가. 반면 신비주의자들과 종교적인 작가들은 사람들이 조롱을 하거나 비난을 퍼부을 때 엄청난 뚝심을 발휘하지 않았던가.

　브왈로가 그의 짧은 글, 「소설의 주인공들에 대한 대화」에서 말한 대로, 이것이 하나의 법칙일 것이다. 문학에 행정명령 같은 것은 있을 수 없지만 브왈로의 의견은 따를 만하다. 어쩌면 그래서 『아스트레』는 물론이고 그 아류인 로망 코미크 roman comoique도 침묵과 나아가서는 망각 속에 빠져버렸고, 우리가 배운 교과서에도 등장하지 않았는지 모른다.[30]

---

[30] 『프랑시옹』의 저자인 샤를 소렐은 『아스트레』에 등장하는 모든 정형화된 상황을, 후일 우리가 '사실주의적(réaliste)'이라고 부르게 되는 뷔를레스크(burlesque)라는 형식으로 묶어 『반소설 혹은 기상천외의 목동』(*Anti-Roman ou le Berger extravagant*)이라는 작품을 썼다. 마찬가지로 스카롱 역시 유사한 작업을 했다.

『클레브 공작부인』이라는 가늘고 순수한 마지막 불꽃이 있었다. 이 작품에서 죽음의 힘은 약화되어 연인의 이별 정도로 마무리되며 기사도 정신도 세속적 삶을 위해 사회통념상의 미덕에 자리를 내준다.[31]

9. 코르네유 혹은 정복된 신화

정념이 화려한 복수극을 펼친 곳은 17세기 프랑스 고전 비극에서다. 이 복수는 따라서 가장 관용이 부족한 체제 한가운데서 일어난 셈이다. 코르네유의 희극 『왕궁 광장』*La Place Royale*은 상당히 역겨운 희극이며 주제도 야릇하기로 유명하다. 앙젤리크의 애인인 알리도르는 사랑을 받고 있음에도 불구하고 '자신을 지나치게 옭아매는 사랑에 불편함을 느끼며', 자신의 애인이 친구인 클레앙드르에게 가도록 유도한다. 이 줄거리를 본 많은 사람은 정념을 윤리는 아니라 해도 이성에 복종시킨 최초의 작가로 코르네유를 꼽았다. 이 논리를 그대로 따르면 코르네유는 트리스탕 신화를 벗어난 최초의 작가이기도 하다. 이런 면에서 이 경우는 자세히 살펴볼 필요가 있는데, 우선 극 제1막에서 알리도르가 신세 한탄을 하는 장면부터 보자.

이렇게 지나칠 정도로 나를 사랑하니 나를 죽게 할 작정이란 말인가

---

[31] [역주] 『클레브 공작부인』(*La Princesse de Clèves*)은 마담 드 라파예트(Madame de La Fayette)가 1678년 익명으로 펴낸 소설이다. 프랑스 심리분석소설의 효시이자 흔히 프랑스 10대 소설에 꼽히기도 하는 걸작소설이다. 소설이 쓰인 것은 17세기 루이 14세 치하이지만, 소설의 시간적 배경은 100년 정도 거슬러 올라간 16세기 앙리 2세 치하다. 궁정에서 가장 잘 생긴 귀족인 느무르 공과의 불륜의 유혹 앞에서 다른 남자를 향한 자신의 사랑을 남편에게 고백할 정도로 괴로워하는 한 젊은 귀부인의 이야기를 미로와 같은 궁정의 삶과 함께 다룬 소설이다.

한 순간만 열기가 식어도 난 치료될 수 있을 텐데
그녀가 잠깐 한눈만 팔거나 약간의 질투만 보여도
나는 몽상의 나래를 펼 수 있을 거야
하지만 어쩔 것인가! 그녀는 너무나 완벽하고 그녀의 이 완벽함은
조금도 변하지 않는구나.
나에게 그 무엇도 거부한 적이 없으며 언제나 한결같은 그녀.
나의 휴식에 치명적인 그녀의 호의에 짓눌린 나는……

알리도르의 긴 장광설을 다 들을 필요는 없을 것이다. 위에 인용한 몇 구절만 읽어도 우리는 야릇한 사랑을 하고 있다는 것을 충분히 느낄 수 있다. 이 이상한 연인은 행복에 겨운지 그 행복이 자신의 휴식에 치명적이라고 말하고 있다. 게다가 애인 앙젤리크가 변심을 하는 불행이 닥치면 자신의 사랑은 치료받을 수 있다고도 한다. 이 알리도르는 참으로 이해하기 어려운 괴팍한 성격의 인물임에 틀림없다! 무언가 틀림없이 우리에게 숨기려고 하는 것이 있는 것만 같다. 알리도르 역시 '뜨겁게 타오르고' 싶어 하지 않는가! 그런데 그는 이 욕망을, '뜨겁게 타오르고' 싶어 하는 욕망을 치료받고 싶다는 정반대되는 말밖에는 달리 고백을 할 수가 없는 것이다. 당시는 그런 시대였다. 다시 말해, 당시는 불행해지고 싶다는 욕망을 드러내는 것이 어려운 그런 시대였다.

알리도르는 위에 인용한 첫 대사에 이어 몇 줄 밑에서 다음과 같이 탄식을 한다. "수치스럽게도 나는 나에게 없다고 불평을 늘어놓은 병들을 겪고 있다." 알리도르는 결국 수치심 때문에 거짓말을 한 것이다. 진실을 말하자면 그는 너무나도 그에게 순종적인 앙젤리크와 그 자신 사이에 사랑의 방해물이 없다는 것 때문에 괴로워하고 있다. 즉 트리스탕과 이죄 사이에 존재했던 '마르크 왕' 같은 방해물이 두 사람 사이에 존재하기를 바랐던 것이다. 트리스탕은 이죄를 그녀의 남편에게 돌려주어야만 했다. 요컨대 알리도르는 라이벌을 한 사람 만들어야만 했다.

그 무엇도 그를 앙젤리크로부터 떼어놓을 수 없다는 사실에 괴로워하는 알리도르는 이 괴로움을 창피해서 누구에게도 고백할 수 없었고, 그래서 잉젤리크의 순종에 자신이 지나치게 묶여있다고 불평을 하기로 한 것이다. 그는 실제로는 앙젤리크에게 지나치게 묶여있지 않았다. 알리도르는 자유스러워지고 싶다고 선언하지만 이 선언은 거꾸로 결코 자유스러워지고 싶지 않다는 욕망이 그의 가슴 속 깊이 숨겨져 있음을 일러준다. 실제로 앙젤리크가 짐짓 그에게서 도망가는 것처럼 보이도록 꾸미자 그의 깊은 욕망이 드러난다. 하지만 그는 이 상황에 영리하게 대처한다.

클레앙드르
너무나도 사랑을 받아서 스스로 불행하다고 여기는
그런 애인을 본 적이 있나?

알리도르
자네는 나를 평범한 사람으로 보고 있는 건가?
비속한 감정들만 가져야 한다고 생각하는 것인가?

알리도르는 지금 거만을 부리고 있다. 그의 말을 그가 말한 그대로 믿어서는 안 되는 것이다. 그는 거짓말을 하려고 하기 때문이다.

우리를 사로잡는 대상을 섬겨서는 안 되네.
우리에게 복종하지 않는 사랑을 품어서도 안 되네.
만일 사랑이 나를 강요한다면 나는 그런 사랑을 증오할 걸세.
나는 사랑을 할 때, 나의 모든 소원이 내 의지에 복종하길 바라네.
나를 얽매는 대신 내 사랑의 불꽃이 나에게 복종하기를
원하는 것이고, 내 마음대로 불을 켜고, 마음대로 끌 수 있기를……

얼핏 보면 정념에 대해 의지가 승리를 거두었으니, 고전주의자 코르네유의 진면목을 봤다고 생각할 수도 있고 실제로 그래왔다. 하지만 이 희극을 계속 읽어보면, 비록 우리가 트리스탕 신화에 등장하는 여러 가지 계책을 잘 모른다고 해도, 알리도르의 진정한 의도가 그가 거만을 떨며 친구에게 늘어놓은 말과는 정반대라는 것을 알 수 있다.

'우리를 사로잡는 대상을 섬겨서는 안 되네'라고 말했지만, 이 말은 실제로는 '섬김을 받아야 하는 유일한 대상은 우리를 완전히 소유하고, 심지어 우리로부터 벗어나려고 할 때조차도 우리의 가슴 속에 더 뜨거운 불을 지펴놓는 대상이라는 말이다. 왜냐하면 그것이 우리의 진정한 욕망이기 때문이다.' 위의 인용에 나오는 마지막 두 마디 말, '마음대로 끌 수 있기를' 이라는 말은 공허한 수사에 지나지 않는데 독자와 클레앙드르를 속이기 위한 것이기도 하지만 작가 코르네유 자신을 겨냥한 수사일 수도 있다. 문자 그대로 보면 자유를 원한다고 하지만, 진정으로 원하는 것은 사랑의 불꽃이었고, 그것도 '순종하는 불꽃'이 아니라 본인의 의지와는 무관하게 타오르는 불꽃이었다.

다시 한 번 반복하자면 사람들은 코르네유를 잘 못 보아왔다. 너무 쉽게 속아온 것이다. 물론 코르네유가 사람들이 속아 넘어가게 작품을 쓰기도 했다. 작품 첫머리에 붙인 헌사에서 코르네유는 익명의 한 인물을 가정하여 다음과 같은 말을 건넨다.

"나는 당신에게서, 한 신사의 사랑은 언제나 의지에 따른 것이어야 한다는 것을 배웠소. 사랑하지 않을 수 없는 순간에는 사랑을 하지 말아야 한다는 것도 그대에게서 배웠소. 만일 이것을 어기는 경우에 이르게 되면, 그것은 사랑이 아니라 우리를 옥죄는 강력한 억압이 되고 마는데 이 억압의 멍에를 부숴야만 한다는 것도 그대에게서 배웠소. 마지막으로 나는 그대에게 이런 것도 배웠소. 즉, 우리의 사랑을 받는 여인은 우리의 선택과 그녀가 당연히 누려야 할 자질 때문에 사랑받는 것이지만, 그녀는 맹목적인 이끌림에서 나오거나 각자 가지고 태어나는 것이어서 우리가 거부할 수 없는 별자리의 강요에 의한 사랑의 의무보다 훨씬 많은 의무를 우리에게 다 한다는 것이오. 우리는 언제든지, 무엇이든지 거부할 수 있어야만 하는 것이오."

참으로 멋지고 좋은 말이다. 그러나 우리는 이 치명적인 억압에 대한 거부, 즉 희생의 대가로 얻어지는 자유가 궁정의 사랑이 요구하는 기본적인 것 중 하나였음을 잘 알고 있다(『사랑의 법칙들』 Leys d'Amors 의 한 조항이었다).[32] 또 우리는 이 요구사항이 결혼에 반대하는 쪽으로 기울어지면서 격심한 논쟁거리가 되었음도 알고 있다. 그런데 코르네유 극의 주인공인 알리도르와 그의 애인인 늘 순종하는 안젤리크는 두 사람의 의지와는 무관하게 결혼한 사이였다. 알리도르는 바로 이 결혼생활에서 벗어나려고 했던 것이지 결코 그가 내세운 주장처럼 자유를 사랑해서 자신을 지나치게 사랑하는 애인한테서 도망치려던 것이 아니다. 즉 그는 정념을 위해 사랑을 버리고자 했다.

> 어떤 대가를 치르더라도, 나의 이 사슬을 끊어야만 한다
> 결혼은 나에게서 힘을 앗아감으로써, 강요된 사랑을 의무적인 사랑으로 만들어 놓은 것만 같아 두렵다.

---

[32] [역주] '사랑의 법칙들'로 옮길 수 있는 Las Leys d'Amors 는 14세기 초 프랑스 남서부 툴루즈에서 음유시인들이기도 했던 7명의 시 유지들이 모여 시 경연대회를 열기로 한 다음, 심사기준을 마련하기 위해 여러 차례 문안을 작성하던 중 1356년 뒤 늦게 한 변호사에 의뢰하여 작성된 문법과 수사학 지침서이다. 이 책에서 기술한 문법과 수사학은 후일 산문에도 적용되어 행정 문서에 큰 변화를 일으켰으며 이는 당시 중세 시대의 툴루즈를 중심으로 한 남프랑스의 위상을 잘 일러준다.

알리도르의 이 말은 옛날 궁정에서 사용하던 어투를 그대로 간직하고 있다. 이제 알리도르의 모순을 살펴보자. 그는 앞에서 휴식을 원한다고 했지만, 이제는 그에게 휴식을 가져다 줄 수 있는 결혼을 두려워하고 있다.

> 그녀의 증오를 사기 위해 나는 그녀에게 모욕을 주고자 한다
> 그녀에게 조금이라도 접근을 한다면
> 치료되고자 하는 내 의도들은 결코 달성할 수 없을 것이다.

이 '치료받고자 하는 의도들'(이 말은 '타오르고 싶다'는 것이었고 따라서 결혼 생활을 치료받고 싶다는 말이었다)은 극 제5막에 가서 성공을 거둔다. 코르네유는 후일 짐짓 놀라는 척하며 그의 희극에 대한 「검사」 *Examen*라는 글 속에서 이 사실을 고백한다.

"알리도르는 휴식을 원하고 있었고 또 약혼녀를 떠나기로 결심했고 나아가 이 여인을 속여 넘겼음에도 불구하고, 여전히 이 여인에게 열정을 갖고 있는 모습을 보인다. 그는 여인에게 그를 증오할 거리를 주었을 때만 오직 사랑을 시작하는 것처럼 보인다."

코르네유는 훨씬 솔직하게 말했다. 하지만 코르네유의 심리를 조금 더 가까이서 살펴보면, 코르네유는 알리도르의 모순된 행동과 말, 진심 사이의 괴리를 움직이는 트리스탕 신화의 진정한 의미를 간과하고 있다. 그래서 그는 논리적으로 취약한 아주 평범한 결론을 내려버리고 만다. '남자와 여자가 풍속에서 불평등하다는 것은 그릇된 일이다.'

작가의 의도는 작품을 통해 잘 표현되었음에도 불구하고 작가가 스스로의 진정한 의도를 몰라라 한다고 해서 크게 놀랄 일이 아니다. 불행한 사랑의 신화의 본질은 우리가 잘 알고 있다시피, 정념 자체가 고백할 수 없는 것이라는 사실에 존재한다. 코르네유의 독창성은 그 자신도 경

험한 바 있는 이 정념을 정복하고 부정하려고 했다는 데에 있다. 그의 가장 아름다운 두 극작품인 『폴리왹트』*Polyeucte*와 『르시드』*Le Cid*에서 정념의 신화를 최초로 극복해 보려고 했다.³³ 코르네유는 적어도 자유의 원칙을 구원해보자 한 것이다. 즉 정념으로 고통받는 사람만이라도 구원해보고자 한 것이다. 물론 그는 그러면서도(은유적으로 쓰인) 사랑의 미약이 가져다주는 달콤하면서도 고문을 하는 듯한 효과를 희생하지 않으려고 했다. 자유스러워지고 싶다는 의지를 갖고 정념을 치료하겠다고 했지만 오히려 이 자유를 향한 의지는 정념이 움직일 때 가장 중요하게 작용을 하는 요소다. 바로 여기서 흔히 '의무의 극작품'이라고 불리는 코르네유 극이 다른 어느 작품과도 견줄 수 없는 긴장을 자아내는 것이다. 코르네유를 잘 모르는 이들은 예전처럼 여전히 그의 연극을 '의무의 극작품'이라고 부를 것이다.

10. 라신, 혹은 사슬 풀린 신화

우리가 다루는 정념과 불륜의 신화와 관련하여 라신과 코르네유는 전통적으로 서로 대립되는 작가로 알려져 왔다. 이 대립의 근거를 요약하면, 라신은 '먹잇감에 달라붙어 있는 비너스'라고 묘사하면서 정념과 불륜의 모든 책임은 이론의 여지 없이 비너스의 것인 사랑의 미약에 있으며 사랑에 빠진 인간들은 그 희생자일 뿐이라고 주장했다. 반면 코르네유는 이 사랑의 미약이 억압이며 따라서 그 굴레에서 벗어나야 한다고

---

[33] [역주] 『르시드』(*Le Cid*)와 『폴리왹트』(*Polyeucte*)는 코르네유(Pierre Corneille, 1606~1684)가 각각 1636년과 1640년에 쓴 희극이다. 두 작품 모두 사랑과 의무(아버지에 대한 복수, 조국애 그리고 기독교적 자비) 사이에서 갈등하는 연인들의 이야기이며 극은 의무를 따르는 것으로 끝난다.

보았다는 것이다. 라신이 절정에 이른 관능성의 조화를 보여주며 코르네유가 긴장된 변증법을 느끼게 하는 것도 이 때문이다. 라신은 끝내 흐름에 몸을 맡기고 말지만 코르네유는 비록 끌려들어가지만(보다 정확히 말하면 끌려들어가는 자신을 느끼지만) 그 흐름에 맞선다.

Invitus invitam, 이것이 라신이 쓴 비극『베레니스』*Bérénice*의 주제인데, 이 고대의 표현을 17세기의 라신은 '불행한 사랑'이라는 궁정풍의 주제로 해석했다.³⁴ 우리 역시 이 표현을 트리스탕 신화를 표현한 것으로 보고 싶다.

하지만 라신은 그의 초기 희곡작품들 속에서는 정념의 신화가 지니고 있는 철학의 진폭을 축소시켜 지나칠 정도로 '수용할 만한' 일개 심리학으로 전락시킨다. 그의 말을 들어보자. "나는 결코 베레니스를 디동이 그랬던 것처럼 죽음에 이르게 하지 않았다. 왜냐하면 디동은 에네에게 마지막을 약속하지만, 함께 있지 않았던 베레니스와 티투스는 디동처럼 자신의 삶을 희생할 필요가 없었기 때문이다."³⁵ 이 모든 것은 진심이

---

34 "베레니스를 열정적으로 사랑했던 티투스는 결혼까지 약속을 했지만 제국을 선포하자마자 '자신의 의지와는 달리, 그녀의 의지와는 달리', 그녀를 로마에서 추방했다."([역주] 라신은 이 글을 수에토니우스의 글에서 번역하여 그가 쓴 비극『베레니스』의 서문에 인용했다)
라틴어 표현인 Invitus invitam은 '자신의 의지와는 달리, 그녀의 의지와는 달리'라는 말이다. 수에토니우스는 서기 1세기에서 2세기에 걸쳐 살았던 라틴어 본명이 가이우스 수에토니우스 트란퀼리우스(Caius Suetonius Tranquillus)인 고대 로마 학자이자 작가로 카이사르에서 도미티아누스까지 열두 명의 황제를 다룬 저서를 썼다. 티투스는 서기 79~81년 사이에 로마 황제였고 베레니스는 중동의 팔레스타인 공주였다. 로마의 반대로 두 사람의 사랑은 이루어지지 못하며 베레니스는 고향으로 돌아가고 만다. Invitus invitam는 두 사람의 이루어질 수 없는 사랑과 이별을 할 때 등장하는 표현이다. 라신의 비극『베레니스』는 1670년에 초연된 작품으로 루이 14세와 당시 추기경이던 마자랭의 조카인 애인 마리 만치니의 사랑을 비유하며 묘사한 작품이다.
35 [역주] 아이네이아스(라틴어 이름은 Aeneas)는 로마 시인 베르길리우스가 기원전 30년에서 19년까지 약 10여 년간 걸쳐 쓴 서사시『아이네이스』(*Aeneis*)에 등장하

아니라 거짓에 불과하다. 또한 진심이었다면 무섭고 어두운 정념에 맞서는 논리치고는 허약하기 그지없다! 라신의 말을 더 들어보자. "비극 속에 유혈이 낭자하고 사람들이 죽어가는 모습이 꼭 있어야만 하는 것은 아니다. 행동이 위대하고 행동을 취하는 사람들이 영웅다우면 그것으로 충분하며 정념이 실현되는 대신 자극되는 것만으로도 충분하다. 이 모든 것을 통해 비극의 모든 즐거움을 만들어내는 이 장중한 슬픔을 느끼면 된다."

그런데 라신이 말한 '비극의 모든 즐거움을 만들어내는 이 장중한 슬픔'이란 사실은 정념의 신화의 반쪽, 즉 어둠과 쌍을 이루고 있어야만 하는 밝은 반쪽에 불과하다. 다시 말해 라신은 모든 것이 결정되어 있는 삶의 윤리를 반영하고 있을 뿐이다. 그의 논리에는 삶의 어두운 면을 배려하지 않았으며 여전히 끝없이 계속되는 어둠의 삶 속에서 정념의 신비한 만개를 몰라라 하고 있다. 라신의 어법을 빌려 말하면 그의 논리 속에는 '소설 트리스탕의 모든 두려움을 만들어내는 장중한 기쁨'이라고 부를 수 있는 것이 없다. 이렇게 라신을 비난할 수 있는 것은 실제로 죽음에 이르는 것이든지, 아니면 죽음을 예감하는 것이든지, 상황을 죽음으로까지 몰고 가야만 하기 때문이다. 그런데 라신은 이 죽음을 불필요한 것으로 여기고 있다. 17세기 고전주의 시대의 한 미덕으로 그토록 칭찬을 받았던 고전적 수줍음이겠지만 그러다 보니 형이상학적 빈곤을

는 트로이 전쟁의 영웅이며 디동(라틴어 이름은 디도(Dido))은 카르타고를 세운 전설 속의 여인이다. 로마 시인 베르길리우스는 이 이야기를 로마 건국신화로 만들어 냈다. 에네(아이네이아스)와 디동의 비련의 사랑은 베르길리우스의 서사시 제4권에 등장하는 유명한 이야기이다. 에네는 트로이 패망 후 재건을 노리던 중 한때 북아프리카로 와서 디동과 사랑에 빠지지만 디동은 이루어질 수 없는 사랑과 카르타고의 왕 라르바스의 청혼을 거절한 죄로 죽는다. 두 사람의 이야기는 여러 화가, 작가, 작곡가가 많은 예술 작품으로 묘사했다.

피할 수 없었으며 자연히 갈피를 잡기 힘든 혼란만 작품 속에 남았다. 라신이 말하는 '슬픔'은 그것이 아무리 위대하다 해도 이렇게 제한적이어서 대낮의 슬픔으로 남아 그 너머의 세계가 없고 기쁨 속에서의 반전도 없다면, 그럼에도 '기쁨'이라고 말하고 있지만, 우리는 이 슬픔이 morosa delectatio, 다시 말해 '나른한 흥겨움' 그 이상의 다른 것은 아니라고 말할 수 있다.

물론 정념과 그 신화의 기원에는(마니교적인) 신비한 신앙이 있다는 사실은 비난받아 마땅하다. 그렇지만 이 신앙이 서로 사랑하는 연인들이 겪는 드라마와 시련을 합리화시켜주고 나아가 위대함을 부여한다는 사실은 부정할 수 없다. 연인들이 그들을 막아서는 장애물을 사랑하고 그로부터 나오는 괴로움을 사랑한다면 그것은 사랑의 장애물이 죽음의 가면이기 때문이고, 죽음은 어둠이 절대적 힘을 갖고 있는 밝음으로 변하는 순간의 그 변용을 담보해주는 것이기 때문이다. 하지만 이 한계까지 다가갈 수가 없었던 라신은 그 자신은 물론이고 우리에게도 본질적으로 혼란스러운 우울감만을 맛보도록 하는 데 그치고 있다. 에로스는 비록 궁정에 살더라도 우리가 죽음을 통해 물질적 삶에서 벗어나길 원한다. 기독교에서 말하는 아가페도 삶을 희생하라고 말한다. 그러나 라신이 말하는 '자극된 정념들'과 우리보고 즐거움을 느끼라고 하는 '슬픔'은 정신의 패배와 체념한 채 감각에 몸을 내맡기라는 나약하고 병적인 타협에 지나지 않는다. 우리는 이 얼버무려버리는 자기만족과 타협에서 (정념의 세속화와 다름없는) 이른바 '세기병'으로 불리는 경향의 전조를 읽을 수가 있다. 이 때문에 라신은 장세니슴으로 경도되었다. 그에게 장세니슴은 스스로는 고행으로 여겼지만 그리 철저하지도 못한 나약한 것이었다 – 프로이트라면 이를 두고 자아 응징이라고 불렀을 것이다. 이 자기만족과 타협 그리고 나약한 고행은 낭만적 기질이며 감상주의에 지나지 않는다.

그러나 장세니슴으로 기울면서 라신은 그에게 진정한 자신의 괴로움을 일러주는 위기를 맞게 된다. 그의 작품, 『페드르』Phèdre는 비단 극작가 라신에게만 결정적인 순간이었던 것이 아니라 유럽의 전 역사에 걸쳐 정념의 신화가 밝게 되는 변화 과정에서도 결정적인 순간이다.

11. 『페드르』, 혹은 응징된 정념의 신화[36]

『베레니스』에서 작가는 죽음을 의도적으로 다루지 않는데 이는 기독교에 뿌리를 둔 윤리관 때문이었다. 『베레니스』를 쓸 당시의 라신은 아직 정념과 비극 양자에 걸쳐 철저한 분석을 할 능력도 없었고 그러고 싶지도 않았다. 만일 그가 철저하게 자신을 분석했다면 누구에게도 고백하지 못한 채 오직 가슴 깊이 숨겨놓고 있었던 것을 스스로를 응징하지 않을 수 없었을 것이다. 당시 라신은 샹메슬레Champmeslé라는 여인을 사랑하고 있었고 이 통제불능의 정념이 몰고 온 첫 번째 위기를 맞아 솔직하고 철저하게 자신을 바라보았다면 분명 라신은 자신의 의지와는 무관하게, 그리고 자신의 생각보다 훨씬 더 많은 사실을 고백했음에 틀림없다.

---

[36] [역주] 『페드르』는 라신이 1677년에 쓴 운문으로 된 5막 비극이다. 고대 그리스 비극작가 에우리피데스, 로마 비극 작가 세네카 등이 같은 인물들이 등장하는 비극을 썼고, 라신이 살았던 당시에도 그와 경쟁하던 가르니에가 유사한 줄거리로 비극을 썼다. 테제(테세우스)가 귀국한 다음 부인 페드르(파이드라)가 전처 소생의 아들 이폴리트(이폴루투스)를 사랑한다는 사실을 알게 된다. 사랑을 거부당한 페드르는 이폴리트가 자신을 능욕하려고 했다고 거짓말을 한다. 대노한 아버지 테제는 포세이돈 신에게 청해 아들 이폴리트에게 저주를 내린다. 이폴리트는 전차를 타고 달리다 그만 낙마해서 전차에 깔려 죽고 만다. 이폴리트의 죽음을 알고 뒤늦게 후회하던 페드르는 독약을 마시고 자살한다. 프랑스에서는 각급 학교의 교과서에 실리는 고전 중의 고전이다.

이렇게 보면 그의 『페드르』는 『베레니스』에서 다루지 않았던 죽음이 복수하는 기회였다고 볼 수 있다. 실제로 라신은 『페드르』를 쓸 당시 이 점을 알고 있었다. 그뿐만 아니라 라신은 이제 비극이 정면으로 정념의 사랑이라는 주제를 다루면 무대 위에는 피할 수 없이 유혈이 낭자한 죽음이 있다는 사실도 인정하게 되었다. 물론 이 경우에도 라신은 죽음을 삶의 끝이 아니라 이승의 삶에서 이룰 수 없는 사랑을 허락하는 또 다른 세상의 삶으로 건너가는 하나의 변용의 기회로 여기지는 않았다. 그는 여전히 어둠이 아니라 빛의 편에 서있었으며 따라서 죽음은 철저하게 자신을 되돌아보지 못하고 너무 오랫동안 얼버무리며 지내온 세월을 한탄하는 그 이상은 아니었다. 다시 말해 『페드르』에서 남편의 전처소생의 아들을 사랑하는 페드르를 응징하기 위해 그녀를 죽였을 때 페드르는 미노스의 딸을 희생양으로 삼아 자신의 정념을 죽인 것이다.

라신은 아주 먼 고대에서 전해 내려온 주제를 택함으로써 『페드르』에서 자신을 이중으로 응징하고 있다. 우선 남편의 아들을 사랑하는 근친애라는 사랑의 장애물로 첫 번째 응징을 한다. 비록 피는 섞이지 않았지만 이 장애물은 누구도 극복할 수 없는 것이다. 라신이 아주 민감해 했던 여론은 마르크 왕 대신 트리스탕의 편이다. 여론은 배반당한 남편이 아니라 여인을 유혹하는 남자의 편에 설 수 있다. 그러나 근친애는 경우가 다르다. 여론은 그 사랑이 아무리 절절한 것이라 해도 결코 근친애를 저지른 연인들 편에 서지 않는다. 두 번째로 라신은 『페드르』에서 서로 다른 많은 인물을 등장시켜 그녀가 사랑했던 이폴리트의 사랑을 받지 못하게 해 스스로를 응징하고 있다. 극 속에서 페드르는 그가 사랑했던 현실 속의 여인 샹메슬레였고 라신 자신은 이 사랑을 거부하는 이폴리트가 되어 치명적인 유혹에 둔감한 사람으로 등장하고 있다. 라신은 극중 인물인 페드르와 실제로 사랑했던 여인을 혼동함으로써 정념의 대상이었던 여인에게 복수한 것이고 나아가 자신의 정념 자체를 '단호하게'

응징받아 마땅하다고 여기고자 했다.

하지만 우리는 앞서 『페드르』를 쓸 당시 라신이 결심을 못하고 심각한 정신적 위기를 겪고 있었다고 말했다. 이를 생각하면 당시 쓴 『페드르』에는 이중의 의미가 있다고 볼 수 있다. 그가 믿고 따르기로 했던 윤리의 법칙, 즉 빛의 법칙은 라신으로 하여금 왕자 이폴리트를 페드르의 사랑에 전혀 반응하지 않는 무감각한 사람으로 등장하게 했다. 이렇게 보면 라신은 페드르의 사랑을 근친애로 규정하면서 페드르는 단지 이폴리트의 의붓어머니일 뿐이라고 본 것이다. 나이든 라신은 그러나 근친애, 의붓어머니 등 누가 봐도 사랑을 불가능하게 하는 객관적인 상황들을 넘어, 정념 자체를 불가능한 것으로 여기고자 했다. 그래서 그는 아리시라는 인물을 등장시켜 이폴리트로 하여금 그녀를 사랑하도록 했다. 하지만 잠시 후 보게 되겠지만 이 이폴리트의 애인 아리시는 위장이었을 뿐 또 다른 페드르였다. 라신은 교묘한 방법에 의존했던 것이다.

라신은 『페드르』의 서문에서 다음과 같이 썼다. "이폴리트라는 인물을 말하자면, 고대인들 사이에서는 이폴리트를 마치 어떤 결점도 찾을 수 없는 철학자처럼 묘사했다며 극작가 에우리피데스를 비난했다. 이런 비난을 하게 된 이유 중 하나는 이폴리트의 죽음인데, 다름 아니라 사람들은 이 죽음이 동정심보다는 오히려 울분을 느끼게 한다고 했다. 이폴리트는 위대한 영혼의 소유자답게 의붓어머니인 페드르의 명예를 더럽히지 않은 채, 그리고 그녀를 비난하지도 않은 채 죽어갔지만 '이 죽음에는 아버지에 대해 죄의식을 느끼는' 그의 연약함이 한 원인으로 작용했다고 보아야만 한다고 생각했다. '나는 이폴리트가 그의 아버지의 적군을 아버지와 형제로 두고 있는 아리시를 사랑하는 이 사랑도 이폴리트의 연약함으로 보고자 한다.'"

요컨대 아리시에 대한 사랑은 아버지가 금지한 사랑이며 따라서 베일로 한 꺼풀 가려졌을 뿐 그 역시 근친애에 속하는 사랑이었다.[37](정신분석학에 따르면 이 정도의 위장은 욕망이 구사하는 여러 전술 중에서도 약한 축에 든다!). 하지만 라신이 겨냥했던 것은 근친애가 아니라 근친애를 포함한 모든 불가능한 사랑을 이루려고 하는 정념 그 자체였다. 그래서 라신은 정념을 묘사한다는 모든 비난을 각오하고 다른 방법을 찾아냈다. 그 다른 방법이란 다름 아니라 사랑의 미약이 인간에게 가하는 모든 시련에 의존하여 정념을 설명하는 것이었다. 라신은 정념의 신화에서처럼 사랑의 미약에 의지하면서 '운명'을 동원하여 서로 사랑하는 이들 연인의 책임을 면해주려고 했는데, 따라서 이 방법은 작가 자신도 책임에서 면죄부를 받을 수 있는 방법이기도 했다.

오! 주여! 지상에 보내야 하는 우리의 시간이 한 번 정해지면
하늘은 우리의 이성에는 전혀 귀를 기울이지 않는군요.
—1막 1장

코르네유가 찬미했던 하늘과 얼마나 큰 차이가 나는가! 인간이 속일 수도 있는 신들도 아니었으며 죄를 물을 수 없는 신들도 아니었다.

신들이 나의 증인이다. 보라 내 가슴에, 내 모든 피 속에
신들은 이 숙명의 불꽃을 지펴놓았도다.
—2막 3장

자 이제 페드르의 시녀 외논이 페드르에게 하는 말을 들어보자. 외논은 먼 옛날 시녀 브랑겐이 이죄에게 했던 같은 말을 하고 있다.

---

[37] 제1막 1장에서 이폴리트는 아리시에 대해 다음과 같이 말한다. "진노한 아버지의 반대에도 불구하고 아리시를 사랑해야만 하는가?"

마님은 지금 사랑을 하고 있습니다. 사랑이 정해놓은 운명은 극복
할 수 없어요.
마님은 마법에 걸린 것처럼 끌려가고 있습니다.

―4막 6장

앞서 우리는 라신이 『페드르』를 쓸 당시 심각한 위기를 겪고 있었으며 『페드르』는 이중의 의미를 지닌다고 했다. 이 이중성은 극작품이 태어나게 된 배경인 위기의 가장 중요한 부분이어서 이를 두고 작가를 비난해 보아야 소용이 없을 것이다. 근친애를 모두 부정하고 윤리의 편에 서는 것 같았지만 다른 방식으로 정념에 괴로워하는 모습을 표현하지 않을 수 없었던 것인데, 라신은 『페드르』를 이렇게 쓰지 않을 수가 없었다. 본질적으로 어둠의 움직임인 정념의 신화를 조금이라도 밝은 빛 속으로 끌어내지 않을 수 없었고, 그러면서도 한편으로는 고통스럽고 강한 죽음의 충동에 시달리며 때론 속마음을 다 털어놓고 싶은 고백을 참기도 했지만, 마침내 이 죽음의 유혹에서 벗어나기 위해 작품을 통해 불가능한 고백을 하기에 이른다. 극작품에서 이 고백은 왕비를 통해 세 번 반복해서 이루어진다.[38] 이 모든 것은 사랑·정념이 결국 빛이 정한 규범에 따라 제압당하기 위해 꼭 필요한 것이었다. 라신의 『페드르』에 와서 12세기에 정념의 신화가 출현한 이후 서구 문명에서 최초로 사랑하는 여인이 죽음으로써 『트리스탕』과 『로미오와 줄리엣』의 세계를 전복시키며 지상의 빛의 세계가 승리를 거두게 된다.

내 두 눈에서 광명을 앗아간 죽음이

---

[38] 첫 번째 고백은 제1막에서 유모에게 하며, 두 번째 고백은 이폴리트에게 한다. "자, 이제 페드르와 그녀의 모든 격정을 알아야 할 것이다……." 마지막 세 번째 고백은 테제(테세우스)에게 한 고백으로 제5막에서 이루어진다.

그들이 더럽혀 놓았던 빛에게 다시 순수함을 돌려 주는구나
– 폐하, 왕비께게 숨을 거두셨습니다.
　　　　– 너무나도 어두운 행동이어서
기억은 그녀와 함께 사라지지 못하고 남을 것이로다!

이 모든 것에도 불구하고 – 또 라신이 진심을 다 드러내지 않기 위해 거짓말을 했음에도 불구하고 – 우리는 그가『페드르』의 서문에서 다음과 같이 말했을 때 그는 진지했다.

"내가 확신하거니와, 나는 일찍이 이 작품에서보다 더 인간의 덕성이 강조되는 비극을 써본 적이 없다. 이 작품에서는 사소한 실수도 준엄하게 응징당하고 있다. 그래서 죄악을 생각하는 것만으로 죄악 그 자체 못지않게 두려운 시선으로 보게 된다. '사랑의 연약함은 이 작품에서 진정한 연약함으로 여겨지며' 정념들은 단지 눈으로만 볼 수 있게 표현되었지만 그럼에도 정념이 원인이 되어 발생하는 모든 혼란은……"

『페드르』의 세계는『베레니스』를 쓸 당시의 '정념을 자극'함으로써 '비장한 슬픔'을 느끼고자 하는 관객들의 욕구를 충족시키겠다는 작가의 의도에서 멀리 빗겨나 있다. 우리는 포르 루아얄Port-Royal에 아주 가까이 다가가 있는 것이다.[39]

라신은 페트라르카와 같은 부류의 음유시인이었다. 두 사람은 모두 정념을 버리고 지상에서 규범을 지켜가며 누릴 수 있는 사랑을 택했다.

---

[39] [역주] 포르 루아얄(Port-Royal)은 네덜란드 신학자인 얀센(Jansen)의 얀센주의(장세니슴)의 영향을 받아 17세기 초 프랑스에서 일어난 신앙운동으로 당시 인간의 자유의지론을 주장하던 예수회와 대척적인 입장을 견지하며 은총 예정설 등을 주장했으며 이 신조를 따르는 이들이 모이던 수도원을 지칭하기도 한다. 파스칼과 라신도 이 포르 루아얄에 귀의했으며 정치적으로는 루이 14세의 절대왕정에 반하는 운동이기도 해서 박해를 받았고 18세기 초에 해산된다.

이런 시인들은 대개 종교에 귀의하게 된다. 그러나 이 귀의는 은자로서 살기로 결심한 것을 의미하는데 이 삶은 어쩌면 용서하기 힘든 빛의 세계에 대한 마지막 경멸일지도 모른다.

12. 신화의 쇠락

코르네유와 『페드르』를 쓰지 않을 수 없었던 라신에도 불구하고 17세기 말의 프랑스는 풍속과 철학에서 정념의 신화가 쇠락하는 시기이다. 사람에 따라서는 이 시기에 정념의 신화가 쇠락함으로써 사회가 건전해지지 않았느냐고 말할 수도 있을 것이다.

왕정이 들어서면서 봉건사회가(맹종하는 사회까지는 아니었지만) 훨씬 질서 잡힌 사회가 되어가자, 인간들 사이의 감정관계와 관습에 상당히 큰 변화가 일어났다. 그중 하나가 결혼인데, 이제 결혼은 사회를 유지하는 하나의 기본적 제도로서 공고하게 자리를 잡았다. 17세기에 결혼은 균형을 잡아갔지만 18세기 들어 다시 흔들리며 많은 희생을 치르며 간신히 전 시대의 균형을 유지해 갔다. 17세기에 결혼 제도가 보인 균형은 이전 세기에는 경험하지 못했던 현상이다. 민간인들 사이의 '혼인'도 일정한 형식을 갖추어 치러졌으며 그 형식은 외교적 형식에 못지않았다. 결혼 당사자들 사이의 실질적인 정서의 이끌림이나 주위의 인정은 17세기 결혼에서 거의 중요하지 않았다. 그래서 정서적으로까지 진정한 결혼이 이루어진다면 완벽하다고 여겨지긴 했으나 때론 그런 행복을 일종의 사치나 터무니없는 욕심으로 여겼다(18세기 들어오면 완벽한 결혼이라는 이 사치는 별로 좋지 않은 성향으로 여긴다). 서로가 신분이 잘 어울리며 개인의 자질도 서로 잘 맞는 결혼은 좋은 결혼의 이상적인 척도였다. 이 점에서 17세기 프랑스는 중국을 많이 닮았다고 볼 수 있다. 실제로 우리가 흔히 '합리적인 세기'로 알고 있는 17세기에 들어서 관습은 종교적 신앙과 분리되기 시작했다(이는 유교에서 하던 방식이다). 17세기 들어 프랑스의 관습은 아무도 주의를 기울이지 않은 채 이성의 법칙에 맞추어 진행한 것인데 기독교적 절대가 개입하는 여지가 현격히 줄어들었다. 따라서 눈에 보이지 않는 은총이 아니라 '이점들'이 결혼을 결정하는 주요소였으며 잘 생각하고 고른 상대방을 '사랑할 만한' 대상으로 만들어주는 것도 이 '이점들' mérites이었다. 예수회 윤리가 승리를 거둔 것이다. 인위적이고 화려한 외관에 가려 감정이 폄하되었던 시기는 바야흐로 바로크 시대였던 것이다. 또한 데카르트가 한 것처럼 정념을 분석하기 시작했고 그 결과 이제 정념은 서로 다른 범주에 속한 요소가 만들어내는 심리적 메커니즘 정도로 격하되기에 이른다. 그뿐만 아니라 정념은 개인적인 자질, 이점들, 능력으로 모여 점점 자취를 감추니 필연적으로 정념의 신화와 이 신화가 갖고 있는 본질적인 역동성 모두 필연적으로 해체되기에 이른다. 사실 정념은 모든 윤리적 범주가 사라지는 바로 그 순간에 지배력을 펼친다. 정념의 신화는 선악의 피안을 넘어, 일종의 열광 상태 속에서 그리고 윤리가 가치를 지니던 영역에서 윤리를 정면으로 위반할 때 실현된다.

*　*
*

　스피노자의 경우는 별도로 한 장을 할애해야 한다. 하지만 그가 풍속에 끼친 영향은 2세기가 지난 후에야 느낀다('질풍노도'기의 철학자들이 시인을 위하여 독일어로 스피노자를 번역할 때까지 기다려야만 했던 것인데, 이 시인들은 이를 다시 감상적인 부르주아를 위하여 은유화시켜 버렸다. 그 결과 스피노자는 온데간데없고 한가한 일요일에 찾은 전원에서 받은 인상이 주는 신의 섭리 같은 것만 늘어놓는 수다가 대신 자리를 차지하고 만다).

스피노자는 사랑을 다음과 같이 정의했다. 사랑이란 '외부에 그 원인이 있다는 생각을 동반하는 기쁨의 감정'이다. 이런 경우란 단 하나밖에 없는데, 다름 아니라 이 경우는 신비주의자였던 스피노자 자신도 예견했던 것으로, 외부에 있는 원인이란 사랑에 빠진 우리의 영혼이 자신과 동일시할 수 있는 하나님밖에는 없다.[40] 그러나 스피노자는 사랑의 '장애물'을 가볍게 다루었다. 실제로 인간의 정념은 '언제나' 이 정념을 가로막는 반대되는 정념들과 연결되어 있다. 우리의 사랑은 증오와, 쾌락은 고통과 연결되어 있다. 하나의 개별적 원인이 우리를 결정하는 경우란 없다. 기쁨과 그것의 외적인 원인 사이에는 언제나 무언가 거리와 장애물이 존재한다. 예를 들면 사회, 죄악, 미덕, 우리의 육체 그리고 남과 다른 개별적 존재로서의 자아 등이 있다. 바로 이런 것들에서 열화와 같은 우리의 정념이 유래한다. 완전한 결합은, 해방을 가져다주는 죽음에의 욕망과 떼어놓을 수 없을 정도로 연결되어 있다. 정념은 우리의 상실을 욕망의 대상으로 만들어 주는 고통 없이는 존재하지 않기 때문이다. 포르투갈의 수녀인, 마리아나 알코포라두가 그녀를 유혹했던 한 남자에게 보낸 편지의 한 구절을 읽어보자. "당신은 저에게 절망을 던져주었지만 바로 그 절망 때문에 나는 당신께 내 가슴 깊은 곳에서 감사를 드립니다. 오늘 저는 당신을 모르고 지내던 옛날 내가 누리고 있던 휴식을 경멸하고 있어요……. 안녕히 계세요! 영원히 저를 사랑해 주세요, 저를 더 큰 고통으로 괴롭혀 주세요!"[41]

---

[40] 여기서 우리가 앞서 에카르트를 두고 말한 바를 다시 확인할 수 있다. 즉 신과의 융합을 추구하는 신비주의는 신을 대신할 수 있는 정념을 모르는 것이다.

[41] [역주] 마리아나 알코포라두(Mariana Alcoforado, 1640~1723)는 유명한 『포르투갈 여인의 서한집』의 저자이다. 이 사랑의 편지 모음은 17세기 중엽 익명으로 출간되어 유럽 전역에 큰 반향을 불러일으키기도 했는데, 처음에는 번역한 사람

18세기 말엽 다른 여인의 말도 들어보자. "나는 당신을 어쩔 수 없이 사랑해야만 하는 것처럼 사랑합니다. 즉 절망 속에서."(쥘리 드 레피나스)[42]

* *
 *

루소가 나오기 이전의 18세기는 멜랑콜리의 검은 태양이 완전히 기울어버린 시기였다. 섭정과 루이 15세 치하의 교활하고 방탕했던 인사들의 표현을 빌리면 상대방을 '사랑스럽게' 만들어 주는 '자질'과 '이점들'은 결코 이전 세기의 윤리도 아니었으며 지적이면서도 육체적인 것에 지나지 않았다. 영혼과 믿음을 간직한 인간의 넋을 구별하던 시대에 이어 영혼과 육체의 구별이 이루어졌지만 18세기에는 이 구별이 다시 인간 존재를 지적 능력과 성으로 구별했다. 조금 더 단도직입적으로 말하면, 모든 장애물이 사라졌으며 이제 정념은 어디다 몸을 두어야 할지 모르는 상황이 되었다. 그래서 사람들은 위험하지만 위대했던 정념 대신, '소정

이 모든 사실을 숨기는 바람에 19세기 초인 1810년이 되어서야 편지를 쓴 원저자의 신원과 편지의 전모가 밝혀진다. 17세기 중엽, 에스파냐와 전쟁 중이던 포르투갈에 파견된 루이 14세 군대의 장군인 노엘 부통 드 샤미이(Noël Bouton de Chamilly)의 유혹을 받은, 포르투갈 남부 베자 시의 수녀원에 기숙하며 수녀 수업을 받던 한 여인이 사랑의 감정과 절망 사이에서 방황하며 쓴 편지들이다.

[42] [역주] 쥘리 드 레피나스(Jeanne Julie Éléonore de Lespinasse, 1732~1776)는 18세기의 저명한 문학살롱은 열었던 부인으로, 수학자였고 디드로와 함께 백과전서를 간행한 바 있는 계몽주의 철학자이기도 했던 달랑베르를 열렬히 사랑했다. 그러다 우연히 만나게 된 에스파냐 대사의 아들 모라를 사랑하게 되고 집안의 반대로 고민하던 중 군인 기베르 대령을 사랑하게 되어 여러 연인 사이에서 심한 갈등을 겪는다. 그녀가 연 살롱은 백과전서 실험실이라고 불릴 정도로 많은 인사가 드나들었다. 미모를 갖추지는 못했으나 재기 발랄했고 대화를 이끌어가는 뛰어난 재주가 있었다. 후일 1809년에 발간된 그녀의 서한집은 18세기 후반기의 사랑의 감정과 표현을 증언해 주는 중요한 자료로 꼽힌다.

04 문학 속에 나타난 트리스탕 신화 | 297

념'passionnette이라고 말하기도 했다. 사랑의 신은 이제 가혹한 운명을 의미하지 못했으며 기껏해야 무례한 아이에 지나지 않았다. 더는 거의 아무것도 금지하지 않던 시대가 바로 이때였다. 자연스러운 장애물인 수줍음조차도 욕망의 수사학을 위해서만 존재했을 뿐 사랑의 수사학이 되지 못했다. 에피네 부인의 말대로, 수줍음은 '아름다운 미덕이지만 사람들은 바늘들을 숨긴 채 수줍음을 보인다!'[43](우리가 보기에 부인이 바늘 이야기를 한 것은 우연이 아니다. 흔히 '사랑의 화살에 찔렸다'고 수사학을 동원해 말하지 않는가. 잠시 후 공포정치 아래에서 흥건하게 피가 흐를 것이다. 그러나 여전히 이 시대조차도 '치마 입은 여인들의 전쟁'을 벗어나지 못했다).

그런데 이 관능의 시대는 정념의 신화로부터 치유되었다고 말할 수는 있을지 모르지만 감각 면에서도 건강한 시대가 아니었다. 갈리아니는 '이 시대의 여인들은 가슴이 아닌 머리로 사랑을 한다'고 말했다.[44] 월폴도 '정신이 썩은 탕녀들'이라고 거들었는데 이 표현은 아마도 당시 유행하던 여인들의 동 쥐앙적 경향을 가장 잘 표현한 말일 것이다. 당시는 그랬다. 여인들은 동 쥐앙이 되려고 했다. 여인들이 서로 리슐리외와 카사노바의 꿈을 구현해보려고 했던 현실도 그랬겠지만 무엇보다 그네

---

[43] [역주] 에피네 부인(Madame d'Épinay, 1726~1783)은 18세기 계몽철학자들이 드나들던 문학 살롱을 연 여류문사다. 루소가 그의 『고백』에서 밝힌 바 있는 루소와의 불화는 유명한 일화인데, 마담 에피네는 루소의 이 책에 대비하여 『반 고백록』을 쓰기도 했다.

[44] [역주] 갈리아니 신부(l'abbé Galiani, 본명 Ferdinando Galiani, 1728~1787)는 이탈리아 나폴리 명문가 출신으로 신부이자 동시에 당대 최고의 경제학자였다. 1751년에 출간한 『화폐론』은 당시로서는 선구자적인 저서였다. 1755년에는 서기 79년, 베수비오 화산 폭발 시 땅 속에 묻혀있던 헤르쿨라눔(Herculanum)의 발굴작업을 지휘하기도 했다. 파리주재 나폴리 공화국 대사관 직원으로 파리에 부임한 후 파리의 백과전서파, 특히 디드로와 교류하면서 디드로에게 정치와 경제 등 사회과학적 안목을 갖게 하는 데 결정적인 역할을 했다.

들의 욕망이 이런 방향으로 움직였던 것이다. 공쿠르 형제는 후일 18세기 여성들에 대한 고전적 작품을 쓰면서 다음과 같이 이 욕망을 잘 파악해 냈다. "여인은 감각적 사랑의 만족을 얻거나 관능 속에 몸을 맡기는 대신 오히려 자신을 불안으로 가득 채웠다. 여인은 그래서 이럴까 저럴까 하며 여러 번 시도를 해야만 했다. 여인이 수치심 속으로 한 발 더 내디디면 사랑은 여인의 눈앞에 정신적으로 타락하고 싶다는 욕망을 더 거세게 흔들어댔다. 이것은 거짓된 이상이었고 결코 만족을 모르는 방탕의 변덕스럽기 짝이 없는 한탕 꿈에 불과했다."

'거짓된 이상'은 정념의 신화에 보인 시니컬한 반응을 가장 잘 요약해 주는 말일 것이다. 이미 앞서 이에 대한 예를 들었다. 18세기는 지나치게 겉으로만 화려한 시기여서 골루아즈리조차 발을 들여놓을 수가 없었다. 그래서 대신 쉽고 안이한 모방이 대세였다. 모든 사랑을 접촉으로 환원시키는 이 부박함은 비인간적인 물질주의이지만 그보다도 나는 오히려 여기서 정념의 신화가 18세기 사람들의 가슴 속에 여전히 남아있었다는 증거를 보고 싶다. 사랑의 환상과 혼란스러운 이상주의는 어딘가에 어떤 형태로든 살아남을 수밖에 없다. 그래서 샹포르는 자신의 책 『격언과 생각들』을 출간하면서 '신랄하다'고 평가했다.[45] 사실 18세기 여인들의 방탕에 관한 이야기는 지금 들어도 여전히 놀랍기만 하다. 18세기 여인들의 방탕은 이상주의의 뒷면에 지나지 않는다.

---

[45] [역주] 샹포르(Chamfort, 본명 Sébastien-Roch Nicolas, 1740~1794)는 프랑스 시인이자 기자였고 극작을 하기도 했던 문사였다. 1778년에 『격언과 생각들』(*Maximes et pensées, caractères et anecdotes*)을 출간했다.

13. 동 쥐앙과 사드

트리스탕에게서 시작한 정념의 신화는 앞서 살펴본 것처럼 마치 밝은 햇살이 비치는 광장 한 가운데 서있는 초라한 검은 동상처럼 이제 쇠락의 길을 걷게 되었고, 이에 따라 자연스럽게 다른 종류의 신화가 정념의 신화를 대신해 자리를 잡는다. 동 쥐앙은 역사로 보면 18세기에 출현한 인물은 아니지만 18세기는 동 쥐앙과 관련하여 마니교의 교리를 따르며 천지창조 당시 마왕 루시페르가 맡았던 역할을 했다고 볼 수 있다. 다시 말해 18세기 들어 비로소 에스파냐 작가 몰리나의 테노리오^{Tenorio}에게 진정한 모습이 부여됨으로써 그 시대의 전형적인 두 가지 특징이 영원히 남게 된다. 그 두 가지 특징이란 간악함과 흉악함인데 이 두 가지 악덕은 기사도적 사랑의 두 덕목이었던 순진무구함과 우아함과 정반대되는 안티테제이다.[46]

* * *

수많은 여인과 남성들까지 매혹시킨 동 쥐앙이라는 신비한 인물의 매력은 우리가 보기에 이 인물의 처음부터 끝까지 모순된 성격에서 나온다

---

[46] [역주] 동 쥐앙은 시대와 국가 혹은 작품에 따라 Don Juan, Dom Juan, Don Giovanni 등으로 달리 지칭된다. 프랑스에서는 일반적으로 Dom Juan이라는 표기를 따르며 에스파냐어의 존칭인 '돈' 대신 '동'으로 발음한다. 동 쥐앙이 등장하는 첫 작품은 1630년, 에스파냐 신부인 티르소 데 몰리나(Tirso de Molina)의 극을 통해서인데 이후, 프랑스 희극작가 몰리에르를 비롯해 모차르트, 메리메, 바이런, 뒤마, 보들레르는 물론이고 20세기 들어서도 몽테를랑을 비롯한 여러 작가, 시인, 음악가가 다루었고 영화로도 여러 번 묘사되었다. 파우스트와 함께 서구의 문학적 신화 속에서 가장 중요한 위치를 차지한다. 사실 여부를 확신할 수는 없지만 테노리오(Tenorio)는 동 쥐앙의 모델이 된 실존 인물의 성이다.

고 할 수 있다.

동 쥐앙은 막힘없이 본능대로 움직이는 인물이자 불가능을 모르는 자유로움으로 세상을 휘젓고 다니는 인물이며 이런 면에서 하나의 순종이다. 끊임없이 배반하지만 동시에 끊임없이 세상에 하나밖에 없는 여인을 찾아 나선다. 그러면서도 단 한 번도 욕망에 사로잡혀 실수를 저지르는 법은 없다. 매번의 만남을 통해 되찾은 젊음을 즐기려는 방자한 탐욕의 화신이다. 그러나 동시에 동 쥐앙은 여인을 소유할 수 없는 치명적인 약점을 비밀스럽게 숨기고 있는 인물이기도 하다. 그는 그 무엇도 '소유' 할 수 없는 본성을 지니고 있다.

물론 이렇게 간단히 나열하는 것으로 동 쥐앙을 다 정의했다고 할 수 없는 일이고 별도의 기회를 마련하여 좀 더 제대로 알아보아야 할 것이다.[47] 여기서는 트리스탕의 전복된 잔영으로서 극작품 속의 동 쥐앙을 집중해서 살펴보려고 한다.[48]

트리스탕과 동 쥐앙을 대비시키면, 우선 눈에 띄는 것이 두 인물의 외적 움직임에서 느껴지는 전반적인 분위기의 차이다. 두 인물은 서로 전혀 다른 리듬을 갖고 있는데, 우리의 눈앞에 떠오르는 동 쥐앙은 언제나 한쪽 발을 들고 하시라도 어디론가 달려나갈 자세를 취하고 있다. 잠시 갈 길을 멈춘 상태라 해도 그는 언제나 다시 뛰쳐나갈 태세이다.

---

[47] 『믿기지 않는 교리』(*Doctrine fabuleuse*), 1947. 본인의 이 저서 속에는 1961년에 나온 『나 또한 그대처럼』(*Comme toi-même*)이라는 책 속에 재수록된 동 쥐앙에 대한 글이 실려있다. 독자는 1966년에 포켓판으로 출간된 바 있는 본인의 저서 『사랑의 신화들』(*Les Mythes de l'amour*)도 참고할 수 있다.

[48] 몰리에르의 연극보다는 모차르트의 오페라를 더 많이 언급할 것인데, 몰리에르의 작품은 우리가 보기에 상대적으로 그 의미가 덜하며 게다가 18세기에는 몰리에르의 극이 전혀 성공을 거두지도 못했다.
[역주] 저자가 말하는 모차르트의 동 쥐앙(돈 주앙)은 1787년 프라하에서 초연된 2막 오페라 『돈 조반니』(*Don Giovanni*)를 말함.

반면에 트리스탕은 거의 언제나 마치 마법을 부리는 어떤 물건에 최면이라도 걸린 것처럼 혼몽한 상태의 완만한 움직임을 보이며 무대에 등장하며 게다가 그는 이 마법을 부리는 물건이 갖고 있는 여러 기능을 채 다 사용하지도 못한다. 하지만 두 인물 사이의 진정한 차이는 물론 동 쥐앙이 1003명의 여인을 만나지만 트리스탕은 단 한 사람의 여인만을 사랑한다는 데에 있다. 그렇다고 동 쥐앙이 트리스탕보다 몇 천 배 행복했던 것은 아니다. 많은 여인은 반대로 빈곤을 나타내기도 하며 반대로 영원히 사랑한 단 한 사람의 여인 속에는 이 세계 전체가 함축되어 있을 수 있기 때문이다. 한 여인을 진정으로 사랑했기에 트리스탕은 이 세계 전체를 떠돌아다닐 필요가 없었던 것이리라! 동 쥐앙은 어떤가. 수많은 여인에게 사랑을 받았지만 그는 사랑을 되돌려 주는 법을 몰랐다. 그래서 그는 고통스러워했고, 그래서 또 다시 미친 듯이 떠돌아다녀야만 했다.

한 인물은 사랑의 행위 속에서 사랑 자체를 모독하며 관능성을 추구했고 다른 인물은 같은 행위를 하며 순결을 지킨 채 사랑을 신적인 위업을 달성하는 행위로 받아들였다. 동 쥐앙의 전략은 다름 아니라 일종의 강간이었다. 그는 승리를 획득하면 그 즉시 전쟁터를 떠나 도망을 쳤다. 반면 궁정의 사랑 규범에 따르면 이러한 동 쥐앙식의 강간은 죄악 중의 죄악으로서 용서 없는 불충죄에 해당했다. 궁정의 사랑 규범을 지키자면 경의를 표하며 약속을 했다면 목숨을 걸고 이 약속을 지켜야만 한다. 하지만 동 쥐앙은 반대로 범죄 그 자체를 즐기고 있었다. 이런 면에서 그는 그가 위반한 윤리에 철저하게 종속되어 있었던 것이다. 쉽게 말해 동 쥐앙의 죄악은 윤리가 있는 곳에서만 성립되는 것이다. 윤리를 위반하려는 성향 때문에 그는 윤리가 존재하기를 원했다. 하지만 트리스탕은 법의 세계를 초월하는 덕을 지닌 덕택에 규범, 죄악, 미덕 등과 같은 사회적, 윤리적 장치로부터 자유스러울 수 있었다.

이렇게 해서 두 인물의 대비는 다음과 같이 요약해 볼 수 있다. 동 쥐앙은 육체로나, 정신으로나 전혀 초월성과 양자의 상호 관련성을 인정할 줄 모르는 악마였고 세상의 겉모습에 갇혀 살았으며 갈수록 실망만 더해 가 종국에는 비참하게만 보이는 감각적 자극의 순교자이다. 그 반대편에 있는 트리스탕은 환하게 비치는 빛과 어둠으로 양분된 세계 그 너머의 다른 세계에 사로잡힌 인물이었고 이룰 수 없는 사랑이 죽음의 순간 순전한 환희로 변하는 사랑의 순교자였다.

한 가지만 덧붙이자면, 즐거운 모습으로 껄껄거리며 다니는 동 쥐앙은 그를 심판하러온 기사가 손을 내밀 때 이 기사를 죽이는데, 이 마지막 도전을 통해 그는 기사의 명예를 더럽힐 수도 있는 비겁함을 거부한다. 반면 우울한 기질이면서도 용기가 있는 트리스탕은 오직 죽음이 밝은 빛으로 다가올 때가 되어서야 그의 드높은 긍지를 내려놓는다.

마지막으로 한 가지 덧붙여야 할 것이 있는데 이번에는 다른 점이 아니라 공통점인데, 다름 아니라, 두 인물 모두 늘 손에 칼을 쥐고 다녔다는 점이다.

* * *

섭정시대에서 루이 16세 때까지 18세기 내내, 동 쥐앙은 봉건시대의 영웅이 사라진 자리를 대신 차지한 귀족 계급의 꿈을 지배했다. 리슐리외 혹은 로죙 같은 최고위 귀족 계급은 물론이고, 사악한 모험주의자였던 카사노바 같은 이들이 17세기가 파괴한 이상형의 자리를 차지한 이 시대의 표상이었다.[49] 정념의 신화가 이렇게 우스꽝스러운 전체 풍조에

---

[49] [역주] 리슐리외(Louis François Armand de Vignerot du Plessis de Richelieu, 1696~1788)는 유명한 추기경 리슐리외를 조상으로 둔 18세기 프랑스 장군이자

따라 움츠러들고 '난봉꾼들'이 박수를 받으며 승리를 노래하는 상황은 정념의 신화가 참으로 야릇한 모습을 띠고 다시 돌아오는 상황의 예고편이었다. 선택의 여지가 널려있던 안이한 시대였고 지적이든 관능적이든 세련됨이 우위를 차지하고 있었다. 또한 어디서든지 욕망을 충족시킬 수 있었지만, 당시 사람들의 가슴 깊은 곳에서는 그래도 채우지 못한 욕구가 남아있었는데 그것이 바로 고통을 주고, 고통을 받고 싶어 하는 욕구였다. 중세가 기울면서 한 번 목격했듯이, 정념의 신화를 가다듬어 왔던 사회 전체는 이제 한층 더 쇠약해져 갔다. 하지만 정념의 신화를 무시하거나 우스꽝스러운 것으로 여기던 이 사회는 메말라갔으며 신경질적인 사회로 변모해가고 있었다. 이성은 감정에게 괴로워하지 말라고 충고하면서도 동시에 이 고통을 실제 행동에 따른 잔인함으로 바꿔 이해하고 있었다. 고통을 당해보지 않은 사람에게는 선함을 찾아볼 수 없다는 식이었다. 이 망상은 살아있는 인간들끼리의 접촉을 전혀 생각하지 않았으며 인간들 사이에 오고 가는 교감 능력 또한 배제되어 있었다. 18세기 남자들에게 여자란 '대상'에 지나지 않았던 것이다. 두 극단적인 태도를 나란히 비교해 보자. 여성을 이상으로 여기는 태도에서 여인은 눈에 보이는 모든 형태 그 너머의 사랑으로 인도하는 위대한 사랑의 순수한 상징이지만, 여성을 단순한 쾌락의 대상으로 여길 때 여성은 쾌락을 좇는 남자도 그 자신 속에 가두어 버리는 감각적 즐거움의 그저 그렇

귀족이다. 출중한 외모와 수완을 겸비한 인물로서 이를 이용해 수많은 염문을 뿌리고 다녔으며 왕족의 부인을 탐하기도 했고 이 때문에 여러 차례 결투를 해야 했으며 바스티유에 갇힌 적도 한두 번이 아니었다. 결혼도 세 번이나 했는데 마지막 결혼은 나이 84세 때 했다. 그러나 대담하고 지략에 뛰어난 장군으로 혁혁한 무공을 세우기도 했다. 로죙 공작(Duc de Lauzun 1633~1723)은 호방한 군인이었으며 당시 염문으로 세간에 유명했던 인물이다. 루이 14세의 사촌인 마드무아젤 몽팡시에를 유혹할 정도로 대담하기도 했다. 후일 바르베 도르빌리가 '댄디의 선구자'로 찬미하기도 했던 인물이다.

고 그런 도구에 지나지 않게 된다.

　우리는 앞서 트리스탕과 동 쥐앙 사이의 모순점을 비교하고 나아가 이 모순이 감각적 쾌락과 중세 시대 궁정의 이상이 충돌하여 이성이 더는 견딜 수 없는 갈등으로 발전했다고 보았다. 이제 이러한 관점에서 잠시, 사드의 작품세계에 있는 여러 내용을 살펴보고자 하며 그가 그토록 반항적이었던 정확한 이유들도 살펴보고자 한다.

　사드는 그의 소설 『사랑의 죄악들』 Les Crimes de l'amour에서 페트라르카의 시에 찬사를 보냈다. 사드 가문에서 보면 이 찬사는 오래된 집안의 전통과 관련이 있다. 사드 후작의 직계 선조인 위그 드 사드는 페트라르카의 귀부인에 해당하는 로르 드 노브 Laure de Noves와 결혼했다.[50] 페트라르카는 어쩌면 욕망과 육체의 세계를 몰랐던 인물인지도 모른다. 다시 말해 여성이 '대상'으로서 갖고 있는 눈앞의 현실을 모르고 있었을 수도 있다. 하지만 18세기 인간이었던 사드는 여성이 '대상'으로서 갖고 있는 눈앞의 현실은 물론이고 쾌락의 단조로운 지배도 매우 잘 알고 있었다. 다시 말해 페트라르카가 잘 모르고 있던 육체가 사드에게는 하나의 장애물이 되어 이 장애물에게 복수를 해야만 했다. 대상만 존재했고 그 존재는 지나친 것이었으며 쾌락도 그 대상이 쥐고 있었고 쾌락마저도 피할 수 없는 숙명적인 것이었다. 어떻게 여기서 빠져나올 수 있을 것인가? 방법은 오직 하나, 정도를 지나쳐 극단으로 치달아야만 가능했다. 왜냐하면 육체가 아닌 오직 인간의 정신만이 도를 넘는 극단을 결정할 수 있기 때문이다. 후작이 광기 속에서 반복적으로 만들어 낸 '관능적인' 방법들보다 더 차갑고 이성적 것은 달리 찾아보기 어렵다. 쾌락이 있는

---

[50] 작가 사드의 삼촌인 사드 신부는 『프랑스 초기 시인들과 음유시인들에 대한 사항들』 (Remarques sur les premiers poètes et les troubadoues)이라는 책을 내기도 했고, 또 페트라르카에 대한 세 권짜리 회고록을 익명으로 출간하기도 했던 사람이다.

곳에 고통이 있을 것이며, 고통은 용서한다는 신호였다. 악을 통한 정화인 셈인데 다시 말해, 죄악의 마지막 매력을 파괴할 때까지 죄를 짓는다는 것이다. 대상을 무관심하게 다루는 대신, 모종의 쾌락을 느끼기도 하는 고문으로 대상을 파괴하자는 것이며 이는 곧 금욕의 일부를 이룬다는 것이다! 사드 후작은 이 변증법적 광기에 사로잡혀 있었다. 오직 살인만이 자유를 되찾게 해줄 수 있다. 이 살인은 물론 사랑하는 것을 죽인다는 의미이다. 왜냐하면 우리를 사슬에 묶어놓던 것이 바로 우리가 사랑하던 것이기 때문이다. 오직 자신의 사랑만을 죽이는 것인데 이 사랑만이 자신에게 존엄성을 갖고 있기 때문이다. 불순한 사랑을 죽이는 범죄는 범죄가 아니라 순수를 구하는 행위이다.

이제 사드의 작품인 『규방의 철학』*la Philosophie dans les boudoirs*에서 돌망세가 소개하는 그대로 살인의 윤리적 정당성을 읽어보자. "아니, 뭐라고! 야망을 갖고 있는 '군주'는 자기 마음대로 최소한의 죄의식도 없이 위대함을 이루려는 자신의 계획을 방해하는 적들을 파괴할 수 있다고요? '잔인하고 자의적이며 억압적인 법'을 만들어 수 세기 동안 수백만의 사람들을 살해했죠. 그런데 우리, 연약하고 불행한 개인에 불과한 우리는 복수를 하기 위해서 혹은 우리의 순간적인 흥분 때문에 단 한 사람도 죽일 수가 없는 것일까요? 이토록 무지몽매하고 이처럼 우스꽝스러울 정도로 이상한 것이 또 있을까요? 우리는 '심오한 신비의 베일을 쓰고' 이 어리석음에 대하여 '모든 면에서 복수를 감행해야만' 하지 않을까요?"

만일 사드 후작이 그의 윤리의 비밀스러운 동기에 대하여 질문을 받는다면 아마도 그는 비웃는 수다를 늘어놓으며 그 뒤로 숨어 버리고 말 것이다. 그에게 직접 답을 듣지 않아도 우리는 그가 말할 논거를 어렵지 않게 알 수 있다. 그의 논거란 다름 아니라 그가 말하는 것을 거꾸로 뒤집으면 다 드러나기 때문이다.[51] 섹스에 이렇게 지고의 가치를 부여하는 것은 18세기의 세속적 윤리관에서 나왔는데, 늘 볼 수 있는 이성에 기반을 둔 성에 대한 모독이다. 이는 그를 가두고 있던 속박에서 벗어난 것에 절망하고 그래서 범죄자를 죽이고 싶으면, 또 죽일 수 있다면 어디 한 번 죽여보라고 영적 사랑을 향해 외치는, 한 무신론자가 걸어간 어두운 뒤안길이었다.[52] 음유시인들의 믿음에 따르면, 이 길밖에는 달리 해방을 맛볼 방도가 없었던 것이다.

14. 신 엘로이즈[53]

제네바 출신의 농민이었던 루소는 도회지 문화였던 동 쥐앙 경향에서는 벗어날 수 있었지만 그의 성정 속에 깊은 동질감이 잠재해 있던 페트라르카적인 경향의 문학에서 자유로울 수가 없었다. 루소의 소설 『신 엘로이즈』는 엄밀하게 말하면 원原 트리스탕 신화의 부활이라고 볼 수는 없다. 이 소설에는 트리스탕 전설이 갖고 있던 거칠고 격렬한 요소들이 없으며 밀교적인 배경은 더더욱 찾아볼 수 없다. 루소의 가슴 속에

---

[51] "사드는 『쥘리에트 혹은 덕의 불행들』(*Juliette ou les malheurs de la vertu*, 1791)과 『쥐스틴 혹은 악의 번영들』(*Justine ou les prospérités du vice*)을 썼다. 이 두 작품은 정확하게 반대되는 작품이다(정신분석에서 흔히 말하듯이, 반대는 반대의 반대이다). 이 두 작품은 페트라르카가 쓴 『두 운명의 치유책들』(*Remèdes de l'une et l'autre fortune*)과는 정확하게 반대편에 있다." (C.-A. Cingria, 『페트라르카』(*Petrarque*)).

[52] 부록 1, 13장 참조.

[53] [역주] 『신 엘로이즈』(*Julie ou la Nouvelle Héloïse*)는 1761년 출간된 장 자크 루소의 서간체 소설이다. 처음 출간되었을 때는 『알프스 산맥 밑의 작은 마을에 사는 두 연인의 편지』(*Lettres de deux amans, Habitans d'une petite ville au pied des Alpes*)라는 긴 제목을 갖고 있었다. 중세에 실제로 있었던 엘로이즈와 아벨라르의 사랑 이야기를 모델로 삼아 썼다. 출판사史에도 한 획을 그을 정도로 당시 선풍적인 인기를 얻었던 작품이다.

들어와 다시 살아난 것은 트리스탕 신화의 세속적인 수사학만을 받아들임으로써 중세 음유시인의 계승자들이 세속화한 정신적 분위기였다. 이것이 다름 아닌 아세디아 ^{acédia}였다. 보클뤼즈에 칩거해 살던 은자가 다듬어 놓은 행복한 멜랑콜리의 세계였다.[54] 한 헌신적인 출판업자가 소설 『신 엘로이즈』의 3판이 나왔을 때 이 판에 첨부한 상세한 목차를 읽어보면 중세 시대에 작성된 '궁정풍의 규범들' $^{leys\ de\ cortezia}$이 약간의 변형을 거친 채 거의 그대로 나와 있음을 알게 된다. 시민계급의 입김이 조금 들어가기는 했지만 소설은 산문으로 쓴 칸조니에레 ^{Canzoniere}였다고 할 수 있다.[55] (소설을 보면 여러 곳에 페트라르카를 인용하고 때론 암시하는 부분이 보이는데 이는 그가 자연에 대한 감정과 고독의 서정성이라는 개념의 진정한 창시자인 페트라르카를 잘 알고 있었음을 일러준다) 오노레 뒤르페와 함께 궁정의 사랑은 세속적인 궤변으로 변해갔다. 루소에게 와서 궁정의 사랑은 다시 일종의 세련된 경건주의로 변한다. 이렇게 해서 그의 소설에 와서 궁정의 사랑과 정념의 신화는 다시 한 번 변신을 거치며 쇠락의 길로 접어든다.

엘로이즈는 12세기에 실존했던 인물이고 그가 아벨라르에게 보낸 편지도 남아있는데, 아벨라르는 루소 소설의 주인공인 쥘리 데탕즈보다는 오히려 이죄, 쥘리에트, 레피나스 양 등을 연상시킨다.[56] 남자 주인공인

---

[54] [역주] 아세디아는 흔히 가톨릭에서 말하는 칠종죄 중 하나인 게으름을 말하지만, 드니 드 루즈몽이 이 책에서 사용하는 의미나 원래의 의미는 결코 게으름이 아니다. 일종의 우울증 상태로서 자신의 내부로 침잠해 들어가면서 점점 정신적으로 육체적으로 자아와 세상에 대해 무관심 상태에 빠져드는 심리적 상태를 지칭한다. 보클뤼즈는 프랑스와 스위스 경계 지대에 있는 마을 이름이다.
[55] [역주] 『칸조니에레』(*Canzoniere*, 노래책)는 페트라르카가 평생을 바쳐 애인 라우라에게 쓴 이탈리아어로 쓴 시집이다. 336편의 시로 구성되어 있으며 연정과 자신의 고백이 주제다. 바티칸에 남아있는 자필 원고에는 1374년이라는 년도가 쓰여있어 이때를 전후하여 쓰였을 것으로 추정된다.

생 프뢰Saint-Preux는 그의 이름에 들어가 있는 성자를 지칭하는 말에도 불구하고 신비하거나 기사를 닮은 인물이 결코 아니다. 게다가 소설에서는 정념을 단념한 후에야 주인공이 죽음을 맞는데 쥘리의 이 죽음은 루소가 묘사한 그대로 보자면 기독교적 성격을 띠고 있다(루소는 출판업자에게 긴 편지를 써서 자신은 물론이고 주인공인 생 프뢰도 프로테스탄임을 강조한 바 있다. 하지만 그의 진지한 고백에도 불구하고 루소가 지존자인 성부만 인정하고 그리스도를 인정하지 않는 칼뱅주의자가 아니었는지 의혹이 든다).

이 모든 것에도 불구하고 우리는 고백하건대, 이 소설의 문체에 상당한 매력을 느끼지 않을 수가 없으며 – 이 점에서는 『아스트레』와 비견할 만한 유일한 작품이다 – 나아가 그의 철저하고도 세심한 심리분석도 결

---

[56] 아벨라르와 엘로이즈 사이의 사랑은 우리가 다루고 있는 정념의 문제가 최초로 역사 속에서 실제로 일어난 사례에 해당된다. 엘로이즈가 라틴어로 지은(직접 지었는지 완전히 확실하지 않지만) 『장송가』(*Chant funèbre*)의 몇 구절을 보자. 레뮈사가 쓴 저서 『아벨라르』(*Abélard*)에서 재인용했다. 여인은 다음과 같이 울부짖는다.

십자가에서 나를 풀어주소서
내 해방된 영혼을
빛으로 인도하소서

이 노래에 수녀들로 구성된 합창단은 다음과 같이 답한다.

고된 노동을 끝내고 쉴지어다
고통스러운 사랑을 끝내고 쉴지어다!
두 사람은 이제 하늘에 사는 거주자들과 함께 하고자 하느니
그들이 원하기 전에 두 사람은 구세주의 성소에 이미 들어갔느니라

아벨라르는 엘로이즈의 사랑에 제대로 응하지 못했다. 그도 그럴 것이 엘로이즈의 신앙은 이단적이었고 중요한 몇 가지 점에서 카타리파의 영성주의적 교리에 근접에 있었다. 엘로이즈가 지은 『탄식』(*Lamentations*)을 보면 트리스탕의 낭만주의적인 울부짖음을 들을 수 있다. "Amors impulsio, culpae justification."(사랑의 충동, 과오의 정당화)

코 공연한 찬사가 아닌 진정한 찬사를 보내고 싶다. 많은 이들이 소설 속에서 등장인물들의 신앙을 그대로 소설가의 신앙으로 여기며 루소의 윤리관에 대해 지나치게 성급한 판단을 내렸다. 루소가 인물을 통해 이러한 실수를 처음으로 묘사한 작가인 것은 사실이지만 그것은 루소 자신의 신앙관이 아니라 그 역시 어느 누구보다 더 고통스럽게 이러한 실수를 겪었으며 그래서 결연하게 이 실수에서 벗어나려고 했기 때문이다. 하지만 사람들은 흔히 작품의 결론은 등한시한 채 어조, 정서적인 움직임 그리고 소설이라서 피하기 힘들었던 모종의 자아도취들만을 기억했다. 만년의 페트라르카가 그랬듯이, 루소 역시 사랑의 종교에 속아 넘어가지 않았다는 것은 분명한 사실이다. 이를 확인하자면 이들 연인의 과거를 분석하면서 결혼한 쥘리가 보낸 긴 편지를 읽어보면 충분하다(3부, 편지 18). 이 편지는 비록 여인이 쓴 편지이지만, 유례를 찾아볼 수 없을 정도로 엄밀하게 에로스와 아가페의 혼동을 파악하려는 노력을 보여준다. "덕은 우리의 가슴에 너무나도 필요한 것입니다. 진정한 덕을 한 번 버리면 우리는 그 다음 덕도 쉽게 버리게 됩니다. 하지만 덕이란 우리가 선택한 것이므로 이렇게 버린 덕에 우리는 더 강한 애착을 갖게 되겠지요."

하지만 사람들이 18세기 당시로서는 아주 새로운 소설이었던 『신 엘로이즈』가 작가의 결론도 아무런 힘을 쓰지 못하는 일종의 전염성을 두고 작품의 '분위기'에 그 원인이 있다고 본 점은 그리 틀린 지적은 아니었다. 바로 여기에서 우리는 정념의 신화가 다시 모습을 나타내는 것을 볼 수 있다. 비록 보잘것없이 초췌해지고 수치스럽고 또 혼란스럽기는 하지만 그러나 정념의 신화는 이 소설에서 진정에서 우러나오는 눈물과 함께 뭔가 모를 불길한 전율로 우리에게 다시 모습을 보이고 있다. 생 프뢰는 그의 염원이 이루어지자마자(1부, 편지 55) 어두운 의심을 하기 시작한다. "내가 진정으로 원했던 것은 이러한 열광상태가 결코 아니오.

진정 아니오! 내가 언제든지 만들어 낼 수 있는 이 사람을 도취시키는 사랑받고 있다는 느낌은 필요하다면 제거해요. 대신 결코 그런 것이 아닌 것을 내게 주오. 그런 것들을 천 번이라도 지워버리는 것이면 무엇이든 받겠소. 내게 돌려주오, 영혼들의 저 떼려야 뗄 수 없는 합일을······. 쥘리 말해보오. 이전에 내가 그대를 진정으로 사랑했는지 아닌지를. 지금 그대를 사랑하고 있는지 아닌지를. 아, 이 무슨 의심이란 말인가! ······" 생 프뢰는 자신의 탄식이 지닌 애매모호함을 두려워하고 있다. 그러나 그렇다고 결론을 내리지 못하는 것은 아닌데, 이런 그의 모습에는 가리려고 했지만 어쩔 수 없이 드러나는 일종의 원통함 같은 기분이 묻어있다. "그대를 향해 나는 가장 평화로운 감정들을 유지하고 있소. 사실 이 감정들은 그 어느 때보다 더 많은 애정이 들어가 있는 감정이고 서로 다른 종류의 감정이 섞여 있기도 하오······. 부드러운 우정이 격정적인 사랑을 완화시켜주고 있는 것이겠지만······." 사랑의 감정을 억제하려고 했던 실수를 범한 후 생 프뢰의 가슴 속에서 깨어난 트리스탕은 이 평화롭고 부드러운 감정을 갖고 있을 수 없을 것이다. 그는 욕망을 채우려는 것이 아니라 불꽃처럼 타오르고 싶었을 것이다. 생 프뢰 역시 근거가 없는 장애물들을 만들어 내고 이별의 핑계를 꾸며대며 도저히 해결할 수 없는 상황들을 자초한다. 그래서 이때부터 생 프뢰는 합법적인 결혼을 금지한다고 인식하는 자신이 평민 출신이라는 사실을 우리가 보기에 조금 지나치다 싶을 정도로 고통스럽게 강조하게 된다. 생 프뢰가 쥘리와의 결혼이 이룰 수 없는 꿈이 되자, 귀족과 평민은 결혼을 할 수 없다는 사회적 편견에 맞서 싸우는 대신 이 편견을 정념을 단념하라는 종교적인 요구로 감싸 안으려고 하는 것도 이 때문이다. 이 논리적인 혼란 속에는 고백하지 못한 동기들이 숨어있다. 12세기에는 지켜야만 하는 궁정 사랑의 법도가 순결을 강요했다면 이제 생 프뢰에게 같은 순결을 요구하는 것은 부르주아의 관습이다. 하지만 순결을 요구하는 것이 어떤 것이든, 언제나 정념의 신화가 움직이고 있다. 앞서 인용한 바 있지만, 쥘리가 두 사람이 옛날에 겪었던 시련들을 하나하나 회고하던 편지에서, 쥘리는 두 사람을 사로잡았던 순결한 사랑을 - 사로잡힌 이상 그때부터 비난받을 행위이긴 했지만 - '성스러운 열정'으로 불렀고 또 억제하기로 마음을 먹은 이후에는 이 똑같은 순결한 사랑을 '죄악', '두려움', '타락' 등으로 달리 부른다. 이 두 사람에게 중요한 의미를 지닌 실수는 그들이 지나치게 자주 거론되는 부르주아의 관습이나 법도를 위반한 것이 아니라 궁정풍의 사랑을 해쳤다는 것이다. 우리는 『신 엘로이즈』에 대하여 『트리스탕』을 두고 했던 주석을 그대로 반복할 수 있고 사랑의 장애물을 설명할 때도 그대로 이 소설에 적용할 수 있다. 물론 한 가지 중요한 차이점은 존재한다. 다름 아니라 루소는 그의 소설에서 여주인공으로 하여금 결혼을 하게 함으로써 기독교에 의해 허락된 세계의 승리를 말하고 있지만, 반면 트리스탕의 전설에서는 죽음에 따른 지상의 모든 관계가 전체적으로 해체되는 과정을 보여준다.

15. 독일 낭만주의

일찍이 경험해보지 못했던 원초적인 신비주의를 만나보려고 했을 때 낭만주의는 신비주의 그 자체가 아니라 루소의 소설 『신 엘로이즈』에 등장하는 두 남녀 주인공의 감상적인 성향에서 출발해 마치 섬광처럼 나타난 성스러우면서도 죽음으로 인도할 수도 있는 위험한 신비주의를 발견하게 된다.[57]

---

[57] 루소의 인물들이 감상적 성향을 갖고 있다는 것이 작가의 잘못이었을까? 아니면 오히려 현실을 직시하지 못하는 그들의 상징주의적 경향 때문이었을까? 오

우리는 지금까지 토마의 『트리스탕』에서 출발해 페트라르카와 뒤르페의 『아스트레』를 거쳐 프랑스 고전주의 시대인 17세기 비극으로 이어지며, 현대로 올수록 정념의 신화가 쇠락해가면서 점점 더 인간적으로 변모하고 신비주의적 분위기가 훨씬 덜한 요소들이 작품을 구성한다는 사실을 확인할 수 있었다. 마침내 17세기 프랑스 고전주의 비극 작가인 라신에 이르러, 비록 그가 사악한 악천사와 싸우면서 겪은 정신적 위기에서 고통스러운 상처를 받았지만, 정념의 신화는 거의 완전히 무너졌다. 이런 상황에서 무대로 뛰어 올라온 인물이 동 쥐앙이다. 몰리에르에서 모차르트에 이르기까지 이어진 동 쥐앙은 이렇게 파괴된 정념의 신화가 쇠락의 길로 접어드는 모습을 잘 보여준다. 하지만 18세기가 저물어 갈 무렵 나온 루소의 소설에서 쇠락의 길로 들어선 정념의 신화는 다시 일어서서 내리막길을 거슬러 올라오기 시작한다. 『신 엘로이즈』를 시작으로 이 작품의 모사 작품이지만 그 결말은 루소의 소설보다 훨씬 더 비극적이고 - 그런 면에서 정념의 원 신화에 더 가까이 다가가 있었던 - 괴테의 『젊은 베르테르의 슬픔』을 거쳐 마침내 우리는 장 폴^{Jean-Paul}, 횔덜린^{Hölderlin}, 노발리스^{Novalis}를 만나게 된다. 프랑스 대혁명의 공황 상태와 이어지는 공포 시대와 유럽 전역을 무대로 펼쳐진 전쟁의 시대에 이들은 몇 가지 고백을 할 수 있었고 또 몇 가지 괴로운 심정을 정확한 이름으로 지칭할 수 있었다. 밤과 죽음을 찬미할 수 있었으며 이를 통해 최초로 밤과 죽음을 서정적 의식의 범주 속으로 끌어들일 수가 있었다. 나폴레옹이 물러나자마자 유럽 전체는 제정 때보다 훨씬 은밀한 또 다른

늘날 많은 연인은 '신비주의'와 감상적인 것을 동일시하고 있다. 채색 유리창인 스테인드글라스, 푸른 빛을 발산하는 미광, 분산화음인 아르페지오, 몽롱한 정신, 감각을 자극하는 몽상들이 그들 눈에는 신비주의와 감상적인 것을 혼동하게 만들었을 것이다.

폭정에 사로잡히게 된다. 이 낭만주의란 이름의 폭정은 바그너가 단번에 신화를 다시 그 전체적인 위용과 위험성 그대로 재건할 때까지 이어진다. 오직 음악만이 표현할 수 없는 것을 말할 수 있었고『트리스탕』의 마지막 신비를 끌어낼 수가 있었다.

우리는 서구 문학 속에서, 특히 현대문학 속에서 정념의 신화를 표현한 헤아릴 수 없이 많은 작품을 모두 조사하겠다는 것은 아니다. 단지 전체적인 역사 속에서 중요한 분기점만 살펴보고자 하며 그러면서 눈에 띄는 모순들을 지적하고자 한다. 궁정의 사랑이라는 주제가 – 즉 불행한 사랑이라는 주제가 – 독일 낭만주의자들에게 와서 다시 부활한 분명한 증거를 충분할 만큼 제시하지 못하는 것도 이해해 주길 바란다.[58] 그러나 수많은 텍스트 중에서 우리가 선택한 몇 가지 텍스트는 우리가 붙일 수 있는 매혹적인 어떤 주석보다 더 많은 것을 일러줄 것이다(심지어 우리가 소개하려는 텍스트들은 정념의 신화에 너무나도 잘 들어맞는 것들이어서 정념의 신화를 중심으로 서구 문학과 문명을 살펴보려는 우리의 여정에서 논거의 역할을 수행할 위험이 있음을 우리는 잘 알고 있다. 지나치게 주제에 맞는 텍스트만 골랐다는 비난을 하지 말아 주길 바란다).

횔덜린에게 보낸 디오티나의 편지

어젯밤 나는 오랫동안 정념을 생각했어요. 아마도 '지고의 사랑을 향한 우리의 열망은 이 지상에서는 충족될 수 없을 것만 같군요!'

---

[58] A. W. 슐레겔은 1808년『트리스탕』을 현대적으로 다시 쓰는 작업을 시작했다. 이어 뤼케르트, 이머만, 플라텐 등 여러 작가가(시와 드라마를 통해)『트리스탕』을 다시 써보려고 시도했다. 플라텐의 시는 이렇게 시작한다. "아름다움을 응시한 눈을 가진 자는 이미 죽음에 몸을 바친 자이며……"

내 감정을 부디 이해해 주길 바래요. 이 열망을 충족시키려고 하는 것은 미친 짓이에요. '함께 죽는 것이 오히려!'(그러나 말은 하지 마세요! 자칫 흥분되어서 그런 것처럼 보일 수도 있어요. 하지만 너무나도 사실이에요!) 함께 죽는 것만이 유일하게 우리의 열정을 완성하는 것이에요. 하지만 이 세상에서 우리가 해야 할 일들이 있어요. 우리 두 사람 사이에는 오직 완벽한 믿음만이 있어야 하며 영원히 우리를 인도하고 우리의 결합을 끊임없이 강하게 해줄 눈에 보이지 않는 전능한 사랑의 여신을 믿어야만 해요."

노발리스의 내면일기

(약혼녀의) 무덤 위에 올라섰을 때 내가 죽음으로써 인류에게 영원한 사랑의 본보기를 줄 수 있다는 생각이 나를 찾아왔다. 이어 나의 죽음이 말하자면 내가 그렇게 해왔던 대로 사랑할 수 있다는 가능성을 제시할 수 있다는 생각도 떠올랐다.

고통을 피한다면 그것은 더는 사랑하고 싶지 않기 때문이다. 사랑하는 사람은 자신의 주위를 감싸고 있는 허공을 영원히 느껴야 하고 자신의 상처를 열려 있는 그대로 간직해야만 하리라. 하나님께서 표현할 수 없이 친숙한 나의 이 고통을 내게서 거두어 가지 않으셨으면 한다.

우리의 약속은 이 세상을 위해 맺어진 것이 아니다……

노발리스의 격언집

모든 정념은 비극으로 끝나고, 한계를 갖는 모든 것은 죽음으로 끝나며, 모든 시는 무언가 비극적인 것이 있다.

죽음을 위해 맺어진 결합이라 해도 그 결합은 우리에게 위대한 어둠의 동반자를 주는 결혼이다. 죽음 속에서는 사랑이 가장 부드러워진다. 살아있는 이들에게 죽음은 결혼의 밤이며 부드러운 신비의 비밀이다.

감각의 도취는 잠이 꿈에 속해 있듯이 아마도 사랑이 속해 있을 것이다. 하지만 그것은 가장 고귀한 요소는 아니다. 용기있는 자는 잠들기보다는 영원히 두 눈을 뜨고 있을 것이다.

노발리스는 다음의 두 글에서 보듯이 완전히 마니교적인 글을 남기기도 했다.

"하나님과 자연을 구별해야만 한다. 하나님은 자연과는 아무런 상관도 없으며 하나님은 자연이 도달한 끝이고 자연이 어느 날 만나 조화를 이루어야 하는 요소이시다."

"우리는 하나님한테서 나온 영혼들이며 신의 씨앗들이다. 언젠가 우리는 하나님 아버지가 그 자신이었던 그대로 그렇게 되리라."[59]

노발리스는 또 어둠의 에로스가 아침이 영원히 태어나지 않도록 해달라고 기원하는 『밤의 송가』에서 다음과 같이 말하기도 했다('여명의' 주제).

> 너의 영의 불이 내 몸을 먹어 치워라. 공중에서 포옹으로 나 그대와 하나가 되리라. 그러면 우리의 초야의 밤은 영원히 지속되리니!

이 밖에도 우리는 티크Tieck의 모든 작품 역시 지적할 수 있다. 그의

---

[59] 노발리스 이외에 오토 룽게(Otto Runge)에게서도 마니교적인 세계관이 엿보인다. 오토 룽게의 대작 회화인 『사계절』을 보면 정신의 사계절이 묘사되어있다. 아침은 우주의 무한한 빛이고, 낮은 피조물의 무한한 형상을 묘사하고 있으며 저녁은 우주의 기원에서 무한히 반복되는 부정이며, 밤은 절대적 존재인 신을 알아가는 무한하고 심오한 깨달음이다(Richard Huch, *les Romantiques allemands*, p. 285 참조).
[역주] 저자 드니 드 루즈몽이 말한 오토 룽게의 『사계절』은 정확하게는 '하루의 시간들'이다. 4점의 작품으로 이루어진 연작 중에서 『아침』만 완성했다.

작품은 사랑을 '욕망의 병, 신적인 우수' 등으로 묘사하고 있다.[60]

사랑 때문에 생각한 죽음인 자살과 죽음 자체를 신성시하는 이 경향은 독일 낭만주의라는 이름의 새로운 알비파적 이단에게 있던 가장 중요한 종교적 주제였다. 장 폴의 『보이지 않는 독방』에서 '죽음은 고상한 인간들의 이상적인 목표'였다. 노발리스에게서 죽음은 사랑과 분간할 수 없을 정도로 섞여 있기도 했다. 클라이스트에게 죽음은 육체가 허락하지 않는 '지고의 사랑'을 이룰 수 있는 '유일한 길'이었다.

시인들만이 어두운 저 너머의 세계를 탐했던 것은 아니다. 슈베르트 G. von Schubert 같은 철학자도 삶의 '어두운 쪽' Nachtseite에 대하여 긴 사변을 늘어놓은 적이 있다. 피히테 역시 본질적으로 불가능한 사랑이자 무한 속으로 뛰어들기 위하여 모든 대상을 거부해야만 하는 진정한 사랑을 정의하려고 했다. 그의 말을 들어보자. 진정한 사랑이란 '전혀 알려지지 않은 무언가를 향한 욕망, 오직 욕구, 불편함, 모종의 공허에 따라서만 모습을 보이는 무언가를 향한 욕망이며 어디서부터 오는지도 모른 채 그 욕망을 채워줄 수 있을 것처럼 보이는 것을 찾아나서는 것'이다.

호프만은 피히테가 말한바 이 '알려지지 않은 것'을 시라고 불렀지만 그 역시 다른 말을 한 것은 아니었다.

"끝남이 없이 온기를 불어넣고 밝은 빛을 비치는 순수한 천상의 불꽃이여 솟아올라라. 인간 넋의 가장 깊은 곳에서 싹이 돋아난 높고 높은 삶의 표현할 길 없는 모든 축복이여 솟아올라라. 영혼은 욕망으로 전율하는 수 천의 촉수를 흔들며 모습을 나타낸 그녀 주위에 그물을 드리우

---

[60] 티크는 그의 책 『슈테른발트』(Sternbald)에서 음유시인인 조프레 뤼델의 일생을 이야기했고 『마귀할멈들의 축제』와 『판타소스』(Phantasus)에서도 긴 지면을 할애해 궁정 사랑이 지닌 특징들을 이야기했다.
[역주] 루트비히 티크 1773~1853는 독일 낭만주의자 중 한 사람으로 시인, 작가, 번역가이다.

니, 이제 그녀는 그의 것이라. 하지만 그는 결코 그녀의 것이 아니니, 그의 갈망의 목마름은 영원히 끝나지 않기 때문이다."

독일 낭만주의자들을 사로잡았던 이 죽음과 무한을 향한 이 열정은 신과의 합일을 추구하는 경향이 서구 정신사에서 다시 출발점을 확보하는 것이었다. 또한 정념에 대한 영원한 유설이자 꿈속에서도 그리워하던 모든 한계에 대한 위반이었으며 이 세계 자체를 부정하려는 마지막 욕망과 다름없었다. 정념의 신화는 이렇게, 바그너가 감히 최후의 종합으로 재창조해내며 이름을 붙이려는 시도하기 전까지는, 여러 요소로 나뉜 채 여러 방향에서 다시 나타나면서 흩어졌다가 다시 모이고 있었다. 카타리파와 그들의 신비주의에서 영감을 얻어 최초로 시를 쓴 사람이 가장 순수한 낭만주의자 중 한 사람이었다는 사실은 전혀 놀랄 일이 아니다. 레노의 서사시 『알비 사람들』*Albigeois*이 바로 그 시이다. 이 시에서는 노발리스와 그의 친구들이 꿈꾸었던 '새로운 종교'에 대한 신앙 고백을 읽을 수 있다.

> 하나님이 우리에게 베일로 가려
> 놓은 그리스도의 시대도 지나갈 것이고, 새로운 약속도 깨지고 말리라
> 그때가 되면 우리는 하나님을 영혼으로 여기리라
> 영원한 약속을 축복해야 하리
> 영혼은 하나님이시니라! 이 힘찬 울림이
> 기쁨의 천둥소리처럼 봄의 어둠을 가로질러 울려 퍼지리라!

16. 신화의 내면화

독일 낭만주의의 내적인 리듬, 비유하면 독일 낭만주의 심장의 수축과 이완 작용은 열광과 형이상학적 슬픔 사이에서 일어났다. 이 움직임

은 마니교 같은 유설이 갖고 있는 근원적인 변증법이었고 낮에서 밤으로, 다시 밤에서 낮으로 바뀌는 지속적인 전복의 과정이었다. 인간을 빛과 신의 합일 상태로 들어올리는 정신적 도약은 그러나 같은 현상임에도 불구하고 세상의 관점에서는 죽음을 향한 도약이자 본질적 이별과 다름없었다. 이것이 바로 독일 낭만주의라는 이름의 초월적 아이러니의 비극이었다. 열정으로 가득했지만 이 열정은 자신이 꿈꾸고 욕망하는 모든 대상을(자연, 사랑하는 존재, 자아 등) 쉼 없이 파괴했다. 창조되지 않은 유일자가 아닌 모든 것, 돌이킬 수 없이 해체되는 것이 아닌 모든 것을 파괴했다. 그러나 이 열광은 현실적인 것이기도 했다. 남프랑스의 음유시인들은 열광상태에서 여인과 정념을 신격화했으며, 에스파냐 신비주의자들의 종교적 법열도 그리고 그 법열 속에서의 신음에 섞여 같이 느껴지던 디오니소스적인 사랑의 환희도 함께 존재했다. 이 열광이 최고조로 고양된 상태에서 듣도 보도 못한 기상천외한 행동들이 나오기도 했다. 그리고 낭만주의에는 감동의 순간만이 아니라 낭만적 즐거움이라고 부를 수 있는 유쾌함도 있었다. 삶과 죽음, 지상과 천국, 이룰 수 없는 사랑과 사랑이 이루어질 수 있다는 확신을 주는 또 다른 세계를 향한 그리움이 갈등하는 모순된 두 비약이 교차하는 사이사이마다 긴장이 느슨해지는 순간이 자리잡고 있었다. 그때마다 다시 세상으로 돌아오는 귀환이 이루어졌다.

    형이상학적 아이러니에서 나오는 이 야릇한 유쾌함이 프랑스 낭만주의에는 없었다. 프랑스에서도 주어진 모든 여건이 동일했지만 낭만주의의 내적인 리듬은 훨씬 규모가 작았고 정신은 지나치게 빨리 마지막 지점을 향해 달려갔다. 혁명과 제1제정 당시의 프랑스는 영적인 사변을 심화시킬 수 있는 에너지가 없었다. 당시 프랑스는 '새로운 철학'도 없었고 낭만주의 철학자도 없었다.[61] 형이상학도 거의 없었으며, 자신의 드라마에 빠져 극도로 흥분한 나머지 과잉상태의 정신이 만들어 내는 기상천외한 행동도 거의 없었다.

*　*
*

프랑스에서 낭만주의는 결코 개인의 심리라는 영역을 벗어나지 못했다. 대신 프랑스 낭만주의는 명징함을 얻었고 그 결과 독일 사람들보다 빠르게 훨씬 좁은 범위에 집중하면서 안타까운 결과를 낳았다.

물론 셰니에는 진정한 낭만주의자처럼 다음과 같은 시를 남겼다.

  방황하는 열정이여, 아름다운 밤의 자식이여.

또 그는 다음과 같은 유명한 권고를 하기도 했다. "빨리 일어나세요. 르네를 또 다른 삶의 공간으로 데리고 갈, 기다리고 기다리던 폭풍우가 몰려오고 있습니다." 이것은 밤을 향한 열정이 낳은 순수한 노래다.[62]

그러나 영적 관점에서 보면 프랑스 낭만주의에는 신비한 새벽이란 없었고 정신적 도약의 정점에서 찾아오는 진정한 사랑의 기쁨도 찾아볼 수가 없다. 자아는 단 한번도 초월하지 않은 채 남아있었고 오히려 우주적 해방이라는 최근에 나온 환상 뒤로 몸을 숨겼다. 프랑스 낭만주의는 마법에서 풀려난 것처럼 슬픔과 무능함을 분석하는 데 몰두했다. 프랑스 낭만주의는 이렇게 보면 무르익을 때로 무르익은 낭만주의이며 미망

---

[61] 프랑스에 낭만주의 철학자가 등장하기까지는 약 1세기를 기다려야만 했다. 셸링의 제자인 베르그송이 그였다.

[62] [역주] 르네(René)는 프랑스 소설가 샤토브리앙의 1802년 작인 동명의 소설 속 주인공이다. 일 년 전에 나온 『아탈라』(Athala)의 속편인데, 자신도 알 수 없는 열정과 허무에 시달리는 낭만적 기질인 르네가 미국으로 건너가 그곳에서 만난 인디언 나체즈와 신부에게 자신의 일생을 들려준다.

에서 깨어난 낭만주의였다고 볼 수 있다. 지나치게 엄격한 낭만주의라고 말하는 이들도 있을 것이다. 프랑스 낭만주의의 관점에서 보면 장폴이나 노발리스는 늘 청소년 정도로 보였다. 독일인이 보이는 죽음에 치우친 야릇한 취향은 프랑스인의 눈으로 보면 반대로 삶의 의지와 즐거움을 배가시키는 것으로 비쳤다. 프랑스인들은 말할 것이다. 독일 낭만주의는 '순진했으며', 저 너머에 있는 초월적 세계의 존재를 지나치게 확신했다고. 프랑스인은 지상에서 욕망할 수 있는 형태들을 찾아내 그것을 통해 다시 일어서곤 했으며 망각하거나 미친듯이 농지거리를 하기도 했고 끊임없이 호기심을 발동했다. 이렇게 보면 그 결과는 과히 나쁜 것이 아니었을 수도 있으리라…….

프랑스 낭만주의를 빈약하게 만든 것은 다름 아닌 달변의 회의주의에 머물렀기 때문이다. 프랑스는 순진함을 두려워했다. 가장 순수한 독일 낭만주의 시인이 그들의 유치한 그리움에도 불구하고 맛볼 줄 알았던 저속하기까지 한 풍요로움을 프랑스인은 두려워했다.[63] 르네는 어느 날 개울가에 앉아 버드나무 가지에서 잎을 따 잎 하나하나에 의미를 담아 물에 흘려보낸다. 그러면서 소용돌이치는 개울물이 잎사귀들을 휩쓸어가는 모습에 흥미를 느낀다. 이 미미한 행동을 묘사하면 많은 이들은 시 한 편 읽는다는 느낌을 받을 수도 있고 세상의 풍요로움을 느낄 수도 있다. 그러나 18세기 프랑스인은 정신을 가다듬고 깨어나 이 장면에서 감동받던 자신을 우스꽝스럽게 생각할 것이다. 그리고 외칠 것이다. "우리의 멋진 이성이 이 정도로 유치한 지경에 빠져버렸단 말인가!" 이 '멋진 이성'은 결론을 내린다. '아직도 많은 사람이 그들의 운명을 내가

---

[63] 노발리스의 『일기』를 보면 알 수 있다. 그는 일기책 속에서 16살 때 죽은 애인 조피 폰 퀸을 묘사하면서 그녀가 '좋아하던 음식들'을 말하고 '포도주도 즐겼다'고 썼다. 프랑스인은 이런 유치함 앞에서 어깨를 들썩거리고 말 것이다.

흘려보낸 버드나무 잎들처럼 하잘것없는 작고 미미한 것들에 옭아매고 있다'고. 기다리고 기다리던 폭풍우가 몰아치는 부분까지 이어지는 『르네』의 나머지 부분은 상당히 읽을 만하다.[64]

* * *

"의지와는 무관하게 합리주의자가 되어버린 사람들에게, 또한 가장 큰 위안을 주는 길을 결코 믿지 못하는 무신론자에게, 사랑은 오랫동안 (E. T. A. 호프만이 말했던) 비할 데 없이 훌륭한 삶의 말로는 표현할 수 없을 만큼의 축복은 아니리라." 사랑은 그들에게 오히려, 비니가 그의 가장 아름다운 시에서 말한 바, '말 없고 늘 위협에 시달리는 사랑'이 될 것이다.

삶의 일상적 모습에 순진무구한 관심이 없었던 탓에 정신은 애착을 버리고 보다 수월하게 초연해질 수 있었으며 감정도 추상적인 정화를 해낼 수 있었다. 미망에서 벗어난 명징한 눈으로 꿰뚫어 본 인간들, 사물들, 변명들은 사랑의 진정한 방해물이 되지 못한다. 정념의 신화도 외적 형태를 제거당한 채 본질만으로 존재할 것이다. 그래서 정념의 신화는 오직 관능적인 자아 파괴 이외의 다른 것이 아닌 것이 되어버릴 것이다. 르네가 말하지 않았던가. "우리는 즐기지도 못한 채 잘못을 깨달아 버렸다. 여전히 채우지 못한 욕망들이 남아있지만 우리는 이미 환상을 버렸다. 충만한 가슴으로 살지만 세상은 텅 비어 있네."

---

[64] 구약 성경, 『아가서』를 보면 다음과 같은 구절이 나온다. "북풍아 일어나라, 남풍아 오라. 나의 동산에 불어서 향기를 날리라."(4장 16절) 십자가의 성 요한도 비슷한 노래를 남겼다. "사랑을 깨우는 오스터여 오거라. 내 정원에서 숨을 쉬어라. 향기여 퍼져 나가라."(*Cantico*, XXVI)

이런 상황에서 여인은 이제 열정적인 그리움에 없어서는 안 될 상징의 자리에서 내려왔다. 세낭쿠르의 『오베르망』을 보면, 사랑의 '장애물'은 순수하게 마음속에만 존재한다.[65] 즉 장애물은 자기확신도, 단념도 못하고, 스스로를 소유하지도, 여인에 의해 소유당하지도 못하는 자아의 갈등에 지나지 않는다.

트리스탕의 이죄를 향한 사랑은 이죄만을 사랑하는 것이 아니었다. 트리스탕은 이죄의 아름다움을 통해 그에게 이미지가 제공된 사랑의 여신을 사랑했기에 그녀를 사랑했다. 물론 트리스탕은 이 사실을 모르고 있었고 그래서 순진하고 강했다. 르네 그리고 무엇보다 오베르망은 심지어 이 이미지조차 더는 믿지 못한다. 그들은 드라마가 다른 곳이 아닌, 받아들일 수 없는 세상의 완결된 법과 치명적이지만 인간을 신성에 이르게 하는 한계를 벗어나려는 위반의 욕구 사이에서 방황하는 자신의 마음속에서 일어나고 있음을 잘 알고 있었다.

물론 이런 대담하고도 지적이며 정확한 인식으로 우리 생각보다 신비주의의 뒷면에라도 더 가까이 다가갔던 프랑스 낭만주의자도 많지는 않았다. 대부분의 프랑스 낭만주의자는 정념의 신화가 지닌 강한 순진성을 재발견하지 못한 채 이미 다룰 만큼 다루어진 인간적 사랑의 환상으로 돌아와 매달렸다. 이들은 서로 사랑하는 남녀를 갈라놓는 전통적인 '핑계들'을 놀라운 솜씨로 세련되게 다듬었다. 예를 들면 발자크의 『골짜기의 백합』에서 『아돌프』에 이르기까지, 주제는 늘 결혼이거나 결혼에 대한 두려움이었고 때론 사회적 의무가 끼어들기도 하고 주인공의

---

[65] [역주] 『오베르망』(*Obermann*, 1804)은 프랑스 19세기 소설가 세낭쿠르(Étienne Pivert de Senancour, 1770~1846)의 작품으로 오베르망은 주인공 이름이기도 하다. 일기를 통해 권태, 회의, 불안 등으로 시달리는 내면을 표현한 작품이다. 이 소설에서는 특히 몽상과 자연 묘사가 중요한 역할을 한다.

인격이나 약간 멜랑콜리한 비밀이었다. 간혹 자아도취도 주제가 되긴 한다.[66] 열거한 이런 사랑의 장애물이 비판을 받으며 점점 사라지고 한편에서는 윤리가 갈수록 타락하고 성스러움이 사회 전반에 걸쳐 퇴색해 감에 따라 정념의 신화도 심리적인 문제로 환원되어 내면화의 길을 걷게 된 것이다.

17. 스탕달 혹은 실패한 숭고미

18세기 사람이었지만 스쳐 지나가는 낭만주의의 '터치'를 겪었고 게다가 회의주의자들과 빈번하게 교류했던 스탕달의 경우는 정념의 신화가 세속화되어가는 과정을 분석하려는 우리에게 가장 적절한 사례를 제공한다.

스탕달, 그는 한 마디로 말해, 정념에의 욕구 때문에 고통을 느꼈던 사람이다. 다시 말해, 그는 숭고함을 좇는 그의 전반적인 취향 속에서 피히테가 말한 바 있는 공허함을 발견했다. 즉 그는 뭔지 모를 미지의 것, 혹은 그를 만족시켜줄 수 있는 유일한 미지의 존재가 끊임없이 그에게 호소하는 소리를 들어야만 했다. 열정적으로 사랑하는 것, 그것이 사는 것이었다! 스탕달은 자신의 이 욕구가 물리적인 자연과 관계가 있

---

[66] [역주] 『골짜기의 백합』(Le Lys dans la vallée)은 발자크(Honoré de Balzac, 1799~1850)가 1836년에 쓴 소설이다. 작가의 자전적 요소가 많이 엿보이는 작품으로 귀족가문 출신인 펠릭스와 귀부인 모르소프 백작부인의 사랑 이야기이다. 순결한 사랑을 하던 두 사람 사이에 영국 아가씨인 레이디 더들리가 개입하여 펠릭스에게 육체적 사랑을 일깨우는데 백작부인은 이 때문에 숨을 거둔다. 『아돌프』(Adolphe)는 뱅자맹 콩스탕(Benjamin Constant de Rebecque, 1767~1830)의 1816년 작 소설로, 두 주인공 아돌프와 엘레노르 사이의 사랑을 다루고 있다.

다고 서슴없이 생각했다(이에 대해 그는 유물론적인 작은 에세이를 쓰기도 했다). 아마도 우리가 그에게 그것은 물리적인 자연과 관련된 것이 아니라, 그의 정신 속에 정념의 신화가 남겨놓은 잔영, 즉 문화에서, 특히 문학에서 물려받은 습관 때문이라고 말하면 그는 코웃음을 칠 것이다. 그도 그럴 것이 그는 신비주의도 종교도 이미 죽은 지 오래된 것으로 받아들이고 있었기 때문이다. 하지만 스탕달도 그가 살고 있던 세상에서 이 정념의 욕구와 정념 그 자체가 이성과 전반적인 회의주의에 의해 응징을 받았다는 사실은 인정하지 않을 수 없을 것이다. 그가 정념을 향한 자신의 욕망을 정당화하고 싶었던 것도 바로 이 때문이다. 그의 유명한 책 『사랑론』 De l'Amour 은 이런 상황에서 쓰인 책이다.[67] 책을 펼치면 독자는 서문의 첫 페이지부터 격렬한 논쟁에 참여한 느낌을 받지 않을 수가 없다. '사랑을 다루고 있지만 이 작은 책은 결코 소설이 아니다. 무엇보다 소설처럼 재미있는 책이 아니다. 이 책은 여러분이 읽는 그대로 프랑스에서는 찾아보기 어려운 일종의 광기에 대한 정확하고도 과학적인 묘사일 뿐이다.'

* * *

『사랑론』의 주제는 이미 모든 사람이 다 알고 있다. 4개의 서로 다른 사랑이 나온다. 즉 사랑·정념, 사랑·취향, 육체적 사랑, 그리고 허망한 사랑이다. 이 네 사랑 중에서 오직 사랑·정념만이 스탕달이 찬미한 대상이다. 유명한 결정작용 cristalisation 을 통해 그는 이 사랑·정념을 설명한다. "내가 결정작용이라고 부르는 것은 다름 아니라 사랑받는 대상이 새로

---

[67] [역주] 『사랑론』(De l'Amour)은 1822년에 출간된 스탕달(Stendhal, 본명 Marie-Henri Beyle, 1783~1842)의 유명한 사랑에 관한 에세이이다.

운 완벽함이 있다는 사실을 주변의 모든 것에서 이끌어내는 정신작용을 말한다." 이 작용은 마치 잘츠부르크의 암염 광산의 깊은 물 속에 나뭇가지를 넣고 3개월 뒤에 꺼내보면 나뭇가지에 '다이아몬드처럼 눈부신 수많은 소금결정이 매달려 흔들리고 있는 것'을 볼 수 있는 것과 마찬가지이다. 이 이론에 따르면 사랑에 빠진다는 것은 사랑하는 여인에게 전혀 없는 완벽성을 부여하는 것이다. 그런데 왜 이렇게 해야 될까? 사랑하고 싶은 욕구가 있기 때문이며 아름다움만을 사랑할 수 있기 때문이다. 조금 더 간단하게 말하면, 결정작용이란 사랑받는 여인을 이상화하는 순간의 정신 작용이다.

오르테가는 이 유명한 이론이 결국 열정적인 사랑을 단순한 실수로 만드는 결과를 가져왔다고 최초로 지적했다.[68] "정념이 자주 스스로 속아 넘어가기 때문이 아니라 정념 자체가 하나의 실수이기 때문이다. 스탕달의 경우는 의심의 여지가 없다. 그는 진정으로 사랑을 하지 못했고 무엇보다 진정으로 사랑받아보지 못한 사람이었다." 트리스탕은 사랑을 했고 동 쥐앙은 사랑을 받았다. 트리스탕에게는 단지 그리움만 있고 동 쥐앙한테는 수시로 범하는 배반만 취한다면 이런 사람은 사랑을 정신병으로 여기게 된다. 아주 먼 고대에는 사랑을 그렇게 보았다. 물론 고대에서도 예외가 있었는데 그렇게 병을 앓아도 행복하다면 무방했다. 이런 사람은 비유해서 말해 자신의 병을 스스로 치료하는 의사의 처지에 있는데, 이 의사는 자신의 병을 치명적이 아니라고 생각하면서 병의 진전 상황과 특이성을 연구한다.

사랑의 결정작용과 사랑하는 대상을 이상화하는 행위 사이에 존재하

---

[68] 오르테가 이 가세트(José Ortega y Gasset), 『사랑론』(Über die Liebe).
[역주] 저자 루즈몽은 독일어판 번역을 통해 에스파냐 철학자 오르테가의 책을 읽었다.

는 모든 차이점은 스탕달이 탈결정작용이 일어난다는 사실을 잘 알고 있었다는 사실로 귀결된다. 즉 의식의 명징성이 다시 깨어나 현실을 인정하지 않을 수 없게 된다는 것을 스탕달은 잘 알고 있었다. 스탕달에게 사랑의 미약에서 깨어나게 하는 해독제는 여인들 사이의 변심이었다. 이렇게 되면 비극은 사라지고 그 자리에 대신 하잘것없는 보드빌만 남는다.

한 가지 사실이 우리를 놀라게 하는데 다름 아니라 정념에 대한 그의 묘사는 생기가 넘치고 정확하며 때론 심오하기도 하지만 전체로는 비관적이라는 점이다. 정념이 그 자체로 하나의 실수였기에 그랬을 수도 있는데 스탕달은 이 실수로부터 빠져 나오는 것을 상당히 가슴 아파했다. 그에게 있던 삶에 대한 비전과 비관주의는 양립할 수 없는 것이었는데 이 역시 정념에서 빠져 나오기가 안타깝고도 어려운 일이었기 때문이었을 것이다. 하지만 스탕달 자신은 정작 이 문제를 제기한 적은 없다.

그는 다음과 같이 쓴 적이 있다. "쾌락은 고통의 반도 안 되는 인상을 만들어 낸다. 마음이 움직이는 양에서도 쾌락은 보잘것없지만 또한 우리는 행복을 묘사한 그림보다 불행을 묘사한 그림에서 훨씬 더 많은 공감을 느낀다." 스탕달은 이어 다음 같이 쓰기도 했다. "정념을 위해 살도록 만들어진 인간은 이 행복한 삶(결혼)이 그를 권태에 빠뜨린다는 사실을 우선 느낌으로 안다. 그리고 그 행복한 삶이란 것이 그에게 상식적인 생각들만 갖게 한다는 것도 잘 안다." 같은 글에서 그는 덧붙인다. "인간의 마음을 깊이 움직이며 마침내 친숙해지지 않는 삶의 고통은 없다."

인간은 고통을 사랑하며 행복은 오히려 권태를 줄 뿐인데, 스탕달에 의하면 이는 진실이다. 이 진실을 우리는 당연한 것으로 받아들여야 할까? 힌두교도나 중국인이라면 이 진실에 놀라지 않을 수가 없을 것이다. 고대 그리스인이라면 모르긴 몰라도 조금 덜 놀랄 것이다. 어쨌든 고통을 사랑하고 행복에서 권태를 느끼는 이 인간의 야릇한 성향은 대체 어디서 오는 것일까? 이 성향은 진실로 자연의 법칙에 반하는 것일까? 스탕달은 이 질문들을 제기하지 않았다. 왜냐하면 그로서는 이 질문에 답을 할 수가 없었기 때문이다. 거친 유물론자로서 스탕달은 – 이런 면에서는 스탕달은 솔직하고 호인 기질의 인간이었다 – 이 모든 문제를 결정작용이라는 이론을 통해, 다시 말해 정념을 실수로 규정하면서 간단하게 건너뛴다. 즉 그는 정념이 욕망에 이로운 실수라는 그의 생각에 따라 정념을 이해하고 있다. '쾌락을 가지라고 명령하고 머리로 많은 피를 올려 보내는 자연에서 정념이라는 현상이 왔다.' 정념에 대한 이 애매모호한 정의는 '결정작용'을 거쳐 조금 더 분명해졌어야 했다. 스탕달의 정의만으로는 본능이 어떻게 이 복잡한 과정에 필요한 실수를 저지르게 되는지 알 수가 없다(스탕달은 더는 본능을 설명하지 않았다).

오르테가가 지적했듯이 스탕달이 찾은 해법은 우선 사실과의 관계에서 부정확했다. 사랑은 스스로 속아 넘어가는 대신 사랑하는 대상에게서 숨어있던 자질들을 발견할 수 있는 유일한 힘이다. 스탕달식의 해결책은 오직 말로만 이루어진 해결책에 지나지 않는다. 정념은 실수라고 말하는 것은 – 가끔 그렇기는 하지만 – 이 실수를 설명하는 방법이 되지 못하기 때문이다. 본능이라면 그리고 자연의 법칙이라면 스스로 속아 넘어가는 이런 종류의 자기기만을 범하지는 않을 것이다. 스탕달이 주장한 것처럼 정념이 실수라면 그 실수는 정신이 저지른 것임에 틀림없다.

스탕달이 유물론적 믿음으로는 정당화시킬 수 없었던 영적인 현상들의 희생양이라는 것이 그에 대한 가장 정확한 판단일 것이다. 그는 행복한 희생양이었다. 그러기에 그는 정념을 더는 탐구해 나갈 필요가 없었던 것이다. 그가 우리에게 남긴 『사랑론』이란 책은 무엇인가? 명징성을 추구하는 한 인간이 정념의 신화를 앞에 두고 느꼈던 불안을 증언하는 것 이외의 다른 무엇이 있을까? 스탕달은 정념의 신화에서 진정으로 벗어나고 싶어 하지 않았다. 다만 그는 열쇠를 잃어버렸을 뿐이다.

스탕달이 열쇠를 잃어버린 것은 그가 정념을 연구하면서 여러 차례 논리적인 비약을 했기 때문이 아니다. 그는 12세기 프로방스 지방의 사랑에 길게 두 장을 할애하기도 했고 부록에서는 궁정의 사랑 코드를 그대로 소개했다(레이누아르와 포리엘 덕택에 당시 로망어 지역의 문화를 연구하는 붐이 일어났었다). 스탕달은 궁정의 사랑을 두고 '특이한 문명'이라고 하면서 잠시 꿈을 꾸는 척했다. 이를 두고 사람들은 그가 뭔가를 예감했다고 말할지도 모른다. 그러나 아니다. "내가 인용할 수 있는 스무 가지의 일화는 이 프로방스 지방에 남녀 간의 다정하면서도 영적이며 정의의 원칙에 따라 이루어진 연애가 있었음을 일러준다……." 스탕달은 이 일화들을 인용하며 책을 끝맺는다.

18. 바그너, 신화의 완성

"세상에서 풀려난 나, 마침내 그대를 소유하였네. 오직 그대만이 내 영혼을 가득 채우고 있네, 지고한 사랑의 관능이여!" (『트리스탄과 이졸데』에서)

이 글을 쓴 사람은 정념의 중요함과 정념이 실수 그 이상의 것임을 잘 알고 있었다. 그는 정념이 존재를 근원적으로 결정하는 것임을 알고 있었으며 나아가, 죽음이 악의 지배를 받는 이 세상에서 해방되는 것임을 뜻한다면 정념이 이 죽음을 따르는 하나의 선택임도 알고 있었다.

이 작품은 무엇보다 대담한 작품이다. 이 작품이 보여주는 대담성은 결코 용인될 수 없는 것이었지만 그러나 용인되었다. 왜냐하면 사람들은 일종의 사회적 합의에 의해서, 또 다 드러난 것이기도 하고 동시에 무의식적인 것이기도 한 일종의 무지몽매함에 길들여지고 관리된 탓에 당시 누구도 이 작품의 대담성의 의미를 잘 모른 채 무시하고 지나쳤기 때문이다. 사람들은 이른바 비평가라는 사람들이 들려주는 말을 너무나 많이 들은 탓에 바그너의 『트리스탄』이 감각적 욕망을 표현한 작품이라고 믿게 되었다. 몇 가지 분명한 증거가 있긴 하지만 이런 판단이 사람들의 신뢰를 얻게 된 것 자체가 의미 있는 현상인데, 다름 아니라 신화를 필요로 하는 사회적 요구가 최고조에 달했음을 일러주기 때문이다(한 사회가 기존의 형태를 유지하고 싶어할 때, 그 사회는 자기방어를 위해 거짓을 꾸며낸다. 하지만 그 사회를 구성하는 개개인들은 전체적으로 이 거짓을 거부하면서 비록 명확하게는 아니라 해도, 한 사회를 파멸로 이끄는 정념들을 받아들일 준비를 한다).

『트리스탄』을 작곡하면서 바그너는 터부를 건드렸다. 즉 그는 가사를 통해, 그리고 무엇보다 음악으로 모든 것을 말했고, 모든 것을 고백했다. 형식과 인간이 해체되어 무너져 내리는 밤을 노래했고, 욕망의 해방을 노래했으며 욕망이 비난을 받아 파문을 당할 때도 노래를 그치지 않았으며, 죽음에 이를 만큼 깊은 육체의 상처로 영혼이 구원받는 행복하고도 탄식으로 가득 찬 석양이 찾아왔을 때, 그 석양의 영광도 노래했다. 그러나 저주로 가득한 이 메시지의 뜻을 받아들이기 위해서는 이 뜻을 부정해야만 할지도 모른다. 어떤 대가를 치르더라도 이 메시지의 뜻을 위장해야 하고 용인될 수 있는 방법으로, 다시 말해 양식樣式에 의거하여 해석을 해야만 한다. 어둠의 세계의 신비와 육체의 파괴를 가지고 빛의 세계에 있는 초라하기 그지없는 비밀을 승화시켰다. 빛의 세계에서 일어나는 일 중 하나인, - 사회가 번식과 체제 유지를 위해 필요로 하는 것들이고 부르주아가 삶을 느끼기 위해 필요로 하는 - 이성에 대한 유혹과 육체를 지배하는 모든 동물적인 법칙이 이 초라한 빛의 세계의 비밀들이다. 하지만 바그너의 극을 이렇게 재빠르고 완벽하게 해석했다고 해서 이를 예외적인 사회의 문화적 활기를 증언했다고 받아들일 수는 없다. 어쩌면 이 재빠르고 완벽한 해석은 오히려 일반적인 관객들의 경박함이나 무겁지만 여전히 감상주의적인 태도일 수 있다. 나아가 극작품의 공연을 수월하게 만들어주긴 했지만 극에서 진정으로 말하고자 했던 것을 귀담아 듣지 않으려는 부르주아 특유의 능력일 수도 있다. 어쨌든 이렇게 해서 바그너의 작품 『트리스탄과 이졸데』는 아무런 처벌도 받지 않은 채 공연이 되었고 감동한 관객들은 기립박수를 보냈다. 이렇게 해서 그 누구도 극작품의 메시지를 믿지 않을 것이라는 강한 확신이 자리 잡게 된 것이다.

* * *

극은 자만과 중세의 봉건적 영광이 저지른 거친 폭력과 그 결과인 범죄 등 빛의 세계를 지배하는 강력한 힘들을 환기시키면서 웅장하게 시작한다. 이졸데는 자신이 당한 모욕을 복수하고 싶어한다. 그녀가 트리스탄에게 준 사랑의 미약은 그를 죽이기 위한 것이었다. 이 죽음은 사랑의 여신이 내린 응징으로서의 죽음이었으며 거칠고 우연이 지배하며 신비한 의미란 찾아볼 수 없는 빛과 복수의 세계의 논리에 따른 죽음이다. 지고의 존재인 미네는 브랑겐에게 실수를 하도록 유도하고 이 실수는 사랑의 여신을 구원해낸다. 미네는 사랑의 미약 대신 입문의 약을 사용한다. 이렇게 해서 트리스탄과 이졸데는 이 입문의 약을 마시자마자 키스를 하는데 그러나 그 키스는 단 한 번만 허락된 유일한 키스였다. 이 키스는 다름 아니라 카타리파의 '순수한 자들이 하는 콘솔라멘툼'이었던 것이다! 이 순간 이후 빛의 법인 증오, 명예, 복수 등은 두 사람에게 아무런 영향도 끼치지 못한다. 입문을 한 이들은 그들을 해방시키는 법열의 어두운 세계로 들어간 것이다. 빛의 세계는 화려한 행렬을 이루어 요란한 팡파르를 울리며 다시 돌아오지만 이미 어둠의 세계로 발을 들여 놓은 이들을 다시 불러내지는 못한다. 빛의 세계가 두 사람에게 마지막으로 부과한 시련 - 이것이 바로 정념이다 - 이 끝나갈 때가 다가오자 두 사람은 이미 또 다른 죽음을, 두 사람의 사랑을 완성시킬 수 있는 유일한 힘을 지닌 또 다른 죽음을 예감한다.

제2막은 형태에 사로잡힌 인간들의 정념을 노래한다. 모든 장애물을 극복한 연인들은 오직 어둠에 감싸여있다. 하지만 연인들은 아직 육체적인 욕망 때문에 합일의 상태에는 이르지 못한다. 함께 있지만 아직은 둘인 것이다. 다시 말해 접속사를 가운데 두고 있는 트리스탄과 이졸데인데 이는 원래 두 사람이 하나였음을 암시한다. 이때 하나였던 이전의 합일 상태를 확신하는 실체가 음악으로 표현되는데 이는 오직 음악만이 표현할 수 있는 순간이었다. 오직 음악만이 트리스탄과 이졸데라는 두 존재의 목소리가 내는 탄식을 조화롭게 표현할 수 있으며 표현할 수 없는 희망으로 가득 찬 저 너머의 세계가 이미 현실로 살아 움직이고 있는 하나의 목소리를 낼 수 있었다. 이런 이유로 사랑의 이중창은 죽음의 이중창이었던 것이다.

다시 빛의 세계가 돌아오고 배반자 멜로트^{Mélot}가 트리스탄에게 상처를 입힌다.[69] 그러나 정념은 빛을 물리치며 명백한 승리를 빛에게 보여준다. 정념은 생명이 흘러나오는 상처를 다시는 상처입지 않도록 마지막으로 치료하겠다고 약속하며, 트리스탄의 시신 위에 엎드린 이졸데는 '가장 높은 환희'의 황홀한 법열 상태 속에서 이 약속을 노래하며 그녀 역시 숨을 거둔다.

입문, 정념 그리고 죽음의 완성이라는 이 신비한 세 순간을 바그너는 놀라운 단순화로 극을 세 막으로 나누어 함축해서 보여주며, 중세의 전설 속에서도 서사시적이고 나이브한 수많은 요소에 가려져 있던 정념의

---

[69] 비겁한 밀고자 멜로트는 궁정시에 늘 등장하는, 음유시인들이 로장지에 (lozengier)라고 부르던 인물이다.

신화에 있는 깊은 의미를 드러낸다.

* * *

그러나 바그너가 선택한 예술형식이 일반대중의 '오해'를 완전히 씻어버릴 수는 없었다.

정념의 신화의 본질과 관련된 두 가지 이유에서 바그너는 오페라 형식을 취해야만 했다. 다시 말해 최초의 인간이 저지른 원죄 이후 모든 인간이 그의 뒤를 따르고 그로 말미암아 영원한 삶이 끝난 이 세계에 시간이 들어온 것과 마찬가지로, 정념은 그렇게 시작되었고 세계에 들어왔다. 신화 속의 이들 연인이 순결한 사랑의 규칙을 어기고 잘못을 저지름으로써 음유시인들의 송가는 한 편의 소설로 변하고 말았다.[70] – 한 편의 소설이 되면서 제1막에서 등장했던 빛의 권세는 드라마의 중요한 구성 요소인 싸움과 세월의 개념을 갖고 들어온다. 하지만 정념이라는 이름의 종교는 '본질적으로 성악적인 것'이어서 드라마만으로 모든 것을 다 말해줄 수 있는 것은 아니다. 이때부터 현기증이 날 정도의 모순은 오직 음악을 통해서만 표현할 수 있는 것으로 남는다. 그 모순은 정념의 초월적인 변증법, 창조된 것이 아니라 원래부터 존재하는 빛을 향한 부르짖음과 다름없던 밤에 대한 열정이 자아내는 대위법을 통해 표현한 것이다. 우리는 여기서 서구 음악에 대한 정의를 만나는데, 서구 음악은 상반된 것의 감동적인 조화이다. 서구 음악은 지상에 살고 있을 때에는 영원히 지속될 수밖에 없는, 그러나 육체적 죽음 그 너머의 빛나는 은총 속에서는 사라져 버리는 견디기 어려운 이원론의 표현이다.

---

[70] 이 책 제2부 2장 참조. 소설은 순간이 아니라 일정한 기간을 표현하는 한 편의 시라고 할 수 있다.

이렇게 드라마가 음악에 따라 완성될 때 그것은 오페라가 된다. 트리스탕이나 동 쥐앙과 같은 신화가 오페라의 형식을 갖출 때만 완성된 표현을 얻을 수 있는 것도 이 때문이다. 모차르트와 바그너가 음악적 드라마, 즉 오페라의 걸작들을 남겼다면 그것은 오페라라는 표현 형식과 그들이 선택한 주제 사이에 단순한 유사성을 넘어서는 서로를 끌어당기는 친화력이 존재했기 때문이다. 오직 음악만이 음악의 어머니이자 동시에 딸이기도 한 비극을 말할 수 있다.

미술과의 관련성을 잠시 살펴보자면, 연극적 성격을 띤 모든 무대에 본질적으로 내재해 있는 조형적 요소가 트리스탕의 경우, 정념의 신화를 바로 이해하는 데 새로운 장애물로 등장한다고 말할 수 있다. 배우, 의상, 무대장식[71] 등은 관객의 시선을 끄는 요소들이어서 그 자체로 '빛'의 역할을 하며 자연히 극의 전개에 담겨있는 깊은 의미는 그만큼 어긋나고 만다. 무대만 보고 있는 한 관객들은, 아무리 우스꽝스럽다 해도, 눈앞에 보이는 형태의 환영에 매몰될 수밖에 없다. 실제로 '눈에 환히 보이게' 뚱뚱한 여인이 등장하고 이 여인을 향한 욕망에 사로잡힌 힘센 전사가 등장하는데, 우리의 눈은 이 장면을 피해갈 수 없다. "두 눈을 감고 보세요, 그러면 빛이 보일 것입니다!" 이렇게 외칠 수도 없는

---

[71] 프랑스의 연출자들은 고집스럽게도 사실적인 장식을 고집하곤 한다(제1막의 텐트 장식과 제2막에 나오는 마을의 벽 위에 있는 색을 칠한 송악을 보면 쉽게 알 수 있다!). 오히려 극단적으로 단순화되고 추상적이며 형이상학적인 혹은 꿈속에서나 볼 수 있는 그런 장식이 필요할지도 모른다. 배우들의 경우에도, 끊임없이 제스처를 취함으로써 숨을 헐떡이는 트리스탄이나 몸을 가린 베일 때문에 머뭇거리며 어색한 동작을 취하는 이졸데가 아닌 조금 더 근엄한 배우들이 필요할 것이다.
1954년, 바이로이트에서 공연된 『트리스탄과 이졸데』는 빌란트 바그너(Wieland Wagner)의 연출 작품인데, 이 책의 초판에서 내가 지적한 몇 가지 사항이 거의 그대로 반영되어 있었다. 이 연출 덕분에 나는 제2막에서도 두 눈을 뜨고 있을 수 있었다.

노릇이다. 오케스트라는 내밀한 비극의 여러 차원을 대부분 다 묘사해 낸다. 충격적일 정도로 유약한 멜로디는 육체의 욕망이란 것이, 삶에서 벗어나 삶 그 자체에서 치유된 인간의 뜨거우면서도 힘없는 마지막 숨결에 지나지 않는 하나의 세계를 드러낸다.

제3막의 고통스러운 빛만이 – 열병에 걸린 사람의 황색 강박관념일 수도 있지만 – 우리가 보기에는, 이들 연인만이 법열의 상태 속으로 들어가 침거하는 그 의미를 드러낼 수 있는 것처럼 보인다. 이 조명은 인공적이고 지나치게 밝기도 하지만 빛이 사라지고 새벽은 이미 고양된 석양에 지나지 않는다는 것을 예고하는지도 모른다.

* * *

바그너의 『트리스탄과 이졸데』를 두고 비평가들이 늘 하는 두 번째 비평은 – 바그너의 작품을 두고 육욕을 이상화했다고 하는 첫 번째 상투적인 비평과 완전히 모순되는 것인데 – 다름 아니라 바그너에게 끼친 쇼펜하우어의 영향이다. 니체가 뭐라고 했든 그리고 바그너 자신이 이 점을 어떻게 생각했든, 우리가 보기에는 바그너에게 끼친 쇼펜하우어의 영향은 지나치게 과대평가된 것처럼 보인다. 바그너 정도의 대가라면 '사상'을 음악으로 표현하지 않는다. 물론 바그너는 쇼펜하우어에게서 가사집에 사용한 몇 개의 표현을 가져왔고, 몇몇 내적인 결심을 정당화해 줄 수 있는 지적인 논리도 빌려온 것은 사실이다. 따라서 이 정도의 만남은 지적할 만한 것이지만, 그러나 이런 것들은 그리 큰 의미가 없다. 금욕적 태도, 창조된 세계를 부정하고 인식을 방해하는 삶에의 의지와 성적 매력을 동일시하는 것 등, 적지 않은 이들이 쉽게 불교적이라고 부를 수 있는 이런 것들을 바그너는 굳이 누구에게서 배울 필요가 없었다. 이런 것들은 이미 바그너의 가슴 속에 살아 숨 쉬고 있었고 바그너는 오히려 이런 신비주의적인 것이 남긴 흔적을 처음으로 미네징거의 상징들 속에서, 파르지팔의 마니교적인 전설 속에서, 그리고 기독교적 이미지 내부에 있는 성배와 고대 이란인과 카타리파의 성스러운 돌과 켈트족의 신이었던 구용Gwyon의 잔 속에서 재발견해낸 사람이었다.[72]

* * *

바그너에 의해 정념의 신화가 잃어버렸던 의미가 전체적인 격렬함 그대로 되살아났다는 사실을 굳이 강조할 필요는 없다. 오페라의 음악과 가사들이 모든 것을 입증하고 있기 때문이다. 바그너의 오페라를 통해 트리스탄과 정념의 신화는 완성을 보았다. 그러나 이 '완성'이라는 단어에는 서로 상반된 두 가지 의미가 함께 들어있다. – 사실 죽어있는 고정된 사물이 아니라 살아서 움직이는 존재들을 표현하는 모든 말이 다 그렇지만, – 바그너의 오페라를 두고 완성이란 말을 사용할 때의 완성이란 한 존재, 하나의 신화 혹은 하나의 작품이 그 전체로 표현되었다는 것을 뜻한다. 하지만 동시에 이 말은 한 존재, 하나의 신화 혹은 하나의 작품이 이미 죽은 것임도 뜻한다. 다시 말해 바그너에 의해 신화가 '완성되었다'는 것은 이제 신화가 그의 삶을 다 살았다는 것을 뜻하기도 하는 것이다. *Vixit Tristan!*[73] 이후의 시대는 트리스탄의 유령들의 시대가 된다.

---

[72] 구용(Gwyon)은 고대 프랑스어인데 guyon으로 변했다가 오늘날 우리가 사용하는 guide 즉 인도자가 되었다. 이 켈트족의 신은 신의 길로 들어가는 입문의 비밀을 쥐고 있던 영도자(*Führer*)였다.

[73] [역주] *Vixit Tristan*는 라틴어로 "트리스탄 살았다"는 뜻인데, 저자 루즈몽은 고대 로마 시대의 석관에 남아있는 비문을 패러디하고 있다.

19. 신화의 대중화

정념의 신화가 대중화되는 과정에는 시인들이 걸어갔던 길이 큰 역할을 했다.

에드가 포는 보들레르를 낳았고 보들레르에서 상징주의가 시작되었으며, 만드라고라, 즉 육체 없는 여인인 젊은 파르카들은 상징주의에서 나왔다. 마치 물 단지에 담긴 물이 금이 간 틈으로 한 방울씩 흘러나오듯이, 현실에 난 금을 통해 어딘지 여인의 모습을 한 이 몽상들이 새나온 것이다.[74] 정념의 신화라는 전통이 쇠약해지고, 지적이면서도 기발한 모습을 하고 나타난 것이다. 물론 이 시인들의 길은 너무 협소해서 한 사람마저도 통과하기가 쉽지 않았고 그래서 그 길로 들어선 시인은 자신의 능력을 쪼개야만 했다. 그 결과 뒤따르는 이들은 이 재능 중 하나 정도만 선택해도 충분히 고행의 길을 갈 수가 있었다.

정념의 신화가 대중화되는 과정에는 시인들의 길만이 아니라 소설가들이 걸어가는 길도 나름대로의 역할을 했다. 하지만 시의 길과는 달리 이 소설의 길은 얼마 되지 않아 시원하게 뚫린 국도가 되어버렸고, 일요일 같은 날 가족이 함께 이 길을 달리는 멋진 차들을 보려고 나섰다가 속도를 낸 채 빠르게 지나치는 차들을 보고 화를 냈다.

『골짜기의 백합』, 『아돌프』, 『도미니크』, 『마담 보바리』, 『테레즈 라켕』, 『스완의 사랑』 등이 이 소설의 길에 나타난 멋진 차들인데, 심리적으로 분열현상을 보인 프랑스의 소설들을 연도별로 나열하면 이와 같

---

[74] [역주] 만드라고라(madragora)는 사람의 형상을 닮은 가지과 약용 식물. 마법의 힘이 있다고 알려져 있다. 파르카(Parques, Parcae)는 로마 신화에서 인간의 탄생에서 죽음에 이르기까지의 운명을 좌우하는 여신들이다. 노나(Nona), 데시마(Decima), 모르타(Morta) 등 세 여신으로 구성되어있다. 그리스 신화의 모이라이에 해당한다.

다.⁷⁵ 이 과정은 정념의 외적 '장애물'이 약해지는 과정이자 정념의 장애물이 순수하게 내면적이고 주관적이라는 사실을 명철하게 인식해 나가는 과정이기도 했다(그래서 지드에게서는 거의 종교적인 분위기를 띠고 나타났으며 프루스트에게서는 거의 육체적인 양상을 지닌 채 나타났다. 그래서 종종 소설이면서도 반소설적인 경향을 보이기도 했던 것이다).

프랑스 소설만이 아니라 단눈치오의 『죽음의 승리』와 – 바그너를 멋지게 평한 글을 읽을 수 있다 – 『안나 카레니나』 그리고 영국 빅토리아 여왕 시절의 대표작들도 정념이 대중화되어가던 소설의 길에 합류시킬 수 있는데, 특히 『테스』와 『미천한 사람, 주드』를 꼽아야 할 것이다. 오늘날의 작가로서는 찰스 모건의 플라토닉 러브를 다룬 소설들도 소설의 길에서 만날 수 있다.⁷⁶

* * *

정념의 신화가 쇠락해가는 과정을 가장 잘 보여주는 작품은 걸작이기보다는 연재소설이나 히트를 친 연극 혹은 영화 같은 작품들이다. 우리 시대의 진정한 비극은 보잘것없는 것들 속에서 사람들이 모호한 삶을 산다는 데에 있다.

---

⁷⁵ [역주] 『도미니크』(*Dominique*)는 화가였던 프로망탱(Eugène Fromentin, 1820~1876)이 1862년에 쓴 자전적 소설이다. 19세기의 자전적 소설 중 가장 훌륭한 작품으로 평가받는다. 『테레즈 라켕』(*Thérèse Raquin*)은 에밀 졸라의 1867년 작 소설이다. 테레즈는 남편 카미유의 어린 시절 친구이자 화가인 로랑과 관계를 맺으면서 남편을 살해하고 친구와 결혼하지만 두 사람 모두 환영에 시달리다 죽는다는 자연주의 소설의 경향을 보이는 작품이다.

⁷⁶ [역주] 『죽음의 승리』는 단눈치오(d'Annunzio, 1863~1938)의 1894년 작 소설이다. 찰스 모건(Charles Morgan, 1894~1958)은 영국 소설가이자 극작가이다. 1932년 『샘』으로 호손 상을 수상했고, 1940년에는 『여행』으로 제임스 테이트 블랙 기념상을 수상했다.

이때부터 우리는 진정으로 심각하게, 대중을 움직이고 감동을 주는 작품들을 알아야만 하며 거부하거나 혹은 받아들여야만 한다. 또한 우리는 지식인들이 측정하는 것 자체를 싫어하는 막강한 힘을 통해 뿔뿔이 흩어져 살아가는 개인들을 기만하고 있는 익명의 거대한 흐름들도 알아야 하고 완전히 거부하거나 아니면 받아들여만 한다.

현재 서구 문학은 부르주아의 취향이든 '프롤레타리아적'이든, 소설에, 특히 연애 소설에 지배당하고 있으며 이 지배는 갈수록 넓어지고 있다. 이 현상은 정념의 신화가 완전히 속화되었으며 대중 소설들이 이런 속화된 내용으로 현대인의 의식을 점령하고 있음을 일러준다. 정념의 신화는 성스러운 의미를 지닌 전체 배경이 사상된 상태에서는 진정한 신화로 존재할 수가 없고, 나아가 신화가 신비한 비밀을 가린 채 표현하는 신비한 비밀이 대중화되고 민주화되면 이때도 역시 신화로 존재할 수 없다. 그래서 낭만주의자들이 주장했던 '정념에의 권리' 같은 것은 이제 호사스러우면서도 막연한 집착이나 '기차역에서 파는 소설들'만 사서 읽어도 충분히 만족시킬 수 있는 이국적인 모험 정도에 지나지 않는 것이 되어버렸다. 정념의 신화가 더 이상 의미가 없다는 사실을 확인하기 위해서는 이런 하위 문학을 소비하는 사람들에게 신비한 현실이 존재하며, 금욕을 해야 하고 서로 사랑하면서도 육체적 관계를 초월하기 위해서는 정신적 노력이 필요하다고 말해보면 된다. 그러면 이들은 이 말이 무엇을 뜻하는지 전혀 이해하지 못할 것이다. 궁정의 사랑을 지배했던 정념의 진정한 목적은 신비한 현실을 인정하고 금욕과 정신적 노력으로 육체를 초극하려는 것이었다. 이런 덕목들이 궁정 사랑의 핵심이었다. 현대인은 이 중세의 궁정에서 사랑을 지배하던 정념의 목적과 핵심을 잃어버렸거나 망각하고 있다. 이제 정념은 비록 현대인 역시 그 욕구에 시달리기는 하지만 간혹 죽음에 이르기도 하는 본능이 주범인 병으로밖에 여겨지지 않는다. 마약이나 알코올 중독으로밖에 생각하지 않는다는 것인데, 트리스탕의 신화가 이 정도로 쇠락했으며 이 쇠락에 따라 현대인 역시 쇠락하고 있다. 이는 아랍의 신비주의자들이 노래하는 신적인 황홀경이라는 것은 알코올 중독과는 전혀 무관함에도 현대인이 이를 동일시하는 것과 같은 셈이다.

정념의 신화가 대중화되는 현상을 살펴보는 우리에게 '파리식' 연극 역시 풍부한 분석을 허락하기 때문에 적절한 연구 대상이다. 제2제정 하의 부르주아는 그들이 속한 사회적 계층 내에서나마 정념의 혼란스러운 무정부적인 영향에 정당성을 부여해보려고 마지막으로 시도했던 사람들이다. 어떤 해석을 해도 정념은 낭만주의가 남긴 모호한 매력을 간직한 채 끈질기게 살아남았기 때문이다. 그래서 유전이라는 – 혹은 그렇게 불러야 할 어떤 것 – 이 약해지긴 했으나 그 옛날 사랑의 미약이 지니고 있던 바이러스를 옮긴다고 생각했다. 적어도 일부 젊은이 사이에서 문학은 계속해서 사랑의 열병을 앓도록 했다. 이는 일종의 콤플렉스였지만 당시 사람들은, 비록 당시 열병에 대한 향수, 바로 정념의 신화가 인간 심리로 쇠락하고 나아가서는 생리학적인 현상으로만 여겨지면서 나온 경향임에도 불구하고, 이를 '자연' 그 자체의 탓으로 돌렸다.

정념을 인간의 정상적인 욕망으로 인식하려는 이 시도는 사회 질서의 관점에서 보더라도 틀에 박힌 관례적인 표현을 다시 꺼내 사용함으로써 정념을 수용 가능한 것으로 만드는 작업이었다. 뒤마에서 바타유에 이르는 연극이 이런 계열에 속한다. 벨에포크 시절 거의 모든 극작가가 모델로 삼았던 유명한 '삼각관계 연극'은 간단히 말해 트리스탕 신화가 현대사회에 맞게 각색된 것이다. 다시 말해 마르크 왕은 부인이 바람을 피워서 오쟁이 진 남편이 되었고, 트리스탕은 우연히 부부 사이에 끼게 된 젊은 청년이거나 혹은 나이든 유부녀를 유혹하는 제비가 된 것이다. 그러면 이죄는? 이죄는 유한부인으로서 소설은 많이 읽었지만 만족이라는 것을 경험하지 못한 여인으로 등장한다.

이런 연극에서도 두 개의 윤리관이 서로 충돌한다. 트리스탕 전설에 등장하는 배반을 일삼는 귀족들은 이제 체제 순응주의자의 윤리로 무장한 채 나타나, 부르주아 계층의 결혼관을 옹호하고 그 밖에도 유산 상속, 사회적 관례와 무엇보다 사회 전체의 질서를 옹호한다. 이들은 항상 남편 편에 서는데 그래서 약간 우스꽝스럽게 보이기도 한다. 하지만 이런 유의 연극에서 언제나 승리를 거두는 쪽은 - 비록 권총을 사용해서 얻기도 하지만 - 이와는 반대되는 윤리를 지닌 쪽이다. 이 승리는 낭만주의의 승리이며 법으로 통제할 수 없는 사랑의 승리이고 동시에 바람이 나서 정부가 된 여인이 이전에 한 사람의 아내에게 거둔 '정신적인' 승리이기도 했다.

불륜의 알리바이인 사랑의 미약은 현대에 와서 어떻게 변했을까? 당시 연극에서 사람들은 이 중세의 사랑의 미약을 '정념의 숙명성'이라고 불렀다. 순응주의적 윤리관을 갖고 있던 사람들이 이 정념의 숙명성을 '문학'의 탓으로 돌린 것은 그리 잘못된 지적은 아니다. 이들의 입에서 문학이라는 단어가 나올 때는 경멸적인 의미로 사용된 것인데, 이 말은 '문란한 경향', '무질서', '불가능한 이상'을 두루 비난하고 저주하는 용어였다.

하지만 곧 사람들은 먼 옛날의 사랑의 미약을 가져다 자기 식으로 음용을 하고 희생자가 되어버린 사람들이 하게 마련인 이 정도의 자기합리화조차 시도하지 않게 된다. 마르셀 프루스트가 쓴 소설, 특히 『스완의 사랑』을 보면, 자기합리화가 세세하게 묘사되고 있는데 종종 거의 무의식적인 교묘한 속임수들을 엿볼 수 있다.

언제나 많은 부르주아 문학의 반부르주아적인 결론은 그럼에도 기성 사회 질서의 한 부분에 지나지 않는다. 계급을 유지하려는 보존 본능이 작동한 결과 자신들의 계급을 부인하는 척하고 마는 작품들과 경향을 용인하는 것이다. 부르주아 계층의 셈법은 간단하다. 물론 무의식적인 것이지만. 다시 말해, 부르주아는 문학에서 상찬되는 이상적인 것들이 정신의 반항적인 경향들을 관능적인 몽상으로 바꾸어 준다는 사실을 알고 있었다. 결혼의 윤리관은 비록 피해를 보지만 그러나 부르주아 계급에게 이 정도 문제는 화급하지도 엄청난 것도 아니었다. 부르주아는 결혼 제도라는 것이 종교적인 문제도, 윤리적인 문제도 아니며 오직 경제적인 문제임을 굳게 믿고 있었다. 부르주아가 도저히 참을 수 없어하는 것은 차이가 지는 계층 간의 결혼이 상속 받은 가족의 '유산'을 낭비하는 기회가 되는 것이었다(부르주아에게 가족의 '유산'은 단순히 돈이나 땅이 아니라 그 이상의 것이었다).

* * *

지나치게 비싼 대가를 치르지 않고 정념의 신화를 '즐기려는' 욕구가 모든 순진함을 그대로 드러내는 장르가 바로 멜로 영화다.

양차 세계대전 사이 초기 몇 년 동안에 나온 미국 영화들보다 의례적이며 수사학적인 측면에서 멜로드라마의 전형이라고 부를 수 있는 영화도 달리 찾아보기 어렵다. 이 시대는 이른바 '해피 엔드'의 시대였다. 영화의 모든 것은 핑크빛 배경이나 화려한 벽지가 발라진 방에서 두 주인공이 길게 입을 맞추는 장면으로 끝나게 마련이다. 이 수사학은 그 동안 쇠락의 길을 걸어오던 정념의 신화가 내쉬는 마지막 숨에 해당한다. 두 상반된 욕망의 이상적인 종합을 완벽하게 표현하는 것이다. 다시 말해, 아무것도 정리되지 않았으면 하는 욕망과 모든 것이 말끔하게 모두 정리되기를 바라는 욕망의 조화를 종합해서 보여준다. 한 쪽의 욕망은 낭만주의적 욕망이며 다른 쪽의 욕망은 부르주아의 욕망이다. 실제로 영화 관객들이 '해피 엔드'로 끝나는 마지막 장면에서 깊은 안도의 숨을 내쉬는 것은 스토리 덕분이 아니라 이 마지막 장면이 그들을 가슴 속에 숨어있던 두 욕망의 내적인 갈등에서 해방시켜주기 때문이다.

사실 장애물이 없는 소설은 없다. 그래서 사람들의 낭만주의적 욕망 때문에 개연성 자체에 의문을 제기하지 못하는 사이에 장애물을 많이 만들어 내기도 한다. 한 시간 동안 혹은 두 시간 동안 우리는 비약하는 스토리를 쫓아다니며 숨을 헐떡거리게 된다. 소설이나 영화 속에서 찾던 것이 바로 이것이다. 하지만 장애물은 죽음을 의미할 수도 있는데 다시 말해 지상에서 누릴 수 있는 모든 것을 포기하는 것을 의미할 수도 있는데, 이 사실이 명백해지는 순간 우리 모두는 그렇게 끝나기를 바라지 않게 된다. 따라서 적절한 타이밍에 이 장애물을 제거해야 한다. 그래서 소설이나 영화는 숨을 헐떡거리게 만들다가 마지막에 가서 이 장애물을 제거하는데 그것이 바로 '해피 엔드'이다. '두 사람은 많은 아이를 낳았다'는 말은 이제 할 이야기가 없다는 뜻이다. 혹은 두 주인공이 오래 입을 맞추는 장면을 크게 확대해서 스크린에 띄운 채 막이 내리는 경우도 있는데 관객이나 독자의 상상력의 문도 닫히는 것이다. 하지만 예외가 없는 것은 아닌데, 그토록 시련을 겪은 주인공들이 평범한 일상생활로 돌아가는 것을 약간 감추기 위해서 결말 부분에 시적 분위기를 가미시키기도 한다. 이 경우 낭만주의적 욕망이 충족되지 못한 실망감은 부르주아식의 안도의 숨을 내쉬며 어느 정도 보상을 받는다.

이렇게 언제나 세 사람이 등장하는 인물 구도를 활용하는 연극, 성공한 소설 그리고 멜로 영화들 속에서 정념의 원 신화가 갖고 있던 비극적 이상주의는 이제 대중화되고 천박하기도 한 노스텔지어에 지나지 않는 것이 되어버렸다. 그래서 아무것도 아닌 것들이 이상화되기에 이르렀으며 이 이상화는 게다가 궁정의 사랑과는 완전히 반대되는 물질 소유와 향유로까지 이어지기도 한다.

음유시인들의 종교는 본능을 부인하려는 그 의도 때문에 더 자극하는 본능과 가장 은밀한 관계를 맺음으로써 공범의 관계를 맺게 마련이었다.

이단들이 믿었던 잘못된 유설들의 신비한 다의성은 13세기부터는 정념에 대해 세속적인 수사학을 탄생시켰다. 하지만 이 이단들의 신비한 언어가 소설로 사회에 널리 퍼지면서 19세기에 이르러 마침내 본능, 이상, 종교 등이 맡았던 역할이 역전되고 만다. 본능은 수사학의 진정한 근거가 되었고 수사학의 각종 기법이 본능에게 사이비 이상의 위상을 부여하고 만 것이다.

20. 본능, 신화를 대신하다

장 드 묑의 장미가 기욤 드 로리스의 장미에 화답하고, 보카치오의 육감적인 만화경 같은 세계가 페트라르카의 수정처럼 맑은 수사학과 대비를 보였듯이, 오늘날 낭만주의는 당사자들에 의해 이른바 '원초적'이라고 불려지는 반항을 불러왔다. 다시 말해 이제 사람들은 감정을 이상화하지 않고 대신 본능을 이상화하고 있다.

내 머리에는 양차 대전 사이에 활발하게 활동한 영국과 미국의 소설가들이 떠오른다. 로렌스, 콜드웰, 밀러 등이 이들인데 이외에도 이들을 추종한 여러 작가가 있다. 이 소설가들이 주장하는 바를 나열하면 다음과 같이 요약할 수 있다. "우리는 더 이상 아무도 믿지 않는 사상과 이상들, 그리고 이상화되었지만 실상은 썩어빠진 자질구레한 위선들로부터 고통을 당할 만큼 당했다. 사람들은 여자를 애교 떠는 여자, 잔인한 여자, 흡혈귀 같은 여자 등으로 미화하면서 하나의 신으로 받들었다. 사람들이 만들어 낸 팜므 파탈, 불륜을 저지른 여인, 패덕한 여인들 때문에 우리는 살아있다는 기쁨 자체를 얼마나 훼손당했는지 모른다. 이제 우리는 이 '신격화된 여인들'에게 복수하고자 한다. 여자는 여자일 뿐, 그 이상도 이하도 아니다. 우리의 계획 속에는 여자가 기어서 자신을 지배하는 남자에게 가는 것도 포함되어 있다.[77] 우리는 궁정의 사랑을 노래하는 대신, 동물적 욕망과 완전하게 정신을 압도하는 섹스를 찬양할 것이다. 그리하면 짐승만이 지닐 수 있는 그 위대한 순진무구함을 통해 우리는 사람들이 오직 생식 본능만을 생각한 채 툭하면 죄악이라고 몰아부치는 그 병에서 치유될 것이다. 사람들이 윤리라고 부른 것이 우리를 이렇게 사납게 만들었으며 슬프고 수치스러워 하도록 했다. 쓰레기라고 말했던 것이 이제 우리를 전화시킬 것이다. 사람들이 터부시했던 것들은 삶이라고 하는 무엇과도 바꿀 수 없는 진정한 신성 모독에 지나지 않았다. 삶이란 무엇인가? 삶이란 정신에서 해방된 본능이며, 위대한 태양의 힘으로서 풍부한 재능을 갖고 태어난 개인을, 사슬에서 풀려난 아름다운 야수를 단련시키고 위대하게 만드는 힘이다." 예언자연 하는 이 중 한 사람은 다음과 같이 덧붙인다. "나는 암소를 능가하는 생명력을 갖기 원한다."

* * *

생을 찬미하는 이 새로운 신비주의는 여러 편의 훌륭한 소설을 낳았다. 그러나 이 신비주의는 아직 우리가 연구하지 않았고 설득도 시도하지 않은 하나의 운동이 출발한 여러 깊은 기원에서 언제나 동일한 형태를 띠고 나타난다. 이 운동은 게다가 아주 가까이에서 우리를 위협하기도 한다.

윤리적 인격을 상실하고 본능의 우주적 흐름에 몸을 맡기겠다는 것은 태양의 힘을 숭배하는 원초적 본능을 믿는 시인들의 이상이긴 하지만,

---

[77] 콜드웰(Erskine Caldwell)의 소설 『담배가게로 가는 길』에 나오는 장면이다.

그러나 이 신조가 현실에서 구체화되면 그 본질상 단 한 순간도 우리를 속일 수가 없다. 다시 말해 야수는 존재할 수 있지만 '아름다운' 야수란 존재하지 않는 것이다. 로렌스 같은 작가가 아직도 굳건하게 존재하고 있다고 생각하는 아름다움에 대한 관념은 이미 파산한 지나간 시대의 유산에 지나지 않는다. 갚아야 할 하나의 빚이라고도 할 수 있는데, 하지만 영어권에서는 누구도 인정하려고 들지 않는 빚이다. 그들이 주장하는 플라톤식의 '정신'은 이제 고려할 것이 없다. 그것이 모든 혼돈의 주된 원인이었으며 이제 사멸했다. 분명한 사실이다.

한 가지만 덧붙여 말하면, 덜 명백한 것이긴 하지만, 인공적인 것을 - 예를 들면 이상화시키는 수사학, '완벽한 자'의 윤리와 신비주의 등 - 파괴한다는 명분을 내걸고, 진정한 삶을 되찾겠다고 주장하며 이들이 본능의 원초적 흐름, 미숙한 상태, 해보지도 않고 해본 것처럼 생각하는 자신감, 그리고 혐오스러울 따름인 무경험에 빠져들 때, 우리는 그들이 실제로는 지나간 문화와 그 문화의 풍화된 신화들의 찌꺼기로 가득 찬 더러운 개울물에 몸을 담근 것에 지나지 않다고 말해주고 싶다.

오늘날의 인간에게는 진정한 원초적 본능이란 것이 존재하지 않기 때문이다. 원초적 본능 대신 오늘날 사람들은 유전이라는 말을 입에 달고 다니고 있으며, 교회에서는 이미 아주 오래 전에 그것을 두고 원죄라고 규정했다. 유전, 원죄 등의 말은, 원초적 본능이 우리 모두의 기원이기는 하지만 더는 돌아갈 수 없는 완전히 잃어버린 것임을 일러준다. 그렇다고 우리의 윤리들 그 밑으로 다시 내려가 볼 것인가. 그것은 윤리가 금지하는 것들로부터 우리를 해방시키는 방법이 되지 못한다. 이성에 의해 창조되고 조절되는(물론 이성도 우리를 비현실적인 길로 들어서게 하곤 한다) 표현들 그 밑으로 내려가 새로운 본능을 표현해 볼 언어들을 찾아 볼 것인가. 그것은 현실을 제대로 보는 방법이 아닐 뿐더러 오히려 오염되고 중독된 문명의 모든 쓰레기가 한꺼번에 쏟아지는 공포스럽고 모호한 지대에서 방황하는 것에 지나지 않는다.

우리 모두는 '진정한 것', 즉 원초적 본능에 대한 욕망과 집착을 갖고 있지만 그것을 '되찾을 수'는 없다. 충족되지 못한 육체의 불만이 시키는 대로 억눌려서 언제 폭발할지 모르는 본능에 몸을 내맡긴다고 해서 '진정한 것'이 찾아지는 것도 아니다. 어딘가에 숨어 있는 것이 아니라 영원히 잃어버린 것이기 때문이다. 오히려 정념에 저항하려는 노력을 통해, 다시 말해, 행동을 통해, 질서를 줌으로써, 정화시킴으로써, 즉 단순한 삶으로 돌아감으로써 재창조될 수 있을 뿐이다.

행동한다는 것은 악마적인 정념의 세계 밖으로 도피하는 것이 아니다. 걸림돌이 되는 육체를 죽이는 것도 아니다. 또 이성이 우리를 속였다고 하면서 이성을 향해 총을 겨누는 것도 아니다.[78]

행동한다는 것은, 그렇지 않은가, 정신과 육체의 갈등 속에서 우리를 만들어 놓은 조건들을 받아들이는 것을 의미한다. 행동한다는 것은 이 조건들을 파괴하는 방법을 통해 극복하는 것이 아니라, 서로 대립하는 정신과 육체의 두 힘을 통합함으로써 두 힘의 갈등 속에서 만들어진 조건들을 극복하는 것이다. 정신은 도와달라는 육체의 소리를 듣고 응해야 하며, 육체 속에서 정신 자신이 지탱할 수 있는 것을 찾아야 한다. 육체는 정신에 복종해야 하며 정신을 통해 평온을 되찾아야 한다. 이것 이외에 다른 길은 없다.

죽음에 이르게 하는 에로스, 삶을 가능하게 하는 에로스! 서로는 서로를 부른다. 이 둘 중 어느 하나도 서로 파괴하려고 하는 상대편 이외의 다른 끝과 현실적인 종착점을 갖고 있지 못하다! 삶과 정신이 다 소진될 때까지 그렇게 무한히. 스스로를 신으로 생각하는 인간이 할 수 있는

---

[78] 히틀러 휘하의 장교 한 사람이 다음과 같은 말을 한 적이 있다. "어디선가 가이스트(정신, 이성)라는 말이 들리면 나는 권총을 장전하곤 한다."

일이란 고작 이것뿐이다. 이것이 정념의 마지막 움직임이다. 정념이 자극을 받아 고조되면 그 상태를 우리는 전쟁이라고 부른다.

21. 정념, 모든 분야로 스며들다

12세기에 궁정풍 사랑이라는 성스러운 신화는 혼돈을 불러오는 정념의 파괴적인 힘을 조절하고 정화시키는 사회적 기능을 맡고 있었다. 이 궁정풍 사랑의 신화가 지닌 초월적인 신비주의적 요소들은 정념으로 괴로워하는 당시 인간들을 은밀하게 그들이 욕망하던 것을 넘어서서 존재하는 피안을 향해 인도하면서 이 피안에 집착하도록 했다. 물론 이런 경향은 이단으로 흘렀지만 그러나 평화로운 과정이었으며 나아가 몇몇 양상은 문명의 균형을 잡아주는 긍정적인 결과를 낳았다. 하지만 다른 이유보다도 종족 번식과 전쟁에 반대했다는 단 하나의 이유만으로 이단으로 몰렸고, 자연히 당시 사회는 이를 박해할 수밖에 없었다. 불과 칼을 손에 들고 진압에 나서 이단에 점령당한 남프랑스 일대의 시골 마을들을 초토화시킨 것은 가톨릭의 본산인 로마였다.

로마가톨릭교회는 이들을 물리적으로 파괴했고 그에 따라 이단은 생존을 도모하고 세를 불리기 위해 위험천만한 형태로, 다시 말해 가장 모호한 형태로 변형될 수밖에 없었다. 쫓기고 억압당하고 그리고 조직이 와해당하면서 이단은 어쩔 수 없이 수많은 방식으로 본래 갖고 있던 특징을 잃어버리고 변질되기 시작한 것이다. 그러나 이단이 그들의 진정한 목적이 아니었음에도 불러일으킬 수밖에 없었던 혼란과 이단의 교리와 표리관계를 형성하고 있던 인간적 사랑에 대한 극단적인 이상화 경향, 그리고 무엇보다 비록 모든 종류의 남용을 불러오긴 했지만, 사랑을 묘사하고 표현하는 데 잘 어울릴 뿐만 아니라 사랑의 근본이기도 했던 그들이 사용한 다의성을 지닌 모호한 언어들은 이단재판의 법정을 벗어날 수 있었고 이후 정통 가톨릭을 포함하여 전 유럽의 의식 형성에 큰 영향을 끼치게 된다. 나아가 일종의 아이러니이지만, 가장 위대한 성자들의 신비주의에 정념의 수사학을 제공하기도 했다.

일반적으로 신화들은 비교秘敎적인 성격과 성스러운 기능을 잃어버리면서 문학이 되곤 하는데, 궁정풍 사랑의 신화는 다른 어느 신화보다 이 변화를 받아들일 준비가 되어있는 상태였다. 비록 문자 그대로가 아니라 신비주의적 의미로 해석되어야 하는 것이었지만, 이 정념의 신화는 인간적인 사랑의 언어들을 통해서만 표현될 수 있는 것이었기 때문이다. 그러자 자연히 사라져버린 비교적이고 성스러운 의미들은 수사학을 통해 남아 있게 되었다. 수사학을 통해 우리의 자연적인 본능이 표현될 수 있었던 것인데, 물론 왜곡이 없었던 것은 아니어서 거의 느끼지 못할 정도로 우리의 자연적 본능들을 점점 더 신비한 피안의 세계로 몰아갔다. 이렇게 제시된 피안의 세계는 배척당하다가 끝내 완전히 빼앗기고만 신비주의적인 세계인식이 인간의 의식 속에 남겨놓은 이상세계에 대한 욕구를 자극하기에 충분한 것이었다. 이는 서구 문학의 입장에서는 행운의 기회였다. 문화사적 관점에서 보면 거의 유일한 현상이라고 할 수 있는데, 비록 후일에는 불특정 다수의 대중에게도 지배력을 행사하게 되지만 서구 문학이 오늘날까지도 소수의 엘리트 계층에 끼친 영향력을 설명할 수 있다.

고전주의는 성스러운 형태를 상실해버린 이 정념의 강렬한 힘들에게 '예술적 형식'을 강제하려고 했고 낭만주의에 들어와 이에 대한 반발이 일어나면서 문학을 지배하던 이 의식儀式적 잔재들이 정면으로 공격을 받는다. 이 반발에서 시작해, 18세기 말부터 원래의 트리스탕 신화가 '간직하려고 했던' 모든 것이 열렬이 찬양, 고양되고 이어 신화를 대신하는 문학 역시 같은 대접을 받게 된다.

19세기의 부르주아 계층은 오랫동안 무의식 속에 억압되어 있었고 귀족적 예술을 통해 기원부터 출구가 마련되어 있던 '죽음에의 본능'이 다시 사람들의 의식을 지배하는 것을 목도할 수 있었다. 사회의 지도계급이 무너지자 – 문학이 아니라 전혀 다른 여러 요인의 급격하고도 강력한 변화에 의해 – 이제 정념의 신화가 간직하고 있던 내용이 우리의 일상생활까지 흘러넘쳐 들어오는 상황이 펼쳐졌다. 하지만 우리는 이 혼란스러운 사랑에 대한 찬양이 무엇인지 정확히 알 수 없었고 그것을 막연히 본능의 봄이 찾아온 것으로만, 다시 말해 기독교에 의해 박해를 받던 디오니소스적인 인간 내면의 열정들이 르네상스를 맞이한 것으로만 여겼다. 모든 현대문학은 이 '해방'의 송가를 힘차게 불렀다.

하지만 그럼에도 현대문학 속에는 절망의 어조가 들어있는데, 이 절망은 어디서 온 것인가? 20세기 들어 30년 동안 소설이 다른 문학 장르들을 압도하며 눈부신 성공을 거두면서도 어떻게 해서 우리의 회의와 공허함을 끈적끈적한 어조로 분석하고 있었던 것일까? 우리를 예의 없이 살아가는 사람들 앞에 무장해제된 상태로 내버린 이 해방이란 것이 대체 무엇을 뜻하는 것인가? 1930년대부터 소설이 고유의 활기를 잃어가고 있는 현상이 나타나는 것은 어찌된 일인가? 소설이 비록 잠시 동안만이라도 그 격렬한 힘을 되찾기 위해서는 오직 다시 여러 유파로 나뉘어진 신비주의에 빠져드는 것밖에는 달리 방법이 없는 것인가? 정녕 낭만주의는 이제 완전히 끝난 것인가?

우리 주변의 삶을 돌아보면 이런 결론을 내릴 수가 없다. 오늘날 부르주아 계층이 겪고 있는 결혼의 위기 상황은, 사람들이 자초한 것인 한 세속화된 정념의 신화가 변질된 것에 지나지 않지만, 그러나 언제 터질지 모르기에 세속화된 정념의 신화가 여전히 승리를 거두고 있음을 일러준다.

하지만 결혼이나 성생활만이 아니라 정념의 신화가 만들어낸 유령들은 여러 다양한 영역을 점령하고 있다. 정치, 계급투쟁, 국가관 등 다양한 영역이 이 정념의 신화를 핑계로 삼고 있으며 이미 '신비주의자들'처럼 흥분하고 있다. 우리에게는 맞불을 놓을 능력도 우리의 욕망을 조절할 능력도 이 욕망의 성격과 그 최후를 파악해 낼 능력도 없다. 널리 퍼져나가는 그 확산현상에 모종의 조치도 취할 수가 없는 것은 물론이고 적절한 표현도 하지 못하고 있다.

사랑의 마지막 형태들은 늘 전쟁 때문에 사라져버렸다. 선전포고 없이 시작되는 전쟁이라도 어쩔 수 없이 받아들여야 하듯이, 정념 역시 '사랑을 하겠다는 선고' 없이 시작된다. 이 관계는 상징적이다. 우리는 오늘날 납치와 강간의 수준으로 되돌아와 있다. 그렇다고 폴리네시안처럼 이런 행동들을 하기 전에 미리 모종의 의식을 치르는 것도 아니다.

정념의 신화는 점진적인 과정을 거치며 속화되어왔다. 처음에는 수사학으로 변형되었으며 수사학에서 떨어져 나온 내용은 완벽한 대중화 과정을 거쳤다. 우리는 정념의 신화가 거쳐온 이 변천 과정을 얼른 보기엔 정념과 전혀 무관해 보이는 다른 한 영역에서도 그대로 볼 수 있다. 이 다른 영역이란 전쟁인데 서구에서 전쟁의 방식이 거쳐온 과정은 정념의 신화가 달라져온 과정과 유사하다.

05 사랑과 전쟁

1. 사랑과 전쟁, 형태적 유사성

정념 때문에 발동하는 죽음에의 욕망, 서구 낭만주의가 걸어온 길을 한 마디로 정의한다면 이렇다. 우리 모두는 이 길에서 한 치도 벗어나지 못하고 모두 함께 걸어왔다. 의식하지 못하는 사이에 우리 모두는 궁정의 신비주의가 만들어 놓은 여러 상징을 따라 만들어진 생활 관습과 사고방식의 지배를 받았기 때문이다. 그런데 정념이란 고통을 뜻하기도 한다.

우리의 사랑 관념은 여성에 대한 관념을 포함하고 있으며, 정념이 고통을 뜻하기도 한다는 점에서 보면 우리가 갖고 있는 사랑의 관념은 종족 번식의 고통과 밀접한 관련이 있다. 이 고통은 서구 정신사의 가장 은밀한 지대에서 전쟁을 독려하고 나아가 정당화하는 역할을 했다.

여성에 대한 서구적 관점과 전쟁을 향한 거의 무의식적 욕구 사이의 이 야릇한 관련성은 윤리, 교육, 정치 등의 영역에서 심각한 결과를 불러일으켜 왔다. 아마도 이 분야는 방대한 저술 작업이 이루어져야 전체적인 양상을 살펴볼 수 있을 것이고, 이 작업은 언젠가는 반드시 이루어져야 한다. 하지만 결코 쉬운 일은 아니다. 이 작업이 어려운 까닭은 다름 아니라, 우리가 앞서 간략하게만 살펴본 자료들을 심도 있게 다루어야

함은 물론이고 나아가 군사 분야 지식과 19세기 이후, 성적 본능과 '전투적 본능' 사이의 관계를 연구한 심리학적 성과들을 가져와야 하기 때문이다.[1] 당장 이러한 작업에 들어갈 수도 없고 또 연구업적도 없는 상태인 우리로서는 여기서 몇 가지 질문으로 그쳐야 할 것이며, 그것도 이 책의 주제인 정념의 신화에 한정하여 다룰 수밖에 없다.

한 가지 덧붙이자면, 사랑과 정념의 신화라는 이 영역에서는 형태 연구가 내용 연구 못지않게 많은 것을 일러주며 자료와 현상 해석에서 그만큼 덜 오류에 빠질 수도 있다는 사실을 지적해 두고 싶다. 예를 들면 전쟁과 에로티시즘의 상관관계를 확인하기 위해서라면 프로이트만 꼭 필요한 것은 아니다. 우리가 흔히 사용하는 언어의 수사학적 표현만 살펴보아도 오히려 더 명확하게 이 상관관계가 드러난다. 이런 이유로 우리는 여러 본능의 발생 과정과 관련한 다양하면서도 변화무쌍한 가설을 제쳐두고 우선 12세기부터 오늘날에 이르기까지 사랑하는 기술과 전쟁 기술 사이의 형태적 유사성들을 살펴보고자 한다. 정념의 신화와 전쟁이 서로 영향을 주고받으며 변천해 온 과정을 살펴보려는 것이기에, 따라서 사랑과 전쟁 중 어느 하나를 우위에 두는 편견을 버려야 한다.

2. 사랑의 언어, 전쟁의 언어

고대 그리스 로마시대부터 시인들은 인간의 자연스러운 사랑이 보여주는 여러 양상을 묘사하기 위해 전쟁의 메타포들을 사용했다. 사랑의 신인 에로스는 '치명적인' 화살을 쏘는 궁사였다. 여자는 자신을 '정복'

---

[1] 프로이트의 책들을 읽으면 대강의 윤곽을 파악할 수 있을 것이다. 피에르 부베의 『전투적 본능』(*l'Instinct combatif*)도 도움을 준다.

한 최고의 전사인 남자에게 '항복'했다. 유명한 트로이 전쟁의 도화선이자 목적은 한 여자를 소유하는 것이었다. 서구의 가장 오래된 소설 중 하나인 헬리오도로스의 『테아게네스와 카리클레아』(서기 3세기)를 보면, 벌써 '사랑의 전투'와 '에로스의 피할 수 없는 화살 공격에 굴복한 사람'의 '달콤한 패배'가 등장하고 있다.[2]

플루타르코스를 보면 스파르타는 성 윤리를 전쟁의 승리를 위해 통제하고 있었음을 알 수 있다. 스파르타의 입법자인 리코르고스가 주장한 우생학과 부부의 관계를 세세하게 규정한 법조항은 모두 병사들의 공격성을 극대화하는 데 초점이 맞추어져 있다.[3]

이런 예는 모두 성적 본능과 전투적 본능 사이에 매우 자연스러운 관련성이 있음을, 다시 말해 거의 생리적인 관련성이 있음을 일러준다. 그렇다고 고대 그리스 로마인의 '전술'과 그들에게 있던 사랑에 대한 관념들 사이의 유사성까지 살펴볼 필요는 없을 것이다. 서로 다른 법에 따른 지배를 받았기에 같은 잣대로 측정하기가 불가능하기 때문이다.

하지만 12, 13세기부터 펼쳐진 서구 역사를 놓고 보면 상황이 달라진다. 당시에 사용했던 사랑의 언어들을 보면 단지 전사의 기본적인 동작을 지칭하는 언어만 차용한 것이 아니라 아주 정확하게 당시의 전투 기술과 군사 전술에서 사용하던 언어를 가져다 사용하고 있음을 알 수 있다. 그래서 막연하게 양자 사이의 관련성을 추측하는 대신 자세하게 서

---

[2] [역주] 『테아게네스와 카리클레아』(*Theagenes and Chariclea*)는 현재의 시리아 지방인 에메사(Emesa)에서 태어난 그리스 소설가, 헬리오도로스(Heliodorus of Emesa)가 서기 3세기경 쓴 소설로 『아에티오피카』(*Aethiopica*, Ethiopian Story)라는 다른 제목으로도 알려져 있는 소설이다.

[3] [역주] 리코르고스(Lycurgus of Sparta, 그리스어로는 Lukoûrgos, BC 800?~BC 730 ?)는 전설적인 스파르타의 입법자로 델피의 아폴론 신탁의 명을 받아 스파르타 사회를 군사체제로 재편한 인물이며, 시민들 사이의 평등, 군사적 효율성, 윤리적 엄격함을 기치로 내걸었다.

로의 관계를 살펴볼 필요가 있다.

남자 연인은 귀부인을 '포위'하고 사랑의 '공격'을 하며 가까이 '접근'하여 옥죄며 '추적'한다. 마지막으로 그는 귀부인이 강하게 '방어'하는 마지막 수줍음을 '정복'하려고 하는데 이때 '습격'이라는 방법을 사용한다. 마침내 귀부인은 태도를 풀고 '항복'한다. 그러나 궁정풍 사랑의 전형적인 법도에 맞추어 마지막에 반전이 일어나는데, 다름 아니라 승리를 거둔 남자는 귀부인의 정복자이자 동시에 귀부인의 포로가 되는 것이다. 그는 중세 봉건사회의 관례를 따라 (여)왕의 '신하'가 되는 것인데, 남자 연인은 승리를 거두었음에도 불구하고 마치 전투에서 '패배'한 것처럼 처신한다.[4] 이제 이렇게 정복자이자 포로가 된 연인에게는 그의 용맹성을 자랑하는 일만 남은 셈이다. 이 용맹성을 자랑하는 일은 언어를 통해서만 이루어지는데, 수많은 사례를 제공하는 병사들이나 민간인들이 사용하던 언어를 보면 상당히 의미 있는 자유분방함을 볼 수 있다. 후일 화약을 사용하는 무기들이 전쟁에 도입되면서부터 이중의 의미를 지닌 많은 농담이 추가되기도 한다.

사랑과 전쟁 사이의 이러한 관련성은 작가들 역시 즐겁게 사용했다. 사실 사랑을 전쟁의 언어로 표현하는 수사학은 얼마든지 만들어 낼 수 있었다. 작가 브랑톰은 「에스파냐의 로도몽타드」*Rodomontades espagnoles*에서 다음과 같이 쓴 적이 있다. "오! 행복한 대장이여. 그대는 하나님에 대적하는 수많은 적을 도시에서, 전쟁터에서 무찔렀노라. 오 다시 한 번 축하 드리네, 대장이여! 수많은 공격과 반격을 다 물리치고 그대 마침

---

[4] 독일어에서 패배를 가리키는 말인 Niederlage는 말 그대로, '땅에 엎드리다, 밑에 깔리다'는 뜻이 있다('경쟁에서 열세에 놓이다, 지다'라는 뜻이 있는 프랑스어 표현, avoir le dessous를 참조).『장미 이야기』를 보면, 포위된 성루를 상징하는 언어들이 나오며 이 역시 참조할 필요가 있고 '현장에서 연합군을 얻다'라는 표현도 등장한다.

내 기둥에 둘러싸인 그대의 침대에서 아름다운 귀부인을 정복하였네!"
따라서 신비주의 작가들이 신을 사랑하는 표현에서 거의 '일상이 되어버린 이런 표현들'을 사용했다거나, 앞서 말한 그런 전쟁의 순서에 따라 전쟁 언어를 배열했다고 해서 결코 놀랄 일이 아니다. 아빌라의 성녀 테레사의 스승들은 궁정의 수사학에 가장 큰 영향을 받았던 사람들인데 그 중 한 사람인 프란시스코 데 오수나는 다음과 같은 글을 남기고 있다. "사랑의 전쟁을 피아彼我 모두를 망하게 하는 끔찍한 격정과 파괴가 지배하는 다른 전쟁들과 같다고 생각하지 말지어다. 사랑은 오직 애무의 힘을 통해서만 싸울 뿐이며 부드러운 말 이외의 다른 위협 수단은 없다. 사랑이 쏘는 화살과 휘두르는 칼은 축복이자 선물이다. 사랑의 만남은 효과만점의 기회이며, 내쉬는 한숨은 자욱한 포연이니라. 정복하고 소유하게 되면 그것은 포옹하는 것이다. 그가 무찌른 자가 사랑받는 이에게 다시 생명을 주노라."

* * *

앞서 우리는 궁정의 수사학이 처음에는 낮과 밤의 '싸움'을 드러내는 것이었음을 살펴보았다. 이 싸움에서 죽음은 가장 중요한 역할을 했다. 죽음은 이 세상의 패배이자 빛의 삶이 거둔 승리였다. 욕망과 전쟁이 본능으로 연결되어 있듯이, 사랑과 죽음은 금욕을 통해 연결되어 있었다. 전쟁 본능과 종족 번식 본능의 생리학적 공통점과 종교적 기원에도 불구하고 서구 문학의 에로티시즘에 나타나는 거의 정확한 전투적 표현을 모두 설명할 수는 없다. 실제로 중세에는 사랑의 기술과 군사 기술에 똑같이 있던 규칙이 있었는데 다름 아닌 기사도였다. 이 기사도를 살펴보아야만 사랑과 전쟁의 관계와 언어적, 형태적 유사성과 그 의미를 제대로 파악할 수 있다.

3. 기사, 사랑과 전쟁의 왕

하위징아에 따르면, '사랑에 양식을 부여하라' 이것이 윤리 면에서 중세 사회 최고의 염원이었다고 한다. "이것은 사회적 요구이기도 했고 또 당시 풍습이 오늘날보다 훨씬 거칠었기에 그만큼 절대적으로 필요한 것이기도 했다. 사랑을 하나의 의식 수준으로 끌어올려야만 했고 정념에 따른 무분별한 불륜과 성범죄가 넘쳐나고 있었기에 물러설 수 없는 것이었다. 흥분된 감정 상태가 형식과 규율에 따라 통제할 수 없는 사회는 야만의 사회다. 교회는 일반대중의 난폭함과 범법을 제거해야 할 책무가 있었지만 교회의 힘만으로는 충분치 않았다. 당시 귀족 계층은 종교적 규율 이외에 귀족 계급 고유의 문화를 간직하고 있었는데 그것이 바로 궁정 문화였으며 이 문화에서 귀족 계급은 행동 지침을 이끌어냈다."[5](실제로 우리가 아는 바와 같이, 궁정 문화는 교회에서 아무것도 물려받은 것이 없었으며 오히려 기독교 윤리와 대립하고 있었다. 우리는 따라서 중세 사회가 기독교라는 단일한 정신적 지주가 있었다는 그동안의 지적들을 다시 검토해야만 한다!) 그런데 이 궁정 문화의 윤리가 당시 '놀라울 정도의 조야함'을 보이던 고급 계층의 풍습에 변화를 일으키는 데 실패했다고 하더라도, 적어도 고급 귀족 계급의 멋진 외관을 만들어 내는 이상적 창조자의 역할은 수행하고 있었다고 볼 수 있다. 나아가 궁정 문화는 가장 폭력적인 당시에도 전쟁에 침투하여 적용되고 있었다. 아르스 아만디 ars amandi가 아르스 벨란디 ars bellandi를 낳은 이 현

---

[5] 하위징아(J. Huizinga), 『중세의 가을』(Le Déclin du moyen âge). 이 저작은 제공하는 정보나 풍요로운 비판적 시각, 저자의 지성으로 찬사를 받아 마땅한 명저로, 중세 당시의 평민과 귀족들의 일상생활을 다양하게 관찰할 수 있게 함으로써, 중세에 대해 우리가 지니고 있던 기존의 관념을 새롭게 해준다. 우리는 1932년에 나온 프랑스어 번역본을 이용했으며 이후 인용도 이 책을 통해 이루어진다.

상은 역사상 유례가 없는 유일한 것이었다.[6]

기사도의 이상은 개인 간의 싸움에서 지켜야 할 세세한 규칙들에서도 나타나지만 전쟁과 정치에서도 느낄 수 있다. 중세 당시 군사적 형식주의는 종교적인 절대적 가치가 있었다. 오늘날은 도저히 상상하기 힘든 기상천외한 규범들을 따르기 위해 기사들이 기꺼이 목숨을 내놓는 것을 자주 볼 수 있다. '에투알 기사단의 기사들은 전쟁터에서 결코 4아르팡 이상을 물러서지 않는다. 만일 그 이상 뒤로 물러서면 죽거나 항복하는 것을 의미했다.[7] 프루아사르에 따르면, 이 이상한 규범 때문에, 결성된 지 얼마 안 되는 초기에 에투알 기사단 소속 기사 80여명이 헛되이 목숨을 잃었다.'[8] 같은 논리로, 전술적으로 꼭 필요한 요소들마저도 궁정의 명예와 미학을 위해 희생당했다. "1415년, 영국왕 헨리 5세는 아쟁쿠르 전투에 앞서 프랑스군을 만나러 갔다. 어두운 저녁이어서 왕은 실수로 그날 밤 잠을 자기로 했던 마을을 지나치고 말았다. 그러자 왕은 '위풍당당한 명예 의식을 가장 소중하게 여기는 왕답게' 즉시 명령을 하달했다. 명령인 즉, 정찰을 나갔던 기사들에게 갑옷을 모두 벗으라는 것이었는데, 갑옷을 입고 가던 길을 되돌아 후퇴하는 것처럼 보이지 않도록 하기 위해서였다. 마을을 지나쳐 온 왕 역시 갑옷을 입은 채로 뒷걸음칠 수가 없었기에 다시 돌아가지 않고 그 자리에서 밤을 보냈으며 전위부대도

---

[6] [역주] 아르스 아만디는 라틴어 표현으로 '사랑의 기술'을, 아르스 벨란디는 '전쟁의 기술'을 뜻한다.

[7] [역주] 아르팡(arpent)은 옛날의 거리 단위로 지역마다 조금씩 차이가 나지만 대략 70m 정도다. 화살이 도달하는 거리를 기준으로 만들어졌다고 한다. 나중에는 면적을 재는 단위로도 쓰였다. "에투알 기사단"이라고 할 때 에투알은 별을 뜻한다.

[8] [역주] 프루아사르(Jean Froissart, 1337~1404)는 중세의 가장 중요한 사가 중 한 사람이다. 그의 『연대기』(*Chroniques*)를 비롯한 기록들은 14세기 영국과 프랑스 일대에서 기사도의 부활을 기록한 중요한 문서로 꼽히며 백년전쟁의 전반기 50년에 대해서도 가장 중요한 사료로 인정받고 있다.

새로운 계획에 맞추어 다시 짜야만 했다." 정신 나간 자만심이나 고의로 가장 위험한 임무를 수행하려고 들다가 얼마든지 피할 수 있는 살육을 당했던 예는 수없이 많다. 이는 전쟁터에서 일부러 위험을 찾아다닌 셈인데, 몸을 피하는 것이 상책인 상황에서 거꾸로 행동을 했던 것이다. 궁정에서만 볼 수 있던 이 형식에 얽매인 행동 양식은 '많은 일화를 남기고 있고 단지 윤리나 법만을 지배했던 것이 아니라 양식과 형식이 가장 중요한 것으로 여기는 모든 영역에 걸쳐 널리 퍼져있었다. 의식, 예의범절, 마상시합 같은 경기, 사냥 그리고 무엇보다 사랑에 적용되었다.' 이 형식주의는 심지어 인간의 탄생에도 결정적인 영향을 끼쳤다. 그뿐만 아니라 '전리품법과 공격법이라는 것도 있었고, 마상 시합이나 사냥의 규칙들과 유사한 규칙에 따라 자신이 한 말은 반드시 준수해야만 했다.' 오노레 보네가 지은 『전투의 나무』 *L'Arbre des Batailles*는 일종의 전투 시 지켜야 할 법규들을 모아놓은 법령집인데, 성경에서 따온 구절들과 기타 전쟁에서 지켜야 할 규칙들을 혼란스럽게 늘어놓았다. "만일 전투 중에 타인에게서 빌린 무기를 잃어버렸을 경우, 이 빌린 무기를 돌려주어야 하는가? 축일에 전투를 벌이는 것은 가능한가? 밥을 먹고 전투에 나가는 것과 굶고 나가는 것 중 어느 것이 더 좋은가? 포로가 되었을 때 어떤 경우에 도망을 가도 좋은가?……" 다른 책을 보면 두 부대 지휘관이 상급자 앞에서 포로 하나를 두고 서로 다투는 일화가 등장한다. "내가 먼저 이 자의 팔과 오른 손을 잡아 사로잡았습니다. 그리고 장갑을 벗겼습니다." 그러자 옆에 있던 다른 지휘관이 말했다. "하지만 그 포로가 오른 손을 내밀며 말한 것은 바로 접니다."

역시 하위징아가 전해주는 자료에 따라 기사도적 관념에 근거해서 생긴 정치사상을 보면, 각국의 왕들 사이에 맺어진 유대에 따라 전체의 평화를 지키기 위하여 마침내 예루살렘 정복에 나섰고 투르크족을 추방하기 위해 전쟁을 치렀다. 이런 정치사상은 터무니없는 것이었지만 그 영향력은 유럽의 상황에 많은 변화가 일어났음에도 불구하고 또 시급한 여러 문제를 해결해야 했음에도 불구하고, 15세기까지 왕과 귀족들에게 끊임없이 영향을 주었다.

이렇게 '어려운 시대상황'과는 전혀 어울리지 않는 이 궁정 문화가 추종하던 독특한 성격의 이상이 가장 잘 드러나는 곳이 다름 아닌 바로 여기다. 다시 말해 억압되어 있던 영적 갈망이 현실에서 실현될 수 있는 기회를 이 궁정 문화의 이상이 제공한 것이다. 이렇게 보면 궁정 문화의 이상이란 것은 일종의 낭만적 도피였으며 본능에 제동을 거는 것이기도 했다. 전쟁터에서 지켜야 할 세세한 규칙들은, 음유시인들의 순결 숭배가 12세기에 성을 무분별하게 찬미한 것과 대립하였듯이, 중세의 유혈이 낭자한 폭력성과 대립하는 것이었다. '중세의 정신사 속에서는 두 개의 서로 다른 인생관이 함께 나란히 형성되어 있었다. 경건하고 금욕적인 인생관은 윤리적인 감정의 중심 역할을 하였고, 그 옆에서는 악마에게 몸을 맡긴 채 감각적 쾌락을 추구하는 인생관이 마치 복수를 하듯 펼쳐지고 있었다. 이 두 경향 중 어느 것이 우위를 점하느냐에 따라 성자가 태어나기도 하고 죄인이 나오기도 했다. 하지만 전체적으로 보면 이 두 인생관은 불안정한 그대로 멀리 떨어져 있는 저울의 양쪽 끝에 올라가 그런대로 균형을 유지하고 있었다.'

4. 토너먼트 혹은 행동으로 표현된 정념의 신화

성적 본능과 전투 본능이 거의 완전하다고 할 수 있을 정도로, 이상적인 궁정 문화의 원칙에 따라 서로 어울려 함께 표현된 영역이 하나 있었는데 다름 아니라 토너먼트로 진행되는 마상시합 같은 경기였다. 이 경기는 대개 정확하게 경계가 정해진 원형 경기장에서 이루어졌다.

이 경기장에서는 피를 부르는 격렬한 흥분 상태를 마음껏 표현할 수 있었다. 하지만 물론 성스러운 의식의 상징적인 테두리 안에서 안전이 보장된 경기였다. 이는 우리가 살펴 본 바 있는 소설 『트리스탕』이 담당했던 문화적 역할이 스포츠를 통해 구현된 것이라고 볼 수 있다. 즉 정념을 마음껏 표현하되, 정념을 종교적인 방법을 동원해 가림으로써 사회의 심판을 거치더라도 수용 가능하도록 한 것이다. 경기는 신화를 물리적으로 작동시킨 것이다. '소설적 사랑이 불러일으키는 정서적 감동이 단지 독서를 통해서만 만날 수 있는 것이 되어서는 안 되었다. 이 감동과 흥분은 소설만이 아니라 공연을 통해서도 주어져야만 했다. 경기는 두 가지 양상을 띨 수 있었다. 먼저 연극적 재현의 양상을 띠었지만 동시에 운동경기이기도 했다. 중세에는 특히 운동경기의 성격이 훨씬 중요했다. 연극은 거의 성서에 기초한 성스러운 내용만을 다루었기 때문에 사랑의 모험, 즉 연애 이야기는 아주 예외적인 경우가 아니면 볼 수 없었다. 반면 중세의 운동경기는, 특히 토너먼트는 그것 자체로 고도의 흥미를 유발하는 연극이었으며 나아가 농도 짙은 에로티시즘을 내포하고 있었다. 언제 어디서든 경기가 열리기만 하면 두 가지 요소가 경기를 통해 통합되어 나타났다. 즉 연극적 요소와 연애가 동시에 재현되는 것이다. 현대의 운동경기가 대부분 단순한 고대 그리스의 운동에서 유래한 것인 반면 중세 말기의 운동경기는 화려한 장식과 연출을 통해 드라마로서의 기능을 담당하고 있었다.'[9]

---

[9] 우리는 이 중세의 토너먼트에서 근대 비극이 시작된 여러 기원 중 하나를 볼 수도 있다. 근대 비극은 시합이 시들해져 가는 시대에 태어났는데 이 당시 그 이전 시대에 시합을 함께 구성하던 전투, 운동, 연극이라는 세 가지 요소가 분리되기 시작했다. 비극은 시합이 갖고 있던 육체적 위험이 제거된 "줄거리"이지만 우리는 이를 "액션"이라고 부르지 않는가. 이 줄거리는 위험이 사라진 대신 그만큼 더 운동 시합이 줄 수 없는 정서적이고 정신적인 만족을 주었을 것이다.

호사스럽고 기사도 정신에 충실했던 15세기 부르고뉴 공국의 두 사관史官이었던 카스텔랭과 올리비에 드 라 마르슈의 책이나 회고록에서 묘사한 시합 장면들만큼 소설 『트리스탕』에 등장하는 꿈에서나 볼 수 있는 분위기를 여실하게 재현해 놓은 기록은 어디서도 달리 찾아보기 힘들 것이다.[10] 이 기록들을 보면 사랑과 죽음은 멜랑콜리한 인공적이고도 상징적인 풍경 속에서 일체가 되어 나타난다. '사랑 때문에 가능한 영웅주의, 바로 이것이 어디서나 그리고 언제나 나타나야만 하는 소설적 모티브였다. 이 사랑의 영웅주의는 감각적 욕구를 그 자리에서 바로 자기희생의 드라마로 바꾸어놓았으며 이 자기희생은 윤리를 구성하는 한 요소처럼 보였다. 욕망의 표현과 충족은 둘 다 모두 불가능하게만 보였지만 이제 시합을 통해 더욱 고양된 상태로 통합되어 나타났다. 사랑이 행동으로 이어진 것이다. 이 상태가 되면 죽음은 욕망의 충족을 대신할 수 있는 유일한 대안으로 무게를 지니게 되며 마침내 욕망에서 풀려나는 해방감이 찾아오게 된다.'

시합은 『원탁의 기사들』에서 따온 무대 구성과 장식을 한 채 치러졌다. 15세기에 일명 '눈물의 샘'으로 불린 시합인 파 다름므 Pas d'Armes[11]는

---

[10] [역주] 부르고뉴 공국 혹은 공작령(Duché de Bourgogne)은 9세기에서 15세기까지 프랑스 도시 디종을 중심으로 형성되어 있던 봉건적 공국이다. 메로빙거 왕조의 일족을 조상으로 하는 부르고뉴 공작들이 통치를 했으며 현재의 프랑스 동부 프랑슈 콩테 일대가 대략 공국이 차지하고 있던 지역이다.

[11] [역주] 파 다름므(Pas d'Armes)는 중세 15세기에 유행하던 기사들이 선수로 참가한 시합을 일컫는다. 파(pas)는 발걸음, 보폭 혹은 길이나 경계 등을 의미하며 아름므(armes)는 무기나 군대를 지칭하는 단어다. 모형으로 제작된 다리나 광장 혹은 길목을 적군이 침입하면 지키는 시합이다. 공격하는 기사는 방어군의 창들을 부서뜨려야 한다. 12, 13세기에는 즉흥적인 시합이 대세였지만 15세기에 들어와 점차 격식이 갖추어져 갔다. 이 당시부터 전설 속의 기사들이 세운 무공을 낭독하는 순서도 생겨났다. 파 다름므는 전 유럽에 걸쳐 진행되었으며 1449년 부르고뉴 공국에서 개최될 당시에는 파 드 샤를마뉴라고 불리기도 했다. 종종 여러 나라나 지방의 기사가 모여 경합을 벌이기도 했는데, 1450년 부르고뉴의

상상 소설의 연애담에 근거를 두고 있다. '눈물의 샘은 이 효과를 내기 위해 제작되었다. 일년 내내 매달 처음 며칠 동안, 기사는 자신의 이름을 밝히지 않은 채 샘 앞에서 텐트를 친다. 이 텐트 안에는 귀부인이 앉아있다(물론 실제의 여인이 아니라 상징을 통해 귀부인을 나타낼 뿐이다). 이 귀부인은 세 개의 방패를 갖고 있는 유니콘을 데리고 있다. 이 방패를 건드린 기사는 파 다름므가 정해놓은 규칙에 따라 시합에 응해야 한다. 시합이란 말을 타고 달리면서 상대방의 방패를 치는 것인데, 기사들은 이 용도에 맞는 말을 직접 찾아야 한다. 기사의 이름이나 얼굴은 가려야 하며 단지 '백색 기사', '미지의 기사', '망토를 두른 기사' 등으로 불릴 뿐이다. 종종 기사들은 소설의 주인공처럼 차려 입고 등장하기도 하고 '백조의 기사'로 불리기도 한다. 어떤 때는 랑슬로, 트리스탕, 팔라메데스 등의 이름으로 불리기도 한다. 대부분의 시합은 쾌활하기보다는 우울한 분위기를 띠게 마련이다. '눈물의 샘'이라는 명칭은 상당히 암시적이다. 귀부인이 데리고 있는 유니콘의 세 방패는 백색, 보라색, 검은색의 방패들이고 방패에는 흰색의 눈물방울들이 그려져 있다. 이 방패를 건드린다는 것은 귀부인을 향한 연민을 표현하는 행위였다. '용의 무용'으로 불린 파 다름므도 있었는데 르네 왕이 영국 여왕이 된 딸 마그리트의 출가를 기리기 위해 개최한 시합이었다. 왕은 당시 검은 옷을 입고 검은 천으로 가린 검은말을 타고 등장했다. 손에 든 창도 검은색 창이었으며 방패만이 모래 색이었는데 방패에는 은빛 눈물방울들이 그려져 있었다. '샤를마뉴의 나무'로 불렸던 파 다름므에서는 검은색의 방패에 보라색, 황금색, 검은색 눈물이 그려졌다.'

'눈물의 샘'으로 불리기도 했던 파 다름므에서는 부르고뉴 출신의 기사 자크 드 라랭이 유럽 여러 나라에서 온 기사들을 물리치고 승리를 거머쥐며 일약 스타가 되었다.

이 기사들의 시합에서 에로틱한 요소는 기사가 자신의 귀부인한테 받은 얼굴을 가리는 베일이나 옷을 걸치는 관습에서 잘 나타난다. 시합이 끝난 뒤 기사들은 이 베일과 옷을 다시 귀부인에게 돌려주는데 늘 피가 묻어있게 마련이었다(이 장면은 『원탁의 기사』이야기에서 랑슬로가 하던 그대로이다).

'기사들의 시합에 감돌던 격앙되고 열에 들뜬 분위기는 교회가 왜 이 시합에 반대를 했는지 잘 보여준다. 시합은 종종 불륜으로 이어지기도 했기 때문이다. 1389년에 열렸던 시합을 기록한 생 드니 수도원의 한 신부의 증언에 따르면 장 쥐베날 데 위르생이라는 기사의 유명한 염문을 알 수 있다.'

* * *

하지만 기사들의 시합이 크게 유행하게 된 것은 그만큼 기사 계급이 몰락해 가고 있었다는 반증도 된다. 실제로 기사계급은 15세기 초부터 (아쟁쿠르 전투부터) 이전의 어느 시대보다 더 치열하고 무서운 무기들이 등장하는 상황을 맞게 되고 이때 이후 기사들은 문학이나 축제 혹은 상징적인 시합들 속으로 밀려나고 만다. '이제 기사는 군사적 필수 요소로서 결코 충분한 역할을 하지 못하게 되었다. 전술은 이미 오래 전부터 기사의 전투 규칙에 어울리지 않는 방향으로 변하고 있었다. 14, 15세기에는 매복, 습격 등이 도입되었다. 그러나 1400년만 해도 투구에 꽂는 장식과 가문을 나타내는 문장(紋章), 깃발 그리고 병사들의 함성소리는 그대로 지켜가면서 마치 전투를 시합처럼 보이게 했다.' 그러나 이런 상황은 15세기 내내 큰 변화를 겪는데, 다름 아니라 이제 말을 타는 대신 걸어가며 싸우는 보병이 주를 이루기 시작했고 이들은 대오를 형성한 채 진을 이루어 싸움에 임했다. 15세기 말에 일어난 또 한 가지 중요한 변화는 용병으로 프랑스에 온 독일 보병들이 전투에 북을 들고 참여하면서 시작되었다. 원래 전쟁에 북을 동원하는 것은 중동 지방의 전통이었다. '시끄러운 북소리는 최면효과도 있었지만, 무엇보다 기사 전쟁에서 현대전으로 전쟁의 양상이 바뀌어 가는 과도기를 상징한다. 전쟁의 기계화의 한 요소였던 것이다.' 기사계급에 가해진 최후의 일격은 대포의 발명이었다. '유랑 기사의 꽃으로 여겨지던 부르고뉴 출신의 자크 드 라랭이 대포알에 맞아 죽게 된 것은 역사의 아이러니가 아닐 수 없다.'

* * *

그렇기는 해도 전쟁과 궁정의 사랑을 지배하던 관례들은 서구의 관습에 깊은 흔적을 남겼고 이 기사도의 흔적은 20세기가 되어서야 완전히 사라진다.

개인이 가치 있다는 생각 혹은 결투와 무훈(토너먼트는 각 편의 우두머리들이 벌이는 특별한 싸움이다)에 따른 표현이 전사의 무공이라는 생각은 오랫동안 서구를 지배했다. 또한 거의 성스러운 의전 절차에 의거하여 전쟁을 조절한다는 생각과 군생활은 금욕적 생활이어야 한다는 생각(전투가 시작되기 전까지 금식을 했다)도 모두 기사도에서 나온 것들이다. 승자를 결정하는 관례들도(예를 들면 전쟁터를 밤에 통과하는 편을 승자로 여겼다) 그리고 마지막으로 에로틱한 상징들과 군사적 상징들이 나란히 함께 했다는 사실도 모두 기사도에서 유래했다. 기사 계급은 사라져갔지만 위에서 열거한 덕목들은 이후의 세기에서도 계속 명맥을 유지하며 전투 방식에 큰 영향을 주었다. 그래서 우리는 군사 전술에 일어난 모든 변화가 사랑의 개념에 일어난 변화와 관련이 있으며 그 역도 가능하다고 생각할 수 있는 것이다.

5. 용병과 대포

"1490년대의 이탈리아는 역사상 그 어느 시대보다 번영을 구가하고 평화를 누리던 시대였다. 이 평화는 지방 곳곳에서도 느낄 수 있었으며 산과 들 역시 비옥하기 그지없었다. 풍족하고 인구도 많았으며 외국의 지배를 결코 용인할 수 없었던 이탈리아는 여러 훌륭한 제후의 눈부신 업적으로 새로운 영광을 쌓아가고 있었다. 그뿐만 아니라 유명한 도시들과 가톨릭의 본산인 바티칸 역시 이렇게 새로운 영광이 쌓여가는 데 큰 도움을 주었다. 학문과 예술은 만개해 있었고 위대한 통치자들이 있었으며 군의 예하 지휘관들 역시 대부분 훌륭한 사람들이었다."[12]

이 지휘관들이 용병이었다. 제후와 교황을 위해 일하는 직업군인인 이들은 전쟁을 하기보다는 심지어 전쟁터에서도 가능하면 사람을 죽이지 않는 것을 모토로 삼고 있었다. 이들은 군인이기 이전에 노련한 외교관이었고 셈이 빠른 상인이기도 했다. 이들은 병사의 가격을 잘 알고 있었다. 그래서 이들의 전술은 적군을 죽이는 것이 아니라 가능하면 포로로 잡는 데 초점이 맞추어져 있었으며 이 목적을 이루기 위해 적군의 조직을 와해시키는 것이 전술의 목표였다. 자주 있는 일은 아니었지만 이들은 적군을 송두리째 궤멸시키기도 했는데, 다름 아니라 죽이는 대신 적군의 일부를 통째로 사버림으로써 적을 궤멸시키는 것이었다. 이것이야말로 그들에게는 완벽한 최고의 성공으로 여겼다. 전투 시작 결정은 이러한 성공을 거둘 수 없을 때였다. 하지만 마키아벨리가 말했듯이, 전투는 전혀 아무런 위험도 없었다. "언제나 말을 타고 싸웠으며 갑옷을 걸치고 있었고 포로가 되었을 때도 목숨을 보전할 수 있었다.

---

[12] 기샤르댕(Guichardin), 『이탈리아 전쟁사』(Histoire des Guerres d'Italie), 1권. p. 2.

패배한 축의 병사들의 목숨은 거의 언제나 보장되었다. 또한 그렇게 오랫동안 포로로 잡혀있지도 않았고 곧 쉽게 풀려났다. 한 도시가 여러 번 난을 일으켜도 그 도시가 완전히 파괴되는 경우란 결코 없었고 따라서 주민들 역시 그들의 재산을 보존할 수 있었다. 오히려 주민들이 걱정하는 것은 목숨이 아니라 패배의 대가로 지불해야 하는 돈이었다."[13]

이런 식으로 전쟁을 치르는 기술은 - 당시에는 열등한 것으로 여겨졌지만 - 전체적인 계획에서 휴머니즘에 기초한 문화와 오랜 전통의 '문명'을 표현하였으며 따라서 '군사 문화'와는 정반대되는 것이었다. 부르크하르트의 표현을 빌리면 당시 국가는 하나의 예술 작품이었다.[14] 전쟁 역시 모든 모순에도 불구하고 가능한 한도 내에서 문명화되어 있었다. 장수들끼리 결투를 해서 대규모 전쟁을 끝내기도 했는데 결투에 나선 장수들은 대단한 명예를 얻었다(결투에서의 승리 역시 신의 가호로 이루어진 것이기보다는 장수 개인의 인격이 거둔 승리로 여겼다). 자연히 총포류를 사용하는 전쟁은 개인의 존엄성을 해친다고 여겨 비난의 대상이 되었다(용병이었던 파올로 비텔리는 자신의 의견을 무시하고 대포 사용의 정당성을 극구 옹호하던 동료의 두 눈을 찌른 적도 있었다).

그러면 당시 사람들은 사랑을 어떻게 생각하고 있었을까? 부르크하르트는 상당히 짧은 약혼 기간이 지나면 곧 큰 문제없이 결혼이 이루어졌으며 신부의 충절을 요구할 수 있는 남편의 권리는 북유럽에서처럼 그렇게 절대적인 것은 아니었다는 사실을 강조한 바 있다. 고급 귀족 사회의 여인들은 남자들 못지않은 완벽한 교육을 받았으며 윤리적으로도 같은

---

[13] 프레드 베랑스(Fred Bérence), 『라파엘로, 혹은 정신의 힘』(*Raphaël ou la puissance de l'esprit*)에서 재인용.
[14] [역주] 부르크하르트(Jacob Burckhardt, 1818~1897)는 스위스 문화, 예술사가이다. 1860년에 출간된 『르네상스 문명사』가 대표적 저술로 그의 이름을 알렸다.

시기의 프랑스와 독일과는 달리 거의 동등하게 평등권을 누렸다. 전쟁이 최고위급 인사들 사이의 외교적인 문제로 변하여 전투 자체가 별 의미가 없어지듯이, 사랑에서도 유사한 상황이 벌어졌다. 고대 그리스의 고급 창녀와 유사한 여인이었던 궁녀들은 당시 이탈리아 사회에서 종종 상당한 역할을 수행했다. 이 궁녀 중 유명한 여인은 훌륭한 교양을 갖추었고 자유자재로 시를 짓거나 낭송할 줄 알았고 악기도 다룰 줄 알았고 대화를 이끌기도 했다.

성생활의 이러한 세속화는 궁정 문화의 영향력이 약화되어 있었다는 것을 일러주며 비극적인 정념의 신화가 폄하되고 있었다는 반증이다. 벰보와 특히 발다사레 카스틸리오네가 그의 『충신들의 규범서』*Cortigiano* 에서 훌륭하게 표현한 바 있는 귀족들의 작은 궁에서 볼 수 있었던 플라토닉 러브는 꽃미남을 찬미하는 미묘한 '사교적 만남'으로 축소되기에 이르렀다.[15] 이제 '궁정 문화'는 세련됨과 문명화라는 현대적 의미를 지니게 되었다. 더 이상 삶 자체를 저주하고 응징하지 않게 된 것이다. 자연히 '죽음에의 본능'도 전혀 부각되지 않는 것처럼 보였다.

* *
*

이렇게 평화로운 이탈리아에 샤를 8세가 이끄는 프랑스 군대가 밀어

---

[15] [역주] 벰보(Pietro Bembo, 1470~1547)는 이탈리아 성직자로 추기경을 지내며 여러 교황을 모셨다. 성직자였지만 시에 능했고 몰래 연인을 두고 아이까지 낳기도 했다. 발다사레 카스틸리오네(Baldassare Castiglione, 1478~1529)는 16세기 초 이탈리아 우르비노 공국의 외교관이자 작가였다. 라파엘로가 그린 유명한 초상화가 파리 루브르에 소장되어있다. 그의 책인 『충신들의 규범서』(*Cortigiano*)는 '궁정인의 책'으로 1528년 베네치아에서 출간되었으며 전 유럽에서 선풍적인 인기를 얻어 16세기 동안에만 무려 40번 재판을 찍을 정도였다. 궁정에서 신하로 살아가는 처세술이 주제다.

닥쳤다. 프랑스 군대가 갖고 간 36문의 청동 대포가 불을 뿜으면서 내는 청천벽력 같은 굉음은 이탈리아 반도에 살던 사람들에게는 세상의 종말이 온 것 같은 공포를 주었다. 기샤르댕의 말을 들어보자. "샤를 8세의 이탈리아 침공은 헤아릴 수 없는 악과 혁명이 일어나는 계기였다. 국가는 갑자기 얼굴을 바꾸었고 지방은 약탈을 당했으며 도시는 파괴되었다. 이탈리아 전체가 피로 물들었다. 이렇게 되자 이탈리아 역시 적이 피를 흘려야만 하는 새로운 전쟁 방법을 배우기 시작했다. 그러자 이전의 평화는 온데간데없고 그동안 조화롭게 살아오던 이탈리아 지방들 사이의 평화도 깨져버렸다. 이후로는 이렇게 사라진 질서와 평화를 다시 재건할 수 없었다."[16]

이탈리아인들이 패배를 맛본 것은 그들이 이때까지 대포를 모르고 있었기 때문이 아니다. 그들은 앞서 말했듯이, 그리고 아리오스토가 대포에 대해 쏟아낸 욕설들이 일러주듯이 단지 대포를 경멸하고 있었을 뿐이다.[17] 게다가 "프랑스인이 갖고 온 대포는 훨씬 가벼워진 대포였고 청동으로 만든 것이었다. 프랑스군의 대포는 한 번 쏘는 데 며칠이 걸리는 이탈리아 대포와 달리 훨씬 자주 발사할 수 있었고 파괴력도 뛰어났다. 요컨대 이 대포라고 하는 기계는 군인들보다 훨씬 사악한 무기였으며 프랑스군에게는 일반 전투에서나 요새 공략에서나 아주 유용한 무기였다."

---

[16] 기샤르댕, 위의 책, 1권 37~39.
[17] [역주] 아리오스토((Ludovico Ariosto, 1474~1533)는 르네상스 이탈리아 시인이다. 이탈리아 북부 페라라에서 추기경의 비서로 일했으며 은퇴 후 유명한 『광란의 오를란도』(*Orlando furioso*, 1532)를 쓴다. 샤를마뉴 대제의 사라센 점령 당시의 사랑과 좌절 그리고 광기를 다룬 기사도 시이다. 루브르에 있는 19세기 프랑스 화가 앵그르의 작품 『안젤리카를 구하는 로제』는 바로 이 이야기를 소재로 하고 있다.

이탈리아 사람들을 당황하게 한 또 다른 문제가 있었다. 이탈리아 용병 부대 소속의 많은 군인은 대개 농민출신이거나 그보다 더 낮은 하층민 출신으로 언제나 자신이 목숨 바쳐 싸우는 제후의 국민이 아니라 다른 제후의 국민이었다. 따라서 이들에게는 명예의 감정이나 어떤 외적 동기가 부여될 수가 없었다. 반면 프랑스군은 '민족 군대'였다. '프랑스 군인은 거의 모두 국왕과 귀족의 신하였다. 따라서 군인들은 정치적 야망이나 돈에 팔려서 주인을 바꿀 수가 없었다.'

두 군대가 마주쳤을 때 대량 살육이 피할 수 없는 문제임은 쉽게 예상할 수 있었다. 실제로 라팔로Rapallo 전투를 보면, 참전한 삼천 명의 병사 중에서 전투가 개시되자마자 100명 이상이 죽어나갔다. 이 전사자수는 기샤르댕이 지적했듯이, '당시 이탈리아에서 전쟁을 하던 방식을 생각해 볼 때 상당한 숫자였다.' 하지만 이마저도 시작에 불과했다! 부르크하르트에 따르면, 프랑스군의 약탈과 파괴는 얼마 후 에스파냐 사람들이 저지른 잔혹함에 비하면 약과였다. 아마도 '에스파냐 사람들은 이방의 피가 섞여있기도 했고, 종교재판의 피비린내 나는 현장에 익숙해져 악마적 본능을 쉽게 발동했기 때문일 것이다.' 포병술과 민간인 학살, 이제 바야흐로 현대전이 태어난 것이다. 고양된 정신과 멋진 외관을 자랑하던 기사는 갈수록 사라지고 대신 훈련되고 통제된 군대가 똑같은 유니폼을 입고 등장한 것이다. 기사 계급에서 현대적 군대로 변화하는 마지막 단계에 접어든 오늘날의 군대는 기계화된 장비를 다루며 스스로 기계가 되어가고 있으며 자연히 전사로서의 어떤 열정도 없다. 단지 먼 거리에서 아무런 증오도 연민도 느끼지 못한 채 적을 죽일 수 있는 몇 가지 자동적인 제스처만 취하면 되는 것이다.

6. 고전주의 시대의 전쟁

17, 18세기 군인들은 가능한 한 전쟁의 인간적 특성이 보존되어야 한다는 생각이 있었고 이 생각은 전쟁터에 등장한 기계적인 무기들을 어떻게 해서든 압도하려는 의지로 드러났다. 테크놀로지, 포병, 요새구축 등을 포기할 수는 없었지만 적어도 전술과 전략 양면에 걸쳐 규칙들을 만듦으로써 지휘관들의 가치와 군인으로서의 재능이 전쟁의 승패를 좌우하는 여러 요소 중 가장 으뜸가는 것임을 입증하려고 했던 것이다.

기사도는 인간의 본능에 하나의 스타일을 부여하려는 노력이었다. 고전주의 시대의 전쟁 역시 비인간적으로 변해가는 양상에도 불구하고 전쟁에 바로 이 스타일을 보존하고 재창조하려는 노력과 다름없었다. 여기서부터 17, 18 세기의 놀라운 군사술의 형식주의가 유래한다.[18]

프랑스의 보방Vauban 원수와 함께 요새 공략은 군사 작전에서 하나의 정신적 작전으로 변해갔는데 많은 사람이 적절하게 지적했듯이, 그의 요새 공략은 마치 고전비극처럼 5막으로 구성되어 진행되었다.[19]

---

[18] 페레로(G. Ferrero)는 그의 책 『모험의 끝』에서 삼십 년 전쟁의 특징인 대량 파괴 때문에 각국의 군대들은 '윤리적 원칙과 실제적인 필요성을 동시에 충족시킬 수 있는 규칙과 제한을 제정하게 되었다'고 적절한 지적을 한 적이 있다. 과도한 지출을 피하고 – 인간은 비싼 존재이기에 지나친 인명살상을 피하고 – 자원입대를 꺼릴 정도로 사람들을 공포에 사로잡히게 하는 것을 막자는 것이었다.

[19] [역주] 보방(Sébastien Le Prestre de Vauban, 1633~1707)은 프랑스 군인으로 루이 14세 당시 원수의 지위까지 올랐던 축성술의 대가다. 프랑스 전역에 걸쳐 약 100개의 요새를 세웠으며 이중 12개는 2008년 유네스코 세계문화유산에 등재되었다. 단순한 건축가나 공병이 아니라 사상가였으며 이런 이유로 많은 사람이 계몽주의를 예고한 선구자로 꼽았다. 보방의 축성술은 10배나 많은 병력으로 요새를 포위한 적을 무력화시키는 목적에 부합하도록 요철과 지그재그 식 건축물이 혼합된 미로와 같은 하나의 작품이다. 만년에는, 왕실의 반대에도 불구하고 재정적자로 비롯된 빈곤상태를 해결하기 위해 특권층을 포함하여 모든 수입에 일률적으로 세금을 부과하자는 주장을 담은 저서를 출간하며 왕실의 미움을 받아 우울

"이 당시 전쟁은 정말로 장기 게임과 비슷했다. 복잡한 과정을 거치면서 적군이 여러 개의 말을 잃거나 혹은 그 반대로 상대방의 말을 따면 − 전쟁에서는 도시나 요새를 잃거나 정복하면 − 곧 이어 일대 회전이 벌어진다. 이런 상황에서 보방 원수는 전쟁터가 한 눈에 들어오는 언덕에 올라가 − 다시 말해 장기판을 굽어볼 수 있는 위치에 서서 − 그가 지휘하는 부대를 전진하게 하거나 후퇴하게 하기도 했다. 장군을 부르면 멍군으로 응하다가 게임에 지면 진 사람이 게임을 정리해야 한다. 장기판의 졸들을 상자 속에 정리해 넣듯이, 패자는 부대를 겨울 동안 후방으로 뺀다. 군인들은 이제 각자 개인적인 일을 하면서 다음 게임과 전쟁을 기다리는 것이다."[20] 전쟁에 게임의 요소가 개입하는 경우 이는 한 사회와 그 문화에 정념의 신화를 재창조하려는 의도가 있다는 반증이 된다. 다시 말해 무질서를 불러일으키는 힘에 윤곽과 제의적인 형식을 주어 통제하려 하는 것으로 해석할 수 있다. 우리는 앞서 17세기의 『아스트레』와 비극을 분석하면서 이 점을 지적한 바 있다.

* *
*

포슈는 18세기의 전쟁을 다루면서 다음과 같이 말했다. "이것은 모든 것에도 불구하고 살아 움직이며 생각하는 군인의 행동 지침을 만들기 위하여 물질에 영혼을 주는 것과 다름없었다."[21] 포슈의 이 말은 우리를

한 시간을 보내야만 했다. 루이 14세가 지은 베르사유 궁의 마지막 난공사였던 분수를 설계 시공한 사람도 보방 원수였다.

[20] 불랑제(J. Boulanger), 『위대한 세기』(le Grand Siècle).

[21] [역주] 포슈(F. Foch), 『전쟁의 원칙들』(les Principes de la Guerre, 1903, 1929 재판). 포슈는 제1차 세계대전 당시의 프랑스 전쟁 영웅이다. 당시 프랑스, 영국, 폴란드 군을 합동으로 지휘하여 큰 전과를 올렸다.

깜짝 놀라게 한다. 폰 데어 골츠 역시 이 말을 그대로 다시 하고 있는데 그의 말도 들어보자. "(형식주의에 빠진 장군들이 범한) 실수는 전쟁의 대상을 적군의 힘을 써버리게 하는 데 두지 않고 반대로 섬세하게 조합된 여러 작전을 수행하는 데에 두었다는 것이다. 군사 분야에서는 사물의 자연스러운 이치를 무시하고 또 인간의 마음이 인간이 내리는 결정에 미치는 영향력을 무시한 채, 전쟁의 법칙들을 올바르고 단순하게 이해하지 않고 '물질에 정신을 부여'하려고 했을 때 이런 실수는 계속 반복되었다." '영혼을 주다'는 말은 지나친 말일지도 모른다. 사리에 맞게 합리적으로 한다는 정도의 말이었기 때문이다. 하지만 이 표현은(정신적 가치를 모르는 것을 경멸하는 듯한 표현!) 프랑스 대혁명부터 등장한, 다시 말해 집단적 본능과 재앙 수준의 정념들이 고삐 풀린 듯 일시에 터져 나온 때부터 등장한 심리를 잘 반영하고 있다.

 루이 14세와 15세 시대의 장군들을 두고 오늘날의 전술가들은 어떤 비난을 할까? 이들은 무엇보다 가능하면 적군을 가장 덜 죽이면서 전쟁을 치르려고 했다고 비난할 것이다. 그런데 옛날 장군들이 전쟁에서 취한 태도는, 인간의 이성이 명령하는 법칙과 어느 것이 이득인지 구별하는 사리 판단을 준수하며, 모든 노력을 기울여 자연과 물질세계 그리고 인간의 힘으로 벗어나기 힘든 자연과 물질세계의 치명적인 해악을 극복하려고 했던 문명의 승리를 보여준 것이었다. 어떤 이들은 이를 두고 환상이라고 간단하게 말해버릴지도 모른다. 하지만 이 환상마저 없다면 어느 문명도, 어느 문화도 생각할 수 없게 된다.

 라신 역시, 우리가 살펴본 대로, 범죄를 이용하지 않아도 비극을 쓸 수 있다고 믿었다.

 재앙을 아름답다거나 좋은 것으로 여기기를 거부하는 것, 이것이 17세기를 정의하는 한 가지 기준이다. 물론 전쟁과 정념은 인간으로서는 피할 수 없는 악이다. 게다가 인간은 은밀하게 전쟁과 정념을 원하기도 한다. 그러나 인간의 위대함은 이 악들의 한계를 정하고 흘러갈 수 있는 길을 내고 역으로 이용하는 데에 있다. 인간은 전쟁과 정념을 민간인이 평화를 도모하는 기술인 외교를 통해 극복하려고 한다. 루이 14세는 전쟁을 선포할 때 언제나 법적, 개인적 명분들을 내걸었을 뿐, 그 어느 때도 국가의 명예를 운위하지 않았다. 약속한 지참금에 해당하는 땅을 두고 장인과 사위가 벌이는 전쟁으로 선포하고 전쟁을 치렀다. 루이 14세 당시의 일반인들도 같은 방식으로 결혼을 '다루었다.' 이득, 신분상의 균형, 부동산과 동산의 이동 등이 중요하게 다루어졌다. 정념은 결혼에서 거의 아무런 역할도 하지 못했다.

게다가 사랑 자체도 하나의 전술이 되어간다. 극적인 분위기를 점점 잃어간 것이다.

7. 레이스 전쟁

사랑과 전쟁 사이에 존재하는 유사성과 유사한 논리에 따라 함께 변천해 온 정념의 역사를 살펴보는 데 18세기는 가장 적절한 예를 많이 보여준다. 몇 가지 사례만 들어도 충분할 것이다.

동 쥐앙은 트리스탕의 뒤를 이었고 죽음을 각오해야 했던 정념 대신 도착적인 관능이 자리잡았다. 이와 동시에 전쟁도 '세속화'되었다. 신의 심판과 성스럽고 금욕적이며 피를 두려워하지 않던 철갑을 두른 기사들 대신 노회한 외교술이 들어섰으며 이들 외교관들은 레이스가 달린 옷을 입고 지내며 방탕하고 '달콤한 인생'을 보존하기로 굳게 마음먹은 궁정인의 명령을 받아 움직였다.

서사시로 묘사된 전설들과 『원탁의 기사들』이야기를 펼치면 듣도 보도 못한 살육이 페이지를 넘길 때마다 나온다. 기사의 영광은 얼마나 많은 적을 무찌르고 목을 베었는지로 결정되었다. 멋진 칼 솜씨를 발휘하여 머리에서 생식기까지 단 칼에 두 동강을 낼 경우 기사의 영광은 절정에 달했다. 잔인하고 거친 과장이 가득한 이런 이야기들은 중세 사람들의 진정한 열정이 무엇이었는지를 잘 일러준다. 그들의 진정한 열정은 피를 통해 얻은 영광, 그것이었다! 하지만 18세기에는 포위된 한 도시를 점령하면서도 피아 간에 세 명의 희생자만 냈다면 이것이 바로 영광스러운 승리로 여겼다. 교묘한 기술이야말로 명예였던 것이다. 모리스 드 삭스의 말을 들어보자. "나는 전투하고는 잘 안 맞는 사람이다. 특히 전투가 막 시작되려고 하는 때가 질색이다. 그래서인지 나는 좋은 장군이란 꼭 전투에 참가해야 한다는 강요를 받지 않은 채 그냥 평생 전투를 치르는 사람이라는 사실을 깨닫게 되었다."[22]

전투다운 전투를 치러야 할 때가 오면 피아가 전열을 재정비해서 정식으로 맞붙었고 요새를 둘러싸고 공방전이 벌어질 때도 양방 모두 규칙에 따라 싸웠다. 기사의 전통이 가장 고양된 순간이기도 했고 어떻게 보면 정신 나간 전쟁이기도 했는데 마지막 기사도의 위엄이 남아있었던 것이다. 콩데는 화려한 갑옷을 걸치고 말을 탄 채 적군 사이로 달려가 말을 회전시키면서 싸웠다. 이 사람이야말로 소설 『아스트레』에 등장할 법한 진정한 영웅이었다. 또한 이것은 퐁트누아에서 숨을 거둔 그가 인간의 죽음 앞에서 취할 수 있는 마지막 예의이기도 했다.[23]

---

[22] [역주] 모리스 드 삭스(Maurice de Saxe, 1696~1750)는 독일 작센 가문 출신으로 프랑스 원수까지 지낸 군인이다. 폴란드, 오스트리아 황위 계승 전쟁에 참전했다.
[23] [역주] 퐁트누아(Fontenoy)는 오스트리아 황위 계승전(1740~1748)의 한 전투인 퐁트누아 전투(Bataille de Fontenoy, 1745)가 벌어졌던 벨기에 도시다.

*
* *

하지만 전쟁과 성스러운 그 열정을 거의 완벽하게 세속화시키는 현상이 일어난 것도 이 당시이다. 주인공이 바로 존 로John Law인데 루이 14세가 숨을 거두고 섭정이 시작될 당시 프랑스로 들어온 로는 바로 용병제도를 추천한 장본인이다.[24] 물론 용병제도는 이전에도 이미 있었으나 그는 이 사실을 모르고 있었다. 그가 남긴 『업적들』에서 용병에 관한 부분을 읽어보자.

"승리는 마지막까지 돈을 들고 있는 자의 것이다. 프랑스에서는 현재 일 년에 1억 에퀴가 들어가는 군대를 유지하고 있다. 20년이면 20억 에퀴다. 하지만 우리는 20년 동안 5년 이상 전쟁을 하지는 않는다. 이 5년 동안의 전비만 해도 적어도 10억 에퀴나 된다. 따라서 우리는 5년 동안 전쟁을 하기 위해 30억 에퀴의 돈을 쓰는 셈이다. 그 결과는 무엇인가? 성공은 불확실하기만 하다. 다행스러운 경우, 우리는 불, 철, 물, 기아, 피곤함 등등 온갖 방법을 동원하여 십오만의 적군을 물리치기를 바란다. 이렇게 계산해 보면 25년이 걸려야 원상회복이 가능한 우리 국민이 입는 피해는 계산에 넣지 않아도, 직접적이든 간접적이든 독일 병사 하나를 죽이는 데 대략 이만 리브르가 들어간다. 그렇다면 이렇게 비싸고 거추

---

[24] [역주] 로(Jean 혹은 John Law de Lauriston, 1671~1729)는 흔히 금융의 창시자로 알려져 있는 스코틀랜드 출신의 은행가이다. 시대의 풍운아로서 뛰어난 암기력과 계산 능력을 발휘하여 거액을 모으기도 했다. 각국에 그의 금융 이론을 제안했지만 모두 거부당한 끝에, 막대한 재정적자를 남기고 죽은 루이 14세 이후 섭정을 펴던 필립 도를레앙에 의해 프랑스 재정총감 자리에 오른 로는 이때부터 은행 설립권을 얻어 유명한 지폐 발행을 시작한다. 이것이 이른바 '로 체제'다. 로는 여기서 그치지 않고 당시 개발붐이 불던 아메리카, 아시아, 아프리카 등지로 사업 영역을 넓히기 위해 사기를 쳤고, 지폐마저도 금과 은이 없는 상태에서 마구 발행하다 결국 파산해서 쫓기는 신세가 되어 예전에 거금을 손에 쥐었던 베네치아로 돌아가 숨을 거둔다.

장스러울 뿐만 아니라 위험하기도 한 상비군을 운용하는 방법 대신, 기회가 주어지는 대로 적군을 돈을 주고 사서 경비를 줄이는 것이 훨씬 나은 방법이다. 영국 용병을 한 사람 고용하면 480파운드가 소요된다. 이 가격은 상당히 높게 친 것이고 사실은 잘 알려져 있듯이, 모든 용병이 다 그렇게 비싼 것이 아니다. 자 어쨌든, 이제 군대를 유지하는 데 드는 비용을 반으로 줄일 수 있고 국민도 구할 수 있는 방법이 용병을 고용하는 것이다. 현재의 시스템 하에서 비싼 돈을 들여 이용도 못해보고 적의 병사를 죽이고 우리가 데리고 있던 병사마저 잃어버리는 대신, 돈만 있으면 얼마든지 새로운 용병을 살 수가 있다."

* *
* *

공쿠르 형제는 18세기에 전쟁과 사랑이라는 두 현상이 근본적으로 동일한 것임을 잘 파악하고 있었다. 이들이 18세기의 교활한 자들을 어떤 표현을 통해 묘사했는지 보자. "18세기가 자신의 가장 깊은 본성, 가장 은밀한 자원을 전혀 예상치 못했던 프랑스적 이중성으로서 드러내는 것은 바로 이 전쟁과 사랑의 영역에서다. 오직 여자를 유혹하려는 단 한 가지 생각만을 하며, 이를 일생일대의 사업으로 삼고 사는 이 소수의 사람 속에 뒤부아보다 능숙하고 베르니보다 수완이 좋은 얼마나 많은 외교관과 이름 없는 정객들이 있는가……[25] 천재처럼 이야기를 꾸며내

---

[25] [역주] 뒤부아(Louis Nicolas Pierre Joseph, comte Dubois, 1758~1847)는 초대 파리경시청장이었던 경찰 출신의 정치가이다. 야심가로서 자리와 돈에 연연해 거대한 재산을 축적했으며 대혁명 이후 나폴레옹과 왕정복고를 거치며 권력가에게 아부를 하고 온갖 편법을 동원해 교묘하게 살아남았다. 베르니(cardinal de Bernis, 1715~1794)는 프랑스 추기경을 지냈으며 국무대신도 역임한 정치가이기도 했다. 연애시를 잘 썼고 그 덕에 루이 15세의 애첩 퐁파두르 부인의 눈에 들어 승승장구할 수 있었다.

는 소설가와 머리 좋은 전략가의 기가 막힌 조합을 당시 얼마나 많은 사람에게서 찾아볼 수 있었는가! 여자를 차지하려는 이는 누구나 사람들이 흔히 '플랜'이라고 부르는 계획을 짠다. 이 계획에 따라 야밤에 산책을 하며, 신분을 변장한다. 일단 공격이 시작되면 이 여자를 유혹하는 사내들은 마치 놀라운 연기를 보여주는 배우처럼 끝까지 밀어붙인다. 이들은 여자의 감정이란 위장일 뿐이며 혹은 진짜 감정은 숨기고 있다고 가르쳐주는 그 시대 유행서적들의 유혹의 기술을 그대로 행동으로 옮긴다. '그 어느 것도 지나쳐서는 안 된다.' 18세기 연애서 중 하나에 적혀있는 교훈이다."[26] 누구에게나 들어맞는 교훈이다. 물론 불행하게도 수비즈는 이 교훈이 가장 필요한 전쟁터에서 이 교훈을 잊고 있었다.[27]

8. 혁명과 전쟁

루소와 독일 낭만주의 사이에, 다시 말해 정념의 신화가 다시 깨어나서 폭풍처럼 몰아치던 때, 프랑스 대혁명이 일어났고 여러 번에 걸쳐 보나파르트의 전쟁이 이어졌다. 이 두 사건은 재앙을 부르는 인간의 정념이 전쟁이라는 형태를 띠고 돌아온 것을 의미한다.

---

[26] 에드몽 공쿠르, 쥘 공쿠르(E. et J. Goncourt), 『18세기의 여성』(*La Femme au XVIII siècle*).

[27] [역주] 수비즈(Charles de Rohan, duc de Rohan-Rohan, prince de Soubise, 1715~1787)는 프랑스 원수를 지낸 군인이자 루이 15세, 루이 16세 시대에 국무대신을 지낸 정치인이기도 하다. 1756년 오스트리아와 프러시아 군을 맞아 전쟁을 할 당시 프러시아 군과 맞서 비겁한 성격과 통솔력 부족으로 대패를 하고 만다. 그 이후의 전투에서 떨어진 명예를 회복하긴 하지만, 루이 16세 시절, 목걸이 사건 등에 로앙 추기경 등 가족들이 연루되고 또 파산을 하는 등 불행한 만년을 보냈다.

군사적 관점에서만 본다면 프랑스 대혁명으로 달라진 것은 무엇인가? 포슈 장군은 이 질문에 '이전에는 볼 수 없었던 미지의 격정이 사슬에서 풀려난 것'이라고 답했다. 그는 이어 '옛날 학파들은 잘못된 군사교리를 믿고 있었는데, 이 교리에 따르면 전쟁이란 무섭고도 고도로 흥분된 드라마인데 이러한 전쟁의 속성을 무시한 채 전쟁을 자연과학처럼 여겼다.'

우리는 프랑스 대혁명이 일어나기 직전 기분에 떠밀려 행동하는 감상주의 정서 폭발이 있었고 이 감상주의가 프랑스 대혁명 내내 이어졌다는 사실을 잘 알고 있다. 대혁명은 정치 현상이었지만 그보다는 무엇보다 인간의 격정과 관련된 현상이기도 했다.[28] 오랫동안 전쟁이 고전적 형태를 유지하면서 이 형태 속에 억눌린 채 잠재해 있던 폭력성이 국왕 루이 16세의 처형 – 단두대에서 국왕의 참수는 원시 사회에서는 의식을 거쳐 치러진 성스러운 행위였다 – 을 기점으로 무언가 공포스러우면서도 동시에 매력적인 것으로 고개를 든 것이다. 바로 이 피비린내 나는 정체를 알 수 없는 신비한 폭력을 경배하며 이를 중심으로 완전히 새로운 개념의 공동체가 형성되었는데, 다름 아닌 민족국가다.

국가란 정념이나 강렬한 집착이 집단적 차원으로 옮겨진 전이 현상이라고 볼 수 있다. 사실 국가는 이성적으로 설명하기보다는 느끼기가 훨씬 쉬운 개념이다. 모든 정념은 주체와 대상이 있어야 성립되는데 국가라는 대상을 향한 애국심 같은 정념이 구체적으로 누구를 향한 것인지는 극히 불분명하다. 우리는 사랑의 정념이 그 밑바닥에 나르시시즘이 있으며 사랑받는 대상과의 관계보다는 사랑하는 사람의 자아도취에 더 의

---

[28] 대혁명 당시 공포정치 시기와 함께 진행된 인도주의를 표방한 감상주의에 대해서는 앙드레 몽글롱(André Monglond)의 흥미로운 저서인 『프랑스의 전(前)낭만주의』(*Le Préromantisme français*)를 참고할 수 있다.

존하는 깃임을 알고 있다. 트리스탕이 욕망했던 것은 이죄를 소유하는 것이기보다는 뜨거운 사랑의 열정 그 자체였다. 이 몸을 태울듯하고 집어삼킬 것만 같은 사랑의 열정은 그것을 경험하고 있는 사람을 신적 존재로 변화시킨다. 바그너가 파악했듯이, 사랑의 열정을 느낀 사람은 이 세상과 자신을 동일시한다. "매혹당한 내 시선은 아무것도 보지 못하네……. 나만 있을 뿐이다 – 이 세계인 나."

정념 때문에 자아는 그 어떤 것보다 더 큰 존재, 신과 대적할 만한 유일하고도 강력한 존재가 된다. 정념은 그래서(정념을 느끼는 자도 모르게) 이 영광을 넘어서는 죽음이 한 개인에 불과한 자기 자신 한 사람의 죽음이 아니라 세상 전체의 끝이라고 믿게 한다.

민족주의적 열광 역시 나르시시즘에 빠진 집단적 자아 예찬이며 자아도취이다. 실제로 다른 국가와의 관계가 사랑의 관계인 적은 거의 없다. 가장 먼저 나타나는 것은 오히려 언제나 증오였고 선포하는 것도 증오였다. 사랑하는 사람에 대한 증오는 사랑과 정념의 흥분 상태에 늘 내재해 있는 심리다. 국가가 그 대상이 되었을 뿐 증오는 반복된다. 국가를 대상으로 하는 사랑이란 어떤 사랑인가? 집단적인 힘에 대한 사랑과 예찬은 다음과 같은 딜레마에 빠지고 만다. 즉 제국주의로 가든지 – 이는 자아와 세계를 동일시하는 것과 다름없다 – 아니면 이웃 나라가 이에 맞서 온 힘을 다해 싸워야만 하는 상황에 처하게 된다. 즉 전쟁이 일어나는 것이다. 그 어떤 나라도 국가가 형성된 초창기에 설사 희망이 없다 해도 전쟁에서 뒤로 물러선 적은 거의 찾아 볼 수 없다. 국가는 이렇게 해서, 고백을 하지는 않지만, 자신의 정념, 즉 자아도취와 예찬을 포기하는 대신 죽음의 위협을, 아니 죽음 그 자체를 선택한다. 그래서 적대 세력이 20배나 우세한 힘을 갖고 있고 또 자유와 죽음에 거의 같은 의미가 있을 때, 자코뱅 당원들은 '자유 아니면 죽음을 달라'고 외쳤던 것이다.

국가와 전쟁은 사랑과 죽음의 관계처럼 서로 연결되어 있다. 이때부터 국가적 차원의 일은 전쟁을 지배하는 요소가 된다. '전력과 전술에 대해 글을 쓰는 사람은 국가에 도움이 될 만한 국가적인 전술과 전략만을 가르치도록 자제해야만 한다.' 클라우제비츠의 제자인 폰 데어 골츠가 한 말이다. 클라우제비츠는 모든 프러시아의 전쟁 이론은 프랑스 대혁명과 나폴레옹 제국에 맞서 싸웠던 전쟁 경험에 기초해서 세워져야 한다고 줄기차게 주장했던 사람이다.[29]

1792년 9월에 발미 전투에서 거둔 승리는 '과학'이 아니라 국가를 사랑하는 애국심이라는 이름의 정념이 거둔 승리였다. 군대에 동원된 평민 계급 출신의 상-퀼로트들은 '프랑스 만세'를 외쳤고 바로 이 함성이 프랑스 국경을 넘어 파리로 향하고 있던 프러시아와 오스트리아 연합군을 몰아낸 것이다. 전투가 있었던 그날 저녁, 괴테가 한 말은 모든 사람이 기억하고 있다. "이 장소에서, 오늘부터, 세계사에서 새로운 시대가 시작된다." 괴테의 이 유명한 말에 포슈 장군은 다음과 같은 주석을 남겼다. "새로운 시대가 열렸다. 국가의 모든 자산을 쏟아 붓는 전쟁이니 국가 전쟁이라고 불러야 할 고삐 풀린 듯 나아가는 새로운 전쟁의 시대가 열린 것이다. 새로운 시대가 열렸다. 이제부터 전쟁은 왕조와 그 이해관계를 위한 것이 아니라 비물질적인 철학적 사상을 위한 것이 되었기 때문이다. 새로운 시대다. 이제 전쟁은 감정과 애국심과 정념들, 다시 말해 이제까지 전쟁에서는 한 번도 동원되지 않았던 요소들을 작전에 사용하는 전쟁의 시대가 열린 것이다."

---

[29] [역주] 클라우제비츠(Karl Philip Gottfried von Clausewitz, 1780~1831)는 프러시아 장교이자 군사 이론가이다. 『전쟁론』이 대표적 저술이며, 그의 제자 폰 데어 골츠(Colmar von der Goltz, 1843~1916)는 프러시아 원수로 보불전쟁, 제1차 세계대전 등에 참전했고 오토만 제국의 군사고문으로 일하며 많은 군사이론서를 썼다.

*
* *

    보나파르트에서 나폴레옹 황제가 되기까지 그가 했던 사랑과 이탈리아 원정에서 오스트리아 원정까지 그가 치렀던 전쟁들 사이의 유사성을 밝히는 것은 상당히 흥미로운 일이다. 조제핀을 유혹한 일은 모종의 전략이 동원된 하나의 전투로 봐도 무방할 것이며 – 열세에 처해 있던 자가 온 힘을 다해 대담한 승부수를 던진 것이고 적을 기만한 작전이 먹혀든 것이다. 오스트리아 합스부르크가의 딸이었던 마리 루이즈와 나폴레옹 사이의 제국 간의 결혼은 또 다른 전투였는데 수사학이 된 하나의 과학으로서의 전쟁과 갑작스러우면서도 물량으로 밀어붙인 전격전의 조합이 이룩한 승리였다. 이런 종류의 승리 중 가장 대표적인 예가 바그람 전투다. 워털루 전쟁은 말하자면 지나치게 과학에 몰두하는 바람에 승리를 놓친 전쟁이라고 할 수 있다. 혹은 애국심과 혁명에 대한 지지가 식어가면서 패전이 찾아왔다고도 할 수 있다.

    한 가지 확실한 것은 전쟁을 이끌며 나폴레옹이 최초로 애국심이라는 인간의 감정적 요소를 고려했다는 점이다. 이탈리아 원정에 참가했던 한 장군은 그래서 다음과 같은 말을 할 수 있었을 것이다. "보나파르트 같은 사람이, 전쟁술의 가장 기본적인 원칙들을 무시하는 일은 결코 불가능한 일이다."

9. 민족적 전쟁

    프랑스 대혁명 이후 전쟁은 '병사들의 가슴'을 이용하기 시작했다. 다시 말해 포슈가 말했듯이, 이제 전쟁은 이전보다 훨씬 '사납고 비극적인' 방식으로 진행되었다. 하지만 조금 더 정확히 말할 필요가 있을 텐데, 전쟁의 승패가 뜨거운 '병사들의 가슴'에 따라 좌우되었다고 할 때 이 가슴은 전쟁 영웅으로 칭송되는 개개 병사들의 가슴이 아니라 집단의 가슴이었고, 국가에 있는 전체적인 열정의 힘이었다.

프러시아가 나폴레옹에 맞서 해방 전쟁을 치러야만 했을 때 낭만주의 시인들은 고귀한 역할을 수행했다. 또 피히테와 헤겔 같은 철학자들이 펼쳤던 정념과 같은 본질이나 관념을 다루는 철학은 독일 민족주의의 첫 번째 근거가 되어주었다. 이렇게 해서 19세기의 전쟁은 갈수록 피비린내 나는 양상을 띠어가게 된다. 이제 전쟁에서 문제는 이해관계가 아니라 서로 적대적인 '종교적 차원까지 승화된 애국심'이었다. 종교란 이해관계와는 달리 양보를 모른다. 종교는 영웅적 죽음을 더 선호한다(역사상 일어난 모든 종교전쟁은 가장 잔혹한 모습을 띠었다).

이런 모습은 19세기 중후반까지 지속되었으며, 특히 1848년에서 1870년까지 두드러져 나타났다. 그 이후 약 40년간은 자본주의와 국제무역의 발흥기로서 잠정적인 것이긴 해도 민족주의가 완화된 시기이다. 이 시기에도 폭력성은 끊임없이 국가의 이름 하에서 저질러졌지만, 그러나 포슈 장군이 그의 저서 『전쟁의 원칙들』에서 적절하게 지적한 것처럼, 전쟁을 시작하고 끝내는 움직임은 이해관계에 따라 좌우되었다.

'전쟁은 처음에는 민족의 독립을 쟁취하고 보장하기 위해 국가적 차원에서 일어났다. 1792~1793년의 프랑스, 1804~1814년의 에스파냐, 1812년의 러시아, 1813년의 독일 그리고 1814년의 유럽에서 일어난 전쟁이 모두 여기에 해당한다. 이 수많은 전쟁은 민족의 열정이 지닌 영광스럽고도 강력한 힘들이 외부로 과시된 결과였다. 그 이름만 들어봐도 쉽게 알 수 있다. 발미 전투, 사라고사 전투, 타란콘 전투, 모스크바 전투, 라이프치히 전투…… 이 전쟁들은 민족의 인종적 단일성, 즉 한 국가를 국가로 형성시켜주는 민족적 근원을 쟁취하기 위한 전쟁이었다는 면에서도 민족적 전쟁이었다. 1866년과 1870년에 각각 이탈리아와 프러시아가 일으킨 전쟁이 여기에 해당한다. 독일 황제의 자리에 오른 프러시아 국왕이 오스트리아가 지배하고 있던 독일 지방들을 요구하고 나섰을 때 그는 이런 명분을 내걸었다. 하지만 오늘도(1903년) 우리는 국가적 전쟁을 볼 수 있는데, 이제 전쟁은 그 성격이 변해 국가의 경제적 이해관계와 국익에 보탬이 되는 조약들을 체결하기 위해서 국가적 차원의 성격을 유지하고 있다. 옛날의 전쟁이 세계 속에서 자리를 차지하기 위해 한 민족이 의지한 폭력적 방법이었다면, 이제 전쟁은 부를 축적하여 더 부유해지기 위한 방법이 된 것이다.'

영국인이 정확하게 지적했다. "Trade follows the flag." 병사들이 아니라 장사꾼들이 깃발을 쫓아간 것이다. 이때는 식민지 개척 시기였고 유럽이 누리던 마지막 '평화'의 시기이기도 했다. 앞서(제4권, 19장) 지적했듯이, 사회 관습과 문학의 관점에서 보면, 이 시기는 정념을 마지막으로 신비화하려고 시도했던 때다. 이 정념의 신비화가 중세의 기사도와 유사한 사회적 기능을 하긴 했지만(오늘날의 사회에서 보면) 그렇다고 이 신비화를 중세의 기사도까지 거슬러 올라가 연결시킬 수는 없다. 실제로 정념의 '형식'과 '암묵적인 약속들'을 자극했던 것은 정신적인 원칙이 아니라, 견고한 공동체의 근거를 제공할 능력이 없는 사적인 이해관계였을 뿐이다. 전쟁의 명분으로 내거는 국가 자체도 낭만주의적인 권위를 잃어버리고 있었다. 국가는 국가 전체의 이익이 아니라 극소수 엘리트의 열정 혹은 영광을 대변하게 된 것이다. 국가는 금융 등 경제적 동기 때문에 발생한 전쟁을 수행하면서(예를 들면 마다가스카르 침공) 말하자면 행정 위원회 정도의 제한적인 역할에 만족했다.[30] 식민지 전쟁

---

[30] [역주] 아프리카 대륙 남동부에 위치한 마다가스카르는 19세기 후반 서구 열강의 식민지 쟁탈전의 희생양이 된 불행한 과거를 갖고 있다. 아프리카 대륙의 자원과 해상로 확보 등 경제적 가치를 인식한 서구 열강은 1885년 베를린에 모여 아프리

은 전쟁을 일으킨 당사자인 기업들이 아니라 국가가 훨씬 비싼 대가를 치렀지만 결국은 자본주의 국제 경쟁이 지속되면서 일어난 결과였다.

19세기 말에 부르주아 계층에게 사랑은 신경의 자극에 따른 새로운 감상주의와 연금, 지참금을 둘러싼 이야기가 뒤섞인 야릇한 양상을 띠고 있었다.[31] 이 야릇한 양상은 오늘날의 결혼을 봐도 거의 그대로 이어지고 있다. 성은 단지 이 타산적 관계와 '아름다운 감정들'을 흔들어 놓는 요소로만 인식될 뿐이었다(비유를 하자면, 성은 압생트 주를 만들기 위해 원액에 첨가되는 한 방울의 물이었다. 자리^{Jarry}는 이런 이유로 물을 불순물이라고 말했다). 마찬가지로 전쟁도 여론의 자극과 - '복수'라는 것은 사실 민족적 감상주의와 다름없다 - 상업적, 금융적 측면이 뒤섞인 야릇한 양상을 띠었다. 순수하게 전투적인 면은 기껏해야 부려서는 안 될 만용을 부린 무용담 정도로만 기억될 뿐 그 이상의 의미를 지니지 못했다. 전쟁도 부르주아화된 것이며 피도 이젠 상업화된 것이다. 이런 상황에서 군인이나 군사적인 어떤 것이 전형화되어 나타나면 현실적인 사람들은 이미 이를 비정상적인 것으로 여기게 되었고, 기껏해야 여인들이나 호사꾼들을 즐겁게 해주는 눈요깃감에 지나지 않았다 (민주화된 서구 사회에는 아직도 많은 나라가 입헌군주제를 유지하고

카 분할 지배를 논의한다. 이른바 이 베를린 회의 결과 마다가스카르는 프랑스에 할양되는데, 프랑스는 터무니없는 조약을 체결하고 반항하는 오합지졸에 불과한 현지 군대를 대포 몇 발로 제압하면서 잔인한 식민 통치에 들어간다. 마다가스카르는 1960년까지 프랑스의 지배를 받는다.

[31] 내가 말하고자 하는 사랑은 한 시대가 보여주는 전형적인 표현의 평균치와 다름없는 분명하지만 추상적이기도 하고, 현실 전체를 고려한 것은 아니지만 의미가 없는 것은 아닌 사랑이다. 그래서 내가 말하는 사랑은 미와 추 어느 쪽에서 보더라도, 또 선과 악 어느 편에 서더라도, 비현실적일 수 있지만 또 그만큼 의미가 있기도 하다. 어떤 징후도 한 시대 전체를 모두 보여주지는 못하지만 - 오히려 하나의 징후나 신호 속에 전체가 들어있을 수 있다 - 그러나 분명히 한 시대에서만 볼 수 있는 징후들이 있게 마련이다.

있으며, 많은 이들이 왕족들의 결혼에 열광하는 이유도 같은 맥락에서 이해할 수 있다).

사람들은 수 세기에 걸쳐 진행된 서구의 정념의 문화가 만들어 놓은 피비린내 나는 광기와 위대함이 뒤섞인 사랑과 전쟁의 이 잠재적인 폭발력을 별 아쉬움 없이 청산할 수 있다고 믿었다.

하지만 이는 오산이었다. 1914년에 일어난 전쟁은 정념의 신화에 대한 이런 생각이 오산이었음을 일러주는 가장 큰 사건 중 하나다.

10. 전면전

독일인은 베르됭 전투 이후의 전쟁을 '기계화 전쟁' 혹은 '물량전'을 의미하는 마테리알슐라흐트 Materialschlacht라고 부르는데, 얼른 보면 이때부터 기사도 이후 형성된 사랑과 전쟁 사이의 '형태적 유사성들'이 단절된 것처럼 보인다.

물론 전쟁의 목적은 말할 것도 없이 언제나 적의 군대를 물리침으로써 힘으로 적국의 저항을 무너뜨리는 데에 있다(여인을 유혹하여 저항을 무너뜨리면 이는 사랑이 된다. 반면 여인을 강제로 강간하면 이는 전쟁에 해당할 것이다) 하지만 이렇게 전쟁을 정의함에도 불구하고 과거에는 대부분 정복하려고 하는 나라를 파괴하지는 않았다. 단지 전쟁을 해서 적국의 방어를 무력화시키는 데 만족했다. 그래서 옛날의 전쟁은 대부분 직업군인들의 전열을 갖춘 군대끼리 맞붙는 경우이거나, 요새화된 진지를 포위하거나 적의 수장을 체포하는 것으로 끝나버리고 말았다. 정확한 교전 규칙들로 이루어진 이런 전쟁은 따라서 하나의 예술이었고 좀 더 나은 예술적 시스템이 있는 쪽이 승자였다. 이 승자는 죽은 자들이 아닌 '살아있는 자'에 대한 승자였다. 한 나라 혹은 한 민족에 대한 승자인 경우도 있었지만 그 나라나 민족을 완전히 점령하거나 파괴하지는 않았다. 하지만 베르됭 전투에서 처음으로 한 국가의 모든 힘을 동원하는 비인간적인 기술이 도입됨으로써 전쟁의 모습이 완전히 바뀌게 된다.

이제 전쟁은 군대끼리의 전쟁이 아니라 국가 대 국가의 전면전이 되어버렸으며, 저항하는 적군을 물리치는 데 만족하지 않고 적국의 모든 힘을 무력화시키는 양상을 띠게 되었다. 공장에서 일하는 노동자들과 성장하여 군인이 될 자식을 낳는 어머니들도 파괴의 대상이 된 것인데 자원과 인간을 불문하고 모든 '생산 수단들'이 전쟁의 도구이자 파괴의 대상이 된 것이다. 전쟁은 이제 욕망의 대상이지만 불복하는 대상을 강간이 아니라 그보다 더욱 악질적인, 죽여버리는 살해 행위로 한 단계 더 나쁘게 변질되었다. 대상을 차지하는 것에서 나아가 대상 자체를 파괴하는 행위가 된 것이다. 하지만 베르됭 전투마저도 이러한 변화의 전조에 지나지 않았다. 치열했고 백만이 넘는 군인이 체계적인 방법으로 죽어나갔지만, 베르됭 전투에 동원된 방법은 아직 민간인을 학살의 대상으로 삼지는 않았다. 하지만 독일의 이 크리그슈필Kriegspiel, 즉 '전쟁 게임'은 곧이어 훨씬 광범위한 면적을 공격할 수 있는 놀라운 도구를 만들어 내며 런던이나 베를린 같은 도시 전체를 공격할 수 있게 되었다. 전쟁은 이제 병사들을 총알받이로 전선에 내보내지 않고 병사들로 하여금 대포를 만들게 했다. 이 방법이 훨씬 효과적인 것은 물론이다.

아주 먼 거리에서도 사람을 죽일 수 있는 이 전쟁 기술에 대한 비유를 사랑에서 찾기는 불가능하다. 이제 전쟁은 인간의 육체를 벗어났고 따라서 본능에서도 벗어났기 때문이다. 전쟁은 전쟁을 가능하게 하는 근원인 정념과는 전혀 무관해지고 그에 반하는 것이 되어버렸다. 세계사에서 초유의 일은 흔히 말하듯이 대량 학살이 아니라 바로 이것이다.

이 점을 우리는 서로 연관되어 있는 세 가지로 지적할 수 있다.

a) 전쟁은 '야전'에서 시작했다. 그래서 오늘날까지도 많은 전투에는 후미진 들판 이름이 붙어있다. 하지만 1914년부터 전쟁은 시가전으로 바뀌어갔다. 많은 시골 사람들에게 제1차 세계대전은 테크놀로지를 처음 대하는 최초의 기회였다. 그들에게 제1차 세계대전은 말하자면 죽음의 기술을 생생하게 매일 눈으로 볼 수 있는 만국박람회였다.

b) 기계화된 파괴수단의 대량 생산과 이용은 군인들의 호전적인 열정을 무력화시키는 결과를 가져왔다. 피를 부르는 폭력성 대신 단시간 내에 투입되는 엄청난 물량이 지배하게 된 것이다. 대규모 군인이 떼를 지어 맞붙는 대신 전쟁은 엔지니어들의 수학적 재능과 천재성에 좌우되는 상황이 전개되었다. 이제 인간은 기계에 봉사하는 존재에 지나지 않았다. 반사신경에서 기계를 당할 수 없는 인간이 하나의 물건이 되어 전쟁에서 배제됨으로써 전쟁은 그만큼 효율성을 띠게 되었다. 프로파간다를 통해 전쟁 참여와 사기진작이 고취되기는 했으나, 전쟁에서의 승리는 거의 전적으로 병사들의 잘 충전된 심리가 아니라 기계들의 성능과 작동원리에 따라 좌우되었다. 충족시켜야 할 전투 본능이라는 것도 사라져버렸다. 1914년에서 1918년까지, 전쟁이 일어나면 늘 함께 급증하게 마련인 성범죄는 민간인이 사는 후방에서만 일어났다. 검열을 통과한 유행가 가사나 문학에서 자주 묘사되는 것과는 달리, 또 민간인이 쉽게 생각하는 것과는 다르게, 휴가를 받아 집으로 돌아온 병사들의 귀환은 오랫동안 여자를 모르고 지낸 수컷들이 몰려오는 것과 다름없었다. 많은 의사와 병사들의 증언을 종합해 보면 실제로 기계화된 전쟁은 '성적 재앙'이었다고 한다.[32] 성적 불능 상태가 일반화되었으며, 이는 병사들의 만성적인 수음과 동성애 등으로 예고된 것이기도 한데, 진지에 처박혀 4년을 지내는 사이 만들어진 결과이

며 통계적으로 입증되었다. 그 결과 전쟁이 더 이상 정념과 열정의 배출구 역할을 못하고 대신, 말하자면 유럽 전체가 거세된 상황이 오자 처음으로 병사들이 전쟁을 거부하는 일이 벌어졌다.[33]

c) 군인, 민간인, 자원, 산업 등을 총 동원하여 국가 전체가 전쟁을 벌인다는 것은 전투의 모든 전통적인 규범이 사라진 것을 뜻한다. 1920년대부터는 '최후통첩'이나 '선전포고' 같은 '외교적인 제스처들'조차 취하지 않는다. 조약이 체결되었다고 해도 그것이 모든 적대적 태도가 공식적으로 사라지는 것을 의미하지도 않았다. 무방비 도시와 요새도시, 민간인과 군인, 허용된 무기와 금지된 무기…… 양자 사이의 인위적인 구분은 사라졌다. 이제 한 국가의 패전은 상징적인 것이나 메타포가 아니라 실제적이고 치명적인 것이 되었다. 옛날에는 패전이 패전국을 나타내는 적절한 표시들을 통해 충분히 표시되었지만, 패전은 이제 한 나라의 멸망을 의미했다. 앞서 말했지만 규범들을 포기하자마자 전쟁은 강간이 아니라 가학적인 살인 행위가 된 것이다. 즉 죽어버린 대상을 소유하는 것인데 이는 곧 아무것도 소유하지 못하는 것과 다름없었다. 이런 전쟁은 정상적인 성적 본능의 표현이 아니었으며 성적 본능을 이

---

[32] 마그누스 히르슈펠트(Magnus Hirschfeld)의 지휘하에 12명의 독일과 오스트리아 의사들이 벌인 앙케트 결과이며 이 조사 결과는 『세계 대전 중의 풍속사』(*Sittengeschichte des Weltkriegs*)라는 제목의 책으로 출간되기도 했다.

[33] 독일에 팔려온 용병은 전쟁이 군인들끼리의 전투가 아닌 국민 전체의 전투가 되고 기계가 대신 자리를 차지하자 전사적 열정을 잃어버렸고, 그러자 엽기적인 행동들을 취하게 된다(에른스트 융어(Ernst Jünger)의 『어머니의 전쟁』과 에른스트 폰 살로몬(Ernst von Salomon)의 『버림받은 자들』을 볼 것). 병사들은 아무나 붙잡고 싸웠는데 이는 쾌락을 얻기 위해서였다. 그러나 사실은 오히려 절망 때문이었을 것이다. '자원입대한 병사들'인 이들 프롤레타리아 출신의 사병들(발트해 인근, 에스파냐, 중국 등에서 온)은 열정을 충족시킬 수 없게 된 남자가 매춘을 통해 절망적으로 방탕에 빠져들 듯이 행동한 것이다.

용하고 나아가 그것을 초월하는 정념과도 무관한 것이 되었다. 단지 그것은 '거세 콤플렉스'라고 불리는 - 앞서 살펴본 대로 피할 수도 없는 - 정념의 도착된 상태에 지나지 않았다.

11. 정념과 정치

기사도 정신에 따른 전쟁이 사라지면서 전쟁터도 상징으로 장식된 원형 경기장으로 변했고 제1차 세계대전 이후에는 이마저 폭탄이 쏟아지는 피폭지역으로 변해버렸다. 정념도 이런 변화에 맞추어 행동으로 옮겨지기 위한 전혀 다른 표현 방식을 찾아야만 했다.

게다가 정념은 어느 때나 집단과 개인의 저항을 받았지만 현대로 올수록 이러한 윤리적 잣대가 폄하되면서 전쟁 양상의 변화 못지않게 이러한 변화에 의해서도 영향을 받을 수밖에 없었다. 민주화된 국가들의 풍습을 보면 이전보다 윤리적 잣대가 훨씬 약해져서 그 결과 더는 정념이 행동으로 옮겨질 때 절대적 장애물이라는 것이 없는 것처럼 보일 정도다. 자연히 장애물이 있을 때 더욱 강렬해지는 정념의 속성을 염두에 두면, 민주화된 사회는 정념을 자극하는 요소도 훨씬 덜 갖고 있는 셈이다. 다른 한편, 독재 체제를 유지하고 있는 국가의 경우 청소년을 국가가 교육, 훈련하면서 이들 청소년의 개인적 삶에서 모든 종류의 내면적 비극과 정서적 문제를 제거했다. 무질서한 풍속이 지배하는 사회나, 철저하게 소독된 윤리에 근거한 권위적 사회나 모두 같은 방향으로 나아가고 있었다. 두 사회 모두, 유전적이든 아니면 문화에서 습득한 것이든 정념의 욕구를 충족시켜주는 사회가 아니었다. 인간의 가슴 속에 저마다의 사정을 지닌 채 들어있는 정념의 용수철이 튕겨 오르지 못하게 두 사회는 탄성彈性을 제거해버렸다.

양차 세계대전 사이, 사랑은 괴로워하는 지성적 경향(불안과 부르주아의 무질서를 특징으로 하는 문학의 유행이 일러주듯이)과 물질주의적인 냉소주의(독일의 노이에 자할리히카이트Neue Sachlichkeit, 즉 신즉물주의)가 뒤섞인 묘한 양상을 보였다. 낭만주의적 정념은 정념의 신화를 구성하는 것을 찾을 수가 없었고, 심지어 폭풍우가 몰아치는 비밀스러운 헌신의 분위기 그 한가운데에서도 정념을 방해하는 저항을 느끼지 못했다. 사랑의 모험을 하고 싶은 뜨거운 욕구가 '나이브한' 충동과 '감정의 (자기)기만들'에 대한 병적인 염려와 연결되어 있었으며, 이것이 바로 양차 대전 사이에 출간된 중요한 소설들을 지배하던 분위기였다. 이는 당시 개인들 간의 성적 관계가 더는 정념이 실현되는 유일하고도 주된 영역이 아니었음을 잘 일러준다. 이제 정념은 말하자면 정념이 구현되던 판에서 떨어져 나온 것이다. 우리는 부유하는 리비도가 새로운 무대를 찾아 우왕좌왕하는 세계로 들어선 것이다. 이 리비도가 첫 번째로 발견한 무대가 바로 정치다.

1917년 이후 현실 속에서 구현된 대중 동원의 정치는(클라우제비츠의 표현을 뒤집어 다시 한 번 이용하자면) 국가 전체의 자원이 동원되는 전쟁이 다른 수단들을 통해 지속된 것에 지나지 않는다. '전선戰線'이라는 말이 이 사실을 잘 일러준다. 독재 체제의 국가는 사실 이 전쟁 상태가 연장되어 국가 전체가 늘 총동원 상태에 있는 사회와 다름 아니다. 하지만 국가 전체의 자원이 총동원되는 전쟁이 정념의 모든 가능성을 송두리째 없애는 전쟁인 반면, 정치는 개인적 정념들을 집단의 차원으로 전이시키는 것이었다. 전제국가는 개인에게 거부된 모든 것을 교육을 통해 의인화된 국가에게 바치도록 했다. 이제 정념을 갖고 있는 존재는 개인이 아니라 국가(혹은 당)이었다. 따라서 이때부터 정념을 자극하면서도 방해하는 장애물을 앞에 두고 있는 것도 국가 혹은 당이었다. 금욕주의, 영웅적 죽음을 향한 무의식적이면서도 신격화된 욕망도 국가와 당의 일이었다.

　내부적으로는 밑바닥부터 철저하게 개인적인 모든 문제가 일어나지 않도록 살균처리를 했지만, 반면에 외부적으로나 국가와 당의 최고위 단계에서는 정념의 잠재력이 갈수록 커져 언젠가 폭발할 태세였다. 시민들의 윤리를 지배했던 우생학은 무엇인가? 우생학은 모든 사적인 사랑의 모험을 이론을 내세워 이성적으로 부정하는 것과 다름없다. 그러나 이 우생학은 국가를 통해 의인화된 전체의 긴장을 고조시킬 수밖에 없었다. 1933년부터 1939년에 걸쳐, 히틀러의 국가·사회는 독일인에게 말했다. "아이를 낳아라!" – 이 독촉은 정념을 정면으로 부정하는 것이었다. 하지만 히틀러는 이웃 국가들에게는 다른 소리를 했다. "우리 독일은 인구가 너무 많아 현재의 국경만으로는 부족하다. 따라서 나는 새로운 땅을 요구하는 바이다!" 이것이 새롭게 찾아진 정념이다. 이렇게 해서 인간 개개인의 밑바닥에서 제거된 모든 정념과 긴장이 정상으로 몰려 축적되어가고 있었다. 그런데 독일만 전제국가가 아니라 여러 국가가 같은 체제를 유지하고 있었다. 이 강력한 힘에의 의지는 따라서 서로 충돌할 수밖에 없었으며 격렬하게 서로 맞서야만 했다. 같은 전제 체제를 유지하는 나라들은 서로에게 장애물이었던 것이다. 이 광분한 전제 체제의 실질적 목적이자, 누구나 다 알지만 비밀처럼 간직한 목적은 전쟁이었다. 즉 죽음이었다. 사랑의 정념에서 보았듯이, 이 목적은 당사자라면 누구나 극구 부인한다. 전쟁과 죽음은 사실은 무의식적이다. 누구도 전쟁과 죽음을 말하지 못한다. '나는 전쟁을 바라고 있습니다'라는 말은 할 수가 없는 말이다. 사랑의 정념에서도 그 어떤 연인도 '나는 죽음을 원한다'고 말하지 못한다. 하지만 사람들이 하는 모든 일은 이 마지막 순간을 위한 준비다. 사람들이 고양시키고 흥분시키는 모든 것은 전쟁과 죽음 속에서만 의미를 지니게 된다.

　정치와 정념이 유사한 길을 걷는다는 증거들은 비교적 쉽게 얼마든지 찾을 수 있다. 집단적 금욕은 국가가 국가의 이름으로 국민들에게 강요하는 온갖 속박의 다른 이름이다. 전제국가는 기사의 명예를 비롯한 기사도 정신도 요구하는데 이것의 실체는 전제국가의 불안한 신경과민에 지나지 않는다. 한 가지 명백한 사실을 더 지적하자면, 전제국가의 군중은 독재자에게, 남자의 요청을 받은 여자가 반응하는 '동일한 방식으로' 반응한다는 점이다. 1938년에 우리는 다음과 같이 말했었다. "프랑스인이라면 히틀러가 게르만 군중을 상대해서 거둔 승리에 놀라지 않을 수 없다. 하지만 이렇게 놀란 프랑스인은 독일인의 마음을 움직였던 방법들에 대해서도 놀라지 않을 수 없을 것이다. 라틴 계열의 민족들에게 사랑이란 여인에게 달콤한 말을 들려줌으로써 그녀를 어리벙벙하게 만드는 것을 뜻한다. 마찬가지로 우리의 정치가들도 유권자들에게 같은 방식으로 접근한다. 하지만 히틀러는 훨씬 거친 방법을 썼다. 그는 화를 내고 동시에 눈물을 흘리기도 했다. 히틀러는 설득하려고 한 것이 아니라 마음을 사로잡으려고 했다. 그는 요컨대 운명을 말하고자 했고 자신이 바로 그 운명이라는 사실을 확인시키려고 했다. 따라서 히틀러는 그의 말에 귀를 기울인 군중을 그들이 하게 될 행동의 책임감에서 해방시켜 준 것이며 동시에 모든 윤리적 죄의식에서도 자유롭게 해준 것이다. 군중은 그래서 독재자이자 무서운 구세주에게 무릎을 꿇었고 이 독재자가 자신들을 사슬로 묶어 소유하려고 하는 그 순간에도 그를 해방자로 불렀다. 독일어에서 결혼하다는 뜻인 freien이라는 동사가 문자 그대로 해방하다는 뜻이 있다는 사실을 상기해 보자. 히틀러는 어쩌면 이 말을 너무나도 잘 알고 있었는지도 모른다. 히틀러는 그의 책 『나의 투쟁』 Mein Kampf에서 이렇게 썼다. "민중은 대부분 여성의 입장과 여성적인 정신상태를 갖고 있어서 민중의 의견과 행동은 순수한 사고가 아니라 감각에 가해진 인상에 따라 훨씬 더 좌우된다. 군중은 추상적 관념에는 거의 접근할 능력이 없다. 반면 감정의 영역에서는 훨씬 쉽게 중독시킬 수 있을 것이며…… 모든 시대에, 가장 폭력적인 혁명을 일으킨 힘은 군중을 사로잡는 과학적 이념을 선포함으로써가 아니라 활기를 불어넣는 도취상태, 그들을 흥분의 도가니로 몰아넣는 진정한 히스테리 상태에서 얻어졌다."

히틀러의 말 그대로, '모든 시대에' 그랬다. 하지만 오늘날 우리가 살고 있는 시대에 나타난 새로운 현상은, 히틀러가 규정한 바 있는 집단에 대한 열정적인 행동이 그것으로 그치지 않고, 각 개인들마저 설득할 수 있는 행동을 함께하고 있다는 점이다. 게다가 군중을 매료시키는 이 행동은 아무나 할 수 있는 것이 아니라, 국가를 한 몸으로 육화하고 있는 존재인 '영도자'만이 가능하다. 오직 이러할 때만 사적인 영역에서 공적인 영역으로의 전례를 찾아볼 수 없는 권력 이동이 일어날 수 있다.

* * *

위와 같은 점들을 지적하다보니, 이제 대략 이 책을 시작할 때는 미처 생각지 못했던 결론을 내릴 때가 된 것 같다. 서구 문학사와 전쟁 방법의 변천사 속에서 서구의 사랑과 정념의 신화가 변해 내려온 과정을 추적하는 작업은, 서로 다른 두 영역이 걸어온 같은 길을 추적하는 작업이었다. 우리는 이렇게 해서 사람들이 너무나도 모르고 있는 우리 시대의 위기가 지닌 이 양상, 즉 기사도에 의해 생겨나 제도화된 '형태들'의 와해 때문에 발생한 위기를 인식할 수 있었다.

새로운 해결책을 찾아야 한다는 필요성이 가장 먼저 나온 것은, 돌이킬 수 없는 변화가 일어나는 – 문학에서는 모든 변화가 반복되지만 – 전쟁이 일어날 때이다. 우리 시대가 찾아낸 '새로운 해결책'은 전제 체제다. 20세기는 전쟁에서 태어난 세기이며, 정념과 죽음의 본능이 모든 사회를 짓누르는 지속적인 위협에서 태어난 세기이기도 하다. 전제정치는 이러한 20세기가 내놓은 답이다.

12세기의 답은 궁정의 기사도와 그 윤리와 소설적인 신화들이었다. 17세기가 준비한 답은 상징적으로 당시의 비극이다.[34] 18세기가 내놓은 답은 동 쥐앙의 냉소주의와 이성적인 아이러니였다. 그러나 낭만주의는 답이 아니었다. 적어도 낭만주의가 정념의 신화를 제거하는 최후의 방법으로 정념의 신화, 그 어두운 힘의 유혹에 큰 소리로 시를 읊으며 자기 자신을 내맡기지 않았다면, 낭만주의는 답이 될 수 없었다. 결과가 어찌 되었든, 낭만주의는 사슬에서 풀려난 위험에 맞서기에는 힘없이 약한 방어에 지나지 않았다. 오랫동안 신화를 통해 억눌려왔던, 생명 현상에 반하는 힘들은 유례를 찾기 힘들 정도로 다양한 영역에서 드러났다. 이로부터 사회적 관계들이 해체되는 현상이 일어났다. 유럽 전체를 전쟁의 소용돌이 속으로 몰아넣은 첫 번째 전쟁은, 정념의 신화를 구성하고 있던 '형태들'을 단념할 수 있고, 정념의 신화의 죽음으로 인도하는 '내용'을 혼란스러운 방법으로라도 사라지게 할 수 있다고 믿었던 한 세계를 심판했다.

국가가 모든 정념을 흡수하여 전제체제를 갖추게 된 것이 어쩔 수 없는 비상상황에서 나온 조치였다고 생각할 수는 없다. 물론 임박한 위협을 물리치려는 것이었지만, 그러나 이 위협을 여러 민족이 덩어리가 되어 살아가는 삶 자체에 대한 위협으로 만들면서 이를 더욱 악화시키지 않았는가. 전제체제는 재창조된 '형태'다. 하지만 그 형태는 너무나 광범위하고 경직되어 있었으며 동시에 지나치게 기하학적인 것이어서, 군사 체제에 편입된 사람들의 삶을 포함하여 복잡하기 그지없는 인간의

---

[34] 바호펜(Bachofen, 『모계사회』(Mutterrecht)의 서사)은 그리스 비극에 대해서도 유사한 이론을 제시한 바 있다. 그는 그리스 비극을 공동체와 신화의 힘이 서로 충돌하는 혹은 서로 논쟁하는 것(Auseinandersetzung)으로 여겼다.

삶을 거푸집처럼 주조해 낼 수도 없었고 통제해 나갈 수도 없었다. 경찰 정치는 문화가 아니며, 슬로건은 윤리가 아니다. 국가가 정해놓은 인위적인 틀과 인간의 일상적 삶 사이에는 여전히 너무나 많은 작용이 일어날 여지가 있으며, 고통과 가능성 역시 너무나 많다. 실제로 그 무엇도 해결된 것은 없다. 따라서, 몇 가지 위험한 가정이 떠오를 수 있다.

지구 전체를 파멸로 이끄는 핵전쟁이 일어나 물리적으로, 정신적으로 인간 자체가 해체될 수 있을 것이다. 그러면 정념의 문제는 그것을 탄생시킨 문명과 함께 제거될 수 있다.

혹은, 평화가 찾아와 전제체제 하에서도 정념의 문제가 다시 나타나 자유사회에서 끊임없이 우리를 괴롭혔던 상황이 다시 펼쳐질 수도 있다.

우리는 다음의 두 권에서 이 두 번째 가정, 즉 평화를 살펴보고자 한다. 바로 이어지는 제6권에서는 서구사회의 풍속 속에서 정념의 신화와 결혼 사이의 갈등을 살펴볼 것이다. 그 다음 마지막 권에서는 보편적인 답이 아니라 사견에 더 가까운 나의 선택을 제시하고자 한다.

06 정념의 신화와 결혼 제도

1. 현대의 결혼 위기

중세는 기독교화된 사회가 지지하는 윤리와 이단의 영향을 받은 궁정 윤리가 서로 충돌하던 시대였다. 기독교는 결혼 제도를 용인했을 뿐만 아니라 칠성사 중 하나로 여기기도 했다. 반면 이단의 영향을 받은 궁정 윤리에서는 기대고 있던 전체적인 가치관에 따라 결혼은 논리적으로 불가능한 것이었고 따라서 금지되었다.

이 두 윤리관에서 각각 불륜을 심판하는 관점을 살펴보면 양자의 대립이 확연하게 드러난다. 가톨릭교회의 처지에서 보면, 불륜은 신성모독이자 자연의 질서에 반하는 죄이며 사회 질서를 깨는 범죄이기도 했다. 가톨릭에서 말하는 혼인성사란 서로 사랑하는 두 인간이 하나가 되는 것이며 이 합일은 번식 행위가 가능한 두 육체의 합일이자 법률적으로도 하나가 되는 것을 의미했다. 따라서 인간이라는 종의 가장 기본적인 이해관계를 성화시킨 것이며 이는 동시에 한 공동체의 이해관계를 성스러운 것으로 여긴 것이었다. 결혼이 갖고 있는 이 세 가지 의미 혹은 약속을 어기는 자는 스스로를 비참하게 만드는 자이자 '관심을 둘 필요가 없는 인간'으로 전락하는 것을 뜻했다.

하지만 가톨릭의 이 결혼관은 물과 불을 결합시키려고 애쓰는 것과 다름없었다. 성서와 교부들의 글을 보면 종족 번식의 성스러움과 동정 상태의 성스러움에 대한 많은 모순을 발견할 수 있다. 즉 인간이라는 종의 성스러움과 영혼의 성스러움을 논한 글들 사이에는 숱한 모순이 존재한다. 가령 예를 들어, 구약을 보면, 자손을 많이 두는 것은 선택받은 인간임을 일러주는 신호였지만, 평생 독신으로 살았던 바울은 비록 기독교에 따른 결혼을 했다고 해도 결혼하는 것보다는 하지 않는 것이 더 낫다고 말했다.

남프랑스의 '코르테지아' Cortezia 즉 궁정의 예의범절에 기원을 두고 있는 이단의 유설은 가톨릭의 이러한 결혼관과 위에서 말한 세 가지 모든 면에서 대립한다. 이 이단의 유설은 우선 결혼이 성사라는 사실을 인정하지 않는다. 그 근거로 이단은 복음서의 어떤 부분에서도 결혼을 성사로 규정하지 않았다는 점을 든다.[1] 이단은 번식 행위를 어둠의 왕자, 즉 가시적 세계를 만든 조물주의 법에 속하는 일로 여기며 금지한다. 이단은 여기서 한 발 더 나아가 사회적 질서를 파괴하고 따라서 이 사회적 질서를 유지하기 위해 필요한 집단적인 삶에의 의지를 표현하는 전쟁도 죄악시 한다.[2] 하지만 결혼에 대한 세 번에 걸친 부정은 사실 사랑의

---

[1] 이 점에 대해서는 라보(R. P. Lavaud)의 『신관에 입각한 결혼 관념』(*L'Idée divine du mariage*)을 볼 것(《*Études carmélitaines*》, 1938년 4월호, 186쪽). 저자에 의하면, 가톨릭에서는 가나의 혼인잔치에서 예수가 행한 기적에 근거하여 결혼을 성사로 간주한다고 한다(이 해석은 가톨릭의 교리가 아니라 저자의 가정일 뿐이다). 저자는 예수는 하나님이 맺어준 것을 인간이 풀지 못한다고 선언했다고 주장하고 있으며, 나아가 '복음서와 사도행전의 저자들이 세세하게 모든 것을 다 밝히지는 않았지만', 부활하신 예수가 제자들과 나눈 대화를 보면 알 수 있다고 주장한다. 저자 라보(Lavaud)는 어쨌든 이 세 가지 인간적인 가정을 더는 정확히 말하지 않고 있어 결혼을 성사로 여기는 전통적인 가톨릭 교리의 성서적 근거를 설득력 있게 제시하고 있지 못하다.

[2] 그노시스파도 유사한 생각을 했다. "죄악은 삶을 위해 치러야 하는 대가이다."(Carpocrate, Schultz의 *Dokumente der Gnosis* 참조)

교리에 근거한 것이었다. 즉 신격화된 에로스와 육체적 존재인 인간과 인간을 옥죄는 본능들 사이의 끊임없이 반복되는 괴로운 갈등의 표현이었다.

이렇게 보면 정념이라는 새로운 형태의 사랑이 출현함으로써 불륜을 바라보는 관점과 심판에도 본질적인 변화가 일어났다고 볼 수 있다. 물론 카타리파의 순수한 교리가 불륜이라는 인간의 과오를 그 자체로 정당화하는 것은 아니다. 카타리파의 교리는 오히려 순결을 강조한다. 하지만 우리가 살펴보았듯이, (정신적인 대상인) 귀부인에 대한 사랑을 나타내는 궁정의 상징체계는 이 사랑이 육체적 사랑을 전제하는 결혼과 양립할 수 없는 것이기에 풀 수 없는 많은 모순을 내포하고 있다. 중세 프로방스 지방의 음유시와 브르타뉴 지방의 소설들을 많이 알지 못하는 이들에게 트리스탕이 한 사랑은 단지 불륜으로만 보일 것이다.[3] 하지만 이 불륜은 불륜이지만 그럼에도 윤리보다 더 아름다운 정신적인 모험의 양상을 띠고 있었다. 마니교식의 이분법에 근거해서 보면 신앙과 세계의 갈등이자 싸움이겠지만, 이 사랑은 이때부터 독자에게는 다의적이고 읽는 사람의 마음에 열정을 불러일으키는 한 편의 '시'로 다가온다. 얼른 보면, 이 '시'는 시 속의 상징들이 의미하는 바를 잘 모르면 모를수록 '모호하면서도 자극적인 것들'이어서 강력한 매력을 뿜어내며 따라서 이교적인 '시'로 비칠 수도 있다.

12세기부터 불륜을 저지른 이들이 어느 날 갑자기 부러운 사람으로 대접받는 일이 일어났는데, 우리는 이 현상을 어떻게 설명할 수 있을까?

---

[3] 물론 사람들은 딱히 트리스탕의 잘못을 윤리와 비교하며 불륜으로 여기기보다는 그 잘못이 불러올 위험과 그 이후에 무릅써야 할 어려움들을 더 많이 생각할 것이다. 하지만 어떤 경우이든 카타리파의 관점에서 보면, 앞서 보았듯이, 트리스탕의 진정한 잘못은 이 불륜이 정신적인 것이 아니라 육체적으로 '행해졌다'는 데 있다.

구약을 보면 다윗 왕은 자신의 휘하 장군의 부인인 바쎄바를 유혹했고 이 때문에 보잘것없는 인간이 되고 만다. 그러나 트리스탕은 이죄를 사랑했지만 보잘것없는 인간이 아니라 한 편의 소설 같은 삶을 사는 멋진 인간으로 여겨졌다. 예전에는 분명한 잘못이었고 사람들에게 반면교사로 인용되어 교훈을 주고 죄에 빠졌을 때의 위험과 후회를 상기시키는 사건이었지만 이제 이 불륜은 어느 날 갑자기(상징들 속에서) 신비한 매력이 가득 찬 것으로 변했고, (문학 속에서는) 마음을 혼란하게 만들면서도 동시에, 비록 조금 격이 낮아지긴 했지만 매력적인 모험으로 반복되기에 이른다.

* * *
 * *

　결혼 이야기를 하고 있지만 그렇다고 해서 오늘날 우리가 겪고 있는 결혼의 위기를 정통 가톨릭과 중세 이단의 유설 사이에 일어났던 갈등과 한 줄로 연결시킬 수는 없다. 왜냐하면 무엇보다 오늘날에는 중세 이단이 더는 존재하지 않기 때문이다. 또한 정통 가톨릭은 오늘날에도 여전히 존재하고 또 현대 사회를 형성하는 데 많은 기여를 하긴 했지만 더는 직접적인 영향력을 행사하지는 못하다. 어쩌면 이렇게 가톨릭과 이단 사이의 갈등이 사라짐으로써 현재의 탈 윤리적 상황이 벌어지는 것은 아닌지 의심이 들기도 한다. 실제로 우리가 살고 있는 오늘날의 사회가 보여주는 혼란은 두 윤리관의 혼돈에서 비롯한다. 즉 가톨릭에서 물려받은 윤리관이지만 이 윤리는 이제 살아있는 신앙에 의존하지 않고, 이단의 교리에서 비롯된 다른 윤리는 '본질적으로 서정적인' 표현으로 이루어진 것으로서 세속적으로 인식되었고, 이어 종교적 의미를 상실한 채 순수하게 문학적인 것으로만 남게 되었다. 두 윤리 모두 최초의 기원에서 멀어진 것이며 현대 사회의 결혼의 위기는 이 혼돈에서 나온다고 볼 수 있다.

우리 사회의 두 윤리관을 요약하면 다음과 같다. 한 쪽에는 종의 번식과 사회의 유지를 지지하는 종교적인 성격의 윤리관이 자리잡고 있다. 흔히 우리가 부르주아 윤리관이라고 부르는 것이 바로 이것이다. 다른 한 쪽에는 문화적, 문학적, 예술적 환경에서 영향을 받았으며 정념과 관련된 문학적 혹은 소설적 윤리관이 있다. 서구의 부르주아 가정에서 자라는 모든 청소년은 결혼을 당연하게 여기는 분위기에서 성장한다. 하지만 그러면서도 '동시에' 그들의 독서, 공연관람, 일상에서 만나는 여러 유형의 암시와 비유를 통해 형성된 낭만적 분위기에 젖기도 한다. 이 청소년들은 정념이란 지고의 시련이며 모든 인간은 언젠가 반드시 겪어야 하며 정념을 겪은 사람들이야말로 인생을 인생답게 산 자들이라는 생각을 갖게 된다. 하지만 이 두 가지는 양립할 수 없다. 결혼과 정념은 본질상 공존할 수가 없다. 결혼과 정념은 기원도 상이하고 목적하는 바도 전혀 다르다. 결혼과 정념이 양립하고 공존하는 상황에서 끊임없이 현대 사회의 풀 수 없는 문제들이 불거져 나오고 있으며 이 갈등은 우리가 사는 사회 자체가 유지되기 위해 필요한 '안전'마저 위협하는 위험성을 내포하고 있다.

옛날에는 이렇게 언제든지 불거져 나올 수 있는 이 잠재적인 혼란과 무질서를 조절하고 우리의 윤리적 범주 속에서 상징을 통해 규정하며 제 자리를 잡아주던 역할을 정념의 신화가 맡아서 해주었다. 정념의 신화는 하나의 배출구 역할을 했고 따라서 문명화 과정을 주도했다. 그러나 정념의 신화는 갈수록 사라지고 세속화되었으며 정념의 신화가 형성 요소들을 제공한 사회 유형들 역시 함께 변모했다. 오늘날 정념의 신화가 다시 한 번 옛 모습을 되찾으려고 한다면, 우리는 그 결과를 쉽게 예측할 수 있다. 즉 이제 이 신화는 더는 완강한 저항을 받지 않을 것이며 따라서 가면의 역할도 명분의 역할도 제대로 수행할 수 없을 것이다.

매달 엄청난 양의 문학과 기타 서적이 쏟아지고 있으며 '결혼의 위기'를 다루고 있는 문헌만 해도 상당한 양이다. 하지만 그 어떤 책도 구체적인 해결책을 제시하고 있지 못하다. 그 이유는 다름 아니라 오직 정념의 신화만이, 다시 말해 무의식만이 정념에 '모두스 비벤디' modus vivendi, 즉 갈등을 해결하는 살아있는 길을 제시할 수 있기 때문이다. 결혼의 위기를 다루는 모든 책은 오히려 문제에 대한 우리의 의식을 악화시키며 해결을 더욱 어렵게 만들고 있다. 결혼의 위기를 다루는 엄청난 양의 책은 단지 위기를 일러주는 신호이자 우리가 현재의 사회 구조 속에서는 이 위기를 해결할 수 없음을 확인시켜줄 뿐이다.

결혼 제도는 세 가지 가치관으로 이루어져 있으며 이 세 가치관은 결혼에 '구속력'을 제공한다. 정념의 신화는 이 결혼의 구속력에서 표현 방법을 가져온다(우리는 앞서 1권에서 이 점을 살펴보았다). 그런데 이 결혼의 강압적인 구속력 중에는 느슨해지거나 완전히 사라진 것도 있다.

1. 의식적儀式的 구속력 – 비기독교 민족들에게 결혼은 언제나 하나의 의식이었으며 그 요소들은 기독교 세계인 서구의 결혼에도 오랫동안 남아있었다. 이 의식이란 다름 아닌 신부를 돈을 주고 사오거나, 납치, 공개 구혼, 악귀를 쫓는 구마 의식 같은 것이었다. 하지만 오늘날 불안한 경제 상황 때문에 결혼 지참금 제도는 거의 중요성을 잃어버렸다. 신부 납치가 있었다는 사실도 시골사람들의 농담 같은 곳에서나 확인할 수 있을 뿐이다. 공개 구혼도 정장을 하고 상호 교차 방문을 한 후 공식적으로 약혼 '선언'을 하는 것이었는데 이 역시 여성의 코르셋처럼 완전히 사라져 이제 찾아볼 수가 없다. 또 대부분의 신랑신부는 사제를 찾아가 축복을 받아야 한다는 '미신'에 가까운 두려움도 없다.

2. 사회적 구속력 – 계층의 문제, 혈통, 가족적 이해관계 그리고 돈의 문제 등도 민주화된 오늘날의 여러 나라에서는 부차적인 것으로

밀려나고 있다. 대신 남녀가 이러한 조건들을 무시한 채 서로를 선택하는 경향이 두드러져 나타나고 있다. 바로 이런 이유로 이혼율 역시 증가추세에 있다. 같은 이유로 결혼 축가를 부르고 축시를 낭독하는 행위들도 간소화되거나 완전히 사라져버렸다. 하지만 지방에서는 17세기까지만 해도 여전히 옛날 결혼 풍속의 한 중요한 의식이었던 '신방 공개'(하위징아) 같은 풍속이 남아있었다. 이런 의식들의 원래 의미는 사람들의 뇌리에서 사라졌지만 의식은 남아서 결혼을 사회적 행위로 여기며 한 공동체의 삶의 일부로 받아들였다는 사실을 일러준다. 이제 18세기 이후, '신부의 잠자리'라는 주제는 흥밋거리가 되지 못하고 에로틱한 농담으로 떨어져 버렸다. 오늘날 대부분의 신혼부부가 떠나는 '신혼여행'이라는 것도 일정한 의미를 간직하고 있기는 하지만 오히려 오늘날에는 주변 사람들로부터 떠나 둘만의 오붓한 시간을 갖는다는 사생활 보호 쪽이 더욱 강조되고 있을 뿐이다.

3. 종교적 구속력 – 현대인의 의식은 기독교적 구속력을 결혼에 대한 앞의 두 구속력, 즉 의식을 통한 구속력과 사회적 구속력과는 별개의 것으로 여긴다. 다시 말해 현대인은 오늘날 결혼에 기독교가 개입하는 것을 극도로 싫어한다. 무엇보다도 기독교가 끼어들어 이루어지는 결혼이란 '지금 그리고 영원히' 종교적 약속을 한다는 것이므로 이는 언제라도 일어날 수 있는 부부 사이의 성격, 기질, 취향, 외적인 조건들의 변화와 차이점들을 전혀 마음에 두지 않기 때문이다. 그런데 현대인은 그들의 '행복'을 바로 기질과 성격을 만족시키고, 취향을 즐기고 신분 상승을 꾀하는 행위 속에서 찾는다(이 중요한 문제는 잠시 후 본격적으로 살펴보기로 하자).

결혼과 관련된 이러한 제도적, 사회적, 종교적 구속들이 폄하되면서 그 결과 윤리적 긴장 역시 느슨해지기에 이르렀고 자연히 이로부터 일대 혼란이 비롯된다. 불륜은 심리적 분석을 요하는 미묘한 문제임에 틀림 없지만 때론 보드빌 같은 농담의 주제에 지나지 않기도 하다. 결혼 생활에 충실하다는 것 자체가 조금은 우스꽝스럽게 보이기도 하는 것이다. 심지어 현실순응주의자라는 이미지마저 뒤집어 쓸 수도 있다. 이제 진실을 말하자면, 결혼을 바라보는 정통 기독교적 윤리관과 이단적 윤리관 사이에 갈등은 존재하지 않게 되었으며 따라서 신화도 사라졌다. 대립이 사라지면서 한 쪽 윤리가 다른 쪽 윤리를 대체하는 현상도 일어날 수 없었고 자연히 결혼 윤리 자체가 사라졌다.

2. 현대의 행복관

결혼이 많은 구속으로 이루어진 사회적 시스템에 의해 보장받지 못하는 상황이 나타나면서 결혼은 이제 순수하게 개인 선택의 몫으로 남게 되었다. 다시 말해 이제 결혼은 행복을 어떻게 생각하는지 개인의 행복관에 따라 좌우되게 된 것이다.

그런데 사실 행복은 그 자체만으로도 정의하기가 극히 어려운데, 현대인이 자신의 행복을 선택할 수 있는 주인이 되고자 하면서부터 행복을 정의하기가 더욱 어려워졌다. 혹은 결국은 같은 말이겠지만, 행복의 주인이라는 개인이 구체적으로 자신이 무엇에서 행복을 느끼는지 분석하기가 어려워졌다. 행복을 맛보고 그 행복을 치밀한 계산으로 가꾸어 나기기 위해 무엇을 해야 하는지 알 수 없게 된 것이다. 잡지들을 보면 '당신의 행복은 바로 여기에 달려있습니다'라는 말을 듣게 되는데, 이런 저런 이야기를 많이 늘어놓지만 행복을 얻기 위해서는 결국 돈이 필요하다는 이야기들이다. 이런 행복 전도사들의 말은 행복은 어렵지 않게 얻을 수 있다는 생각을 갖게 함으로써 우리를 유혹한다. 하지만 같은 이유로 많은 사람에게 행복을 소유하기 불가능하다는 생각도 불어넣는다. 왜냐하면 사람들이 우리에게 제안하는 것은 요컨대 우리가 신이 아닌 이상 어떤 행복도 얻을 수 없는 세계는 타인과의 비교가 지배하는 세계이기 때문이다. 행복은 비유해서 말하면 에우리디케를 닮았다고 할 수 있다. 행복했으면 하는 욕망이 일어나는 순간 행복은 사라지기 때문이다. 이렇게 보면 행복은 '받아들이는 순간'에만 존재할 뿐이며, 나의 것이라고 '요구'하는 순간 사라지는 것인지도 모른다. 행복은 본질적으로 존재의 문제이며 소유의 문제가 아니기 때문이다. 인간 심성을 깊이 들여다보며 허위의식과 허망한 욕망들을 묘사하고 풍자해 온 모럴리스트들은 옛날부터 이 점을 여러 차례 강조해왔으며 이 진실이 우리가 사는 오늘날이라고 해서 달라진 것은 아니다. 느끼고 싶은 행복, 자신을 위해 유지하고 싶은 행복, 이런 행복은 자연스럽게 살아가는 삶의 결과로서의 행복이 아니기에 순간순간 행복이 부재한다는 견딜 수 없는 생각으로 변하기 마련이다.

현대인의 결혼도 이와 같은 행복관에 의지하여 이루어지곤 하는데 이 경우 거의 병적인 권태를 가정하지 않을 수 없게 한다. 혹은 상대방을 속이는 은밀한 의도를 가정하게 한다. 이 은밀한 생각 혹은 모종의 희망 같은 것 때문에 현대인은 '결혼을 믿지 않으면서도' 결혼을 하는지도 모른다. 이제 사람들은, 불가능한 것만이 아닌 정념과 불륜은 이제 즐겨도 되는 것이 되어버렸고 불쑥 고개를 쳐드는 권태를 극복하는 방법이라는 생각도 한다. 물론 사람들은 정념이라는 것이 불행이 될 수도 있다는 것을 모르지 않는다. 그러나 사람들은 동시에 이 정념이라는 이름의 불행이 정상적인 삶보다 오히려 더 아름답고 '살아있다는 느낌'을 주는 불행이라는 것도 알고 있다. 정념은 '작은 행복'보다 훨씬 열광적인 삶을 가능하게 한다고 생각하는 것이다.

단념하고 권태를 받아들일 것인지, 아니면 정념을 택할 것인지, 선택을 해야 한다. 바로 이것이 오늘날의 사람들이 갖게 된 현대적 행복관에서 비롯된 딜레마이다. 이 딜레마 때문에 '안정'을 본질로 하는 사회적 제도로서의 결혼이 다양한 방식으로 파괴되고 만다.

3. 사랑, 삶의 본질

사랑을 숭고한 행위로 생각하기 시작한 때는 12세기 프로방스 지방에서다. 사랑은 사람을 숭고하게 할 뿐만 아니라 귀족으로 만들기도 했는데, 음유시인들은 사랑하는 사람들을 자신들과 동급으로 대접했던 귀족들과 사회적인 유대관계를 이어가고 있었다. 아마도 이런 전통이 문학작품으로 이어져 내려오면서 우리가 정념에 정신적인 고상함을 부여하며 낭만적인 관념을 갖게 된 것인지도 모른다. 다시 말해 이런 전통 때문에 우리는 정념에서 법과 관습을 넘어서는 위대함을 보는 것이다. 정념을 품고 사랑을 하는 사람은 일반인보다 한 차원 높은 사람들이며 사회적 통제가 사라진 세계의 사람들이라는 생각이 형성되었다. 보헤미안인 집시 악사가 공주를 납치할 수도 있으며, 기관차를 모는 일개 노동자라도 부호의 상속녀를 사랑할 수 있는 것이다. 정념의 불꽃만 있다면.[4] 그뿐만 아니라 미인이라면 얼마든지 귀부인이 될 수도 있고 백만장자가 될 수도 있다. 이런 사례는 모두 – 영화 용어를 빌려 말하면 – 기존 사회 질서에 대한 사랑의 우위가 각색된 것이다.

고대 그리스 로마인들처럼 많은 사람이 세속적인 사랑은 일종의 '마

---

[4] C 공주의 유명한 연애는 20세기 초 유사한 이야기를 다룬 많은 소설을 출간하게 만들었다. 사장의 딸을 사랑하게 된 운전기사나 노동자의 이야기는 히틀러 치하의 독일에서 유행한 테마였다.

약'을 먹는 것이며 '영혼의 병'을 앓는 것이라고 믿어왔고 모든 모럴리스트가 빼놓지 않고 한 마디씩 했다. 하지만 소설과 영화의 시대인 오늘날 누구도 이런 관점을 '믿으려고' 하지 않는다. 사실 우리 모두는 소설과 영화에 의해 사랑에 '중독'되어 있다고 볼 수 있다. 정념을 생각하는 이러한 변화는 중요하다.

정념의 인간인 현대인은 숙명적인 사랑을 해서 자기 자신은 물론이고 삶 전체에 무언가 계시 같은 것이 일어나기를 기대하고 있다. 이 은근한 기대는 원시적 신비주의의 마지막 잔영일 것이다. 문학 작품에서 일화에 이르기까지 정념은 항상 하나의 '모험'으로 받아들여진다. 이 모험으로 나의 삶은 변화가 일어나고 예기치 못한 일로 삶이 풍요로워질 것이고, 흥분되는 위험, 늘 더 강렬해지고 한없이 부드럽기만 한 기쁨으로 충만할 것이다. 모두 이런 기대를 한다. 하나의 가능성이 열리며, 욕망이 시키는 대로 하도록 허락하는 하나의 운명을 만나는 것이다! '나 그 속으로 한 발을 내 디딜 것이다. 올라가리라, 열정에 사로잡혀 이끌려 가리라!' 끝없이 밀려오는 환상, 나이브하기 짝이 없는 환상이다. 하지만 곁에서 누가 아무리 말을 해주어도 소용없다! '가장' 자연스러운 욕망이라고 둘러댈 테니까. 자유라고 말하겠지만 그것 역시 환상에 지나지 않는다. 충만하다고 느끼겠지만, 그것 역시 환상일 뿐이다.

자기 자신을 스스로 소유하고 있는 자는 자유인일 것이다. 이에 반해 정념의 인간은 소유당하기를 원하고 그러면서도 이 욕망에서 벗어나려고 하는 인간으로 흥분 속에서 자기 자신의 밖으로 내던져진 인간이다. 사실 정념에 사로잡힌 당사자는 그를 사로잡고 있는 정념의 기원과 끝을 잘 모르고 있지만, 그를 인도하고 있는 것은 정념을 향한 강한 노스탤지어이다. 스스로 자유롭다고 생각하는 이 생각이 환상에 불과한 것은 다름 이니라 바로 정념에 사로잡힌 사람이 이 두 가지 사실을 모르고 있기 때문이다.

정념에 사로잡힌 사람은 '전형적인 여자'를 만나기 바라며 오직 그녀만을 사랑하기를 원한다. 여기서 네르발의 꿈을 생각해 볼 필요가 있다.[5] 네르발은 어린 시절의 추억 속의 풍경 속에서 귀부인이 나타나는 것을 보았다.

> 금발의, 검은 두 눈을 가진, 옛날 옷을 걸친 여인
> 아마도 언젠가 다른 생에서
> 내가 이미 보았던 여인, 기억나노라…….

의심의 여지 없이 이 여인은 어머니였다. 정신분석학에 따르면 이 기억 속의 여인이 비극적인 금기의 여인이었음은 쉽게 짐작할 수 있다. 하지만 시인의 예는 별로 의미가 없거나 의미가 너무 많거나 해서 정념의 신화를 다루는 데 크게 쓸데가 없다. 특히 20세기 오늘날을 살아가는 많은 사람이 '배워서 알고 있는' 환상을 다루려는 우리에게는 더욱 그렇다. 어쨌든 오늘날의 사람들을 정념으로 몰고 가는 이미지는 어머니의 이미지이기보다 오히려 '표준화된 미인'의 이미지이다.

아직 세기 초이긴 하지만 20세기의 오늘날, 오직 그의 눈에만 아름답게 보이는 한 여인에게 정념을 품게 된 남자는 자기 자신은 잘 파악하고 있지 못하지만 일종의 노이로제 환자이다(언젠가는 병원을 찾아가 치료를 받는 날이 올지도 모른다). 물론, 시대에 따라 패션이 달라져서 어느 때는 머리가 강조되고 어느 때는 가슴이, 또 어느 때는 둔부나 바디라인

---

[5] [역주] 네르발(Gérard de Nerval, 1808~1855)은 프랑스 낭만주의 시인이자 작가다. 『동방여행』(*Voyage en Orient*, 1851) 등의 에세이와, 괴테의 『파우스트』(*Faust*, 1854)를 번역하기도 했다. 당시보다는 뒤늦게 재발견된 낭만주의 시인인데, 중요 작품으로는 『불의 딸들』(*Les Filles du feu*, 1854)과 『오렐리아』(*Aurélia*, 1855) 등이 있다.

전체가 강조되듯이, 아름다운 여인으로 인정하는 표준형 여인 역시 매 세대마다 새롭게 만들어진다. 하지만 오늘날 유행을 추종하는 경향은 유례를 찾아보길 힘들 정도로 강하며, 온갖 테크닉이 동원되고 있다. 종종 정치적 의미도 지니고 있는데, 그래서 종종 한 여인을 선택하는 행위가 갈수록 개인적인 취향을 벗어나 유행을 따르고 있다. 많은 경우 '헐리우드'가 정해놓은 타입을 따르거나 간혹 국가가 정한 모델을 따르기도 한다. 이 표준형 미인은 이중의 영향을 미치고 있다. 우선 이 미인은 정념의 대상을 정해준다. 물론 탈개인화된 대상이다. 이어 만일 신부가 헐리우드의 표준형 미인 스타와 유사하지 않다면 결혼은 별 의미가 없는 결과로 이어진다. 정념의 '자유'는 이렇게 환상일 뿐이며 많은 사람이 공통으로 보는 이미지에서 만들어진 것에 지나지 않는다. 자신이 원하는 '자신만의' 여인을 욕망한다고 생각할지 모르지만, 많은 남자는 이전에는 볼 수 없었던 유행과 상업적 영화라고 하는 새로운 미디어의 영향 속에서 은밀하게 결정된 여인을 욕망하는 것이다.

4. 이죄와의 불가능한 결혼

이제 한 사나이가, 현실 속의 여인과 영화가 그에게 일러준 여인 사이의 절충형인 그의 스타일에 맞는 여인을 만났다고 가정해 보자. 여인을 보자 이 사나이는 그가 찾던 여인임을 알아보았다. '욕망하던 여인이었고 비밀스러운 향수를 불러일으키는 여인'이었던 것이다. 이 여인이 바로 꿈의 이죄였다.[6] 물론 이 여인은 결혼한 유부녀였다. 그녀가 이혼을

---

[6] 『욕망하는 여인, 우리의 향수어린 여인』(*Die Frau nach der man sich sehnt*)은 막스 브로트의 소설 제목이기도 하다. 이런 여인이라면 이죄에 가장 부합하는

한다면! 사나이는 이 여인과 결혼을 할 것이다. 그녀와 함께라면 그의 인생은 '진정한 인생'이 될 것이며, 그의 가슴 속에 마치 아직 발휘하지 못한 탁월한 능력처럼 깊이 숨어있던 트리스탕이 마음껏 욕망을 펼칠 수 있을 것이다! 사랑이 신비한 계시처럼 그의 앞에 모습을 드러내자 이제 그 어느 것도 무섭지 않았고 아랑곳하지 않게 되었다(이 사나이가 왕이었다면, 왕관도 버릴 수 있다). 비록 잠시 상상의 나래를 펼쳐봤지만, 바로 이것이 현대적인 진정한 결혼, 즉 정념을 통해 이루어진 결혼이다.

하지만 얼마 가지 않아, 이 사나이 주변에서(혹은 일반인들 사이에서) 우려의 목소리가 들려온다. '욕망을 이룬 사나이가 한 번 결혼을 한 경험이 있는 이죄를 여전히 사랑할 수 있을까?' 가슴 속에 고이고이 간직해 왔던 향수가 일단 한 번 충족된 이후에도 인간은 다시 한 번 그 향수를 달래려고 하지 않을까?

이 우려의 목소리는 지극히 당연하다. 왜냐하면, 이죄라는 여인은 영원히 '낯선 여인'이기 때문이다. 이죄는 여인이라는 이름의 낯섦 그 자체이다. 비록 비슷한 여인이 곁에 있어도 그 여인 속 어딘가에 있는 거머쥘 수 없이 영원히 도망가는 또 다른 여인이며, 사라지고 심지어 적대적이기조차 한 존재이다. 자신을 따라오라고 추적을 부추기며 소유욕을 일깨운다. 이 여인은 신화에 사로잡힌 사나이를 가장 달콤한 여인이 되어 유혹한다. 이 여인은 그러나 사나이와는 영원히 헤어져 있는 여인이다. 다시 말해 소유하는 순간 잃어버리는, 소유함으로써 상실하게 되는 그런 여인이다.

따라서 새로운 '정념'이 고개를 든 것이다. 장애물이 등장할 것이고

여인이다. 정념으로서의 사랑은 '멀리 있는 여인'을 원하는 반면, 기독교적 사랑은 '가까이 있는 여인'을 향한 사랑이다.

때론 만들어 내기도 하며 열심히 그 장애물과 싸울 것이다. 결혼을 해서 두 팔로 끌어안고 있는 여인을 그는 다른 여인으로 상상할 것이다. 그 여인을 변장시키고 꿈 속에서 멀리 떼어놓을 것이며 지나치게 평온하고 아무 일 없이 평탄하게 흘러가는 시간 속에서 여러 감정이 차곡차곡 쌓여가지만 이 감정을 사나이는 자기의 것으로 느끼지 않으려고 애를 쓴다. 왜냐하면 장애물을 만들어 내야 하며 그럼으로써 다시 새롭게 욕망할 수 있으며 이 욕망을 더욱 가열하게 만들어 의식적이면서도 뜨겁고 늘 호기심을 자극하는 정념이라는 이름에 걸맞은 다른 감정으로 만들어야 하기 때문이다. 그런데 오직 두려움만이 정념을 의식하게 만들 수 있다. 바로 이런 이유로 사람들은 고통을 받고 고통을 주는 것을 사랑한다. 트리스탕은 이죄를 숲으로 데리고 갔다. 이 숲에는 두 사람의 결합을 방해하는 그 어느 것도 없었다. 하지만 정념은 두 사람 사이에 칼집에서 꺼낸 칼을 놓아두었다. 이제 종교적 성격을 띤 영웅들의 이야기에서 멀리 떨어져 있는, 세속화되었으며 혼란스럽고 어떤 위대함도 찾아보기 힘든 우리가 사는 시대로 내려와보자. 중산층 남편과 아내 사이에는 멋진 기사의 칼집에서 꺼낸 칼이 아니라, 자신의 부인을 다른 여자라고 상상할 때만 자신의 부인에게서 욕정을 느낄 수 있는 남편의 깊은 비밀과 고백할 수 없는 음산한 꿈이 대신 놓여있을 것이다(발자크는 이미 그의 소설 『결혼의 생리학』에서 이 점을 밝힌 바 있다). 얼마나 많은 구역질나는 소설이 이런 유형의 남편을 묘사했는가. 남편은 '평온'을 두려워한다. 정상적이고 늘 똑같은 이상이 되풀이 되는 부부생활에서 자신과 아내 사이에 아무런 장애물도 없기 때문에 그의 부인은 '매력'을 잃어버리고 마는데, 이 점이 두려운 것이다. 남편은 정념의 신화의 가련한 희생자이다. 이 신화가 펼쳐지던 신비한 지평선은 영원히 사라져 버려서 돌아가려야 돌아갈 수가 없다. 트리스탕에게 이죄는 밝은 빛을 발하는 위대한 '욕망' Désir의 상징이었다. 그의 피안은 지상의 관계와 속박에서 그를 해방시켜주고 신격화해주는 죽음이었다. 따라서 이죄는 불가능 그 자체이어야 했다. 모든 가능한 사랑은 우리를 지상의 관계와 속박 속으로 데려가며, '피조물'이 존재하는 필요충분조건인 시간과 공간의 한계 속에서 살도록 하기 때문이다. 반면 무한한 사랑의 유일한 목적은, 하나님이든지, 하나님에 대한 우리의 관념이든지 아니면 신격화된 자기 자신이든지, 신적인 것일 수밖에 없다. 그러나 정념의 신화가 그 비밀을 모르는 자를 찾아와 괴롭힐 경우, 괴로워하는 이 인간에게는 새로운 정념 이외의 다른 출구가 없다. 이 새로운 정념은 갈수록 덧없는 것이 될지언정 또 다른 고통을 가져다 줄 것이다. 목적이 없는 신비한 정념의 본질이 바로 이것이다. 정념의 이 본질 때문에 정념은 순수하게 육체적인 욕망의 리듬과는 무관한 현상인 것이다. 트리스탕에게 무한은 고통스러운 의식이 사라지는 돌아올 수 없는 영원이었던 반면, 현대인에게 무한은 끊임없이 실망을 맛보면서도 끊임없이 반복되는 열정이다.

정념의 신화는 누구도 빠져나올 수 없는 숙명성을 묘사한다. 정념의 희생자들은 오직 이 유한한 세계에서 벗어나는 방법 이외의 다른 방법으로는 이 숙명성에서 빠져나올 수가 없다. 그러나 현대인이 발버둥치면서도 즐기고 있고 '어쩔 수 없었다'고 말하는 숙명적 정념이란 것은 - 언제나 알리바이에 지나지 않지만 - 숙명성에 '충실'하지도 못하다. 현대인의 숙명적인 정념은 초월성을 목적으로 하지 않는다. 현대인의 정념이란 주변에서 손쉽게 얻을 수 있는 여러 대상이 제공하는 다양한 환상을 차례차례 소진시키는 정념에 지나지 않는다. 죽음에 이르는 대신 정념은 오늘날 불륜이나 이혼으로 끝나고 만다. 여러 명의 이죄를 경험한 사람이라면 그는 트리스탕이 아니라 트리스탕의 전락한 먼 후예일 뿐이 아닐까? 하지만 그를 비난하는 것은 적절치 못하다. 그는 오히려 장애물이 타락해 버린 사회의 희생자이다. 오늘날의 장애물은 너무 쉽게 무너지는 장애물이다. 경험을 쌓기도 전에 순순히 물러나 버린다. 그래서 이 세상을 경계하도록 교육받은 인간을 끊임없이 다시 끌어올려야만 한다. 그렇다고 현대의 트리스탕이 동 쥐앙은 아니다. 그는 동 쥐앙과는 반대되는 타입이 되어가고 만다. 오늘날은 이렇게 정념의 범주들 자체가 무너져버린 시대이기도 하다. 정념의 사랑도 이젠 모델 역할을 하지 못한다.

동 쥐앙 타입의 인물만이 오늘날에도 그림자를 드리우곤 있지만, 그러나 동 쥐앙은 이죄 같은 여인을 알지 못하는 인물이다. 그는 접근 불가능한 정념도 알지 못한다. 과거도 미래도 없는 타입이다. 찢어질 것 같은 마음의 상처 같은 것은 더더욱 모르는 타입이다. 동 쥐앙은 오직 눈앞의 즉각적인 시간만을 살 뿐이다. 그에게는 사랑할 시간이 없다. 기다리고 추억할 시간도 그에게는 없는 것이다. 그가 원하는 것은 한 번도 그에게 저항하지 않는다. 그는 그에게 저항하는 것을 사랑하지 않기 때문이다.

* *
*

사랑한다는 것은, 그 사랑이 정념이라면, 산다는 것과는 반대되는 것이다! 사랑은 존재의 빈곤을 의미하며 피안도 없이 치러야 하는 고행이며, 현재가 없다는 것을 상상도 못한 채 현재를 사랑하려고 하지만 사랑할 수 없는 무능력이고, 소유 앞에서 끊임없이 뒤로 물러서는 도피이다.

정념으로서의 사랑이란 '트리스탕'을 위해 사는 것을 말한다. 트리스탕이 지칭했던 진정한 삶이란 다름 아닌 사랑하는 사람을 변화시키는 죽음이기 때문이다. 그러나 우리는 이 초월성을 오래 전에 잃어버렸다. 우리에게 죽음은 천천히 다가오는 소진에 지나지 않는다.

최초 정념의 신화를 살펴봄으로써 우리의 사랑의 심리를 보다 명확하게 알 수 있었다면, 이 앎을 통해 우리는 사랑을 다룬 소설과 영화들이 거둔 성공이 사실은 현대인의 인격적 데카당스와 일종의 존재의 질병을 일러주는 신호임을 부인할 수가 없다. 복잡한 것처럼 보이는 남녀관계는 작가들이 즐겨 써먹는데 실제로는 '스스로를 유지하기 위해' 정념이 의존하는 단조로운 도식에 지나지 않는다. 즉 옛날의 정념처럼 강력하지 않은 오늘날의 정념은 비밀스러운 장애물을 만들어 내기 위해 몇 가지 자기기만과 같은 술수를 쓴다. 질투의 심리학이 대표적인데, 오늘날의 정념은 질투를 자극하고 원하기도 하며 은근히 북돋기도 한다. 다른 사람에게만 그러는 것이 아니라 사랑하는 사람에게도 이 심리학은 적용되는데, 사랑을 '다시 한 번 더 느끼기 위해' 사랑하는 사람이 잠시 자신을 배신해주기를 원하는 경우도 있다. 이런 상황들은 '서로 반한' 연인들의 신화 역시 신비함을 상실한 채 전락하고 말았음을 일러준다. 이제 반한다는 것은 순간적인 감각 작용에 지나지 않는 것이 되어 버렸고 그래서 사랑으로 맺어지지 못하는 경우가 많다. 오늘날 사람들은 끊임없이 비교하며 살아가고 있는데 이 비교의 세계에 산다는 것은 곧 질투의 세계에 산다는 것을 의미한다. 한 티베트 시를 보면 다음과 같은 시구가 나온다. "남자든 여자든 문턱만 넘어서면 질투로 괴로워한다."[7] '문턱만 넘어서면'이라는 말은 자신들에게 주어진 존재와 현재를 벗어나 타인을 있는 그대로 보지 못한다는 뜻이다. 이유인즉 비교를 함으로써 자신들을 피폐하게 하지만 더욱 문제는 자신들도 있는 그대로 받아들이지 못하기 때문이다. 인간들은 사방을 둘러보며 자신에게는 없는 자질을 비롯한 욕심나는 것만을 본다. 남편은 다른 남편의 여인이 자신의 아내에게는 없는 아름다움이 있으면 이것으로 괴로워한다(심지어 다른 사람들이

---

[7] 『파드마의 말』(*Le Dict de Padma*).
[역주] 파드마는 탄트라 불교를 티베트에 전해 티베트 불교의 창시자로 알려져 있고 제2의 석가로도 불리는, 서기 8세기경에 태어난 불승(Padmasambhava, 파드마삼바바, 산스크리트어로 연꽃에서 태어난다는 뜻. 蓮花生)의 일대기로 사실과 신화가 뒤섞여 있다.

자신의 아내가 가장 아름답다고 말해주어도). 그는 그가 살아가는 현실 속에 있는 것을 소유할 줄도 사랑할 줄도 모르는 인간이다. 마침내 그는 이렇게 해서 진정으로 필요한 것을 잃어버리고 마는데, 다름 아니라 부인과 결혼에 대한 충절이라는 덕을 상실하고 마는 것이다. 충절을 지킨다는 것은, 비록 한계가 있는 현실적인 존재이지만 상대방을 자기 자신의 감정을 위한 대상이나 '바라보기' 위해서가 아니라, 상대방 역시 자율적인 삶과 능동적인 사랑을 요구하는 삶을 갖고 있는 비교 불가능한 존재로 받아들이는 것을 의미한다.

***

나는 내 글을 통해 속화된 정념의 희생자를 한 사람도 설득시키지 못하리라는 것을 잘 알고 있다. 그래서 정념을 비난할 의도는 없다. 다만 나는 정념을 묘사할 뿐이며 몽테뉴처럼 '이야기를 들려주고자' 할 뿐이다. 하지만 정념의 몇 가지 특징을 덧붙임으로써 이 정념이 '어떻게 해서' 빠져나올 수 없는 심리적 딜레마들을 만들어 내는지는 말해야 한다. 이 심리적 숙명성은 오늘날 모든 사람이 이견 없이 인정하고 있다. 어떤 관점을 지지하든, 다음과 같은 사실은 인정하지 않을 수가 없다. 즉 '오늘날 우리는 결혼을 정념의 윤리에 따라 만들어진 가치관을 잣대로 이해하려는 도박을 하고 있는 셈인데, 이런 시대는 정념이 결혼이라는 생각 자체를 부인한다는 점을 모르는 시대이다.'

물론 현대인 대부분이 사랑에 빠진 트리스탕의 정신 나간 소리의 희생자라고 보는 것은 지나친 판단이다. 사랑의 미약을 마시고 싶어할 정도로 사랑에 목말라하는 사람도 거의 없다. 트리스탕이 겪었던 예외적인 하나의 모범인 고통에 몸을 던질 만큼 운명에 따라 선택된 이들은 더욱 드물다. 그러나 많은 이들이 여전히 현실이 아니라 꿈속에서 이 모든 것을 욕망했고 지금도 욕망하고 있다는 사실은 부인할 수 없다. 오래된 트리스탕의 정념의 신화가 아무리 모호하고 신선함이 사라졌다고 해도, 오늘날 부부들을 괴롭히고 있는 불안의 비밀은 다름 아니라 바로 이 욕망이다. 기꺼이 한계를 인정한다는 것만큼 현대인의 정신에 혐오를 불러일으키는 것은 없다. 결혼은 언제든지 넘어설 수 있는 것이라는 생각만큼 현대인의 구미에 맞는 생각도 없다. 현대인은 소설이나 영화를 통해 정념의 신화를 기억함으로써 이런 생각을 품고 산다. 우리가 앞서 행했던 여러 분석은 모두 이런 현상의 본질을 '각성'하기 위한 것이었다. 하지만 앞서 우리가 행한 분석에 대해 벌써 나 자신부터 거부 반응을 일으키고 싶은 마음이 든다. 우리는 너무나도 환상을 사랑하기 때문에 누군가가 그 환상을 일일이 열거하며 이렇다 저렇다 할 때 참기가 어려운 것이다.

5. 무정부주의와 우생학

정념의 신화가 파괴되면서 남겨놓은 파편 위에 서있는 현대의 결혼관은 끊임없이 극도의 혼란상을 보여주면서 모든 사회적 질서를 위협하고 있으며 당연히 이런 현상은 용인될 수 없는 것이다(정념의 신화에 뿌리를 두고 있으며 현대인에게 그냥 지나치도록 하는 이른바 사랑의 도피 행각의 정신적 위험은 말할 필요조차 없을 것이기에 여기서 굳이 말하지 않겠다). 이런 상황에서 제1차 세계대전 이후 전체주의 시대에 접어들면서 결혼 제도를 '복원'하려는 다양한 시도가 행해졌다.

기독교에서는 결혼 제도와 결혼과 함께 지켜야 할 윤리적 의무들을 재정립하려는 시도를 했고 만족할 만한 성과는 거두지 못했지만 평가할 만한 시도들이었다.[8] 인문주의자들도 나서서 괴테나 엥겔스의 논리에 근거하여 결혼을 지지하는 유사한 시도를 했다. 괴테의 논리에 따르면, 결혼에서 서구 문명이 거둔 위대한 정복과 업적을 보아야 하며 모든 개인의 삶을 지배하는 사회적 근거 역시 결혼에 있다고 주장했다. 엥겔스의 이론을 보면, 일부일처제 결혼은 계급과 돈의 문제에서 자유로워진 사회에서 남성과 여성 사이에 존재할 수 있는 여러 관계 중에서 가장 합리적인 제도이다. 부부관계를 학문적으로 접근한 이들도 있다. 스위스 정신분석학자인 융은 '심리적 갈등'과 병의 기원으로 추정되는 '노이로제' 증상들을 분석한 바 있다(이런 분석이 널리 알려지자 사람들은 정신의학이 모든 마음의 병을 치료할 수 있다는 어처구니없는 생각을 갖게 되었다). 판 더 펠더 Van de Velde, 히르슈펠트 Hirschfeld, 킨제이 Kinsey, 마스터즈 Masters 등은 성이 불러일으키는 사회적 현상을 정확한 지식에 근거해 치료책을 찾으려고 했는데 이 정확한 지식이란 것이 때론 지나치게 대중화되기도 했다.

하지만 이런 종류의 연구와 그 결과 얻게 된 치료책들이라는 것이 너무 많아서 과연 모두 유효한 것인지 의심이 들기도 한다.[9] 이런 다양한

---

[8] 교황의 회칙(回勅)인 *Casti connubii*(카스티 코누비, 순결한 결합)는 이른바 램버스 결정으로 불리는 영국교회 주교단의 결정에 대한 회답이었다. 스톡홀름과 옥스포드에서 열린 세계 통합 교회운동 회의(로마가톨릭만이 아니라 전 세계 모든 종파가 참여했다)도 이 문제를 다루었다. 바티칸도 인간의 성행위가 인구폭발을 가져오는 종의 번식 이외의 다른 목적이 있음을 인정했다.

[9] 19세기 이후의 현대인임에는 의심의 여지가 없지만, 최초로 '성적 현상'을 말한 사람이 누구인지 궁금해하지 않을 수가 없다. 푸리에(Fourier)일까, 아니면 프루동(Proudhon)일까? 우리의 관심 분야를 벗어나는 문제이자 능력 밖의 일이긴 하지만, 일련의 사회, 경제적 이유로 해서, 1820년대에서 1830년대에 걸쳐 성적 문제들을 사회현상으로 인식할 필요성이 제기되었을 것이다.
(1970년에 추가된 설명) 놀랍게도 프로이트의 선구자인 푸리에는 여러 번에 걸쳐 '정념', '본능', '에로티시즘', '물질적' 사랑, 혹은 '촉각' 등의 용어를 빈번하게 사용하고 있는데 대신 '성'이나 '성적인'이라는 명사나 형용사는 사용하지 않았다. 반면 프루동은 그의 저서인 『창부정치』(*Pornocratie*), 『정의, 사랑, 결혼』(*la*

연구는 비록 혁명에 버금가는 변화의 요소들을 제대로 다루지는 않았지만 어쨌든 재앙 수준인 결혼 문제가 광범위하게 퍼져있었음을 일러준다. 결혼 문제를 다룬 많은 사람은 온화한 어조를 유지한 채 종종 정념을 좋은 것으로 이야기하기도 하고 때론 그 정도는 아니라 해도 참아줄 수 있는 것으로 말하고 있다. 이런 접근은 쉽게 이해할 만한 것이다. 다시 말해 이들 저자들은 독자의 가장 내밀하고 가슴 속 깊은 곳에 도사리고 있는 믿음을 건드리면서 자칫 독자의 반발을 사지 않을까 우려했던 것이다. 저자들은 자신들이 '청교도'로 비치는 것을 두려워했다. 비유를 들면 결혼과 정념이라는 뜨거운 문제를 다루면서 불에 탈만한 것은 그냥 둔 채 번지는 불길만 막으려고 했는데, 간혹 어떤 이들은 도가 지나쳐, 정념의 단계를 거친 결혼이야말로 이상적으로 실현된 결혼이라는 식의 논리를 펴기도 한다. 내가 아는 한, 어떤 저자도 모든 사람이 생각하는 오늘날 사랑의 관념이 위에 말한 관념을 따르고 있는 결혼을 정면으로 부정하는 관념이라는 사실을 감히 지적하지 못하고 있다. 이것은 그들이 정념이 무엇인지 모르고 있으며 어디서 오는 것이고 어떻게 변하는지도 정확하게 모르고 있다는 반증이다. 무언가 심각한 문제가 있다는 것은 직감적으로 알고 있지만, 그러나 저자들은 정념과 결혼 문제에 가차 없는 비판을 하다 보면 자신들이 문학이나 예술을 모르는 문외한이나 속물로 비칠 수도 있다는 점을 두려워하고 있는 것이다(이런 현상은 피할 수 없을 것이다!). 많은 사람이 짐짓 가벼운 문제를 다루는 척하면서 근원적인 문제를 지나쳐 버리곤 한다. "자신을 읽도록 해야 하며 믿음을

Justice, l'Amour, le Mariage)에서 자주 이 단어들을 사용했다. 키르케고르는 그의 책 『이것이냐, 저것이냐』에서 '육감성(sensualité)'과 '성(sexualité)'이라는 두 범주를 기독교와 관련하여 길게 따지고 들었다(그에게는 두 단어가 동의어였다. 특히 1841년에 쓴 『자발적인 에로틱 단계들』(*Les Etapes érotiques spontanées*)에서 중점적으로 다루었다.

가져야만 한다. 모든 시대를 다 거슬러 올라갈 수는 없다. 정념은 늘 있어왔고 따라서 앞으로도 존재할 것이다. 우리는 생각 없이 함부로 행동하는 돈키호테가 아니니……." 이 성인군자 같은 말에 동의하지 않을 사람은 없다! 하지만 바로 그렇기 때문에 그 누구도 진정으로 진지한 태도로 문제에 접근하지 못하는 것이다. 만일 진정으로 반드시 무언가 변화가 있어야만 한다면, 역사가와 사회학자가 제기해야 할 문제는 상황을 수습하기 위해서 '어떤 메커니즘'이 작동해야 되며 어떤 집단적 반응이 일어나야 하는지를 묻는 것이다.

* * *

큰 규모로 일어났던 두 가지 사례에서 우리는 꼭 필요한 해결책을 모색해볼 수 있다.

공산혁명 당시의 러시아는 유럽 역사상 유례를 찾아볼 수 없을 정도로 젊은 계층의 성적 해방을 경험했다.[10] 결혼 문제는 소비에트 기간 동안 전혀 문제 삼지 않는 것이 원칙이었다. 허무주의적이거나 낭만주의적인 러시아 인텔리겐차의 윤리관은 젊은 볼셰비키 지도자들에게 큰 영향을 미쳤는데, 이 윤리관은 현실에서 자유 결혼, 낙태 허용, 영아 유기 등의 현상으로 나타났다. 간단히 말해, 자본주의가 지켜온 것으로 잘못 인식한 반동적 편견에 반하는 모든 것이 허용된 것이다. 레닌이 그의 동지인 제트킨에게 보낸 유명한 편지를 보면, 혁명을 이끈 이 수장은

---

[10] 유사한 현상들이 제1차 세계대전 이후 서구 유럽의 젊은이들에게서도 일어났다. 하지만 차이점이 존재하는데, 러시아에서는 성문제와 관련해 '해방된' 원칙들을 '공표'했던 반면, 서구 유럽에서는 이런 절차 없이 젊은이들이 해방을 즐겼다는 것이다.

재앙 수준의 풍기문란을 묘사한 다음, '직업적 혁명가'의 처지에서, 다시 말해 '청교도적' 처지에서, 이 풍기문란을 '소시민적'이라고 지칭하며 성적 무질서를 강한 톤으로 비난하고 있다('소시민적'이라는 말이 레닌의 입에서 나왔을 때 그 의미를 모르는 이는 없을 것이다).

이로부터 20여 년이 지난 후, '풍속 재건' 사업이 시작되는데, 갑자기 새로운 윤리 관념이 생겨서도 아니었고, 박애주의적인 협회가 결성된 것도 아니었다. 다만 얼마든지 장기집권을 할 수 있다는 것을 알고 있던 독재 정권의 정책이 작동한 것일 뿐이다. 정권을 잡은 스탈린은 국가의 지도계층을 물갈이하겠다는 다음 목표가 있었다. 지도계층이 없다면 경제는 몰락하고 말 것이다. 하지만 스탈린은 '국가 유지'에는 무엇보다 혁명 1세대의 열정이 없어서는 안 된다는 점도 잘 알고 있었다. 그런데 스탈린은 바로 이 혁명 일세대의 열정을 '숙청'하려고 했다. 따라서 이런 계획을 실현하기 위해서는 사회 저변을 구성하는 핵심 단위이자 사회의 안정을 위해 꼭 필요하고 본질상 정태적인 가족이라고 하는 요소를 회복시켜야만 했다. 이는 생산제일주의를 기치로 내건 독재 정권의 작동 메커니즘 중 하나로 사회주의 국가로 하여금 이혼(엄청난 비용이 소요되도록 함으로써), 낙태, (결혼 관계에서 태어나지 않은) 영아 유기를 금지하는 일련의 금지령을 내리게 했다. 갑작스러운 이 법령들은 엄격하게 집행되었고 사람들은 심리적으로 큰 충격에 휩싸였으며, 어디를 가나 정책 선전뿐이었고 자연히 경찰력이 개인의 사생활에까지 간섭하는 일이 벌어졌다. 1930년대의 소련은 이 때문에 윤리관에 큰 변화를 맞이해야만 했다. 결혼은 이제부터 실용적, 집단적, 우생학적 목적에 맞아야만 하는 것으로 이해해야 했고, 개인의 문제는 모든 신성함, 존엄성, 합법성을 박탈당했고 따라서 무질서를 조장하기도 하는 위험성도 제거되었다.

히틀러 이전의 독일은 어땠을까? 독일도 스탈린 시대의 소련과 마찬가지로 성적 무질서 단계를 거쳤을까? 사회적 장애물들이 사라짐으로써 결혼은 외부로 드러난 폭력적 모습 없이 잘 진척되는 것처럼 보였지만 젊은층의 결혼 윤리관은 한층 심각하게 망가지고 있었을 뿐이다. 낭만주의가 시작된 고향 같은 곳인 독일에서 정념의 신화가 몰락한 것이다. 이 몰락은 얼른 보면 이질적인 요소가 모여 있는 것처럼 보이는 프랑스어권 지역보다 훨씬 복잡한 문제를 불러왔다. 대략 큰 경향만 들어보자. 제1차 세계대전 이후의 독일 문학과 예술을 지배하던 병적인 냉소주의인 신즉물주의(노이에 자할리히카이트 Neue Sachlichkeit), 비밀 단체들을 통해 상당히 일반화되어 있었고 후일 등장하는 히틀러주의의 예고편이기도 했던 동성애, 발트 해 인근 국가에서 비정규군인 게릴라의 준동, 젊은이들이 결성한 리그에 의해 자행되던 '정치 테러', 나체주의를 비롯한 자연복귀운동이 낳은 몇몇 야릇한 경향, 대학생들 사이에서 정상적인 것으로 널리 받아들여지던 '시험 약혼', (슐레겔의 『루신데』 Lucinde를 부활시킨 것 같은)[11] '삼각관계' 혹은 '사각관계'를 통한 심각한 수준에 도달한 애정의 갈등…… 이 모든 것은 결혼 제도를 구성하던 사회적 제약과 목숨을 건 사랑의 신화가 모두 사라지면서 발생한 성적 공황상태를 일러준다. 개인적인 '행복'이라는 윤리는 내면적인 무질서와 절망을 가정하게 마련인데, 위에서 열거한 현상이 지배하던 당시 독일에서는 이미 이러한 개인적인 사안이 바닥을 드러내고 있음을 알 수 있다.

그런데 히틀러의 독재 정권은 인종차별과 군사력에 기초를 둔다고 주장했기 때문에, 이러한 풍속상의 위기 극복을 최우선 과제로 삼아야만

---

[11] [역주] 『루신데』(Lucinde)는 프리드리히 슐레겔(Karl Wilhelm Friedrich von Schlegel, 1772~1829. 흔히 슐레겔 형제로 불리는 두 사람 중 동생)이 1799년에 발표한 서간체 소설이다. 공상과 개인 중심적인 윤리관을 표현했으며 성 해방도 주장하는 등 상당히 선구적인 작품이다.

했다. 이렇게 해서 히틀러는 '행복'과 '위험한 인생'을 모토로 하는 젊은 이들의 반사회적 성격의 이상을 몰아내기 위하여 집단적 이상을 주장하기 시작했다. "*Gemeinnutz geht vor Eigennutz!*"(공동의 이익은 개인의 이익에 우선한다)라는 주장은 이렇게 해서 나온 것이다. 이 구호가 선언되자 곧이어 모든 수단을 동원했다. 공연, 전시, 교육 프로그램, 심지어는 종교적 행사마저도 이 구호를 위해 동원되어(앞서 우리가 제4권에서 말했듯이) 총통으로 상징되는 국민국가라는 이데올로기만이 유일하게 합법적이고 가능한 정념으로 받아들여지는 거대한 집단심리적 전이 작용이 일어났다.

그 결과 우선 여성은 낭만적 이미지를 박탈당하고 만다. 이제 여성은 결혼의 상대로만 인식될 뿐이었다. 다시 말해 아이를 낳고 일정한 나이가 되어 당이 교육을 책임질 때까지 양육하는 것이 여성의 할 일이 되었다(당은 4, 5년 동안 아이들을 교육했다). 또한 히틀러는 우생학적 성격을 지닌 일련의 조치를 내렸다. '약혼녀들의 학교'를 개설하여 미래의 SS(*Schutz Staffeln*, 체제 유지와 보호를 위한 소조직으로서 인종적 우월의식을 목표로 선발된 청년 조직)의 아내가 될 여인들을 양성하기 시작한 것이다. 이 여인들은 모두 금발이어야 했고 아리안 혈통으로 키가 최소 173cm는 되어야만 했다. 이제 '구원의 여성'으로서의 무의식 속에 자리잡고 있던 여자의 이미지는 완전히 사라졌으며 외국에서 들어온 유행과 패션을 즐기는 여성의 이미지도 없어졌다. 대신 국가선전부의 과학 위원회가 정한 전혀 새로운 여성의 이미지가 자리를 잡았다. 1938년에는 독일의 전 여성을 상대로 하는 유사한 학교들이 문을 열었으며 행정령이 공표되어 결혼도 '국가의 이름으로' 하도록 했다. 이런 무모한 시도의 최종 목적은 의심의 여지 없이, 통계에 따라 산출된 기준에 따른 우생학적 근거에 합당한 결혼만 허락하겠다는 것이었다. 요컨대 개인의 '취향'과는 전혀 무관한, 따라서 개인의 '정념'과는 아무런 관련도 없는,

사회적, 인종적, 생리학적 기준들이 결혼을 지배하게 된 것이다. 각자는 '결혼 카드'가 있어야만 했다. 이러한 결혼 제도는 옛날 스파르타의 전설적인 입법자인 리코르고스의 정신을 거의 그대로 이어받은 것이다. 스파르타와 히틀러의 독일은 모두 결혼을 전투를 위한 군사적 대비의 일환으로 여겼다.

* * *

스탈린의 실험은, 현재 러시아 사회주의 연방 공화국 청소년들의 풍속을 보건대 반 정도만 성공을 거두었다고 할 수 있다.[12] 나치 역시 이제는 지나간 과거의 일이다. 하지만 아직도 전체주의의 유혹은 남아있다. 우리가 살고 있는 민주주의 국가들도 언젠가, '과학'이라는 이름으로 혹은 사회 위생을 위하여 라는 명분을 내세우며 이런 유혹에 빠져들 수 있다고 생각해 볼 수도 있다. 우생학에 따른 강요된 정책이 시행되면 우리의 윤리가 붕괴되는 곳부터 시작하여 성공을 거둘 것이며, 그러면 정념의 '영적인' 필요성도 사라지고, 따라서 인공적으로 정념을 만들 필요성마저도 없어질 것이다. 궁정 사랑은 이렇게 해서 대단원의 막을 내리는 것이다. 정념의 서양 문명도 삶을 다하고 새로운 서양문명이 탄생할 것이다. 실험실에서 태어날 예측 불허의 서구 문명이 태어날 것이다.

---

[12] [역주] 드니 드 루즈몽의 이 책은 1938년에 초판이 나왔고 이후 1956년에 개정판이, 그리고 1972년에 증보판이 출간되었다.

6. 위기의 의미

현재의 유럽을 좀 더 잘 살펴보기 위해서는, 유럽의 오래된 관행과 제약에서 벗어난 또 다른 유럽인 미국을 보아야 한다. 지난 7천 년 동안 계속 이어져 내려온 그 어떤 인류의 문명도 미국 땅에서 시작된 로맨스라고 불리는 이 특이한 사랑에 우리가 매일 대하는 광고를 퍼부은 적은 없다. 영화, 광고 전단지, 잡지에 글과 함께 실리는 카피들, 대중가요와 이미지들 그리고 대중적인 윤리와 심지어 로맨스를 경멸하는 것까지……. 모두 로맨스를 광고하고 있다.[13] 그뿐만 아니라 일찍이 그 어떤 문명도 늘 위험한 관계에 있는 결혼과 '사랑'을 이토록 나이브한 확신을 갖고 결합시키면서 결혼을 로맨스에서 비롯한 것으로 결론을 내린 예가 없다.

1947년, 전화국이 파업을 하는 동안, 미국의 한 작은 마을인 화이트 플레인즈에서 보조근무를 하는 교환양에게 긴급전화가 걸려왔다. "내 여자친구와 나는 결혼을 하려고 합니다. 그래서 판사를 한 사람 찾고 있는 중인데요. 급한 일이지 않습니까?"[14] 전화를 받은 교환양은 곧바로 이 전화를 긴급전화로 승인했다. 이 이야기는 다음 날 '사랑이 긴급상황으로 처리되었다'라는 제하의 기사로 신문에 보도가 되었다. 그냥 웃어 넘길 별 의미 없는 기사일수도 있지만, 미국인이 극히 자연스럽게 받아

---

[13] 로맨스라는 말은(음유시인들이 사용했던) 속화된 라틴어인 로망어에서 유래한 말로 일정한 감정 상태와 사랑의 풍습을 지칭하긴 하지만 프랑스어에는 적절하게 옮길 수 있는 단어가 없다. 로맨스라는 말에는 감상주의와 에로티시즘, 가벼운 연애와 신파조의 비극, '글래머'와 성적 본능, 현실순응적인 윤리관과 개인적인 연애 등이 뒤섞여 있다. 로맨스는 헐리우드에서 만들어낸 말이다.

[14] *"My girl and I want to get married. We're trying to locate a Justice of peace. Is it an emergency?"* 신문기사의 제목은 《*Love is classified as un emergency*》였다.

들이는 믿음을 일러준다. 이런 점에서 이 일화는 흥미롭다. 우선 이 이야기에서 '사랑'과 '결혼'이라는 두 말이 동등한 가치가 있다는 사실을 알 수 있다. '사랑한다면' 즉각 '결혼을 해야 하는 것'이다. 이 에피소드는 또한 우리가 미국 영화, 소설, 만화 등에서 늘 보던 대로, 사랑은 대개의 경우 어떤 장애물도 극복할 수 있다는 미국인의 믿음도 일러준다.

미국에서 볼 수 있듯이 소설과도 같은 사랑이 수많은 장애물을 극복한다 해도, 실제로는 극복하기 거의 불가능한 장애물이 없는 것은 아닌데, 그것이 바로 세월이다. 그런데 결혼이란 세월을 견디기 위한 사랑의 제도다. 만일 그렇지 않다면 결혼은 아무런 의미도 없다. 바로 이 모순이 현대가 겪는 위기의 한 비밀스러운 원인인데, 이혼 통계를 보면 이 위기의 규모를 짐작할 수 있다. 미국이 바로 이 통계에서 가장 많은 이혼율을 보이는 국가다. 불안정한 사랑임에도 불구하고 결혼을 하겠다는 욕망은 이혼으로 이어지며 미국 네바다 주에서 가장 빈번하게 일어난 현상이다. 원자폭탄이라는 주제를 다룬 것이라 해도 만일 영화를 만들 때(에로티시즘이 아니라) 일종의 마약과도 같고, 미국인이 love interest라고 부르는, 소설에서나 볼 수 있는 사랑 이야기를 첨가하도록 요구를 한다면 이는 곧 결혼이라는 병을 옮기는 바이러스를 퍼뜨리는 행위와 다름없다. 미국에 널리 퍼져있는 이 결혼과 사랑의 이야기를 다룬 값싼 영화들은 결코 치유책이 아니다.

로맨스에는 나름대로 장애물도 있고 짧지만 흥분의 순간과 이별도 있다. 반면 결혼은 일종의 친숙한 습관이며 가까이 있는 일상일 뿐이다. 이렇게 보면 로맨스라는 것은 옛날 음유시인들의 '멀리 있는 사랑'이라고 볼 수 있고, 결혼은 '가까이 있는 사랑'이다. 따라서 만일 로맨스 덕분에 결혼을 하게 되면 로맨스가 사라지는 순간 사람들은 성격과 취향의 차이를 둘러대지만, 속으로는 '내가 왜 결혼을 했지'라고 스스로 자문을 하게 마련이다. 이것은 사랑의 논리상 극히 정상적인 일인데, 이런 자문을 하는 이들은 대개 소설, 영화 등을 통해 널리 퍼진 로맨스라는 바이러스에 중독되어 남편이나 부인 이외의 다른 상대와 사랑에 빠지게 되며, 이 역시 사랑의 논리를 생각해 보면 정상적인 현상이다. 사람들은 재빨리 이혼을 결심하고 새로운 행복을 가져다 줄 것 같은 새로운 사랑을 찾아 나서는데 아주 논리적으로 진행되는 수순을 따라간다. 새로운 사랑, 새로운 결혼, 새로운 행복은 모두 동의어이다. 순간적인 흥분 상태에 빠져 권태에서 벗어났다고 생각한 남자는 '두 번째 부인으로 네 번째 결혼을 하는 여인을 맞아들이는 것이다.' 미국인은 이렇게 자신에게 맞는 사랑을 '조정'해 나간다. 미국인은 결혼을 할 때 늘 '가장 행복할 때나, 가장 슬플 때나'라고 선서하지만 이런 선서를 통해 맺어진 사랑은 결코 '조정'을 하려고 하질 않는다. 미국인은 비록 새로운 실험이라는 것이 시작부터 이전의 실패를 불러왔던 똑같은 동기로 이미 실패할 확률이 높음에도 불구하고 오직 새로운 '실험'을 통해서만 이 사랑의 조정 작업을 하려고 한다. 바로 이런 이유로 미국에서는 이혼이 유럽보다 훨씬 정상적인 것으로 여기며 큰 재앙으로 받아들여지지 않는다. 반대로 유럽에서는 이혼이란 사회적 혼란을 불러오며 추억과 공동의 경험이라는 유산을 상실하는 행위로 여긴다. 같은 현상을 두고 미국인들은 전혀 다른 의견인데 미국인들은 오히려 이혼이 삶에 질서를 부여하며 새로운 미래를 열어주는 기회로 생각한다. 유럽과 미국의 이 차이는 저축 경제가 소비 경제와 서로 다른 것처럼, 과거를 간직하려는 생각과 좀 더 분명한 무엇인가를 다시 건설하기 위해 그 어떤 타협의 여지도 없이 백지상태에서 다시 시작하려는 생각의 차이로 나타난다. 그러나 미국인이 진정으로 타협을 혐오한다면 실제로는 결혼 자체가 이런 태도와는 모순이다. 결혼을 해서 자신의 미래에 투자하고 설계해 나가고자 한다면, 이 미래를 축복으로 여기지 않을 수도 있다고 미리 예측하는 것은 결코 신중한 처신이 못 된다. 한 젊은 백만장자 여인은 결혼 전날, '처음으로 결혼을 하게 되어서 기적이 일어난 것처럼 믿어지지가 않아요'라고 말했다(결혼은 여러 번 해도 되는 것으로 여기고 있던 이 여인은 그 다음 해에 이혼을 했다).

많은 이들이 이혼을 금지하거나 아주 어렵게 만들어야 한다고 제안하고 있다. 하지만 내가 보기에는, 이제는 통용되지 않지만 사회적, 종교적 환경과 부와 교육의 정도를 고려하지 않고 결혼을 하기 위해서는 '사랑'만으로 충분하다고 하면서 결혼을 너무 쉽게 만들어 놓았기 때문에 이런 현상들이 일어난 것이다. 결혼을 하고자 하는 두 당사자는 만일 그들이 생각하는 결혼이 오래 이어지고 평온과 서로를 일깨워줄 수 있는 결혼이라면, 그래서 진정한 의미의 '공존'이라면, 두 사람이 함께 채워 나가야 할 새로운 조건들이 있을 것이다. 나아가 어떻게 하면 두 사람의 결합이 오래 지속될 수 있도록 가능한 한 최대의 기회를 허락할 수 있는지 실험하는 과정도 필요하다. 인생의 목적이나 삶의 리듬, 서로가 하고 싶은 일들이나 소명, 성격과 기질 등을 테스트하고 실험할 필요가 있다. 결혼을 원한다면, 다시 말해 오래가는 사랑을 원한다면 이러한 결혼의 조건들을 받아들이는 것이 정상이다. 하지만 이런 식의 변화는 서구인이 태생적으로 갖고 사는 진정한 정념은 아니라 해도 적어도 정념에 대한 향수 같은 것이 지배하는 세계에서는 거의 아무런 효과도 얻지 못할 것이다.

사회적으로 균형이 갖추어진 결혼, 따라서 개인의 처지에서는 거의 우연히 찾아오는 이 행운의 결혼은 오직 '사랑'만으로 결정되는 결혼보다 결코 기회가 적은 것은 아니다. 그러나 서구의 역사는 부족의 지혜에 따라 일을 결정하던 시대에서 개인이 홀로 스스로의 위험을 짊어져야 하는 시대로 옮겨지는 과정을 밟아왔다. 역사의 이런 변천 과정을 거스를 수는 없으며 따라서 변화를 인정하고 받아들여야만 한다. 역사는 집단의 운명을 결정하며 집단의 운명과 함께 생성되는 개인의 결정 역시 역사의 지배를 받기 때문이다.

* * *

현재 유럽과 미국이 겪고 있는 결혼의 위기는 여러 가지 복잡하고 깊은 이유에서 비롯되었으며 로맨스는 이 수많은 이유 중 하나에 지나지 않는다(물론 나는 이 책의 주제 때문에 로맨스를 강조했다). 사회적 안정보다 우선하는 개인의 행복 추구와 선서의 의미보다 더 중요한 심리적 변화는 소설과 같은 미디어가 만들어 놓은 콤플렉스일지도 모른다. 물론 현실의 여러 다양한 분야와 계층에는 이런 요소 이외에 결혼과 사랑에 영향을 주는 사회적이고 동시에 심리적인 그 이상의 더 많은 변수가 있다.

여성 해방(직업을 갖게 되고 남녀평등을 주장하는 등)이 결혼의 위기를 만들어 낸 주된 이유 중 하나일 것이다. 또 범박한 심리학 이론들이 대중화된 것도 한 이유로 볼 수 있다. 다시 말해 프로이트가 밝혀낸 콤플렉스, 억압, 노이로제의 원인들에 대해 아주 초보적인 지식밖에 없다고 해도 20세기 현대인은 이전 세대의 사람들보다 결혼과 결혼생활이 훨씬 더 까다로워진 것이 사실이다. 이 까다로운 요구들은 '인문과학'이 널리 보급되면서 갈수록 늘어났다. 초기 인문과학은 망설이면서 불명확한 이론을 내놓았지만 그것만으로도 서구인의 정신은 눈에 보이게 달라지기 시작했다. 마지막으로 몇몇 징후가 좀 더 심각한 현상을 예고하고 있는데 이 현상은 어쩌면 12세기 당시 사람들의 마음을 지배했던 현상과 비슷한 것인지도 모른다. 이는 앞서 제2권에서 우리가 '샤티çakti의 부활'로 불렀던 현상이다. 가톨릭교회에서 성모학이 다시 강하게 대두되었고 성모를 경배하는 대중적인 미사도 성대한 규모로 다시 보게 되었다.[15] 융과 그의 학파는 최근에 소피아, 예지, 영원하신 동정녀 성모에 대해 저서들을 펴내기도 했다.¹⁶ 나아가 유럽 문학의 아방가르드 작가들이 보여주는 이단 카타리파에 대한 재발견과 늘어나는 관심, 이성적 인간의 구원자로 여겨지는 '여인 아이'Femme-Enfant 숭배 혹은 언제 터져 나올지 모르는 부권사회에 대한 페미니즘의 복수¹⁷ 등, 이 모든 것이 오늘날을 사는 현대인의 정신적 상태가 하시라도 급격하고도 광범위한 변화를 맞이할 것임을 예고하고 있다. 이 광범위한 변화가 어떤 원칙에 따라 일어나며 그 의미가 무엇인지 우리는 파악할 수가 없다. 아직 드러나지 않았기 때문이다. 비록 우리로서는 그 징후가 혼란스럽게 곳곳에 흩어져 있으며 수미일관하지 못하고 그래서 겨우 표면에 드러난 것만 볼 수 있을

---

[15] [역주] 성모학(Mariologie)은 성경에 나타난 동정녀 성모 마리아를 신학적으로 연구하는 분야다. 성모의 영성과 예수의 모친으로서의 영적 권위 등이 주요 분야인데, 성모 경배는 중세 시대부터 있어왔지만 1854년 교황 피우스 9세의 칙서(Ineffabilis Deus)를 통해 성모의 무염시태가 정식 가톨릭 교리로 선포됨으로써 활기를 띠게 된다. 성모 출현, 성모 도상학 등도 주요 분야이다.

[16] 융(Carl Gustav Jung, 1875~1961)의 『욥에게 보내는 회답』(Antwort auf Hiob, 1952)를 볼 것. 이 책에서 융은 망설임없이 1950년에 선포한 가톨릭의 성모 승천 교리의 중요성을 강조하며 이 교리 선포가 종교개혁 이후 최대의 종교적 사건이라는 주장을 폈다. 앙리 코르뱅(Henry Corbin)의 「영원한 소피아」(Sophia éternelle)도 참조할 것. 『유럽문화지』(Revue de Culture européenne) 5권, 1953.
[역주] 스위스 태생의 의사이자 정신분석가였던 융은 논란이 많은 그의 저서 『욥에게 보내는 회답』에서 구약의 『욥기』를 활용하여 유대교와 기독교의 유일신 신앙에 이의를 제기한다. 융은 사탄이 '하나님의 왼손이듯이' 선과 악은 하나님 안에서 하나로 합일된 채 존재한다고 보았다.

[17] 페미니즘은 앞서 카타리파와 궁정 사랑을 논하며 소개했던 저작들 이외에 특히 앙드레 브르통의 『아르칸느 17』(Arcane 17), 쥘리앵 그라크(Julien Gracq)의 서정적 소설들, 로버트 그레이브스(Robert Graves)의 연구들 그리고 모계사회에 대한 아드리언 투렐(Adrian Turel)의 연구들을 볼 것.
[역주] 앙드레 브르통의 『아르칸느 17』은 1944년 미국에 피신해 있을 당시 캐나다 동부 해안을 여행하며 쓴 시와 산문이 섞여 있는 작품이다. 제목은 별이 표시된 17번째 타로카드와 입 속의 혀를 닮은 히브리 문자의 17번째 글자를 나타내며 타로카드와 글자의 유사성에서 착상하여, 생명의 근원인 여성을 모든 집착과 쾌락의 중심에 위치한 존재로 파악하는 신비주의적 분위기의 작품이다.

뿐이지만, 이 변화는 앞으로 서양의 역사를 연구할 역사가들에게는 서구가 직면한 위기를 풀 수 있는 열쇠를 제공할지도 모른다.

* * *

　결혼 때문에 수많은 남자와 여자가 견디어내야 하는 모순과 갈등을 해결하고자 하는 수많은 시도가 있지만 이 모든 것이 얼마나 헛된 것인지 우리는 잘 알고 있다. 어쩌면 이 모든 노력은 우리가 알지 못하는 사이에 종합될지도 모른다. 각 개인은 이 노력이 어떤 결말에 이르고 종합을 이룰지 알 수가 없다. 내가 여기서 아무리 후대 사람들에게 좋은 해결책이라고 칭찬을 들을 제안을 한다 해도, 이 제안은 지금 여기서는 별 효과를 내지 못할 것이다. 나아가 설사 내 제안이 받아들여진다고 해도 지금으로서는 긍정적인 결과가 아니라 부정적인 결과를 더 많이 가져올 것이다. 그래서 내가 그런 해결책을 찾았고 또 나와 함께 같은 시대를 사는 사람들에게 그 해결책을 따르자고 할 힘이 있다 해도 여기서는 그 어느 행동도 삼가는 것이 좋겠다.

　우리가 겪고 있는 위기는 우연히 일어난 사고가 아니다. 이 위기를 잘라 낸다는 것은, 열을 내리게 하는 것과 마찬가지로, 치료가 아니라 오히려 어느 날 위기의 비밀을 알게 될 기회를 잃어버리는 중대한 실수가 될 수도 있다. 동시에 지금 당장 위기의 해결책을 운운하는 것은 일종의 사기이기도 하다. 해결책이라는 것이 기껏해야 균형이 존재했던 옛날로 돌아가자는 것일 수도 있는데 오늘날의 위기는 이 옛날의 균형이 얼마나 불안한 것이었는지 잘 일러주고 있다. 해결책이 과거로 돌아가는 것이 아니라 정반대로, 우리 모두의 미래를 위한 이론이나 원칙을 제시하는 것이라면, 오랫동안 기다려야 하는 그 결과는 우리가 겪는 위기의 의미를 우리 스스로도 모를 때에 나타날 것이고, 따라서 그때가 되면 결과를 평가할 수도 없게 되어버리고 만다.

오히려 해결책은 위기를 겪으면서 우리가 대하게 되는 우리 자신과, 우리의 은밀한 기원 그리고 구체적인 경향에 대한 메시지를 해독하고 모호한 대로 새로운 현상과 사건을 참고하여 그 의미를 파악하는 것일지도 모른다. 우리를 지배하는 현실 속의 경향은 어쩌면 우리로 하여금 사고하고 행동하게 함으로써 그 자체로 창조적인 것이 될 수도 있지만, 우리가 맞서 싸우면서 저항할 때 모습을 드러낼 것이다.

결혼을 둘러싸고 있는 위기를 그 위기가 가져다줄지도 모르는 폐해를 멈추게 할 욕심이 지나쳐 윤리적, 사회적 방법을 동원하거나 혹은 과학적 방법을 통해서라도 해결하려고 하는 것은 위기의 본질을 지나친 채 아무렇게나 대처하는 것과 다름없다. 그래서 부부 사이의 새로운 균형을 찾아주어야 하는데 이는 성공하기 어려울 것이다. 부부 사이의 새로운 균형은 늘 서로 동시에 충족시켜주어야 하는 상충되지만 모두 정당성을 지닌 요구 사이의 균형이며, 사회적 안정과 변화 사이의 균형이고, 나아가 인류라는 종과 개인 사이의 균형일 것이다. 마지막으로 이 균형은 인간 개개인의 완성과 이 완성을 자극하고 심판하는 절대자 사이의 균형이기도 하다.

07 사랑의 결단과 부부 사이의 충절

1. 결심을 해야 하는 이유

결론에 도달할 즈음, 이 책의 가장 비밀스러운 의도가 무엇인지 책을 쓰는 당사자인 나도 의혹이 들었다. 이런 고백이 엉뚱하게 보일 수도 있을 것이다. 하지만 인정하지 않을 수 없는 몇 가지 깊은 이유가 있다. 처음에 나는 정념을 일정한 시기, 일정한 공간에서 측정 가능한 요소들의 움직임에 따라 발생한 고유의 논리가 있는 단일한 역사적 현상으로 묘사하고 싶었다. 그래서 정념의 신화에 있는 비밀을 어느 정도 파악해 낼 수 있다고 생각했다. 물론 이 비밀을 발견해 낸 것이 그 자체로 꼭 대단한 일이 아닌 것만은 아니다. 하지만 이제 정념이란 것이 과연 묘사가 가능한 것일까 하는 의혹이 든다. 인간 삶의 여러 현상이나 방식을 묘사할 때에는, 비록 그런 것들에 반대하는 생각으로 일을 시작했다고 해도, 그 삶에 직접 참여해 본 경험이 없이는 제대로 된 묘사를 할 수가 없다. 나로서는 정념을 인정하거나 거부하는 일이 과연 어떤 의미가 있을지 확신할 수가 없다. 정념을 비난하는 것을 지적 태도의 기준으로 삼는 것은 얼마나 허황된 일인가. 어떤 대상을 향한 것이든, 정념은 결코 '정당하다'고 주장할 수 없고 또 그렇게 주장하고 싶어 하지도 않는다는 사실을 아는 것만으로도 이 점을 확인할 수 있다. 다시 말해 정념은 꼭 지식인만이 아니라 누구라도 이성의 잣대로 보면 반대하지 않을 수 없다. 정념을 선택한 인간은 바로 스스로 과오를 범하는 길로 들어선 것이며 세상 사람들도 다 그렇게 바라본다. 즉 그는 돌이킬 수 없는 중대한 과오를 범한 것이며 그리하여 삶 대신 죽음을 선택한 것이기도 하다.

그러면 매혹당한 채, 한 시도 시선을 뗄 수 없는 이 악마한테서 벗어날 길은 무엇인가? 사랑에 끼어드는 정념을 공격하기 위해서는 정념의 사랑보다 훨씬 강력한 힘이 있는 영적 힘을 키워야 할지도 모른다. 이단의 원시적인 유설에 맞서는 정통 가톨릭의 영적인 힘 같은 것이라도 필요하다. 세속적인 도움을 받을 수 없다면 이 정통 가톨릭의 영적 힘은 더욱 공격적인 힘을 제공할 것이다(물론 십자군 운동 같은 것을 말하려는 것은 아니다. 전체적으로 보면, 십자군 운동은 그 자체가 정념을 이용한 운동이었기에 실패로 여길 수 있다). 정념이란 결국 그 기원을 보거나 파국을 보거나 인간과 하나님에게 실수를 물을 수 있는 문제가 아니라 — 그리고 심지어 윤리적 실수도 아니다 — 오히려 스스로 신이 되고자 하는 인간이 내리는 가장 중요한 결정에 관계된 문제이다.[1] 냉혈 동물인 뱀이 — 그 순수하고 차디찬 미소를 지으며 — 인간이 영원히 속을 수밖에 없는 약속을 속삭이면서 다가올 때 정념은 우리의 가슴 속에서 뜨겁게 타오를 것이다. *"eritis sicut dei."*[2]

만일 어떤 윤리주의자가 죽음에 이르는 길이며 사랑하는 본인을 신격화하는 길인 정념의 세계로 들어선 인간에게, 그 길이 파멸의 길임을 '증명'해 보이고 지상의 모든 이유를 들어 반대하며, 흔히 삶의 지혜라

---

[1] 나는 『트리스탕』의 사례만을 들어 말할 뿐이다. 기독교에 근거한 결혼에도 여러 가지 유형의 정념이 있다. 그리고 이 기독교적 결혼에도 다양한 상태가 존재하며 따라서 정념도…….
[2] [역주] *eritis sicut dei scientes binum et malum*. '선과 악을 앎으로써 너도 신이 될 수 있다'는 라틴어 표현으로 창세기에 나오는 사탄의 말.

고 하는 것을 충고한다면 이 사람은 얼마나 순진한 인간인가! 정념에 사로잡힌 사람에게는 이미 지상의 것들이 경멸의 대상일 뿐이며 삶은 다시 회복시켜야 할 과오에 지나지 않기 때문이다. 오히려 이런 사람이 스스로 삶을 포기하기 전에 그를 죽이는 것, 그가 원하는 방식이 아닌 다른 방식으로 그를 죽이는 것, 바로 이것이 정념을 극복하고자 하는 자에게 필요하다.

정념이 뿌리를 내리고 있는 문화적 환경에서 정념을 제거하는 일은 어쩌면 국가가 담당해야 할 일인지도 모른다. 국가는 문화적 환경의 정신적 위생을 생각해야만 한다. 우리가 살고 있는 오늘날은 치료법과 종교적 구원론을 혼동하고 있지만(다시 말해 위생학 법칙들과 기독교적 구원론을 혼동하고 있지만), 국가가 문화적 환경을 정화하는 작업을 할 수도 있음을 예견하는 여러 정황이 있다. 인간적인 관점에서 보면 우리의 정념을 치료할 수 있는 방법은 국가에서, 다시 말해 이 익명의 구세주 한테서 나올 수도 있다. 국가가 순수한 민족이라는 명분을 내걸고 전쟁을 하여 정념이라는 과오를 영광스러운 것으로 만들면서 삶이라는 과오를 비롯해 우리의 모든 과오를 책임지는 그런 시대가 올 수도 있음을 예견할 수 있는 것이다!

하지만 지금 여기서 살고 있는 내가 보기에, 미래에도 문제의 출구는 없다.

만일 인간이 – 모종의 결정을 내린 인간이 – 스스로의 욕망을 깨닫고 가장 은밀하게 원하는 것들을 깊이 들여다보기가 진정 불가능하다고 하더라도, 적어도 그 인간은 그의 행동을 인식하고 그 행동의 결과 때문에 자신이 위험을 감수해야 할 또 다른 결정을 내려야만 하는 상황을 인정할 수는 있을 것이다. 이런 전제 하에서 나는, 나 자신의 인생에서 내가 경험한 그대로를 되돌아보며, 각자가 내릴 수 있는 개인적인 결심을 말해보고자 한다. 따라서 나는 어떤 종류의 해결책을 제안하려는 것이 결코 아니다. 이런 해결책은 존재하지도 않을 뿐만 아니라, 존재한다면 단 하나밖에 없기 때문인데, 그 해결책이란 각자가 선택할 수밖에 없다. 나머지 해결책을 말하는 것은 신중한 일이 아니다. 하지만 모든 것에도 불구하고 책 한 권 전체를 할애하여 정념을 논하면서, 정념의 문제에 부딪쳤을 때 개인이 내려야 할 결심에는 입을 다문 채 정념이란 존재하지 않는다는 식으로 문제를 추상적으로 방치해 놓을 수는 없다 - 이럴 경우 정념을 말한다는 것은 한가한 지적 유희에 지나지 않는다. 그래서 우리의 삶을 결정하는 선택을 말해야만 한다.

2. 결혼에 대한 비판

진정한 정념에 맞설 수 있는 이성이 없다면 결혼을 효과적으로 정당화할 수 있는 이성도 없는 셈이라고 할 수 있다. 따라서 여러 훌륭한 사람이 결혼을 반대하며 제시했던 논리들이 '절대로' 옳은 것일 수밖에 없다.

이성을 앞세우면서도 문학과 예술에 무지한 사람들은 언제나 낭만주의자들에게 비웃음을 당했고 이들 앞에서 늘 마음 한구석이 찜찜함을 느꼈다. 문학과 예술에 무지한 사람들이 내세우는 이성은 진실이긴 했지만 단순하기 그지없는 것이었다. 그들이 주장하는 '가정의 평화'는 말하기 좋아하는 사람들이나 정치가들의 웅변이었고 혹은 부르주아지가 입에 달고 다니는 말이거나 학교에서 아이들을 가르칠 때 하는 말에 지나지 않았다. 톨스토이는 그래서 '가정의 평화'를 '지옥'으로 묘사했다. 그의 말에 전적으로 신뢰를 보내야 할 것이다! 남자와 여자, 두 개의 젠더로 이루어진 인류가 전체적으로 선량하기보다는 사악한 존재인 한 - 아니면 약간은 노이로제에 걸린 채 살아가는 존재인 한, 남성과 여성이 짝을 이루어 산다고 해서 하루아침에 천사가 될 리는 없다. 부부에게 천사가 되어달라고 하는 것은 현실을 몰라도 너무 모르는 이야기이다. 어쩌면 이 현실은 이제 덧붙일 말이 필요 없는 가장 진지한 문제일지도 모른다. 어느 집이건 대문을 열고 들어가서 물어봐도 같은 답을 얻을 수밖에 없을 것이다. 저녁이면 기진맥진한 상태로 퇴근해서 집으로 돌아오는 남편과 남편을 맞이하는 시무룩한 부인의 침묵, 가정의 평화는 이렇게 해서 유지되는 것 같지만, 이 평화는 열이면 아홉, 자질구레한 일들 때문에 깨지기 시작해서 급기야 신경질적인 짜증과 잔소리로 이어지며 깨지고 만다. 회사원의 집이든 노동자의 집이든 들어가 집주인들 모르게, 아름다운 가정의 평화를 위해 두 부부가 나누는 '평화로운' 대화를 녹음해 보자. 모르긴 몰라도 두 사람이 나눈 대화를 검열을 해서라도 가정의 평화와 관련된 듣기 좋은 말만 골라내야 할 것이다.

낭만주의자들이 옳았다. 현실주의자들이 옳았다. 책을 낼 것인지 아니면 아이들을 만들어야 할 것인지 결정해야 한다고 사제들이 성직을 걸고 말했을 때 그들도 옳았다. 니체도 말했다. "*aut liberi aut libri.*"[3]

정념을 '예술적 단계'로 접어든 삶의 최고 가치로 찬양했던 키르케고르는 그 누구보다도 옳았다. 물론 키르케고르는 이어 결혼을 삶의 '윤리적 단계'에서 결혼을 찬양하며 정념을 극복해야 한다고 말했으며(윤리적 단계란 키르케고르에게 인생이 가장 충만한 단계를 말한다) 나아가 '종교적 단계'에서는 이 결혼마저 장애물이 되기 때문에 결혼을 비판했다. 그가 보기에 결혼은, 신앙을 통해 영원한 것을 성취하려고 하는 바로 그 순간에 인간을 시간에 얽매이게 하는 것이었다! 누구보다 옳은 말을 한 키르케고르에게 우리는 뭐라고 답할 것인가? 그는 문학과 예술에 무

---

[3] [역주] 니체의 이 말은 1888년에 발표된 『우상들의 황혼, 어떻게 망치를 가지고 철학을 할 것인가』에 나오는 말로 '책들도 아이들도' 위안이 안 된다는 뜻임.

지한 속물과 낭만주의자 모두를 옳다고 보았으며 그래서 그들이 스스로의 선택에 의혹을 품을 때, 그 순간을 수치스럽게 여기게 했다. 하지만 키르케고르는 단지 맥주집 과부와 결혼한 노동자나 왕의 딸을 사랑한 정신 나간 젊은이만이 아니라 종교가 행복한 사랑의 대상이 되어야만 한다고 생각하면서 종교적 생활을 결혼으로 여겼던 경건한 인간도 모두 짓눌러 버렸다. 죄인인 인간의 하나님을 향한 사랑은 '본질적으로 불행한 사랑'일 수밖에 없다. 기독교인의 하나님을 향한 이 불행한 사랑만이 진실일 뿐, (행복을 포함해) 인간의 모든 의무는 우리를 신으로부터 떼어 놓으려고만 한다. 키르케고르는 처음에는 독신을 거부하는 목사들을 비난했고 이어서 루터와 칼뱅도 결혼을 했다는 이유를 들어 비난했다. 나아가 그는 신부들도 결혼을 장려했다는 이유로 비난했다. 그는 성 바울도 결혼을 용납했다는 이유를 들어 비난했다(오직 예수님만이 기독교인으로 산 것이다!). 이 과격한 논리를 펴는 키르케고르에게 반박을 할 수 있을까? 기독교를 믿지 않는 이들은, 낭만주의자들의 주장이 설사 그들의 윤리와 배치되더라도 낭만주의자들의 논리를 들어 키르케고르를 논박할 것이며, 마찬가지로 기독교인들도 인본주의적인 논리에 의지하여 성 바울의 논리를 주장할 것이다. 성 바울이 한 말을 직접 읽어보자.

> 남자가 여자를 가까이 아니함이 좋으나, 음행을 피하기 위하여 남자마다 자기 아내를 두고 여자마다 자기 남편을 두라. (중략) 아내는 자기 몸을 주장하지 못하고 오직 그 남편이 하며 남편도 그와 같이 자기 몸을 주장하지 못하고 오직 그 아내가 하나니 서로 분방하지 말라. 다만 기도할 틈을 얻기 위하여 합의상 얼마 동안은 하되 다시 합하라. 이는 너희가 절제 못함으로 사탄이 너희를 시험하지 못하게 하려 함이라. 그러나 내가 이 말을 함은 허락이요 명령은 아니니라. (중략) 만일 절제할 수 없거든 결혼하라. 정욕이 불같이 타는 것보다 결혼하는 것이 나으니라. (중략) 오직 주께서 각 사람에게 나눠 주신

대로 하나님이 각 사람을 부르신 그대로 행하라. (중략) 각 사람은 부르심을 받은 그 부르심 그대로 지내라. (중략) 세상 물건을 쓰는 자들은 다 쓰지 못하는 자같이 하라. 이 세상의 외형은 지나감이니라
—고린도전서, 7장, 1절~31절

바울은 이어 마지막 말을 한다.

장가가지 않은 자는 주의 일을 염려하여 어찌하여야 주를 기쁘시게 할까 하되 장가간 자는 세상일을 염려하여 어찌하여야 아내를 기쁘게 할까 하여
—고린도전서, 7장, 32~33절

* *
*

결혼에 반대하는 모든 논리는 옳다. 따라서 그 논리가 - 이죄를 생각해서 나온 - 낭만주의자의 관점이든, 아니면 - 출간된 저서를 믿는다면 - 완벽한 성직자의 관점이든, 혹은 하나님을 믿는 순수한 영혼의 관점이든 숨겨놓을 필요가 없다.

결혼을 인정하는 것은 이제 결혼에 대한 첫 두 비판을 넘어서서 세 번째 비판으로 나아갈 때, 즉 비인간적이지만, 완벽해져야 한다는 요구를 잊지 않으면서, 이 요구를 해결하려고 하지 말고 영원히 해결되지 않는 문제로 여긴 채, 인간적인 논리 속으로 다시 떨어질 때마다 우리를 붙잡아 주는 지침으로 삼을 때에만 가능하다.

나는 여기서 결혼 그 너머의 세계, 모든 인간적 논리 그 너머의 세계를 말하는 대신, 즉 (남자도 여자도 없는) 하나님의 왕국을 여기서 말하는 대신, 그에 비하면 한없이 보잘것없는 완벽함에 대한 나의 비전과 소망만을 말하고자 한다. 다시 말해 불완전하지만 나름대로 균형을 잡아야만 하는 결혼에 대한 나의 비전과 소망만을 말하려는 것이다. 만일 내가

이 균형을 잃어버린다면 나는 피조물로서 내가 처한 조건에 반항하는 수밖에 달리 방도가 없다. 반대로 내가 이 균형을 너무나도 쉽게 유지할 수 있다면, 나는 아마도 낭만주의자들이 비난을 퍼붓는 문예에 무지한 속물이 되거나 아니면 니체가 말했던, 인간 정신의 '잔인한' 진실을 생각할 능력이 없는 사회가 쳐놓은 그물에 걸린 평범한 윤리적 인간이 될 것이다.

하지만 반대로 나는 사도 바울이 옳았다고 인정하며, 따라서 열린 관점과 완벽함을 소망하는 ─ 행복한 것이든 불행한 것이든 ─ 기다림 속에서, 불완전하지만 균형을 잡으려고 고심해볼 생각이다. 나는 알고 있다. 내가 지금 '미친 짓'이나 다름없는 시도를 하려고 한다는 것을(하지만 동시에 아주 자연스러운 시도이지 않은가!). 불완전함 속에서 완벽함을 살아내려고 하는 나의 시도는 미친 짓이다. 그러나 모든 것에도 불구하고, 나는 이 노력이 어떤 결과를 가져오든, 심지어 그 결과가 탁월한 것이라 해도, 그 어느 순간도 변하지 않는 진실에 관련된 것임을 나는 알고 있다.

3. 결단으로서의 결혼

'평생의 반려자'로 한 여인을 선택한다는 것이 무엇을 의미하는지 생각을 거듭하다 보면 결혼이란 하나의 도박 같은 것이라는 결론에 도달하고 만다.

그래서일까, 산전수전 다 겪은 지혜로운 사람들이나 부르주아 계급의 사람들은 늘 젊은이들에게 결혼을 결심하기 전에 '잘 생각해 보고 하라'고 말한다. 이렇게 해서 대대로 전해 내려오는 민중의 지혜라는 것은 한 여인을 선택하는 것이 이러 저리 따져보아야 하는 여러 조건에 달렸다는 하나의 환상을 만들어 냈다. 언뜻 보면 이런 결혼관이 지혜롭고 상식에 속해 보이지만, 이 지혜는 하나의 실수이며 거칠고 조야한 것에 지나지 않는다. 누군가 결혼할 남자가 있다고 하자. 이 남자가 결혼에 자신의 운을 모두 다 걸어도 아무 소용이 없다 – 설사 여러 조건을 살펴볼 시간적 여유가 충분하다고 해도 마찬가지이다. 왜냐하면 이 남자는 장차 자신이 어떤 변화를 겪게 될지 전혀 예측할 수 없으며, 나아가 아내 되는 사람에게 일어날 변화는 더더욱 알 수가 없기 때문이다. 그러니 두 사람에게 일어날 변화는 더욱 예측 불가능하다. 이 변화를 일으키는 요소는 많기도 하지만 성격 또한 복잡하기만 하다. 지금 당장은 우리가 이 변수를 미리 예측할 수 있고(마치 그 변수가 별로 없는 것처럼 착각을 한 채) 또 인간을 잘 알기에 앞으로 두 사람에게 닥칠 변화와 나아가 변화가 와도 대처해야 할 우선순위도 익히 안다고 생각할 수도 있지만, 이 모든 앎에 따라 맺어진 두 사람의 결혼이 파국을 맞이할 때, 이 파국은 언제나 전혀 예상하지 못했던 것처럼 일어나고 만다. 우리에게 어울리는 배우자를 선택하기 위해서는 자연에서 수천, 수만의 상대 중에서 고르고 골라야 한다. 우리는 이렇게 해서 육체와 정신 모두 가장 잘 어울리는 두 존재를 맺어줌으로써 두 사람이 서로 적합한지 아닌지의 문제를 일거에 해결할 수 있다는 망상까지 하게 되었다![4](하지만 바로 이 지상에 존재하지 않는 유토피아 때문에 가장 피해를 보는 사람은 잘못 결혼한 사람이다. 결혼에서 유토피아를 찾으려는 이 사람은 두 번째, 세 번째 결혼을 통해 자신이 추구하던 '행복'에 도달할 수 있다고 믿는 것이다. 이 환상을 충족시키려면 수천, 수만 번 결혼을 해도 모자랄 것이다. 분명

---

[4] [역주] 예를 들면 한국 사회에서 보편적인 사주궁합이(속 궁합이라는 것까지 포함하여) 이 예에 속할 것이다. 아이를 출산할 때조차도 한국인들은 날과 시를 받으려고 한다.

하게 말할 수는 없지만 경험을 통해 잘 알고 있는 '행복한 결혼'을 구성하는 첫 번째 중요한 요소들, 즉 변함없는 사랑과 애정은 지속될 수 없다) 이 사실을 솔직하게 인정해야만 한다. 결혼은 필요하지만 그 때문에 우리에게 발생하는 문제는 이 문제를 '해결'하려고 하면 할수록 더욱더 해결되지 않는 문제다.

어떤 면에서 보면 결혼에 대한 나의 비관적인 시각이 궤변처럼 들릴 수도 있을 것이다. 부부의 행복은 현실적으로 보면 성격, 육체, 재산, 사회적 지위 등과 같은 몇 가지 요소에 따라 결정되는 것처럼 보이기도 하고 많은 부부가 겉으로 보면 별일 없이 살아가는 것 같기도 하기 때문이다. 그러나 두 사람의 까다로운 개인적인 요구가 조금이라도 서로 충돌하기만 하면[5], 성격, 육체, 재산, 사회적 지위 같은 외적 조건은 별로 중요하지 않게 되며, 두 사람 사이에서는 그 이유를 전혀 헤아릴 수 없는 차이들이 결정적인 단서가 되어버린다. 이렇게 보면 나의 궤변은 많은 사람이 결혼을 생각하는 지혜 못지않게 하나의 지혜로 볼 수도 있을지 모른다.

하지만 진정으로 심각한 문제는 논리적 실수가 아니라 이 논리적 실수의 바탕이 되는 윤리적 실수다. 사람들이 지혜로운 충고라고 생각하면서 막 결혼을 하려는 젊은 남자들에게 행복의 조건을 잘 헤아려보라고 충고할 때, 이 충고는 문제의 핵심에 놓여있는 윤리를 전혀 고려하지 않고 있다. 아내를 선택하는 일이 설사 도박이자 하나의 내기라고 해도 이 도박 혹은 내기가 무엇을 의미하는지 말을 아끼거나 아예 숨겨버리려

---

[5] 우리가 보편적 인간상을 벗어나 특이한 개인이기를 고집하면 할수록, 선택 역시 특이해지고 만다. 사랑받는 남자가 보여주는 자신은 특이한 개인이라는 이 주장은, 갈수록 자신이 남성임을 내세우게 함으로써 인간의 본능 자체를 특이한 것으로 변화시킨다. 이 논리는 일부다처제를 옹호하면서 마라뇽 박사가 제시한 것이다.

고 함으로써 이 침묵 혹은 은폐를 이른바 지혜라고 부르고 있다. 사람들은 결혼을 어떤 일이 있어도 지켜야 할 하나의 결단으로 보지 않는다. 게다가 이 삶의 지혜라는 것은 불완전할 뿐만 아니라 임시방편에 지나지 않으며 따라서 다른 담보를 필요로 한다. 결혼이 결단이라면 이때 필요한 보증 혹은 담보란 다른 것이 아니라 결혼 서약 그대로 '어떤 일이 일어나도' 이 결단을 지켜야 한다는 것이다. 그런데, 삶의 지혜 운운하는 이들에게는 거꾸로 이 결단이 부차적인 것이거나 언어의 유희에 지나지 않는다. 사람들은 꼭 지키겠다는 결단이 아니라 모든 것을 계산하고 결혼한다.

따라서 나는 젊은이들에게 그들의 선택이 신 앞에서 행한 일종의 자유의지에 따라 이루어진 행동에 속하므로 그 결과가 행복하든 아니든 책임져야 할 의무가 있다고 일러주어야 하며, 이것이 결혼의 본질이고 나아가 현실에도 맞는 일이라고 본다. '경솔한 행동'일 수도 있는 결심까지 무조건 칭찬하자는 말이 아니다. 인간은 누구나 계산하지 않을 수 없고 나아가 계산하지 않는 것은 어리석은 일이기도 하다. 하지만 외적 조건을 고려할 때 합리적인 결혼으로 보이는 경우에도 이 외적 조건이란 것은 결코 합리적 결혼을 보증해주지 못한다. 오히려 결혼을 보증해주는 것은 모든 것에도 불구하고 결단을 내리는 어찌 보면 비합리적인 행동 속에 있다. 새로운 삶이 기다리며 동시에 새로운 위험도 기다린다.

오해하지 말기 바란다. 위에서 결심을 '비합리적인 행동'이라고 말했지만, 비합리적이라고 해서 감정적이라는 것은 아니다.

한 여인을 자신의 아내로 선택한다는 것이 그 여인의 귀에 대고 다음과 같이 속삭이는 것을 뜻하지 않는다. "그대는 내 꿈속의 이상형이고 그대는 나의 꿈을 충족시켜주었으며 내 모든 욕망 그 너머의 대상이오. 그대는 아름답고 품고 싶은 이죄입니다. 게다가 지참금까지 가져왔으니 나는 그대의 트리스탕이 되겠소." 우선 이 말은 거짓말일 경우가 많다. 이런 거짓말 위에는 아무것도 세울 수가 없기 때문이다. 이 세상에 내 욕망을 충족시켜줄 수 있는 사람은 그 어디에도 없다. 인간은 충족하자마자 변하기 때문이다! 한 여인을 아내로 선택한다는 것은 따라서 그녀에게 다음과 같이 말하는 것을 뜻한다. "나는 있는 그대로의 그대와 살고 싶소." 솔직한 것이라면 이 말은 '나의 인생'을 함께 나누어 갖기 위해 당신을 택했다는 말이며, 이것이야말로 내가 당신을 사랑한다는 유일한 증거라는 말이다.

(진정으로 오직 이것밖에는 달리 방법이 없다! 정념의 신화 덕택에 사랑과 결혼에서 무언지 모를 신적인 열광 상태를 고대하는 젊은이들은 '고작 그것뿐이냐'라고 하면서 반문할 것이다. 하지만 이런 젊은이들은 고독도 괴로움도 거의 알지 못한다. 고통스러운 고독이 무엇인지를 알지 못하는 것이다)

비합리적이지만 그러나 감정적이거나 감상적이지 않은 이 결단만이, 투박하지만 그러나 어떤 냉소도 찾아볼 수 없는 이 결심만이, 하나의 출발점이며 여기에서 진정한 현실적인 충절이 시작될 수 있다. 내가 말하는 충절이란 '행복'의 비법이 결코 아니다. 결심에 근거한 충절은, 어쩔 수 없이 타산적일 수밖에 없는 외적 조건들을 계산해보고 싹트는 타협이 아니기에 현실적으로 가능한 덕목이다.

4. 부부 사이의 충절 약속

결혼의 윤리를 논할 때 충절을 지키겠다는 부부 사이의 약속을 문제

삼으면 이는 논의의 출발점을 잘못 선택한 것이다. 결혼의 윤리는 부부 사이의 약속을 절대적으로 생각한 뒤, '여기서부터 출발해서' 논의를 시작해야 한다. 결혼의 윤리라는 문제는 cur가 아니라 quomodo의 문제이기 때문이다.[6] 키르케고르는 다음과 같이 말했다. "윤리는 무지에서 시작해 이 무지를 앎으로 바꾸는 것이 아니라, 실천을 요구하는 앎에서 시작된다." 결혼에도 진정 문제는 약속이 아니라 그 약속 때문에 발생하는 상황이다(신학에서도 사람들은 유사한 오류를 범하는데, 다름 아니라 '신의 문제'에서 출발함으로써 잘못된 방법으로 신학을 한다 – 마치 신을 믿지 않는다는 것처럼 – 신학에서 유일하고도 '진정한' 문제는 어떻게 신에게 순종해야 하는지이다).

충절에는 이유가 없다 – 이유가 있다면 충절은 없다고 말할 수 있다(정념처럼!). 인간이 도달할 수 있는 모든 진정한 위대함이 그렇듯이, 충절에는 이유가 없다.

윤리학자들과 일부 사회학자들은 일부일처제가 인간에게 가장 자연스러운 결혼제도이자 나아가 가장 이로운 제도라는 것을 입증하려했다. 물론 결론은 나지 않았고 지금도 논란 중에 있다. 윤리학자와 사회학자들이 논의했던 이 문제는 남자들이 이성과 이해관계에 근거하여 사랑과 결혼의 문제를 결정하려고 할 때 아주 유용한 참고가 될 것이다. 다시 말해, 일부일처제는 남자들이 더는 정념을 느끼지 않고 실수도 저지르지 않으며 그래서 더 이상 남자라는 불안한 이름으로 불리지 않게 될 때 가능하다. 결국 일부일처제는 결단이 수반되지 않으면 윤리적으로나 사회적으로 불가능한 제도이다.

실제로 우리가 살고 있는 오늘날, 부부 사이의 충절은 모든 미덕 중에

---

[6] [역주] cur, quomodo는 모두 라틴어로, 각각 '왜'와 '어떻게'를 의미한다.

서도 가장 자연스럽지 못한 것으로 여겨지고 있으며, '행복'을 추구하는 데 가장 불리한 항목으로 인식되고 있다. 오늘날의 남성들에게 부부 사이의 충절은 심지어 '비인간적인' 노력을 기울여야만 도달할 수 있는 목표가 되었다. 부부 사이의 충절은 오늘날의 남자들이 요구하는 가장 중요한 것, 그들의 삶의 종교이기도 한 것과 대척점에 놓인 정반대의 윤리이다. 이들은 부부간의 충절을 터무니없고 잔인한 방침이(자연발생적인 인간의 욕망과 기분을 통제하기 위해) 강요하는 규율 같은 것으로 여기고 있다. 충절은 그래서 기껏해야 신중한 절제 정도로밖에는 대접받지 못한다. 혹은 대부분의 남자에게 충절이란 폭넓게 인생을 살아갈 수 없는 무능력으로 보이기도 한다. 안락을 추구하는 메스꺼운 순응주의적 태도라는 것이다. 상상력이 부족한 남자들이 하는 짓이자, 경멸받아 마땅한 소심함의 소치이며, 병적인 이해타산의 결과이다. 태어날 때부터 갖고 나온 것은 아니지만 현대인은 주어진 상황을 그 상황 자체로 최대한도로 이용하려고 하며 결코 타인의 '판단'이나 그들이 얻을 수 있는 즐거움을 '통제'하려고 하는 그 어떤 것에도 아랑곳하지 않는다. 단지 사회의 기존 질서를 따라야 하기에 부부간의 충절이라는 관념을 지지할 뿐이다. 그렇기 때문에 이들에게 정념을 막아서는 장애물은 결코 그리 대단한 것이 못 된다. 어떤 식으로든 그리 어렵지 않게 장애물을 피해갈 수 있다. 아내를 속인 남편이 들려주는 변명을 누구든 쉽게 상상할 수 있다. '전혀 중요하지 않아. 우리의 관계에 어떤 변화도 일어나지 않았어. 그냥 지나가는 바람이야. 다시 반복하지 않을 실수였을 뿐이야.' 조금 더 낭만적인 사나이라면 또 이렇게도 말할 것이다. '나에게는 정말 생명이 달린 문제였어. 당신의 그 자질구레한 윤리들, 중산층의 행복을 보장해 준다고 하는 그 윤리만큼이나 나에게는 중요한 일이었어!' 냉소적인 첫 번째 남자의 태도와 낭만적인 두 번째 남자의 태도 사이에는 언뜻 보기와는 달리 깊은 논리적 모순은 없다. 우리는 앞서 보았다. 음탕한 농담들로 정념을 합리화시키곤 했던 골루아즈리와 비극적 정념 모두 현실 밖으로 도피하고자 했고 정념을 이상화시키는 태도였다. 이 두 경우 모두 결혼을 하면서 지키기로 한 충절의 약속을 구역질 나는 규율로 여기며 이 통제와 약속을 벗어나고 싶은 욕망을 표현한 것이다.

* * *

나로서는 여기서 합리주의자로서 혹은 정반대로 쾌락주의자로서 부부간의 충절을 옹호할 생각은 없다. 대신 나는 어처구니가 없을 수도 있지만 약속한 것이기에 지켜져야 하는 부부간의 약속만 말해보려고 한다. 이 약속 위에서만 남편이라는 존재의 인격을 정의할 수 있을 것이기 때문이다.

우선 이 부부간의 충절이 거의 모든 사람이 숭배하다시피 하는 가치관과는 정반대의 것이라는 사실을 알아야 한다. 따라서 부부간의 충절은 '결코 순응주의가 아니다.' 오히려 그 반대다. 부부간의 약속을 지키는 것은 정념은 자연발생적이며 따라서 정념을 따르는 것도 자연발생적이며 다양한 경험을 할 수 있다는 많은 남자에게 있고 참으로 많은 것을 일러주는 이 믿음과는 완전히 반대된다. 또한 부부간의 충절은, 남자라면 사랑받는 존재여야 하며, 그리고 영원히 사랑받는 존재로 남아야 하기에, 가능한 가장 다양한 자질을 갖고 있어야 한다는 보편적인 믿음과도 상충된다. 부부간의 충절은 나아가 이 충절을 약속하는 목적이 행복이라는 것도 부정한다. 오히려 부부간의 충절은 충격적으로 들리겠지만, 무엇보다 두 사람이 함께 믿는 진실에 순종하는 것이며 동시에 하나의 작품을 만들어 나가겠다는 의지라고 볼 수 있다. 충절에 대한 약속은 결코 보수주의적 사고가 아니다. 굳이 말하자면 충절의 약속은 하나의 건축 행위라고 할 수 있다. 어쨌든 정념만큼이나 '어처구니없는 것'이기는 하지만, 그러나 부부간의 충절 약속은 망상의 유혹을 늘 뿌리치고, 또 언제나 자신이 아니라 자신의 사랑을 받는 존재를 위해 행동하며, 현실 도피를 위해서가 아니라 현실을 지배하기 위하여 현실을 주시한다는 몇 가지 점에서 정념과는 완전히 다르다.

앞서 나는 이러한 부부간의 충절이 남편이라는 존재의 인격의 근본이라고 말했다. 인격은 하나의 작품처럼 스스로를 드러낸다. 인격은 하나의 작품처럼 축조되며 서서히 작품으로 변해가고 작품이 완성되기 위한 여러 조건을 마찬가지로 그대로 갖고 있다. 이 조건 중 첫 번째 으뜸가는 것이 바로 충절인데, 작품의 경우 충절에 해당하는 첫 번째 조건은 아직 존재하진 않지만 인간이 만들어 나가는 무언가에 대한 기다림 혹은 희망을 쫓아가는 것이다.

인격, 작품 그리고 충절, 이 세 단어는 따로 떼어놓고 생각할 수 없다. 서로 떼어 놓을 수 없는 이 세 단어는 동시에 하나의 방침, 아니 방침이 아니라 이 보다 훨씬 더 강한 의미를 지닌 결단으로서의 창조하는 인간의 태도를 전제조건으로 한다.

이렇게 해서 가장 평범한 삶이라 해도 충절을 약속한다면 하나의 작품을 만들어 내는 창조의 기회와 더불어 인격이라는 이름의 평면도 위에 그 작품을 세울 수 있는 기회가 주어지는 것이다(물론 이 창조의 작업에는 조건이 하나 따른다. 즉 이 부부간의 충절을 지키겠다는 약속이, 비합리적이라고 밝혀지면 언제라도 취소할 수 있는 '이유들' 때문에 이루어진 것이 아니어야 한다! 결혼의 약속이 모든 '진지한' 행위의 모델이라면 그것은 이 약속이 결코 물릴 수 없는 것이기 때문이다. 다시 되돌릴 수 없는 약속이라면 그 앞에서 우리는 진지해질 수밖에 없다) 모든 삶은 아무리 헐빗있다고 해도, 스스로 위대해질 수 있는 기회가 있다. 이 위대함은 '터무니없어 보이는' 부부간의 충절을 약속하면서 이루어진다. 눈부시게 아름다운 정념의 유혹이 몰려올 때 이 유혹에 넘어가고 마는 사람들은 세상의 모든 이유를 댈 수 있을 것이다. 하지만 터무니없어 보이는 약속을 위해 이 유혹에 결연하게 아니라고 말하는 것이다. 옛 약속을 위해, 인간의 눈으로 보면 이성적이지도 않은 이 약속, 그러나 이 옛 약속은 신앙의 눈으로 보면 너무나도 이성적인 약속이며 하나님 앞에서 한 약속이며 하나님이 증인으로 참가한 약속이다(어쩌면, 어느 정도 세월이 흐른 후, 남자는 알리라. 약속을 지키기 위해 모든 것을 희생한 그 삶이 진정으로 위대한 지혜였음을. 그리고 희생한 행복이 더 큰 행복이 되어 그에게 되돌아왔다는 것도 알게 될 것이다. 이삭이 아브라함에게 되돌아왔듯이. 하지만 이것마저 생각해서는 안 될지도 모른다! 그 어떤 보상도 얻지 못할 수 있기 때문이다. 우리는 여기서 전혀 다른 위대함을 경험하게 된다. 우리의 인간적인 궁리와 생각으로는 더 이상 닿을 수 없는 위대함 말이다).

　그러나 우리는 과연 낭만적인 모든 것을 벗어 던진 위대함을 상상할 수 있을까? 열광 혹은 흥분과 반대되는 그런 위대함을 상상할 수 있을 것인가? 내가 말하는 부부간의 약속은 어찌 보면 정신 나간 짓일지도 모른다. 하지만 정신 나간 짓일지는 몰라도 단순하며 일상적인 약속이다. '이성에 버금가는 단순하기 그지없는 약속이다.' 이 약속을 하고 지킨다는 것은 영웅주의에서 나오는 행동이 아니며 도전도 아니다. 오히려 인내심을 갖고 부드럽게 실천해 나가야 하는 과정이다.

　하지만 모든 것이 아직도 분명하지 않다. 트리스탕 역시 충절의 약속을 지키지 않았던가! 모든 진정한 정념 역시 충절의 약속을 지키는 것이다(물론 반복되는 정념의 대상들과의 '관계' 속에서 매 순간 충실했다고 궤변을 늘어놓지 말아야 한다. 매번 트리스탕이 되었겠지만 실제로 이 트리스탕들은 속도를 늦추었을 뿐 동 쥐앙에 지나지 않는다). 그러면 어디에 차이점이 존재하는가? 아내에게 충실한 남편은 단지 그의 아내에게서 이죄를 알아본 남자에 지나지 않는 것일까?

마니교의 전설을 보면, 사랑에 빠진 한 남자가 가혹한 입문의식을 치르게 되는데, 잘 알려져 있다시피, 이 남자는 그에게 '저는 그대 자신이에요!'라는 말로 그를 맞아주는 '눈부시게 아름다운' 여인을 만난다. 트리스탕을 포함해 신화와 전설 속의 충절은 모두 이런 식으로 진행된다. 다시 말해 이것은 신비한 자아도취를 말한다. 물론 신화에 묘사된 그대로 당사자는 자아도취라는 것을 모르고 있고 그래서 자신을 사랑하면서도 '타인'을 사랑한다고 생각한다. 앞서 우리는 궁정의 전설을 분석해 보았으며 그 결과 트리스탕이 이죄를 사랑한 것이 아니라 사랑 자체를 사랑했음을 알았으며, 나아가 이 사랑에 대한 사랑 그 너머에 있는 죽음을 사랑했음도 알았다. 다시 말해 트리스탕에게 죽음은 죄를 짓고 죄에 복종한 자아에게 유일한 출구였던 것이다. 트리스탕은 약속에 충실하지도 않았고 이죄라는 아름다운 약속의 상징에게도 충실하지 않았다. 오히려 그는 자신의 깊고 은밀한 정념에 충실했다. 트리스탕 신화 혹은 이 정념의 신화는 피조물인 모든 인간의 삶과 떼어놓으래야 떼어놓을 수 없는 죽음의 본능으로 가득 차 있으며, 이 죽음의 본능에 본질적으로 영적인 목적을 부여함으로써 그것에 질적 변화를 주고 있다. 스스로를 파괴하고 자신의 행복을 경멸하는 것, 그것은 스스로를 구원하고 보다 상위에 있는 삶을 향해 나아가는 것이다. 숨을 거두는 순간의 이죄가 느끼는 '마지막 지고의 환희'가 그것이다. 삶을 소진시키는 충절의 약속은 이렇게 동시에 원죄도 소진시키며 정결해지고 '순수무구한' '자아'를 신의 곁에 두게 된다!

하지만 이 신비주의적인 여러 기원 중 하나인 '열정적인 충절'에서 우리는 좀 더 열광할 수 있는 삶에 살 수 있다는 환상만을 본다. 이 환상의 왕국은 원시종교가 우리 가슴 속에 여전히 모호한 형태로 살아남아 있다는 것을 보여준다. 이 원시 종교란, 우리의 현대적 '본능'보다 앞서 존재했고, 심리학자들이 파악할 수 있는 것 그 너머에 있는 정념의 은밀한 비밀을 간직한 종교로서, 다름 아닌 정념의 신화이다.

　노발리스는 숨을 거둔 약혼녀를 회상하며 '우리의 약속은 이 세상을 위한 것이 아니었다'고 말했다. 이 고백은 궁정식 충절을 표현한 감동적인 말이다. 삶을 '가차 없이' 부정하는 말이다. 그러나 결혼에서의 충절은 이 세상을 위한 것이다. '신비하고' 동시에 어찌 보면 어처구니없는 이 약속은 행복과 삶의 본능에 꼭 적대적이라고 볼 수는 없어도 무관심해야 하는 약속이지만 현실 세계로 돌아올 것을 주문한다. 반면 궁정식 충절은 도피만을 의미할 뿐이다. 결혼에서 사랑하는 자가 충절을 맹세해야 하는 대상은 자신이 아닌 타인이며 이 타인은 동시에 진정한 자신이기도 하다. 트리스탕은 오직 한 여인만을 사랑했다. 그럼으로써 그는 여러 여자와 만나기를 단호하고도 지속적으로 거부했으며 그런 정념을 부정했다. 세상이 그의 영혼을 사로잡지 못 하도록 한 것이다. 두 부부간의 충절은 신의 창조를 받아들이는 것이며 타인을 있는 그대로, 그 내적인 독특함 그대로 받아들이는 것이기도 하다. 다시 한 번 강조해 보자. 결혼에서의 충절은 흔히 생각하는 것처럼 소극적인 삶의 태도가 아니다. 충절의 약속은 하나의 행동이다. 아내를 속이지 않는 것으로 만족하는 것까지 행동이라고 볼 수는 없다. 충절은 그 이상의 것이기 때문이다. 충절은 남편이 사랑받는 존재가 되길 원한다. 이 행복을 위해 충절이 지켜진다면 다음 행복이 이어질 것이다. 내가 나라는 인격을 온전히 획득하는 것은 바로 이렇게 타인을 통해 약속을 지키고 사랑받을 때이다. 자기 자신만을 위한 행복 그 너머에서 말이다. 부부의 인격은 이렇게 두 사람의 합작품이며 '사랑·행동'이 동시에 작용함으로 도달할 수 있는 것이다. 개인을 부정하고 본능적인 이기심을 부정하며 인격이라는 건축물을 세우는 것이다. 결혼에서의 충절이란 이 단계에 오면 새로운 삶의 법칙이 된다. 자연적인 삶이 아닌(일부다처제에서나 가능할 것이다), 또 죽음을 위한 삶도 아닌(트리스탕의 정념에서 보듯이) 완전히 새로운 삶의 법칙이 될 것이다.

트리스탕과 이죄의 사랑은 서로 사랑하는 두 사람이 하나가 되지 못하고 영원히 둘로 남아있어야 하는 고통에 지나지 않았다. 그래서 이 사랑의 마지막 종말은 무한함 속으로, 다시 말해 눈에 보이는 모든 것, 얼굴과 특이한 운명이 지워져 버리는 죽음이라는 어둠 속으로 떨어지는 것이었다. '우리를 갈라놓는 그 어떤 이름도, 트리스탕과 이죄라는 이름도 모두 사라졌다!' 타인이 타인으로 남아서는 안 된다. 나를 더는 괴롭히지 않기 위해서. 그리고 '이 세계 자체인 나'를 위해서!

그러나 결혼의 사랑은 고통의 끝이다. 한계가 있는 존재라는 사실을, 나를 불러 사랑을 창조하라고 했기에 사랑받고 있다는 사실을 받아들이는 것이다. 나와 함께 두 사람의 혼인을 증명하는 날을 향해 나아가는 것이기에 사랑받고 있다는 사실을 인정하는 것이다.

* * *

나와 아내가 '합금된' 인생 – 평생 유지되는 이 합금 상태란 충절의 약속만이 만들어 낼 수 있는 결혼의 기적이다. 이 인생은 아내의 행복만큼 나의 행복도 보장해 준다. 왜냐하면 합금이 된 상태이기 때문이다. 그래서 만일 평생 유지되지 않는다면 하나의 위협이 될 수도 있다(물론 정념의 유혹에 넘어가 맺게 되어 쾌락을 주고받는 '관계'에서도 이 위협은 항상 존재한다). 하지만 과연 얼마나 많은 남자가 자신들이 겪고 있는 강박관념과도 같은 정념의 유혹과 결단을 통해 담당해야만 하는 운명사이의 차이를 알고 있을까? 간단한 사례를 하나 들어 이 점을 잠시 살펴볼 필요가 있다.

사랑에 빠졌다고 사랑한다는 것을 의미하지는 않는다. 사랑에 빠졌다는 것은 하나의 상태를 지칭한다. 반면 사랑한다는 것은 하나의 행동이다. 상태라는 것은 겪어야 하는 것이지만 반면 행동은 결정을 요구한다. 그런데 결혼을 함으로써 맺게 되는 약속은 솔직하게 말해, 현재의 약속일 뿐 미래에는 어떻게 될지 알 수 없는 것이다. 하지만 이 현재의 약속은 앞으로 취해야만 하는 의식적인 행동들, 가령 사랑하고, 충절을 지키고 아이들을 낳고 양육하는 등의 행동들을 지배하며 결정한다. 우리는 여기서 약속이라는 말이 에로스의 세계와 아가페의 세계에서 서로 얼마나 다른 의미를 지니는지 알 수 있다. 그뿐만 아니라 우리는 성서 속의 하나님이 우리에게 사랑하라고 명령하고 있다는 사실을 확인하는 순간 에로스와 아가페의 본질적인 차이점을 더욱 분명하게 확인할 수 있다. '네 마음을 다하고 목숨을 다하고 뜻을 다하여 주 너의 하나님을 사랑하라'는 십계명의 첫 번째 계명은 마음의 상태가 아니라 행동과 관련된 계명이다.[7] 사실 인간에게 어떤 마음의 상태를 가지라고 요구하는 것만큼 터무니없는 일도 없다. 예수가 말한 '주 하나님을 사랑하고 이웃을 네 몸같이 사랑하라'는 계명 역시 인간관계가 행동을 취함으로써 맺어질 수 있음을 뜻한다. '사랑하는 상태에 있으라'라는 계명은 존재할 수

---

[7] [역주] 여기서 저자가 말하는 십계명은 구약의 출애굽기에 나오는 '야훼 이외의 다른 신을 섬기지 말라.'로 시작하는 십계명이 아니라 신약 마태복음서에서 예수님이 율법학자의 질문에 답하는 과정에서 나온 십계명을 말한다. "그 중에 한 율법사가 예수를 시험하여 묻되 선생님이여 율법 중에 어느 계명이 크니이까. 예수께서 가라사대 네 마음을 다하고 목숨을 다하고 뜻을 다하여 주 너의 하나님을 사랑하라 하셨으니 이것이 크고 첫째 되는 계명이요 둘째는 그와 같으니 네 이웃을 네 몸과 같이 사랑하라 하셨으니 이 두 계명이 온 율법과 선지자의 강령이니라(마태복음 22: 35~40)."

도 없으며 아무 의미도 없다. 설사 이런 식의 계명이 실현 가능한 것이라 해도, 그럴 경우 인간은 그 상태의 노예가 됨으로써 자유를 완전히 상실하고 만다.

5. 에로스와 아가페

아가페로 불리는 기독교적 사랑과 자비는 가장 완벽하고 충만한 사랑으로서 실천하는 존재를 통해 구현된다. 반면 정념의 사랑이자 이교도 사랑인 에로스는 현재 서구 전역에 이상화된 금욕이라는 이름의 독을 퍼뜨리고 있다. 이 에로스는 기독교를 잘못 비판하면서 니체가 말한 그대로의 사랑이다. 인간의 본능 중 하나인 죽음에의 본능을 영광스럽게 미화하고 이상화하는 것은 아가페가 아니라 에로스이다. 하지만 그럼에도 아가페는 에로스를 승화시킴으로써 에로스의 잘못을 용서한다. 아가페는 본질상 그 대상이 어떤 것이든 파괴하는 사랑이 아니며 심지어 파괴하는 힘을 갖고 있는 것들마저도 파괴하려고 하지 않는다.

나는 죄인의 죽음을 원치 않으며 그의 생명을 원한다.

에로스는 피조물로서 인간에게 있는 유한성과 한계를 넘어서는 삶의 가능성을 고양시키려고 함으로써 죽음의 노예 역할을 한다고 볼 수 있다. 그래서 우리로 하여금 삶을 사랑하게 하는 같은 행동임에도 불구하고 에로스는 이 행동을 삶과는 정반대인 죽음에 이르게 한다. 이것이 바로 에로스의 가련한 모습이며 절망이자 노예 상태인 것이다. 아가페는 에로스의 이런 면을 표현하게 함으로써 에로스에서 인간을 구원해 낸다. 아가페는 알고 있다. 인간이 지상에서 누리는 잠시 동안의 삶이란 상찬할 만한 것이 못 되며 심지어 죽여 버릴 가치도 없는 것임을. 오히려 인간의 이 삶은 영원한 절대자에게 순종하면서 있는 그대로 받아들여질 수 있다고 아가페는 말한다. 우리의 삶이 이루어지는 곳은 다른 곳이 아닌 바로 이 지상이다. 사랑도 이 지상에서 이루어지며, 사랑을 해야만 하는 것도 다른 곳이 아닌 이 지상에서다. 지상을 떠나면 우리를 신격화하는 어둠도 없다. 창조주의 심판만이 있을 뿐이다.

자연 상태의 인간은 아가페를 상상하지 못했다. 그래서 에로스를 믿을 수밖에 없었으며 자신의 가장 강한 욕망인 에로스에게 몸을 던졌고 그러면서 구원을 기원했다. 하지만 에로스는 인간을 죽음으로밖에는 인도할 수가 없었다. 하지만 아가페의 출현을 믿는 사람은 돌연 이 악순환의 고리가 풀어지는 것을 본다. 그는 믿음을 통해 이제까지 그가 의지해 오던 자연 종교에서 벗어난다. 이제 그는 다른 것을 원할 수 있게 되었고 죄악에서 벗어날 수 있음도 알고 있다.

에로스는 인간을 죽음으로 인도하는 역할을 빼앗기면서 '신의 자리에서 물러나게 되자 곧 악마의 속성도 잃어버리고 만다.'[8] 이제 에로스는 창조의 원리와 인간 속에서 제 자리를 찾은 것이다.

이교도들은 에로스를 신으로 숭상하는 일 이외에 다른 방법이 없었다. 에로스는 그들에게 가장 강력하고, 가장 위험하며 산다는 것과 가장 깊게 관련된 것이었다. 이런 이유로 모든 이방 종교는 에로스의 욕망을

---

[8] 이 점에 대해서는 푸리(R. de Pury)의 훌륭한 글을 참조할 수 있다. 「에로스와 아가페」. 이 글은 여러 사람의 글을 모은 『성의 문제』(*Problèmes de la sexualité*)에 실려있다('프레장스' 총서). "기독교인은 에로스를 승화된 형태가 아니라 에로스 그대로 받아들일 수 있고 또 그래야만 한다. 에로스는 죄가 아니다. 죄는 에로스를 승화시켜 신으로 만들려고 할 때 일어난다."

신격화했다. 그러면서 이 에로스의 욕망 속에서 영혼의 의지와 구원을 찾았다. 그러자 에로스는 삶을 억압하는 최악의 적으로 변했고 무를 유혹하는 힘이 되었다. 하지만 말씀이 육체가 되어 나타나고 이 말씀이 인간적인 언어로 우리에게 말하면서부터, 우리는 새로운 것을 알게 되었다. 인간은 스스로를 구원할 수 없으며, 하나님이 가장 사랑하는 존재가 인간이며 그래서 인간에게 접근하셨다는 것을 알게 된다. 구원은 이제 이 세상 너머에 있는 것이 아니다. 구원은 삶을 소진시키며 끊임없이 상승하는 욕망 그 너머에 있는 것이 아니다. 구원은 말씀에 복종하는 가운데 여기 낮은 곳에 있다.

*　*　*

그렇다면 우리가 에로스의 욕망을 두려워해야 할 이유가 뭐란 말인가? 에로스를 신격화하기를 그만 두면 에로스는 힘을 잃어버리고 만다. 결혼한 후 충절의 약속을 지킴으로써 우리가 경험하는 것이 바로 이것이다. 충절의 약속을 지킨다는 것은 다름 아니라 바로 정념의 온갖 환상을 마음속에서 품지 않겠으며, 정념을 은밀하게 숭배하거나 정념이 가져다 줄지도 모르는 삶의 예상치 못했던 모습도 모두 거부하겠다는 이 결단에 기초해 있다.

이제 나는 잘 알려진 한 사실을 예로 들어 이를 좀 더 구체적으로 생각해 보고자 한다. 기독교는 남성과 여성의 완전한 평등을 선언했으며 그것도 아주 정확하게 규정하고 있다.

> 아내가 자기 몸을 주장하지 못하고 오직 그 남편이 하며, 남편도
> 이와 같이 자기 몸을 주장하지 못하고 오직 그 아내가 하나니
> ―고린도전서, 7장, 4절

궁정의 신비주의와 켈트족의 오래된 전통을 따라간 노발리스가 믿었던 것과는 달리, 여자는 남자와 완전히 평등하기에, 여자는 '남자의 목적'이 아니다. 이와 동시에 여자는, 신을 멀리하게 된 인간이 스스로 신격화의 길을 걸으면서 여자를 몰아넣었던 짐승과도 같은 삶을 살아야 하는 예속 상태에서도 벗어나야 한다. 하지만 이 남녀평등을 현대적인 언어로 해석하면서 여권 운동과 연결해서는 안 된다. 남녀평등은 사랑의 신비에서 나왔기 때문이다. 다시 말해 남녀평등은 에로스에 대해 아가페가 거둔 승리의 표식이자 표현일 뿐이다. 남녀 상호간에 진정한 사랑이 있다면 굳이 남녀평등을 주장하지 않아도 이미 평등이 있을 것이며 새롭게 만들 수도 있기 때문이다. 하나님께서는 하나님이 거룩하신 것처럼 인간도 거룩할 것을 요구하시면서 인간을 사랑한다고 선언하셨다. 남자는 여자를 완전한 하나의 인격체로 대하면서 여자에 대한 사랑을 나타내야만 한다. 여자는 결코 전설 속의 요정이 아니며 꿈과 섹스 속의 반인반수의 여신도 아니다.

이제 이러한 원론적 논의를 벗어나 남녀평등 관계의 심리적 양상을 좀 더 구체적으로 살펴보자. 아내에 대한 충절의 약속을 지킴으로써 다른 여인들도 에로스의 세계에서는 전혀 알 수 없었던 완전히 새로운 방식으로 여기게 된다. 다시 말해 무언가를 반영하는 이미지나 대상으로서가 아니라 다른 여인들도 인격체로 바라보게 되었다. 충절을 지킴으로써 얻게 된 이 '영적 실천' 혹은 '영적 훈련'은 새로운 판단 능력을 발달시키고 자아 개념과 타인을 배려하는 새로운 능력을 갖게 해준다.[9] 에로스적 인간과는 정반대로 충절의 인간은 여인에게서 관심을 끌거나

---

[9] 배려란 무엇인가? 배려란 한 인간에게서 인격체 전체를 인정하는 것을 뜻한다. 칸트의 유명한 정의에 따르면, 인격이란 인간에 의해 인간이 사물이나 도구로 이용당할 수 없는 것을 말한다.

성적 매력을 지닌 육체만을 보지 않는다. 충절을 약속한 인간은 의도하지 않았던 제스처나 혹은 매력적인 표현만을 보는 대신, 설사 이런 감정이 스쳐 지나간다 해도, 만일 그가 에로스적 인간이었다면, 자신의 몽상이 투영된 결과에 지나지 않는 환상과 순간적인 모습만 보고 말았을, 한 자율적 존재의 삶 전체가 지니고 있는 어렵고도 진지하며 동시에 낯선 하나의 신비를 만난다. 이렇게 해서 유혹은 하나의 강박관념이 되는 대신, 중심을 잃고 흩어져 사라지고 만다. 충절은 대신 명징한 사고에 힘입어 더욱 공고해진다. 신화의 세계는 그만큼 약화된다. 설령, 이 신화의 세계가 사라지고 없지만 그래도 신화의 세계가 아로새긴 이미지들로 이루어진 강한 독극물이 현대인의 마음속에 그대로 남아있다고 해도, 이 중독은 눈에 띄게 약화될 것이며 이제 더는 신화의 세계가 현대인의 결정을 주도하지는 못한다.

다른 말로 하면, 충절의 약속은 이제 욕망과 사랑을 구분하지 않게 되었기 때문에 약속을 저버리는 유혹에 맞서 스스로를 지킬 수 있다. 욕망은 빠르게 다가오며 대상을 가리지 않는다. 반면 사랑은 완만하게 진행되는 어려운 과정이며 진정으로 인생 전체를 걸어야 진실을 드러낸다. 결혼을 믿고 그 약속을 지키는 이는 그래서 흔히 말하는 '벼락같이 찾아온 사랑'이라는 말을 별로 믿지 않으며, 정념의 피할 수 없는 '숙명성'이라는 말은 더욱 의심하게 된다. '벼락같이 찾아온 사랑'은 아마도 동 쥐앙 신화가 만들어 낸 말일 것이며, 피할 수 없는 정념의 '숙명성'이라는 말은 트리스탕 신화에서 근거를 얻었을 것이다. 이 모든 것은 변명이자 자기 합리화에 지나지 않으며 속아 넘어가고 싶은 사람만을 속일 수 있을 것이다. 왜냐하면 이 변명과 알리바이는 그들을 위로해줌으로써 이익을 주기 때문이다. 그들에게는 소설적인 수사들이 난무할 것이다. 그러나 이 수사들은 심리적 진실과는 무관한 거짓말들이기에 양자를 혼동한다는 것은 어처구니없는 일이다.

앞서 길게 정념의 신화를 분석해본 우리는 왜 사람들이 숙명성이란 것을 믿으려고 하는지 알 수 있다. 숙명성은 자신이 저지른 죄의 알리바이에 지나지 않는다. "잘못을 저질렀지만 그건 내가 아니에요. 나는 그때 거기에 없었어요. 나 대신 그때 그곳에서 움직인 것은 피할 수 없는 어떤 힘이었어요……."[10] 숙명성은 에로스에게 종노릇 하는 거짓말에 지나지 않는다. 이 '숙명'이라는 말 속에는 고백하기 수치스러운 얼마나 많은 자기 합리화와 자기 위안이 들어있는가!

벼락 같은 사랑을 말하자면, 이런 종류의 사랑은 동 쥐앙의 일탈적 행동을 합리화시켜주는 것으로 이미 잘 알려져 있다. 동 쥐앙과 관련된 모든 문헌은 이 인물에게서 강력한 성적 본능의 부인할 수 없는 증거를 보게 한다. 벼락 같은 사랑의 영웅이자 '풍운아'이기도 한 동 쥐앙은 어쩌면 이런 면에서는 초인이자 모든 남성 중에서 가장 남성적인 인간일지도 모른다. 동 쥐앙, 그는 분명 무한한 힘의 신화이자 모든 자질구레한 윤리를 일거에 지배하는 주인공이다. 그러나 이런 신화가 무언가를 보상받으려는 심리에서 나온다는 것은 자명한 일이다. 지나치게 억압적이어서 염증이 나버린 충절을 강요한 데 대한 보상을 원하거나, 자학적인 질투와 나아가 무력한 상태에 빠진 육체에 대한 보상 행위로 볼 수도 있다. 사실 동 쥐앙의 행동은 성적 무기력의 초기 증상에 빠진 남자의 행동과 아주 유사하다. 육체 전체가 무기력해지지만 이 무기력이 특히 예민하게 느껴지는 것은 성적 영역에서다. 이때 육체는 갑작스러운 일탈에 휘말리기 쉬운 상태에 처한다. 이는 마치 복잡한 생각에 지친 머리가 끝말잇기와 같은 간단한 말장난에 몰두하는 것과 같은 이치다. 멍청하기 그지없는 '연상들'을 따라가는 것이다. 반대로 몸과 마음이 정상이

---

[10] 정념과 거짓의 관계에 대한 귀중한 생각들은 여러 사람의 글을 모은 위의 책 『성의 문제』(*Problèmes de la sexualité*), 1권, 10장을 참조할 수 있다.

라면, 벼락 같은 사랑의 위험은 그만큼 줄어든다. 정상적인 성적 관계가 이루어지는 일부일처제는 이런 면에서 보면 쾌락을 보장해 주는 가장 좋은 방법이라고 할 수 있다. 다시 말해, 신격화되지 않은 순수한 에로스가 보장되는 것이다. 하지만 다시 한 번 반복하자면, 결혼은 이런 복잡한 논리 위에 근거해서 이루어지지는 않는다. 우리는 지금, 트리스탕 신화와 그 음화陰畵격인 동 쥐앙 전설에서 비롯되어 널리 유포되어 있는 정념의 개념들이 틀린 것임을 일러주는 몇 가지 사실을 관찰한 결과를 말하고 있을 뿐이다. 물론 우리의 논의가 아무리 이성적이라 해도, 신화와 전설을 더 좋아하고 정념이 출몰하기를 기다리는 이들에게는 별 느낌도 효과도 주지 못할 것이다.

* *
*

그래서 어떤 이들은 우리에게 이의를 제기할 수도 있다. "그렇다면 결혼은 사랑의 무덤이란 말입니까?" 하지만 이 표현 역시 하나의 신화에 지나지 않는다. 이 신화는 사랑은 늘 장애물을 극복하며 얻어진다고 믿게 만든 것이다. 오히려 베네데토 크로체처럼, '결혼은 길들여지지 않은 사랑의 무덤이다'라고 말하는 것이 사실에 더 맞는 말이다.[11](조금 더 구체적으로 말하면 사랑은 감상주의의 무덤이다)

길들여지지 않은 자연 상태의 사랑은 야만인들이 사랑의 증거로 여기는 '강간'이라는 형태로 나타난다. 하지만 강간은 일부다처제와 마찬가지로, 남자가 여자에게서 인격체라는 현실을 인정하지 못하고 있다는 증거이다. 양자 모두 진정한 사랑은 존재하지 않는다. 강간이든 일부다

---

[11] 크로체(B. Croce), 『윤리학과 정치학』(*Eticha e Politica*).

처제이든 모두, 여성이라는 존재를 성적 역할에 국한시킴으로써, 여성에게서 남녀평등의 권리를 앗아가는 행위이다. 길들여지지 않은 야성 상태의 사랑은 인간관계를 비인간적인 관계로 전락시킨다. 반대로 스스로를 지배하는 인간은, 정념에 이끌려 저지른 실수 때문이 아니라 사랑하기 때문에, 바로 이 사랑 때문에 자신을 상대방에게 과시하려고 하지 않으며 인격체를 부정하고 파괴시키는 폭력을 거부할 수 있다. 즉 그는 상대방의 행복을 원하는 것이다. 그의 이기주의가 다른 사람을 향해 이동한 것이다. 이것은 조용하지만 진지한 혁명이다.

이제 우리는 크로체의 부정적이고 배타적인 뉘앙스의 말을 조금 바꾸어서 다음과 같이 말해볼 수 있다. '결혼은 그 안에 윤리가 아닌 사랑을 통해서 정념을 가두고 있는 제도'라고.

6. 서구 문명의 패러독스

위에서 살펴본 정념과 결혼의 몇 가지 문제점에 따라 우리는 에로스와 아가페의 근원적인 차이를 보다 분명하게 알 수 있었다. 에로스와 아가페의 대립은 실제로 서구를 서로 차지하려는 두 종교의 대립이기도 하다.

에로스와 아가페 사이의 갈등과 이 갈등의 역사적, 심리적 기원들 그리고 무엇보다 이 대립 때문에 영적 영역에서 초래할 변화를 생각한다면 서구의 윤리는 물론이고 나아가 문화와 철학의 영역에도 일반적으로 통용되고 있는 논리들을 다시 검토해 보아야만 한다. 책의 결론에 거의 도달한 지금, 우리가 연구한 정념에 따라 일반적으로 통용되고 있는 논리들을 다시 검토할 때 필요한 원칙 정도는 말해야 한다.

*
* *

　동양인은 유럽의 특징을 파악할 때 힘이 강한 정념에 부여한 중요성을 중요한 기준으로 삼는다. 기독교의 유산과 유럽이 보여준 역동성의 비밀을 모두 정념의 힘을 강조해온 전통에서 찾았던 것이다. 실제로 기독교, 정념, 역동성이라는 이 세 단어는 서구의 정신사를 지배한 세 가지 주된 특징과 일치한다. 유럽을 두고 동양인이 내린 판단이 반박하기 어려울 정도로 분명해 보이는 것도 이 때문이다.

　하지만 궁정에서 진행된 정념의 신화를 살펴본 우리로서는 동양인이 기독교에 근거해서 유럽을 바라보며 내린 도식적인 관점을 수정하지 않을 수가 없다.

　우선, 정념을 탄생시킨 것이 기독교가 아니라, 동양에 시작되어 유럽으로 건너온 이단의 유설이라는 점을 지적해야 한다. 이단적 교리는 처음에는 상대적으로 덜 기독교화된 지역에 퍼졌다. 다시 말해 이방의 종교들이 여전히 은밀하게 명맥을 유지하고 있던 지역부터 이단이 자리를 잡았던 것이다. 정념으로서의 사랑은 기독교 사랑이 아니다. 또 정념으로서의 사랑은 '기독교에서 파생한 하위 범주'도 아니며 '기독교를 통해 각성하고 하나님에게로 인도된 변화'도 아니다.[12] 정념으로서의 사랑은 오히려 마니교에서 파생한 부산물이라고 봐야 한다. 조금 더 정확히 말하면, 정념으로서의 사랑은 우선은 마니교와 유럽인이 믿었던 오래된 옛 종교의 만남에서 나왔으며, 이후 이 만남에서 탄생한 이단이 정통 기독교와 대립하며 보여준 갈등에서 태어났다. 정념을 낳은 것이 기독

---

[12] 레오 페레로(Léo Ferrero)의 『절망들』(Désespoirs)을 볼 것. 이 작은 책에서 독자는 현재의 심리적 상황들 속에서 정념의 문제를 멋지게 정의해 나가는 저자를 만날 수 있다.

교가 아니라는 이 첫 번째 수정은 중요한 의미를 지닌다.

두 번째 수정해야 할 점을 지적하기 전에 우선 흔히 말하는 '서구의 역동성'이란 것이 두 가지 서로 다른 기원에서 나왔다는 사실을 상기할 필요가 있다.

'서구의 역동성'이라는 표현을 통해 동양인이 유럽의 전투적 만용을 말하고자 한 것이라면, 이 전투적 만용은 역사적으로 볼 때 정념에 가장 적절하게 들어맞는다. 정념과 마찬가지로 전쟁을 좋아했던 유럽인의 취향은, 실제로는 그 뒤에 죽음에의 욕망이 도사리고 있었던 열정적인 삶이라는 관념에서 비롯되었다고 볼 수 있다. 역동성이긴 하지만 자아 파괴적인 것이었다.

하지만 유럽 역동성의 또 다른 양상으로 우리는 유럽인이 보여준 기술적 천재성을 들 수 있는데, 이 기술적 천재성은 정념과는 전혀 무관한 것이었다. 기술적 천재성은 오히려 정념과는 반대되는 태도였고 창조물과 물질의 가치를 숭상하는 것이었으며 나아가 정신이 가시적 세계에 적용된 결과였다. 정념도 그리고 이 정념에서 나온 이단의 유설도 자연 정복을 삶의 목표로 삼을 줄을 몰랐다. 그들에게 자연은 조물주의 목적이자 원래의 역할이 있는 완성된 창조물이었기 때문이다. 그래서 그들에게 구원은 이 자연의 악마적 법칙에서 벗어나는 것이었을 뿐 자연을 정복할 생각은 하지 못했다.[13]

서구 유럽이 실제로 보여주었던 이러한 역동성의 기원에 대륙적 기질이 자리잡고 있다고 보아야 할까? 아니면 사도 바울이(로마서 8장) 말한 것처럼, 기독교적 야망, 즉 원죄에 따른 혼란을 겪어야만 했던 최초의

---

[13] "고대 그리스 로마인이 생각하고 있던 자유인에게 어울리지 않는 노동은 기사도 속에서 다시 나타난다." 앙리 피렌느(Henri Pirenne)가 그의 책 『유럽의 역사』(Histoire de l'Europe)에서 한 말이다.

율법 속에서 코스모스를 복원하려고 하는 기독교 특유의 계획이 간접적으로나마 영향을 끼쳤다고 보아야 할까?[14] 죄인의 영혼과 행동을 변화시키고자 하는 기독교는 서구에서 인간을 둘러싼 환경을 변화시키고자 하는 생각을 낳았으며(혁명의 개념도 이 생각에서 비롯했다), 동시에 자연환경도 변화시켜야 한다는 생각으로 이어졌다(여기서 기술 개념이 비롯된다). 기독교가 인도와 중국에 들어왔을 때 유사한 효과를 거두었는지 살펴볼 필요가 있다. 하지만 이들 이방 국가에서 어떤 효과가 있었는지와는 별개로, 기독교 문명 속에서 역동성을 경험하며 살아온 서구인은 정념과는 정반대되는 의지에 따라 움직였다는 사실만으로도 인간과 자연환경을 바꾸려던 서구인의 의지가 기독교에 뿌리를 두고 있다는 사실을 알 수 있다.

하지만 서구 문명은 대실수를 저질렀고 더욱이 현대에 들어와 보여준 서구의 역동성은 이전보다 더 큰 치명적 실수를 저질렀으니, 다름 아니라 서구 역동성의 결과인 기술이 전쟁의 도구가 됨으로써 공모 관계를 맺었다는 것이다. 프랑스 대혁명부터 전쟁은 '국가적 차원'의 전쟁으로 변했고 모든 창조적 에너지의 협력을 요구했으며 특히 기술의 도움을 필요로 했다. 이때부터 넓은 의미로 정념의 한 갈래로 볼 수 있는 인간의 전투적 열정은 기계 연구를 촉진하는 주요한 원동력이었다. 특히 이런 양상은 1915년 이후 극에 달했다. 죽음을 부르는 힘과 창조의 힘 사이에 일어나 하나의 괴물을 만들어 낸 이 같은 결합은 전쟁의 속성은 물론이

---

[14] [역주] "그러므로 이제 그리스도 예수 안에 있는 자에게는 결코 정죄함이 없나니, 이는 그리스도 예수 안에 있는 생명의 성령의 법이 죄와 사망의 법에서 너를 해방하였음이라, 율법이 육신으로 말미암아 연약하여 할 수 없는 그것을 하나님은 하시나니 곧 죄로 인하여 자기 아들을 죄 있는 육신의 모양으로 보내어 육신에 죄를 정하사 육신으로 좇지 않고 그 영을 좇아 행하는 우리에게 율법의 요구를 이어지게 하려 하심이니라."(로마서 8장 1절~4절)

고 기술의 본질도 변화시켜버렸다. 기계화된 전쟁은 전쟁에서 정념을 제거했고 이제 치명적인 기술 역시 그 근원인 기독교적 야망을 배반하기에 이르렀다. 서구 세계는 자신이 만든 이 운명에 따라 붕괴될 수도 있다. 하지만 많은 공법학자公法學者가 주장하는 바와는 달리, 이 재앙의 책임이 기독교에 있는 것은 아니다. 서구 사회에 존재하는 재앙이라는 개념은 기독교적 개념이 아니다.[15] 종말론적 관념은 마니교식 생각에 지나지 않는다. 기독교와 서구를 동일시하는 이들이 공통으로 모르는 사실이 바로 이것이다. 이들은 흔히 모든 서구인이 다 기독교인이라고 착각을 한다. 만일 유럽이 자신의 사악한 정신 때문에 멸망한다면 그것은 지나치게 오랫동안 기독교가 아닌 유사 종교를 다듬어왔기 때문이다. 혹은 정념으로 이루어진 적그리스도[16]의 영향을 받은 이단을 믿어왔기 때문인지도 모른다.

* * *

그러면 정념은 서구 세계가 동방의 유혹을 경험한 결과라고 결론을 내려야 할까? 물론 정념이 서구의 역사와 문화에서 12세기와 13세기에 걸쳐, 지중해 인근의 남프랑스 일대의 이단의 영향을 받아 발달한 것은 사실이다. 이단의 근원지인 근동과 이란에서 서구의 '치명적인' 신앙이

---

[15] 혹자는 '요한계시록'이 있지 않느냐며 반론을 펼칠 것이다. 하지만 요한계시록에 나타난 재앙들은 인간에 대한 응징이지 구원이 아니다. 구원은 죽음에 존재하는 것이 아니다. 즉 육체와 영혼이 분리되는 것이 구원이 아니다. 하나님에 의해 이루어지는 은총이 구원이다.

[16] [역주] Antichrist(영), Antéchrist(불). 적(敵)그리스도는 신약의 요한서신에 처음 등장하며 이후 요한 계시록에도 상징적으로 다시 등장한다. 세상의 종말에 그리스도 못지않은 이적(異蹟)의 능력을 갖추고 그리스도에 대적하여 그리스도를 박해하고 사람들을 현혹하면서 세상을 통치하는 자로서 그리스도와 전투를 벌인다.

온 것도 사실이다. 그러면 혹자는 물을 것이다. 그렇다면 근동과 이란 지방에서도 유사한 신앙이 유사한 결과를 낳았지 않겠는가? 이 지방에서는 서구 세계에 유입된 '치명적인' 믿음이 유사한 장애물을 만나지 못했다는 사실을 잊어서는 안 된다.

서구는 정념을 고양시키고 자극하는 방법을 통해 역설적이게도 정념에 저항함으로써 극적인 행운을 얻었다고 할 수 있다. 이것이 바로 끝나지 않는 유혹이며 이로부터 서구가 만들어낸 가장 아름다운 창조물들이 나왔다. 그러나 삶을 가능하게 했던 것이 죽음도 가능하게 했으며, 따라서 강조점이 바뀜으로써 역동성도 모습을 바꾸게 된다.

* * *

이 역동성을 파괴성으로 바꾸는 강조점의 이동을 가장 정확하게 파악할 수 있는 곳은 다름 아닌, 서구인이 만들어낸 종교적 태도와 그들의 윤리관을 가장 잘 표현하는 전형적인 제도인 결혼제도이다. 이 강조점의 이동에 모든 것이 달려있다고 해도 지나친 말이 아니다.

기독교화된 서구는 동양과 다르다. 특히 피조물인 인간을 그가 지닌 개별성 속에서 심화시키는 능력의 차이점은 두드러진다. 이것이 바로 내가 앞서 말한 결혼에서 지켜야 할 충절의 비밀이다. 반면 동양의 예지는 다양성의 점진적 소멸 속에서 지식을 구한다. 서구는 그렇게 하지 않는다. 서구는 타인과 구별된 개인 속에서 오히려 있는 그대로의 개인을 쉼없이 심화시킴으로써 존재의 밀도를 높이고자 한다. 스피노자는 다음과 같이 말했다. "우리가 개별자들을 더 알면 알수록, 우리는 하나님을 더 잘 알 수 있다." 어쩌면 내가 생각하는 서구에 지나지 않을 지도 모르지만, 이 태도는 기독교가 요구하는 태도이며 동시에 충절과 인격과 결혼의 조건들을 규정한다. 따라서 정념을 거부하는 윤리의 조건도 규정한다. 이 태도는 다름을 받아들이며 따라서 불완전함도 수용하고 한계 속에서 구체적인 것에 근거한다. 기독교도는 꿈꾸는 세계가 아니라 있는 그대로의 세계를 취한다. 기독교인의 '창조적' 활동은 따라서 창조된 세계의 모든 다양성을 그 깊이 속으로 내려가 재발견하려고 하는 데 있다. 르네상스 당시 이렇게 해서 인간을 '소우주'로 정의할 수 있었다.

이 핵심적 태도를 파괴하는 모든 것은, 혹은 이 태도를 일탈시키는 모든 것은 결혼의 충절을 위협할 것이고 정념이 다시 활개치도록 새로운 기회들을 제공할 것이다. 우리의 삶과 죽음이 여기에 달려있다. 바로 이런 이유로 오늘날 우리가 맞고 있는 결혼의 위기는 여러 위기 중에서 서구의 데카당스를 일러주는 가장 확실한 신호로 받아들여야만 한다. 실제로 다양한 영역에 걸쳐 여러 가지 징후가 있다. 물량 숭배, 도피의 시학, 민족주의적 열정에 휩쓸린 문화 등, 한 인간의 인격을 피폐케 하는 모든 것……. 그러나 이런 징후들은 집단적이며 복합적인 성격이어서 개인들이 파악하고 대처하기가 거의 불가능하다. 반면 결혼의 위기를 일러주는 신호는 우리에게 훨씬 쉬운 말로 경고를 보낸다. 어떤 신호도 이 보다 더 쉽게 느껴지지 않고 더 일상적이지 않으며, 나아가 이 신호는 각자 스스로를 들여다보면 쉽게 확인할 수 있다.

7. 비극을 넘어서

이 책은 여러 면에서 데카당스, 즉 쇠락기에 접어든 유럽에 대한 종합 보고서처럼 보일 수도 있다. 의미가 퇴색해버린 정념의 신화를 이야기 했고, 위기에 처한 결혼 제도, 열정과 정념이라는 허울 좋은 명분에 따라 여러 영역에서 서구 문명을 파괴로 몰아가는 현상을 나열해가며 분석했기 때문이다. 이런 현상들은 지금도 진행 중이며 우리를 위협하고 있고 우리 자신이 인정하려고 들지 않기 때문에 위기는 더욱 심각하다. 하지만 여러 번 지적했듯이, 정확한 인식을 통해 우리는 이 위기를 극복할 수 있는 가능성을 엿보았다. 가령 예를 들어, 전체주의의 위기를 겪은 유럽은(만일 이 위기 때문에 멸망하지 않는다면) 개인을 하나의 인격체로 받아들이는 생각에 걸맞고 보다 견고해진 사회적 제도에 근거한 결혼에서 충절의 의미를 재발견할 수 있다. 또한 정념이 드세지면 드세질수록 저항도 격렬해질 것이다. 다시 말해 새로운 형태의 정념이 등장할 수도 있으며 고전주의로 회귀 가능성도 점쳐볼 수 있다.

하지만 오늘날 사람들을 사로잡는 것은 내일 걱정이 아니라 오히려 지금 당장 그들을 위협하고 유혹하는 정념이 아닐까? 우리의 삶은 지나치게 먼 미래에서 작동하는 것이 아니라 언제나 지금 여기서의 결정들 속에서 이루어지며 이 결정에 따라 결혼의 충절도 결정된다. 어떤 일이 일어나도 이 세계의 운명이 행복해지든 불행해지든, 우리에게 중요한 것은 세계의 운명이 아니라 지금 살아가면서 지켜야 할 의무를 인식함이다. '세계의 모습은 지나가지만', 우리가 지켜야 할 의무는 언제나 '지금 당장의 문제'이기 때문이다. 다시 말해 우리의 삶은 우리 희망의 터전인 영원하신 하나님의 행동 속에서 이루어진다.

* *
*

두 가지 주제가 '보충해야 할 점이 많은 이 책의 잠정적인' 결론을 대신 할 수 있다. 나는 역사학과 심리학의 접근방식을 통해 몇몇 제기된 문제를 밝혀보려고 했다. 하지만 나름대로 객관적 확인 작업을 거치려고 했지만 내가 한 작업들은 그것 자체로 충분하지 못했다. 이 작업들은 때론 나 자신의 결단을 요구하는 것들이기도 했고 새로운 문제의식을 끌어들이기도 했으며, 정념의 사랑과 결혼의 충절이 보여주는 대립 혹은 딜레마는 보기보다 늘 그리 간단한 것들이 아니었다. 사실 우리는 해결책과 극복의 가능성을 예견이라도 할 수 있는 문제에 한해서만 인식할 수 있다. 그런데 우리가 처한 딜레마를 극복하는 방법은 대립항의 한 쪽을 부정한다고 해서 자동적으로 얻어지지 않는다. 여러 번 강조해서 말했지만, 원칙적으로 정념은 비난받아 마땅하지만, 비난만 한다면 우리의 창조적인 긴장의 한 축이 완전히 제거되고 만다. 실제로 이런 일방적인 비난이나 완전한 제거는 가능하지도 않다. 전혀 문예에 관심이 없는 확고한 신념이 있는 사람은 정념을 '응징'하면서 정념이 존재하지 않는, 따라서 갈등도 없는 그런 세계에 살 수 있을지도 모른다. 이런 인간은 만일 그가 정념의 드라마를 겪게 되는 경우 오직 자신의 안전을 지키려고만 할 뿐이다. 이것도 정념을 인정하는 한 방법이긴 하다.[17] 하지만 죽음과 맞닥뜨릴 정도로, 정념이라는 막다른 골목에 처했을 때 이 정념 그 너머에서 우리는 과연 무엇을 엿볼 수 있을까? 이와 관련하여 지금부터 다루고자 하는 두 가지 주제가, 지금까지 우리가 따라온 논리

---

[17] 어쩌면 키르케고르가 말한 바, '윤리적 단계'보다 한 발 더 나아가야 할지도 모른다. 적어도 내 예감과 생각은 그렇다. 신앙의 관점에서 보면, '풍속을 통제하는 규범'이란 것은 기독교를 믿지 않는 사람에게는 어떤 이득도 가져다주지 않는다. 오히려 '풍속 규범'이라는 것이 기독교를 믿지 않는 사람을 신앙으로 인도할 수도 있는 인간적이고 현실적인 여러 절망에서 떼어놓는 일이 될 수도 있다. 부르주아의 정신 건강이라는 개념이 아니라 기독교적 관점에서 정의된 인간 영혼의 치유책이 – 받아들여야만 하는 영혼의 치유로서 – 필요한 것이다. 이 치유책은 기독교를 믿지 않는 사람에게는 자신들이 지금 정념의 '행복한 순간'을 지나고 있다고 믿게 할 수도 있다. 그런데 이런 이들에게 정념을 자제하라고 하면서 정념이 없는 세계를 권유해 보라. 그러면 이들은 욕망하고 상상하는 것만으로도 '정념의 혼란'을 겪고 있다고 단정해버릴 것이다.
하지만 한 가지 덧붙여야 한다. 혼란에 빠진 인간은 절망을 맛보지만 그래도 그는 이 절망의 해결책이 그에게 나타나리라는 것을 안다. 즉 그는 법률을 생각하는 것이다. 그런데 이런 식으로 이해한 법률을 단념할 때만 우리는 신앙으로 인도될 수 있다.

에 따른 두 가지 극복의 방법을 일러줄 것이며 이 방법은 이런 종류의 모든 글이 빠지기 쉬운 도그마에서도 벗어나 있다.

* * *

첫 번째 주제는 한 개인이 겪은 비극과 관련된 것으로서 그 상세한 내용은 사람들에게 익히 널리 알려져 있다. 잘 알려져 있다시피, 키르케고르가 철학자의 길로 접어든 계기가 된 출발점은 레기네라는 약혼녀와의 파혼이었다. 이 파혼의 숨겨진 진정한 이유는 아직도 다 밝혀지지 않아 미스터리로 남아있다. 그런데 바로 이 누구에게도 털어놓을 수 없고 자신도 분명하게 말할 수 없는 이 '비밀'이 키르케고르로 하여금 모든 이들이 행복하게 생각하는 결혼에 반대하게 했다. 정념에는 장애물이 없을 수 없지만, 키르케고르가 맞닥뜨린 장애물은 너무나도 개인적이고 내밀한 것이자 유례를 찾기 어려운 것이어서 키르케고르의 신앙을 생각하지 않으면 도저히 조금도 이해할 수가 없다. 키르케고르에 따르면, 이미 완성된 죄인인 인간은 - 영원하신 자이자 거룩하신 - 하나님과 함께 도저히 관계를 유지할 수가 없는 존재다. 남은 유일한 방법은 하나님과 죽음에 이를 정도로 불행한 사랑의 관계를 유지하는 것이다. '하나님은 무에서 모든 것을 창조하셨지만, 하나님은 자신이 사랑으로 선택하신 자를 다시 무로 돌려보낸다.' 세상과 자연적인 삶의 관점에서 보면 하나님은 그래서 '나의 철천지 원수'가 되고 만다. 키르케고르의 이런 생각을 접한 우리는 지금 마지막 한계에 다다른 것이며, 정념의 순수한 기원에도 가까이 와 있다. 동시에 기독교 신앙의 핵심에도 도달했다! 무한한 사랑에 따라 지상에서 죽음에 이른 자는 이제 서둘 일도 그럴 필요도 없는 사람처럼, 더는 해야 할 어떤 고상한 일도 없는 사람처럼 이 세상을 터벅터벅 걸어가며 그냥 살아가는 것이다. 이 '신앙의 기사'

를 만나면 그에게는 전혀 초인적 모습이 없다. 어딘지 '그는 가정교사'를 닮아있는 것처럼 보이기도 하고 평범한 부르주아처럼 행동한다. 그러나 '그는 모든 것을 단념한 채 무한한 체념 속에서 살아가며, 만일 모든 것을 다시 시작하려고 한다 해도 그것은 능력이나 야심 때문이 아니라 아무 의미 없는 장난에 지나지 않기(즉 그의 앞뒤가 안 맞는 신앙) 때문이다. 그는 끊임없이 무한 속으로 뛰어들지만, 그러나 동시에 자신이 유한 속으로 다시 떨어진다는 확신에는 전혀 변함이 없으며, 사람들도 그에게서 오직 유한한 존재만을 볼 뿐이다…….'[18]

이렇게 해서 극단까지 이른 정념과 죽음까지 생각하게 한 사랑 때문에 키르케고르는 새로운 인생을 살게 되었는데, 정념은 이후에도 계속 끊임없이 그 정체에 호기심을 나타내며 익명의 상태로 그의 곁에 있었다. 그에게 정념은 지상의 왕을 닮은 것이 아니라 하늘에 계신 하나님을 닮았기 때문이다. 신앙과의 유추관계를 통해 우리는 정념이 – 어떤 종파에 따라 드러나든 – 오직 충절의 삶 그 자체인 순종 행위를 통해서만 구원과 현실적 이상을 획득할 수 있음을 알 수 있다.

따라서 '모든 사람처럼 산다는 것', 즉 인생은 '장난처럼 사는 것'이라고 말하면, 인생의 우스꽝스러운 면을 전혀 믿지 못하는 이들의 눈으로 보면 이 말은 도저히 이해할 수 없는 속임수에 지나지 않는다. 하지만 이 말은 하나님은 충실하시며 사랑은 사랑받는 이를 절대로 속이지 않는다고 믿는 이들에게는 종합 그 이상의 말이며 '해결책' 그 이상이기도 하다.

---

[18] 키르케고르, 『공포와 전율』, 가이스마르(E. Geismar)와 마르크스(R. Marx)가 독일어판에서 번역.
[역주] 참고로 키르케고르를 말하는 드니 드 루즈몽의 이 발언은 소설 『이방인』을 쓸 당시의 알베르 카뮈를 연상시킨다.

물론 키르케고르는 이미 끝난 세계를 상실감이라는 의식 상태 속에서만 '재인식'하며 살 수 있었다. 그의 재능은 상실했다는 의식 속에서 엄청난 힘과 풍요로운 결실을 맺었다. 그는 레기네를 다시 만나지 않았다. 그러나 그녀를 여전히 사랑했으며 그의 모든 작품을 그녀에게 헌정했다. 아마도 그의 이 작품들이 사랑하는 여인에게 그가 바칠 수 있는 유일한 충절의 표시였을 것이다. 한 고독한 자가 맛본 인생 실패의 원인을 고독한 자만이 감당할 수 있는 진정한 소명 이외의 다른 데서 찾을 이유가 없는 것이다. 다른 사람이었다면 다른 소명을 받았을 것이고 레기네와 결혼하고 또 결혼을 했어도 정념이 다시 찾아와 괴로워하고 했을 것이다. 그러나 그들도 '우스꽝스러운 삶'을 살기는 마찬가지 아니었을까? 그런데 그들은 자신의 행복에 매일 놀라고 있다.

(많은 세세한 이야기가 의문과 그에 대해 인생이 주는 답 사이에 개입해야겠지만, 이 첫 번째 주제는 너무나도 단순하고 전체적이기도 하다)

* * *

간략하게 문제제기 정도로 살펴 볼 두 번째 주제는 본질적으로 그리 혼란스러운 주제는 아니다. 키르케고르가 말한 그대로, 이 두 번째 주제는 정념이 되돌아오는 특이한 모습 정도로 볼 수 있다.

십자가의 성 요한은 가장 열정적인 언어로 우리에게 들려준 영적 고양 상태의 정점에서 자신은 인간의 영혼이 사랑하는 존재의 완벽한 현존 상태에 도달하는 것을 경험했다고 쓴 바 있다. 그는 이 상태를 영적 결혼 상태라고 불렀다. 인간의 영혼은 이 상태에서 사랑과는 거의 신적이라고 말할 정도의 '무관한 상태'에 들어가 있다는 것이다. 인간의 영혼은 의혹 그 너머에 있으며, 쓰라린 경험과 유사한 사랑하는 존재와의 비합일의 감정 그 너머에 있다. 이 상태 속에서 인간은 오직 그의 사랑이 계속 욕망하기만을 바라며, 은총과 순종 사이의 대화와 다름없는 사랑과 함께 있다. 가장 높은 수준의 정념을 원하는 욕망은 이렇게 해서 끊임없이 순종의 행위를 통해 채워지며 그리하여 인간의 영혼 속에는 불타오르는 열정도 없고 사랑하고 있다는 의식마저도 없다. 단지 사랑하고 순종하는 단순한 행복만이 있을 뿐이다.

신앙과의 유사성에 따라 우리는 신비한 결합을 원하는 강력한 욕망에서 태어난 정념이라는 것이 오직 '다른 존재와의 만남'과 낯선 삶을 받아들여야만 극복할 수 있으며 동시에 완성될 수 있음을 알 수 있다. 타인을 있는 그대로 받아들이는 것이다. 우리와 떨어져 있는 다른 인격을, 그러나 끝없는 결합을 제공하는 다른 인격을 진정한 대화를 통해 받아들이는 것이다. 고통은 해답을 찾아 수그러들며 충족되어야 할 그리움은 인격의 현존에 의해 채워진다. 고통과 그리움은 감각적 행복을 더는 부르지 않고 괴로움도 사라질 것이다. 그리고 마침내 눈앞의 날을 받아들일 것이다. 결혼은 이때 가능한 것으로 다가온다. 만족 속에서 우리는 둘로 존재한다.

* * *

마지막으로 간단한 사실 하나를 언급해야겠다. 결혼한 남자들은 성자들이 아니며, 그럼에도 죄는 보다 나은 진실을 얻기 위해 언제라도 단념할 수 있는 단순한 실수가 아니다. 우리는 끊임없이 자연과 은총 사이에서 전투를 치러야만 한다. 끝도 없고 휴식도 없는 이 전쟁 속에서 우리는 때론 행복하고 때론 불행하다. 그러나 우리가 도달해야 할 지평은 전혀 다르다. 우리처럼 변화무쌍한 존재가 아닌 영원하신 하나님의 이름으로 지켜진 충절의 약속은 서서히 그 비밀을 드러낸다. 다름 아니라, '비극 그 너머에 다시 행복이 있다.' 옛날 행복을 닮은 행복, 그러나 세상이 만들어낸 모습이 아닌 행복이다. 이 행복으로 세상이 변하기 때문이다.

1938년 2월 21일~6월 21일
(1954년에 수정)

부 록

■ 부록 1

1. 정념의 전설이 지닌 성스러운 특징

불필요한 오해를 씻어버리기 위해 본문에 덧붙인 이 부록에서 분석 대상은 글로 기록한 『트리스탕』 전설임을 밝혀두고자 한다. 따라서 글 중에서 '최초의' 신화라고 말할 때도 이 기록한 신화를 지칭한다. 19세기의 여러 작가가 켈트족의 신화 계보를 따라가며 트리스탕과 이죄(혹은 에실트 Essylt)라는 두 인물에 부여할 수 있다고 믿었던 성스러운 특징을 다른 특징보다 강조하는 것은 그리 어려운 일이 아니다. 이미 7세기부터 트리스탕은 반인반신의 인물, 즉 신비주의자의 상징적인 선구자로서, 드루이드 교도의 자녀들인 '성스러운 새끼 멧돼지들을 돌보는 자'로 여겨졌다. 동시에 그는 삼촌인 마르크 Markh의 경쟁자이자 말을 탄 왕이며 에실트의 연인으로 알려지기도 했다. 에실트라는 이름은 '신비한 광경, 주의 깊게 봐야 할 대상'이라는 뜻인데, 아일랜드의 요정을 지칭하기도 하고 또 백발의 갈기가 있는 백마를 나타내기도 한다. 때로 이 이름은 케리드웬 Cerridwen의 가마솥에 있는 뜨거운 물을 가리키기 위해 쓰이기도 했는데, 이 물은 켈트족의 음유시인들에게 영감을 주는 역할을 했으며, 사람들은 병을 치료하고 죽은 자를 다시 살리는 힘이 있다고 믿기도 했다. 즉 에실트라는 이름은 영적인 삶에 입문한 자를 양육하는 힘을 가진 존재였다. 물론 이런 이야기는 전설이기 때문에 있을 법한 이야기이지만 또한 이의 제기를 받을 수도 있는 이야기이다. 웨일스 지방의 전설을 모아놓은 책인 『마비노기옹』^{Mabinogion}을 보면 트리스탕과 이죄를 다룬 원 신화는 다음과 같이 아주 간략한 말만 했다. "드리스탄^{Drystan}, 톨리치^{Tallwch}의 아들이자, 마르크^{Markh}의 돼지들을 돌보는 자이고, 에실트^{Essylt}의 연인이다."(브르타뉴 지방의 유명한 연인들의 이름을 열거하면서 이름만 말하고 있을 뿐이다). 또한 사람들은 트리스탕과 마르크 사이의 경쟁관계 속에서 아르모리크 지방 일대를 지배하고 있던 브르타뉴인과 프랑크족의 일족인 골족 사이의 전쟁을 나타내는 상징을 보려고도 했다.[1] 한 가지 분명한 사실은 켈트족의 음유시인들이(글이 아니라 낭송을 통해) 노래하던 시의 많은 요소가 트리스탕 전설 속으로 흡수되었다는 점이다. 베룰, 토마는 물론이고, 『산문으로 된 소설』의 저자인 아일하르트와 『광기의 트리스탕』을 쓴 저자 모두 이 켈트족의 구전 전설을 알지 못했다는 사실 역시 확실하다. 따라서 이 작가들은 전설의 인물이 애초에 갖고 있던 성스러우면서도 상징적인 성격을 알지 못했고 단지 이 인물들의 사랑만을 이야기한 것이다. 이 작가들의 작품에는 옛날의 마술을 알려주는 여러 흔적이 남아있지만 이 역시 이러한 마술이 작가들이 글을 쓰던 시대와 지역에서는 완전히 잊힌 것들임을 일러준다. 이 옛날 마술의 흔적들은 소설 속에서 단지 작가의 개인적인 치기나 일화, 멋진 묘사와 장식 정도로밖에는 쓰이지 않는다. 『광기의 트리스탕』을 쓴 작가가 우리에게 묘사해 주는 사실은 어쩌면 처음에는 일련의 기상천외한 것과는 완전히 다른 것이었을지도 모른다. 주인공의 일거수일투족이 그에 상응하는 상징과 정확하게 일치하고 있기 때문이다. 예를 들면 미쳐

---

[1] [역주] 아르모리크(Armorique)는 현재는 사용하지 않는 지역명으로, 대서양으로 흘러 드는 프랑스 중서부의 루아르강에서 북프랑스의 디에프 항구까지 이어지는 현 프랑스의 서북 지방 일대를 지칭하는 고대와 중세 시대에 사용되었던 지역명이다. 라틴어에 어원을 두고 있는 말로 후일 골족에 의해 변형된 단어다.

버린 트리스탕이 이죄를 데리고 들어가려던 '유리의 집'은 드루이드 교의 신화 속에서는 구름 너머에 있는 그윈피드Gwynfyd의 둥근 하늘의 원으로 가는 죽음의 배였다. 하지만『광기의 트리스탕』에 오면 이 유리의 집은 사랑에 빠진 남자가 보여주는 시적인 환상에서 나온 감동적인 이미지로만 등장한다. 마찬가지로 토마에게서도 트리스탕이 브르타뉴로 떠났을 때 이 출발 역시 스토리 전개의 한 순서일 뿐 어떠한 '역사적' 의미도 없다. 이런 예는 헤아릴 수 없이 많다. 위에서 말한 이유로 나는 본문에서 글을 통해 구성된 트리스탕 전설만을 대상으로 삼았고 의미에서도 12세기의 작가들이 다시 다루었던 의미만을 문제 삼았다. 이 작가들이 재구성한 작품만이, 사랑·정념의 신화로서 우리에게 영향을 주었다.

2. 성스러운 기사

"중세의 사상은 모두 종교 관념으로 가득 차 있다. 범위를 좁혀 궁정 사람들과 귀족은 모두 기사도적 이상에 물들어 있었다. 이 기사도적 이상은 종교 영역까지 침투해 있었다. 그래서 대천사 성 미카엘이 세운 무훈은 '이제까지 단 한 번도 보지 못했던 첫 번째 성령 기사의 무훈'이었다. 중세 기사도는 바로 여기서 비롯되었으며 기사도는 '지상의 인간 기사단'으로서 하나님을 둘러싸고 있는 일군의 천사를 모방한 것이었다. 에스파냐 시인 후안 마누엘은 이 기사단을 세례나 결혼과 동급의 성사로 부르기도 했다."(하위징아,『중세의 가을』)

'기사도라는 개념은 단지 피상적인 태도의 작가들(프루아사르, 몽트를레, 샤틀랭, 라마르슈 등)에게 자신이 살았던 시대에 일어난 사건을 이해하는 데 열쇠의 역할을 했다. 실제로 당시 정치와 마찬가지로 전쟁은 아직 아무런 구체적인 형태도 없이 겉으로 보면 어떤 논리도 갖추지 못한 것처럼 보인다. 당시 전쟁은 정식 군대의 전면전이 아니라 당시 흔히 볼 수 있었던 이곳 저곳에서 산발적으로 일어나는 소규모의 충돌이었다. 이것이 규모가 큰 외교 영역으로 확대되었다. 당시 외교는 복잡하고 결함투성이였는데 한편으로는 아주 일반적인 전통적 생각의 지배를 받았고, 다른 한편으로는 산발적이면서 역겹고 또 혼란스럽기 그지없던 법의 지배를 받았다. 당시 역사는 사회의 실질적 발달과정을 전혀 파악할 능력이 없었기에 기사도적 이상이라는 허구의 역할만 했으며 따라서 이 허구의 도움을 받아 세계를 아름답게 미화된 왕족과 궁정의 미덕에 어울리는 세계로만 파악하면서 질서라는 환영을 만들어냈다.'(하위징아, 같은 책)

3. 무훈시와 궁정 소설

무훈시武勳詩, chason de geste는, 조제프 베디에의 사례가 일러주듯이, 11세기 이전에는 존재하지 않았다. 무훈시는 대부분 성직자들이 구체적인 목적으로 창작했다. 다시 말해 무훈시들은 프로파간다 시로서, 이적을 일으킨 성유물과 교단이나 수도회 창시자들을 기려 대중을 순례에 나서게 하거나 수도원으로 인도하는 목적이 있었다. 따라서 성직자들이 쓴 이 무훈시들이 남녀 간의 사랑을 말하지 않는다는 것은 자연스러운 일이었다.

(베디에가 1150~1180년 사이에 쓴)『지라르 드 루시용의 전설』만이 간단한 궁정 사랑의 에피소드가 있을 뿐이다. 이 무훈시는 프랑스어와 프로방스어 양쪽의 영향을 받은 방언으로 쓰였다. 모든 면에서 이 무훈시는 프랑스의 서사시가 소설다운 소설로 발전해나가는 과도기를 대표하는 작품이다.

이 사랑의 에피소드는 『트리스탕』의 에피소드와 상당히 유사한 상황이어서 – 적어도 형태 면에서는 – 더욱 우리의 관심을 끈다. 물론 이런 상황은 궁정에서 만들어진 어쩔 수 없는 상황이어서(성직이 지배했던 중세 봉건적 전설과는 전혀 다른 상황이다) 비슷할 수밖에 없었던 면이 있다. 『트리스탕』과의 이런 유사성은 우리에게는 베룰이나 토마와 함께 그들의 아류 작가들이 켈트족 전설에 가한 변형을 살펴볼 수 있는 좋은 기준이다. 특히 궁정 사랑이 브르타뉴 소설의 작가들에게 끼친 '결정적인' 영향을 살펴보는 데 유용하다.

이 유사성을 잠시 살펴보자. 지라르 드 루시용 공작은 그의 프랑스 군주인 샤를 르 쇼브를 위하여 약혼녀를 찾아 길을 떠난다. 하인을 대동한 그는 콘스탄티노플로 가서 황제의 두 딸을 요구한다. 장녀 베르트는 샤를과 결혼을 하고, 차녀 엘리상은 지라르의 아내가 될 여인이었다. 국왕 샤를은 이 두 여인을 보자 이미 지라르와 결혼하기로 약속한 엘리상에게 반해 버린다. 오랜 다툼 끝에 지라르는 엘리상을 국왕에게 양보하기로 하는데, 군신의 관계를 끝내겠다는 조건을 내건다. 이렇게 해서 지라르는 원래 왕비가 되기로 했던 베르트와 결혼하고 엘리상은 왕비가 된다. 이 두 쌍의 남녀가 서로 헤어지는 날, 지라르는 그의 부인이 된 베르트와 왕비 엘리상을 비롯해 두 사람의 신하를 왕이 모르게 따로 불러 증인으로 삼는다.

"지라르가 물었다. 왕의 부인이시여, 내가 당신을 언니와 바꾼 것에 대해 어떻게 생각하시오? 나를 경멸하고 있다는 것을 잘 압니다만. – 아닙니다. 오히려 나는 당신을 기품 있고 고결한 사람으로 생각합니다. 나를 왕비로 만들어 주셨고 당신은 나를 사랑하기 때문에 나의 언니와 결혼을 했습니다. 베르톨레 백작과 제르베 공작, 내 말을 잘 기억해주세요. 그리고 사랑하는 언니, 이 점에 있어 나를 믿어줘. 우리의 속죄자인 예수의 이름으로, 나는 그대들을 증인 삼아, 내 반지를 통해 지라르 공작에게 내 영원한 사랑을 바치겠습니다. 그리고 이 꽃을 그에게 주노니, 이는 내가 아버지보다 더, 내 남편보다 더 그를 사랑하기 때문이에요. 떠나는 그를 보고 있노라니 눈물을 참을 수가 없군요……." 이 고백에 이어 작가는 덧붙인다. "지라르와 엘리상의 사랑은 영원히 계속된다. 모든 비난에서 벗어난 사랑이었고 두 사람 사이에는 숨겨진 선한 욕망과 이해만이 충만했을 뿐 다른 것은 없었다. 그러나 국왕 샤를은 이 사실을 알자 질투에 사로잡힌 나머지 사납고 신경이 예민해져 공작에게 다른 비난을 뒤집어 씌우려고 한다. 두 사람은 이전에 평원에서 전쟁을 치른 적이 있었는데……."

『트리스탕』과의 유사성은 달리 설명이 필요없을 정도로 분명하다. 다음 두 경우를 보면 더욱 확실하다.

우선 왕이 멀리 떨어져 있는 약혼녀를 데려오는 임무를 신하에게 맡기는 동일한 상황이 두 작품에 함께 등장한다. 이 첫 번째 유사성에서는 국왕과 신하 사이에 경쟁관계가 똑같이 나타나며, 동시에 국왕에게 바쳐야만 하는 경의와 사랑하는 여인에게 바쳐야 하는 경의 역시 갈등 관계를 형성한다. 또 신하가 원하던 결혼 대신 차선책을 선택하는 것도 유사하다(애인의 자매이자 똑같은 이름을 갖고 있는 여자를 택한다). 두 이야기 사이의 두 번째 유사성은 궁정 사랑과 이 사랑을 지켜나가는 충절의 맹세가 결혼과 결혼의 충절은 물론이고 봉건적 군신의 관계마저도 이긴다는 것이다.

하지만 두 작품 사이에 의미 있는 차이점이 없는 것은 아니다. 『트리스탕』에서는 흰 두 손을 갖고 있는 이죄의 질투로 재앙이 닥쳐오지만, 반면 『지라르』에서는 국왕의 질투가 재앙을 몰고 온다. 이렇게 해서 『트리스탕』의 경우는 소설적 결말로 끝나는 반면, 『지라르』의 경우에는 서사시적 결말을 맞게 된다. 다시 말해 『트리스탕』에서 사랑은 죽음으로 이어지고 말지만 『지라르』에서는 봉건적 이해관계가 중심이 되며 이 때문에 끝도 없이 이어지는 전쟁이 일어나게 된다.

두 권의 '궁정' 문서를 더 비교해 보자. 이 두 문서는 베룰과 토마가 드루이드의 신화에서 몇몇 인물의 이름과 줄거리 진행 요소밖에 가져오지 않았음을 일러준다.

1) 일반적인 결혼에 관한 문서, 『샹파뉴 백작부인의 심판』

"현 문건의 내용에 따라, 우리는 부부 사이에서 사랑은 확장될 수 없으며 이를 지지하는 바이다. 연인들은 모든 것을 서로 어떤 의무 이행도 없이 일치할 수 있다. 반면 부부는 의무적으로 서로의 모든 의사에 종속되어 있다. 우리가 여러 귀부인의 의견을 청취하며 숙고와 숙고를 거듭한 끝에 선포하는 이 심판은 지속적이고도 부정할 수 없는 진리가 되어야 한다. 1174년 선포. 5월 셋째 날, 7차 소집회의."

2) 트리스탕의 성관계가 없는 결혼에 관한 문서, 『왕비 엘레오노르의 심판』[2]

"판결 청구: 한 행복한 연인이 다른 귀부인에게 경의를 표시해도 좋다는 허락을 요구했다. 그는 허락을 얻었고 그러자 이 애인은 첫 번째 귀부인에게 간직했던 사랑의 감정을 느끼지 못했다. 한 달 후, 이 애인은 처음 귀부인에게로 다시 돌아와 다른 곳에서는 자신을 사로잡는 느낌도 없었고 다른 귀부인과 있으면서 자유를 느낄 수도 없었다고 불평을 털어놓았다. 그러면서 이 애인은 자신이 귀부인의 변함없는 애정을 시험해

---

[2] [역주] 엘레오노르 왕비(Éléonore, 1122~1204)는 아키텐의 알리에노르 혹은 기엔의 엘레오노르로 불리는 여인으로 프랑스의 루이 7세와 결혼했고 이어 영국의 헨리 2세와 두 번째 결혼해 두 나라의 왕비를 지냈다. 현재의 프랑스 남서부 지방인 아키텐에 화려한 궁전을 짓고 살았으며 남프랑스의 음유시인들을 초청해 후원하기도 했다. 12세기 후반 유럽의 정치에 큰 영향을 끼쳤다.

보기 위해 잠시 곁을 떠나고 싶었을 뿐이라고 고백했다. 그러나 첫 번째 귀부인은, 애인이 그런 방종을 애원하고 실천함으로써 스스로 자신의 사랑을 받을 자격을 잃어버리고 말았다고 말하면서 애인에게서 그녀의 사랑을 거두어들였다.

왕비 엘레오노르의 판결: 사랑의 본성이 원래 그런 것이다. 연인들은 자주 다른 관계를 원하는데 이는 서로의 충절과 사랑받는 사람의 변함없는 마음을 더욱 확신하고 싶기 때문이다. 따라서, 남자 애인이 자신의 의무와 약속한 믿음을 저버렸다는 확신이 없는 한 어떤 경우에도, 이 애인의 사랑의 포옹과 애정을 거절하면 사랑하는 연인들의 법을 위반하게 된다."

우리는 트리스탕이, 그가 사랑했던 첫 번째 이죄가 자신을 소홀하게 대하자 똑같은 이름의 두 번째 이죄와 결혼했다는 사실을 잘 알고 있다. 따라서 트리스탕이 시험해보고자 한 것은 그의 연인인 이죄의 변함없는 마음이 아니라 오히려 그 자신의 마음이었다. 이 차이점을 제외하면, – 이 차이점은 프로이트의 지적에 따르면 '전이'일 것이다 – 법률적 상황은 동일하다고 볼 수 있다.

4. 동양의 사랑관

내가 동양이라고 하면 고유한 민족 분포와 종교가 있는 아시아를 말할 뿐, 서구의 종교와 직접 관련을 맺고 있는 이란, 이슬람, 아라비아 등의 지역과 유대교를 가리키지 않는다(제2부, 2장과 9장 참조). 인도, 중국, 티베트, 그리고 일본(중세 일본은 제외하더라도. 유명한 소설, 『겐지모노가타리』[3]를 볼 것)의 종교와 인간관은 서구와 완전히 다르다.

사후에 출간된 레오 페레로의 시와 산문이 섞여있는 문집『절망들』

*Désespoirs*을 보면 한 젊은 중국 청년과 저자가 나눈 대화가 나온다. 잠시 읽어보자.

> 중국에는 사랑이라는 개념이 존재하지 않습니다. '사랑한다'는 동사는 단지 어머니와 아들 사이의 관계에서만 사용됩니다. 남편은 아내를 사랑하지 않아요. '어느 정도 애정이 있는 정도죠.' 여인과 그의 애인 사이의 관계도 사랑이기보다는 'It is romance'입니다.
> 약간 기독교적이기도 하고 '사랑'이라는 단어에 가까이 다가가 있다고도 볼 수 있는 유일한 철학인 도교 철학은 한나라 시대에 들어서면서 곧바로 잊혔어요.
> 중국인은 아주 어린 나이에 부모님이 정해준 대로 결혼을 하는데 자연히 사랑 같은 것은 문제가 될 수가 없죠. 중국인은, 우리가 확실하게 알고 싶어 하지만 불가능한 단어 중 하나인 사랑이라는 모호하고 불확실하고 규정할 수 없는 감정인 사랑이라는 그림자를 평생 따지고 들 필요가 없는 것이죠.
> 유럽인은 평생 '이것이 사랑인가, 아닌가?'라는 질문을 하고 삽니다. 즉 유럽인은 '나는 진정으로 저 여인을 사랑하고 있는가? 아니면 단지 사랑하고 싶다는 마음만 있는 것인가? 저 사람을 사랑하고 있는가? 아니면 사랑을 사랑하고 있는가?'라고 물으면서 일생을 삽니다. 그러다가 자신이 한 여인을 진정으로 사랑하는 것이 아니라 단지 사랑하고 싶다는 마음이 있을 뿐이라는 것을 알게 되면 절망을 하곤 하지요. 이런 태도를 두고 중국 정신과 의사들은 착란의 초기 증상이라고 봅니다. '우리는 자신도 모르는 사이에 미치지요. 우리의 모든 삶은 집착에 근거해 있고 그래서 평화와 평온을 원합니다! 나는 안타깝게도 모든 미친 자 중에서도 가장 미친 인간입니다! 그러나 나는 적어도 내가 미쳤다는 것을 알고 있습니다.'
> 중국 문명은 가족에 근거를 두고 있고, 가족은 사랑이 없다는 대

---

3 [역주] 源氏物語.

전제에 기초해 있지요. 중국의 전통은 이 점을 강조해왔습니다. 남편과 아내 사이의 모든 애정표현은 적절하지 않는 것으로 여겨져 왔습니다.

(인용한 글은 1933년에 쓰였다. 이 글은 그 뒤 내가 읽은, 중국의 에로티시즘에 관하여 실뱅 레비와 튀세, 필리오자, 마스페로, 판 휠릭 등이 쓴 책에서 모두 사실로 확인되었다. 1971년에 보완된 주).

5. 신비주의와 궁정풍 사랑

에티엔느 질송은 그의 탁월한 저서인 『성 베르나르의 신비주의 신학』 *Théologie mystique de saint Bernard*(파리, 1934, 193~216쪽)에 덧붙인 부록에서 시토회의 신비주의가 음유시인들에게 끼친 영향을 고찰한 적이 있다.[4] 실제로 '연대만 놓고 보면, 두 경향은 거의 동시대에 일어났다.' 따라서 흔히 시토회 소속 수도승들과 음유시인들 사이에는 일종의 친족관계가 형성되어 있었다는 가정을 했다. 하지만 질송은 이런 가정을 다음과 같은 몇 가지 사실을 지적하면서 반박했다. 1. 성 베르나르와 음유시인들의 사랑의 대상은 서로 달랐다. 음유시인들은 자연적인 감각적 사랑만을 추구했을 뿐이다. 2. 성 베르나르와 음유시인들은 겉으로 보면 유사한 것 같지만 사랑의 성격도 서로 달랐다. 질송은 결론을 내리면서 단지 언어에서 몇 가지 유사한 수사법을 사용했다는 공통점 이외에 '두 운동

---

[4] [역주] 에티엔느 질송(Etienne Gilson, 1884~1978)은 프랑스 철학자이자 역사가이다. 소르본느, 하버드, 토론토 대학 교수를 지냈으며 프랑스 아카데미 프랑세즈 회원이었다. 철학사 전공자로서 특히 중세 철학과 토마스 아퀴나스의 대가로 명성이 높다.

은 12세기에 서로 독립적으로 일어났을 뿐이다'라고 했다. 나 역시 질송의 의견에 전적으로 동의한다. 하지만 나는 그와는 다른 방법으로 같은 결론에 도달했다. 궁정풍의 사랑과 성 베르나르의 신비주의 사이에 존재하는 분명한 대립은, 질송이 지적한 것처럼, 단지 '육체'와 '정신'의 이분법적 대립일 뿐만 아니라 무엇보다 이단과 정통 가톨릭의 대립이기도 했다.

어쨌든 적절한 시기에 질송이 제시한 몇 가지 논거는 우리의 논의에 좀 더 정확성을 기하는 데 아주 유용하다.

a) 질송은 다음과 같이 말했다. 성 베르나르가 생각했던 신비주의적 사랑과 그 대상과 성격에 대해 우리는 망설일 필요가 없다. 이 사랑은 모든 육체적 사랑과 대립하는 영적인 사랑이었다.(195쪽) 반면 궁정풍 사랑은 **불륜에 대한 시적 표현**이었을 것이다(200쪽). 많은 사람은 흔히 음유시인들이 성 베르나르의 태도와 비슷했다고 생각해왔다. 이 환상을 논박하기 위해 질송은, 이전에 같은 주장을 편 장루아에 이어, 마르카브뤼와 심지어 뤼델 같은 이들의 '도저히 번역할 수 없는 노골적인' 언어들을 상기시켰다.

하지만 음유시인들의 노골적인 언어사용에서 상징주의적 태도가 아니라 감각주의적 태도만을 강조하는 것은 과학주의적 편견이 남겨놓은 잔재일 뿐인 현대인의 '양식'에 지나치게 아부하는 것인지도 모른다. 이런 관점은 시대착오적인 생각과 다름없는 것이다. 지난 시대의 사람들이 우리보다 훨씬 거친 말을 자주 사용했다는 사실은 널리 알려져 있다 – 이는 옛날 사람들이 그만큼 성적 자극에 덜 예민했다는 것을 일러준다. 반면 오늘날 우리가 사용하는 겉으로만 청교도 티를 내고 있는 탈색된 언어들은 오히려 풍속에 역사상 유례를 찾아보기 힘들 정도로 널리 퍼져있는 에로티시즘을 반영한다고 볼 수 있다. 다시 말해 나는, '조야한' 궁정풍의 은유들을 통해 음유시인들의 풍속 역시 거칠었다고 추론해야 한다면, 이러한 현대인의 해석을 뒤집어 볼 수도 있다고 생각한다. 마르카브뤼는 아무 망설임없이 주색잡기에 빠진 사람을 직설적으로 주색잡기에 빠진 사람으로 지칭하는 대신 고양이라고 불렀다. 그런 어법은 누구에게도 놀라움을 주는 표현이 아니었기 때문이다. 사랑의 상징주의를 택함으로써 그는 당시 관례대로 가장 자연스러운 어법을 구사한 것이다. 만일 에로틱한 언어가 필연적으로 걷잡을 수 없는 육체적 사랑을 표현할 수밖에 없다고 본다면, 아빌라의 성녀 테레사나 루이스브뢰크의 언어들은 과연 어떻게 생각해야 할 것인가?

b) 성 베르나르가 하나님의 사랑에서 벗어나고 싶다고 말하는 것을 한 번도 들어보지 못했다. 그런데 음유시인들은 사랑의 질곡 속에서 신음 소리만 냈을 뿐이다. 따라서 이 사랑은 영적인 것이 아니었다. 그러나 후일 아빌라의 성녀 테레사나 십자가의 성 요한 같은 가톨릭 신비주의자들 역시 음유시인들의 표현을 그대로 사용했고 신과의 사랑에서 벗어나기를 바랐다. 이 경우는 물론 음유시인들처럼, 그들의 격렬한 감정을 표현한 것으로 볼 수 있다. 하지만 그렇다고 하더라도, 이런 표현에서 음유시인들의 사랑이 순수하게 육체적인 사랑에 지나지 않았다고 추론을 한다면, 이런 추론은 아빌라의 성녀 테레사에게도 그대로 적용될 수 있다. 이런 추론을 질송은 바라지 않았을 것이다.

c) 음유시인들은 불행한 사랑을 노래했다. 반면 시토회 수도사들은 사랑의 보상을 원했다. 하나님을 사랑한다는 사실 때문에 그들은 (지복)과 하나가 되었다. - 질송은 이 말을 한 다음 두 쪽 정도 뒤에 가서 다음과 같이 말한다. 만일 하나님이 초월적이지 않고 잠재적인 존재라면, 기독교인이 하나님의 소리를 듣는다는 것을 염두에 두면 신비

한 문제란 존재하지 않는다. 기독교인은 무엇을 표현해야만 했을까? 그것은 초월적 존재이며 초월적 상태에 있는 하나님의 잠재성이었다. 피조물로서의 인간이 하나님을 사랑할 때, 하나님의 초월성은 하나의 장애물이 되며 이 장애물은 인간의 하나님에 대한 사랑 속에 본질적인 '불행'을 끌어들이게 된다(이것이 질송이 위에서 말한 것이다). 따라서 기독교인은 음유시인이 그들이 사랑했던 대상 앞에서 처했던 상황 앞에 서게 되는 것이다. 물론 **궁정풍 사랑의 순수성**은 연인들을 헤어지게 만들지만, 반면 신비주의적 사랑은 연인들을 하나로 만든다. 하지만 궁정의 연인들이 지상에서 헤어지는 것은 단지 신적인 상태에서 그들을 다시 하나가 되게 해준다는 믿음 때문이다! 반대로 정통 가톨릭의 신비주의적 사랑은 이런 식으로 사랑하는 존재와 사랑받는 존재를 하나로 만들지 않는다. 정통 가톨릭의 신비주의에서는 오직 영성체를 함으로써 하나에 이를 뿐이다.[5]

d) 궁정의 사랑이 육체적이라는 사실을 보여주기 위해 질송은 티보드 샹파뉴의 한 사행시절을 인용했다.

> 온화한 귀부인이시여, 어느 날 저녁
> 저에게 그대의 가장 큰 기쁨을 주신다면
> 그 기쁨은 트리스탕에게 힘을 줄 수도 있었지만
> 결코 맛보지 못한 기쁨일 것입니다.

---

[5] [역주] 영성체 혹은 성체배령 혹은 성만찬식 등으로 옮길 수 있는 코뮈니에(Communier)라는 단어는 그러나 여기서 기독교 전례를 지칭하는 의미로 볼 수는 없지만 달리 번역할 도리가 없다. 풀어서 해석을 한다면, 말씀과 성령의 형태로 존재하는 하나님과 상징적인 방법을 통한 합일을 의미한다고 보는 것이 정확한 해석에 가깝다.

> Douce dame, s'il vos plesoit un soir
> M'avriez vos plus de joie doné
> C'onques Tristans, qui en fist son pouvoir
> N'en pust avoir nul jor de son ané.

질송은 이 시에 다음과 같이 주석을 덧붙였다. '이죄와 트리스탕의 사랑에 대한 우리의 생각을 심각하게 수정하지 않는다면, 우리는 음유시인인 티보의 감정을 움직인 감정을 의심할 수가 없다.' 내가 『사랑과 서구 문명』에서 다룬 주제가 바로 이 '이죄와 트리스탕의 사랑에 대한 우리의 생각을 심각하게 수정'하는 것이었다.

6. 프로이트와 초현실주의자들

프로이트와 초현실주의자들의 관계에 대해서는, 1921년 비엔나에서 이루어진 프로이트와의 짧고도 실망스러웠던 만남을 다룬 앙드레 브르통의 글이 실려있는 「잃어버린 발자국들」과 1924년에 출간한 『초현실주의 선언』, 그리고 꿈과 프로이트의 발견에 영향을 받아 꿈을 재평가해야 한다는 주장과 함께 프로이트식 해석의 한계를 다룬 글들이 실려있는 1932년에 나온 『연통관』連通管을 참고할 수 있다. 이 밖에도 프로이트가 융처럼 현대미술과 함께 폄하했던 문학운동과 관련된 글도 실려있다. 프로이트는 1938년 슈테판 츠바이크에게 보낸 한 편지에서 그를 방문한 살바도르 달리와의 만남을 상세하게 소개하고 있다. "나는 그때까지 나를 성스러운 후원자로 여긴다고 생각한 초현실주의자들을 완전히 미친 사람들로(알코올에 비유하자면 순도 95%의 미친 사람들로) 생각했네. 하지만 무언가에 사로잡힌 듯했지만 해맑은 두 눈과 부인할 수 없는 멋진 테크닉을 쓰는 젊은 에스파냐 친구를 만나고서부터 내 생각을 고쳐야 할 것 같은 느낌을 받았네. 사실 이 젊은 에스파냐 화가가 그린 작품의 기원을 분석하는 일은 아주 흥미로운 일일지도 모르네. 하지만 비판적 관점에서 보면, 무의식적 내용과 이에 대한 전의식적 가공과정 사이의 양적 관계가 주어진 한계 안에서 유지되지 못하고 이를 넘어서면 그 어떤 것이든 예술 개념을 부여할 수 없다네."[6]

7. 장기 게임에서의 귀부인의 출현

장기 게임이 유럽에 들어올 때부터, 원래 말의 이름이 음성적으로 일련의 변화를 거쳐 귀부인 혹은 왕비가 등장하면서 장기 게임에 변화가 일어났다고들 흔히 생각해왔다. 원래 장기 게임은 샤트란지 shatranj 로 불렸는데(이 단어는 페르시아어로 네 그룹의 무장 군인들, 즉 보병, 기병, 전차, 코끼리를 뜻하는 차투랑가 chaturanga 에서 왔다) 이 게임에서 귀부인 혹은 왕비는 피르츠 firz, 파르츠 farz 혹은 파르친 farzin 등으로 불렸으며 이 말은 고문관, 장관 혹은 장군 등을 일컬었다. 이 말이 라틴어화되어 페

---

[6] [역주] 프로이트가 말하는 '무의식적 내용과 전의식적 가공과정 사이의 양적 관계(rapport quantitatif)'가 주어진 한계 안에서 균형을 유지해야 된다는 말은, 표현이 압도적인 우위를 차지하는 달리풍 회화 작품들처럼 전의식의 통제와 변형을 거치지 않은 무의식은 자칫 무의식 자체가 전의식이나 의식 없이 홀로 존재하는 것 같은 착각을 불러올 수 있다는 지적이다. 무의식은 얼마 안 되는 갈등 요소에 의해 형성되어 의식과 전의식의 통제와 변형을 거치며 이마저도 승화되거나 잠재되어버리지만, 초현실주의자들은 이 과정을 생략한 채 무의식을 확대하거나 과장해 버리곤 했다. 하지만 아울러 프로이트의 이 지적은 달리나 에른스트 혹은 벨기에의 마그리트나 델보 같은 초현실주의 화가들의 표현성이 강한 특성을 미술 고유의 미학적 요소로 보지 못하는 프로이트의 예술작품에 대한 고전적이고 보수적인 태도를 일러주기도 한다.

르시아 fercia로 변했고 이어 프랑스인에 의해 피에르스 fierce로 변했으며 어떤 이들은 이 말에서 동정녀를 일컫는 비에르주 Vierge라는 말이 왔다고 생각했다. 하지만 러시아에서는 전혀 다른 변화가 일어났다. 피르츠 firz라는 말은 거의 변하지 않은 채 페르스 fers라는 말로 변했고 총리를 뜻했다.

하지만 위에서 알 수 있듯이 이 어려움을 간단하게 해결할 수 있다. '피르츠' firz가 '페르시아' fercia로 변한 것은 '페르시아' fercia가 '비에르주' vierge(라틴어로는 비에르고 viergo)로 변했다고 보는 것보다 더 설득력이 있어 보이지 않는다. 소리만 변한 것이 아니라 의미도 함께 변했다. 어쨌든 이 현상은 귀부인 혹은 왕비 말이 남성 말로 남아있는 러시아에서 볼 수 있듯이, 착각이 끼어들어 일어날 수도 있었고 일어나지 않을 수도 있었다. 또한 동정녀 Vierge가 귀부인이나 왕비로 변한 것도 저절로 이루어진 것이 아니라, 중세에 일어난 정신적 변화를 일러주는 신호이다. 이렇게 보면 처음에는 변화가 착각에서 비롯되었지만 일단 변화가 일어난 후에는 일정한 의도에 따라 진행되었다. 나는 바로 이 의도에 관심을 가졌던 것인데, 이는 내가 상상하는 12세기의 모습에 눈여겨보아야 할 특징을 부여했다. 왜냐하면 이 현상은 아무것도 설명해주지 못하지만, 그럼에도 귀부인 혹은 왕비 말의 분명한 매력과 권력의 지형을 짐작하게 하기 때문이다.

8. 이단과 단테

『신곡』에 끼친 수피교의 신비주의의 영향에 대한 미구엘 아신 팔라시오스를 비롯한 여러 학자의 신중한 연구에도 불구하고[7], 19세기에 발표한 대담하고도 위험하기까지 한 두 사람의 주장을 잠시 함께 살펴볼 필요가 있을지도 모른다. 이 두 사람이란 으젠 아루와 그의 뒤를 이은 펠라당이다. 아루는 오늘날에는 찾아보기 힘든 저서 『혁명가, 이단, 사회학자로서의 단테』(1854)에서 연구 결과를 공개했다. 그에 따르면 단테는 템플 기사단의 일원이었을 뿐만 아니라, – 외형적으로는 그렇게 보이지 않았지만 – 그가 속해 있던 이 기사단이, 영적 권위를 지닌 속권으로서 이단인 카타리파와 연결되어 있었다고 한다.8 그의 주장에 따르면 따라서 단테의 『신곡』*La Divina Commedia*, 『향연』*Il Convivio*, 『속어론』俗語論, *De Vuigari eloquentia* 등은 모두 상징적으로 해석해야 한다는 것이다. 후일 공개한 부록편에서 아루는 자신의 해석을 보다 정확하게 제시했다. 이 얇은 부록은 의미심장한 제목을 달고 있다. '피렌체 시의 알비파 설교자이자, 템플 기사단 소속의 단테 알리기에리의 반가톨릭적 『신곡』의 열쇠 – 서정적 시가, 소설, 음유시인들의 기사도 서사시 속에 나타난 사랑에 충실한 자들의 상징적 언어에 대한 해설'(1856). 이 책자는 약 500개의 어휘를 상징적으로 해석해서 보여주는데 몇 가지만 예를 들어보자.

'죽은 나무들' – 가톨릭교도들을 뜻함. 음유시인들은 가톨릭 성직자들을 시들어버린 가을의 나무들로 여겼다.

'알비주의, 알비파 교도' – 『신곡』에서는 발견할 수 없는 단어들임. 당시에는 이 유파가 도처에 퍼져있었음.

'귀부인들' – 영혼과 육체의 신비한 분리에 따라, 남자는 물질적 형태인 몸이 되고, 여자는 물질적 관계에서 자유로운 지성과 영혼이 됨으로써 남녀 두 성을 갖는다고 여긴 알비파 템플 기사단의 입문자들.

---

7 [역주] 미구엘 아신 팔라시오스(Miguel Asín Palacios, 1871~1944)는 에스파냐 태생의 작가이자 이슬람학 연구자이고 가톨릭 사제이기도 하다.
8 [역주] 속권(俗權, bras séculier)은 가톨릭에서 이단 처형 때 세속적 권력기관의 힘을 빌리는 것을 말한다.

'랑슬로' – 옛 필사본들을 해독하는 자는 글자 하나하나에 주의를 집중해야만 한다. 그래야만 문헌 전체가 하품 나오는 이야기가 아닌 다른 이야기임을 놓치지 않고 파악할 수 있다. 당시 유럽에 불던 유행과 미래의 인류에게 귀감이 될 모델 역할을 하는 천사의 순수성 같은 것을 놓치지 말아야 한다(랭보도 이것을 읽었던 것으로 추측했다 [9])!

나는 여기서 500개의 설명 중 예리하기도 하고 때론 자의적이기도 한 것을 두서없이 골라보았다. 후일 문학사와 종교사는 아루의 주장 중 상당수가 옳았다는 것을 입증해 주었다(가스통 파리는 1880년경, 남프랑스와 북프랑스의 음유시인들과 브르타뉴 소설의 관련성을 정리해냈고, 팔라치오스와 루이지 발리는 단테의 이단 문제를 입증해냈다. 이 밖에도 많은 연구가 있다).

9. 첫눈에 반하는 사랑과 개종

사랑하게 되는 남녀가 처음 주고받는 눈길은 두 사람의 운명을 결정한다. 이 첫 시선은 신의 사랑이 인간에게 찾아오는 첫 순간과 유사하며 기독교의 개종에 해당한다. 고트프리트 폰 슈트라스부르크는(트리스탕의 부모였던) 리발랑과 블랑슈플뢰르의 사랑을 묘사하면서 집요할 정도로 다음과 같이 종교적 표현들을 사용했다.

그때 진정한 연인이자
열정의 여신은

---

[9] [역주] 여기서 말하는 랭보(Rimbaud)는 19세기 시인 랭보가 아니라 중세의 음유시인을 말한다.

불 같은 열기로 그를 파고들었으며
불타오르는 그의 가슴
그에게 고통을 가져다 준
근원을 일러주었노라.
그러자 새로운 삶이 시작되었노라.
이제 그는 새로운 삶 속으로 들어가
존재 전체가 변했다.
다른 인간이 된 것이다.
그가 하는 모든 것에는
광기가 어려있는 것 같았고
맹목적인 것처럼 보였다
그의 감각들은 혼란스러워졌으며
진정한 연인에 의해 방황하며
마치 자연스러운 억압에서
풀려난 것만 같았다.
그의 생명은 소진되어 갔다.

—번역, 보세르

마지막 세 줄의 시구는 육체의 매력에 이끌리는 사랑과 정반대의 사랑인 정념에 대한 우리의 정의를 거의 완벽하게 입증해 주고 있다.

10. 정념과 금욕

고트프리트 폰 슈트라스부르크의 『트리스탕』을 보면, 이들 연인이 피신해 있던 동굴을 자세히 묘사하는 장면이 나온다(이 동굴은 베룰의 『트리스탕』에 등장하는 모루아 숲에 해당한다). 이 묘사 하나하나는 모두 상징적 의미가 있으며 작가는 이 의미에 설명을 붙여 놓았다. '동굴'은 거인들이 만들어 놓았으며 둥근 천장의 정점은 보석들로 되어있다. 또한 옥좌 한가운데에는 수정 침대가 놓여있었으니 그 화려함이란⋯⋯. 그러나 눈 여겨 보아야 할 것은 다음과 같은 대목이다.

> 동굴이 이렇게 사람의 손이
> 닿지 않는 고장에 멀리 떨어져
> 있는 것에는 다 이유가 있었다.
> 그 의미를 새기자면
> 사랑의 장소는
> 사람들이 자주 다니는 곳도,
> 사람들이 사는 곳도 아니어야 했기 때문이다.
> 사랑은 사막을 요구한다.
> 은밀한 사랑에 이르는 길은
> 가혹하고 괴로운 법.
>
> ─번역, 보세르

여기서 묘사한 사랑에 의구심을 보이는 사람들이 있을지도 모른다. 이런 이들은 고트프리트 폰 슈트라스부르크 자신이 사막에서 방황을 한 경험이 있는 자라는 사실을 알면 이 묘사를 보다 잘 이해할 수 있을 것이다. 고트프리트 폰 슈트라스부르크는 방황을 했지만 이 고통스러운 방황 속에서 '보상'을 얻지는 못했다(그는 '완전한 자' 즉 카타리파의 교도가 되었다).

> 내 나이 겨우 열 살 때
> 나는 동굴을 알았다.
> 그러나 나는 결코 콘월로 가지는 않았다.

이 시를 육체적 사랑의 상징으로 해석할 수 있을까? 동굴은, 콘월이 아닌 다른 곳에 있으니 진짜 동굴이 아니라 순수하게 상징적 의미가 있다(사원을 의미하는 것일까? 아니면 이단 교도가 모이는 동굴을 나타내는 것일까?).

11. 아시시의 성 프란체스코와 카타리파 교도들

폴 사바티에는 그의 유명한 성 프란체스코 전기에서 궁정풍의 이단 종교가 프란체스코 수도회의 신비주의에 끼친 영향을 말하며 그 가능성을 살펴본 적이 있다. 저자는 처음에 둘 사이에 직접적인 교류가 없었다며 영향 관계를 부정한다(부정을 하면서 저자가 기댄 다음과 같은 논거는 내가 보기엔 설득력이 약하다. 이단은 본성상 교조적이며 성 프란체스코는 교리에 연연해하지 않았기 때문이라는 것이다. 그렇다면 모든 카타리파 교도가 다 교조적이었을까? 성인이 이단의 유설로부터 받은 영향을 부정하기 위해서는 더 설득력이 있는 논거가 필요하다). 그러나 저자는 프란체스코의 젊은 시절 당시 이탈리아에 널리 퍼져있던 카타리파의 분위기를 잘 묘사하고 있다. 이탈리아에서는 가차리 Gazzari로 불리던(북부 이탈리아에서는 불가레스 Bulgares 혹은 부그레스 Bougres로 불렸다) 카타리파 교도들은 여러 도시의 행정부를 독차지하고 있었다. 1204년 전만 해도 아시시의 시장 역시 카타리파 교도였다! 아시시 인근의 여러 도시에서는 여러 차례에 걸쳐 종교적 분쟁이 일어나 폭동으로 비화되기도 했다. 성 프란체스코는 잘 알려져 있다시피 프랑스 시인들을 열광적으로 탐독한 청년이었다(그의 이름도 프랑스 시인들에 대한 열광에서 유래했다). 그래서 프란체스코는 같은 마을 사람들과 함께 자주 찾아와 머물던 프랑스의 음유시인들을 열심을 다해 환대했다(이 음유시인 중에는 페르 비달, 페르 도베르뉴, 랭보 드 바케라스, 베르나르 드 방타두르

등이 있었다). 또한 조아생 드 플로르가 성 프란체스코에게 영향을 끼쳤다는 것은 의심의 여지가 없는 확실한 사실이다. 이 유명한 은자는 성령의 지배를 예언했고 인류의 제3시대의 도래가 임박했으며 은총과 사랑이 지배하는 시대가 온다고 설파했다. 음유시인들은 (가령, 사자왕 리처드[10]) 이 은자를 잘 알고 있었다. 성 프란체스코 수도회와 카타리파의 교리 사이에는 여러 면에서 유사성이 있다.

물론 성 프란체스코가 정념의 종교인 카타리파의 교리에 영향을 받았다고 해도 그는 평생 온 정성을 정통 가톨릭에 바쳤으며 정통 교리에 충실했다. 사바티에도, 남프랑스에서는 – 적어도 겉으로 보기에는 – 성직자들이 가혹할 정도로 탄압했던 반면, 이탈리아에서는 프란체스코의 자비 사상이 피 한 방울 흘리지 않고 카타리파를 재흡수했다는 점을 지적했으며 이 점은 깊이 있는 지적이다. 오직 아가페만이 에로스를 이길 수 있다. 그러나 심지어 에로스를 상대하는 상황이라고 할지라도, 만일 아가페가 정도를 벗어나면 파괴를 즐기는 더욱 야만적인 '악'의 얼굴을 취할 뿐이다.

12. 베긴파, 궁정 시학에 의한 카타리파에서 기독교 신비주의로의 이행

'우리는 다양한 증언을 통해, 12세기 말에서 13세기 초에 걸쳐 수많은 경건한 여인이 수녀원 밖에 살면서도 열광적으로 종교에 헌신하여 때론

---

[10] [역주] 사자왕 리처드(Richard 1세, 1157~1199)는 헨리 2세와 알리에노르 다키텐의 아들로 태어나 일생을 현재의 프랑스 땅에서 산 영국왕이다. 3차 십자군 원정에 참여했다. 프랑스에서는 사자왕으로 영국에서는 리처드 1세로 불린다.

신비체험을 경험하기도 했고 나아가 종국에는 새로운 종교단체를 조직했다는 사실을 알 수 있다.' 이 여인들의 수는 상상을 초월할 정도인데 – 교황 요한 22세에 의하면 1321년에 대략 수십만 명 정도 되었다고 한다 – 유럽 북서부 지방에서 많이 볼 수 있었고, 특히 브라반트에 유난히 많았다.[11] 이 운동은 당시 유럽에 널리 퍼져있던 두 신학적 경향이 만나는 교차점에서 발생했는데, 이 두 경향의 한 쪽은 카타리파와 그 아류들이었고 다른 한 쪽은 프란체스코 수도회와 생 베르나르 드 클레르보의 신비주의였다. 베긴Béguine이라는 말은 카타리파에서 유래했다. 원래는 유랑하며 생활하는 금욕주의자가 머리에 쓰던 모직 모자를 지칭하는 베겡Béguin에서 비롯되었으며 카타리파의 한 유파인 알비주아를 지칭하는 알비파albigenses에서 나왔다는 설도 있다(오늘날의 프랑스어에서는 '베겡을 갖고 있다'는 표현은 '사랑에 빠지다'는 뜻으로 쓰이는데 이런 이유로 '누구에게 덮이다'라는 표현과 같다). 처음에는 카타리파와 동일시되었던 베긴파 신도들은 정통 교회로부터 박해를 받았다. 1236년에는 한 여신도가 화형식을 당하기도 했고 많은 사람이 물과 불 등의 고문을 견디어야 무죄를 입증할 수 있는 이른바 신명재판神明裁判에 처해지기도 했다. '여신도들로 구성된 베긴파가 출현한 시대는 오늘날처럼 여성 해방이 이루어진 때가 아니라, 후일 서구 문화의 중요한 특징으로 자리잡으며 서구의 정신사를 지배하게 되는 귀부인 숭배가 이제 막 시작되던 때에 지나지 않았다.' 그래서 이 운동은 많은 표현을 궁정 문학에서 빌어왔다. 이들이 지은 신의 사랑을 표현하는 시들은 현재 여러 언어로 번역되어 소개되어 있다. '이 시들을 보면 궁정 서정시의 수사학 속에 카타리파와 시토 수도회에서 온 상상력이 잘 나타나 있으며', 이 문학은 에카르트

---

[11] [역주] 브라반트(Brabant)는 현재 벨기에 북부와 네덜란드 남부에 걸쳐 있는 지방으로 옛날에는 브라반트 공국이었다. 반 고흐가 태어난 지방이기도 하다.

나 루이스브뢰크에게 영향을 주었고 수소를 비롯해 플랑드르와 라인 강 인근의 라인란트 지방의 신비주의자들에게도 영향을 끼쳤다.

베긴파 여신도였던 앙베르의 하데비치 Hadewych d'Anvers (13세기 중엽)가 쓴 시들은 1954년에 J. B. P…에 의해 프랑스어로 번역되었고 독자는 주석과 함께 훌륭한 소개의 글을 만날 수 있다(부록에서 내가 인용한 문장들은 이 번역본에서 가져온 것이다). 하데비치의 시집은 쓰인 시기나 문체에서 아주 중요한 증거 역할을 하는데, 단순히 영향을 드러내는 그 이상의 가치가 있다. 궁정 사랑의 테마, 운율, 표현들을 시에 도입했기 때문이다. 이 시집에 실린 시의 첫 시행들은 종종 프로방스나 프랑스 시를 그대로 번역한 것처럼 보이기도 한다. 당시 플랑드르 지방에는 실제로 연가를 쓰고 수사학을 연구하는 중요한 모임이 여럿 자리잡고 있었다. 당시 프로방스는 종교나 군사적으로는 정복당해 패망했지만 대신 미학적으로는 북유럽을 정복하고 있었던 것이다.'

다음과 같은 중요한 특징을 한 가지 덧붙여야 한다. '잔 다르크가 프란체스코 수도회 소속으로, 세속 생활을 하면서 수도원 규율을 따르는 제삼회원 tertiaire 신도였을지도 모른다는 주장이 있는데, 이 주장은 전적으로 당시 발간된 문서 『모로시니 편년지』 chronique de Morosini, 1429가 그녀를 두고 베긴파 교도로 명시했기 때문이다.'

내가 편 주장에 적대적인 사람들은 늘 카타리파와 궁정 사랑과 유럽의 신비주의 사이에는 '간극이 존재한다'고 말해왔다. 이제 우리는 베긴파의 시들을 통해 이렇게 반박하는 역사가들의 주장이 전혀 근거 없음을 알 수 있다.

13. 사디즘

피에르 클로소프스키가 행한 탁월한 두 연구인 『D. A. F. 드 사드의 철학에 나타난 악과 타인에 대한 부정』*Le Mal et la négation d'autrui dans la philosophie de D. A. F. de Sade*과 『시대와 공격성』*Temps et Agressivité*(두 권 모두 『철학 연구』*Recherches philosophiques* 제4권과 5권에 재수록)을 통해 나는 가학적 범죄에 대한 나의 분석이 옳았다는 것을 확인할 수 있었다.[12]

저자 클로소프스키는, 사드에게 악이란 자연의 유일한 요소였다고 보았다. 사드의 『신新 쥐스틴』*Nouvelle Justine*을 보면 다음과 같은 문장이 나온다. "그렇다. 나는 자연을 정말 증오한다. 자연을 너무나 잘 알기에 자연이 증오스럽다. 자연의 처참한 비밀을 훤히 알고 있는 나로서는 그 흉악함을 모방하면서 일종의 쾌락을 느꼈다."(그래서 사드식의 욕망, 즉 극단적인 난음을 통해 감각의 횡포에서 자유스러워지고 싶어 하는 욕망이 생겨나는 것이다)

사드는 또한 "모든 존재 속에 있는 생명의 원칙은 죽음의 원칙 이외에 다른 것이 아니다. 우리는 이 두 원칙을 동시에 받아들이고 우리 속에서 키워간다." 사드의 이 말은 진정으로 마니교적인 이분법에 근거한 신의 창조에 대한 비난이다. 피에르 클로소프스키는 사드가 생각한 생명과 죽음의 이 대립을 프로이트가 생각한 대립과 반대되는 것으로 보았다. 프로이트에게는 죽음의 본능과 에로스가 대립하고 있었다. 정념의 신화를 분석해본 우리로서는 이 대립이 실제로는 외형적인 것에 지나지 않는

---

[12] [역주] 클로소프스키(Pierre Klossowski, 1905~2001)는 폴란드 이민 가정에서 태어난 프랑스 작가로 철학자이기도 하며 만년에는 화가로 활동하기도 했다. 동생이 유명한 화가인 흔히 발투스로 불리는 발타자르 클로소프스키(Balthasar Kłossowski)이다.

다는 것을 알 수 있다.

만일 삶과 창조된 자연이 흉악하고 잔혹한 것에 지나지 않는다면, 여기서 벗어나기 위해서는 이 삶과 자연의 잔혹함과 흉악함보다 더욱 더 잔혹하고 흉악해져야만 한다. 이를 실행하는 데에는 두 가지 방법밖에 없다. 즉 잔혹함을 나 자신에게 행하거나, 아니면 옆에 있는 타인에게 행하는 것이다. 사드는 후자의 방법을 택했다. 다시 말해 그는 희생자가 되기보다는 범죄자가 되기로 했다. 이렇게 해서 사드의 정신세계는 낭만적 정신세계를 뒤집어 놓은 세계가 된다. 낭만주의자(예를 들면 페트라르카 같은 이)는 사랑하는 대상을 간직하고 있기 위해서 스스로를 가혹하게 고행의 길로 내몬 반면, 사드는 사랑하는 대상을 죽이는 길을 택했다.

■ 부록 2

작가 후기

나는 이 책을 32살 때 불과 몇 개월 만에 펴냈다. 그 뒤로 나는 책에서 다루었던 문제들에 끊임없이 질문해야만 했다. 이제 같은 32년이 흘렀고 다시 이 책으로 돌아와 보니, 적어도 나에게는 32년 전인 그때나 지금이나 여전히 새로운 문제라는 사실을 확인할 수 있었다. 곧 출간할 책 『사랑 Ⅲ』에서 독자 역시 이 사실을 확인할 수 있을 것이다. 따라서 작가 후기는 새롭게 내용을 추가하기 위해서가 아니라 단지 내 책에 대하여 비판적 의견을 준 독자에게 답하기 위해 이 형식을 빌리기로 했을 뿐이다. 또한 내 책만이 아니라 나를 비판한 이들에게서도 몇 가지 오류를 발견할 수 있었는데 이 역시 본 후기에서 수정할 생각이다.

내 책은 특정 영역을 다룬 책이 아니라 다양한 분야의 지식과 감각을 요구하는 주제를 다룬 책으로 딱히 분류하기가 어렵다. 그래서 굳이 비유하자면 학문의 주도권을 쥐고 있는 '본부의 지시 없이 일으킨 불법 파업' 같은 인상을 줄 수도 있는 책이다. 그래서인지 예상대로 많은 비판을 불러일으켰다. 그런데 이 비판이 서로 상호 모순되어 비교 자체가 불가능했다. 예를 들면 이 책을 두고 어떤 이들은 '참 즐겁게 읽을 수 있는 책'이라거나 '사랑을 다룬 이제까지의 책 중에서 가장 중요한 업적'이라고 뉘앙스를 달리하며 칭찬을 한 반면, 어떤 이들은 같은 책을 읽고도 '권위를 인정받기에는 취약한' 책이라고 비판을 하고 또 '해당 분야의 성경 같은 책'이라고 너무 지나치게 칭찬하는 이도 있었다. 이렇게 이 책은 출간된 후 30년 동안 많은 시인, 소설가, 영화 감독들에게 영향을 주었지만 동시에 많은 학자에게는 영향이 아니라 충격을 주었다. 여기에는 이유가 없지 않은데, 아마도 이 책이 다루고 있는 영적이며 정서적인 현상들이 훌륭한 전문 학자의 눈에는 엄격한 학문적 연구와는 양립하기 힘든 주제였기 때문인지도 모른다. 그뿐만 아니라 기존의 대학 학제에서도 수용할 수 없는 주제였고, 나아가 '문제의 본질상' 대상이 모호하고 엉뚱한 것이어서 구체적으로 다루는 데는 '수많은 문제점'이 있었기 때문일 것이다. 이 책은 이런 문제들을 들추어 낸 것이며 하나의 주제로 인식시킨 셈이다.

내 책은 갈수록 영향력을 확대해 가고 있으나 내가 주장한 논리들의 학문적 근거 역시 꾸준히 반박을 당하고 있어서 이런 모순된 상황에서 나는 영향이든 파장이든 이 책이 불러일으킨 결과에 입을 다문 채 지켜보고만 있을 수는 없다. 그뿐만 아니라 책의 저자로서 나는 몇몇 비판자가 쏟아낸 근거 없는 무례한 언사가 아무런 제재도 받지 않은 채 유야무야되는 상황에 대처함으로써 그들로부터 받은 심리적 고통에서 벗어나고 싶은 강한 욕망을 숨기고 싶지 않다. 이런 몇 가지 이유로 해서 책이 두꺼워지는 문제점에도 불구하고 나는 재판을 내는 기회에 논쟁을 불러일으킬 것이 확실한 작가 후기의 형식을 빌려 내 입장을 밝히기로 했다. 법률 용어를 빌려 말한다면 이 후기를 통해 나는 '책임 소재'를 다시 한 번 명확히 하고자 한다.

책이 끼친 영향들

몇몇 작가와 시인들의 고백이나 출판사에서 이들의 작품에 붙인 간략한 설명을 보면 작품을 직접 읽을 때도 느낄 수 있었던 나의 책 『사랑과 서구 문명』이 끼친 영향을 좀 더 바로 짐작할 수 있는데, 특히 앵글로색슨 쪽의 소설가와 시인들에게 적지 않은 영향을 끼친 것 같다. 반면 대륙 쪽에서는 작가나 시인들보다는 오히려 영화인들, 무용계 사람들 그리고 작곡가들이 다양한 반응을 보여주었는데 이들은 내 책을 상당히 자유롭게 해석하고 있었다. 박사학위 논문을 비롯해 앞으로 나올 연구 논문들이 내 책의 영향을 입증해 줄 것이다 – 이미 내 책에서 개진한 몇 가지 해석과 논리에 기대어 쓴 논문도 있다. 하지만 비록 글로 쓰인 텍스트와 조형 작품들에 국한해서 살펴볼 수밖에 없지만, 어떤 한 책이 끼친 다양한 영향을 제대로 평가한다는 것은 언제나 거북스러운 일임에 틀림없다. 이 영향이란 것이 때론 책을 잘못 읽어서 형성된 것일 수도 있고 심지어 부정적인 영향도 있다. 또한 같은 책이 끼친 영향이 서로 모순되는 경우도 볼 수 있다. 예를 들면 젊은 소설가들은 내 책을 읽고 나서 자신이 기획하고 있던 작품을 포기할 수밖에 없었다는 이야기를 들려주었는데, 내 책 덕분에 자신들이 하고자 하는 것이 무엇인지 너무나 잘 이해했기 때문에 그럴 수밖에 없었다는 것이다.

내가 명시적으로든 암묵적으로든 책에서 다룬 주제들, 가령 결혼을 사회를 와해시키는 요소로 여긴 관점이나 결혼 상대를 자신과 다른 존재인 있는 그대로 인정해야 한다는 주장 등은 정신분석가, 사회학자는 물론이고 미국의 혁신적인 신진 도시계획자들에게도 영향을 주었는데, 이들이 보인 반응은 새로운 세대와 심지어 그들의 스승 세대가 내 책에 공감했다는 메아리로 받아들여도 될 것 같다.

내 책이 독자들의 삶에 끼친 영향은 내가 말할 처지는 아니지만, 어쩔 수 없이 나는 가끔 독자들에게 답장을 쓴다. 고해신부는 아니지만 비밀을 지켜야 하는 의무는 사제 못지않게 간직하고 싶다.

하지만 내 책이 촉매제가 되어 가장 광범위하게 일어난 현상은 — 당장은 그 이유를 말할 수 없지만 — 아마도, 언제나 궁정 사랑과 관련된 카타리파의 재유행일 것이다.

20세기의 카타리파의 부활

나는 여기서 자신의 책에서 내 책의 제목을 단 한 번도 거론하지 않을 정도로 내가 세운 가설들을 철저하게 무시하고 부정한 이들이 같은 연구 영역에서 지적 유희를 즐기던 사람들만이 아니라는 점을 굳이 밝힐 필요성을 느끼지 못한다. 이들 이외에도 나의 연구와 가설을 무시한 이들은 많기 때문이다. 사실 남프랑스의 음유시인들이 지은 시와 카타리파로 대표되는 복잡하고 광범위한 이단의 유설들이 같은 장소, 같은 시대에 만났다는 사실은 여러 사람이 탐구하고 있었다.

1937년, 몽세귀르에 강한 매력을 느낀 젊은 독일인인 오토 란Otto Rahn이 펴낸『성배에 반대했던 십자군』*Croisade contre le Graal*에서 모든 것이 시작되었다.[1] 히틀러의 독수리 둥지와 가까운 거리에 있는 알프스 산맥의 황량한 벌판에서 알 수 없는 이유로 죽은 오토 란은, 몽세귀르 산

---

[1] [역주] 몽세귀르(Montségur)는 에스파냐와 국경을 이루는 프랑스 남서부 지방인 미디 피레네에 있는 해발 1207미터의 산이자 동네 이름이다. 이 산 정상에 1206년에 세워진 카타리파의 거주지였던 몽세귀르 성의 유적이 남아있다. 제2차 대전 당시 카타리파가 숨겨놓은 성배를 찾는다고 독일 장군인 하인리히 히믈러가 창설한 나치 비밀 이단 연구 단체인 아흐네네르베(Ahnenerbe)가 몽세귀르 성을 수색하기도 했다. 13세기 중엽 여러 차례에 걸쳐 몽세귀르 성은 가톨릭의 공격을 받았고 결국 성은 함락되고 성 안에 있던 카타리파 교도들은 몰살당했다.

정상에 있는 몽세귀르 성이 성배의 성이라고 믿고 있었다. 오토 란이 내세운 두 가지 극단적인 가설은 외젠 아루Eugène Aroux와 사르 펠라당 Sâr Péladan이 다시 연구했다. 두 가지 극단적인 가설이란, a) '모든 음유시인은 카타리파 교도였으며, 모든 카타리파 교도는 음유시인이었다'는 주장과 b) 궁정의 수사학은 이단의 비밀스러운 언어였다는 것이다. 이 두 가설은 학계에서는 도저히 받아들일 수 없었지만, 그럼에도 대학에 몸담고 있는 이들에게 딱히 부정할 수만도 없는 무언가 분명한 사실처럼 느껴지기도 했다. 다시 말해 대학의 연구자들은 이 가설을 대하자, 비록 논문 형식을 빌리지 않았기에 망설이는 듯한 인상을 주긴 하지만, 문제의 정곡을 찌르고 있다는 인상을 받았고, 가장 중요한 음유시인들의 상징세계의 비밀을 풀 수 있는 지점에 가까이 다가갔다는 인상도 함께 받았다.

사실, 오토 란이 범한 실수는 명백한 것이지만, 궁정 사랑이 발생한 사회 종교적 기원을 이해하는 데는 오히려 많은 도움을 주었다. 이 점은 이제까지 궁정 사랑을 다룬 '진지한' 연구로 여기면서도 그 의미는 많은 연구에서 거의 아무런 새로운 지적을 하지 못한 것보다 우리에게 시사하는 바가 크다고 볼 수 있다.

나는 이런 인식도 했지만 아울러 다름 아닌 오토 란의 주장 속에 들어 있는 상식을 벗어난 면에 숨어있는 모종의 다른 매력에 나도 모르게 이끌리고 말았으며, - 남프랑스에 자리잡고 있는 성관들의 허물어진 폐허를 찾을 때마다, 새벽녘, 궁정 사랑의 영적 지평선 위로 밝아오는 하늘을 바라보며 나는 나도 모르게 강렬한 확신의 감정에 사로잡혔다는 사실만은 여기서 밝혀야 할 것 같다 - 그 영향으로 젊은이들을 위한 잡지에 정념과 결혼의 대립에 대해 글을 하나 싣기로 하고 초고를 매만지고 있었다.

그러던 중 잡지 편집을 책임지고 있던 다니엘 롭스가 내게 먼저 이 글을 발전시켜 단행본으로 묶어보자는 제안을 해왔다. 그러나 원고를 넘기기로 한 날 다니엘 롭스는 내게 단행본 출간 순서를 계급이 중령인 한 젊은 군인에게 양보해 줄 것을 간곡하게 부탁해왔다. 그가 출간할 책은 『프랑스와 프랑스군』이었는데 이미 원고가 다 끝난 상태였으며 매우 급한 사정이 있는 것만 같았다.[2] 사실 나는 원고를 한 줄도 쓰지 않은 상태였다. 한숨을 돌린 나는 충분한 시간을 얻은 그제서야 빠른 속도로 원고를 써나갈 수가 있었다. 글을 쓰는 삼 개월 동안 나는 흥분과 희열 속에서 살며 거의 매일 새로운 것을 발견하고 때론 새로운 가설을 만들어 내며 보냈다. 원고는 하지가 되어서야 겨우 탈고했고 승리감에 도취된 나는 그날 밤 『트리스탄』을 공연하는 오페라를 찾아갔다. 그러나 그곳에서 나는 낮에 나를 사로잡았던 승리감을 부셔버리는 밤의 복수의 노래를 들어야만 했다.

Habet Act! Habet Act!
Schon weicht dem Tag
Die Nacht![3]

---

[2] 지금 돌아보면 그리 다급한 것은 아니었는지도 모른다. 오히려 너무 늦은 감마저 있었다. 샤를 드 골의 책은 바로 몇 달 후인 1938년 6월에 출간되었다. 따라서 그가 요구했던 기갑 부대 창설 제안은 실현될 시간적 여유가 없었던 것이다.

[3] 조심하세요! 조심하세요!
이제 어둠이 물러가고
광명이 오려고 해요!

'새벽'이라는 주제는 음유시인들에게서 흔히 볼 수 있다.

망루를 지키는 병사여, 질투하는 자를
조심하세요. 새벽보다 더 지루함을
참지 못하는 사나운 영주를.
낮은 곳에서 우리는 사랑을 말하고 있노라.

제2막 절정부, 새벽빛이 밝아오는 망루에서 브랑겐이 노래했다. 아마 지금 다시 들어도 나는 - 창피한 고백이지만 - 또 눈물을 흘려야 할 것이다.

1939년 봄, 책이 출간되자마자 나는 《카이에 뒤 쉬드》 Cahiers du Sud에 깊은 영향력을 끼치며, 불구의 몸으로 카르카송에 사는 시인이자 작가인 조에 부케에게서 내 책을 읽고 큰 감동을 받았다는 여러 통의 편지를 받았다.[4] 모르긴 몰라도 나 역시 내 책을 쓰는 동안 그의 책들을 참고했을 것이다. 1938년에 보낸 날짜 없는 편지에서 조에 부케는 다음과 같이 썼다. "나는 당신이 매달린 문제에 너무 가깝게 있어서인지 한눈에 그 문제를 파악할 수가 없습니다. 다른 한편, 이 문제에는 박학다식함이 필요하지만 그것은 어디까지 부수적인 것에 지나지 않을 것입니다······ 드리고 싶은 말은 카타리파의 문제는 나의 시적 경험이 향하고 있던 방향을 설명해 주는 것이기에 나로서도 관심을 기울이고 있던 문제였다는 것입니다."(이 마지막 문장을 읽으면서 나는 시인과 나 두 사람 모두 같은 주파수의 파장에 몸을 싣고 있다는 것을 느낄 수 있었다) 1939년

큰 두려움이 몰려온다
새벽이, 새벽이, 그래, 새벽이 오고 있구나.

—랭보 드 바케라스, 『알바』

[4] [역주] 잡지 《카이에 뒤 쉬드》는 '남부 잡지' 정도로 옮길 수 있는데, 1914년 프로방스 태생의 작가인 마르셀 파뇰에 의해 창간되어 1925년 《카이에 뒤 쉬드》로 개명을 한 문예지로 마르세유에서 출간되었다. 1966년 폐간될 때까지 20세기 프랑스 문단에 큰 영향을 끼친 시인과 작가들이 이 잡지를 통해 활동했다. 대표적인 시인과 작가를 보면 앙토냉 아르토, 알베르 베갱, 조에 부케, 로제 카이와, 르네 크레벨, 폴 엘뤼아르, 피에르 장 주브, 미셸 레리스, 앙드레 마송, 앙리 미쇼 등이다. 조에 부케(Joë Bousquet, 1897~1950)는 프랑스 시인으로 21살의 나이에 제1차 세계대전에 참전해 부상을 당해 하반신 불구로 평생을 살며 많은 시집과 소설, 자서전 등을 썼다. 1940년대 《카이에 뒤 쉬드》의 책임자 중 한 사람이 되어 잡지 편찬에 관여했다. 주요 시집으로는 『침묵의 번역』 등이 있으며 4권의 소설 전집이 있다.

3월 25일에 보낸 편지에서 시인은 다음과 같이 썼다.

> 안녕하세요,
>
> 지금 선생의 책에 대한 서평을 준비하고 있습니다.[5] 하지만 서평이 문제가 아닙니다. 다름 아니라 뭔가 큰일을 하나 벌이려 하는데 어쩌면 선생의 작업에 많은 반향을 불러올 위험도 있는 일입니다. 선생의 참여가 없이는 성사될 수 없는 일인데, 선생이 맡아주셔야 할 일은 책을 분류하고 나아가서는 더 명확하게 성격을 규정하는 것은 물론이고 책에서 선생이 내린 결론을 넘어서는 차후의 작업을 도와줄 수도 있을 것입니다. (중략) 선생에게 부탁하고자 하는 것은 선언서 같은 것을 하나……

며칠 후 4월 12일, 문학평론을 하는 장 푸레스가 내게 일종의 코뮈니케를 하나 보내왔는데, 그의 말에 따르면 조에 부케와 함께 작성했다고 하는 것이었고 지역 신문에 실렸다고 했다.

> 우리 지방의 지식계와 참으로 깊은 관련성을 지닌 문학적 사건이 하나 일어나서 소개하고자 한다. 드니 드 루즈몽이 최근 높은 정신적 의미가 있는 주장을 출간한 것인데, 이 책에서 저자는 유럽의 모든 시는 랑그도크 지방에서 유래했다는 주장을 펴고 있다. 시인도 아니고 러시아나 독일인 혹은 덴마크인도 아닌 저자는 12, 13세기에 활동한 랑그도크 지방의 음유시인들로부터 종교적, 문학적 영감을 받았다. 제목이 『사랑과 서구 문명』인 이 책은 (중략) 그동안 잘 알

---

[5] 이 서평은 《카이에 뒤 쉬드》, 1939년 6월호에 실렸다. "D. de R가 염두에 두고 있는 것은 자신의 추측들을 뒷받침하는 것이 아니라 심판보다 더 강한 무엇으로 강조하려는 것이었다. 저자는 정념의 신화를 제자리에 있게 하려고 하기보다는 인간 영혼을 아주 정확히 분석해 정념의 신화가 지니고 있는 숙명성을 헤아리고 있다."

려져 있지 않았던 수많은 사실을 참고하고 있으며 나아가 종종 우리 지방이 배출한 탁월한 시인들인 데오다 로쉐와 옛날 사법관 직을 지내기도 했던 다르크 등을 참고하기도 했다. 여러 세기가 지나며 형성된 우리 지방의 시적, 윤리적, 종교적 분위기에 의문을 품고 있던 모든 사람에게 이 책은 흥분을 감출 수 없는 일련의 새로운 사실을 밝혀주고 있다.

그러나 곧바로 전쟁이 터지는 바람에 나의 저서를 다룰 예정이었던 특별호 기획안이 중단되었다고 생각했다. 그런데 미국에서 돌아온 나는 『오크의 영혼』le Génie d'Oc이라는 제목의 특별호가 1943년에 출간되었고, 그뿐만 아니라 몽세귀르 성을 중심으로 신비주의의 르네상스가 찾아오는 데에도 내 책이 큰 역할을 했음을 알았다. (로베르 라퐁의 말을 빌리면) 이 신비주의 르네상스는 '새로운 모험'이였으며 시몬 베이유(나치 점령하에 있었던 당시, 에밀 노비스라는 가명으로 활동함)의 연구로, 내가 다룬 카타리파가 나치에서 해방된 파리에서 지적 유행을 선도하는 《전투》Combat 같은 잡지가 즐겨 다루는 주제 중 하나가 되었음도 알았다. 마침내 특별호를 구해서 읽어보았다. 그런데 내가 편 주장들은 책 도처에 흩어져 희미하게 나타나 있거나 넌지시 암시만 되어 있었을 뿐이었고, 정작 내 주장이 나오려는 대목이 오면 곧바로 이야기가 끝나버렸다. 심지어 내 이름조차 어디를 찾아봐도 없었으며 고작 내 주장에 경계를 나타내는 각주에서나 언급할 뿐이었다. 하지만 이것이 정상이었다. 왜냐하면, 흔히 말하듯이, 촉매제란 그런 것이기 때문이다. 여러 물질을 모아 새로운 조합을 만들어 낸 후 사라지는 것이 촉매제의 운명이다.

이런 이중적인 행동은 나로 하여금 – 비단 나만이 아니라, 그 저자들이 남프랑스 출신이라고 해도, 카타리파를 다루는 대부분의 책이 겪는 것이었지만 – 몇 가지 문제에 주목하게 했다.

남프랑스 사람들은 자신이 살고 있는 지방을 점령한 정복자 십자군을 증오하며 랑그도크 언어를 사용하여 자신을 은근히 카타리파 교도로 여기면서도 한편으로는, 외부인이 이 예민한 문제에 끼어드는 것 자체를 – 그 외부인이 아무리 남프랑스 지방을 옹호하는 친구의 입장에 있다고 해도 – 결코 용납하지 않는, 말하자면 한이 맺힌 사람들인 것이다. 나는 이런 랑그도크인의 모습을, 예를 들면 '피식민지 콤플렉스'라는 말로 많은 현상을 이해하듯이, 그렇게 합리적으로 이해하는 것이 과연 정당한지 잘 모르겠다.

옥시탕 사람들이 역사적 시련을 겪기 이전, 과연 그들은 행동하는 데 실수하지는 않았을까? 조에 부케가 『오크의 영혼』에 붙인 멋진 서문을 보면, 적어도 세 가지 동기를 찾아볼 수 있다.

> 오크 사람들은 멸망한 문명의 후예이다. (중략) 이 사람들의 종교는(즉 카타리파), 그들의 철학과 마찬가지로 전락의 서사시였다. 시대는 그들의 망상을 나누어 가졌고 그들의 영혼이 겪은 드라마도 역사 속으로 편입되었는지 모른다. (중략) 구원의 교리가 실패로 끝나자 같은 교리가 시적 형태를 띠고 구원의 교리를 노래한 것은 자연스러운 일이었다. 외부의 상황들에 의해 부서진 채, 국가 이성에 부딪쳐 더 이상 앞으로 나가지 못한 채, 오크 종교는 스스로 자멸의 길로 들어서는 대신 순수한 사고와 이야기를 지어내는 영역으로 이동한 것이다. (중략) 이 종교는 오랫동안 종교와 샴 쌍둥이처럼 살아온 시를 변형시켰다.

장 마르칼이 쓴 『켈트족과 켈트 문명』 les Celtes et la civilisation celtique을 읽으면 이 책이 조에 부케가 쓴 서문과 유사하다는 느낌을 받지 않을 수가 없다.

켈트족은 잘못 끝난 역사에 각별한 애정을 갖고 있다는 인상을 준다. (중략) 성배 찾기만 해도, 갈라드와 페르스발의 죽음으로 끝나고 말았다. (중략) 원탁의 기사들이 벌인 모험 역시 완벽한 실패로 끝났다. (중략) (89쪽). 프로이트와 그 학파가 출현하기 이미 오래 전부터, 죽음의 본능과 성 본능은 이미 켈트족에게서 나타나고 있었다. (중략) (192쪽). 한편 이야기를 과장하고 신비화하는 경향은 켈트족 고유의 정신적 특징이기에, 일종의 전이 현상이 일어났고 그 결과 패배에 지나지 않았던 모든 것이 놀라운 모험으로 변했으며, 이 모험에서 켈트 사회의 멸망은 외부의 상황에 따라서가 아니라 전적으로 마술적인 상황들에 따라 일어난 것으로 묘사될 뿐이다(253쪽).

힘과 계략으로 국가라는 이름의 더 큰 단위에 복속된 이 두 옛 민족에게 어떤 공통점이 있는가? 북부의 켈트족은 색슨족에게 종속되었고 남부의 랑그도크인은 서고트족에게 정복당했다. 그 후 두 민족은 프랑스인에게 다시 정복되었다. 이 밖에, 남프랑스의 코르테지아(궁정 문화)와 아더 왕 전설의 기원에서부터 시작된, 이들이 간직하고 있는 떨쳐버릴 수 없는 역사에 대한 향수와 실제적이면서도 동시에 역사에 복수하려는 갈증은 상상력을 바꾸기에 이르렀고 외부인인 우리의 상상을 초월할 정도였으며 언젠가 적을 향해 정복의 꿈을 실현하려고 했다.

논제에서 벗어난 이야기를 잠시 해야만 했다. 이유가 없는 것은 아닌데, 다름 아니라, 요컨대 중요한 것은 어떤 주장에 동의하느냐, 아니냐가 아니라, 어떤 '관점'을 선택하고 그 관점에 따라 조직되는 범주들이기 때문이다. 중요한 것은 이전에는 보이지 않았고 억압되어 있던 것을 우리가 다루었다는 것이다. 따라서 우리가 함께 살펴보아야만 하는 것은 어떤 편에 서느냐가 아니라 논쟁 그 자체이며, 또한 논쟁의 결론이 아니라 우리에게 제기된 문제의 구조이며 나아가 우리가 다루는 문제의 성격 자체이다. 누가 이겼느냐의 문제를 떠나야 한다. 그래야 지금 벌어지고 있는 게임을 알 수 있다.

 이렇게 해서 나는 중세를 연구하는 역사가들과 긴 논쟁에 들어서게 되었다.

검열자들에게 보내는 반박의 글

 우선 고백부터 해야겠다. 『사랑과 서구 문명』을 쓰려는 생각을 했을 때 많은 이들을 비난하면서도 실제로는 나 자신도 아는 것이 부족한 상태였다. 내가 정말로 나 자신의 무지를 헤아릴 수 있었다면 이 책은 존재하지 못했을지도 모른다. 거의 확실하다. 그러나 가난한 자는 복이 있나니 라는 말도 있고 모르면 용감해진다는 말도 있다. 내가 읽은 카타리파와 음유시인들에 대한 문헌 중 3분의 2 정도는 내 저서가 출간된 후에 읽은 것이다. 따라서 나는 1956년 판에서 틀린 부분을 수정할 수 있었고 이때부터 내가 세운 역사적 가정들을 단호하게 검열한 사람들에게 답할 수 있게 되었다.

 카타리파와 음유시인들 사이의 관계에 대한 논쟁 – 조금 더 정확히 말하면 그노시스적인 이단의 유설들과 궁정 사랑 사이의 관계 논쟁 – 은 내 책이 나온 이후 박학다식한 학자들 사이에서는 하나의 유명세를 타는 주제가 되었고 대부분의 글은 나를 비난하는 것이었다. 하지만 나는 마지막으로 웃는 자가 되고자 한다.

 우선 사태를 다시 살펴보자.

 사람들은 처음부터 내 모든 주장을 거친 단순화에 지나지 않는다고 몰아 부치면서 논의의 대상에서 제외시키곤 했다. 다시 말해 내 저서의 핵심이 어디에 있는지 보려고 하지 않았다. 따라서 사람들은 어둠의 정념과 광명의 규범 사이에서 일어나는 드라마나 정념의 신화와 결혼이라는 실존적 선택 사이에 존재하는 드라마에서, 가장 많은 약점을 드러내고 가장 취약한 주장만을 보려고 했다. 즉 사람들은 내 저서에서 란Rahn이 주장한 바, 트로바르 클뤼trobar clus는 이단적 유설의 비밀스런 언어의 역할을 했다는 주장만을 본 것이다.[6] 내가 편 진정한 주장은 도외시한 채 일간지들은 란의 주장을 쉽게 인용했고, 전문 학술지에서도 란의 주장을 인용하며 나를 공박해댔다. 모두 내가 음유시인들과 카타리파는 12~14세기에 진행된 양자를 모두 포함하는 더 큰 종교적(심리적이기도 하고 사회적이기도 한) 현상을 떠나 '분리해서' 읽어서는 이해할 수 없다는 주장을 했다고 인용을 해댔다. 나를 공박한 모든 이들은 이 두 움직임이 같은 시기, 같은 지방과 성관에서 일어났고 그뿐만 아니라 공통의 적이 있는 사람들에 의해 일어났으며 양자 모두 교회에서 파문과 응징을 받았음에도 불구하고 서로 아무런 공통점이 없다고 주장한 것이다. 그렇다면 그들의 주장을 입증해 주는 증거를 제시해야만 한다.

물론 그들은 그런 증거를 제시하지 못했다. 대신 그들은 나름대로 내 주장을 반박하는 논리를 폈다.

1939년 내 책이 출간되었을 때, 문학사 전문 잡지들에 서평을 기고한 교수들은, 중세 당시의 사람들이 궁정 사랑을 알고 있었는지 혹은 모르고 있었는지 분명히 하지 않은 채 내가 논의를 해나갔다는 단 한 가지 이유를 들며, 읽기에 거북스러울 정도로 내가 착각을 했다는 생각을 하고 있었다. 이들은 내 책을 약간 전문가 냄새가 나는 어조로 다루었는데, 이런 어조란 사태가 어떻게 된 것인지 파악하려면 당연한 것이기도 했지

---

[6] [역주] 트로바르 클뤼는 12세기 남프랑스 지방의 비의적 작시법을 말한다. 오직 이 분야에 입문한 사람만 접근할 수 있는 시로서 본질적으로 연금술적인 시를 쓰고 읽는 작업을 뜻했다. 이보다 용이하게 접근할 수 있는 시는 트로바르 뢰(trobar leu)라고 했고, 두 시 사이에는 난해하지 않으면서도 품격을 갖춘 풍요로운 시라는 뜻의 트로바르 리크(trobar ric)가 있었다.

만 쓸데없는 말에는 귀를 기울이지 않는 것이 전문가라는 식의 태도도 스며있었다. 특히 교수들은 무엇보다 내가 말하지 않으려고 조심했던 것들을 비난했고 내 책이 전문 감정사의 영역과는 완전히 다른 영역에 개입하여 기여한 사실은 아무런 말도 없이 지나쳐갔다. 이 모든 것은 그들이 제시한 참고문헌에 그대로 남아있어 누구라도 확인이 가능하다. 그러나 지금은 은퇴한 이 노교수들이 내 책이 주제에서 벗어나 '횡설수설'했다고 퍼부은 비난을 오늘날에도 여전히 그들의 제자인 많은 대학교수가 반복하고 있다.

옛 교수들이 행한 첫 번째 '반박들'까지 거슬러 올라갈 필요는 없어 보인다. 대신 나는, 그들 스스로는 지식인으로서 행동했다고 생각하면서 이른바 '학문적 엄격성'을 내세웠지만, 따지고 보면 종교적 교리나 전통을 대신해 단지 교수라는 세속적 권위에 기대며 그들이 재범의 유혹에 넘어간 부분에만 언급할까 한다.

플레이아드 판『문학사』[7]에서, 레진 페르누는 궁정 문화와 이단 카타리파의 유설 사이에는 아무런 관련성도 없으며 심지어 지리적으로 봐도 공통점이란 찾아볼 수가 없다고 빈정대는 투로 지적을 하며 논의에서 제쳐놓았다.

"일반 대중 사이에서 큰 반향을 불러일으켰기에 잠시 언급할 필요가 있는 주장이 하나 있는데 남프랑스의 음유시인들과 궁정 시가는 모두

---

[7] 제3권, pp. 25~26.
[역주] 플레이아드(La Pléiade) 판은 프랑스 출판사 갈리마르에서 출간하는 총서로서 프랑스 유명 작가, 시인들의 전집으로 유명하며 문학사와 문화사도 함께 출간하고 있다. 각 시대와 작가를 연구하는 해당 분야의 전문가들이 책임 편집을 담당하며 판본 비교를 통한 세세한 해설과 주석을 곁들여 대부분 학위논문에서 정전으로 사용되곤 하는 기념비적인 총서다. 성경을 찍는 종이에 인쇄되며 가죽 장정이다.

이단인 카타리파의 유설을 반영하고 있다고 한다. 기발한 가정이긴 한데, 하지만 사실관계를 알고 보면 전체적으로 반박하지 않을 수 없는 가설이다. 이단 카타리파가 남프랑스 지방의 상업적 도시에서 퍼져나가기 시작할 당시인 1165년을 전후한 시기, 궁정 시가는 이미 반세기 전에 시작된 오랜 역사가 있었다. 게다가 음유시인들과 궁정 시가가 모두 이단인 카타리파의 유설을 반영하고 있다는 주장은 본질적으로 부르주아와 상인 계층의 유설이었던 카타리파의 유설 자체에 대한 완전한 무지는 물론이고 궁정 시가가 발생하여 발달하게 된 여건들에 대해서도 전혀 모르는 무지에서 나온 주장에 지나지 않는다……"

부르주아 계층에 대해 뛰어난 역사가께 칭찬을 돌려드려야 할 것 같다. 자칫 내가 기댄 논리를 근원에서부터 해칠지도 모르지만, '사실관계'를, 그것도 유일한 사실관계를 말하지 않을 수 없기 때문인데, 1165년경 이단의 유설이 상인들에게 퍼졌다는 주장은 유설 자체는 물론이고 궁정 시가가 발달한 기본적인 여건들을 모르고 하는 주장이다. 내가 말하는 여건이란 이단의 유설과 궁정 시가가 유포된 지리적, 사회적 시기와 지역 등을 모두 망라하는 여건들을 말한다. 음유시인인 기욤 드 푸아티에의 노래들이 나오고 나서 50년 정도가 지난 다음에 남프랑스의 여러 상업 도시에 유설이 전파되었다는 것은 하나의 부인할 수 없는 역사적 사실이며 따라서 그 사실 자체로는 별 의미가 없다. 따라서 마담 레진 페르누를 제외한 다른 어떤 교수가 음유시인들이 카르카송의 상인들을 위해 음유시를 지었다고 생각할 수 있었을 것인가? 궁정 사랑은, 그 말이 일러주듯이, '궁정에서' 불려졌던 시가들이지 결코 상점에서 불려지던 시가가 아니다. 그런데 영주들, 특히 영주 부인들은 일반적으로 정통 가톨릭이 아닌 이단의 유설들 편에 서 있었다. 오직 내가 편 주장의 단점을 지적하기 위해 든 것이겠지만, 이단의 유설은 마담 페르누가 믿고 싶어 하는 것과는 달리, 훨씬 오래 전부터 퍼져있었다. 마담 페르누는 카타리파가 첫 번째 음유시인들에 앞서 먼저 존재했다는 '엄격한' 증거들을 몰랐던 것일까? 정통 가톨릭교회는 얼마나 많은 증거를 요구했는가. 1017년 오를레앙, 1020년 투르, 1025년 아라스에서 가톨릭교회는 '마니교'를 믿는 이단자들을 화형에 처했다. 백 년 뒤인 1119년, 가톨릭교회는 툴루즈에서 이단자들의 수많은 후예를 파문해버렸다. 1145년부터 생 베르나르 드 클레르보는 툴루쟁과 알비주아 지방에서 이단의 유설에 맞서 포교를 해야 한다고 설교를 했고 고통스러운 경고의 목소리를 높이지 않을 수가 없었다. 그러나 그는 어떤 방법을 사용했는가? 이 불행한 성자는 분명 20년 뒤에 카타리파가 그 지역에 나타날 것이라는 사실을 모르고 있었다.

카타리파를 두고 마담 페르누는 무엇보다 그들은 '부르주아'라고 했지만, 이브 도사트는 '보잘것없는 농민들이거나 가난한 장인들'로 보았다. 또 샤를 브뤼는 부유한 상인들과 사업가들로, 나아가 벨페롱은 이들과 달리 카타리파를 '일반 대중'으로 보았다. 나를 비판하는 모든 사람은 이렇게 같은 대상을 서로 달리 보기는 했지만 이들 모두는 카타리파 사람들의 '보잘것없는 출신'을 생각하면 그들이 '당시 사회의 최고위층'(P. 벨페롱, 『사랑의 환희』, 227쪽)에서 발생한 오크어로 쓴 시를 접했다고 볼 수는 없다고 단정지었다.

하지만 레몽 5세 드 툴루즈는 1177년, '도처에 침투해 있는' 이단의 유설에 저항하는 데 힘을 보태달라는 부탁을 하기 위해 시토 수도회 총회에 다음과 같은 편지를 보냈다. 내 땅의 가장 중요한 인물들이 타락해가고 있습니다. 민중도 이들을 따르고 있습니다.

사정이 이렇다면 음유시인들을 '출신이 비천한' 가련한 광대나 춤꾼이라고 해두자. 하지만 이럴 경우 이런 비천한 출신의 사람들이 어떻게 랑그도크 지방의 성주들과 동등한 처지에서 이야기를 주고받을 수 있었으며 그들이 찬미했던 귀부인들에게서 아무것도 바라지 않았는지 쉽게 상상이 가질 않는다. 그뿐만 아니라 12세기 후반, 이 '출신이 비천한' 음유시인들이 대부분 '기독교도'였다는 점도 납득이 가질 않는다. 내가 읽을 수 있었던 대부분의 사회학적 설명은 많은 차이점에도 불구하고 유일하게 카타리파와 음유시인들이 만났을 가능성을 인정하지 않는 공통점이 있는데, 이 설명들을 보면 한결같이 근본적인 약점이 있다. 즉 이 설명들은 양립할 수 없는 몇 가지 '판에 박힌 선입견들'에 근거해서 논리를 펴면서 자신들의 논리를 위해 편견들을 동원하고 있다. 르네 넬리마저도 음유시인들이 사랑을 통해 '출생 신분 때문에 사회적으로 그들에게 용납하지 않은 가치'를 얻으려고 했다고 쓰고 있다. 그는 음유시인들이 귀부인에게 복종한 것을 설명하기 위해서 '너무 높은 곳에서 사랑한다'는 유명한 광대의 사랑을 빌려온다(광대의 사랑이란 다름 아니라 V. 위고가 말한 바, 잘 알려진 '하늘의 별을 사랑하는 땅 위의 벌레' 이야기다). 하지만 넬리는 모순된 사실들을 제공함으로써 그가 한 말들을 되돌아보지 않을 수 없게 한다. 가령, 그의 사화집인 『음유시인들』 *Troubadours*(제2권, 시인들 편)에서 인용한 43명 작가의 간략한 전기들이 대표적으로 모순된 사실이다. 43명의 음유시인 중에 광대는 몇 명이었는가? 평민과 기사는 어느 정도였는가?

다음 표를 보자.

출신 미상 ·· 4
광대 ··· 3
'아주 비천한 출신' ···································· 3
평민 ··· 6
성직자 ·· 5
기사와 높은 신분의 귀족 ························· 22

내가 알기로 장루아는 대략 5백 명에 달하는 음유시인을 헤아린 적이 있고 광대는 극소수에 지나지 않았다(이 음유시인들은 단지 이름만 밝혀진 경우가 많다). 반면 르네 넬리는 단지 43명만 거론했을 뿐인데, 이는 다름 아니라 이 43명이 가장 훌륭한 음유시인들로서 대표자였기 때문이다. 이 음유시인 중에는 '프랑스의 가장 위대한 왕자였던' 기욤 9세를 비롯해 그의 친구인 에블르 방타두르 자작과 블레의 영주였던 조프레 뤼델은 물론이고 오랑주 백작인 랭보와 아마도 방타두르 가계에 속한 사람들로 보이는 위셀의 네 명의 영주가 포함되어 있다.[8] 바로 이들이 음유시인들을 앞장서서 리드해나갔던 인물이었다.

나를 윽박지르듯이 비판한 인사 중에는 성당 참사원인 들라뤼엘르도 들어있다. 이 사람은 카타리파에 대해 알아야 할 것을 모두 알고 있는 – 그뿐만 아니라 몰라도 무방한 것까지 다 아는 – 사람인데, 현학자인 척 하기도 하지만 그보다는 오히려 무례하다고 해야 할 정도로 나를 비판한 사람이다. 그는 잡지 《아르케올로지카》 *Archeologica* (1967년 12월호)에서 내 저서가 '역사와 관련된 부분에서 문장마다 오류를 범하고 있다'고 썼다. 그러면서 그가 내 책에서 뽑아 제시한 몇 가지 사례는 오히려 그의 잘못을 말해주고 있을 뿐이다(예를 들어, 그는 내가 내 책에서 『트리스탕』에 나오는 사랑·정념은 카타리파의 유설 이외에 다른 것이 아니다'라고 썼다고 했지만, 나는 결코 그런 주장을 한 적이 없다.) 종교개혁을 말할 때 그는 문장마다가 아니라 단어마다 오류를 범하고 있다[9]. 하긴

---

[8] Jean Audiac, *les Poésie des quatre troubadours d'Ussel*, Paris, 1922.
[9] 참사원인 들라뤼엘르는 17세기의 개종한 이탈리아 수사인 소치니(Sicini)를 거론한다. 소치니는 루터파 교회의 한 박사의 청을 받아들여 폴란드인들에게 그의 독특한 이단 교리를 설교하기 위해 길을 떠난다. 들라뤼엘르는 개신교도의 논거란 것들은 '결코 과오를 범하지 않는 이성'을 전제로 한다고 생각한다(하지만

이런 식으로 반론을 펼 일이 아니다. 우리의 저자께서는 교리야말로 믿고 따라야 할 마지막 보루라고 말씀하고 계시니 말이다. 실제로 참사원께서는 사학자인 샤를 슈미트처럼, '완벽한 자들'의 윤리를 칭찬할 수 있다면 그것은 오직 그들의 교리를 인정하지 않을 때만 가능하다는 주장을 편다. 그 근거란 다름 아니라 '프랑스인이라면 자신이 연구한 책 속에서 내적으로 수미일관한 논리를 찾으려고 할 것이며 교리가 윤리를 명령한다는 것을 잘 알고 있기에' 교리와 윤리를 구분하는 논리는 프랑스인에게는 하나의 충격이라는 것이다. 그러면 이 용감무쌍하신 참사원 나리께서 아무런 망설임도 없이 '몽세귀르에는 화형대라는 것이 없었다'고 쓰는 것은 '수미일관한 논리'나 프랑스인의 정신 혹은 교리에 따른 것이란 말인가? 이 인사의 말대로였다면 얼마나 다행스러운 일이었겠는가. 하지만 불행하게도 크레마스 평원에서 200명이 넘는 사람들이 순교를 하고 말았다.

 이런 비평들의 식자연하는 어조를 보면 숨기려고 애쓰긴 했지만 그럼에도 여전히 비평하는 이들이 이해하려고 하기보다는 일어난 현상을 짐짓 모른 채하려고 한다(사실은 억눌러 버리려고 한다)는 것을 알 수 있다. 이들은 권위와 '윤리를 명령하는' 교리, 그리고 이를 통해 역사의 불편한 진실들을 삭제하려고 든 것이다. 모든 시스템을 통합하기 좋아하시는 통합주의자들이시여, 외부에서 주어지는 교리에 근거하여 수미일관한 인격을 형성하는 것이 가능하다고 생각한다면 그것만큼 좋은 일은 없겠지만, 외부에서 주어지는 교리보다는 오히려 그 교리가 형성된 역사와 교리를 형성하고 있는 여러 정신적인 논리에 기초해야 올바른 인격을 쌓을 수 있을 것이다. 즉 진정한 신앙을 가져야만 인격 역시 제대

 '이성, 이 빌어먹을 이성!'이라고 한 사람은 바로 루터였다).
 [역주] 소치니는 삼위일체설을 부인하는 소치니주의의 창시자이다.

로 형성되는 것이다. 나름대로 수미일관한 내적 논리를 갖추고 있었던 자들이라면 이단이라 해도 그들을 화형장으로 보내서는 안 된다. 아니 어찌 되었든, 당신들의 교회, 당파 혹은 당신들의 종파가 이단이라는 단 하나의 이유로 이들을 화형시켜 버렸던 사실을 부정하지는 말아야 한다.

사람들은 과학, 교회, 당파 혹은 우리가 흔히 전통이라고 부르는 단순한 관습들에 기대어 권위를 행사한다. 로 보로딘 부인이 이런 권위에 기댄 유형에 속한다. 부인은 내 책이 채 출간되기도 전에(부인은 초고 상태에서 상당히 많은 부분을 읽었다) 이른바 경건한 분노를 느끼며 여러 잡지를 동원해 내 책의 출간을 막으려고 실로 열성적인 운동을 했다. 부인은 내가 유설에 등장하는 마리아를 그노시스파의 소피아와 동일시하고 나아가 이 마리아 소피아를 카타리파의 교회와 동일시하자 이 논리를 도저히 받아들일 수 없다고 생각했다.[10] 나는 이런 동일시 현상이 내가 지어낸 것이 아니라고 주장하고 단지 이미 여러 텍스트 속에 있는 것이라고 주장해도 아무 소용이 없었다.[11] 부인께서는 진실이 너무나 충격적이어서 도저히 받아들일 수가 없었던 것이다. 앙드레 지드는 장 들

---

[10] 소피아와 마리아를 동일시하는 현상은 다음 책을 참고할 수 있다. Déodat Roché, *Etudes manichéennes et cathares*, pp. 162~164. 반대로 서로 다르다고 구분한 현상은(같은 논리로 그리스도와 예수를 구분한 현상은) 같은 책 p. 146을 볼 것.

[11] 가령 한 카타리파 신도는 심문관에게 다음과 같이 말했다. "*Mariam non esse nec fuisse mulierem carnalem sed sectam suam dicunt esse Mariam virginem*([역주] 모두 마리아를 육체의 욕망을 지닌 여인이 아니라 젊은 동정녀라고 불렀다)." René Nelli, *Erotique des Troubadours*, Toulouse, 1963, pp. 222~223. 또한(내가 보기엔) 페르 카르드날(Peire Cardenal)이 쓴 탁월한 카타리파의 시가인 *Vera vergena Maria*(진정한 동정녀 마리아)도 참조할 수 있다. 이 시가에서 마리아는 '시리아'에서 태어나신 진정한 동정녀이시지만 하나님 우편에 앉아계신 여왕이 되시었고 하나님은 마리아의 기도에 '몸을 기울이셨다'고 적혀 있다. 따라서 이 시가 속에서 마리아는 Sophia aeterna(영원한 소피아)의 역할을 맡고 있다([역주] 소피아는 지혜를 뜻함).

레에게 내 책을 읽으면서 프로이트가 할 수 없었던 것을 일러주었다는 말을 한 적이 있고 장 들레는 그의 책인 『앙드레 지드의 젊은 시절』 첫 권에서 약 20페이지를 할애하여 이 이야기를 했다.[12] 이 글을 읽은 부인은 – 상당히 마음이 흔들리면서도 – 장 들레 박사에게 편지를 써서 내 책을 경계해야만 한다고 충고했다. 장 들레는 두 번째 책에서 이 이야기도 기술해 놓았다. 앙드레 지드는, 정통 가톨릭교회의 전문가들이 결정해 놓은 동정녀에 대한 개념을 잘 몰랐다. 그뿐만 아니라 수상한 생각을 하는 한 작가가 쓴 책을 읽고 자신을 좀 더 잘 이해할 수 있었다고 생각했는지 모르겠지만, 아마도 자신을 그리 정확하게 이해하지는 못했을지도 모른다. 부인의 말에 따르면 마리아 교리란 그노시스를 받아들이지 않는다고 한다. 그러니 누군가가 종교심리학적 측면에서만 받아들여야 될 마리아 소피아 라는 동일시 개념을 주장한다면 부인은 이자를 도저히 용납할 수가 없었을 것이다.[13]

신비주의 음유시인 앙리 수소

독일 바이에른 지방에서 살았던 위대한 신비주의자 앙리 수소 Henri

---

[12] [역주] 장 들레(Jean Delay, 1907~1987)는 정신과 의사이자 작가로 아카데미 프랑세즈 회원이었던 프랑스 지식인이다. 특히 작가 앙드레 지드에 대한 두 권의 책인 『앙드레 지드의 젊은 시절』과 『정신치료와 '배덕자' 심리』로 유명하다. 앙드레 지드는 열렬한 개신교 신자였으나 동성애 경험을 하기도 했던 청년 시절을 지내며 신앙을 잃어버린다.

[13] [역주] 그노시스나 소피아는 모두 인식, 지혜 등을 뜻하는 그리스어에서 온 말로 초기 기독교사와 철학사 이후 구원론, 영육 이원론 등에 중요한 영향을 끼친 신학적 주제였다. 그노시스는 그노시티시즘, 즉 흔히 영지학(靈智學)으로 불리는 이단을 낳는다. 후일 19세기 말에 태어난 신지학(神智學)으로 연결되는 서구 종교 철학의 중요한 주제다.

Suso[14]는 내가 주장한 바 있는 다음과 같은 항목 사이의 유사성을 잘 보여준다. 그 항목이란 영원한 예지 – 마리아 – 진정한 동정녀 Vera Vergena – 소피아 – 사랑의 교회 – 생각 속의 귀부인 등이다. 그뿐만 아니라 앙리 수소는 궁정 수사학이 독특한 경배 경향과 함께 태어나고 형성된 것임도 잘 보여준다.

J. A. 비제는 『수소와 미네장』*Suso et le Minnesang*[15]에 대한 짧지만 탁월한 연구를 통해 '영원한 예지'가 청년 시절 수소에게(신비체험을 한 이후) 어떤 영향을 주었으며 어떻게 해서 '순수한 관념인 신성을 대신하여 신의 현현顯現으로 받아들여졌는지'를 강조한 바 있다. 이때부터 수소는 『인생』*Vita*, 『예지의 시계』*Horlogium sapientae*를 비롯한 책 속에서 그가 귀부인으로 받아들인 예지의 여신을 경배한다. 예를 들면, 랑그도크 지방의 마지막 음유시인들이 동정녀에게 바친 노래를 보자. "그의 우아한 신비함…… 그것은 독일 땅에 활짝 피어난 경건함 그대로일세." 이 노래는 동정녀에게 바쳐졌다고도 하지만, 클레망스 Clémence(자비를 뜻함)에게 헌정한 것으로도 본다. 이 클레망스는 흔히 클레망스 이소르 Clémence Isaure의 형상으로 표현하기도 했지만 다름 아닌 경건함을 의인화한 것이었다. 또한 그의 산문 시편들 속에서 우리는 수많은 제사題詞와 특이한 그림들만이 아니라 코르테지아 cortezia(궁정 문화 혹은 궁정 문학)에 관례적으로 등장하는 모든 공통 요소를 대하게 된다. 예를 들어 보자.

– '멀리 떨어져 계신 공주'라는 주제를 일러주는 사랑하는 여인에

---

[14] [역주] 앙리 수소(독일어 이름은 Heinrich Seuse, 1295~1366)는 현 독일의 바이에른 지방에서 신비주의를 전파한 중세 도미니크파 수도승으로 1831년 복자(福者)로 시복되었다.
[15] 비제(J. A. Bizet), 『수소와 미네장』(*Suso et le Minnesang*), Paris, 1944. 같은 저자의 다른 책도 참고할 수 있다. 『앙리 수소와 스콜라 철학의 몰락』(*Henri Suso et le déclin de la scolastique*), Paris, 1946.

대한 갈구 inquisicio amiris

- 알지도 못하고 한 번도 본 적이 없는 귀부인이라는 주제. "하나님, 나는 언제 사랑하는 여인을 한번 볼 수 있을까요? 헤아릴 수 없이 많은 매력적인 보물을 간직한 사랑하는 여인의 얼굴은 어떻게 생겼나요?"(『인생』 *Vita*)

- 귀부인의 진정한 정체 혹은 본질에 대한 의혹: "그녀는 하나님인가요? 아니면 인간으로서 남자나 여자인가요? 혹은 비밀스러운 지식이나 마술적인 능력인가요, 이도 저도 아니라면 대체 무엇인가요?"(『인생』, 내가 수소의 이 글을 조금만 빨리 읽었다면 내 책 2권의 제사題詞로 사용했을 것이다.) 그런데 같은 쪽을 보면 위에 인용한 글보다 더 이상한 대목이 나온다: "그녀는 멀리 있기도 하고 가까이 있기도 하며, 높은 곳에 있기도 하고 낮은 곳에 있기도 하다. 또한 눈앞에 있기도 하고 숨어 있기도 하다. 사람들이 에워싸도 개의치 않지만 누구도 그녀를 안을 수는 없다……. 그녀는 한쪽 끝에서 다른 쪽 끝에 이르기까지 권세를 펼치며 애정으로 모든 사물을 파고든다. 아름다운 여인을 가졌다고 생각할 때 그녀는 젊고 당당한 청년이 되어있다. 그녀는 때론 지혜로운 선생이기도 하지만 어떤 때는 멋진 여인의 몸가짐을 보이기도 한다."

- 섬기는 자가 된 기사의 충성 맹세를 상징하는 반지 테마: ("오 아름다운, 오 사랑스러운 예지여… 바라건대 내 영혼이 그대로부터 반지를 받을 수만 있다면!")

- 사랑의 아픔을 사랑한다는 주제: 랑그도크의 음유시인들만이 아니라 다른 지방의 음유시인들도 노래했던 대로 '내가 기꺼이 받아들인 이 부드러운 고통'이라는 주제는 수소 역시 노랬다. "ein suesse we… ein ellende froede(달콤한 고통이여……. 신음하게 하는 기쁨이여)."

- 너무나도 높은 곳에서의 사랑이라는 주제: 비밀을 지키고 아부하는 자들이나 연적들 lauzengiers, merkaere 을 경계해야 한다는 주제가 파생된다.
- 귀부인이 계략을 통해 보상을 늦추고 사랑의 충족을 늦춘다는 주제: 이 주제는 조크 joc 로 불리던 사랑의 기쁨을 지배하는 원리였다. 이를 독일어권에서는 minnespîl이라고 불렀다. 수소에게 이 사랑의 고통은 기쁨이자 동시에 고통이었다.
- 마지막으로, 절대적이고 무한한 것을 향한 모든 열정에 가장 중요한 요소인 그리움이라는 주제: 후일 바그너의 그리움 Sehnen 이 되는 음유시인들의 욕망이기도 했던 senen(그리움).

(수소의 시가들 속에는 '노골적인 말들'도 나오는데, 우리의 순진한 학자들은 이를 두고 귀부인의 '실체를 입증해 주는' 말들이라고 했다!)

수소는 이렇게 파악할 수 없는 지고의 선, 이름도 형체도 없는 신을 사랑하는 여인으로 노래하는 일종의 모험을 한 것이다. 신적인 원리는 추상화될수록 여성화되어갔다.

간단히 말해 궁정 문화와 신비주의에 정통하다는 우리의 전문가들이 결코 양립할 수 없다고 보았던 신적인 것과 여성적인 것이 프랑스 남부의 연가들 속에서는 멋지게 섞여 함께 표현되었다.

물론 그렇다고 해서, 음유시인들이 귀부인을 노래했을 때 그것이 언제나 소피아를 말하는 것은 아니었다. 반면 음유시인들에게 그런 성향이 있었다는 점을 생각한다면 전혀 불가능한 일만은 아니었다. 극단적이긴 하지만 — 그래서 나 스스로도 옹호하고 싶지 않지만 — 하나의 가정을 펴자면 생각 속의 귀부인은 카타리파의 산타 글레지아 Santa Gleyzia 였다고 볼 수 있다. 이 가정은 내가 보기에 나름대로 설득력이 있다. 다시 말해, 영적인 것과 여성적인 것의 공존과 비유는 얼마든지 가능하다고 볼 수 있다. 누군가가 나서서 이런 주장이나 가정을 하는 나에게 궁정 수사학은 지혜를 경배하던 신비주의를 표현한 것이 아니라고 반박한다면, 나는 그들에게 그렇다면 수소가 실존 인물이 아니었고 따라서 연가도 쓰지 않았음을 먼저 증명해 보라고 하고 싶다.

수소는 평생 교단의 원칙과 교리에 매우 충실했던 도미니크회 수사였다고 한다. 따라서 수소를 이단의 유설과 연결하는 것은 불가능하다. 그는 베긴회 수도사들과 성령의 형제들Frère du Saint-Esprit의 극단적인 교리를 공개적으로 거부하기도 했다고 한다. 수소가 궁정풍의 시가 형식에 의존했다면 그것은 궁정풍의 시가가 이단의 유설과는 아무런 특별한 근원적 관련도 없다는 것을 말해준다고 한다. 하지만 나는 여기서 수소가 과연 정통 가톨릭 수도사였는지부터 되물어야 한다고 본다. 실제로 수소는 비록 그가 하나님의 친구들Amis de Dieu이라는 이단파에 큰 영향을 끼쳤다는 것을 굳이 염두에 두지 않는다고 해도, '이단인 베긴파의 보루'(베긴파는 카타리파의 후예이다)였던 쾰른의 종교적 분위기 속에서 성장한 사람이었다는 것만은 상기할 필요가 있다. 수소는 또한 마이스터 에카르트Meister Eckhart의 제자였으며 타울러Johannes Tauler를 만난 것도 이 당시 일이다. 에카르트와 타울러는 두 사람 모두 교회의 비난을 받았지만 수소는 스스로 생각하고 있던 정통 가톨릭 관념에 비추어 두 사람을 옹호했다. 또 무엇보다 수소의 경건함에서 가장 중요한 특징인 예지의 신에 대한 경배는 이단의 유설에서 볼 수 있는 것과 동일하다고 본다. 물론 그렇다고 수소를 이단으로 볼 수는 없다. 또 카타리파를 정통 가톨릭으로 보자는 말도 아니다. 나는 단지 수소와 카타리파 이단이, 흔히 이단과 정통 가톨릭을 구분하는 대략적인 판단에 의거하여 쉽게 생각할 수 없는 훨씬 본질적인 공통점이 있다는 점을 말하고자 하는 것이다. 즉 영적 메시지를 이해해야 하는 경우 이단과 정통 가톨릭을 구분하는 피상적인 판단기준은 아무런 도움을 주지 못한다.

성배, 이란 기원설

『사랑과 서구 문명』이 출간된 후 얼마 지나지 않아 알베르 베겡은 저자에 대해 다음과 같이 쓴 적이 있다. "무엇보다 특기할 만한 것은 저자의 필력이 대단할 뿐만 아니라 그의 정신은 자신이 믿고 있는 진실만을 마음에 두는 편견이 없는 사람이다."[16]

그로부터 10년이 지난 뒤 그는 쥘리앵 그라크의 희곡 『어부 왕』을 이야기하는 자리에서 다음과 같이 썼다.[17] "브르타뉴 신화에서 이야기되는 기독교 서사시는 모두 의견의 일치를 보고 있지만 그라크는 이를 부인하기 위해서 드니 드 루즈몽의 책에 의존하고 있다. 그의 책 『사랑과 서구 문명』은 시사적인 것이긴 하지만 모순으로 점철된 책이며 역사적 진실에 대한 진지함을 결여하고 있고 란이 내건 위험한 가설들을 비판없이 다시 사용하고 있다."[18]

탁월한 저서인 『낭만적 넋과 꿈』*l'Ame romantique et le Rêve*의 저자가 이렇게 180도 생각을 바꾼 데에는 여러 동기가 있겠지만 내가 보기엔 내 책을 다시 읽으면서 새로운 생각을 했기 때문이 아니라 오히려 저자의 개인사와 관련된 일들이 영향을 미쳤을 것으로 보인다. '시토회식의 영감으로 쓰인' 『성배 찾기』에 대해 그는 다음과 같이 썼다. "이 이야기에

---

[16] *Journal de Genève*, 26 mai 1939.
[역주] 알베르 베겡(Albert Béguin, 1901~1957)은 스위스 출신의 프랑스 문학 교수이자 작가, 문학 비평가, 문학잡지 편집자이다. 이른바 제네바파로 분류되는 프랑스 신비평 계열의 선구자 중 한 사람으로 독일 낭만주의 연구인 『낭만적 넋과 꿈』, 『독일 낭만주의의 꿈과 프랑스 현대시』 등을 통해 시와 소설 연구에 큰 업적을 남겼으며 나치즘에 반대하는 지식인으로서의 사명을 강조하기도 했다.
[17] [역주] 쥘리앵 그라크(Julien Gracq, 본명 루이 푸아리에(Louis Poirier), 1910~2007)는 프랑스 작가다. 그의 희곡 『어부 왕』(*Le Roi Pêcheur*)은 성배 찾기 전설을 연극화한 희곡으로 1943년에 쓰여 파리에서 초연되었다.
[18] *Empédocle*, mai, 1949.

대한 정통 가톨릭의 정의와 영적 상태 사이의 서열은 성배를 찾기 위한 모험이 아니라면 어디서도 더 훌륭한 형식을 찾지 못했다." 그런데 베겡의 말처럼 '정통 가톨릭의 정의'에 따른 성배 찾기 신화의 정의는 오늘날 무너지고 있다. 서로 교류 없이 독립적으로 이루어진 여러 연구를 통해 볼프람 폰 에셴바흐Wolfram von Eschenbach와 크레티앵 드 트루아의 성배 전설이 – 주췌크F. Von Suhtschek가 지적했듯이 – 이란에서 시작됐으며 미트라교와 밀교적 기원과 함께 이슬람 수피파 신화와도 관련이 있다고 한다. 나는 이 자리에서 관련 학계에서 기념비적인 저서로 평가받고 있는 앙리 코르뱅의 네 권의 두툼한 저서『이란의 이슬람교』만을 잠시 언급하고자 한다. 이 저서는 자료 처리나 최고조에 달한 신비주의 시학에 대한 이해에서나 찬탄할 만한 작품이다.[19] 이 책을 보면, 신화는 물론이고 미트라교와 켈트족의 성직 체계까지도 고대 페르시아 때부터 밀교와 수피파 사상을 통해 상호 교류가 이루어졌음을 알 수 있다(볼프람이 인용한 바에 따르면). '프로방스 사람으로 키요Kyot라고 불리는' 사람이 있었는데 이 자는 사실은 길렘 혹은 기욤 드 투델라(흔히 생각하듯이 톨레도가 아님)와 다름없는데, 왕가였던 플랜태저넷 가家와 함께 이란과 중세 유럽의 신비주의자들은 물론이고 기사들을 연결해주는 중요한 고리 역할을 했다. 자연히 이러한 교류가 이루어지면서 '카타리파의 교리'도 교류했다(위의 책, 152쪽).

앙리 코르뱅이 인용한 연구와 그가 행한 종합은 데오다 로쉐의 중요한 연구가 주장하는 바를 뒷받침해주고 있다. 즉『피레네 지방의 성배, 카타리파와 템플파』(이 저서는『마니교와 카타리파 연구』에 다시 실렸다)의 주장이 맞았으며 나아가 이 책은 성배 신화들이 동일한 밀교적,

---

[19] Henry Corbin, *En Islam iranien, Aspects spirituels et philosophiques*, Paris, 1971, Tome II, chapitre IV intitulé, *Lumière de Gloire et Saint-Graal*, pp. 141~210.

미트라교적, 마니교적, 수피파적 기원들을 공유하고 있음을 드러냈다. 여기에 카타리파의 기원도 보태야 할 것이다. D. 로쉐는 케헤인[20]과 코야지[21]의 방대한 자료를 다루지는 않았지만 영적 현상에 대한 놀라운 직관으로 박학자들을 앞서고 있다.

음유시인과 카타리파

앙리 다방송과 르네 넬리, 이 두 사람은 서로 다른 관점에 서 있기는 하지만 내 관점을 정면으로 격렬하게 비난하고 30년이 지난 뒤에도 결코 비난을 멈추지 않았다는 공통점이 있다. 이 두 사람을 대할 때마다 나는 흥미와 함께 나름대로 지적 이득도 얻는데, 이들은 내가 문제 삼았던 주제를 깊이 이해하면서도 전혀 다른 지적, 영적 관점을 갖고 있다. 한 사람은 훨씬 점잖고 조용하게 내 관점을 비판했지만 이 점이 오히려 의미 있어 보인다.

앙리 I. 마루(다방송의 실제 이름이다) 교수는(1961년과 1971년에 나온) 그의 작지만 귀중한 책인 『음유시인들』 *Les Trouvadours* 에서 1939년부터 《에스프리》를 통해 상당히 격렬한 '논쟁'을 불러일으키며 시작된 문제를 다음과 같이 요약해 주고 있다.

> 저자는 나름대로 열렬한 논리를 펴고 있지만 비난받아 마땅한 것은 다름 아니라 상호 상충되는 것과 다양한 여러 현상을 단일한 현

---

[20] Henry, Renée Kahane, *The Krater and the Grail, Hermetic Soures of the Parzival*, Urbana 1965.
[21] Sir Jahangir C. Coyagee, *The Legend of the Holy Grail: Its Iranian and Indian Analogous*, Bombay 1939.

상으로 몰아간다는 점이다. 모든 것이 합류하고 서로 섞이며 뒤죽박죽이다. 음유시인들과 카타리파 교도들이 섞이고 있고 남프랑스의 궁정 시가와 켈트 전설 역시 섞이고 있다(카타리파 이전의 남프랑스는 게일족과 골족의 켈트와 관련이 있다고 주장한다). 그뿐만 아니라 신 마니교의 흐름과 아랍의 영향 역시 섞여서 혼란스럽기만 하다(아랍의 영향을 말하면서 알 할라즈와 이븐 다우드의 서로 상반된 흐름을 무시한다면 안타까운 일이다). 그 결과 저자는 이 모든 것이 동방에서 온 것이라고 주장하고 있는데, 그렇다면 서구인 속에서 동방의 상징세계가 되살아난 것이라는 주장인 셈이다. 과연 그럴까? 무엇보다 나는 음유시인들의 궁정 사랑과 바그너의 『트리스탄』과 순수한 독일 낭만주의의 쇼펜하우어 방식에서 나온 '정념'에 대한 관념을 동일시하고 있는 관점을 비판하고자 한다.

물론 나는 12세기를 다루면서 축약해서 보여주었고 결과적으로 유럽은 다방송보다 오히려 더 완벽하게 다루었지만 남프랑스는 덜 자세하게 다루었다. 실제로 모든 것이 '합류'했고 때론 '서로 섞이기도 했다.' 하지만 그렇다고 내가 '모든 것이 뒤죽박죽'으로 섞어 놓은 것은 아니다. 이 비난은 사실과 다르기 때문에 보다 세밀하게 구분해서 말해야겠다.

단도직입적으로 문제 부분을 말해 보도록 하겠다. 다방송은 궁정 사랑과 사랑·정념을 동일시했다고, 즉 베르나르 드 방타두르와 바그너를 동일시했다고 비난했다. 그러면서 그는 '음유시인을 서로 사랑했지만 이룰 수 없는 불행한 사랑을 노래한 사람들로 보는 것은 음유시인들을 지배한 키워드가 '기쁨'이었기에 현실에 반하는 이상한 해석'이라고 결론을 내렸다.

이상한 해석이 아니라 오히려 정확한 해석이었다. '기쁨'은 음유시인들을 지배한 키워드였지만 결코 프랑스어에서 말하는 기쁨이 아니었다. 오히려 나는 '쉼 없이 *lum*과 *clartaz*를 말하는 남프랑스 시인들'과 '북유럽의 어두운 분위기의 교훈적 우화'를 동일한 것으로 보는 관점이 우려스럽다.[22] 예를 들면, '봄을 노래하는 흥겨운 음유시인들'이 있었지만 브르타뉴 시인들과 켈트 시인들 그리고 다른 독일어권 시인들은 죽음을 노래하고 있었다.

이 문제를 정확히 살펴보기 위해서는 르네 넬리의『음유시인들의 에로티시즘』(1963)에서 더 정확한 근거를 끌어내야 한다. 그의 저서 52쪽을 인용해 볼 필요가 있다.

'사랑 때문인 죽음은 아랍과 유럽식 사랑의 공통된 본질을 구성하는 여러 특징 중 하나다.' 확실히 그렇다. '근본적으로 충족될 수 없는 사랑'은 죽음을 갈망하게 된다는 사실을 인정한다면, 우리는 동시에 음유시인들이 '우리가 목말라 죽듯이 사랑 때문에 죽을 수도 있었다'는 것을 받아들이게 한다(73쪽). 아랍인들의 사랑·종말은 남프랑스의 '사랑 때문인 죽음'과 상통하는 것이며(251쪽), 길렘 몽타나골에게는 "옛 음유시인들처럼, '욕망 때문인 죽음'이라는 주제는 - 비록 그것이 아주 관례적인 표현이었다 해도 - 종말·사랑의 원동력이었다"(242쪽).

하지만 이것이 전부가 아니었다. 사랑 때문에 죽는다는 것은 귀부인을 위한 죽음을 의미했고 이 극단적인 희생은 구원을 향한 움직임이었으며 결국에는 하나님을 향해 나아가는 것이었다. 이 주제는 음유시인들과 아랍의 신비주의자들에게 공통된 것이었으며, 중세 마니교나 이원론자의 유설에서도 볼 수 있는 주제다.

저를 받아주시기만 한다면
그리하여 당신을 통해 하나님에게 나아갈 수만 있다면

---

[22] [역주] *Lum*은 lumière(빛)을, *clartaz*는 clareté(밝음) 혹은 beauté(아름다움)을 뜻하는 남프랑스 방언이다.

내 삶을 받아 주소서
가혹한 은총의 여인이시여!

우크 드 생 시르크는 이렇게 외쳤지만, 알 할라즈를 논했던 마시뇽의 연구를 보면 다음과 같은 글이 나온다. "오직 사랑으로 신을 찬미한다는 것은 마니교도의 죄악이었다." 또 삼엄한 경계 속에 살았던 귀부인에게 다가가기 위해 신분을 속여야만 했기에 익명으로 글을 써야만 했던 한 사제가 남긴 『플라멩카』라는 제목의 소설을 보면 '길렘 형제는 카타리파 교도가 되었고 그의 귀부인의 의도를 따라 신을 섬기고 있다.' 이 부분은 (적어도 소설을 쓴 작가에게는) '여인을 통해 신을 사랑하는 것은 이단이다'는 것을 뜻하고 있었음을 일러준다.[23]

사정이 이러했다면 카타리파 교도도 음유시인도 모두 트리스탄을 죽음으로 몰고 가고 이죄가 '최고조에 달한 환희' 속에서 트리스탕을 다시 만나는 '사랑·죽음'과 그리 멀리 떨어져 있지 않았다고 할 수 있다.

다방송은 스스로도 그의 저서에서(41쪽 이하) '남프랑스가 브르타뉴 지방의 풍요로운 이야기인 성배 찾기, 고뱅, 페르스발, 트리스탕과 이죄 등을 얼마나 잘 알고 있었는지'를 지적한 바 있다. 다방송이 제공한 사례들(세르카몽, 바르베지외 그리고 소설 『플라멩카』 등)이외에도 어렵지 않게 20여 편의 이야기를 추가할 수 있다.[24] 베르나르 드 방타두르의 사례를 하나 더 들어보자.

그의 걸작으로 꼽히는 작품이며 남프랑스의 서정성이 가슴을 치는 작

---

[23] Le Génie d'Oc, 《Cahiers du Sud》, Marseille, 1943, article de René Nelli sur 「L'Amour Provençal」, p. 66.

[24] 브르타뉴 지방의 음유시인이었던 블레리(Bleheri)는 푸아티에의 기욤 9세 궁정에서 살며 노래를 했다. 바그너에게 아무것도 빚진 것이 없는 남프랑스와 북프랑스의 접촉에 대해 이보다 더 생생한 증거가 있을까?

품이기도 한데 시몬 베이유는 이 시에 다음과 같이 찬사를 보낸 적이 있었다. "음유시인들의 시편들은 순수한 표현을 통해 환희를 노래하고 있어서 가슴 저린 고통과 모든 것이 끝난 피조물 인간의 고통이 그대로 드러난다."

> 종달새가 햇볕을 등지고 기쁨에 겨워
> 자신을 잊은 채 날아 오르다가
> 한 없이 부드러운 모습으로 떨어지며
> 가슴 속으로 파고드는……25

(시몬 베이유: "이 고장이 파괴되었을 때 영국 시가 같은 곡조를 채택했지만 유럽의 현대 언어를 통해서는 이 시가 담고 있는 그윽함을 표현할 수는 없다").

하지만 시의 두 번째 시절부터 트리스탕식의 부르짖는 소리, 즉 '시인이 아무것도 가질 수 없게 된' 사랑하는 여인에 대해 도저히 참을 수 없는 시인의 사랑의 울부짖음이 들려온다.

> 그녀는 나를 가져갔네, 나 전체를, 이 세계를 그녀는 가져갔네.
> 그리고 사라져 버렸네. 내 욕망을 놓아둔 채, 내 목마른 가슴을 놓아둔 채!

그리고 이어진다. 죽음을 부르는 정념과 자아도취의 토로가.

---

25 이 네 줄의 시구는 음유시인들의 음악을 연구한 다방송의 훌륭한 저서 한 장에서 그가 번역한 대로 인용한 것이다(위의 책, 92쪽). 같은 페이지에 멜로디가 적혀있다. 이 시를 조금 더 읽고 싶어 하는 이들을 위해 알프레드 장루아가 번역한 것을 조금 수정하여 실었다.

그녀의 눈을 통해서 그토록 나를 즐겁게 하던 거울 속의 나를 보게 된 그날부터 나는 나를 통제할 힘을 잃어버렸네. 거울, 너를 통해 나를 보게 된 이후, 나의 깊은 한숨들은 나를 죽이고 그리하여 나는 길을 잃었으며 샘물 속에 빠진 아름다운 나르시소스가 되었네.

이어 탈출을 시도하는데 그것은 언제나 죽음에 가까이 다가가는 것이었다.

내가 그녀를 사랑한다는 사실이 결코 받아들여지지 않기에, 나 더 이상 사랑을 말하지 못하리라. 나 이제 내 사랑과 헤어져 사랑을 부인하노라. 나를 죽이는구나, 죽음으로 답하리라.[26] 나를 붙잡지 않는 그녀, 가련한 나, 이제 쫓겨 가는구나, 어디로 가야 하나.

트리스탕[27], 그대는 내게 아무런 도움도 안 되는구나, 이렇게 떠나려는 가녀린 나, 어디로 가야 할지 모르겠으니. 노래도 단념했노라, 부인했노라. 기쁨과 사랑을 멀리 떠나 숨어 버리리라.

'기쁨으로 가득 찬 가슴'이라는 시구로 시작하는 또 다른 노래에서도 같은 내용을 대할 수 있다.

> 나를 사로잡고 있는 이 걱정을 피해
> 나 어디로 숨을 것인가?
> 나를 흔들어 잠자리 밖으로 밀어내는
> 걱정의 밤이 오면 나는
> 사랑에 빠진 트리스탕보다 더
> 사랑으로 괴로워하노라

---

[26] *"Mort m'a et per mort li respon."*
[27] 이 장탄식을 쏟아내는 사람은 아마도 알리에노르 다키텐이거나 마그리트 드 튀렌느로 보인다. 하지만 장루아에 의하면 '이름을 알 수 없는 어떤 인물'일 수도 있다.

> 금발의 이죄를 위해 숱한 트리스탕
> 고통을 참고 견딘 트리스탕,
> 오 신이시여, 깊은 밤
> 나를 단숨에 바람을 가르고
> 그녀가 있는 곳까지 날아가는
> 제비가 되게 하소서

맑으면서도 구슬픈 베르나르의 멜로디 속에는 바그너식의 폭풍을 일러주는 것은 들어있지 않다. 하지만 무한한 사랑, 참고 견디는 고통, 유배 그리고 죽음에 대한 강박적 집착 등은 『트리스탕』에서처럼 이 시 속에서도 서로를 부추기며 현기증 같은 것을 불러일으키고 있지 않은가?

나는 여기서 내가 믿는 하나님을 걸고 말한다. 서로 다른 것을 결코 동일시하지 않았으며 서로 다른 것을 단일한 것으로 수렴시키지도 않았다고!(만일 그랬다면 그것은 내 신학을 저버린 행위이며 내 윤리가 용납하지 않는 것이었고 나의 정치적 신념과도 배치되는 일이다) 나는 단지, 베두인족인 바누 오드라가 견지하고 있었던 사랑 때문인 죽음에서부터, '욕망하고 죽기 위해서, 욕망으로 죽기 위해서 이 땅에 태어났다'고 우리에게 반복해서 말했던 베룰과 토마에 이어 고트프리트와 리하르트는 물론이고 나아가 12세기의 위대한 음유시인들과 독일의 위대한 낭만주의자들에 이르기까지, 연속성이 존재한다는 것을 말했을 뿐이다. 이 연속성은 물론 한 번도 유파를 형성한 적도 없고 혹은 전문가에 의한 논증을 거치며 입증된 적이 없다. 하지만 시들을 읽어 보면 분명하게 드러나고 있으며 서로 다른 시기에 서로 다른 시인에 의해 쓰인 시들 사이에 흐르는 감동을 통해서도 충분히 느낄 수 있다.

나는 역사적 해석 체계를 만들려고 하지 않았고 거기에 의존하려고도 하지 않았다. 대신 좀 더 많이 느끼고 이해하기 원했을 뿐이다. 이는 내 삶이 좀 더 열정적이기를 원했기 때문이며 영혼의 모험을 경험하길 바랐기 때문이다. 최초의 소설이 주는 설익은 술을 마신 우리는 시적이면서도 음악적인 경험에 따른 '여행'을 떠난 것이다. 따라서 이제 문제는 문서로 남겨진 기록이나 근거로 검증해야 하는 자료가 아니라 시와 음악을 들을 수 있는 감각에 있다. 직관과 받아들일 수 있는 태도의 문제이며 결코 증명이 문제가 아니다.

나는 '멀리 있는 사랑'의 시인이자 다시는 돌아올 수 없는 절망의 시인이기도 한 조프레 뤼델의 『비다』*Vida*를 읽었다.[28] 페트라르카는 이 시인을 두고 '그는 베일을 치고 노를 저어 죽음을 찾아 떠났다'고 썼다. 나는 이 시인을 읽으면서 『트리스탕』을 읽었을 때의 감동을 다시 맛보지 않을 수가 없었다.

나는 바라건대 오직 이 감동만이 우리의 논쟁에서 유일한 심판관이 되었으면 한다.

조프레 뤼델 드 블레는 대귀족 가문 출신의 귀인이자 블레 영주였다. 그는 한 번도 본 적이 없고 단지 안티오크에서 돌아온 순례자들이 들려주는 선행을 들은 후 트리폴리 공작부인을 사랑하게 되었다. 그녀를 위해 그는 보잘것없는 가사에 음악을 곁들여 많은 시를 썼다. 그러던 중 그녀를 만나고 싶은 마음에 그는 순례에 나섰고 바다를 건너게 되었다. 하지만 배를 타고 가다 그만 병에 걸렸고 트리폴리의 한 여인숙에 도착했을 때는 거의 죽기 직전의 상태였다. 사람들은 이 사실을 트리폴리 공작부인에게 알렸고 그러자 부인은 숨을 거두기 직전의 그를 찾아와 침대 곁으로 다가와 두 팔로 그를 끌어안았다. 그러자 그는 부인임을 알아보았고 다시 눈을 뜨고 다시 듣고 냄새를 맡을 수 있게 되었다. 그는 부인을 보게 해주신 하나님께

---

[28] [역주] 비다(Vida)는 랑그도크어로 음유시인의 삶을 뜻하며 뜻이 전이되어, 13세기에서 14세기 초까지 산문으로 쓰인 익명의 전기를 뜻하기도 한다.

감사드렸다. 그는 그렇게 부인의 품에 안겨 숨을 거두었다. 부인은 숨을 거둔 그를 성대하게 장례를 치른 후 사원에 있는 저택에 묻었다. 장사를 지낸 바로 그 날 부인은 그의 죽음을 괴로워 한 나머지 수녀가 되어버렸다.[29]

여기서 레몽 조르당이라는 또 한 사람이 지은 연가인 『비다』의 마지막 부분을 어찌 연상하지 않을 수 있을 것인가. 생 앙토냉 자작(12세기)이기도 했던 레몽 조르당의 시에서 우리는 '한 음유시인의 귀부인이 전투에 나가 숨진 시인 때문에 이단을 믿는 여인들의 집에 들어가 숨어 살았다'는 것을 알게 된다.

르네 넬리의 결론에 따르면, 이 이야기는 '높은 신분의 귀부인이 이룰 수 없는 사랑에 절망한 나머지 카타리파 교도가 되는 것을 당시 귀족 사회에서는 결코 이상한 일로 여기지 않았다는 사실을 일러준다'고 한다.[30]

내 책이 출간되고 몇 년이 흐른 뒤, 나는 다름 아니라 카타리파[31]와 음유시인들[32]을 다룬 르네 넬리의 책들 속에서 내가 주장했던 12, 13세기의 음유시인들과 카타리파 교도들 사이의 관계를 정확하고도 명확

---

[29] René Nelli et René Lavaud, *les Trouvadours*, Tome II, p. 261.
[30] *Erotique des Troubadours*, p. 229.
[31] *Spiritualité de l'Hérésie: le Catharisme* (ouvrage collectif), 1953; *Ecritures cathares*, 1959; *Le Phénomène cathare*, 1969; *Vie quotidienne des cathares du Languedoc au XIIIe siècle*, 1969.
[32] 《카이에 뒤 쉬드》(*Cahiers du Sud*)에 실린 다수의 논문과 코르테지아에 대한 훌륭한 논문인 「사랑과 마음의 신비주의자들」(*L'Amour et les Mystiques du Coeur*), 1952와 꼼꼼한 자료가 돋보이는 『음유시인들의 에로티시즘』(*Erotique des troubadours*) 1963. 그리고 무엇보다 르네 라보와 공동 저술한 많은 작품이 실려 있는 두 권짜리 사화집인 『음유시인들』(*les Troubadours*), 1965, 1966을 볼 것. 이 두 권의 책에는 원문과 번역이 함께 실려 있으며 귀중한 주석을 대할 수 있다.

히 입증 받았으며 동시에 몇 가지 수정해야 할 사항도 깨달았다.

다방송은 '그 어떤 자료도 음유시인들과 카타리파 사이에 사소한 교류가 있었는지 일러주지 않는다'고 썼지만(위의 책, 144쪽), 르네 넬리는 내가 주장했던 사실, 즉 '프로방스의 사랑'은 카타리파와 함께 같은 지방에서 발전했으며 적어도 두 세기 동안 이 두 경향은 공존했다'는 사실을 잘 밝혀주었다(『음유시인들의 에로티시즘』*Erotique des troubadours*, 228쪽). 그뿐만 아니라 그는 덧붙여 '1250년, 카타리파는 결정적으로 정복당했지만, 가톨릭교회는 사랑이라는 이름의 또 다른 이단을 마주하게 되었다. 가톨릭교회는 이 사랑이 카타리파와 같은 명분으로 공동전선을 구축하고 있음을 잘 알고 있었다'고 썼다. 르네 넬리는 음유시인들과 카타리파의 교류 못지않게 또 한 가지 분명한 사실을 지적한 것이다(위의 책, 236쪽).

어떤 이들은 가톨릭교회가 두 이단을 '혼합함으로써' 사태를 잘못 파악하고 있었다고 말할지도 모른다(나 또한 동감이다). 이런 사람들은 또 '내가 분명하다고 주장하는 것들'이 아직 충분한 '자료' 수준에는 이르지 못했다고도 말할 것이다. 앞서 R. 조르당의 『비다』의 에피소드를 인용했지만 르네 넬리에게서 나는 이런 이들이 말하는 '자료'라는 것을 찾아 볼 수 있었다.

> 13세기의 자료들은 음유시인들을 환영하고 보호했던 툴루쟁, 알비주아, 카르카스, 콩테 드 푸아 지방의 거의 모든 귀부인은 십자군 원정 직전 당시, 카타리파의 지위 높은 교도인 '완벽한 자들'은 아니었지만 적어도 카타리파의 '신자들'이었다.　―위의 책, 229쪽.

대략 15명 정도의 음유시인들이 카타리파 교도였거나 적어도 카타리파에 귀의한 사람이었으며 이 중에는 레몽 드 미라발, 레몽 조르당, 페르 비달, 길렘 드 뒤포르, 피에르 로지에 드 미르푸아, 미르 베르나 등이 포함되어 있다(위의 책, 232~233쪽). 나는 여기에 주저없이 페르 카르드날의 이름도 첨가하고 싶다. 넬리가 인정한 대로 이들 음유시인들의 작품 속에서 '각별히 이단적인 내용'을 발견하려고 해 보았자 소용없는 일이다(위의 책, 234쪽). 하지만 이런 식으로 다룰 수 있는 문제가 아니다. 나는 또한 카타리파의 증거를 그들의 시에서 찾으려고 했던 것도 아니다(예를 들면 이런 식의 접근 방식은 보들레르의 『악의 꽃』에서 교리문답을 연상시키는 구절을 찾으려고 하거나 트리엔트 공의회의 발표문에서 시적 표현을 보려고 하는 것이나 다를 바가 없다). 카타리파 음유시인의 존재는 - 그 수가 얼마인지는 그리 중요한 문제가 아니다. 단 한 명의 카타리파 음유시인만 존재해도 음유시인과 카타리파의 관련성은 입증이 되기 때문이다 - 그 자체로 다양한 이론을 들이대며 카타리파 음유시인이란 존재하지 않았다고 주장하는 사람들에 대한 생생한 반박이며 무엇보다 '최소한의 만남도 없다'고 하면서 교류 자체를 원천적으로 불가능한 것으로 보는 주장을 완전히 뒤집는 것이다.[33]

"카타리파의 설교자들은 즐겨 페르 카르드날의 정치적 풍자시인, 「목동이 된 사제」$^{Clergue\ si\ fan\ pastorf}$를 인용했다"(R. 라보, 『음유시인들의 에로티시즘』$Erotique\ des\ troubadours$, 223쪽의 주석에서 인용). 뤼시 바르가처럼 나 역시 페르 카르드날이 이단이었다고 믿고 있지만, 설사 넬리가 생각하는 것처럼 그가 완전한 카타리파 교도가 아니라 이단을 용인하는 정도였다고 하더라도, 여하튼 그는 카타리파인 것이다. 다시 말해 음유

---

[33] 카타리파 음유시인의 존재에 대한 소피스트의 궤변을 잠시 따져보자. X는 카타리파가 아니다. 왜냐하면 그는 카타리파 교도가 아닌 Y처럼만 이야기했기 때문이다. 그런 주장을 펴는 당신은 Y가 카타리파 교도가 아니라는 것을 어떻게 알았나요? 방금 말했듯이, 그는 카타리파가 아닌 X처럼 이야기했거든요.

시인들과 카타리파 사이에는 '교류'가 있었다.

(늦게 나타난 음유시인이자 가톨릭교도였던) 마트프르 에르망고는 그의 작품 「사랑의 지침서」 Bréviaire d'Amour에서 마지막 카타리파 음유시인들의 시를 다시 사용하고 있다. 이 마지막 카타리파 시인들은 '이단의 잘못에 빠져 습관적으로 결혼 생활을 비방하고 헐뜯곤 했다.' 하지만 이런 현상은 모든 위대한 음유시인에게 공통된 일이었다.

마지막으로 궁정소설인 『플라멩카』 Flamenca는 카타리파의 부인할 수 없는 흔적들을 간직하고 있고, 『바를람과 요자파트』 Roman de Barlaam et Josaphat는 그 전체로 동방에 기원을 둔 그노시스파와 궁정 윤리 사이에서 일어났던 교류를 일러준다고 볼 수 있다.

하지만 르네 넬리는 『플라멩카』를 말하며 카타리파에 대한 그의 초기 저술들에 비해 후퇴한 상태에서 신중한 면을 보이고 있다. 1963년에 그는 다음과 같이 썼다. "우리는 이 소설이 카타리파로부터 영감을 받은 소설이라고 주장할 수 없다. 이는 말이 안 되는 주장이다. 하지만 시인은 참으로 기이하게도 이 작품에서 길렘의 태도와 '파타랭' patarin의 태도를 동일시하고 있어서 그의 의식 속에서는 사랑의 여신과 카타리파 교리가 중요한 면에서 서로 섞이고 있었음을 인정하지 않을 수가 없다."(『음유시인들의 에로티시즘』 Erotique des troubadours, 237쪽).

위에서 말한 여러 사실을 통해, 이제까지 강력하게 부인해왔던(궁정 사랑과 트리스탕 전설의 관련성이 그랬듯이) 음유시인들과 카타리파 교도들이 분명히 정신적 유대관계를 맺고 있었음이 드러났다. 이 양자 간의 정신적 유대관계는 학자들이 입에 달고 사는 이른바 객관적 방법으로 잘 파악해 낼 수 없으며, 무엇보다 이제 이 유대관계가 존재하지 않는다는 것은 더욱더 입증해 내기 어렵게 되었다. 시인의 입장에 서서 12세기 남프랑스의 상황을 다룰 때 르네 넬리는 음유시인들과 카타리파의 정신적 관련성을 거의 어쩔 수 없이 인정하지 않을 수 없었다. 하지만 다시

학자가 되어 논문을 쓰게 되자 그는 이른바 '전문가들'로 불리는 사람 중에서도 유난히 좁스러운 사람들과 경쟁을 하지 않을 수가 없었던지 음유시인들과 카타리파의 정신적 관련성을 부인하고 만다.

물론 르네 넬리는 벨페롱처럼 '그 어떤 자료를 봐도 카타리파의 완벽한 자와 음유시인이 같은 성에서 살았다는 기록을 볼 수 없다'고 하면서 순진한 결론을 내릴 만큼 위선적이지는 않았다(벨페롱, 『알비파 토벌에 나선 십자군』 *Croisade contre les Alibigeois*, 60쪽). 벨페롱은 '카타리파와 음유시인들은 완전히 다를 뿐만 아니라 심지어 서로 적대적이었기 때문'이라고 하면서 두 진영의 사람들이 서로 만났을 가능성을 완전히 배제해 버렸다'(벨페롱, 『사랑의 기쁨』 *Joie d'Amour*, 220쪽). 르네 넬리는, 벨페롱이 '자료가 없는 탓에' 부인해버렸던 카타리파와 음유시인들의 만남이, '음유시인들이 오는 것을 환영하고 보호하기도 했던'(『음유시인들의 에로티시즘』 *Erotique des troubadours*, 228~229쪽)[34] 카타리파의 성관들에서 거의 매일 이루어지고 있었다는 사실을 부인하려야 부인할 수가 없었다. 심지어 기욤 드 뒤르포르 같은 이는 스스로 카타리파임을 선언한 음유시인이기도 했다. 이 정도의 자료와 기욤 드 뒤르포르의 사례라면 벨페롱, 다방송, R. 페르누 등의 학자들이 그렇게도 자주 부인해왔던 카타리파와 음유시인들 간의 관련성은 충분히 입증이 될 것이다. 그러나 르네 넬리는 뒤르포르와 카타리파로 추정되는 다른 몇몇 시인을 이야기하면서 '그들의 노래 속에서 특별히 이단적인 작은 증거도 찾을 수 없다.

---

[34] 예를 들자면, 카타리파 영주들이 살고 있었던 카바르데스, 미네르부아, 로라게 성에는 시를 읽어보면 알 수 있듯이, 카바레, 프노티에, 미라발, 로라크, 세사크, 몽트레알, 아라공, 뒤르포르, 미르푸아 같은 음유시인들이 함께 살고 있었다. 이 정도면 자료로서 충분하지 않을까! 그뿐만 아니라 위대한 두 사람의 음유시인이었던 페르 비달과 레몽 드 미라발 역시 카타리파 영주들과 같은 성에 머물고 있었다. Michel Roquebert, *l'Epopée cathare*를 볼 것. 특히 pp. 313, 318.

모든 시인은 전통적인 에로티시즘에 근거해 있을 뿐이다, 좀 더 정확히 말하면 다른 음유시인들과 카타리파 음유시인을 구분해 주는 차이점들이란 각자 신앙과는 관계가 없다. 따라서 이제 우리는 모든 음유시인이 카타리파였다고 결론을 내리거나 아니면 그 반대였다고 결론을 내려야만 할 것이다. 하지만 모든 음유시인이 카타리파가 아니었다는 것은 분명하다.' 넬리는 결론을 내리기를 '그들의 종교적 관념은 사랑 노래의 내용에 어떤 영향도 끼치지 않았으며 그들은 결코 자신들의 종교적 관념이 특이한 교리를 따라 사랑의 노랫속에 나타나는 것을 원치 않았다'(『음유시인들의 에로티시즘』*Erotique des troubadours*, 234~235쪽).

나도 넬리처럼 '모두, 그 어떤 이도' 등의 표현을 써가며 완벽한 흑백논리를 따라가고 싶은 유혹을 느꼈지만 워낙 이 방면에는 재주가 없는지라 함부로 나설 수가 없었다. 다름 아니라 몇몇 음유시인이 카타리파였다. 이 몇몇 사람의 신앙이 그들의 시를 변형시키지 않았다면 이는 곧 그들의 신앙과 시가 서로 일치하는 것이어서 굳이 변형시킬 필요가 없었기 때문이 아니었을까? 그 정도로 신앙은 시와 동시에 태어났고, 설사 반작용이었다고 해도 처음부터 내적으로 연결되어 있었던 것은 아닐까? 만일 사정이 정말로 이러했다면 '모든' 음유시인은 자신의 호불호와는 무관하게 카타리파였다고도 볼 수 있다. 사실 이런 논리는 우리가 빅토르 위고, 보들레르, 베를렌, 랭보를 모두 가톨릭교도로 보는 관점이기도 하다. 이런 논리를 따르자면 모든 초현실주의자는, 그들이 바쿠닌과 프루동을 거의 읽지 않았어도 무정부주의자들이 된다. 나아가, 비록 브르통과 달리만이 프로이트를 직접 만났지만 그럼에도 모든 초현실주의자가 이 대가로부터 영향을 받았다고 말해야 한다. 그런데 차라와 엘뤼아르의 시 속에서 '특별히 무정부주의적인 그 어떤 작은 구절'을 찾아보려고 해도 찾을 수가 없다(이들이 진영을 바꿔 공산주의자가 되었어도, 그들의 시 속에서 특별히 공산주의적인 구절을 찾기 어렵다). 하지만 그들의 시는 '자유스러운 말들'에서부터 '자유로운 사랑'에 이르기까지 모두 무정부주의적이다. 브르통은 결코 그의 시 속에 프로이트를 인용한 적이 없지만, 나는 그가 융을 프로이트의 이론을 회절시킨 자로 대충 몰아붙이면서 스스로를 프로이트파로 여기고 있었음을 잘 알고 있다(물론 브르통은 모르고 있었든 아니면 받아들이지 않았든, 실제로는 신성함, 상징, 의미 있는 우연의 일치 혹은 동시성 등의 관념에서 오히려 프로이트보다는 융에 더 가까운 사람이었다).

나는 넬리처럼 단호한 입장을 취하지 않겠다. 하지만 '모두'와 '그 어떤 이도' 사이에서 선택을 해야 한다면 나는 '모두'에 더 마음이 끌린다. 넬리는 모르긴 몰라도 '그 어떤 이도'에 더 마음이 쏠릴 것이다. 어쨌든 이 두 말은 똑같이 도저히 믿을 수 없는 말이다. 너무 심했다면, 거의 믿을 수 없는 말이라고 해두자.

왜 나는 이렇게 확실한 사실 앞에서 주저하고 있을까? 나는 어떤 종류의 단호한 입장을 취해야만 하는가?

고백하건대 나는 내가 의지한 논리 전개보다는 내가 정의로웠다는 것을 더 믿고 있다.

다방송이 '카타리파라는 가설'이라고 칭했던 내 논리를 두고 내가 이 가설을 수미일관하게 밀고 나가지 않았으며, '오류 투성이지만 매력적인' 내 책이 끊임없이 이런 가설 주위를 맴돌고 있는 탓에, 결국 내 책이 '독자에게 떨쳐내기 힘든 유혹으로 다가온다'고 말했을 때, 나는 속으로 생각하지 않을 수 없었다. '참으로 내 의도를 잘도 알아차렸구나.' 내가 계획한 바가 바로 그것이다. 이단과 궁정 문화의 관련성을 입증하면서 동시에 이 관련성을 언급하지 않거나 혹은 부정해 버릴 수는 없다는 것을 잘도 지적해 주었다. 내 책이 '독자에게 떨쳐내기 힘든 유혹으로 다가온다'는 이 문장이 참으로 마음에 든다. 왜냐하면 이 문장을 읽을 때마다 독자가 아니라 책을 쓴 나 자신에게 내 책의 내용이 새롭게 느껴지기 때문이다(오토 란이 몽세귀르에 대해서 혹은 루이지 발리가 단테에 대해서 혹은 페르디낭 드 소쉬르가 라틴 시의 해독법에 대해서 쓴 글들을 읽을 때 내 가슴 속에서 일어났던 감흥이 바로 이것이었다[35])!

탄트라교와 궁정 문화

전문가만이 다룰 수 있는 세밀한 내용이긴 하지만 내가 보기엔 결정적일 수도 있는 부분에서 르네 넬리는 중요한 공헌을 했다고 볼 수 있다. 즉 귀부인이 자신을 흠모하는 남성에게 부여하는 시험이 그것인데 옛날에는 이를 *asag* 혹은 *assays* 나 *essai* 등으로 칭했다. 나는 이미 본문에서 이 문제를 탄트라교와 비교하며 말했다.

다방송은 아랍인들이 욕망의 충족을 거부하는 방식으로 가장 세련되게 욕망을 영원히 지속시키고자 했다고 보았는데 이는 정확한 지적이다. 이븐 다우드의 시를 읽어보자.

아! 나를 사랑하겠다는 약속을 지키지 말아주오
나를 망각하는 일만 남을 것이니! …

---

[35] [역주] 드니 드 루즈몽은 1908년 소쉬르가 라틴어로 쓰인 현대 시에서도 고대의 라틴어 시에서처럼 아나그람(anagramme)현상이 일어나며 이것이 의도적인 것인지 여부를 한 이탈리아 교수에게 문의한 일을 말하고 있다. 단어(혹은 몇 개의 단어로 이루어진 짧은 합성어)를 구성하는 철자의 순서를 바꿈으로써 수사학적 효과를 겨냥하는 아나그람에 대한 소쉬르의 관심은 단어 수준에서 일어나던 기호학적 연구를 문장과 텍스트 수준으로 연장할 수 있다는 가능성을 타진한 지적 호기심으로 볼 수 있으며, 비록 소쉬르 자신은 포기하고 말았지만, 후일 텍스트 분석과 신비평의 시학 연구의 길을 열어놓은 첫 번째 시도로 평가받는다. 관심 있는 이들은 역자의 논문인 「無意識의 修辭學 I, 아나그람과 아나모르포즈 – 모리악의 '옛날의 한 청년'에 나타난 男根의 이미지를 중심으로」를 볼 것. 『불어불문학연구』 제64집(2005년 겨울), 501~558쪽.

하지만 세르카몽(1135~1145) 같은 음유시인들에게서 동일한 경향을 보았을 때 다방송은 이를 두고 '기교를 부린 매저키즘'이라거나 '병적으로 세련미를 추구하는 것이고 비정상적인 감성을 저급하게 치장한 것'!(149쪽)으로 볼 뿐 그 이상의 의미를 두지 않았다. 세르카몽의 시를 읽어보자.

항상 나를 피하는 대상만큼
나의 욕망을 자극하는 것은 없노라

혹은 마트프르 에르망고(13세기 말~14세기 초)에게서도 같은 경향을 볼 수 있다.

사랑의 즐거움은 욕망이 충족되었을 때 무너져 버린다.

반면 르네 넬리는 윤리적으로 접근하면서 화를 내는 대신 궁정 문화 속에서 귀부인이 요구하던 *asag*의 개념과 기능을 이해하려고 했다. 그는 이 작업 끝에 이 궁정 문화의 비밀을 '사랑의 환희' 그 자체에서 찾아내게 된다. 그의 저서인 『음유시인들의 에로티시즘』*Erotique des troubadours*에서 이러한 탐구가 어떻게 행해졌는지 잠시 살펴보자.

'사랑의 환희' Joie d'amour 혹은 남프랑스어로는 'joy d'amors'는 여성 명사로서 시대에 따라 그 의미가 달랐다.[36] 기욤 9세 당시와 몽타나골 시대의 뜻이 달랐던 것이다. 그뿐만 아니라 같은 시인의 작품 속에서도 시의 음조에 따라 그 의미가 달라지기도 했다. 우선 일반적으로는 사랑하는 여인과 사랑 그 자체를 향한 열망을 의미했다. 하지만 가끔은 사랑하는

---

[36] [역주] 현대 프랑스어에서 사랑의 환희(Joie d'amour)는 여성 복합명사다.

연인으로 살아가는 기쁨을 뜻하기도 했고 어떤 때는 단순한 장난, 즉 가벼운 연애나 '애무'petting 정도를 뜻하기도 했다. 하지만 이미 기욤 9세 때부터 'joy'는 사랑의 여신이 사랑의 규칙들을 지키는 자에게 주는 것으로 정의되고 있었다. 이 환희는 그래서 이른바 '순수한' 것으로 지칭되었다. 왜냐하면 이때의 환희란 어떤 좋은 것을 (아직) 손에 넣지 못한 상태에서 대상을 욕망하는 환희 그 자체를 의미했기 때문이다. 따라서 이렇게 보면 'joy'의 의미는 '사랑에 빠졌다는 기쁨'과 아랍인들처럼 '욕망을 영원히 간직하고 있다'는 두 의미 사이에서 오락가락했다고 볼 수 있다.

기욤 9세에게 'joy'는 또한 귀부인의 모습이나 두 눈에서 나오는 신비한 영액靈液을 뜻하기도 했다.

> 우리의 귀부인은 이 세상의 모든 환희이니
> 우리는 둘 모두를 사랑하노라

또한 환희의 긍정적인 영향은 연인의 마음과 육체 모두에게 영향을 끼친다.

> 귀부인의 환희는 병든 자를 고치고
> 분노는 죽이느니
>
> 나 그 환희 어찌 간직하지 않으리오
> 내 마음은 신선하게 하고
> 내 몸은 새롭게 되리니
> 늙지 않게 되리라

심지어 다음과 같은 구절도 있다.

> 사랑의 환희를 장악한다면
> 백세 이상도 살 것이다.

이 시는 곧 귀부인이 요구하는 자제력을 갖춘 사람이 있다면 그는 충족을 목표로 하는 욕망의 법칙들을 제어할 수 있음을 말하고 있다. 다시 말해, '그 누구도 귀부인의 뜻에 전적으로 복종하지 않는 한, 사랑을 이겨낼 수가 없는 법인 것이다.'

하지만 귀부인에게 복종한다는 이 주제는 그녀가 자신을 사랑하는 자에게 던지는 시련이라는 주제로 이어진다.

> 나의 귀부인은 나를 시험하시고 시련에 처하도록 하셨네
> 그녀를 사랑하는 대가를 내게 깨닫게 하시려고.

이 시련은 13세기 들어 더 구체적인 형태를 띠어가며 '침실'에서의 순결이라는 영웅적 시련의 형태, 즉 nudus cum nuda로 발전한다. 미르체아 엘리아데는 탄트라교의 의식을 설명하는 자리에서 이를 상세히 언급한 적이 있다.[37]

이때부터 시련은 환희의 테크닉으로 떨어지며 심지어는 에로틱한 장난이 되어 버린다. 그 결과 불완전한 사랑 즉 충족되지 못한 사랑은 사랑을 이루기 위한 조건이 될 뿐만 아니라 '순수한' 환희를 얻기 위한 조건, 즉 '생식 활동'이 배제된 사랑의 환희를 얻기 위한 조건이 된다.

두 편의 훌륭한 궁정 소설인 『플라멩카』*Flamenca*와 『조프레』*Jaufré*는 물

---

[37] [역주] nudus cum nuda는 라틴어 표현으로 '옷 벗은 남자와 옷 벗은 여인'을 뜻함.

론이고 『원탁의 소설』과 볼프람 폰 에셴바흐의 『파르지팔』 Parzifal[38]에서도 헤아릴 수 없이 이 에피소드들이 등장한다. 이들 연인 모두 옷을 벗고 침대에 누웠지만 두 사람 사이에는 칼이나 혹은 양이 놓여있거나 아니면 아이가 자리를 잡고 있기도 한다. 이런 상황에서 만일 욕망에 굴복한다면 그것은 두 사람이 완벽한 사랑, 즉 순수한 사랑을 위해 서로를 사랑하지 않는다는 것을 의미했다. 이런 장면들을 대하면 어떤 이들은 인도나 중국에서처럼, 욕망 충족을 지연시킴으로써 무언가 마술적인 힘을 얻어내려는 행위로 볼 수도 있다. 르네 넬리는 '순결은 – 동물적인 본능이 이미 자극을 받아 작동하고 있는 상황임에도 불구하고 – 이로운 힘이다'라고 썼다. 넬리는 그러면서 주석을 덧붙이면서, 그의 글에서 자주 보듯이 의문을 제기하기도 했다. '이를 카타리파가 남프랑스에 널리 퍼뜨린 그노시스적 이론으로 봐야 할까?'

카타리파 교리는 베긴파 속으로 흘러들어갔고 13세기부터 베긴파는 성 프란체스코파로 흘러들어갔다. 르네 넬리는, 시련을 '생명 현상인 성적 욕구를 억제함으로써 얻어지는 에로틱한 마술'로 여기는 관점을 다음과 같이 썼다. '기욤 루 Guillaume Roux 가 그의 책에서 보여주었던 성향은 베긴파 속에 실제로 널리 퍼져있던 이런 '이롭고 건강에 좋은' 억제된 성행위의 유혹을 의심할 여지 없이 잘 보여준다. 기욤 루는 실제로 베긴파에 의하면, '침대에 옷을 벗고 두 사람이 함께 누운 상황에서 성행위를 하지 않을 용기가 없는 사람은' 그 누구도 감히 덕을 갖추었다고 할 수 없다고 말했다.'

---

[38] [역주] 볼프람 폰 에셴바흐(Wolfram von Eschenbach, 1170~1220)는 중세 독일어권의 가장 훌륭한 미네징거, 즉 음유시인으로서 그가 남긴 『파르지팔』은 25,000 시구로 되어있는 기사도를 다룬 궁정 소설로 아더 왕 이야기의 한 에피소드이자 성배기사 이야기의 일부를 이루는 이야기이다. 파르지팔(혹은 파르지발 Parzival)은 프랑스어의 페르스발(Perceval)에 해당하는 기사 이름이다.

귀부인의 사랑을 얻기 위한 시련과 궁정에서 유행했던 사랑의 환희와의 관련성을 이렇게 강조하는 데에는 두 가지 이유가 있다.

1. 음유시인들의 우아한 궁정식 품행과 카타리파의 그노시스적 행동이 서로 만났다는 것은 얼마든지 가능한 일이었고 그뿐만 아니라 어떤 면에서 보면 피할 수 없는 일이었는데, 비록 그 동기는 서로 달랐지만, 다름 아니라 양자 모두 이 사랑의 시련이라는 주제 속에서 이루어진 행동이었기 때문이다. 음유시인들에게 시련은 욕망을 배가시키는 데에 목적이 있었고 반면 그노시스파에게는 욕망을 극복하는 것이 목적이었다('완벽한 자들'의 금욕주의였던 것이다). 심지어 그노시스파에게 시련이란 욕망 충족이 낳는 생식 자체를 피하는 것을 목적으로 하기도 했다(카타리파의 귀부인들이 연인에게 부과하는 시련으로서의 욕망 억제는 이 두 가지 동기를 함께 갖고 있는 전형적인 사례이다!). 내가 에로스를 '끝없는 욕망'이라고 본 것은 바로 이 때문이다. 궁정식 사랑과 카타리파가 서로 다른 두 이단들이면서도 – 이 점에서 나는 르네 넬리의 관점을 전폭적으로 지지한다 – 실제의 생활방식에서는 공생관계라고 할 정도로 밀접한 관련을 맺고 있었다. 그리고 이 현상은 실제로 일어났던 일이었다.

2. 시련은 처음부터 기욤 드 푸아티에가 1110~1120년 사이에 만들어낸 궁정시가의 다른 주제들과 연관되어 있었다. 하지만 이미 이전에 같은 푸아티에 지방에서 로베르 다르브리셀Robert d'Arbrissel이 주도했던 종교 운동의 와중에서 그런 현상들이 일어나고 있었다.

12세기에 일어난 사랑에 대한 새로운 관념

세 권으로 된 중요한 연구서인 『서구에서 궁정 문학의 기원과 형성과정』 *Les Origines et la formation de la literature courtoise en Occident*을 펴낸 바 있는 레토 베촐라는 기욤 드 푸아티에 연구(*Romania*, 1940. 4)에서, 서구 문학사와 풍속사에서 가장 다루기 까다로운 문제 중 하나를 제기한 적이 있다. 즉 기욤 드 푸아티에의 대여섯 편의 시가 속에 갑자기 나타나는 몇 가지 중요한 주제의 출현에 관련된 문제인데, 이 주제는 이후 그의 뒤를 잇는 음유시인들에 의해 계속 다루어진다. 그뿐만 아니라 '음유시인들의 뒤를 이어 서구 전체의 수천 명에 이르는 시인도 같은 주제들을 다루게 된다.' (전례가 없는) 이런 시적 창조가 왜 유독 그 시대에, 유럽에서 일어났는가 의문이 들지 않을 수 없다.

취리히의 훌륭한 로망어 문학 연구자이자 텍스트 구조분석의 선구자이기도 한 테오필 스푀리는 기욤 드 푸아티에 연구[39] 책머리에서 위에서 제기한 문제에 대한 답으로, (연구가 행해지던 당시에) 대략 40여명의 학자가 제안한 13가지 설명 체계를 밝혔다. 이들 체계 하나하나는 문제가 지니고 있는 문학적, 종교적, 사회적, 심리학적 양상 중 하나나 둘 혹은 셋 정도를 분석하고 있는데, 대부분의 연구가 다른 분야의 연구를 서로 배제하며 부정하고 있어서 그 어떤 연구도 문제를 종합적으로 다루는 데에는 실패하고 있다. 자, 이제 문제를 처음부터 다시 생각해야 한다. 대체 뭐가 문제인가? 역사적으로나 심리적으로, 교류하고 충돌하고 또 긴장을 유지한 채 나아가서 극단적인 혼란을 겪으면서도 (몇몇 신비주의자에 의해) 12세기 초 30년 동안, 푸아티에를 중심으로 인간적 사랑

---

[39] Theophil Spoerri, *Wihelm von poitiers und die Anfändischen Poesie*, Trivium Nr 2, Zürich, 1944.

의 감정이 선포되고 노래되었으며, 이 과정에서 가톨릭의 제의에서 가져온 형식과 리듬이 자연스럽게 사랑을 노래하는 데에 유입되었다. 이때부터 사랑의 감정은 더는 종교적 감정과 상충하지 않으며 경쟁 관계에서 벗어나게 된다.

궁정풍 사랑이 태어난 이 독특한 과정은 궁정풍 사랑의 가장 잘 알려진 두 가지 특징을 살펴보면 드러난다. 텍스트를 통해서도 살펴볼 수 있고 아니면 연대기를 작성해 봐도 된다. 예를 들면 기욤 9세의 시 속에서 형태의 발전 과정을 추적해 봐도 된다. 이 시의 발전 과정은 퐁트브로 수도원과 관련된 당시 기욤 9세가 처했던 여러 상황이 나아간 과정이기도 하다. 기욤 9세는 백작이자 공작이기도 했던 로베르 다르브리셀 영주와 오랜 경쟁관계를 유지하고 있었다.

이 과정을 추적하기 위해 우리는 레토 베촐라를 길잡이로 삼을 것이다. 사실 레토 베촐라만큼 기욤이라는 이 탁월한 인물을 그가 살았던 시대와 공간 속에 자리매김하면서 풍요로운 결과를 가져온 귀족과 수도사 사이의 갈등을 잘 재현해 낸 연구자는 없다.

*　*　*

푸아투 지방과 기욤 드 푸아티에는 서구의 사랑 이야기와 이 사랑의 이야기가 제기하는 모든 문제가 시작된 기원이기보다는 오히려 중심점이었다.

로베르 다르브리셀이 거둔 기독교 포교의 성공 배후에는 아키텐 지방의 종교적 발전과 함께 마니교적이고 반 로마교회적인 이단 종파들의 은밀한 침투와 성공이 자리잡고 있다. 기욤 9세의 증조부 – 제7대 영주이자 제국 황제를 꿈꾸기도 했다 – 는, 1050년의 기록을 보면, 이 이단 종파들에 '대단히 흥미가 있었다'고 한다. 100여 년 뒤 남프랑스에서 크게 성하게 되는 것이 바로 이 이단 종파들이었는데 후일 이를 카타리파로 지칭하게 된다.

기욤 자신이 시 쓰는 재능이 있기도 했지만 배후에는 아키텐 궁정과[40] 6세기에 활동했던 포르투나 주교 그리고 그가 푸아티에의 생트 크루아 수도원 수녀원장인 라공드 왕비와 심지어는 자신의 고모인 앙리 3세 황제의 부인인 아녜스에게 보낸 연서의 오랜 문학적 전통이 자리잡고 있다. 아녜스는 피에르 다미엥과 서신을 주고받았는데 이 편지들은 '이들의 영혼은 섬세하며 언어는 생 베르나르의 언어에 가까이 다가가 있을 뿐만 아니라 가장 이상화된 문장을 보면 궁정 사랑의 언어를 닮아 있다.'[41]

이 새로운 시는 기욤 드 푸아티에와 방타두르와 위셀 뒤 리무쟁과 같은 그와 가까운 친구들에게서 툴루즈 인근의 남쪽과 프로방스 인근의 서쪽으로 점차 퍼져나갔다. 오늘날 우리는 이들을 모두 음유시인이라고 통칭하지만 이들을 잘 알고 있었던 단테만 하더라도 이들을 리무쟁 사람이라는 뜻으로 '리무쟁'이라고 불렀다.

푸아티에 시인들의 영향은 북유럽 쪽으로도 퍼져나갔으며 풍요로운 결실을 보았다.

기욤의 손녀인 알리에노르는 프랑스 왕 루이 7세와 결혼했고 이어 플랜태저넷 가의 헨리 2세와 다시 결혼했다. 베르나르 드 방타두르의 열렬한 구애를 받았던 알리에노르는 아들을 낳아 꽤 재능 있는 음유시인이었

---

[40] 귀부인들과 여성 성직자들에게 크게 인기가 있었던 라틴어로 쓰인 짧은 시들은 마르보드, 보드리 드 부르괴이 등이 쓴 것으로 레진 페르누와 알베르 마리 슈미트 등이 크게 상찬해 마지않았던 시들이다. 이런 작은 시들과 기욤의 혁신적인 재능 사이에는 관련이 없긴 하지만 당시 크게 유행했다. 기욤은 사랑을 구걸하는 시를 짓는 재능 없는 시인들을 경멸했음에 틀림없다.

[41] R. Bezzola, *Guillaume IX et les Origines de l'amour courtois*, p. 166.

던 사자왕 리처드로 키워 영국, 노르망, 프랑스 및 샹파뉴 지방에 보냈고 마리 드 샹파뉴와 알리스 드 블루아라는 두 딸을 키워내기도 했다. 이 두 딸은 사랑의 궁정을 열었고 궁정풍속의 은밀한 비밀들을 '브르타뉴 소설'을 쓰는 작가들에게 전수했다. 이 브르타뉴 소설의 가장 대표적인 작가가 두 딸의 친구이자 총애를 받던 신하이기도 했던 크레티앵 드 트루아이다.

기욤은 오늘날 우리가 프랑스로 부르는 지역 일대에서 가장 강력한 군주였다. 그의 삼촌은 모두 영주이거나 왕이었고 그의 사촌과 고모들은 신성로마제국과 영국 혹은 부르고뉴 공국의 왕비이거나 황후였다. 기욤의 누이 중 한 사람은 아라곤의 피에르와 결혼했고 다른 누이는 카스티아의 알퐁소와 결혼했다. 그 자신은 앙주의 에드망가르드와 결혼했고 이어 이 결혼이 실패한 후 브르타뉴 공작부인이 된 이 여인 다음에는 아라곤 왕 산체스의 젊은 과부였던 필리파 드 툴루즈와 다시 결혼했다. 당시의 사가들이 남긴 기욤에 대한 장문의 기록들을 보면 기욤은 '통이 크고 연애를 즐기는 사람'이었으며 '여인들에 열광하는 사람'이었다. 그 정도가 하도 심해서 '사람들은 그가 이 세계가 하나님의 섭리가 아니라 우연에 따라 지배되는 것으로 믿고 있지 않나 의심을 할 정도였다'고 한다. 그러나 이런 점과 함께 그는 '대담하면서도 경건했고 늘 호쾌함을 잃지 않았다'고 한다. 기욤은 두 번씩이나 교회에서 파문을 당했다. 특히 두 번째 파문은 자작부인과의 염문 때문이었는데, 이 샤틀르로 자작부인은 너무 아름다워서 '위험한 여인'으로 불릴 정도였다고 한다. 기욤은 이 부인을 자신이 사는 성의 탑에 데리고 와 살게 했다. 하지만 이런 행적에도 불구하고 그는 무엇보다 시인이었다. 그의 첫 번째 '시'는(혹은 'cansos') '그의 연애 이야기를 외설적인 어투로, 심지어 노골적으로 표현'한 것으로 함께 주색잡기를 즐기던 호쾌한 남정네들을 위해 지은 것이었다(152쪽). 그의 인생에 찾아온 가장 중요한 사건은 1101년에 일어난다. 이 해 봄에 그는 십자군 원정에 오르고 헤라클레에서 대패하여 탄크레드와 사라센의 궁정에서 포로 생활을 하다가 1102년 가을 푸아티에로 돌아온다. 그러는 사이에 로베르 다르브리셀이 퐁트브로 수도원을 세웠으며 이때부터 두 사람의 대결이 시작된다.[42]

로베르 다르브리셀은 어떤 인물이었던가? 1050년에 아브레스에서 태어난 브르타뉴 출신 사제의 아들인 그는 방랑 사제가 되어 사회에 첫발을 디디며 사제들의 결혼을 강력하게 비난하는 설교를 하며 전국을 돌아다녔다. 그후 잠시 크라온 숲 속으로 들어가 칩거하며 은자의 삶을 산다. 금욕주의적 생활과 달변의 재능으로 많은 제자가 뒤따랐고 이들도 역시 숲 속으로 들어와 같이 생활했다. 자연히 이들을 중심으로 오늘날의 관점에서 보면 공동체라고 부를 수 있는 집단 생활촌이 형성되었다. 이들에게는 경작할 땅이 분배되었다. 마침내 교황 우르바노 2세는 로베르에게 '사도적 설교자'의 칭호를 내렸다. 이후 은자의 삶을 끝내고 숲을 나온 로베르는 다시 길을 나서 방랑 설교를 재개했다. 그의 설교는 '깊은 비관주의를 띠고 있었으며' 거짓과 무지로 가득 찬 민중의 삶을 비판하는 것이었으며 동시에 음란과 살인으로 가득 찬 영주들 역시 질타의 대상이 되었다. 그뿐만 아니라 위선과 성직 판매를 일삼는 성직자들도 그의 비판을 받았다. 그의 이런 비판적 설교는 이미 카타리파, 보두아파의 반 로마가톨릭적 성향을 담고 있었으며 후일 프라티첼리 fraticelli의 경향도 예고하고 있었다.[43] 이런 사악함에 대항하여 로베르는 진정한 경건

---

[42] [역주] 퐁트브로 수도원(Fontevrault-l'Abbaye)은 유럽에서 가장 큰 수도원으로 프랑스 중부 루아르 강 인근에 자리잡고 있다. 현재는 Fontevraud-l'Abbaye로 표기된다.

[43] [역주] 보두아파(Vaudois)는 12세기 중엽 피에르 발데스(Pierre Vaudès, Pierre Valdo나 Pierre Valdès로 불리기도 함)에 의해 창시된 반 로마가톨릭 성향의 초기 개신교 운동이다. 중세는 물론이고 그 후에도 지속적으로 로마가톨릭교회로부터

함, 청빈한 삶, 금욕주의 그리고 무소유의 초연함을 내세웠다. 많은 군중이 그를 따랐으며 그중에는 수많은 청년도 있었다. 당시 기록을 보면 이들 청년들은 마치 20세기 중엽의 미국의 히피를 연상시킨다. "맨발로 걸어 다녔고 군데군데 헤진 이상야릇한 옷을 걸쳤으며 무엇보다 수염을 길게 기르고 있어서 쉽게 눈에 띄었다(barbarum prolixitate notabiles).” 개중에는 남편을 버리고 길을 따라 나선 여인도 있었고 교구 사제를 버리고 나선 가톨릭 신도도 있었다. 로베르의 친구들은 유랑생활을 하는 사람들 사이에서 남녀 간의 격의 없는 친밀감이 과도하게 표현되기도 하여 이를 경계하는 이들도 있었다. 당시 떠돌던 소문을 보면, 로베르는 '동방의 가혹한 금욕주의, 특히 시리아 지방의 금욕주의를 따랐기에 그를 따르는 여인들이 그와 함께 생활하도록 허락했고 심지어 성행위를 하지 않으면서 잠자리도 같이 했다. 이는 유혹을 이겨내는 의지력을 입증하기 위한 것이기도 했고 대수롭지 않은 죄를 크게 처벌하는 것에 대한 반발이기도 했다.' 언젠가 한번은 루앙에서 '언 발을 녹이기 위해' 매음굴에 들어서게 되었는데 그곳에 있던 창녀를 모두 개종시키기도 했다고 한다. 여인들은 그의 앞에 나와 무릎을 꿇었고 로베르는 이들을 데리고 사람이 살지 않는 곳으로 가 은자의 마을을 만들기도 했다. 1101년 로베르는 그를 따르는 사람들을 위해 동정녀 마리아에게 헌정한 성당

극심한 탄압을 받아 수많은 신도가 화형을 당하고 재산을 몰수당하는 시련을 겪었다, 현재는 개신교로 인정받아 교단과 예배당을 유지하고 있다. 보(Vaud)는 스위스 마을 이름이기도 하지만 그와는 무관하며 프랑스 리용에서 시작된 종교 운동이며 프로방스 지방의 알프스 서쪽 고원과 계곡지대인 뤼베롱(Luberon)에 땅을 얻어 살았다. 프라티첼리 fraticelli는 '형제'를 뜻하는 이탈리아어에서 유래한 말로 예수와 사도의 청빈한 생활을 강조하며 로마가톨릭과 대립했던 안젤로 클라레노가 세운 초기 개신교이다. 교황의 무오류성, 성직자의 사법권 등을 부정함으로써 이단으로 여겨졌다. 이탈리아 남부의 가난한 나폴리, 시칠리아, 움브리아, 마르케 등의 지방에 확산되었고 토스카나에서는 15세기 말까지 하층민 사이에서 존속했다.

인근에 '오두막집'을 지었다. 이것이 바로 후일 퐁트브로 수도원abbaye de Fontevrault의 기원인데 남성들이 기거하는 집 세 채와 규모가 큰 여성용 수녀원 한 채로 구성된다. 퐁트브로파는 이후 브르타뉴, 리무쟁, 페리고르 그리고 툴루쟁 지방으로 급속하게 세를 확장하여 약 3천 명에 달하는 수도승과 수녀들을 거느리게 되었다.

로베르가 보낸 서신 중 하나를 읽어보자. "내가 이 세상에서 일으켜 세운 모든 것을 당신은 알고 있을 것입니다. 나는 수녀들을 위해 이 일을 했고 바로 그들을 위해 내가 가진 모든 재능을 바쳤습니다. 무엇보다 나와 나를 따르는 제자들은 수녀들에게 복종했으며 이는 곧 우리 모두 영혼의 안녕을 위한 것이었습니다."

하지만 정말로 놀라운 일은 따로 있다. 로베르는 수녀원장에게 수녀들을 통솔하는 데 필요한 더 높은 권력을 주었을 뿐만 아니라(엘로이즈가 같은 시기에 파라클레에서 했던 일이 이것이다) 신앙 공동체에 있는 남자들을 지휘할 수 있는 권력까지 주었다는 것이다.[44]

퐁트브로 수도원의 창설자인 로베르의 매력에 이끌려 당시 수많은 아름다운 여인이 그를 따랐다. 그중에는 왕비 베르트라드 드 프랑스도 있었고 이 일이 당시 어떤 반향을 불러일으켰을지는 상상이 가고도 남는 일이다. 실제로 베르트라드는 이미 왕비가 되기 이전에 필립 1세로 하여금 먼저 결혼한 왕비를 버리고 자신과 결혼을 하도록 하며 스캔들을 일

---

[44] [역주] 엘로이즈(Héloïse)는 12세기 중엽 파리에 살았던 귀족 가문의 여인이며 아벨라르와 이룰 수 없는 사랑을 나눈 여인으로 프랑스만이 아니라 서구에서 낭만적 사랑의 주인공으로 일컬어지는 인물이다. 뛰어난 미모에 작곡과 시에 능했던 엘로이즈는 18살의 나이에 아벨라르의 애를 임신하는 당시 귀족 가문의 기독교적 윤리에서는 용납되지 않는 잘못을 저질러 후일 거세당한 후 쫓겨난 아벨라르가 세운 파라클레(Paraclet) 수도원에 들어가 생을 마감한다. 루소의 『신 엘로이즈』는 이 두 사람의 사랑에서 영감을 얻은 작품이다. 많은 그림이 그려졌고 연구도 이루어졌다. 두 사람이 나눈 편지를 모은 서한집이 출간되기도 했다.

으킨 여인이다. 당연히 두 사람은 교회에서 파문을 당했다. '새로 결혼한 왕과 왕비가 시에 들어와 성에 살기 시작했을 때 성당의 모든 종은 울리지 않았다.' 하지만 더 놀라운 일이 일어났다. 1112년, 기욤 9세의 첫 번째 부인이었던 에드망가르드 드 브르타뉴와 그의 두 번째 부인인 필리파 드 툴루즈가 딸인 오데우드를 대동한 채 수도원을 찾아 온 것이다. 이는 곧 수녀의 옷을 입음으로써 기욤을 부인했음을 뜻했다.

"기욤 9세는 타락한 여인들을 지옥에서 구해내는 이 종교개혁자의 업적을 심각하게 생각하고 있지 않았다. 하지만, 남성 성직자들과 여성 성직자들을 한 잠자리 속에 들어가 잠을 자도록 하면서 로베르 다르브리셀이 기독교의 덕으로 육욕을 누르는 신비한 시련을 거치도록 함으로써 자제력을 키우려고 했다는 것이 사실이라 해도, 기질상 종교적이지 못했던 기욤 9세의 눈에는 이 행동이 위선적인 타락으로밖에는 보이지 않았다."

이 문단은 르네 넬리의 글에서 인용한 것이다(『음유시인들의 에로티즘』*Erotique des troubadours*, 100쪽). 르네 넬리의 글을 보면 로베르가 이미 음유시인들보다 앞서 사랑하는 여인들을 위한 시련이라는 행동을 실제 생활 속에서 구현하고 있었음을 알 수 있다. 또 로베르는 기욤이 그의 시에서 말했던 것보다도 일찍 이 일을 하고 있었다. 보다 사실적이었던 베촐라의 글을 읽어보자.

"푸아티에 백작이자 아키텐 공작이기도 했던 기욤 9세가 과연 자신의 두 부인과 딸을 비롯해 당시 그 지방에 살던 많은 귀부인이 남편과 가정을 버림으로써 귀족 계층을 혼란에 빠뜨린 이 일을 대하며 아무런 동요도 없이 어떤 조치도 취하지 않았다고 믿을 수 있을까? 오히려 퐁트브로에서 일어난 일과 그 일대에서 거둔 급속한 성공에 의해 기욤 역시 큰 영향을 받았다고 보아야 한다."(207쪽)

이 '급속한 성공'을 대하며 기욤 9세가 보인 첫 번째 반응은 놀랍게도 조롱과 거창한 농담이었다. 길을 헤매다 다르브리셀에게 구원을 받은 여인들을 조롱하기 위해 기욤은 니오르에 작은 집을 지어 집단주거 부락을 세웠다. 이는 퐁트브로의 '오두막집'을 모방한 것으로서 기욤은 이곳에 가능하면 조금 '구원을 받은 궁녀들'을 거주하게 함으로써 이 분야에 정통한 전문 '수녀원'을 세운 것이다.[45]

베촐라에 따르면 기욤이 보인 두 번째 반응은 다음과 같았다. 아무도 모르는 윤리적 위기를 겪게 된 기욤은 그가 지은 시가 속에서 말했듯이, '인간들이 가장 원하는 것이 무엇인지' 깊은 생각을 하게 되었다. '당시에 유행하던 신비주의적 금욕에 반대하기 위하여 기욤은 세속적 신비주의를 만들어 낸 것이다. 즉 기사도에 따른 사랑을 영적 도약의 단계로 여긴 것인데 이렇게 함으로써 퐁트브로가 유포한 신비한 사랑과 그에 대한 복종이 사람들의 마음에 불러일으킨 거부할 수 없는 매력에 대항하고자 한 것이다. 하지만 과연 정말로 그랬을까?'

그런데 느닷없이 같은 시기에 가톨릭교회의 여러 형식을 모방한 서정적 시가들이 터져 나왔고 이어 아랍식 시가와 궁정풍 사랑의 노래가 유행하기 시작했다. 이들 문학 속에 나타난 주제들은 다름 아닌 귀부인에게 사랑의 서약을 함으로써 기사의 복종, 진정한 사랑의 증거로 귀부인이 부과하는 시련들이었다. 이 모든 것을 로베르는 '우리 영혼의 안녕을 위한 것'으로 말했다. 기욤은 이것을 '우리의 육체를 새롭게 하고 몸을 다시 가다듬기 위한 것'이라고 생각했다. 음유시인들이었다면 이를 '사랑을 통한 우리의 구원'이라고 말했을 것이다.

---

[45] [역주] 즉, 창녀촌을 세운 것을 뜻한다.

나, 그녀에게 몸을 숙이네, 나를 바치네!

순수한 은총과 표현할 수 없는 그리움을 노래한 것이다. 서구 사회에 서정성이 태어난 배경에는 정신의 변화가 아닌, 심지어는 의식의 변화도 아닌, '새로운 시대의 부드러움에' 갑자기 잠에서 깨어난 영혼들의 변화가 있었다.

*
* *

베촐라의 뒤를 이어 테오필 스푀리는 같은 문제에 접근했을 때 바로 이 시가들의 운율 형식을 연구하는 방법을 택했다. 테오필 스푀리는 자신이 택한 방법을 하나의 공식처럼 제시한 적이 있는데 그와 내가 함께 배운 스승인 루돌프 카스너의 편지 속에서도 발견할 수 있다. 즉 두 사람은 'Bewusstwerdung ist identisch mit Formwerdung'라고 늘 말하곤 했다. 이 말은 정신적 현상을 제대로 파악하기 위해서는 이 정신적 현상을 표현하는 형태(조형적 형태이든 시적 형태이든)를 분리해서 생각해서는 안 된다는 말이다. 달리 말하면, 미사의 제의나 일정한 문학 형식을 사용할 때 가톨릭이나 문학의 영향을 받지 않을 수가 없으며 따라서 형태에 영향을 받고 스스로도 변형을 거치게 된다는 것이다. 시인에게는 그 어떤 수사학도 순수하지 못하다. 음유시인들에게 일어난 형식적 변형은 라틴어로 쓰인 시가 민중의 속어인 도일어와 도크어로 쓰인 시로 대체되는 과정에서 일어난다.[46] 이 전이과정은 예배의식인 가톨릭의 전례典禮

---

[46] [역주] 도일어 langue d'Oil과 도크어 langue d'oc는 프랑스어 발달사에서 프랑스 중부를 흐르는 큰 강인 루아르 강을 중심으로 강 위쪽의 북부 지방과 아래의 남쪽 지방어를 각각 지칭한다. 각 언어권에서 긍정의 대답을 나타내는 '예'라는 부사를 택해 두 언어를 구분했다.

형식을 통해 이루어졌다. 즉 성 암브로시우스Saint Ambroise식의 성가와 세퀘티아, 즉 속송續誦에서 그레고리안 성가의 선구자 중 하나인 독일 수도승인 노트커Notker의 트로프trope, 즉 멜로디에 가사를 실어 부르는 것이 나왔고 이어 12, 13세기의 대위법을 수반한 음악형식인 콩뒤conduit (라틴어로는 conductus)로 변형된다.47 이 새로운 형식은 프랑스어에서 시나 시구를 뜻하는 베르vers나 혹은 노래나 민요를 뜻하는 샹송chanson (라틴어로는 canson)의 형태를 띠게 된다. 오랜 시간 동안 이루어진 이런 변화 과정은 중세 음악의 명소 중 하나인 리모주의 생 마르시알Saint-Martial de Limoges 수도원의 진귀한 성가집을 통해 1100~1150년 사이에 절정기를 맞게 된다.

그런데 바로 이 생 마르시알 수도원의 '민간인 사제'가 푸아투 제7대 백작이자 제9대 아키텐 공작이었던 기욤이었다. 이 기욤이 다름 아닌 유럽 최초의 음유시인이었다.

기욤은 처음에는 ― 퐁트브로 수도원의 열정적인 종교적 분위기에 대적하기 위하여 ― 암브로시우스 성가 형식, 세퀘티아, 즉 속송續誦 그리고 12, 13세기의 대위법을 수반한 음악형식인 콩뒤를 모방했다. 즉 그는 자신의 세속적 사랑을 표현하기 위하여 미사에서 사용되는 성가를 차용한 것이다.48 처음에는 모방을 했지만 조금씩 멜로디와 말이 지닌 리듬

---

47 [역주] 중세음악에 대한 이 부분의 번역에서는 낯선 전문 용어 설명을 생략한다. 중세음악 전공자가 아닌 역자의 능력을 벗어나는 일이기도 하지만 무엇보다 중세의 시와 음악을 비교하는 일이기에 시와 음악 두 분야의 원문을 대할 수 없는 물리적 한계 때문에 함부로 주를 달 수가 없기 때문이다.

48 1955년 8월 3일, 내게 보낸 서신에서 롤랑 마뉘엘은 이런 종류의 모방을 일러주는 귀한 사례를 하나 동봉했다. "시인이기 이전에 음악가였던 음유시인들은 당연히 그들의 시를 멜로디에 맞추어 구성했습니다. 시절(詩節) 형식은 음악에서 가장 중요한 부분입니다. 현재 우리가 갖고 있는 기욤 드 푸아티에의 유일한 음악 텍스트를 보면 이 텍스트는 생 마르시알의 시(versus)에서 발견할 수 있는 동일한 멜로디 형식을 사용하고 있습니다(멜로디에 대해서는 다음의 그림을 볼 것)."

을 통해 이 형식들은 시 고유의 영역으로 들어온다. 이 형식은 시인도 모르는 사이에 시인에게 영향을 끼치면서 시인을 변화시켰다. 즉 기욤은 사랑이란 사랑하는 것 그 이상이라는 사실을 알게 된 것이다. 그래서 그는 결국에는 정신의 움직임 자체를 육체에 대한 찬미로 대체하며 피안을 향한 비약의 열망을(가톨릭의 전례를 모방해 표현되었던) 세속 세계를 향한 부드러운 사랑의 열망으로 바꾸어 놓게 되었다.

이것이 바로 서구 시의 기원이라고 할 수 있다!

스푀리의 연구에서 우리는 기욤이 지은 노래 1편에서 9편까지의 운율법을 자세하게 따라가면서 성가를 모방한 궁정시의 변화 과정을 추적할 수 있고 나아가 오랜 세월 동안 지속된 참으로 독특한 일종의 정신사적 발전 과정마저 엿볼 수 있다. 가톨릭의 전례 속에서 나타난 하나님을 향한 열망이 솔직하고도 도발적이며 순수하게 인간적인 사랑의 열망으로 전이되는 깊은 움직임이 일어난 것이다. 여인을 향한 사랑 속에서 충만함과 '구원'을 발견하는 이 열광 상태(열광 enthousiasme의 문자 그대로의 원래 의미는 '신들림'이었다)가 오랜 세월 이어졌으며 이는 곧 새로운 시대를 살아가는 도취감과 함께 정신사에 새로운 봄이 찾아왔음을 뜻한다. 이제 인간을 포함한 대자연을 통해 은총을 마음껏 토로하게 되었다. 강력하면서도 우리를 전율하게 하는 노래 한 곡을 들어보자.

Ab la dolchor del temps novel...(새로운 시대의 부드러움을 통해)

새로운 시대의 부드러움을 통해
나무들은 푸르름을 입고, 새들은
각양각색의 목소리로
새로운 노래를 우짖느니
이제 찾아나서야 하리라, 인간이
진정으로 원하는 것이 무엇인지를!

같은 노래를 조금 더 읽다 보면 다음의 유명한 시구가 나온다.

La nostr' amor vai enaissi
Com la branca de l'albespi...
(우리의 사랑도 그러하니
산사나무 가지들처럼)

우리의 사랑도 그러하니
산사나무 가지들처럼
가지들 위에 밤이 깊을 때
비에 떨고 서리에 떨 것이요
아침이 찾아와 햇볕이 비추면
잎새들은 빛을 번쩍거리고 가지들은 푸르리라.[49]

테오필 스퀴리는 결론을 내린다. "기욤 9세의 노래 속에는 앞으로 유

---

[49] [역주] 인용한 두 편의 시 첫 줄에는 중세 프랑스어로 된 시구가 자리잡고 있다. 이 시구들은 한국어로 번역한 첫 시구와 두 번째 시구에 해당한다. 중세 프랑스어의 고풍스러운 맛을 그대로 전달하기 위해 일부러 원문 그대로 인용했다고 볼 수 있지만 그보다는 음악에 맞추어 전달되는 가사의 발음과 음절 수 등에 유의해야 한다는 점을 말하고 있다.

럽 정신사의 큰 특징을 이루게 된 것들이 나타나 형태를 갖추기 시작하고 있다. 즉 피안의 세계를 향한 열망이 이제 지상에서 움직이기 시작하며 변형을 겪고 있다. 이 변화에서 나온 기욤의 시는 이미 쓰였지만, 그 형식 때문에 이 시는 세상을 변화시키는 힘의 무한한 긴장을 느끼게 한다. 그 어떤 단념도 어떤 재앙도 심지어 죽음마저도 멈추게 할 수 없는 이 힘, 불완전하더라도 모든 형태로 완벽함이 발산하는 매력을 드러내는 이 힘의 긴장은 이후에도 지속되었다."

스뙤리의 탁월한 지적에 굳이 내 의견을 보탠다면, '가톨릭의 전례 형식이 발휘하는 마법과도 같은 힘'은 기욤의 작품 속에 나타난 궁정적 서정성의 탄생을 이해하는 데 도움을 주는 것이 사실이지만, 그것은 두 번째 형식적 요소가 구현됨으로써 시인의 의식 못지않게 큰 영향을 끼쳤다. 두 번째 형식적 요소란 다름 아니라 아랍 수사학과 아랍 수사학에서 전해진 – 궁정 문화의 여러 기원 중 하나로 꼽히는 – 에로티시즘이다. 기욤은 중동 지방에서 만난 시인들의 노래 창법을 잘 알고 있었음에 틀림없다. 기욤은 십자군 원정 당시 포로로 잡혀 몇 개월 동안 중동에 머물러 있었고 이어 에스파냐로 와서는 그의 처남들이 지배하고 있던 아라곤과 카스티야 왕국에 머물면서도 아랍 시인들의 노래를 들을 수 있었다. 실제로 안달루시아 시인들은 아라곤과 카스티야를 자주 드나들었으며 무어족과 기독교인들이 뒤섞여 있던 놀이패들도 마찬가지였다. 그뿐만 아니라, 프랑스 땅인 리모주에 있는 생 마르시알에서도 아랍인의 음악, 시, 에로티시즘은 얼마든지 접할 수 있는 것이었다. 가령, 1019년, 20명 가량 되는 에스파냐의 아랍 노예들이 수도원에 들어왔다. 당시 한 수사는 이 중 두 명을 자신의 사동으로 고용했고 다른 노예들은 인근의 대영주들에게 맡겼는데 이 노예들은 주로 통역 일을 담당했다.[50](이 노예들은 대부분 편지를 쓸 때도 시와 음악을 가미해 썼다). 이렇게 보면 기욤이 쓴 11편의 노래 중 다섯 편에서 자주 볼 수 있는 아랍시 형식인 자디

알 zadjal의 영향은 더는 미스터리가 아니다.

하지만 사람들은 오늘날까지 이어지고 있는 수도승과 귀족이 벌이는 문학의 신비주의적 투쟁, 즉 라스푸틴에서 동 쥐앙으로 이어지는 이 투쟁 어디를 찾아봐도 카타리파나 시인들로 구성된 놀이패는 등장하지 않는다고 말한다. 그들의 논리를 따르면 로베르는 가톨릭이었고 기욤은 대영주였다는 말이다.

이런 식의 판에 박힌 사고에서 조금만 벗어나면, 사실은 두 번에 걸쳐 교회에서 파문당했지만 당시의 관점에서 보면 기욤이야말로 오히려 정통 가톨릭이었고 반면 로베르 다르브리셀은 이미 그의 설교나 행동에서 드러나듯이, 교황에게 칭찬도 듣고 20여 개의 수도원을 세웠음에도 불구하고 그노시스파 소속의 이단이었다.

게다가 이런 판에 박힌 주장들이 틀렸음을 일러주는 다른 증거도 있다. 이단 카타리파는 유럽 전역으로 확산되는 초기에 이미 푸아투 지방에 들어와 있었다. 카타리파는 실제로 11세기 초, 오를레앙, 아라스, 벨기에의 리에주, 독일의 쾰른, 랭스, 툴루즈 등과 거의 동시에 푸아투 지방에 유입되었다. 1028년 기욤 5세는 자신의 영토에 이단이 퍼지는 것을 우려하여 샤루에서 일종의 공의회를 열어 '마니교도들'을 물리칠 궁리를 했다. 1114년 로베르 다르브리셀은 아쟁에서 이단들을 물리치자는 설교를 했다. 1134년 이단으로 지목당해 르망에서 쫓겨난 앙리 드 로잔느는 푸아티에로 피신했다가 프로방스로 갔다. 위에서 말한 연도들은 기욤 9세가 활동한 시기이자 푸아투, 리무쟁, 가스코뉴, 샤랑트 출신의 1세대 음유시인들인 세르카몽, 방타두르 가문의 시인들, 마르카브뤼, 뤼

---

[50] René Nelli, 『음유시인들의 에로티시즘』(*Erotique des troubadours*), p. 50. 이 책을 보면 이 밖에도 아랍인이 남프랑스에 끼친 직접적인 영향을 일러주는 여러 사례를 알 수 있다.

델 등이 활동한 시기이기도 하다.⁵¹ 그런데 기욤 9세의 아들의 보호를 받고 있었던 마르카브뤼는 생 마르시알 수도승들의 제자였으며, 데오다 로쉐가 '이 베네딕트회 혹은 시토회 수도승들이 카타리파와 맺고 있던 관계에는 연구를 해보아야 한다. 왜냐하면 우리가 카타리파한테 받은 분명한 영향을 밝혀낸 바 있는 「보에스에 관한 시」 Poème sur Boèce가 나온 것이 바로 이 수도원이기 때문이다.'⁵² 내가 이런 '사실을' 길게 인용하는 것은, 적대적이었든 공감을 하였든 아니면 그냥 보고만 있었든 당시 교단이 이단을 대하는 태도가 사실은 정신사적 진실이나 문학 창조의 역동성 면에서 이런 이단의 출현 때문에 생성된 당시의 정신적 긴장 상태보다 오히려 덜 중요했음을 보여주기 위해서이다. 다시 말해 위에서 인용한 여러 사실은 당시 이단인 카타리파가 이미 종교적, 문학적 영역에서 고려의 대상이 되고 있었음을 잘 말해주고 있다.

아키텐 지방 대영주의 귀부인들은, 12세기 말 툴루즈의 '여성신도들'이 카타리파에 귀의한 것보다 더 깊이 로베르와 관계를 맺고 있었다는 사실을 지적해 둘 필요가 있다. 당시 기욤은 아직 궁정 문화 쪽으로 완전히 기울지 않은 상태였고 그래서 귀부인들은 자연히 그를 피했다. 후일 페르 비달 같은 이도 카타리파 외부에 머물며 귀부인들과 같은 태도를 보였다. 반면 페르 카르드날 같은 이들은 궁정풍 사랑의 경박함을 비난하며 궁정시를 '마치 치통을 앓을 때 내는 신음 소리'를 모아놓은 것 같다고 조롱하기도 했다. 이렇게 보면 당시 교단과 이단과 궁정 문화를, 그리고 그들 사이의 싸움과 비밀스러운 관계를 수많은 시인이 서로 다른

---

⁵¹ [역주] 아라스(Arras), 샤루(Charroux), 아쟁(Agen), 샤랑트(Charente) 등은 모두 프랑스 도시이거나 지방이다. 아라스는 도버 해협으로 통하는 파드 칼레 지방, 샤루는 프랑스 중부의 비엔느 지방, 아쟁은 에스파냐로 가는 길목인 아키텐 지방에 있는 도시이며 샤랑트는 프랑스 중서부 지방의 도이다.
⁵² *Cahiers d'Etudes cathares*, No. 9, 1952.

수많은 판단을 내렸고 그럴 수밖에 없는 많은 상황이 벌어지고 있었다고 할 수 있다. 어떤 시인들과 교단은 이단과 라이벌 관계였고 다른 교단과 시인들은 말하자면 서로 영향을 주고받는 관계였다. 하지만 중요한 것은 다름 아니라 이단에 반대하던 파와 시인들도 공동체의 보수적인 정통성과 인간 영혼의 자유를 외치는 이단의 유설이 자아내는 열망과 금기가 교차하는 갈등의 와중에서 정신사적 힘들이 서로 부딪치는 중심에서 벗어나지 못했다는 점이다.

사랑이 탄생하게 된 역사를 살펴보면 크게 세 가지 기억해두어야 할 사례가 나온다.

로베르 다르브리셀과 기욤 9세의 대결을 보면 사랑, 시련, 여인을 위한 남자의 복종과 맹세 그리고 구원의 개념 등에 대한 판단이 모두 다르다는 것을 알 수 있다. 하지만 두 사람 모두 종종 잘못 비교되기도 했지만, 동일한 대상들을 최고의 반열에 올려놓았다는 면에서는 공통점이 있었으며, 이 점이야말로 그 당시에 처음으로 나타난 참으로 중대한 사건이다.

9세기말 경, 위대한 신비주의자였던 알 할라즈와 아랍의 최초의 음유시인인 이븐 다우드Ibn Dawûd 역시 유사한 대립 관계였고 이들의 관계에는 한층 더 긴장감이 돌았다. 두 사람 모두 가수였고 베일에 가린 비밀스럽고 순결하며 그러면서도 열렬한 사랑의 시인이었으며 누구도 치료할 수 없는 달콤하면서도 고통스러운 사랑을 노래했다. 두 사람 모두 '사랑 때문에 죽지 않는 사람은 사랑으로 살지 못하리라'라고 노래했기에 두 사람 모두 죽음 속에서만 이룰 수 있는 사랑을 노래했다. 하지만 그럼에도 알 할라즈에게 사랑은(인간을 향한 사랑처럼) 절대자인 신을 향한 사랑이었던 것에 반해, 이븐 다우드에게 사랑은 젊은 청년에게 향한 사랑이었다(수많은 신 중 하나를 향한 사랑처럼). 그러자 시인은 정통 종교를 내세워 신비주의자였던 알 할라즈를 이단으로 몰며 극형에 처해야 한다고 주장했다. 하지만 두 사람 모두 결국은 같은 문제, 즉 이단의 문제를 다루고 있었고, 같은 문제의식과 같은 광신적 믿음이 있었으며 영적으로나 시적으로 동일한 영역에 속해 있었다.[53]

기욤과 거의 같은 시기에 같은 공간에서 살며 대결을 했던 세 번째 사례는 바로 모두 '위대한 사랑의 숭배자들'이었던 피에르 아벨라르와 베르나르 드 클레르보 사이에서 일어났다. 엘로이즈에게 보낸 아벨라르의 사랑의 시들은 기욤 9세가 쓴 초기 궁정시와 정확하게 동시대에(1110년경) 쓰였다. 기욤 9세의 초기 시들은 당시에는 너무나도 유명한 것이었지만 현재는 남아있지 않다. 반면 거세를 당한 후, 자기 때문에 억지로 수녀가 된 뒤에도 마음속 깊이 사랑을 간직한 이죄(역주: 엘로이즈를 뜻함)을 보며 회개한 트리스탕(역주: 아벨라르를 말함)이 남긴 편지는 남아있다. 엘로이즈는 '하나님은 행동이 아니라 마음속을 보시는 분 (*Deus cordis potiusquam operis inspector est*).'이라고 썼다. 베르나르 드 클레르보는 구약의 「아가서」의 관능적 묘사를 정결한 결혼을 위해 변형시키고 종국에는 사랑 자체를 절대시함으로써 처음으로 기독교적인 사랑의 신비주의를 발전시킨 사람이다. "*amo quia amo, amo ut amem.*"[54] 아벨라르

---

[53] 어느 때, 어느 장소이건, 대립하던 두 측은 서로 긴밀하게 연결되어 있었다. 시리아에서는 diva, 이란에서는 daeva, 아르메니아에서는 dew라고 부르는 이 대결은 모두 악마를 지칭하는 말이기도 하다. 하지만 같은 단어인 dewa는 힌두어에서는 Zews로, rmfltmdjdhj 라틴어에서는 Zeus, Theos, Deus 등으로 표현된다.

[54] [역주] 'amo quia amo, amo ut amem'은 영어로 옮기면 'I love because I love; I love that I may love'이며, '사랑하기에 사랑하는 것이요, 사랑할 수 있음을 사랑한다'의 뜻이다. 성 베르나르가 한 말이다. 라틴어: *Suspectus est mihi amor cui aliud quid adispiscendi spes suffragari videtur. Amor habet praemium, sed id quod amatur. Praeter se non requirit causam, non fructum; <u>amo quia amo; amo ut amem</u>.* 영어: I distrust that love which seems to be sustained by the hope of obtaining some other reward. The reward of love is the object beloved. It needs no other cause and no other fruit itself; <u>I love because I love; I love that I may love</u> (Saint Bernard, 95th Sermon on Cant).

(1142년 사망)의 신학에 대한 그의 통렬한 비판과 투쟁은(1145년에) 그가 한 남프랑스 지방의 카타리파 토벌보다 불과 몇 년 앞서 일어났던 일이다. 이단 카타리파는 프랑스 북부(아라스, 랭스, 오를레앙)에서 일어나 푸아투를 거쳐 툴루즈, 카르카세스 그리고 무엇보다 알비주아 지방으로 퍼져 내려왔다. 이 카타리파가 전파된 공간이나 시간을 보면 푸아티에서 발생하여 방타두르 가문의 음유시인들이 활동했던 리무쟁 지방으로 같은 시간에 퍼져 내려온 궁정시들과 그대로 일치한다.

마지막 반박

떼를 지어 나를 비난하고 있는 사람들은 몇 가지 판에 박힌 논리에 근거하여 나를 몰아세우고 있는데, 이제 나는 그들이 한 비판이 틀렸음을 입증해 줄 수 있는 몇 가지 다음과 같은 공식을 연상시키는 논리를 지적함으로써 답을 하려고 한다.

- 비판자들은 아직도 원인과 결과를 연결해 주는 인과율을 믿고 있다. 박학한 이들이 '과학적'이라는 이유로 유난히 좋아하는 이 인과율은 핵물리학자들이 이미 폐기한 논리이다. 초판본에서 나는 인과율에 큰 의미를 부여하지 않았으며 두 번째 판본에서는 의도적으로 피했다. 나에게 의미 있어 보이는 것은 인과율이 아니라 오히려 마치 포도송이처럼 얽혀있는 상호 작용하는 힘의 관계와 구조였으며 이 힘들이 뭉쳐 있는 다발과도 같은 현상이었다. 간단히 말해, 기욤 9세와 로베르 다르브리셀 혹은 알 할라즈와 이븐 다우드 사이에 조성되었던 긴장과 같은 영역 전체가 나의 관심사였다. 이들 사이의 긴장관계를 살펴보면 누가 어떤 부분에서 승리를 거두었느냐가 중요하지 않다. 오히려 이들의 긴장관계가 음유

시인들과 이단 카타리파의 관계와 상동적이며 나아가 이런 관계들이 윤리적으로나 종교적으로 상호 중첩되어 있다는 것이 더 중요한 문제였다.

— 비판자들은 나에게 거의 법정에서처럼 내 주장을 확인해 줄 수 있는 증거를 대라고 했다(하지만 내가 다루는 문제의 성격상 학문적이든 실험적이든 원인을 인정할 증거가 존재할 수 없다). 상황이 이러니 비판자들에게 이단의 유설과 궁정 문화가 시간적, 공간적으로 일치하고 있으며 동일한 의식과 갈등 상황에서 일어난 일들이라는 점을 지적해도 그들에게는 아무 소용이 없다. 몇 가지 현상이 동시에 일어났다고 해도 그들의 마음은 별로 움직이지 않는다. 이들을 보고 있노라면 내 머리에는 최근에 일어난 사건에서 재판을 맡았던 미국 법관들이 떠오른다. 미국 법관들은 분명히 12명을 살해한 5명의 살인자에게 내려진 판결을 깨고 원심으로 돌려보냈다. 예심에서 제기된 몇 가지 세세한 사항이 의혹의 여지가 있었기 때문이다. 결국 사건은 반송되고 말았다. 만일 예수의 12사도가 부활절로부터 7번째 일요일인 성신강림 축일, 성령이 강림한 바로 그 밤에 유난히 증거를 좋아하며 나를 비판하는 자들 앞에 나타났다면 이 자들은 그때도 법정 서기들처럼 성령이 강림했다는 공증서를 보여 달라고 고집했을 것이다.

　이들이 이렇게 고집을 피우는 데에는 다 그럴만한 이유가 있다. 다름 아니라 이들은 인간이 창조해 내는 작품의 시적, 심리적 근원에 대해 거의 아무것도 모르기 때문이다. 이들은 오직 '증명이 된 것'만을 믿는 사람이다. 그런데 시라는 것은 결코 '증명할 수가' 없는 것이다. 이들은 또한 저자가 자신의 주장을 증명하기 위해 인용한 근거만을 믿으려고 한다. 그런데 진정한 근거란 일반적으로만 봐도 무의식적이며 혹은 깊이 억압되어 있거나 혹은 의도적으로 은폐되어 있기 마련 아닌가.
- 비판자들은 단지 사랑과 시적 창조가 작동되는 은밀한 과정만을 몰랐던 것이 아니라 나아가 시적, 신비주의적, 종교적 문제들의 특수성 자체를 모르고 있는 이들이다. 모든 것이 언제나, 도처에서, 같은 방식으로 존재했다고 믿는 이들이다. "사랑은 약간의 뉘앙스의 차이는 있겠지만, 지구상의 그 어느 곳, 어느 시대에서나 모두 동일하며, 특히 시인들에게는 같은 것이었다." 벨페롱이 한 말이다. 과연 그럴까? – 우리에게 남겨진 30여 편 정도의 고대 그리스 비극만 봐도 이 중 단 한 편도 사랑을 주제로 다루고 있지 않다. 단 한 편도 없다. 이 현상은 그 자체로 아무런 의미가 없을까?
- 나를 비판하는 자들은, 유일한 이유만이 믿을 수 있다고 주장하는 지금은 통용되지 않는 단선적이고 답답할 정도로 합리적인 심리학의 희생자들이다. 이런 이유로 그들은 거의 자동적으로 손쉽게 믿어버리거나 거꾸로 손쉽게 믿지 않는다. 그들의 입에서 '이 음유시인은 카타리파 교도인 '완벽한 자'가 설교를 통해 말했을 것으로 보이는 내용과 반대의 것을 노래했다'거나 혹은 '이런 저런 그노시스파 교도가 사랑과 그 결과에 심한 혐오감을 드러냈다'고 말하거나, 나아가 '순결에 대한 이 찬가는 육욕을 억제하는 경향을 띠고 있으니 가톨릭의 교리에 부합하는 것'이며, 혹은 반대로 '욕망을 자극하는 내용이니 가톨릭과는 정반대의 것'이라고 주장을 한다면, 그들은 자신들이 다루는 문제의 성격과 그 문제 속에 내재되어 있는 본질적인 논리를 전혀 이해하지 못하는 자들이기 때문이다. 이들은 서로 대립되는 일정한 두 현상과 현실 사이에는 겉으로 드러난 대립적 분위기와는 달리, 두 대립항이 서로 구분할 수 없는 일체를 이루고 있다는 사실, 즉 가장 중요한 진실을 전혀 모르고 있다. 내 책에서 다루어진 것이 바로 이 두 대립항의 구분할 수

없는 일체 그것이었다. 비판자들은 모든 인간이 스스로 '나는 가톨릭 신자다, 카타리파 교도다 혹은 좌파다'라고 생각한다면 그는 정말로 그런 것이라고 생각하는 사람들이며 그의 모든 행동과 말도 그렇다고 여긴다. 그뿐만 아니라 이들은 누군가가 내세운 것과 직함을 그대로 믿기도 하며 오히려 경험과 실험한 것을 배격한다. 나아가 이들은 사랑과 증오가 사실은 정반대의 것들이 아니라 서로를 자극하는 요소라는 사실마저도 모르는 자들이다. 사랑과 증오만이 아니라 순결과 에로티시즘, 욕망과 번민, 매력과 혐오, 꾸며진 무관심과 억눌린 애정 등도 같은 논리를 따른다. 이들은 진정한 대립은 궁정 문화와 시를 구성하는 요소들을 찬양하는 자들과 배격하는 자들 사이에 있지 않고, 반대로 그런 창작을 하면서 괴로워하는 자들과 이들의 작품을 두고 갑론을박하며 볼품없는 소논문이나 써대는 자들 사이에 있다는 것을 모르는 자들이다. 그래서 이들은 어떤 영역에 대해서도 명쾌한 설명을 '확립시킬 수 있다'고 믿고 있다. 이는 한 정당에서 다수라는 이유만으로 강령을 밀어붙이며 채택하는 것과 다르지 않은 짓거리이다.

가장 높은 의미를 구상하는 자만이 진실에 다가갈 수 있다. '데카르트!'를 외치며 자신들의 우상으로 삼는 자들은 무의식이 만들어내는 현실들을 보지 않으려고 눈을 감아 버리며, 모든 비판에도 아랑곳하지 않은 채, 삶에의 의지와 죽음에의 욕망이 현기증 나는 번민 속에서 동시에 찾아오지만 그럼에도 서로 양립할 수 없다는 확고한 신념을 갖고 있는 자들이다. 보라. 십자군과 이슬람과의 영적 교류는 함께 일어났으며 카타리파와 음유시인들의 경우도 마찬가지였고 헛소리를 하는 신비주의자들과 순결을 찬미하는 듣기 좋은 미담도 마찬가지였다!

나를 비판하는 자들은 그들이 연구 대상으로 삼은 것을 아무것도 모르는 자들이다. 시라고 하는 이 대상을 연구할 때에 만나는 함정들, 군데 군데 뚫려있는 역사의 거대한 구멍들 그리고 하나의 대상을 찾아 떠난 이 탐구열을 그들은 모른다. 12세기와 사랑은 말할 것도 없고 12세기의 사랑은 더욱 아무것도 모른다.

* *
* *

— 이제 그만 좀 하시오! 내가 비판자들에게 퍼부은 반박의 글을 읽은 독자는 어쩌면 짜증을 내면서 이렇게 말할지도 모르겠다. "여하튼 당신의 책에는 음유시인들도 나오고 음유시인들과 관련이 있든 없든 카타리파 교도들도 나오지 않았느냐. 그러면 됐지 왜 이 모든 이야기를 길게 다시 하는 것이냐? 오히려 결혼이나 부부간의 윤리 혹은 에로티시즘 이야기를 좀 들려달라!"

하긴 이 긴 이야기를 다시 할 필요가 없을지도 모른다. 하지만 내가 이렇게 긴 이야기를 꺼낸 데는 많은 이유가 있다. 우선 가장 듣기 거북한 이유부터 이야기하겠다.

나를 비난하는 자들은 문학하는 사람들 사이에서는 '학문적' 잡지라고 알려진 매체에 떼를 지어 몰려다니면서 짖어댔고 이들을 마주한 나는 종종 무척이나 고통스러웠으며 스스로 자문해보지 않을 수 없었다. 즉 '내가 틀렸고 그들이 옳았던 것은 아닐까? 많은 세세한 부분에서는 그들의 지적이 옳았을 수도 있다. 심지어 두세 군데에서는 그들이 분명 옳았다. 하지만 내 책의 핵심 논거와 전체적인 주제에서도 그랬을까?' 나는 내가 의지한 모든 논리를 다시 검토하며 그들이 제시한 논리들도 다시 살펴보았고 그뿐만 아니라 옛 텍스트들도 다시 보았다. 그리고 나는 내가 틀리지 않았다고 확신할 수 있었다. 비판자들이 잘못 보고 있었다. 이렇게 말할 수 있는 것은 다름 아니라 우선 비판자들 사이에서도 매

주제마다 서로 모순되는 말을 하고 있기 때문이다. 비판자들이 이렇게 서로 다른 이야기를 하는 모순을 범한 주제는 한두 가지가 아니다. 이들은 거의 한 번도 같은 근거에 따른 일치된 비판을 한 적이 없다. 이러한 비판자들의 공통점을 굳이 꼽는다면 역설적이게도 바로 나의 논거를 모두 제 각각 비판하고 있다는 것이다. 물론 나는 고백하건대 이 게임에 말려들면서 상당히 기분이 상했다. 이 게임은 사람을 흥분시키는 게임이었으며 동시에 잃을 것도 얻을 것도 없는 그런 것이었다. 누구도 장담할 수가 없었다! 작은 것이라 해도 새로운 정보들이 던져지면 게임에 참가한 이들이 달려들었다. 물론 내가 주적이었다! 보통 일이 아니었다! 이 무슨 고역이란 말인가!

조금 더 심각한 이유를 들자면 이렇다. 분명히 말하지만 단지 음유시인만 있는 것이 아니라 무엇보다 먼저 음유시인이 있었다. 시가 먼저 있었고 그리고 시로 표현해 낼 수 있고 시를 씀으로써 깨어나게 할 수 있는 감정이 있었다. 바로 이렇게 해서 우리가 미처 모르는 사이에 드라마가 일어난 것이다. 하지만 감정이 말을 하는 그 순간부터 우리는 알게 되었다. 우리가 기다리고 있었던 것이 바로 그 감정이라는 것을.

윤리가 찾아온 것은 그 다음의 일이다(이 점은 잠시 후 다시 이야기하겠다).

무엇보다 우선 시가 있었다. 왜냐하면 표현이 먼저 존재했기 때문이다. 특히 노래라는 표현형식이 – 태초에 노래가 있었다. 태초에 음악으로 된 말씀이 존재했다 – 이는 사랑의 속성에서 비롯된 자연스러운 일이다. 내가 묘사한 바 있는 사랑·정념의 속성을 생각하면 극히 자연스러운 일이었다. 노래는 사랑에 접근하는 가장 첫 번째 방식이기 때문이다. 이 문제를 깊이 다루면서 나는 그러나 어떤 강박적 논리에 치우치지 않았고 또 나에게 비판을 퍼부은 학자들이 단단히 무장을 한 채 포진하고 있는 분야에 함부로 뛰어들지도 않았다. 오히려 나는 내 책의 유일한 주제인 사랑에 대해 나의 생각을 심화시켜보려고 했다. 사랑은 또한 박학다식한 이들과 내가 논쟁을 주고받는 유일한 주제이기도 했다. 얼른 보면 이 논쟁은 주제를 다루고 싸움에 임하는 기술에 관련된 것처럼 보일 수도 있지만 나와 비판자들을 구분시켜주는 것은 다름 아니라 우리 모두에게 있는 사랑의 관념이다. 아니 그 이상이다. 우리 모두는 정념과 시에 대하여 서로 다른 경험을 갖고 있으며 이것이 바로 그들과 나를 구분시켜주고 있다. 자신이 직접 겪지 못했고 그래서 연구하지 못한 것을 인정하고 다시 알아보기 위해서는 어떻게 해야 할 것인가? 그것도 지금의 우리와는 다르게 사랑을 말하고 다른 방식으로 침묵을 지켰던 수 세기 전에 있었던 먼 과거 사람들의 이야기를 우리는 과연 어떻게 알아볼 수 있을 것인가? 인간의 마음속에서 메아리치는 공명하는 소리에 귀를 기울이는 것밖에는 달리 방법이 없다. 그러자면 인간의 마음이 리듬을 타면서 가장 은밀한 박동과 이 박동의 흔적을 남긴 작품에 뜨거운 마음으로 화답하는 수밖에 없다.

윤리에 대한 오해

내 저서의 윤리적 주장은 오히려 많은 반대를 불러일으키지 않았다. 물론 나의 윤리적 주장이 동기를 제공한 수많은 판단은 그 역시 상호 모순되는 것들이어서 함께 놓고 보면 흥미진진하긴 마찬가지이다.

가톨릭 측에서는 내가 정념에 대하여 주의를 환기시키면서 자연히 이단을 비판했기 때문인지 나를 지지해 주었다. 하지만 그노시스파 사람들은 내가 진정으로 하고 싶었던 말이 무엇이었는지 잘 느꼈을 것이다. 여성 잡지들은 부부간의 충절을 옹호한 것을 들어 역시 나를 지지했다. 그러면서도 결혼에서 정념을 배제시킨 것을 못내 아쉬워하는 눈치였다

(물론 나는 이렇게 주장하지는 않았다). 미국의 히피족들은 정념에 대한 나의 묘사에 박수를 보냈지만, 아마 사랑의 미약 때문이었겠지만([역주] 마약을 지칭함) 내가 서구 문명의 본질을 별 수치심 없이 인정한 데에는 아쉬워하는 반응을 보였다. 잘못된 결혼을 한 이들은 한 독일철학자가 썼듯이, 내 책에서 일종의 부부관계 지침서를 찾았다는 반응을 보였으며, 원만한 결혼생활을 하는 부부들은 숨기고 있던 두 사람 사이의 심연이 사라졌다고도 했다. 이미 이혼한 이들은 그들의 선택에 씁쓸하면서도 때 늦은 명분을 찾기도 했다. 마지막으로 장 폴 사르트르는 제2차 대전 후 내 책을 활용하여 전쟁 전에 그가 공격했던 주장을 다시 조명했는데 그러면서 내가 마치 그가 공격한 주장을 옹호하고 있다는 식으로 오해한 나머지 나를 비난했다.

  1939년 6월, 내 책에 대한 서평을 시작하면서[55] 사르트르는 내 책이 흥미로운 것은 '무엇보다 정신분석학, 마르크스주의, 사회학 등 삼중의 영향을 받아 최근의 역사 연구 분야가 유연한 방향으로 선회하는 경향을 잘 보여준다는 데 있다'고 썼다. 그런 다음 사르트르는 나의 주장과는 반대로 '심리적 현상인 한 실제 정념이라는 것이 독자적인 변증법을 갖고 있는지 아닌지'를 묻고 있으며 나아가 만일 '인간이 살아가는 상황의 근원적인 몇몇 구조가 이미 결정되어 있는 역사적인 조건들을 통해서도 과연 구현될 수 있는지 어떤지'도 묻고 있다(나 또한 그와 다른 이야기를 한 것이 아니다). 간단히 말해, 사르트르는 내가 '인간의 실존적 구조'가 바로 초월적이라는 사실을 보지 못했다고 나를 비난했다. 욕망은 '당연히 자체 모순과 불행과 변증법을 간직하고 있다.' 따라서 '정념을 설명하기 위해 굳이 궁정 이야기 같은 것이 필요 없다'는 것이다.[56] 요컨

---

[55] 이 서평은 『상황 1』에 다시 실렸다.

대, 사랑의 변증법이 인간의 본성에 관련된 것이라는 사실을 인정하지 않기 때문에, 사르트르가 보기에 내 책은 '괜찮은 흥밋거리 정도'는 된다는 것이다.

7년이 지나 전쟁이 끝난 후, 『존재와 무』를 출간했고 모든 것이 바뀌었다. '《현대》지 소개'의 글(『상황 II』)에서 사르트르는 프루스트의 분

---

[56] 이 당시의 사르트르는 독단적인 글을 쓰곤 했는데 그러면서도 망설임을 보여주기도 했다. '본질적인' 구조와 '실존적인' 구조 사이에서 그는 망설이고 있다. 마찬가지로 사르트르는 내적인 변증법과 외부에서 인간 행동을 움직이는 요소들 사이에서도 망설이고 있다. 만일 '욕망 자체의 변증법'만으로 정념이 태어나기에 충분하다면, 정념은 보편적인 게 될 것이다. 하지만 사실은 과거에도 그렇지 않았고 지금도 그렇지 않다. 또 외부의 사회문화적 요소인 궁정 문화가 잠재적인 내적 구조에 대해서만 영향력을 행사한 것은 분명한 사실이지만 이 잠재적인 내적 구조는 여전히 외부의 개입이 없어도 – 다른 분야에서처럼 – 잠재적인 상태에 머물러 있다(유사한 망설임이 프로이트의 후기 저작으로 같은 문제들을 다루고 있는 『문명 속의 불편함』(*Malaise dans la civilisation*)에서도 보인다는 것은 흥미로운 일이어서 주목할 만하다). 하지만 사르트르가 정말로 왔다갔다하는 부분은 그가 초월적이라고 부르는 것의 예로 '성욕 그 자체'를 들 때다. 그러면 개의 성욕은 그가 말하는 '실존적 구조'의 일부분이 아니란 말인가? 개의 성욕은 개의 초월성일 수 없다는 것인가? 정념의 세계에서 인간과 개 사이에는 아무런 차이점이 없을지도 모른다. 자, 이야기가 이렇다면, 사르트르가 말을 남용했음이 분명하다. 내 책을 이야기하는 자리에서는 의도적으로 그렇게 했다. 그가 신학자들을 골탕 먹이기 위하여 – 어쨌든 그의 생각에는 – 고집스럽게 초월성이라고 부르는 것은 터무니없는 것에 지나지 않는다. 다시 말해 그것은(다정하게 매력에 이끌릴 수가 없어서) 용기를 내어 스스로를 벗어나보려고 하는 인간이 취하는 행동이다. 어떤 위험도 극한까지 밀고 나가기 위한 행동이다. 같은 글에서 사르트르가 쓴 다음과 같은 문장을 읽어 보면 분명해진다. '욕망한다는 것, 그것은 세상으로 자신을 던지는 것이며 여인의 육체 곁의 위험 속으로, 이 여인의 육체 속에 있는 위험 속으로 자신을 내던지는 것이다.' 노이로제에 걸린 환자의 말을 크게 나무랄 수는 없지만 이런 증상에서 나와 일반론으로 확대된 논리에 의혹을 둘 필요가 있다(이런 비난은 키르케고르에게 할 수 있을 텐데 하지만 이 철학자는 유머러스하게 자신을 해명함으로써 읽는 사람들을 설득시켰다). 불행하게도 지극히 개인적인 이런 유의 관찰이 사르트르가 『존재와 무』(*l'Etre et le Néant*, 1943)에서 사랑을 다루면서 펼치게 될 논리에도 다시 나타난다. 사랑을 다룬 부분만 해도 거의 내 책과 맞먹는 분량인데 그럼에도 개인적인 문제의식에서 결코 벗어나지 못하고 있다.

석 정신과 '시인의 무책임성이라는 전설'에 대하여 그를 정반대의 지점에 자리매김하는 '중요한 점들'을 열거한다. 그의 글을 잠시 읽어보자.

우선 우리는 사랑·정념이라는 것이 인간 정신을 구성하는 정서라는 생각을 선험적으로 받아들이지 않는다. 드니 드 루즈몽이 암시했듯이[57], 사랑·정념은 기독교 이데올로기와의 관계 속에서 형성된 역사적 기원을 갖고 있을 것이다. 보다 일반적으로 보면, 감정은 언제나 한 사회 계층 전체에 공통된 혹은 한 시대가 갖고 있는 공통된 생활 방식과 세계관의 표현이며 감정의 변화는 내적 메커니즘의 결과가 아니라 이러한 역사적 사회적 요소들의 결과일 것이다.

결국 내 책은 《현대》지가 불변하는 '인간 본성'과 '본질적 구조'를 지지하는 자들에 맞서기 위해 첫 번째 근거로 활용한 책이 되었다. 하지만 사르트르는 『상황 I』에서 내가 이 '본질적 구조'를 등한시했다고 비판하기도 했다.

*
* *

위에서 보았듯이 『사랑과 서구 문명』은 서구와 동양의 독자들이 읽었

---

[57] '암시했다'고? 정확한 말이다. 내 책 전체가 암시했으니 말이다! 빽빽하게 쓴 400쪽이 넘는 두꺼운 한 권의 책이 사르트르에 의해 하나의 암시에 지나지 않는 것으로 분류되고 만다. 이런 식이라면 한 주제를 다루려면 적어도 5천 쪽 정도의 분량이 필요할 것이다. 하긴 사르트르는 플로베르를 증오해 그런 상당한 분량의 책을 쓰긴 했다. 이미 '《현대》지 소개'의 글에서 이 엄청난 분량을 메워 나갈 각오를 다지고 있었다[역주] 드니 드 루즈몽이 말하는 플로베르에 관한 사르트르의 '상당한 분량의 책'은 『가정의 백치, 1821년에서 1857년 사이의 플로베르』(*L'idiot de la famille, Gustave Flaubert de 1821 à 1857*)를 말한다. 세 권으로 이루어진 이 책은 실존적 정신분석 등 인간을 이해하는 방법론적 탐구의 일환이었다. 오랫동안 자료를 수집하고 집필을 했지만 완전히 끝내지는 못했다).

지만 늘 그렇듯이 내 책을 읽으면서 수많은 오해가 있어왔다. 물론 나는 이런 오해들을 부정적으로만 생각하지 않으며 그런 면에서 전체적으로는 기분 좋은 일이기도 하다. 내 책은 미움을 받는 만큼 사랑도 받으며 계속 읽혔다. 그 사이 30여 년 동안 사적이든 공개적이든 모든 종류의 비판을 견디어왔고 심리적인 비판과 정치적인 비판도 있었다. 하지만 내 책에 대한 가장 큰 오해는 사랑학 개론 같은 책들처럼, 나의 책이 정념과 결혼이 서로를 배척한다는 주장이다. 내 책을 이런 식으로 읽었다면 그것은 정말로 잘못 읽은 것이다. 비난할 수도 있고 축하할 수도 있지만 내가 말하고 싶은 것은 그것이 아니었다.

나는 결혼과 정념이 서로 대립하고 있다는 사실을 강조하고 싶었으며, 여전히 유효하고 피할 수 없는 반대의 개념으로 양자가 대립하고 있다는 인식과 이 사실을 받아들여야 한다는 점을 강조하고 싶었다. 즉 우리는 끊임없이 움직이려 하며 그러면서도 안정을 원하고, 지고의 쾌락을 추구하면서도 그 쾌락이 지속되기를 원하며, 정념과 결혼 모두를 충족시키려고 한다. 에로스를 꿈꾸고 길을 따라 나서고 싶어 하면서도 아가페의 삶을 살고 싶어 하며 그 사랑을 구현해 보고 싶어 한다. 이 두 대립항의 본질을 잘 살펴보면 우리는 이 두 대립항 중 어느 하나를 대립 관계에서 제거함으로써 해결하려는 헛된 수고를 하지 않을 수 있으며, 따라서 이 대립의 비극을 받아들이는 결정을 내려야만 할지도 모른다. 양자 사이의 대립이 만들어내는 그 긴장 속에서, 끊임없이 변하고 언제나 우리를 놀라게 하는 긴장 속에서 살아가기로 결정해야 한다.

내가 직접 인용을 했든 안 했든 내 책 전체를 지배하는 헤라클레이토스의 다음 문장에 나는 많이 의지했다.[58] "서로 반대되는 것은 협력하며

---

[58] [역주] 헤라클레이토스(Hérákleitos)는 기원전 6세기에 활동한 고대 그리스의 기인 철학자이다.

그리하여 서로 반대되는 것의 싸움에서 가장 이름다운 조화가 나온다."

30년이 넘게 지났지만 이 말에 대한 나의 신념은 변하지 않았다. 어쩌면 나 자신도 성숙했는지 모른다. 다시 말해 서로 반대되는 두 대립항이 어떻게 서로 맞물려 있고 반대하면서 서로의 위치를 잡아주는지, 그리고 어떻게 어느 하나가 사라지면 나머지는 살 수 없는지, 나아가 어떻게 하여 궁극에는 연방식의 결속을 이루는지 보다 잘 이해하게 되었는지도 모른다. 결혼은 이 대립항의 공존과 결속의 첫 번째 모델에 해당할 것이다.

정념과 근친애

뒤르켐은 그의 저서 『근친상간 금기』(1905)에서 프로이트(『토템과 터부』)보다 훨씬 앞서 문화는 먼저 아버지의 여인에게 가해진 금기에서 태어나며 이어 이 금기는 동일 부족의 여인들 전체에 적용된다고 가정했다.[59]

나는 『트리스탕』에 나타난 근친애 주제와 오이디푸스적 양상들을 이들 못지않게 강조했지 싶다(예를 들어 제2권 12장에서 보듯이 더 발전시키지는 않았지만 분명하게 지적한 바 있다).

물론 트리스탕은 자신의 어머니를 욕망할 수가 없었다. 자신을 낳다가 죽었기 때문이다. 하지만 그의 이름과[60] 그의 죄의식처럼 트리스탕의 슬픔도 어머니의 죽음에서 나왔다. 트리스탕이 그의 '아버지'의 여인이

---

[59] [역주] 뒤르켐(Émile Durkheim, 1858~1917)은 프랑스 사회학자로 현대 사회학의 문제의식과 방법론을 세운 선구자 중 한 사람으로 꼽힌다.

[60] [역주] 트리스탕(Tristan)이라는 이름에는 '슬프다'는 뜻의 triste라는 말이 들어가 있다.

었던 이죄와 함께 '우연히' 잠자리에 들게 되었을 때, 다시 말해 그의 외삼촌이자 켈트족에게는 아버지의 역할을 하던 마르크 왕의 여인인 이죄와 함께 잠자리에 들었을 때, 그는 근친애를 범한 것과 다름없다. 물론 트리스탕은 그가 살던 시대의 하시시였던 사랑의 미약을 마시고 도취와 환각 상태 속에서 비몽사몽 간에 이죄와 잠자리를 함께 했다.

트리스탕은 자신의 무공을 통해 이죄를 '정복'했다. 따라서 그는 (옛날의 관습에 따르면) 이죄를 완전히 독차지할 권리가 있었으며 또 실제로도 그렇게 했다. 트리스탕은 가장 강한 자였기에 그의 이런 행동에는 전혀 잘못이 없었다. 이렇게 해서 얼른 보면 그는(가장 연약한, 어쩌면 너무 연약한 아이가 등장하는) 오이디푸스의 상황을 벗어나 있었던 것처럼 보인다. 하지만 아버지가 필요했던 트리스탕은 가장 연약한 아이가 되어야 하는 민법을 준수하기로 하고 이죄를 관습이 인정하는 진정한 '아버지'인 마르크 왕의 부인으로 만들기로 한다. 이렇게 되자 그는 자신의 사랑을 죄지은 사랑으로 만든 셈이 된다. 물론 이 사랑은 귀부인이 결혼한 상태라 해도 사랑을 할 수 있도록 허락하는 궁정 문화에서 보면 정당한 사랑이다.

'산문으로 된 소설' 트리스탕을 보면 오이디푸스 콤플렉스는 마치 거울 속에 비친 것처럼 좌우가 바뀌어 나타난다.

이 소설에서 트리스탕은 14살에서 15살 정도의 청소년으로 등장하여 그의 외삼촌인 마르크 왕의 궁에서 '마치 낯선 외간남자처럼 머문다. 너무나도 조용히 지냈기에 얼마 되지 않아 사람들은 그를 처녀로 착각하고' 마르크 왕은 자신의 조카라는 사실을 전혀 눈치채지 못한 채 그를 사랑하게 된다. 이후 트리스탕은 모롤트를 물리치며 자신이 왕족임을 밝힌다. 하지만 부상을 당한 그는 아일랜드로 가서 이죄의 간호를 받게 되며 틴타겔 성으로 다시 돌아왔을 때 '왕은 그를 그의 성과 모든 것을 관장하는 자로 삼는다.' 그런데 여기서 소설은 단 한 마디 말도 덧붙이지 않은 채 갑자기 '마르크 왕은 옛날보다 더 그를 두려워했기에 곧 트리스탕을 미워하게 되었다'고 덧붙인다. 왕은 다시 모롤트의 나라로 가는 것이 생명을 무릅써야 하는 일임을 잘 알면서도, 자신의 부인으로 삼고 싶어했던 여인인 이죄를 찾아오라고 하며 트리스탕을 보낸다. 트리스탕도 알고 있었다. '이 소식을 들은 트리스탕은 삼촌이 자신을 아일랜드로 보내는 것은 이죄를 데려오라는 것이 아니라 가서 죽으라는 것이라고 생각한다.' 그럼에도 트리스탕은 '하나님 앞에서 그의 능력껏 최선을 다하겠다고 다짐한다.'(죽은 아버지의 대리자 역을 하는 마르크에 대한 트리스탕의 오이디푸스 콤플렉스에서 나온 죄의식은 자신이 태어나면서 죽은 어머니에 대한 죄의식으로 더욱 깊어진다). 트리스탕의 무공에 정복당한 아일랜드 왕은 마침내 그에게 말한다. "트리스탕, 그대는 참으로 큰일을 해냈구려…… 나 이제 그대에게 이죄를 넘겨주겠소 그대와 그대의 삼촌을 위해서." 트리스탕은 거인, 용 그리고 반역자들에 맞서 싸웠고 독이 묻은 칼에 맞아 부상을 당하는데, 그가 맞서 싸워야 했던 이 적들은 부상을 당하더라도 극복해야만 했던 '아버지'의 금기를 상징하는 것들이 아니었을까?

아버지의 복수는 상징적 형태를 통해 아들의 거세로 나타나는데 그중 하나가 아들을 어머니에게서 떼어놓는 것이다(실제로는 어머니의 젖에서 떼어내는 것인데, 즉 이유^{離乳}를 말한다). 이런 점을 생각하면 우리는 트리스탕이 오직 자신이 사랑하는 대상이 '멀리 떨어져 있을 때만'(조프레 뤼델의 '멀리 떨어져 있는 사랑' l'amors de lonh) 사랑을 할 수 있다는 사실을 이해할 수 있다(사실 이것은 사랑이 아니라 독일어로 하면 dürfen이며 일종의 허락이라고 볼 수 있다).

오이디푸스 콤플렉스의 중요한 변증법적 순간들은 따라서 소설에서는 트리스탕, 마르크, 이죄라는 삼각관계를 통해 다시 나타난다고 볼 수 있다.

소설의 모든 에피소드는 이 세 인물의 관계가 만들어 내는 갈등과 모순들을 보여주며 이것이 소설 자체이기도 하다. 그리움을 수반하는 이별과 황홀한 재회, 사회적으로 금지된 것을 저지르지 않기 위해 그리고 동시에 '멀리 있는 사랑'이라는 궁정 문화(늘 곁에 있으면서 일상생활을 함께하는 것보다 훨씬 낫다고 보는 문화)를 반영하기 위하여 다시 겪어야 하는 이별이 모든 에피소드를 지배하고 있다.

만일 트리스탕이 자신을 위해 이죄를 곁에 두고자 했다면 이는 궁정의 터부를 어기는 것이었을 것이다. 트리스탕이 만일 마르크와 결혼한 이죄와 잠자리를 함께했다면 이는 말할 것도 없이 근친애의 금기를 어기는 것을 의미했을 것이다. 사회 질서를 포함해 모든 것이 광적인 취기 속에서 붕괴되고 말았을 것이다. 트리스탕은 봉건적 질서를 존중했고 자신의 주변에 있는 모든 것이 무너져 내리는 것을 결코 원치 않았다.

하지만 트리스탕은 실제로 두 터부를 모두 어겼다. 이것은 그에게는 '뼈아픈 고통'이었는데, 트리스탕은 이죄를 다시 만나기도 하고 또 헤어지기도 했으며, 숲 속에서 그녀와 함께 살기도 했고 그러면서도 그녀를 왕에게 돌려주기도 했다.

근친애의 파괴적인 결과들과 궁정 문화의 매력적인 결과들은 정념의 엔트로피가 모두 소진되는 순간이자 모든 차이가 사라지는 무無 그 자체로의 매혹적인 추락이기도 한 죽음의 순간에 찾아오는 마지막 황홀경 속에서 서로 만난다.

트리스탕은 사랑으로 오직 가장 눈부신 순간들만을, 즉 금지된 정념의 순간만을 간직하길 원했으며 또 사랑 그 자체를 가장 깊이 느끼게 하는 그리움에서 촉발된 욕망의 시간만을 원했다. 이때부터 지고의 눈부심은 죽음의 그것 이외에 다른 것이 될 수가 없다. 사랑하는 순간 죽음을 택했던 전설 속의 부족인 바누 오드라 Banou Odrah의 죽음이 바로 이 죽음일 것이다.

프로이트가 정확하게 보았다. 어떤 문명도 근친애의 터부가 사라지는 상황에서는 살아남을 수가 없다. 궁정 문화가 사라져도 그리고 정념이 사라져도 문명은 존속될 수 있다.

그러나 근친애에 대한 금기가 문화가 자연과 구별되는 최소한의 법칙이라는 지적을 해야만 하겠지만[61], 그리고 『트리스탕』이 아버지, 어머니, 아들로 이루어진 근원적인 삼각관계와 모든 창조가 시작되는 최초의 상황에 관한 '시'라 해도, 『트리스탕』은 이런 자연과 구분되는 최소한의 법칙과는 다르며 '근친애의 서사시' 그 이상이다. 다시 말해, 『트리스탕』은 서구 문화에 대한 시이다.

정념의 다양한 신체 반응과 알러지

갑작스럽게 찾아오는 공황장애 같은 것에 시달리는 사람들은, 보통 사람 같으면 모두가 아는 답을 통해 상쇄시키거나 중화시킬 수 있기에 대수롭지 않게 넘길 수 있는 자극에도 과장된 반응을 보인다. 하지만 정념의 경우 이런 답이 통하지 않기도 하는데, 사랑하는 사람들은 마치 큰일이라도 일어난 듯이 소란을 피우면서 온 몸에 열이 오르고 얼굴은 붉게 변한 채 부정맥을 보이거나 혹은 거꾸로 근육 경직 증상을 보이기도 한다. 연인들의 두 눈은 일종의 최면상태에서 한곳에 고정한 채 아무 것도 보지 못한다. 그런데도 연인들은 하나같이 감각과 정신 상태가 정상을 벗어나 혼미해지는 이런 열기에 사로잡히기를 원한다. 정념이란 바로 이렇게 무서우면서도 동시에 달콤한 이상현상이다. 정념을 불러일

---

[61] Cl. Lévi-Strauss, 『친족관계의 핵심 구조들』(les Structures élémentaires de la parenté), 1949.

으킨 사람들은 그들을 보고 정념을 느낀 사람들이 왜 그랬는지 전혀 알 수 없다고 하지만 정념의 희생자가 된 사람들도 실제로는 그 이유를 모르긴 마찬가지이다. 나 역시 이들의 말을 믿는다(다른 이들에게 정념을 불러일으켰거나 정념에 빠졌던 이들은 시간이 조금 지난 후 자신들의 행동에 이유를 대며 시적으로 미화하기도 하고 나아가 윤리적 정당성도 부여한다. 이 점 역시 그들의 말을 믿고 싶다).

이런 현상과 유사한 현상을 생리적 측면에서 찾아본다면 알러지 현상 이외에는 달리 비교 대상이 없다. 알러지란 보통은 무해한 외부의 요소에 과민반응을 보이는 것인데, 일부 사람은 아직은 불확실하지만 외부 인자에 노출되자마자, 즉 최초의 접촉이 일어나자마자 과민해져서 이를 상쇄하기 위해 격렬한 반응을 보이는 현상 일체를 말한다. 예를 들면 모기에 물렸을 뿐인데 알러지가 있는 자면 이 경우는 항히스타민 계열의 호르몬을 과잉 분비하여 반응하는 것이다.

최초의 접촉을 트리스탕 전설 속에서 찾아보자면 아일랜드 숲 속에서의 만남인데 바로 목욕하는 장면이다. 그러나 이후 궁정시와 브르타뉴 소설이 이 전설을 다루면서 남녀를 예민하게 만들어 놓았고 '정상적이라면 참고 견딜만한 물질이지만 신체기관이 보내는 이상 반응'인 알러지의 특징을 부여해 버렸다.

나아가 정념과 알러지라는 두 현상은 확인되지 않은 국경 침입 같은 사소한 사건을 침소봉대하여 동원령을 내리는 현상을 통해서도 일어난다. 그뿐만 아니라 문제를 해결하는 것이었음에도 불구하고 암살 사건 하나 때문에 마침내 전쟁이 일어나 수백만이 죽는 현상도 일어나기도 한다.[62]

---

[62] [역주] 저자는 프랑스와 프러시아 전쟁과 제1차 세계대전을 생각하고 있다. 저자 드니 드 루즈몽은 평화주의자이자 가톨릭 신자로서 정치적 활동을 한 사람이기

욕망을 불러일으키는 자극이 주어지면 사람들은 모든 것이 달린 문제라는 듯이 격렬한 반응을 보이며, 이 반응은 훌쩍 도를 넘어서고 만다. 그리고 충족되었든 아니든 이 욕망은 트리스탕과 이죄의 사례에서 보듯이(그리고 마약의 경우처럼 조금 더 복잡한 경우에는 더욱 더) 아무것도 변화시키지 못한다. 정념은 일단 밖으로 선언하고 나면 욕망을 충족시키는 정도에 머물지 않고 그 이상을 요구하게 마련이다. 다시 말해 정념은 모든 것을 요구하며 특히 불가능한 것을 요구한다. 즉 유한한 존재 속에서 무한을 요구한다.

욕망에 대한 '정상적인' 응답이 사랑을 하는 것이거나 혹은 반대로 서로 멀리 하는 것이라면, 정념에 사로잡힌 응답은(알러지의 경우처럼) 자기 자신을 적지 않은 경우 죽을지도 모르는 열병의 희생양으로 내준다. 때론 고통으로 신음하게 하면서도 황홀경에 빠지게도 하는 망상의 희생자가 된다. 정념에 사로잡히면 범죄를 저지를 수도 있고 자살에 이를 수도 있으며, 정념은 이 병에 사로잡힌 사람의 눈에, 여전히 똑같은 세상을 더욱 아름답게 보이도록 하기도 하고 때론 더없이 황폐한 세상으로 보이게 할 수도 있다. 정념에 사로잡혀 헛소리를 하는 이들은 치료되는 것을 두려워하며 누가 자신을 돌보아 주는 것도 거부한다.[63]

어쩌면 열병에 걸린 사람을 현실과 마주치게 함으로써 치료가 이루어질 수도 있을 것이다. 알러지에 걸린 환자에게 처방하는 항히스타민제에 해당하는 방법은 정념에 빠진 사람을 있는 그대로의 자신인 전혀 다른 존재를 보게 하는 것일지도 모른다. 그런데 정념에 빠진 자는 바로 이것을 거부한다. 온 힘을 다해 그는 거부한다. 오히려 그는 함께 했던

도 하다.
[63] [역주] 상사병을 생각하면 저자의 이 말을 쉽게 이해할 수 있을 것이다.

날들의 그 소박한 빛 속에서 너무나도 분명하게 자신의 정념의 대상을 볼 수 있기에 차라리 그 여인에게서 멀리 떠나있기를 원할 것이다.

'현실로 돌아오는 것은 사랑이 아니다.' 이 궁정 문화가 낳은 격언은 다름 아니라 fins amors 즉, 사랑의 목적은 욕망을 간직한 채 오래 향유하는 것에 있을 뿐 결코 쾌락이 아니라는 것을 의미한다. 하지만 이 격언의 뜻을 우리는 확대하여 트리스탕 소설에 등장하는 대부분의 장애물을 만들어 내는 근원으로 볼 수가 있다. 이 장애물들은 - 법적이든 성적이든 아니면 심리적이든 - 현실을 직시하지 못하게 하고 현실에 가까이 다가가는 것을 막아 선다. 그래서일까, 정념에 사로잡힌 자들이 함께 살게 되면 사랑의 미약은 곧이어 그 효력을 발휘하지 못하고 만다! 사랑의 미약이 힘을 잃어버리면 극단적인 경우, 자신이 사랑하는 사람의 물리적 현실을, 즉 육체 자체를 멀리 떼어놓으려고 한다. 특히 남자들이 여자를 멀리한다. 여자들은 남자와는 다른데 나는 이제까지 '멀리 있는 사랑'을 노래하는 여인을 한 번도 본 적이 없다.[64]

정념으로서의 사랑은 모든 것에도 불구하고 알러지일지라도 사람들이 사랑하는 알러지일까? 긍정적이고 달콤하기까지 한 알러지일까? 정념으로서의 사랑을 알러지로 보는 이런 설명은 이제까지 있었던 정념에 대한 어떤 설명보다 나은 설명일 수 있을까?

---

[64] (준비 중에 있는) 『사랑 III』(*Amour III*)의 한 장인 「꿈꾸어 오던 여인」을 볼 것. [역주] 『사랑과 서구 문명』은 1939년에 처음 출간되었고 저자가 후기의 초두에서 밝혔듯이 이 초판본에 덧붙인 후기는 32년이 지난 후에 썼다. 따라서 후기에서 밝힌 '준비 중에 있다'는 『사랑 III』은 1972년 이후에 나왔어야 하는데 드니 드 루즈몽의 저서 목록을 보면 동일한 제목의 저서를 찾을 수가 없다. 이는 그가 '준비 중'이라고 한 이 책을 완성하지 못한 것을 의미한다. 대신 루즈몽은 1972년 『사랑의 신화들』(*Les Mythes de l'Amour*)를 펴냈다. 하지만 이 책은 1962년에 다른 제목으로 나온 책을 제목을 바꾸어 재출간한 것이다. 드니 드 루즈몽은 결국 『사랑 III』을 완성하지 못하고 1985년에 숨을 거두었다.

정념과 마약

알러지가 일어나는 가장 흔한 원인은 일정한 물질과 접촉하거나 그 물질을 섭취하는 것이다.

정념도 일반적으로는 두 사람이 '마주쳤을 때'만 일어난다. 트리스탕과 이죄의 경우, 토마의 판본에 따르면 역시 같은 상황에서 정념이 일어났다. 하지만 베룰의 판본에 따르면 모든 상황은 사랑의 미약을 마신 후에 일어난다. 그 전에는 여러 번 두 사람이 만났지만(심지어 에로틱한 함의로 가득찬 목욕 장면을 포함하여) 아무런 일도 일어나지 않았다. 그런데 사랑의 미약은 두 당사자의 내부에서 자발적으로 일어난 것이 아니라 외부에 있는 물질을 우연히 섭취함으로써 일어난 것이고 베룰은 그 효과마저도 '3년의 사랑'이라는 제한적인 것으로 묘사하고 있다.

베룰은(의사들의 의견이라도 들었다는 듯이) 이들 연인의 실수는 다름 아닌 약물 중독 때문이라고 보면서[65] 이 약물 중독 '이야기'를 매우 세세하게 들려준다. 베룰이 두 주인공의 입을 빌려 고백하게 하는 장면을 보자.

> 트리스탕: 그녀가 나를 사랑한다면 그것은 독약 때문이다
> 나는 그녀에게 묶여, 그녀는 나에게 묶여
> 떠날 수가 없노라
>
> 이 죄: 그는 나를 사랑하는 것이 아니고 나도 아니다
> 내가 마신 즙 때문에, 그가 마신 즙 때문에
> 어쩔 수 없이 사랑했노라: 그것은 죄를 짓는 일이었네

---

[65] 12세기의 마약은 어떤 것이었을까? 아마도 호밀의 작은 돌기인 맥각(麥角)에서 추출한 물질이 사용되었을 것으로 보이며 그 효과는 환각제인 LSD와 유사했다. 하지만 성욕을 자극하는 최음 효과는 더욱 강했다.

전설적인 정념을 냉정하게 보려는 의도가 있었던 베룰은 이런 묘사를 통해 정념의 진행 논리를 좀 더 잘 추적할 수가 있었다. 베룰의 묘사를 보면 '조금, 많이, 열정적으로, 전혀' 등의 부사를 번갈아 가며 사용하고 있음을 알 수 있는데 이는 정념이 정념의 대상을 부정하고 있음을 일러준다. 서로 사랑하는 상태인 처음의 타오르는 듯한 뜨거운 정념은 단지 눈이 가려진 상태로서 욕망과 연결된 단계에 지나지 않으며 – 그래서 '조금, 많이' 등의 말이 나오며 – 사랑과 욕망이 상호 상승작용을 일으키는 그 후의 일이다. 하지만 대부분 이 상태는 욕망이 충족되고 나면 사라진다. 반대로 사랑의 미약이 개입하는 경우 정념은 미약이 작용하는 한 모든 것을 이기는 어쩔 수 없는 것으로 받아들여지며, 그러다가 노래 속에서 나오듯이, 갑자기 '전혀 사랑하지 않은 상태'로 급변하고 만다. 마약의 환각상태 속에서 만들어진 열정이 사랑하는 대상의 '이미지'를 모두 소진한 것이며('그녀가 나를 사랑한다면 그것은 독약 때문이다') 약효가 사라지자 트리스탕은 있는 그대로의 '현실 속의' 이죄 앞에 선 것이며 그러자 트리스탕은 자신이 그녀를 사랑하지 않는다는 것을 알아차리는 것이다.

켈트족의 전설을 읽다 보면 배를 타고 바다로 나가는 여행이 어떤 역할을 하는지 알 수 있다. 베룰의 작품에서도 네 번이나 이 바다여행이 나오는데, 매번 바다여행은 '산문 소설'에서 이야기하고 있는 것처럼, '독' 이야기와 관련이 있다. 거인 모롤트의 독이 묻은 칼에 부상을 당한 트리스탕은 삿대도 돛대도 없는 작은 목선에 몸을 싣고 자신의 칼과 하프를 들고 바다로 나간다. 이 여행은 이죄가 그를 치료해주는 아일랜드로 가는 길이었다. 마르크 왕의 약혼녀를 찾아 떠나는 두 번째 여행은 첫 번째 여행과 거의 같다. 세 번째 여행은 요즈음의 미국 젊은이들이 '여행'이라고 부르는 것과 매우 흡사한 것으로서, 이죄와 함께 돌아오며 사랑의 미약 장면이 등장한다. 즉 독약을 마시는 여행이다. 마지막 여행은 이죄의 여행인데 다시 상처를 입은 연인을 치료하기 위하여 떠나는 여행이다. 하지만 이번에는 전혀 다른 여행인데 이죄는 이미 숨을 거둔 트리스탕을 만난다.

　이 여행들을 자세히 살펴보면 쉽게 답을 찾을 수 없는 야릇한 의문이 들지 않을 수 없다. 상처를 입었기 때문이든, 상처를 치료하기 위해서이든, 홀로 배를 타고 떠나는 세 번째 여행에서는 이죄가 개입하여 중독된 트리스탕을 치료한다. 그리고 치료가 끝나면 두 사람은 다시 헤어진다. 하지만 두 사람이 함께 같은 독약을 나누어 마셨을 때 두 사람은 같은 '여행'을 하고 있었던 것일까? 아니면 환상이었을 뿐인가? 꿈을 꾸는 자들은 서로의 꿈이 자연스럽게 통하기 때문에 굳이 말할 필요가 없다고 믿게 마련인데 이런 사람의 눈에는 트리스탕과 이죄가 함께 사랑의 미약을 마시는 네 번째 여행이 환상으로 비칠 것이다. 그러나 만일 이들 연인이 같은 환상을 가지고 있었다면 이 환상이야말로 그들 사랑의 진실이 아니었을까? 두 사람은 현실인줄 알고 있었지만 착각을 하고 있었을 뿐인지도 모른다. 트리스탕과 이죄에게 이렇게 말해도 두 사람은 충격을 받지는 않을 것이다. 사랑의 미약의 약효가 지속되고 두 사람의 '사랑'이 유지되는 한, 두 사람은 이중의 환상으로 이루어진 현실을 살아갈 것이다.

　어쨌든 사랑의 미약과 마약의 유사성은 분명히 느껴지는데, 그것은 다름 아니라 정념의 이기적이고 자아도취적이며 오직 두 사람만 존재한다는 식의 감정 상태이다. 이런 것들은 결코 극복하기 쉽지 않다. '여행'을 하는 사람들은 언제나 혼자다. 그들의 정념은 상대방의 현실에 도달하지 못하며 실제로 단지 상대방의 이미지만을 사랑하는 것에 지나지 않는다.

　이런 면에서 결혼은 정념에 기초할 수가 없다.

정념과 결혼

　내 책에 대한 많은 오해 중에서도 내가 책을 통해 정념을 결혼제도를 위협하는 눈에 보이지 않는 적으로 여기면서 비판했다는 - 이는 전적으로 틀린 말임 - 오해가 있다. 나아가 사람들은 내가 결혼과 관련된 윤리관을 비판했다고 지적하기도 했는데 이것은 맞는 말이다. 내 책의 어느 부분에서 사랑이 결혼과 공존할 수 없다는 결론을 끌어냈는지 - 이것은 참으로 우스꽝스러운 결론인데 - 나로서는 이해할 수가 없다. 잡지에 실린 사진들을 보면 으레 큰 글씨로 관심을 끄는 문구들이 함께 실려있었는데, 내가 사랑과 결혼이 양립할 수 없다는 주장을 했다고 하는 오해는 이런 문구를 읽듯이 내 글을 피상적으로 읽은 결과이며 따라서 결코 그렇지 않다고 극구 부인할 필요성조차 느끼지 못한다.

　나는 정념으로서의 사랑이 태어난 12세기 초 이후 이 사랑은 결혼과 적대적 관계를 맺어왔고 에로스와 아가페도 목적에서 현격하게 다른 정반대의 길을 걷게 되었다는 점을 증명해 내려고 했다. 모든 인간은 자신의 의지대로 상대를 선택해야만 하고 또 잘한 것이든 잘못한 것이든 자유롭게 선택한다고 생각하지만 이 모든 선택에 앞서 나는 양자 사이의 대립을 강조하고 싶었으며 양립할 수 없는 현실을 지적하고자 했다.

　나는 물질의 속성을 좀 더 잘 파악하기 위해 과학자가 화학적으로 구성 물질들을 분리해내듯이 정념을 분리해내고 싶었다. 그 결과 정념과 반대쪽에 있는(은밀하지 않은 적극적인 사랑이나 혹은 아가페로서의 사랑 등) 다른 사랑에서 분리되자 정념은 트리스탕과 몇몇 위대한 신비주의자에게서 보듯이 은밀하고 수동적이며 혹은 신비체험적이자 죽음으로 몰고 가는 사랑임을 알 수 있었다. 따라서 남은 문제는 이러한 정념이 다른 종류의 사랑과 섞여서 합성물 상태에 있을 때 - 정념이 이런 종류의 공존을 허락한다면 - 어떤 결과를 가져올지 알아내는 것이다.

순수한 상태의 염소는 치명적이지만 염화나트륨의 상태에서는 우리의 식탁에 올라 없어서는 안 될 소금이 된다. 아가페의 사랑에서도 정념이 이런 역할을 할 수가 있을 것이다.

지나치게 억압적이지도 관용적이지도 않은 나는 그 어떤 사랑도 금지하지 않았으며 모든 사랑을 다 허락하지도 않았다. 즉 이런 사랑은 가능하고 저런 사랑은 안 된다고 말한 적이 없다. 단지 나는 누군가가 이런 사랑을 혹은 저런 사랑을 한다면, 실제로 그가 하는 사랑은 자신의 생각과는 달리 이러저러한 것이며 따라서 몇 가지 행동을 보이지 않을 수 없으며 그런 행동들은 어떤 유형의 신화적 구조들 속에서 이루어지는 것이라는 점을 지적하고자 했다. 법을 정비하자는 주장을 한 것도 아니며 주제넘게 충고를 하자는 것도 아니었다. 단지 사람들에게 주의를 환기시키고 싶었을 뿐이다. 나아가 가능하다면 사람들이 정념에 대하여 좀 더 정확한 시각을 갖기 원했다. 어쨌든 내 책을 읽는 독자가 보다 책임질 자세가 된 상태에서 사태를 분명히 깨닫고 자유로운 선택을 할 수 있게 된다면 나에게 주어지는 윤리주의자라는 명칭을 달게 받겠다. 나아가 사람들이 자신의 선택한 사랑의 목적 혹은 결말을 좀 더 잘 깨달을 수 있었으면 한다.

내가 한 작업은 사실 그 어느 분야보다 많은 사람이 정신적 빈곤상태를 겪고 있는 오늘날의 과학적·기술적 사회에서 거의 무방비상태로 방치되어 있는 정의情意적 분야이다. 오늘날 우리 사회는 심각할 정도로 이런 위기를 겪고 있어서 거의 모든 청년은 현실도피에 의지하거나 혹은 유치한 퇴행이나 거의 옛날 부족사회의 시대로 되돌아간 듯한 행동들을 보이고 있다. 마약을 찾고 히피족이 되어 몰려다니며 혼음을 주저하지 않는다.

이런 관점에 서면 내가 '사랑의 여러 기원을 찾아' 그토록 고집스럽게 작업을 한 이유를 사람들은 보다 쉽게 이해할 수 있을 것이다. 실제로 오늘날의 사회를 유심히 살펴보면 에로틱하면서도 감정적인 옛 전통이 현대인에게 와서는 반사적인 반응을 받기도 하고 때론 다시 돌아가고 싶다는 그리움의 대상이 되었음을 알 수 있다. 사랑의 매혹적이면서도 자유를 속박하는 속성 때문에 그만큼 현대인은 옛날에는 자유를 주는 행동이었던 사랑의 의미를 제대로 알지 못하고 있다. 오늘날의 사람들은 자연히 사랑의 상징도 제대로 읽어내지 못하고 있다.

나는 사랑하고 싶은 이 열정의 기원을 연구해 보고 싶었다. 신비주의가 가톨릭의 교리와 성직 제도와 관련을 맺고 있듯이 사랑하고 싶은 열정도 결혼과 관련되어 있으며 따라서 결혼의 원칙과 제도를 부정하거나 넘어서려는 쪽으로 움직이게 마련이다.[66] 나는 오늘날에도 여전히 우리의 관습을 지배하고 있는 부르주아 계층의 낭만주의가 저지른 과오를 지적한 바 있다. 즉 낭만주의 시대의 부르주아는 사랑이란 열정적인 사랑에 기초해 있어야 한다고 생각했다. 다시 말해 그들은 결혼 자체를 부정하는 사랑관을 갖고 있었다. 이보다 조금 덜하긴 하지만 결혼에서 정념을 완전히 제거해 버리려는 오류를 저지르기도 했다. 초판에서 나는 이 문제를 분명히 이야기했다. 그리고 그 이후에도 별로 달라지지 않았다. 오히려 내가 했던 주장을 조금 더 강하게 했다.

『나 또한 그대처럼』*Comme toi-même*에서 나는 모든 정념이 부딪치는 장애물은 결혼에서도 다시 만나게 된다는 주장을 했다.[67] 핵심적인 부분을 다시 읽어 보자.

"만일 정념이 접근 불가능한 것에 접근하려는 것이라면 또 정념의 대

---

[66] Karl Barth, *Dogmatique de l'Eglise*, Tomme I, 2** (4ᵉ volume de la trad. française. p. 108).

[67] 알뱅 미셸(Albin Michel)에서 1961년에 초판이 나온 이후 제목을 바꾸며 원제를 부제로 하여 포켓판으로 다시 출간되었다. 『사랑의 신화들』(*Les Mythes de l'Amour*), Paris, Gallimard, Idées, 1967.

상인 타인이 접근 불가능한 존재로서 가장 강한 금지가 작용하는 신비로 남아있는 것이 사실이라면, 에로스와 아가페는 결혼 속에서마저도 상호 모순된 관계를 계속 유지하고 있는 것 아닐까? 비록 소설가는 그 어떤 윤리적 금기도 혹은 그 어떤 터부에도 불구하고 이야기를 꾸며내고 스토리를 끌고가기 위하여 정념을 더 자극하기만 하는 장애물의 본질을 상징적으로 표현해 내긴 하지만, 정념의 대상인 이 타자는 접근 불가능하며 사랑하는 모든 여성은 이죄가 아닌가? 정념을 막아서는 장애물은 존재 그 자체에서 나온다. 다시 말해 사랑받는 여성의 자율성, 그녀의 매혹적인 이상함과 낯섦에서 나온다."

타인은 우리 모두에게 낯설고 신비한 존재들이며 천사인데 어쩌면 진정한 사랑은 이 천사를 찾아나서는 것인지도 모른다. 에로스와 아가페를 동시에 요구하는 이 천사는, 신비주의자들이 행했던 영적 결혼 혹은 고대의 혼인축가 속에 등장하는 성스러운 결혼으로서 제도로서의 사랑인 결혼도 아니고 열정적인 정념의 사랑도 아닌 전혀 다른 제3의 유형의 사랑이 될 수는 없을까?

책 속에서 내가 권유했던 부부간의 충절을 많은 사람은 경찰의 단속을 받을 수 있는 경범죄와 혼동했고 어떤 이들은 억압적 조치로 오해한 이들도 있었으며 살아가면서 지켜야 할 덕목 정도로 좋게 받아들인 이도 있었다. 내가 말하고자 했던 부부간의 충절이란 간단하게 말해, 오랜 시간과 여러 재능을 집중해야만 하는 모든 예술 작품이나 인생을 만들기 위해서는 필요불가결한 조건을 의미한다(도그마와는 전혀 무관하며 어찌 보면 심리적 움직임에서 누구나 당연한 것으로 받아들이는 것에 기초해 있다).

『나 또한 그대처럼』에서 나는, 많은 사람이 내가 비판한 것으로 오해를 하고 있는 영적 인식과 정념에 대한 그리움을 나 나름대로는 호의적으로 인정하면서 그 이상의 것으로 말하지는 않았다.

실제로 나는 정념을 결코 비판한 적이 없으며 이 점은 이 책의 초판에서 결론을 내릴 때 내 생각을 설명했다. "이미 말했지만 한 번 더 강조하자면, 정념을 단죄한다는 것은 우리의 창조적 긴장을 지탱하는 중요한 한 축을 제거하는 것이 될 수도 있다. 실제로도 가능하지가 않은 일이다."

사실 나는 그 어느 것도 단죄하고 싶지 않으며 스스로를 단죄하는 생각이나 행동 그 어느 것도 제안하지 않는다. 그러기에는 우리는 이미 너무 정신적으로 지쳐있다. 나는 우리가 살아가는 현실을 지탱하고 있는 살아 움직이는 대립항들, 갈등, 이율배반을 보게 하고 느끼게 하고 싶었다. 그럼으로써 서로 대립하는 두 항목을 보다 잘 규정할 수 있었으면 했다.

이제 서로 대립하고 있는 것 중 어느 하나를 단호하게 제거하려고 하기보다는 긴장 그 자체를 받아들이고 창조적으로 균형을 잡으려고 해야 한다. 사실 우리에게는 어느 하나를 제거할 수 있는 힘이 없다. 안타까운 일이지만 선도 악도 우리는 제거할 수가 없다. 심지어 우리는 선을 행하고 악을 행하는 사람들을 선과 악의 작용에서 구별해낼 수도 없.

내 책을 읽은 뒤 정념이란 아가페가 승리를 거두고 지배하기 위해서는 희미하게 사라져 버리는 것이고 당연히 그래야 한다는 생각을 하게 되었다면, 지금 후기를 마무리 지어가는 이 자리에서 그런 생각이야말로 내 생각을 지배하는 논리를 전혀 잘못 읽은 것이라고 감히 말할 수 있다.

나의 윤리, 나의 애정관 그리고 나의 정치관은 모두 서로 반대되는 것이 공존하는 복합체와 극단적인 것의 공존에서 나오는 긴장 상태 속에서 자리잡고 있다.

모든 윤리적 가치의 근원이자 목적인 인간은 각자의 특이한 소명에 따라 공동체와 연결되어 있는 자유로운 존재다. 이 각자의 소명은 인간을 집단과 구별짓게 하며 동시에 공동체와 관련을 맺어준다. 그리하여 인간은 모든 사람과 함께 존재하는 특이한 방식에 대해서만은 책임을 져야 한다.

부부는 사회의 기원을 형성하는 작은 세포다. 이 세포를 구성하는 힘은 각자의 독특하면서도 서로 다른 법칙이 있는 두 존재이다. 그러나 이 두 존재는 선택한 것이다. '혼융되지 않은 채, 서로 구별되지 않은 채 그리고 서로 종속되지도 않은 채 결합하여 하나가 되기로.' 이는 예수 그리스도 안에서 두 자연이 결합하여 하나가 되는 것이기도 하다.[68] 하지만 여전히 에로스와 아가페의 갈등은 두 존재의 매일 매일과 꿈을 가만히 두지 않을 것이다.

마지막으로 일정한 지역에 모여 사는 인간들 사이의 관계를 조정하는 일인 정치는 연방제로 수렴될 것이다. 연방제란 크고 작은 공동체가 서로의 자율성을 보장할 수 있는 결합 형식에 따라 하나가 되는 것을 말한다.

이 긴장 상태를 가능하게 하는 두 축 중 어느 하나를 제거하려 하고 둘을 섞어버리려고 하는 모든 시도, 혹은 병합이나 식민을 통해 다른 한 축의 법에 다른 한 축을 종속시키려고 하는 모든 시도는(강한 축으로든 혹은 세련된 축으로든) 전체주의 국가를 세우거나 요구할 것이다. 그리하여 아주 평범한 말이지만 인간의 삶을 파괴하고 말 것이다. 내 책에서 다룬 주제에 국한하여 말한다면 이런 모든 시도는 가장 본질적인 사랑을 파괴한다.

---

[68] 456년에 공표된 칼케도니아 공의회 법령집.

■ 역자 후기

『사랑과 서구 문명: 트리스탕 신화에서 시작된 서구 천 년 정념의 역사』는 스위스 저술가이자 철학자이며 유럽연합의 탄생을 주창한 연방주의자이기도 했던 드니 드 루즈몽Denis de Rougemont(1906~1985)의 저서인 『L'amour et l'Occident』(1939)을 번역한 것이다. 1939년 판본은 1956년과 1972년에 개정 증보판이 출간되었으며 번역은 1972년에 나온 마지막 개정판을 대상으로 이루어졌다.[1]

저자 드니 드 루즈몽은 1956년 한 번 개정판을 낸 후, 자신이 기댔던 논리와 역사적 관점을 둘러싸고 제기되었던 학계의 비판과 논쟁을 1972년에 '작가 후기' Post-scriptum 형식으로 증보한 재판을 냈다. 이 1972년 개정판 말미에 붙인 작가 후기에는 'non définitif et scientifico-polémique'라는 수식어가 붙어있는데, '유동적이고 학술 논쟁적인' 정도로 옮길 수 있는 이 말은 드니 드 루즈몽의 책을 둘러싸고 벌어진 논쟁이 30여 년이라는 오랜 시간 동안, 여러 번에 걸쳐 상당히 심각하게 진행되었음을 일러준다.

이 책은 이러한 논쟁 덕분인지 여러 나라의 언어로 번역되어 저자의 이름을 전 세계에 널리 알렸다. 하지만 프랑스와 유럽을 벗어나 이 책이

---

[1] Denis de Rougemont, *L'amour et l'Occident*, édition définitive, coll., 10/18, Paris, Plon, 1972.

누린 명성은 인문학 저서로는 보기 드물게 박진감 넘치는 논리와 풍부한 사례 분석을 보여주고 있다는 데에서 찾아야 할 것이다. 사랑 혹은 정념은 개인의 경험과 고백을 전제로 하는 특수한 주제이며 따라서 이 주제를 역사적으로, 그것도 중세에서 20세기 중엽까지의 천 년의 역사를 통해 개인을 넘어서는 거대한 집단의 정신사적 관점에서 다룬다는 것은 개인적인 것과 집단적인 것, 지극히 정의적이고 순간적인 것과 역사적이고 항구적인 것을 결합하고 상호 관련성을 파악할 수 있는 논리를 찾는 지난한 작업이라 할 수 있다. 이 책의 논리 전개를 두고 우리가 박진감을 말할 수 있는 것은 바로 저자가 기댄 이 양자를 충족시키는 논리 때문이다. 한편 이 책은 인문학 저서로서의 고유의 깊이를 간직하고 있다. 이 깊이는 언제라도 신비주의와 이단의 유설로까지 확대될 수 있고 또 삶의 거의 모든 다른 측면을 압도, 지배하는 인간의 정념에 고유한 무서운 파괴력에 대한 저자의 통찰에서 나온다.

우리가 번역하면서 원제도 조금 바꾸고 '트리스탕 신화에서 시작된 서구 천 년 정념의 역사'라는 부제를 첨가한 이유도 여기에 있다. 원저의 제목을 직역하면 '사랑과 서양'인데, 프랑스어로는 비교적 분명하게 느낌이 다가오지만 한국어로 직역할 때 제목이 지닌 포괄적이면서도 상징적인 느낌을 전달하기에 부족하다.

첨가한 부제에서도 알 수 있듯이, 드니 드 루즈몽의 이 꽤 두꺼운 에세이는 12세기 중세 유럽의 기사도 문학의 걸작 중 하나인 『트리스탕과 이죄』*Tristan et Iseut* 이야기에서 출발해, 프랑스 문학에서 많은 사례를 가져오기는 했지만, 이탈리아, 독일, 에스파냐, 영국 등 사랑을 이야기한 서구의 중요한 문학작품들을 거쳐 20세기 중엽의 헐리우드 영화까지 다루고 있다. 뿐만 아니라 단지 문학작품들만이 아니라 사랑과 그 근저에 자리잡고 있는 정념을 분석하면서 가려낸 정념의 논리들과 그 형성 및 변천 과정을 풍속사, 전쟁사, 종교사까지 확대 적용하고 있어 실로 많은 것을 생각하게 하는 명저라는 느낌을 받게 된다.

논의의 출발점은 여러 판본이 존재하는 『트리스탕과 이죄』*Tristan et Iseut*다. 사랑의 미약을 마신 두 연인의 숙명과도 같은 사랑과 그로부터 비롯되는 온갖 일화를 저자는 사랑이 아니라 정념의 관점에서 접근하며 이를 중세 이단인 카타리파의 교리와 연결시킨다. 카타리파는 현재의 툴루즈를 중심으로 한 프랑스 남동부의 알비에서 형성된 중세 이단인데, 육체와 영혼, 속세와 천상, 감정과 관념 등을 완전히 분리, 대척적인 것으로 생각함으로써 기독교의 핵심 교리인 예수의 성육신을 부정하고 대신 인간과 신의 완전한 합일이 가능하다고 믿었던 이단이다. 마니교를 비롯한 현재의 중동 지방인 동방의 철학적, 종교적 작품들로부터 영향을 받은 카타리파는 로마 교황청의 알비 십자군에게 가혹한 토벌을 당해 소멸하고 만다.

드니 드 루즈몽은 카타리파의 교리가 당시 남프랑스의 음유시인들의 시에 거의 결정적이라고 할 수 있는 영향을 주었을 뿐만 아니라 음유시인들 자신이 카타리파 교도이기도 했다는 점을 여러 기록과 그들의 시를 분석함으로써 밝혀낸다. 육체적 접촉을 피해야 하는 귀부인을 동정녀 마리아와 동일시하거나 이로부터 '멀리 있는 여인'에 대한 상상 속의 사랑이 시인들의 감성과 세계관을 지배하게 되었고 정통 가톨릭이 칠성사 중 하나로 인정하는 결혼 제도와 정면으로 배치되면서 이 때문에 경제, 사회적 문제로 비화되기에 이른다. 나아가 카타리파의 이원론적 세계관은 기사도, 전투와 전쟁 방식은 물론이고 감정 처리와 표현의 문제에도 영향을 미친다. 후일 이 표현 방식은 열정, 이룰 수 없는 사랑, 버림받은 시인 등의 관념을 낳아 하나의 세계관을 형성하고 만다.

마침내 정념은 가톨릭과 이단의 경계를 아슬아슬하게 넘나들며 영원한 것에 대한 서구인의 영적 갈망을 반영하면서 사회혼란을 일으키고 나아가 종족과 한 공동체의 보존 본능을 위협하는 위험한 생각으로 받아들여진다. 정념은 따라서 언제든지 문화가 허락하는 울타리를 벗어나 사회를 파괴시키는 힘을 발휘할 수 있고 또 언제든지 그 잠재적 위험성 때문에 신비주의나 정치적인 전체주의의 유혹에 빠질 수도 있다.

부르주아 계층이 사회의 주도 계층으로 자리를 잡아가는 근, 현대로 올수록 이제 정념은 문학을 비롯한 예술 전반의 소비계층으로 성장한 부르주아지에게 단순한 모델 역할을 하게 된다. 트리스탕 신화에 내재되어 있던 중세 특유의 종교적, 신비주의적인 요소는 사라지며 귀족적 광채마저도 퇴색해 가는 것인데, 19세기 초의 낭만주의를 통해 잠시 중세가 부활하는 듯하다가 이어 바로 산업혁명과 자본주의 물결에 휩쓸려 보드빌과 최루 연재소설 그리고 그 아류인 영화와 TV가 지배하는 대중문화가 그야말로 홍수를 이루는 20세기를 맞고 만다. 이 시기는 정념이 한낱 로맨스로 전락하는 헐리우드 시대로 이어진다. 결혼제도와 정면으로 충돌하던 정념 역시 사라지고 마는데 놀랄 정도로 늘어나는 이혼율과 퇴폐적인 성문화 등이 이를 잘 일러준다.

풍속사의 측면에서 보면 정념과 배치되는 결혼제도는 언제든지 다시 정념을 불러올 수 있다. 하지만 18세기 이후 오늘날까지 결혼이 한 편의 희비극에 지나지 않게 되자 그에 맞서는 정념도 불륜 그 이상의 의미를 갖지 못한다. 성과 가족 관념 자체가 큰 변화를 보인 것이다.

생명을 빼앗는 것이 아니라 승부를 가리는 데에 목적을 두고 있던 전투와 전쟁도 화약과 대포의 발명으로 갈수록 한 민족 혹은 공동체 전체를 살육으로 몰고 가는 국가 간의 전면전으로 바뀌며 마침내 원폭의 시대로 접어들고 만다. 하지만 이 전쟁사의 이면에는 정념을 가능하게 하는 어두운 힘인 죽음과 파멸의 유혹이 자리잡고 있다. 정념은 본질적으로 다른 세상을 꿈꾸는 행위이며 다른 세상에 대한 이 꿈은 현실을 부정하게 하는 힘으로 변질, 왜곡될 수 있다. 상징은 조작되고 조작된 것이 체계적인 방식으로 진실이 되는 시대가 올 수 있으며 인간의 감정은 이 시대가 요구하는 것에 반응하며 집단적 광기를 가능하게 한다. 나폴레옹과 히틀러가 전형적인 예이다. 우리는 저자가 든 이런 예에 일본이라는 아주 독특한 국가를 보탤 수 있을 것이다. 나아가 거의 박물관이나 전시되어야 할 유물급 체제를 유지해 나가고 있는 북한도 좋은 사례가 되어 줄 것이다. 인간이 아니라 일본만을 생각하는 곳인 신사는 집단적 정념이 광기를 발하는 어둡고 음습한 성소이며 북한의 만수대 역시 유사한 역할을 하고 있다. 시신을 방부처리하고 김일성이 몸을 기댔다는 나무를 신성수로 특별 관리하는 삼대세습의 북한은 불가사의한 공동체에 다름 아니며 정념이 일대 사기극을 연출하는 곳에 다름 아니다. 일본인은 과연 무엇을 사랑하고 있는가? 북한 인구의 1%도 안 되는 특권층은 과연 무엇을 위해 그토록 비논리적인 체제를 고집하고 있는가?

이 순진한 의문에 순진한 답을 해서는 안 된다. 그들은 죽은 망령들을 현재로 불러들임으로써 인간의 육체와 물질의 세계를 벗어나 존재하는 영원한 정신적 세계를 믿고 있는 것이며, 그래서 말 그대로 신사이며 말 그대로 만수대인 것이다. 우리는 이 과대망상에 다름 아닌 믿음이 체계적이고 종교적인 성격의 것임을 간과할 수가 없다. 정념은 이렇게 현실을 역사와 연결시키는 근원적 감성이며 육체와 정신 사이를, 자아와 초월적 초자아 사이를 연결시키는 근거인 것이다. 모든 이단은 개인을 인정하지 않으려고 한다. 신사이든 만수대이든 혹은 이름만 들어도 다 아는 한국의 대형 이단 집단들 역시 개인적 정념을 죄악시하며 추상적이고 비가시적인 공동체의 정념을 최고의 선으로 부각시킨다.

드니 드 루즈몽의 이 책은 사랑과 정념을 정의하는 책이 아니다. 또 윤리적인 교훈이나 설교를 하는 책도 아니다. 저자는 신화와 문학작품에 나타난 정념의 정의적 측면을 미시적으로 다루면서 이를 정치적, 군사적, 종교적 문제와도 관련 지워 종합적으로 파악하려고 한다. 사실 사랑은 사랑하는 두 사람의 생각과는 달리 두 사람만의 문제가 아니라 두 존재를 만들어 낸 과거와 현재, 심지어 미래마저도 영향을 주고받는 감각적이면서도 숭고하고, 씁쓸하면서도 황홀한 모종의 경험 전체를 말한다. 시간적으로 공간적으로 그리고 주체와 객체를 벗어나 언제나 부분이 아니라 전체의 개입을 어쩔 수 없이 허락하는 사랑은 따라서 거의 모든 것이 스스로 모순과 그 모순이 형성된 과정을 드러내는 일종의 고백이지 않을 수가 없다. 이 비의도적인 고백을 통해 사랑을 규정하는 정신적 논리들과 사회적 현상들의 실체가 드러나면서 지극히 사적인 현상으로서의 사랑은 거대한 역사를 만나게 된다. 우리가 사랑 이야기에 열광하는 것도 이 때문이다.

사랑은 모든 문학의 영원한 주제다. 그러나 문학의 주제가 된 사랑은 흔히 말하듯이 불행한 사랑, 즉 이루어질 수 없는 사랑이다. 인간을 일상적 존재에서 단번에 영웅으로 만들어 버리는 이 이루어질 수 없는 사랑에서 역사의 거의 모든 것이 근거와 힘을 얻는다.

하지만 우리가 드니 드 루즈몽의 책을 읽으면서 진정으로 놀라는 것은 천 년 동안 지속된 이 길고 긴 이루어질 수 없는 사랑의 역사에도 불구하고 우리는 모두 마치 아무런 교훈도 충격도 받지 못했다는 듯이 처음부터 다시 이 사랑을 시작한다는 것이다. 그러므로 드니 드 루즈몽의 책은 불필요한 책일지도 모른다. 하지만 같은 이유로 드니 드 루즈몽의 책은 언제나 새로운 책일 수도 있다. 이 반복이 바로 신화일 것이다. 따라서 우리는 사랑을 하는 것이 아니라 단지 신화가 반복되고 있을 뿐이라는 결론이 가능하다. 신화가 변화하면 우리의 사랑도 변하는 것이다. 첫 사랑과 첫 만남부터 거의 모든 것이 반복된다는 것은 많은 문학연구자가 이미 밝혀낸 신화다. 이 신화에 사랑을 의탁하지 않고 신화를 새로 만들려고 하거나 더 심한 경우 스스로 신화 속의 존재가 되려고 하는 경우 집단적 광기가 개입하고 만다.

피와 살을 지닌 인간이 아닌 사랑 자체를 사랑하는 나르시시즘, 긴장을 최고조로 끌어올려 살아있다는 희열을 종교적인 법열의 경지까지 밀어 올리기도 하고 때론 돈과 지위와 전쟁을 통한 승리나 정치적 업적을 이루려는 집착을 가능하게 하는 정념의 그 심부에는 과연 무엇이 도사리고 있는 것인가? 드니 드 루즈몽의 책은 이 질문을 하고 있다.

이 책에서 드니 드 루즈몽은 결론을 내리고 있다. 하지만 이 결론은 서론에 가깝다.

"이제 서로 대립하고 있는 것 중 어느 하나를 단호하게 제거하려고 하기보다는 긴장 그 자체를 받아들이고 창조적으로 균형을 잡으려고 해야 한다. 사실 우리에게는 어느 하나를 제거할 수 있는 힘이 없다. 안타까운 일이지만 선도 악도 우리는 제거할 수가 없다. 심지어 우리는 선을 행하고 악을 행하는 사람들을 선과 악의 작용에서 구별해낼 수도 없다.

내 책을 읽은 뒤 정념이란 아가페가 승리를 거두고 지배하기 위해서는 희미하게 사라져 버리는 것이고 당연히 그래야 한다는 생각을 하게 되었다면, 지금 후기를 마무리 지어가는 이 자리에서 그런 생각이야말로 내 생각을 지배하는 논리를 전혀 잘못 읽은 것이라고 감히 말할 수 있다.

나의 윤리, 나의 애정관 그리고 나의 정치관은 모두 서로 반대되는 것이 공존하는 복합체와 극단적인 것의 공존에서 나오는 긴장 상태 속에서 자리잡고 있다.

모든 윤리적 가치의 근원이자 목적인 인간은 각자의 특이한 소명에 따라 공동체와 연결되어 있는 자유로운 존재다. 이 각자의 소명은 인간을 집단과 구별짓게 하며 동시에 공동체와 관련을 맺어준다. 그리하여 인간은 모든 사람과 함께 존재하는 특이한 방식에 대해서만은 책임을 져야 한다.

부부는 사회의 기원을 형성하는 작은 세포다. 이 세포를 구성하는 힘은 각자의 독특하면서도 서로 다른 법칙이 있는 두 존재이다. 그러나

이 두 존재는 선택한 것이다. '혼융되지 않은 채, 서로 구별되지 않은 채 그리고 서로 종속되지도 않은 채 결합하여 하나가 되기로.' 이는 예수 그리스도 안에서 두 자연이 결합하여 하나가 되는 것이기도 하다. 하지만 여전히 에로스와 아가페의 갈등은 두 존재의 매일 매일과 꿈을 가만히 두지 않을 것이다.

마지막으로 일정한 지역에 모여 사는 인간들 사이의 관계를 조정하는 일인 정치는 연방제로 수렴될 것이다. 연방제란 크고 작은 공동체가 서로의 자율성을 보장할 수 있는 결합 형식에 따라 하나가 되는 것을 말한다.

이 긴장 상태를 가능하게 하는 두 축 중 어느 하나를 제거하려 하고 둘을 섞어버리려고 하는 모든 시도, 혹은 병합이나 식민을 통해 다른 한 축의 법에 다른 한 축을 종속시키려고 하는 모든 시도는(강한 축으로든 혹은 세련된 축으로든) 전체주의 국가를 세우거나 요구할 것이다. 그리하여 아주 평범한 말이지만 인간의 삶을 파괴하고 말 것이다. 내 책에서 다룬 주제에 국한하여 말한다면 이런 모든 시도는 가장 본질적인 사랑을 파괴한다."

이 번역은 한국연구재단의 후원으로 가능했으며 연구재단에 심심한 감사의 마음을 전한다. 원고를 꼼꼼하게 교정하는 수고를 해준 편집부 직원들에게도 감사를 드린다. 끝으로 중세 프랑스어에 대해 많은 조언을 해준 고려대 후배 김준한 선생에게도 이 자리를 빌려 감사를 표하고 싶다.

■ 참고문헌

I. LE MYTHE DE TRISTAN

BÉDIER (J.). Édition du *Tristan* de Thomas, 2 vol. 1902-1905. (Le 2e tome contient une table de concordance des divers textes primitifs de la légende.)
_____. *Les deux poèmes de la Folie Tristan*, 1907.
_____. *Le Roman de Tristan et Iseult* (transcription moderne, 185e mille).
BOSSERT (A.). *La légende chevaleresque de Tristan et Iseult*, 1902 (sur le *Tristan* de Gottfried de Strabourg).
DOTTIN (G.). *L'Épopée irlandaise*, 1926.
HUBERT (H.). *Les Celtes*, 2 vol. 1932.
LOTH (J.). *Les Mabinogion* (*in* H. d'Arbois de Jubainville, *Cours de littérature celtique*, 12 vol. 1884.
MICHEL (F.). *Poèmes français et anglo-normands sur Tristan*, 2 vol. Londres, 1835-1839.
MURET (E.). Édition du *Tristan et Iseut* de Béroul, 1903.
PARIS (G.). «Les Origines celtiques de Tristan» (in *Revue de Paris*, 15 avril 1884).
THOMAS. *Tristan et Iseult*, trad. partielle en français moderne par R. Herbomez et J. Beaurieux, 1935.
VINAVER (E.). Édition du *Roman en prose*, 1911.
_____. *Le Roman de Tristan dans l'oeuvre de Thomas Malory*, 1925.
WAGNER (R.). *Tristan und Isolde*, 1860.
WEBER (G.). *Gottfried von Strassburg «Tristan» und die Krise des hochmittelalterlischen Welitbildes um 1200*, 2 vol. Stuttgart, 1953.

II. ORIGINES RELIGIEUSES DU MYTHE

■ *Sur le manichéisme et les cathares*

ALFARIC (P.). *L'Évolution intellectuelle de saint Augustin* (*du manichéisme au néo-platonisme*), 1918.
ALPHANDERY (P.). *Les Idées morales chez les hétérodoxes latins au début du XIIIe siècle*, 1903.
ANGEBERT (J. et M.). *Hitler et la tradition cathare*, 1971.
ANITCHKOF (E.). *Joachim de Flore et les milieux courtois*, Rome, 1931.
_____. «Les Survivances manichéennes à l'Occident et chez les Slaves» (*Revue des études slaves*, VIII), 1928.
BELPERRON (P.). *La Croisade contre les Albigeois*, 1942.
BENVENISTE (E.). «Hymnes manichéens» (*Yggdrasil*, 25 août), 1937.
BORST (Arno). *Die Katharer*, Stuttgart, 1953.
CLÉDAT. *Le Nouveau Testament traduit au XIIIe siècle en langue provençale, suivi d'un Rituel cathare*, 1887.
CORBIN (H.). «Pour l'hymnologie manichéenne», (Yggdrasil), 1937.
CUMONT (R.). *La Cosmogonie manichéenne*, Bruxelles, 1908.
_____. Recherches sur le manichéisme, Bruxelles, 1912.
DŒLLINGER. *Beitrage zur Sektengeschichte des Mittelalters*(Gnostiques et manichéens), 1890.
DONDAINE (A.-O. P.). *Un traité néo-manichéen du XIIIe siècle, le* Liber de duobus principiis, *suivi d'un fragment de rituel cathare*, Rome, 1939.
ELIADE (Mircea). *Techniques du Yoga*, 1948.
GUI (B.). *Manuel de l'Inquisiteur* (trad. et introd. G. Mollat), 2 vol. 1920-1927.
GUIRDHAM (Dr. A.). *Les Cathares et la réincarnation*, 1971.
LACARRIÈRE (J.). *La Cendre et les Étoiles*, 1970.
MIGNE. *Patrologioe cursus completus* (*series latina*), tome CCXII(Chronique de P. des Vaux de Cernay sur les Albigeois).
MOLINIER (Ch.). *L'Endura* (*Annales de la Faculté des Lettres de Bordeaux* III), 1881.
NATAF (A.). *Le miracle cathare*, 1968.

NELLI (R.). BRU (Ch.), DE LAGGER (Chan.), ROCHÉ (D.) et SOMMARIVA. *Spiritualité de l'hérésie : le Catharisme*, 1953.
NELLI (René). *Écritures cathares*, 1959.
_____. *Le Phénomène cathare*, 1964.
_____. *La Vie quotidienne des cathares au Languedoc au XIIIe siècle*, 1969.
NIEL (F.). *Montségur, la Montagne inspirée*, 1954.
_____. *Albigeois et Cathares*, Paris, 1955.
PALADILHE (D.). *Les Grandes heures cathares*, 1969.
PEYRAT (N.). *Histoire des Albigeois*, 2 vol. 1880.
ROCHE (D.). *Études manichéennes et cathares*, Arques, 1952.
ROQUEBERT (M.). *L'Épopée cathare*, Toulouse, 1970.
SCHMIDT (Ch.). *Histoire et doctrine de la secte des cathares*, 1849.
SODERBERG (H.). *La Religion des cathares*, Upsala, 1947.
VARGA (L.). «Le Catharisme» (*Revue de synthèse*) juin 1936.

■ *Voir aussi*

Cahiers d'Études cathares, publiés à Arques (Aude) dès 1949.
Études carmélitaines : Mystique et Continence, Bruges, 1952.
Revue de synthèse, numéro spécial sur le Catharisme, tome XXIII, 1948.

■ *Sur les troubadours*

ANDRÉ LE CHAPELAIN. *De arte honeste amandi* (début du XIIIe siècle).
ANGLADE (J.). *Les Troubadours*, 1924.
_____. *Anthologie des troubadours*, 1927.
BARTSCH (K.). *Chrestomathie provençale*, Marburg, 1904.
BERTONI (G.). *I trovatori d'Italia*. Modène, 1915.
BEZZOLA (R.). *Guillaume de Poitiers* (Romania), avril 1940.
CAMPROUX (Ch.). *Histoire de la Littérature occitane*, Paris, 1971.
CINGRIA (Ch. A.). «Ieu oc tan» (*Mesures*, n° 2), 1937.
DAVENSON (H.). *Les Toubadours*, Paris, 1961 et 1971.
FAURIEL. *Histoire de la poésie provençale*, 1846.

JEANROY (A.). *De nostratibus medii aevi poetis qui primum lyrica aquitaniae carmina imitari sunt*, 1889.

_____. *Anthologie des troubadours*, 1927.

_____. *La Poèsie lyrique des troubadours*, 2 vol. 1934.

LEE (Vernon). *Medieval Love* (*Euphorion*), Londres, 1889.

LEWIS (C.-S.). *The Allegory of Love*, Oxford, 1936.

NELLI (R.). *Les Troubadours* (anthologie, 2 vol.) Paris, 1960.

_____. *L'Érotique des Troubadours*, Toulouse, 1963.

PÉLADAN. *De Parsifal à Don Quichotte : le Secret des troubadours*, 1906.

RAHN (O.). *La Croisade contre le Graal*, trad franç., 1934.

SPOERRI (Th.). *Wilhelm von Poitiers und die Anfange der Abendländischen Poesie*, Zürich, 1944.

VARGA (L.). «Peire Cardinal était-il hérétique?» (*Revue historique des religions*, mars-juin) 1938.

WECHSSLER (E.). *Frauendienst und Vassalitaet* (*Zeitschrift für franz. Sprache und Literatur*, XXIV, 159).

_____. *Das Kulturproblem des Minnesangs*, 2 vol. Halle, 1909.

- *Voir aussi*

Cahiers du Sud, numéro spécial sur *le Génie d'Oc*, Marseille, 1943.

- *Sur les mystiques arabes*

Cahiers du Sud : L'Islam et l'Occident, Marseille, 1947.

CORRIN (H.). *Un traité persan inédit de Sohrawardî d'Alep*, suivi d'une traduction du *Familier des Amants* (Recherches philosophiques, tome II).

_____. *L'Homme de lumière dans le soufisme iranien*, 1971.

CORBIN (H.). et KRAUS (P.). *Le Bruissement de l'aile de Gabriel*, traité philosophique et mystique de Sohrawardî d'Alep, introd., trad., et notes. (*Journal asiatique*, juillet-septembre 1935.)

DERMENGHEM (E.). *Mortelle Poésie* (*Hermès*, II), 1933, et plusieurs traductions d'Ibn Al-Fahrid dans *Mesures, les Cahiers du Sud, Hermès*.

MASSIGNON (L.). *La Passion de Al-Hallaj*, 1921.

_____. *Essai sur les origines du lexique technique de la mystique musulmane*, 1922.

MASSIGNON et KRAUS. *Akhbar Al-Hallaj*, 1936.

PERES (H.). *La Poésie andalouse au XIe siècle*, 1937.

NYKL (A. R.). *Hispano-Arabic poetry and its relations with the old provencal Troubadours*, Baltimore, 1946.

- *Sur les cycles romanesques du Nord*

ANITCHKOF (E.). *Le Saint-Graal et les rites eucharistiques*, (*Romania*, I, LV), 1929.

BOULENGER (J.). *Les Romans de la Table Bonde*, 4 vol., 1923.

CORBIN (H.). *En Islam iranien*, tome II, 1971.

FARAL (G.). *La Légende arthurienne*, 3 vol., 1929.

HAGGERTY-KRAPPE (A.). «La Légende de Tannhäuser» (*Mercure de France*, 1er juin 1938).

MACLER (F.). *Les Dew arméniens. Parsifal*, Pte biblioth. arménienne, 1929.

MARX (J.). *La Légende arthurienne et le Graal*, 1953.

PARIS (G.). *La littéature française au moyen âge*, 1899.

PERNOUD (Régine) *Aliénor d'Aquitaine*, 1965.

SUHTSCHEK (F. VON). «La Traduction du Parsiwalnama par Wolfram d'Eschenbach» (*Forschungen und Fortschritt*, n° 10), Berlin, 1931.

WECHSSLER (E.). *Die Sage vom helligen Graal in ihrer Entwicklung bis auf R. Wagners Parsifal*, 1898.

WESTON (J. L.). *The Grail and the rites of Adonis (Folklore)*, Londres, 1907.

- *Voir aussi*

Les œuvres de Chrétien de Troyes et Robery de Boron;

La Queste du Saint-Graal éditée par A. Pauphilet, 1921;

Les traductions de Wolfram d'Eschenbach par E. Tonnelat et par M. Wilmotte;

Le numéro spécial des *Cahiers du Sud, Lumière du Graal*, 1951.

III. LE MYTHE ET LA MYSTIQUE

ABÉLARD *Lettre d'Abailard et d'Héloïse*, trad. E. Oddoul 2 vol. Paris 1839.
BARUZI (J.). *Saint Jean de la Croix et l'expérience mystique*, 2ᵉ édition, 1931.
_____. *Introduction à des recherches sur le langage mystique* (*Recherches philosophiques* tome I).
BIZET (J. A.). *Suso et le Minnesang.* 1944.
_____. *Henri Suso et le déclin de la scolastique*, 1946.
BRUNO DE J. M. (P. Fr.). *Saint Jean de la Croix* (préface de Jacques Maritain), 1929.
BUONAIUTI (E.). *Gioacchino da Fiore*, Rome, 1931.
ECKART. *Œuvres*, éditées par Franz Pfeiffer, 1857 et 1924.
ETCHEGOYEN (G.). *L'Amour divin, essai sur les sources de sainte Thérèse*, 1923.
FÉLICE (Ph. DE). *Poisons sacrés, ivresses divines*, 1936.
GILSON (E.). *La Théologie mystique de saint Bernard*, 1934.
JAMES (W.). *L'Expérience religieuse* (2ᵉ éd.), trad. Abauzit, 1931.
SAINT JEAN DE LA CROIX. *Œuvres*, trad. et introd., H. Hoornaert, Bruges, 1928.
LABANDE-JEANROY (Th.). *Les Mystiques italiens* (anth. et introd.), 1929.
LAMM (M.). *Swendenborg*, trad. franç., préface de P. Valéry, 1936.
MARÉCHAL (R. P.). *Études sur la psychologie des mystiques*, 2 vol. 1924 et 1937.
MINKOWSKI (Dʳ E.). *Vers une cosmologie*, 1936.
MONTMORAND (M. DE). *Psychologie des mystiques catholiques orthodoxes*, 1920.
OTTO (R.). *Westöstliche Mystik*, Gotha, 1929. (Trad. fr. 1951).
P... (Fr. J. B.). *Hadewych d'Anvers*, poèmes des Béguines traduits du moyen-néerlandais, 1954.
RÉMUSAT (Ch. DE). *Abélard*, 1845.
RUYSBROEK, *Œuvres*, 5 vol., trad. des Bénédictins de Saint-Paul de Wisques, Bruxelles, 1921, 1930.

SABATIER (P.). *Vie de saint François d'Assise*, éd définitive, 1931.
SAINTE THÉRÉSE D'AVILA. *Œuvres*, trad. des Carmélites, 1907.

IV. LE MYTHE DANS LA LITTÉRATURE

Les œuvres littéraires analysées dans le livre IV sont bien connues et facilement accessibles; il est donc inutile d'en surcharger ce mémento. On ne trouvera ci-après que les travaux spéciaux que j'ai utilisés et cités.
ASIN PALACIOS (D. M.). *La Escatologia musulmana en la Divina comedia*, Madrid, 1919.
AROUX (E.). *Dante hérétique, révolutionnaire et socialiste*, 1845.
BÉGUIN (A.). *L'Ame romantique et le rêve*, 2 vol. 1937.
BREYDERT (Frédéric). *Le Génie créateur de Mozart. Essai sur l'instauration musicale des personnages dans* les Noces, Don Juan, la Flûte enchantée, 1956.
COCHIN (H.). *Pétrarque* (anth. et introd.), 1928.
FÉVRE (L.). *Amour Sacré, amour profane*, 1944.
FICHTE. *Grundlage der gesamten Wissenschaftslehre*, 1794.
GILSON (E.). *L'École des Muses.* 1951.
GONCOURT (E. et J. DE). *La femme au XVIIIe siècle*, 1862.
KLOSSOWSKI (P.). *Sade, mon prochain*, 1947.
LABANDE-JEANROY (Th.). *La Poésie italienne avant Pétrarque*, 1929.
ORTEGA Y GASSET (J.). *Über die Liebe*, trad. allemande, Berlin, 1933.
PÉLADAN (J.). *La Doctrine de Dante*, 1907.
POURTALÉS (G. DE). *Wagner*, 1932.
RANK (O.). *Don Juan*, trad. franç., 1925.
SAURAT (D.). *Milton et le matérialisme chrétien en Angleterre*, 1928.

V. AMOUR ET GUERRE

BENOIST-MÉCHIN (J.). *Histoire de l'armée allemande* (1918-1938), 2 vol. 1936 et 1938.
BOULENGER (J.). *Le Grand Siècle*, 1915.

BOVET (P.). *L'Instinct combatif*, 2ᵉ éd., 1931.
BURCKHARDT (J.). *Die Kultur der Renaissance in Italien*, 1869.
CASTIGLIONE (B.). *Il Cortigiano*, 1549, Milan, 1928.
CHASTELLAIN (G.). *Œuvres*, 8 vol., Bruxelles, 1863-1866.
FERRERO (G.). *La Fin des aventures*, 1931.
FOCH (F.). *Les Principes de la guerre*, 1903 et 1929.
FREUD (S.). *Œuvres*, trad. franç. chez Alcan, Paris.
GUICHARDIN. *Histoire d'Italie*, 3 vol., trad. franç., 1738.
HIRSCHFELD (Dʳ M.). *Sittengeschichte des Weltkrieges*, 2 vol. Vienne et Leipzig, 1930.
HITLER, *Mein Kampf*, 1924.
HUIZINGA (J.). *Le Déclin du moyen âge*, trad. franç., 1932.
_____. *Im Schatten von Morgen*, trad. allemande, Leipzig, 1936.
JÜEGER (E.). *La Guerre, notre Mère*, trad. franç., 1934.
LA MARCHE (O. DE). *Mémoires*, 4 vol., rééd., 1883-1888.
MONGLOND (A.). *Le Préromantisme français*, 2 vol. Grenoble, 1925.
SALOMON (E. VON). *Les Réprouvés*, trad. franç., 1930.

VI. et VII. LE MYTHE ET LE MARIAGE

BACHOFEN. *Mutterrecht und Urreligion*, éd. Kröner, Leipzig, s. d.
BRUNNER (E.). *Éros und Liebe* (*Neue Schweizer Rundschau*), Zurich, septembre 1953.
CROCE (B.). *Etica e Politica*, Bari, 1931.
DIVERS. Numéro spécial de *Foi et vie* sur les problèms du mariage chrétien, novembre-décembre 1936. (Études de E. THURNEYSEN, W.-A. VISSER'T HOOFT, etc.).
ENGELS (F.). *L'Origine de la Famille, de la Propriété et de l'État*, trad. franç., 1931.
FERRERO (Léo). *Désespoirs*, 1937.
FIORENTINO (U.). *Essai sur le mariage*, 1936.
GASPARRI. *Tractatus canonicus de matrimonio*, 1904.
ISWOLSKY (H.). *Femmes soviétiques*, 1937.

JUNG (C. G.). *Essais de psychologie analytique*, trad. franç., 1931.
_____. *Antwort auf Hiob*, Zurich, 1953.
LAVAUD (R. P.). *Le Monde moderne et le mariage chrétien*, 1934.
_____. *L'Idée divine du mariage (Études carmélitaines)*, avril 1936.
KIERKEGAARD. *L'Alternative, Stades sur le chemin de la vie*, etc.
NYGREN (A.). *Éros und Agapè*, 2 vol. Gütersloh, 1937.
PIE X. Encyclique *Casti Connubii*, Bruges, 1931.
PURY (R. DE). *Éros et Agapè* (in *Problèmes de la sexualité*, 1937).
WESTERMARCK (E.). *A short history of mariage*, Londres, 1926.

VIII. APPENDICE

■ *Quelques ouvrages où sont discutées les thèses de ce livre*

AMENGUAL (B.). *Le Mythe de Tristan au cinéma*, Alger, 1951.
D'ARCY (M. C.). *La double nature de l'amour*, 1948.
_____. (Trad. de *The Mind and Heart of Love*, Londres, 1947.)
D'ASTORG (Bertrand). *Le Mythe de la Dame à la Licorne*, Paris, 1963.
BELPERRON (P.). *La Joie d'amour*, 1948.
ELSEN (Cl.). *Homo eroticus*, 1953.
GSTEIGER (Manfred). *Westwind*, Berne, 1968.
HAZO (Robert G.). *The Idea of Love*, New York, 1967.
HENRIQUEZ (F.). *Love in action, the sociology of sex*, Londres, 1959.
LANGDON-DAVIES (John). *Sex, Sin and Sanctity*, Londres, 1954.
LILAR (Suzanne). *Le Couple*, 1963.
MAJAULT (J.). et MORIN (Violette). *Un mythe moderne, l'Érotisme*, Paris, 1964.
MARROU (Henri) ou DAVENSON (H.). *Les Troubadours*, 1971.
ROUSSEAUX (André). *Littérature du XXe siècle*, tome I, 1947.
SARTRE (J. P.). *Situations I, et Situations II*, 1947.
SAUVAGE (Micheline). *Le Cas Don Juan*, 1953.
SCHNEIDER (Isid.). *The world of Love*, 2 vol. New York, 1964.
SEDE (G. de). *Le Trésor cathare*, 1966.
TABLE RONDE (Revue de la) numéro spécial sur *l'Amour courtois et les*

hérésies de la passion, Paris, janvier 1956, à l'occasion de la publication de *l'Amour et l'Occident* édition révisée; avec la collaboration de R. AMADOU, Ch. CAMPROUX, J. CHARDONNE, H. CORBIN, M. ELIADE, ROLAND-MANUEL, René NELLI, Robert POULET, A.-M. SCHMIDT, Pierre SIPROIT.

TAYLOR (Gordon Rattray). *Sex in History*, Londres, 1953.
UPDIKE (John). *Collected Prose*, New York, 1965.
WATTS (Alan). *Nature, Man and Woman*, New York, 1958.

IX. ÉDITIONS DE L'AMOUR ET L'OCCIDENT

ÉDITIONS FRANÇAISES

I. Première publication dans la collection *Présence* dirigée par H. Daniel-Rops, à la Librairie Plon, en mars 1939, 356 pages, format 12×19 cm.
II. Édition révisée, janv. 1956, Librairie Plon, 332 pages, format 14×20 cm.
 Édition de poche 10/18, première publication 1962. Réimpressions en 1966, 1970, 1971.
III. Édition définitive, augmentée d'un «Post-Scriptum non définitif et scientifico-polémique», 1972, Librairie Plon, 320 pages, format 15.5×24 cm.

TRADUCTIONS

I. *Passion and Society*, transl. by Montgomery Belgion, Faber & Faber, London, 1939.
Love in the Western World, transl. by M. Belgion, Harcourt-Brace, New York, 1939.
Love in the Western World, Philadelphie, 1952 (édition pirate).
II. *Passion and Society*, revised and augmented translation, Faber & Faber, London, 1956.
 Paperback, Faber & Faber, London, 1962.
Love in the Western World, Pantheon Books, New York, 1956.
Love in the Western World, paperback, ed. Anchor Books, Doubleday, New

York, 1958.
Paperback, ed. Fawcett Premier Book, New York, 1966.
Paperback, Torch Books, N. Y. 1972.
Fedelta e Amore (Livre VII), trad. L. Santucci, Borla, Torino, 1955.
L'Amore e l'Occidente, trad. e prefazione di Luigi Santucci, Mondalori, Milano, 1958.
El Amor y Occidente, trad. de Roberto E. Bixio, Sur, Buenos Aires, 1959.
Liefde en Avondland, vertaling P. Hijmans, Holland Maatschappij, Amsterdam, 1959.
Traduction japonaise, par K. Susuki et K. Kawamura, Ivanami Shoten, Tokyo, 1960.
Kärleken och Västerlandet, till svenska av Eva Alexanderson, Natur och Kultur, Stockholm, 1963.
Die Liebe und das Abendland (première traduction 1939, interdite, puis détruite pendant l'incendie de Berlin 1944). Deutsch von Friedrich Scholz, Kiepenheuer und Witsch, Köln, 1966.
Mitosc a Swiat Kultury Zachodniej, przelozyl Leslaw Eustachiewicz, Pax, Warszawa, 1968.
O Amor e o Occidente, trad. Ana Hatherly, Moraes Editores, Lisboa, 1968.
Traduction hongroise, et quelques autres, en cours.

찾아보기

ㄱ

고트프리트 폰 슈트라스부르크
 ········ 13, 22, 182, 183, 185,
 188, 189, 190, 494, 495, 496,
 536
공쿠르 형제(에드몽과 쥘)
 ···················· 299, 377
괴테, J. W. von ···· 313, 381, 416
그노시스파 ················ 94, 96, 97,
 111, 220, 398, 522, 550, 571
그레고리우스 7세(교황) ········ 147

ㄴ

나폴레옹 보나파르트 ····· 382, 383
네르발, 제라르 드 ················ 408
노발리스, 프리드리히 ·········· 199,
 200, 313, 315, 316, 317, 321,
 450
니체, 프리드리히 ·········· 60, 436

ㄷ

다윗 왕 ···························· 400
단눈치오, 가브리엘레 ·········· 338
단테, 알리기에리 ···· 127, 139, 188,
 247, 248, 249, 264, 492, 493
달리, 살바도르 ············ 132, 491

데카르트, 르네 ····················· 572
도스토예프스키,
 표도르 미하일로비치 ········ 60
동 쥐앙(돈 조반니) ········ 54, 300,
 301, 302, 313, 326, 374, 395,
 413
두코보르파 ····················· 219, 220
뒤르켐, 에밀 ······················· 580
뒤르페, 오노레 ······ 273, 274, 313
드루이드 ···················· 66, 67, 69

ㄹ

라신 ······ 23, 285, 286, 287, 288,
 289, 290, 291, 292, 294
라클로 ································· 4
라퐁텐 ······························· 276
랑슬로 ······················· 172, 174
랭보 ································ 543
레닌 ····························· 419, 420
로렌스 ······················· 344, 345
루소 ······ 86, 154, 242, 297, 307,
 308, 309, 310, 312, 378
루이 14세 ····················· 373, 376
루이 15세 ····················· 298, 373
루이 16세 ····················· 303, 379
루터 ································ 245

르네 ·················· 320, 321, 323
리슐리외 ····················· 299, 304

ㅁ

마그리트 ······························ 491
마니 ·· 68
마다가스카르 ······················· 384
마리 루이즈 ························· 382
마리보 ·································· 262
모차르트, W. A. ············ 54, 313
몰리에르 ················ 23, 301, 313
뫼, 장 드 ······················ 246, 344
미네징거 ······························ 265
밀러, 헨리 ··························· 344
밀턴, 존 ······················· 267, 271

ㅂ

바그너, W. R. ····· 12, 49, 55, 59, 70, 189, 318, 329, 330, 335, 336, 526
바울(사도 바울) ····················· 439
바쿠닌 ·································· 543
발자크, 오노레 드 ········· 323, 411
베가드파 ······························ 245
베겡, 알베르 ························ 528
베긴파 ············ 245, 498, 499, 549
베디에, 조제프 ························ 12
베룰 ··· 13, 15, 42, 176, 179, 182, 190, 196, 243, 478, 483, 536, 588, 589
베르그송, 앙리 ······················ 320

베르나르 드 클레르보 ········· 147, 148, 149, 185, 486, 487, 488, 499, 518, 568
베르네 ····································· 9
베를렌, 폴 ··························· 543
보들레르 ······· 116, 337, 540, 543
보방(원수) ···························· 371
보카치오 ······························ 344
볼테르 ·································· 223
뵈메, 야코프 ························ 240
부르크하르트, 야코프 ···· 367, 370
브라만 ···································· 67
브르통, 앙드레 ······ 490, 543, 544

ㅅ

사드, D. A. F. de ········ 300, 305, 306, 307, 501, 502
사르트르, 장 폴 ···· 576, 577, 578
상-퀼로트 ···························· 381
샤토브리앙 ············· 69, 242, 320
세낭쿠르, 에티엔느 피베르 드
······································· 323
세르반테스 ···················· 265, 266
셰니에 ································· 320
셰익스피어, W. ···················· 267
셸링 ····································· 320
소쉬르, 페르디낭 드 ············· 545
쇼펜하우어 ················ 195, 335
스탈린 ··························· 420, 423
스탕달 ············· 6, 324, 328, 329
스피노자, 바뤼흐 ··················· 295

찾아보기 | 617

ㅇ

아레오파기테스(아레오파기테스의
　　재판관 디오니시우스) ……… 65
아벨라르, 피에르 ………… 147, 148,
　　308, 568
아우구스티누스 ……… 39, 51, 257
알비파 ……………………………… 98
알코포라두, 마리아나 ………… 296
야스퍼스, 칼 …………………… 238
에른스트 ………………………… 491
에카르트 ……………… 205, 211,
　　212, 214, 215, 216, 217, 218,
　　229, 230, 235, 236, 296, 499
엘레오노르 왕비(아키텐의
　　알리에노르) ………… 483, 484
엘로이즈 ……… 148, 308, 557, 568
엥겔스, 프리드리히 …… 416, 417
오르테가 이 가세트, 호세 …… 84,
　　326, 328
요한 22세(교황) ………………… 499
요한(십자가의 성 요한) ……… 136,
　　201, 205, 206, 211, 217, 222,
　　223, 225, 229, 235, 256, 471
위고, 빅토르 …………………… 543
융, C. G. …… 417, 429, 490, 544
이노켄티우스 3세(교황) ……… 105

ㅈ

장 폴 ……………………………… 313
조로아스터 ……………………… 134
조제핀 …………………………… 382

지드, 앙드레 …………… 338, 522
질송, 에티엔느 …… 486, 487, 488

ㅊ

초서, 제프리 …………………… 137
츠빙글리 ………………………… 245

ㅋ

카사노바 ………………………… 298
칼뱅, 장 ………………………… 245
코르네유, 피에르 ………… 23, 278,
　　281, 282, 283, 284, 291, 294
콜드웰, 어스킨 ………………… 344
크레티앵 드 트루아 ………… 13,
　　32, 168, 170, 171, 173, 554
크로체, 베네데토 ………… 459, 460
클로소프스키, 피에르 ………… 501
키르케고르, 쇠렌 … 79, 436, 437,
　　444, 468, 469, 471
킨제이, 앨프레드 ……………… 417

ㅌ

테레사 데 헤수스(아빌라의 성녀
　　테레사) ……… 138, 200, 222,
　　223, 225, 226, 227, 228, 229,
　　232, 236, 254, 255, 257, 258
토마 ………… 176, 179, 187, 190,
　　196, 243, 478, 483, 536, 588
토마스 아퀴나스 ………… 149, 188
톨스토이, L. …………………… 435

ㅍ

페트라르카 ………… 117, 139, 247, 252, 253, 254, 255, 256, 257, 258, 259, 260, 263, 264, 293, 308, 310, 313, 344, 502
편력기사 ……………………………… 16
포슈, 마르샬 페르디낭 ‥ 372, 382
푸아티에, 기욤 드 …………… 550, 551, 552, 554, 561
프란체스코(아시시의 성 프란체스코) ………… 219, 227, 235, 497, 498
프로이트, 지그문트 ……… 55, 62, 85, 131, 132, 144, 150, 223, 228, 287, 353, 417, 484, 490, 491, 523, 543, 544, 580, 584
프뢰(생 프뢰) ……………… 309, 311
프루동 …………………………… 417, 543
프루스트, 마르셀 ………… 338, 577
프리드리히 2세 ………………… 248
프시케 …………………………………… 52
플라톤 ………… 63, 64, 81, 83, 84, 134, 143, 212, 214
플로티노스 ……………………………… 65
플루타르코스 ………………… 61, 354

ㅎ

하위징아, J. ……………… 118, 120, 263, 357, 359, 479, 480
헤겔, 프리드리히 ………………… 383
헤라클레이토스 ………………… 579
헨리 5세 ……………………………… 358
호프만, E. T. A. ………… 317, 322
횔덜린, 프리드리히 ……… 313, 314
히틀러, 아돌프 ………… 392, 393, 394, 420, 421, 423

지은이 드니 드 루즈몽(Denis de Rougemont)

드니 드 루즈몽(1906~1985)은 프랑스와 국경을 면하고 있는 스위스의 프랑스어권 지방인 뇌샤텔에서 태어난 저술가이자 문화사가, 정치사상가이다. 목사의 아들로 태어난 루즈몽은 중등교육과 대학교육 모두 뇌샤텔에서 받았다. 젊은 시절 문학연구자로 출발한 드니 드 루즈몽은 파시즘의 어두운 그림자가 드리우기 시작하던 1930년대에 활동한 유럽의 많은 젊은 지식인 중에서도 숨을 거둘 때까지 기독교 사상의 본질이라고 할 수 있는 "이웃에 대한 사랑"을 여러 저술과 연방주의라는 정치적·사회적 형태를 통해 구현하려고 노력한 신앙인이기도 했다.

연방주의자로서의 면모는 『사랑과 서구 문명』에서도 강하게 주창된다. 후일 핵폭탄으로 인해 루즈몽은 유럽연방에 더욱 강한 의지를 갖게 되며 이는 유럽문화센터(Centre européen de la culture)를 설립하는 등 구체적인 정치적·사회적 활동으로 이어진다. 1963년에는 제네바 대학에 유럽연구대학연구소(IUEE)를 설립하여 1978년까지 책임자로 일을 하며 유럽사상사와 연방주의를 강의한다. 이런 공로를 인정받아 1970년에는, 독일 본 대학이 유럽 현대사에서 유럽연합을 탄생시킨 "유럽의 아버지"로 불리는 로베르 슈망을 기리기 위해 제정한 로베르 슈망상을 수상한다.

『사랑과 서구 문명』(1939) 이외에 『사랑의 신화들』(1972) 등의 문화사 저술과 『미래는 우리의 일』(1977)과 같은 연방주의와 환경운동을 주장하는 수십 권에 달하는 책을 남겼다.

옮긴이 정장진

고려대학교 불문과와 대학원을 졸업한 후 파리 4대학과 8대학에서 현대 소설과 비평(정신분석학)을 전공하여 1995년 문학박사를 취득한 후 귀국하여 다양한 저술 및 번역 활동을 하고 있다. 문화사가로서 문학평론과 미술비평을 하며 현재 고려대학교 안암 캠퍼스와 세종 캠퍼스에 출강하고 있다. 성균관대학교 겸임교수를 역임하기도 했고 동덕여대, 서강대, 동국대 대학원 등에서 문화사와 미술사를 강의했다. 주요 저서로 비평서인 『문학과 방법—한국문학의 무의식』(문학동네), 『영화가 사랑한 미술』(아트북스), 『오프 더 레코드 현대미술』(동녘) 등이 있으며, 주요 논문으로는 불어불문학연구와 프랑스문화예술연구에 실린 「무의식의 수사학 I, II, III」과 한국비교문학지에 실린 「종교적 초월성의 표현형식으로서의 소설의 가능성—김동리의 "무녀도"와 모리악의 "떼레즈 데스께루" 비교 연구」 등이 있다. 주요 역서로는 『프로이트 전집』(열린책들, 문학예술 분야), 『유럽문학을 읽다—음악, 영화, 미술과 함께』(고려대학교 출판부) 등이 있다.

한국연구재단 학술명저번역총서 서양편·714
사랑과 서구 문명:
트리스탕 신화에서 시작된 서구 천 년 정념의 역사

발 행 일 2013년 11월 8일 초판 인쇄
          2013년 11월 22일 초판 발행

원   제 L'amour et l'Occident
지 은 이 드니 드 루즈몽(Denis de Rougemont)
옮 긴 이 정 장 진
책임편집 이 지 은
편   집 조 미 란, 조 소 연
펴 낸 이 김 진 수
펴 낸 곳 **한국문화사**
등   록 1991년 11월 9일 제2-1276호
주   소 서울특별시 성동구 아차산로 3(성수동 1가) 502호
전   화 (02)464-7708 / 3409-4488
전   송 (02)499-0846
이 메 일 hkm7708@hanmail.net
홈페이지 www.hankookmunhwasa.co.kr

책값은 30,000원입니다.

잘못된 책은 바꾸어 드립니다.
이 책의 내용은 저작권법에 따라 보호받고 있습니다.

ISBN 978-89-6817-075-1 03800

    이 도서의 국립중앙도서관 출판시도서목록(CIP)은 e-CIP
    홈페이지 (http://www.nl.go.kr/cip.php)에서 이용하실 수
    있습니다. (CIP제어번호: CIP2013022999)

'한국연구재단 학술명저번역총서'는 우리 시대 기초학문의 부흥을 위해
한국연구재단과 한국문화사가 공동으로 펼치는 서양고전 번역간행사업
입니다.